SCHÄFFER

POESCHEL

Peter Seppelfricke

Handbuch
Aktien- und Unternehmens-
bewertung

Bewertungsverfahren, Unternehmensanalyse,
Erfolgsprognose

4., überarbeitete Auflage

2012
Schäffer-Poeschel Verlag Stuttgart

Bibliografische Information der Deutschen Nationalbibliothek
Die Deutsche Nationalbibliothek verzeichnet diese Publikation in der Deutschen Nationalbibliografie;
detaillierte bibliografische Daten sind im Internet über http://dnb.d-nb.de abrufbar

Gedruckt auf chlorfrei gebleichtem, säurefreiem und alterungsbeständigem Papier

ISBN 978-3-7910-2879-8

© 2012 Schäffer-Poeschel Verlag für Wirtschaft · Steuern · Recht GmbH
www.schaeffer-poeschel.de
info@schaeffer-poeschel.de

Einbandgestaltung: Willy Löffelhardt/Melanie Frasch
Satz: Johanna Boy, Brennberg
Druck und Bindung: Kösel, Krugzell · www.koeselbuch.de
Printed in Germany
April 2012

Schäffer-Poeschel Verlag Stuttgart
Ein Tochterunternehmen der Verlagsgruppe Handelsblatt

Für Carl Nikolas

Vorwort zur vierten Auflage

Die praxisnahe Darstellung der Aktien- und Unternehmensbewertung ist auf gute Resonanz in der Leserschaft gestoßen. Über die positiven Rückmeldungen von Investmentbanken, Wirtschaftsprüfungsgesellschaften, Unternehmensberatungen sowie Finanzabteilungen von Unternehmen habe ich mich sehr gefreut und möchte dafür herzlich danken. Darüber hinaus freue ich mich, dass dieses Buch auch in der Lehre an Hochschulen eingesetzt wird.

Das Konzept des Buches habe ich in der vierten Auflage beibehalten. An einigen Stellen wurden Daten und Beispiele aktualisiert bzw. neue Beispiele eingefügt. Die aktuelle Steuergesetzgebung wurde berücksichtigt. Daneben wurde der aktuelle IDW-Standard S 1 zur Unternehmensbewertung in die Ausführungen integriert.

Ich möchte dem Verlag Schäffer Poeschel und seinen Mitarbeitern für die stets angenehme Zusammenarbeit danken. Mein besonderer Dank gilt Herrn Frank Katzenmayer, der mir stets als konstruktiver Gesprächspartner zur Verfügung gestanden hat.

Ich wünsche den Lesern weiterhin eine interessante und aufschlussreiche Lektüre.

München, im April 2012 Peter Seppelfricke

Vorwort zur ersten Auflage

Die Idee zu diesem Buch entstand während meiner Tätigkeit als Aktienanalyst, bei der ich zahlreiche Aktien und Unternehmen (z.B. anlässlich von Börsengängen) bewertet habe. In der wissenschaftlichen Literatur wird nahezu unisono argumentiert, das Discounted-Cash-flow-Verfahren (DFC-Verfahren) sei am besten ökonomisch fundiert und deshalb anderen Methoden überlegen. Auch ich war nach meiner Universitätszeit – ausgestattet mit der üblichen akademischen Arroganz – der Meinung, dass das DCF-Verfahren unzweifelhaft die beste Methode zur Bewertung von Unternehmen darstellt. Bei der praktischen Umsetzung zeigte sich jedoch, dass man mit zahlreichen groben Annahmen arbeiten muss, die von den Bewertern zu kaum nachprüfbaren und willkürlichen (oder gar manipulierten) Bewertungen missbraucht werden können.

Bei der täglichen Beobachtung des Börsengeschehens offenbarte sich zudem eine unbefriedigende Beschränkung der DCF-Verfahren auf die Betrachtung der Faktoren »Entnahmemöglichkeiten der Kapitalgeber« und »Diskontierungszins«. Ich stellte jedoch fest, dass mit Hilfe alternativer Verfahren der Unternehmensbewertung, insbesondere anhand der (wissenschaftlich eher verpönten) Multiplikatormethode und der Methode der Realoptionen, auch andere wertrelevante Faktoren (z.B. Wachstumsmöglichkeiten, Kontrollprämien, Marktverfassung, Marktliquidität) erfasst werden können. Obwohl diese Verfahren in der Praxis anerkannt und verbreitet sind, vermisste ich eine fundierte und praxisnahe Darstellung dieser Ansätze in der Literatur.

In der Praxis der Aktien- und Unternehmensbewertung stellt man auch fest, dass die Implementierung geeigneter Bewertungsverfahren vergleichsweise wenig Zeit in Anspruch nimmt. Der Bewerter verbringt die meiste Zeit (mindestens 90%) einer Bewertung damit, das Bewertungsobjekt eingehend zu analysieren und dessen zukünftige Erfolge zu prognostizieren. Die herkömmliche Literatur zur Aktien- und Unternehmensbewertung konzentriert sich dagegen zumeist auf eine technische Darstellung der Methoden, auf die Ermittlung des erforderlichen Zahleninputs für die Modelle wird höchstens am Rande eingegangen. Eine gut fundierte Unternehmensanalyse und eine qualifizierte Erfolgsprognose ist für die Güte einer Bewertung jedoch von außerordentlicher Bedeutung.

Das vorliegende Buch hat deshalb zum Ziel, verschiedene Lücken in der vorhandenen Literatur zur Aktien- und Unternehmensbewertung zu schließen. Mein Anliegen ist es, sowohl die wissenschaftlich anerkannten Methoden (DCF-Verfahren, Ertragswertverfahren, Substanzwertverfahren, Realoptionen) als auch die weit verbreiteten Praktikeransätze (Multiplikatorverfahren) verständlich darzustellen sowie ihre praktische Umsetzung und Eignung aufzuzeigen. Es soll deutlich werden, dass alle Verfahren Stärken und Schwächen aufweisen, die in verschiedenen Bewertungssituationen zum Tragen kommen. Damit gibt das Handbuch einen aktuellen und umfassenden Überblick und Einblick in alle wichtigen Methoden der Aktien- und Unternehmensbewertung.

Darüber hinaus soll das Buch aufzeigen, welche Aspekte bei einer eingehenden und systematischen Unternehmensanalyse beachtet werden sollten. Anhand von zahlreichen Beispielen soll veranschaulicht werden, wie sich die strategische Positionierung eines Unternehmens im Wettbewerb auf seine zukünftige Ertragskraft auswirken kann. Es wird ebenfalls erläutert, wie sich diese Erkenntnisse in konsistente Planungsrechnungen überführen lassen. Zum besseren Verständnis wurde ebenfalls ein umfangreiches Glossar erstellt, das alle wichtigen Begriffe der Aktien- und Unternehmensbewertung prägnant erläutert. Damit eignet sich das Handbuch auch gut als Grundlagen- und Nachschlagewerk in allen Fragen der Unternehmensanalyse und -bewertung.

Dieses Buch ist von einem (wissenschaftlich ausgebildeten) Praktiker für Praktiker geschrieben. Praxisbezug und Problemorientierung stehen im Vordergrund der Ausführungen. Das vorliegende Buch richtet sich damit an alle Personen, die sich im Rahmen ihrer Berufsausbildung und/oder beruflichen Tätigkeit mit dem Thema Aktien- und Unternehmensbewertung befassen müssen. Das Buch soll Analysten und M&A-Berater im Investmentbanking, Wirtschaftsjournalisten, (angehende) Wirtschaftsprüfer sowie Finanz- und Investor-Relations-Fachleute bei Unternehmen ansprechen. Da die Aktien- und Unternehmensbewertung vielfach auch Lehrstoff an Hochschulen ist, hoffe ich auch, einen Beitrag für interessante und praxisnahe Lehrveranstaltungen zu geben.

Bei der Anfertigung des Buches haben mir zahlreiche Personen geholfen. Ich danke meinen Mitarbeiterinnen, Frau Rosemarie Wahl und Frau Stefanie Kunz, für hilfreiche Arbeiten bei der Erstellung des Manuskripts. Meinen Kollegen Prof. Dr. Sabine Eggers und Prof. Dr. Torsten Arnsfeld danke ich für zahlreiche wertvolle Kommentare zu Rohfassungen des Buches. Herrn Katzenmayer vom Verlag Schäffer Poeschel danke ich dafür, dass er geduldig alle meine Änderungswünsche umgesetzt hat. Bei meinem Vater Dr. Aloys Seppelfricke bedanke ich mich dafür, dass er die mühevolle Arbeit des Korrekturlesens mit großer Sorgfalt durchgeführt hat. Nicht zuletzt danke ich meinen beiden Kindern Annika und Tim Henrik, dass sie meine Launen ertragen haben und häufig auf den »Papa« verzichten mussten. Ihnen ist dieses Buch gewidmet.

Osnabrück, im August 2003   Prof. Dr. Peter Seppelfricke

Angaben zum Autor

Prof. Dr. sc. pol. Peter Seppelfricke ist seit 2001 Professor für Finanzwirtschaft an der Hochschule in Osnabrück. Schon während seines Studiums der Volkswirtschaftlehre und der Promotion an der Universität Kiel setzte er sich intensiv mit Themen des Kapitalmarktes und der Unternehmensbewertung auseinander. Nach seiner Tätigkeit als Wissenschaftlicher Assistent an der Universität Kiel arbeitete Prof. Seppelfricke von 1996 bis 2001 bei der Privatbank M.M. Warburg & CO in Hamburg. Im Rahmen seiner Tätigkeit als Analyst konnte er wertvolle praktische Erfahrungen in der Unternehmensbewertung sammeln und detaillierte Einsichten in das Zusammenspiel der Kapitalmarktteilnehmer gewinnen. Als Prokurist im Bereich Corporate Finance der Bank beriet er Unternehmen bei ihren Finanzierungsproblemen und hat Unternehmen bei ihrem Gang an die Börse begleitet. Neben seiner Professur war er Vorstand eines Finanzdienstleisters und gibt regelmäßig Seminare für Führungskräfte.

Prof. Dr. Peter Seppelfricke
Hochschule Osnabrück
Fakultät Wirtschafts- und Sozialwissenschaften
Postfach 19 40
49009 Osnabrück

E-Mail: seppelfricke@wi.hs-osnabrueck.de
Tel.: 0541-9692179
Fax: 0541-9692070

Homepage: www.wi.hs-osnabrueck.de/~seppelfricke

Inhalt

6 Kostenorientierte Bewertungsverfahren (Substanzwertverfahren) 175

7 Operative Unternehmensanalyse (Vergangenheitsanalyse) 189

8 Strategische Unternehmensanalyse (Analyse von Erfolgspotenzialen) 243

Abkürzungs- und Symbolverzeichnis

a.O.	am Ort
Abb.	Abbildung
Abs.	Absatz
Abschr.	Abschreibung
AfA	Abschreibungen
AG	Aktiengesellschaft
AktG	Aktiengesetz
Ant.	Anteile
Anz.	Anzahl
APT	Arbitrage Pricing Theorie
APV	Adjusted-Present-Value-Verfahren
arith.	arithmetisch
Aufw.	Aufwendungen
BaFin	Bundesanstalt für Finanzdienstleistungsaufsicht
BCG	Boston-Consulting-Group
betriebl.	betrieblich
betriebsn.	betriebsnotwendig
betriebsnotw.	betriebsnotwendig
BetrVG	Betriebsverfassungsgesetz
BR	Business Risks
bzw.	beziehungsweise
ca.	circa
CAGR	Compound Annual Growth Rate
CAPM	Capital Asset Pricing Model
CE	Capital Employed (betriebsnotwendiges Kapital)
CF	Cashflow
CFROI	Cashflow Return on Investment
Co.	Company
CV	Continuing Value
c_{WACC}	Gewogener Kapitalkostensatz (Weighed Average Cost of Capital)
d.h.	das heißt
DAX	Deutscher Aktienindex
DCF	Discounted-Cashflow
DM	Deutsche Mark
DRS	Deutscher Rechnungslegungsstandard
DVFA	Deutsche Vereinigung für Finanzanalyse und Anlageberatung
e.V.	eingetragener Verein
EBDIT	Earnings Before Depreciation, Interest and Taxes

EBDITAR	Earnings Before Depreciation, Interest and Taxes and Aircraft Rental
EBIT	Earnings Before Interest and Taxes
EBITA	Earnings Before Interest, Taxes and Amortization
EBITDA	Earnings Before Interest, Taxes, Depreciation and Amortization
EK	Marktwert des Eigenkapitals
EL	Expected Loss
Ent.	Entwicklung
EStG	Einkommensteuergesetz
etc.	et cetera
EU	Europäische Union
EV	Enterprise Value
EVA	Economic Value Added
exkl.	exklusive
F&E	Forschung und Entwicklung
f./ff.	fortfolgend/fortfolgende
FCF	Free Cashflow
FK	Marktwert des Fremdkapitals
Fn.	Fußnote
FR	Finanzielle Risiken
FTE	Flow to Equity
F(V)	Wert der Realoption
GATT	General Agreement on Tarifs and Trade
geom.	geometrisch
GewESt	Gewerbeeinkommensteuer
GewSt	Gewerbesteuergesetz
GfK	Gesellschaft für Konsumforschung
ggf.	gegebenenfalls
GK	Marktwert des Gesamtkapitals
GmbH	Gemeinschaft mit beschränkter Haftung
GOB	Grundsätze ordnungsgemäßer Buchführung
Gov.	Government
GuV	Gewinn- und Verlustrechnung
HFA	Hauptfachausschuss
HGB	Handelsgesetzbuch
HJB	Hamilton-Jakobi-Bellmann
i.d.R.	in der Regel
i.e.S.	im engeren Sinn
i.S.	im Sinne
i.w.S.	im weiteren Sinn
IAS	International Accounting Standards
IASC	International Accounting Standards Committee
IDW	Institut der Wirtschaftsprüfer
IHK	Industrie- und Handelskammer
IKB	Industrie-Kreditbank
inkl.	inklusive

InsO	Insolvenzordnung
IPO	Initial Public Offering
IQ	Intelligenzquotient
JÜ	Jahresüberschuss
KCFV	Kurs-Cashflow-Verhältnis
KFR	Kapitalflussrechnung
KfW	Kreditanstalt für Wiederaufbau
KGV	Kurs-Gewinn-Verhältnis
KonTraG	Gesetz zur Kontrolle und Transparenz im Unternehmensbereich
KSt	Körperschaftsteuer
L+L	Lieferung und Leistung
langfr.	langfristig
lauf.	laufende
M&A	Mergers and Acquisitions (Fusionen und Übernahmen)
max.	maximal
Mio.	Millionen
Mrd.	Milliarden
MVA	Market Value Added
n.	nach
NAICS	Northern American Industrie Classification System
NATO	North Atlantic Treaty Organization
No.	Number
N_0	Marktwert (Liquidationswert) des nicht betriebsnotwendigen Vermögens
NOPAT	Net Operating Profit Adjusted Taxes
NOPLAT	Net Operating Profit Less Adjusted Taxes
NPV	Net Present Value
Nr.	Nummer
OCF	Operativer Cashflow
OFCF	Operativer Free Cashflow
OHG	Offene Handelsgesellschaft
OPEC	Organization of Petroleum Exporting Countries
p.a.	per anno
PE	Price-Earnings(-Ratio)
PEG	Price-Earnings-Growth(-Ratio)
PIMS	Profit Impact of Market Strategy
PKW	Personenkraftwagen
RAM	Recent Acquisition Method
RAP	Rechnungsabgrenzungsposten
RAROC	Risk Adjusted Return on Capital
RORAC	Return on Risk adjusted Capital
r_{EK}	Kapitalkosten (Opportunitätskosten) der Eigenkapitalgeber
r_{EKu}	Kapitalkosten der Eigenkapitalgeber eines unverschuldeten Unternehmens

r_F	Rendite einer risikolosen Anlage
r_{FK}	Kapitalkosten (geforderte Verzinsung) der Fremdkapitalgeber
ROCE	Return on Capital Employed
ROE	Return on Equity
ROI	Return on Investment
ROIC	Return on Invested Capital
RORAC	Return on Risk Adjusted Capital
S.	Seite
s.o.	siehe oben
SCP	Structure-Conduct-Performance-Paradigma
SFAS	Statements of Financial Accounting Standards
SG	Schmalenbach Gesellschaft
sog.	so genannte
sonst.	sonstige
SPCM	Similar Public Company Method
SPI	Strategic Planning Institute
StSenkG	Steuersenkungsgesetz
SV	Shareholder Value
SWOT	Strength, Weaknesses, Opportunities, Threads
TCF	Total Cashflow
u.ä.	und ähnliche
u.a.	unter anderem
UEL	Unexpected Loss
Ums.	Umsatz
US	United States
USA	United States of America
US-GAAP	US Generally Accepted Accounting Principles
usw.	und so weiter
V	Verschuldungsgrad
Verb.	Verbindlichkeiten
vgl.	vergleiche
WACC	Weighed Average Cost of Capital (gewogener Kapitalkostensatz)
WC	Working Capital
WP	Wirtschaftsprüfer
WpHG	Wertpapierhandelsgesetz
WTO	World Trade Organization
z.B.	zum Beispiel
z.Z.	zur Zeit
ZfbF	Zeitschrift für betriebswirtschaftliche Forschung
zzgl.	zuzüglich

1 Einführung

1.1 Gegenstand der Aktien- und Unternehmensbewertung

Die Bewertung von Aktien und Unternehmen hat eine lange Tradition. 1602 wurde in den Niederlanden die Vereenigte Oost-Indische Compagnie – kurz VOC – gegründet. Einige Kaufleute und Staatsbeamte beschlossen in Den Haag, eine Flotte mit 1722 Schiffen zu bauen, um Güter aus der fernen Welt – anfänglich aus Ostasien – zu importieren: Pfeffer und Gewürznelken, Salpeter und Farben, Holz und chinesisches Porzellan. Die Finanzierung der Flotte überstieg damals jedoch die Finanzkraft der holländischen Gründer. Man kam auf die geniale Idee, kleingestückelte Anteilsscheine auszugeben, um eine Vielzahl von Investoren anzusprechen. Die Aktie war geboren, und schon damals musste der Wert der Aktien bestimmt werden.

Das historische Beispiel macht deutlich, dass die Bewertung von Aktien und Unternehmen immer situationsabhängig ist. Die Aktionäre der VOC standen häufig zitternd am Hafen von Amsterdam. Sie wussten nicht, ob die Schiffe – voll beladen – wieder zurückkehren würden. In Zeiten von Kriegen wurden die Anteilsscheine deshalb niedriger bewertet als in Friedenszeiten. Der Wert kann auch von Person zu Person unterschiedlich beurteilt werden. Während die Staatsbeamten vornehmlich an einer Dividende ihrer Beteiligung interessiert waren, konnten einige Kaufleute mit Hilfe ihres Engagements darüber hinaus sogar eine führende Marktposition erlangen. Den individuellen, situationsabhängigen Wert von Unternehmen und Vermögensgegenständen bezeichnet man auch als Gebrauchswert.

Bei einer betriebswirtschaftlichen Betrachtung befasst sich Bewertung genauer mit dem ökonomischen Wert von Aktien bzw. Unternehmen. Der ökonomische Wert eines Gutes wird durch den Nutzen bestimmt, den das Gut dem Wirtschaftssubjekt stiftet. Unternehmen wie die VOC stellen ein komplexes Bündel von unterschiedlichen Gütern und Rechten dar. Auch der Wert eines Unternehmens wird durch den subjektiven Nutzen bestimmt, den der Inhaber aus ihm ziehen kann. Der Nutzen resultiert dabei vornehmlich aus den Überschüssen, die ein Unternehmen generiert und an seine Eigentümer ausgeben kann. Bei der VOC wurde damals die Dividende in Natura, in Form von Pfeffersäcken, an die Inhaber verteilt. Heutzutage werden jedoch nahezu immer finanzielle Überschüsse ausgeschüttet. Die Überschüsse ermöglichen eine Steigerung des privaten Konsums und erhöhen so den Nutzen der Wirtschaftssubjekte. Den Wert der finanziellen Überschüsse von Unternehmen bezeichnet man auch als Ertragswert.

Die Ermittlung von Ertragswerten engt die Bewertung auf die Betrachtung von Zahlungsströmen ein. Das Beispiel der VOC verdeutlicht jedoch, dass bei der Bewertung von Unternehmen auch nicht-monetärer Nutzen beachtet werden sollte. So haben die Kapitalgeber der VOC den Nutzen dadurch steigern können, dass sie ihre Rechte flexibel an der Amsterdamer Börse handeln konnten. Darüber hinaus konnten die Kapitalgeber einen Zusatznutzen dann erzielen, wenn die Höhe des Anteils einen maßgeblichen Einfluss auf das Unternehmen begründete. So schätzen Großaktionäre den Wert der einzelnen Aktie häufig höher ein als Kleinaktionäre. Heute werden für die Anteilsscheine der VOC sogar Liebhaberpreise gezahlt. Der Wert von historischen Aktien wird auch durch das Vergnügen bestimmt, dass der Eigentümer bei der Sammlung/Betrachtung verspürt.

Die Begriffe »Wert« und »Preis« werden bei theoretischen Betrachtungen häufig unterschieden. Preise bilden sich auf der Grundlage von Angebot und Nachfrage auf Märkten. Im Marktverhalten der Teilnehmer spiegeln sich nicht nur die (monetären und nicht-monetären) Nutzenvorstellungen, sondern auch taktische und psychologische Überlegungen wieder. Auch die Marktstruktur bestimmt maßgeblich das Marktergebnis. So wird sich bei knappen Gütern ein höherer Preis herausbilden als bei Gütern, die reichlich vorhanden sind. Der Wert ist deshalb nur ein Faktor, der in die Preisbildung von Gütern bzw. Unternehmen einfließt. In der Folge unterscheiden sich Werte und Preise regelmäßig voneinander. Die Preise, die sich auf Märkten herausbilden, werden allerdings widersprüchlich auch als Tauschwerte bezeichnet.

Wert und Preis sind jedoch auch untrennbar miteinander verbunden. Ein rationaler Käufer eines Gutes ist nur bereit, das Eigentum an diesem Gut zu erwerben, wenn er den Marktpreis niedriger bewertet als das Eigentum an dem Gegenstand. Auf der anderen Seite ist ein rationaler Verkäufer nur bereit, eine Transaktion einzugehen, wenn er den vereinbarten Preis höher als das Eigentum an dem Gut bewertet. Ein Tauschvorgang beinhaltet deshalb – zumindest unbewusst – immer auch einen Bewertungsvorgang.

Die vorangehenden Ausführungen machen deutlich, dass die Bewertung eines Unternehmens vom Bewertungsanlass abhängt. Der Bewertungsanlass bestimmt die betroffenen Individuen und konstituiert das zugrunde liegende Wertesystem. Die Vielzahl der Bewertungsanlässe lässt sich zu unterschiedlichen Zwecken der Unternehmensbewertung zusammenfassen. Der Zweck wiederum bestimmt die geeigneten Verfahren der Wertermittlung.

Abbildung 1.1 verdeutlicht diesen Zusammenhang exemplarisch für die Wertermittlung von Aktien. Bewertungsanlässe können sowohl eine Börseneinführung als auch eine Kapitalerhöhung des Unternehmens sein. Beide Anlässe machen eine Ermittlung des Emissionspreises der neuen Aktien erforderlich. Für diesen Zweck eignen sich Verfahren zur Ermittlung von Marktwerten.

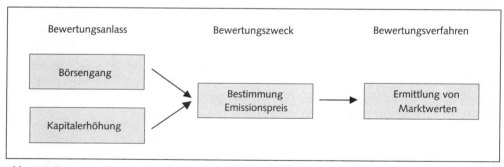

Abb. 1.1: Zusammenhang von Bewertungsanlass, Bewertungszweck und Bewertungsverfahren

1.2 Unternehmens- versus Aktienbewertung

Der Begriff des Unternehmenswertes bezeichnet in der Regel den Wert, den das Unternehmen für alle seine Kapitalgeber, also sowohl von Eigen- als auch von Fremdkapital, generiert. Den Wert für seine Eigentümer erhält man, indem vom Unternehmenswert (auch Unternehmensgesamtwert) der Wert des Fremdkapitals abgezogen wird. Den Wert für die Eigentümer bezeichnet man als Eigentümerwert bzw. bei Aktiengesellschaften auch als Aktionärswert (Shareholder Value).

Die fundamentale Bewertung von Aktien und die Unternehmen sind deshalb bei Aktiengesellschaften zwei Seiten der gleichen Medaille. Aktien verbriefen Eigentumsrechte an einer AG. Der Aktionär ist Eigentümer der Aktien und somit Anteileigner der Aktiengesellschaft. Der fundamentale Wert von Aktien lässt sich in der Folge leicht aus dem Unternehmenswert errechnen, indem der Shareholder Value durch die Anzahl der Aktien geteilt wird:

(1.1)		Unternehmenswert der AG
	–	Marktwert des Fremdkapitals
	=	Shareholder Value
	./.	Anzahl der Aktien
	=	Wert der Aktie

Diese Vorgehensweise ist einwandfrei, wenn es nur eine Aktiengattung gibt oder die Aktiengattungen mit vergleichbaren Eigentumsrechten ausgestattet sind. Falls es neben Stammaktien auch stimmrechtslose Vorzugaktien gibt, die eher als Fremdkapital interpretiert werden können, sollte das Berechnungsschema leicht modifiziert werden:

(1.2)		Unternehmenswert der AG
	–	Marktwert des Fremdkapitals
	–	Marktwert der Vorzugsaktien
	=	Shareholder Value der Stammaktien
	./.	Anzahl der Stammaktien
	=	Wert der Stammaktie

Bei einer angekündigten Kapitalerhöhung kann sich allerdings die Zahl der Aktien bald ändern. Darüber hinaus haben zahlreiche Aktiengesellschaften von einer bedingten Kapitalerhöhung Gebrauch gemacht und Umtausch- oder Bezugsrechte herausgegeben, deren Ausübung in absehbarer Zeit die Anzahl der Aktien erhöhen kann. Dies können gem. § 192 (2) AktG Aktien zur Gewährung von Umtausch- oder Bezugsrechten an Inhaber von Wandelschuldverschreibungen, Gewährung von Rechten zum Aktienbezug an Arbeitnehmer des Unternehmens (Belegschaftsaktien) oder Aktien zur Vorbereitung eines Unternehmenszusammenschlusses sein. In diesen Fällen macht es Sinn, schon vorsorglich einen verwässerten (diluted) Wert der Aktien zu ermitteln. Das Berechnungsschema lautet wie folgt:

(1.3)		Unternehmenswert der AG (inklusive der Effekte der neuen Aktien)
	–	Marktwert des Fremdkapitals
	–	Marktwert der Vorzugsaktien
	=	Shareholder Value der Stammaktien

./.   [Anzahl der Stammaktien
+ Aktien aus der Ausgabe von Umtauschrechten (für Wandelanleihen,
  Fusionen etc.)
+ Aktien aus der Ausgabe von Bezugsrechten (für Aktienoptionen,
  Belegschaftsaktien etc.)]
=   Verwässerter Wert der Stammaktie

Bei einer derartigen Berechnung ist zu beachten, dass der Unternehmenswert unter der Annahme ermittelt werden muss, dass die Aktien tatsächlich ausgegeben werden. Es müssen deshalb z. B. die ersparten Zinsen für die Wandelanleihen oder die absehbare Verzinsung auf das zufließende Kapital aus der Ausgabe der neuen Aktien berücksichtigt werden.

1.3   Bewertungsanlässe

Die Anlässe für die Durchführung einer Unternehmensbewertung lassen sich nach verschiedenen Aspekten gliedern. Abbildung 1.2 gibt einen Überblick über die verschiedenen Anlässe für Unternehmensbewertungen.

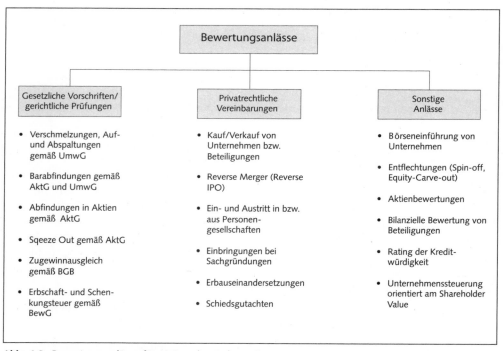

Abb. 1.2: Bewertungsanlässe für Unternehmensbewertungen

Man erkennt, dass die Anlässe für Bewertungen sehr vielfältig sind. Sie entziehen sich jedoch einer eindeutigen Klassifizierung. So hätte man ebenfalls eine Einteilung der Bewertungen nach Lebensphase, Entscheidungssituation oder Eigentumswechsel vornehmen können. Am Beginn des Lebenszyklus, z. B. bei einem Börsengang, sind andere Bewertungsverfahren sinnvoll als am Ende des Lebenszyklus, z. B. bei der Liquidation des Unternehmens.

Bei dominierten Bewertungsanlässen kann eine Partei die Veränderung in den Eigentumsrechten unabhängig vom Ausgang der Bewertung durchsetzen (Beispiele: Kündigung von Gesellschaftern bei Personengesellschaften, Squeeze Out der AG). Bei nicht dominierten Situationen können beide Parteien – je nach Ausgang der Bewertung – frei über die Durchführung der Transaktion entscheiden (Beispiele: Kauf von Unternehmensteilen, Eintritt von Gesellschaftern, Börsengang).

Daneben unterscheidet man Anlässe, die mit einem Eigentumswechsel verbunden sind und solche, bei denen dies nicht der Fall ist. Ohne Eigentumswechsel werden Unternehmen z. B. zur Unternehmenssteuerung (z. B. zur wertorientierten Unternehmensführung anhand des Shareholder Value), aus steuerlichen Gründen (z. B. Ermittlung von Bemessungsgrundlagen für Substanzsteuern) oder aus anderen Gründen (z. B. Bilanzielle Bewertung von Reporting Units nach US-GAAP, Rating der Kreditwürdigkeit) bewertet.

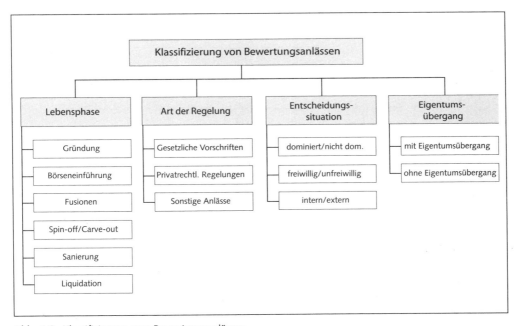

Abb. 1.3: Klassifizierung von Bewertungsanlässen

In der Praxis haben die verschiedenen Anlässe der Unternehmensbewertung eine unterschiedliche Bedeutung. Der mit Abstand häufigste Bewertungsanlass ist der Kauf und Verkauf von Unternehmen bzw. Unternehmensteilen, wobei der Handel von börsennotierten Aktien herausragende Bedeutung hat. Allein an deutschen Börsen wurden im Jahre 2011 Aktien im Werte von ca. 1,5 Billionen Euro gehandelt. Das Transaktionsvolumen bei Übernahmen belief sich im gleichen Zeitraum in Deutschland auf ca. 140 Mrd. Euro.

Auch bei der Emission von Aktien handelt es sich um einen wichtigen Bewertungsanlass. Emittierendes Unternehmen und Konsortialbanken müssen einen Emissionskurs festlegen, mit dem die Interessen des emittierenden Unternehmens (möglichst hoher Emissionskurs und damit hoher Emissionserlös), der Anleger (möglichst niedriger Emissionskurs und damit hohes Potenzial für Kurssteigerungen) und der Banken (eher niedriger Emissionskurs[1], um die Aktien platzieren zu können) in Einklang gebracht werden können. Die Anleger beurteilen zumeist im Rahmen eines Bookbuilding-Verfahrens (Pre-Marketing, Order Taking) die Angemessenheit des vorgeschlagenen Emissionskurses.

Darüber hinaus macht häufig auch die Lösung des Nachfolgeproblems in Unternehmen Bewertungen erforderlich. So muss häufig die Bemessungsgrundlage für die Erbschafts- und Schenkungssteuer ermittelt werden oder bei einer Veräußerung an das Management (Management-buy-out) muss ein fairer Preis bestimmt werden.

1.4   Bewertungszwecke

In Deutschland hat in den vergangenen Jahrzehnten eine abstrakte Diskussion über das Wesen des betriebswirtschaftlichen Wertes von Unternehmen die wissenschaftliche Diskussion wesentlich beeinflusst. Auf der Grundlage von objektiven und subjektiven Werttheorien wurden zahlreiche Bewertungszwecke abgegrenzt. In der Literatur werden folgende Unternehmenswerte unterschieden:

- *Marktwert:* Der Wert des Unternehmens am Kapitalmarkt,
- *Steuerungswert:* Unternehmenswert, der zur internen Unternehmensteuerung ermittelt wird,
- *»Objektivierter Unternehmenswert« nach dem IDW:* »Zukunftentnahmewert ... der sich bei Fortführung des Unternehmens in seinem Konzept und seinem Vorhaben unter Leitung des vorhandenen Managements ... ohne Wertvorstellungen eines potenziellen Käufers und ohne wertverändernde Argumentationen des Verkäufers ... ergibt.«
- *Entscheidungswert (Grenzpreis):* Wert, den ein Verkäufer/Käufer mindestens verlangen muss/ höchstens bezahlen kann, um sich nach der Transaktion nicht schlechter zu stellen,
- *Schiedswert (Einigungswert, »fairer Wert«):* Mittelwert im »Einigungsbereich« zwischen Grenzpreis des Käufers bzw. Grenzpreis des Verkäufers,
- *Argumentationswert:* Unternehmenswert, der mit Hilfe eines Gutachtens ermittelt wird, um die eigene Verhandlungsposition zu stärken,

---

1   In Phasen eines Börsenbooms sind jedoch auch die Konsortialbanken häufig an einem hohen Emissionskurs interessiert, da die Verkaufsprovisionen vom Emissionsvolumen bestimmt werden. In diesen Phasen sind Neuemissionen zumeist deutlich überzeichnet und die Platzierung erweist sich als wenig problematisch.

- *Vertragswert:* Unternehmenswert, der anlässlich von Vertragsgestaltungen ermittelt wird und
- *Steuerlicher Wert:* Unternehmenswert, der als Bemessungsgrundlage für Substanzsteuern dient.

Eine derartig abstrakte Diskussion über den Wert von Unternehmen hat es in den USA nicht gegeben. Offensichtlich wurde die Zweckabhängigkeit der Bewertung dort bereits früh als eine Selbstverständlichkeit angesehen, die keiner weiteren Diskussion bedurfte. In den USA wurde die Unternehmensbewertung bereits früh als investitionstheoretisches Problem gesehen, auf das die allgemeinen Erkenntnisse der finanzwirtschaftlichen Theorie anzuwenden sind. Aufgrund der Kapitalmarktorientierung von US-Unternehmen dominierten zudem marktbezogene Bewertungsanlässe. Demzufolge werden dort vornehmlich Marktwerte ermittelt.

Die verschiedenen Bewertungszwecke bzw. Bewertungsbegriffe werden im Folgenden vorgestellt.

1.4.1   Ermittlung von Marktwerten

Bei der Ermittlung von Marktwerten hat der Bewerter keine speziellen Bewertungssubjekte vor Augen, sondern er ermittelt den Unternehmenswert aus Sicht des Kapitalmarktes, d.h. aus Sicht *aller* dort operierenden Eigen- und Fremdkapitalgeber. Der Marktwert des Unternehmens setzt sich demnach aus dem Marktwert des Eigenkapitals und dem Marktwert des Fremdkapitals zusammen.

Die Ermittlung der Marktwerte von Unternehmen ist in den USA der dominierende Bewertungszweck. Die Ermittlung von Marktwerten erfolgt deshalb zumeist auf Grundlage der in den USA entwickelten finanzwirtschaftlichen Theorie. Der Marktwert entspricht demzufolge dem Barwert aller zukünftigen Zahlungen, die die Kapitalgeber des Unternehmens (Eigen- und Fremdkapitalgeber) erwarten können. Werttreiber sind die zu erwartenden Cashflows einerseits und die Renditeforderungen der Kapitalgeber andererseits.

Die Bestimmung der Renditeforderungen der Eigenkapitalgeber fußt in der Regel auf kapitalmarkttheoretischen Modellen, zumeist auf dem Capital Asset Pricing Model (CAPM). Es wird unterstellt, dass den am Kapitalmarkt operierenden Investoren nur das systematische Risiko vergütet wird, unsystematisches Risiko kann durch Portfoliobildung eliminiert werden und wird auf Kapitalmärkten nicht bewertet. Die Ermittlung von Marktwerten basiert deshalb auf der Vorstellung von Investoren, die vollständig diversifizierte Portfolios halten.

Die Ermittlung von Marktwerten blendet subjektive Werteinflüsse und -empfindungen aus. Die Ermittlung von Marktwerten drängt sich in der Folge besonders auf, wenn es eine Vielzahl (unbekannter) Bewertungssubjekte gibt und die Unternehmensanteile an Kapitalmärkten (Börsen) gehandelt werden. Die Ermittlung von Marktwerten hat deshalb bei der Ermittlung von Emissionspreisen im Rahmen des Going Public oder bei der laufenden Bewertung von Aktien besondere Bedeutung erlangt.

Es sollte betont werden, dass die ermittelten Marktwerte nur eine Richtgröße für die potenziellen Marktpreise vorgeben können. Börsenpreise sind das Ergebnis von Marktverhandlungen und spiegeln neben den Ertragsperspektiven auch zahlreiche andere Einflüsse wider, z. B. psychologische Faktoren, Wachstums- oder Übernahmephantasien, Liquidität des Börsenhandels (Indexzugehörigkeit) oder Einflussmöglichkeiten der Investoren (Kontrollprämien). Es kann jedoch angenommen werden, dass sich Börsenwerte zumindest langfristig an den fundamentalen Marktwerten von Aktien orientieren.

1.4.2   Ermittlung von Steuerungswerten

Eine Unternehmensbewertung kann auch die Unternehmensführung bei der Steuerung des Unternehmens (bzw. des Konzerns) unterstützen. Die Unternehmensbewertung wird zum regelmäßig durchgeführten Instrument der Unternehmensführung und verliert damit ihren Status als Hilfsmittel in besonderen Situationen.

Im Rahmen einer wertorientierten Unternehmensführung hat die Ermittlung von Steuerungswerten eine immense Bedeutung erlangt. Nahezu alle größeren, börsennotierten Unternehmen richten ihre Geschäftspolitik an der Steigerung des Aktionärsvermögens (Shareholder Value) aus. Die Unternehmen verfolgen das Ziel, den Marktwert des Unternehmens für seine Eigentümer zu steigern. Ausgangspunkt für die Ermittlung von Steuerungswerten ist deshalb auch eine Marktwertermittlung des Unternehmens. Ausführliche Erläuterungen zur Shareholder-Value-Strategie findet man in Kapitel 7.4.

1.4.3   Ermittlung von »objektivierten Unternehmenswerten« nach dem IDW

Das Institut der Wirtschaftsprüfer (IDW) sieht für Wirtschaftsprüfer die Funktion des neutralen Gutachters bei Unternehmensbewertungen vor. Der neutrale Gutachter hat die Aufgabe, einen objektivierten Wert des Unternehmens als Ausgangsbasis für Preisverhandlungen zu ermitteln. Der objektivierte Wert soll sich ohne Berücksichtigung individueller Wertschätzungen der von der Bewertung betroffenen Bewertungssubjekte ergeben. Das Unternehmen soll bewertet werden »so wie es steht und liegt«, d. h. der objektivierte Unternehmenswert drückt den Wert aus, der sich bei einer Fortführung des Unternehmens in seiner bisherigen Unternehmenskonzeption ergibt.

Der objektivierte Unternehmenswert eignet sich damit eher für Bewertungsanlässe, bei denen von einer unveränderten Fortführung des Unternehmens ausgegangen werden kann (z. B. laufende Bewertung von Aktien, Bewertung der Aktien einer Neuemission, Abfindung von Gesellschaftern). Bei der Ermittlung eines objektivierten Unternehmenswertes wird allerdings auf einen »typischen« Erwerber abgestellt, und nicht unbedingt auf einen am Kapitalmarkt operierenden, diversifizierten Investor. Geht man davon aus, dass es sich bei dem »typischen« Investor um einen diversifizierten Investor handelt, so wird der objektivierte Unternehmenswert dem Marktwert des Unternehmens entsprechen.

Da der objektivierte Unternehmenswert individuellen Aspekten der Bewertung keine Beachtung schenkt, eignet er sich demgegenüber kaum als Entscheidungsgrundlage bei Fusionen und Übernahmen. So werden z. B. mögliche Synergieeffekte, die nach dem Kauf eines Unternehmens entstehen können, missachtet. Der objektivierte Unternehmenswert entspricht deshalb bei M&A-Transaktionen in der Regel einem (tendenziell niedrigen) Verkäuferwert und ist mitnichten »objektiv«.

1.4.4 Ermittlung von Entscheidungswerten

Der Entscheidungswert wird für ein bestimmtes Bewertungssubjekt ermittelt, wobei die subjektiven Wertvorstellungen des Bewertungssubjektes zu beachten sind. Oder in der Sprache der Entscheidungstheorie formuliert: Der Unternehmenswert soll das Zielsystem und das Entscheidungsfeld des Entscheidungsträgers berücksichtigen. Zur Vereinfachung wird bei der Unternehmensbewertung unterstellt, dass der Entscheidungsträger im Zielsystem ausschließlich die Erfolge eines Unternehmens betrachtet. Andere, nicht-monetäre Ziele werden ausgeblendet. Die Bewertung erfolgt demzufolge auf Basis der zukünftigen Erfolge des Unternehmens. Das geeignete Verfahren zur Ermittlung von Entscheidungswerten ist das Ertragswertverfahren (vgl. dazu Kapitel 2.2).

Die Ermittlung von Entscheidungswerten findet nicht nur bei Kauf- bzw. Verkaufsituationen Anwendung. Auch Fusionen, Spinn Offs oder Kapitalerhöhungen gegen Sacheinlage können diesem Bewertungszweck zugeordnet werden. Die Bewertung dient jeweils als interne Entscheidungsgrundlage, die nicht offen kommuniziert wird.

1.4.5 Ermittlung von Schiedswerten

Grundlage einer Schiedsbewertung sind die Entscheidungswerte verschiedener Konfliktparteien. Die Entscheidungswerte der beiden Parteien umschreiben den Transaktionsbereich, innerhalb dessen eine Einigung möglich ist. Der Entscheidungswert des Verkäufers stellt die Untergrenze und der Entscheidungswert des Käufers stellt die Obergrenze dar. Der Schiedswert muss zwischen den beiden Entscheidungswerten liegen. Der Bewerter hat die Aufgabe, den Transaktionsbereich zwischen beiden Parteien aufzuteilen.

Falls der Entscheidungswert des Verkäufers über dem Entscheidungswert des Käufers liegt, es also keinen Transaktionsbereich gibt, wird keine Einigung möglich sein. Der unparteiische Bewerter wird von einer Transaktion abraten. In dominierten Konfliktsituationen wird der Bewerter allerdings auch dann einen Schiedswert vorschlagen müssen, wenn kein Transaktionsbereich vorliegt. Häufig geben in diesen Fällen jedoch zwingende Normen, etwa Gesetze oder Rechtsprechungen, Anhaltspunkte für eine Bewertung.

1.4.6 Ermittlung von Argumentationswerten

Ausgangspunkt für Argumentationswerte sind ebenfalls Entscheidungswerte. Der Argumentationswert soll mit überzeugenden Argumenten der Gegenseite einer Transaktion einen glaubwürdigen Wert des Unternehmens vermitteln. Zu diesem Zweck werden zumeist

Gutachter mit hoher Reputation rekrutiert. Der Einfluss dieser Gutachten ist größer, wenn eine in Unternehmenskäufen erfahrene Verhandlungspartei auf unerfahrene Verkäufer oder Käufer trifft. Kompetente Verhandlungspartner werden die mangelnde Objektivität von Argumentationswerten dagegen schnell durchschauen.

Argumentationswerte werden häufig anlässlich von Käufen bzw. Verkäufen von Unternehmen, insbesondere bei Auseinandersetzungen vor Gericht, ermittelt. Aber auch innerbetrieblich werden regelmäßig Argumentationswerte berechnet. Im Rahmen einer Shareholder-Value-Politik wird häufig der Wertbeitrag einzelner Geschäftsbereiche zum Unternehmenswert des Gesamtkonzerns gemessen. Die verantwortlichen Personen der Geschäftsbereiche haben ein Interesse daran, einen besonders hohen Wertbeitrag ihres Bereichs darzustellen. Das weitere Fortkommen in der Firmenhierarchie oder die Bezahlung wird häufig von diesen Werten abhängig gemacht. Die verantwortlichen Personen werden deshalb versuchen, ihre Lage mit überzeugenden Argumenten zu verbessern.

1.4.7 Ermittlung von Vertragswerten

Bei der Ermittlung von Vertragswerten gilt es, vertragliche Regelungen zu entwickeln bzw. zu interpretieren. Bedeutung erlangen Vertragswerte bei der Gestaltung von Abfindungsklauseln in Gesellschaftsverträgen. Einem ausscheidenden Gesellschafter muss eine Abfindung durch die in der Gesellschaft verbleibenden Gesellschafter gezahlt werden. Nach § 738 Abs. 1 Satz 2 BGB ist dem Ausscheidenden »dasjenige zu zahlen, was er bei der Auseinandersetzung erhalten würde, wenn die Gesellschaft zur Zeit seines Ausscheidens aufgelöst worden wäre.« Diese Regelung findet auf Grundlage §§ 105 Abs. 2 und 161 Abs. 2 HGB auch für die Rechtsformen der offenen Handelsgesellschaft und der Kommanditgesellschaft Anwendung.

1.4.8 Ermittlung von steuerlichen Werten

Aufgrund der Verfassungswidrigkeit der Erbschaft- und Schenkungsteuer wegen der Ungleichbehandlung der Vermögensarten vor dem 1. Januar 2009 musste der Gesetzgeber zum 1. Januar 2009 sowohl das Bewertungsgesetz als auch das Erbschaftsteuer- und Schenkungssteuergesetz ändern.

Gemäß § 11 Abs. 1 BewG sind Aktien mit dem niedrigsten am Stichtag für sie im regulierten Markt notierten Kurs anzusetzen. Liegt eine Notierung am Stichtag nicht vor, so ist der letzte innerhalb von 30 Tagen vor dem Stichtag im regulierten Markt notierte Kurs maßgebend. Falls der Marktwert nicht feststellbar ist, muss ein sog. gemeiner Wert ermittelt werden. Der gemeine Wert wird durch den Preis bestimmt, der im gewöhnlichen Geschäftsverkehr nach der Beschaffenheit des Wirtschaftsgutes bei einer Veräußerung zu erzielen wäre. Dabei sind alle Umstände, die den Preis beeinflussen, zu berücksichtigen. Ungewöhnliche oder persönliche Verhältnisse müssen nicht beachtet werden.

Lässt sich der gemeine Wert nicht aus Verkäufen unter fremden Dritten ableiten, die weniger als ein Jahr zurückliegen, so ist er unter Berücksichtigung der Ertragsaussichten der

Kapitalgesellschaft zu ermitteln. Hierbei kommt das sog. vereinfachte Ertragswertverfahren zur Anwendung.

In einem ersten Schritt werden die Betriebsergebnisse pro Jahr bereinigt, danach wird ein durchschnittlicher Jahresertrag ermittelt. Ausgangswerte sind die Gewinne im Sinne des § 4 Abs. 1 und 3 EStG, diese Jahreserträge werden nun um Hinzurechnungen wie Investitionsabzugsbeträge, Sonderabschreibungen, Abschreibungen auf den Firmenwert, einmalige Veräußerungsverluste, außerordentliche Aufwendungen, Ertragssteueraufwand u.a. ergänzt (§ 202 Abs. 1 Nr. 1 BewG). Danach werden Abrechnungen vorgenommen (§ 202 Abs. 1 Nr. 2 BewG) wie z.B. einmalige Veräußerungsgewinne, außerordentliche Erträge, Erträge aus der Erstattung von Ertragsteuern und ein angemessener Unternehmerlohn.

Von den bereinigten Betriebsergebnissen pro anno wird dann ein typisierter pauschaler Ertragssteueraufwand von jeweils 30 % abgezogen; die so ermittelten Betriebsergebnisse der letzten drei Jahre werden dann gemittelt. Es wird unterstellt, dass dieser Durchschnittsbetrag auch in allen zukünftigen Jahren erzielt wird und konstant bleibt. Der Barwert aller zukünftigen Erträge kann demzufolge mit der Formel der ewigen Rente errechnet werden.

Basiszins für die Kapitalisierung ist ein einmal jährlich zum ersten Börsentag des Jahres durch die Bundesbank festgesetzter Zinssatz, der regelmäßig im Bundesanzeiger veröffentlicht wird. Der von der Deutschen Bundesbank auf den 02.01.2012 ermittelte Basiszins für alle Wertermittlungen auf Bewertungsstichtage in 2012 beträgt 2,44 %.

Auf den Basiszins wird ein pauschalierter Risikozuschlag von 4,5 % gerechnet, sodass sich dann ein Kapitalisierungszins von 6,94 % ergibt. Für ein Unternehmen mit einem Durchschnittsertrag von 1 Mio. € kann der vereinfachte Ertragswert folgendermaßen ermittelt werden:

Durchschnittsertrag (§ 202 BewG):	1 Mio. €
Kapitalisierungszinssatz (§ 203 BewG):	6,94 %
Vereinfachter Ertragswert:	1 Mio. €/6,94 % = 14,41 Mio. €

Bei den aktuell sehr niedrigen Zinsen entspricht der Ertragswert mehr als dem 14-fachen des Durchschnittsertrags.

Es muss beachtet werden, dass der so ermittelte Wert nie kleiner als der Substanzwert der einzelnen Vermögensgegenstände sein darf. In der Folge muss für steuerliche Zwecke zusätzlich auch der steuerliche Substanzwert ermittelt werden (§ 95 bis 97 BewG i. V. m. § 11 Abs. 2 BewG). Darüber hinaus kann der Steuerpflichtige versuchen, durch ein individuelles Bewertungsgutachten, das ein Ertragswertverfahren sein muss (auf Grundlage des Standards der Wirtschaftspüfer IdW S1), einen niedrigeren Wert zu ermitteln.

Das vereinfachte Ertragswertverfahren hat den Vorteil, dass es auf Vergangenheitsdaten beruht und daher einfach anzuwenden ist. Der Unternehmerlohn ist die einzige Rechengröße, die sich nicht aus dem Rechnungswesen ergibt, sondern individuell ermittelt werden muss.[1] Das Verfahren eignet sich deshalb gut für die massenhafte Anwendung in der Finanzverwaltung.

Die Ertragsperspektiven eines Unternehmens werden jedoch nur unzureichend gewürdigt. Es ist sehr fragwürdig, ob die in der Vergangenheit erwirtschafteten Ergebnisse eine gute

---

[1] Die Finanzverwaltung hat es in ihren ErbSt-Richtlinien bisher versäumt, den Unternehmen wesentliche Hinweise zur richtigen Ermittlung eines angemessenen kalkulatorischen Unternehmerlohnes zu geben.

Prognose für die Zukunft darstellen. In Situationen eines Ergebniseinbruchs, wie z.B. während der aktuellen Finanz- und Wirtschaftskrise, kann es daher sein, dass die verwendeten Ergebnisse von drei vorangegangenen »Boomjahren« eine zu hohe Ergebnisentwicklung in Zukunft suggerieren. Im Gegensatz dazu dürfte der Steuerpflichtige bei Unternehmen mit starken Wachstumserwartungen mit dem vereinfachten Ertragswertverfahren besser fahren, da das zukünftige hohe Ertragspotenzial nicht erfasst wird.

Die Vorgabe eines Kapitalisierungssatzes von aktuell 6,94 % ist ebenfalls problematisch und entspricht kaum den langjährigen, marktüblichen Kapitalkosten (ca. 8-12 %). Es ist ökonomisch kaum nachvollziehbar, dass weit in die Zukunft reichende Erträge mit einem risikolosen Basiszins abzuzinsen sind, der durch die aktuell sehr expansive Geldpolitik der EZB maßgeblich gedrückt wird.

Darüber hinaus ist der veröffentlichte Basiszinssatz für sämtliche Wertermittlungen in diesem Kalenderjahr anzuwenden. Im Rahmen einer Bewertung nach den Grundsätzen der Wirtschaftsprüfer wird dagegen auf den jeweiligen Bewertungsstichtag abgestellt und ein aus der entsprechenden Zinsstrukturkurve dieses Tages gewonnener risikoloser Zinssatz verwendet. Je stärker die Zinsen im Laufe eines Jahres gestiegen sind und je steiler die aktuelle Zinsstrukturkurve ist (d.h. je größer der Unterschied zwischen kurz- und langfristigen Zinsen ist), desto mehr wird der tatsächliche Wert eines Unternehmens überschätzt. In der Folge würde die Steuerlast deutlich zu hoch ausfallen.

Auch der pauschale »mittlere« Risikozuschlag von 4,5 % ist selten realistisch. Bei Unternehmen aus Branchen mit sehr hohen Risikozuschlägen – wie etwa Technologie, Banken, Bau, Industrie oder Transport – ist dieses Vorgehen besonders nachteilig. Auch in diesen Fällen ist es empfehlenswert, eine individuelle Unternehmensbewertung nach den Grundsätzen der Wirtschaftsprüfer (IDW S1) durchzuführen. Dort wird der Risikozuschlag individuell für das Unternehmen auf Basis des Capital Asset Pricing Modells (CAPM) ermittelt.

1.5   Methodenüberblick

Theorie und Praxis der Unternehmensbewertung sind durch eine große Methodenvielfalt gekennzeichnet. Aus der Diskussion der Funktionen der Unternehmensbewertung wurde die zentrale Rolle von Entscheidungs- und Marktwerten deutlich. Auf der Ermittlung von Entscheidungswerten basieren Entscheidungswerte, aber auch Schieds- und Argumentationswerte. Marktwertermittlungen sind demgegenüber Ausgangspunkt für die Bestimmung von Marktwerten, Steuerungswerten und in etwa auch des »objektiven« Unternehmenswertes nach IDW. Die Ermittlung von steuerlichen Werten oder Vertragswerten stellen besondere Bewertungszwecke dar und es sind spezielle Aspekte zu beachten. In Deutschland werden die Verfahren der Unternehmensbewertung üblicherweise nach diesen Funktionen der Bewertung klassifiziert.

	Erfolgsorientierte Bewertungsverfahren	Marktorientierte Bewertungsverfahren	Kostenorientierte Bewertungsverfahren	Realoptionen
Wesen	Kapitalwert zukünftiger verfügbarer Cashflows	Vergleich mit Bewertungsrelationen einer Peer-Group	Wert der Asset abzgl. Verbindlichkeiten	Optionswert strategischer Handlungsmöglichkeiten
Prinzip	Gesamtbewertung	Gesamtbewertung	Einzelbewertung	Ergänzende Einzel-/Gesamtbewertung

Varianten	• DCF-Verfahren
	  – Equity-Verfahren
	  – Entity-Verfahren
	• Ertragswertverfahren
		• Equity-Multiples
		• Entity-Multiples
		• Asset-Multiples
		• Umsatz-Multiples
			• Reproduktionswert
			• Liquidationswert
			• Buchwert
				• Investitionsoption
				• Desinvestitionsoption

Stärken	• Zukunftsorientiert • Berücksichtigung vieler Informationen	• Objektivierung durch Marktwerte • Nutzung von Marktinformationen • Einfach und schnell • Leicht nachvollziehbar	• einfach	• Frühzeitige Bewertung von Chancen, Flexibilität

Schwächen	• Komplexe Modelle/ Viele Freiheitsgrade
	• Unsichere Prognose der Cashflows
		• Vergleichbarkeit kritisch
		• Irrationale Marktbewertungen
			• Nur begrenzt sinnvoll
			  – Make-or-Buy-Entscheidung
			  – Liquidation
				• Komplexe Modelle/Viele Freiheitsgrade
				• Praktische Umsetzung

Tab. 1.1: Übersicht der Verfahren der Unternehmensbewertung

In den USA wird hingegen in der Regel nach Art der Verfahren zwischen erfolgsorientierten Bewertungsverfahren (»Income Approach«), kostenorientierten Verfahren (»Cost Approach«) und marktorientierten Bewertungsverfahren (»Market Approach«) unterschieden. Der Income Approach basiert auf einer Bewertung der zukünftigen Erfolge eines Unternehmens. Sowohl das deutsche Ertragswertverfahren als auch das angelsächsische Discounted-Cashflow-Verfahren (DCF-Verfahren) fallen unter diesen Ansatz. Diese Verfahren werden in den Kapiteln 2 und 3 ausführlich dargestellt. Diese Verfahren werden häufig um die Bewertung von Realoptionen ergänzt. Eine Darstellung dieses Ansatzes findet man in Kapitel 4.

Bei den marktorientierten Verfahren werden Unternehmenswerte mit Hilfe aktueller Marktpreise ermittelt. Bei diesem Ansatz wird der Wert eines Unternehmens anhand eines Kennzahlenvergleichs mit anderen Unternehmen ermittelt. Diese Kennzahlen bezeichnet man auch als Multiplikatoren (Multiples), da Marktpreise ins Verhältnis zu Performancegrößen gesetzt werden. Die Multiples können anhand von Marktbewertungen börsennotierter Unternehmen (»Peer Group«) oder anhand von gezahlten Kaufpreisen bei vergleichbaren

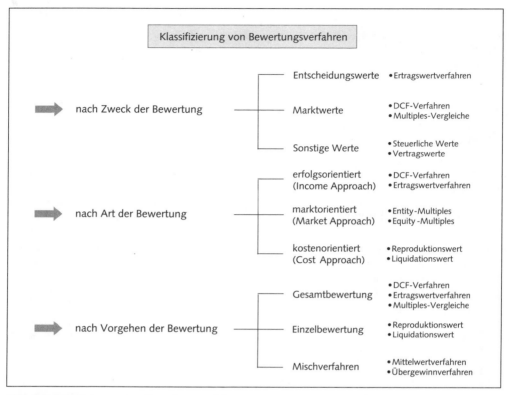

Abb. 1.4: Klassifizierung von Bewertungsverfahren

Transaktionen gebildet werden. Dabei kann grundsätzlich zwischen Equity- und Entity-Multiplikatoren unterschieden werden. Mit der Hilfe von Equity-Multiplikatoren wird das Eigenkapital bewertet, entweder das gesamte Eigenkapital oder die einzelne Aktie. Bei Entity- (oder Enterprise-Value) Multiplikatoren wird die Gesamtheit des Unternehmens bewertet, also das Eigen- zuzüglich des Fremdkapitals. Der markorientierte Ansatz wird detailliert in Kapitel 5 dargestellt.

Den kostenorientierten Verfahren liegt der Gedanke zugrunde, dass die für den Aufbau der Gesellschaft entstandenen Kosten Rückschlüsse auf den Wert des Unternehmens geben. Die Ermittlung von Substanz- und Liquidationswerten folgt diesem Ansatz. Das Substanzwertverfahren wird traditionell in der Betriebswirtschaftslehre als Reproduktionswert verstanden. Der Wert basiert auf Kosten, die aufzuwenden wären, um das Unternehmen in der vorliegenden Form zu reproduzieren. Bei der Bewertung werden somit Wiederbeschaffungswerte angesetzt. Bei der Ermittlung von Liquidationswerten werden die einzelnen Vermögensgegenstände mit ihren erwarteten Verwertungserlösen bewertet. Davon müssen die Liquidationskosten und die Verbindlichkeiten abgezogen werden. Die Bewertung der Substanz ist Gegenstand des 6. Kapitels.

Die verschiedenen Verfahren der Unternehmensbewertung sind ebenfalls durch ein unterschiedliches Vorgehen gekennzeichnet. So lassen sich Gesamtbewertungsverfahren,

Einzelbewertungsverfahren und Mischverfahren unterscheiden. Beim Einsatz von Gesamt-bewertungsverfahren wird das Unternehmen als Bewertungseinheit betrachtet. Der Unter-nehmenswert wird durch den Gesamtertrag bestimmt, der aus dem Unternehmen künftig erwartet wird. Sowohl die erfolgsorientierten DCF- und Ertragswertverfahren als auch die marktorientierte Bewertung mit Multiples fallen in diese Kategorie. Im Gegensatz dazu wird bei den Einzelbewertungsverfahren der Unternehmenswert als Summe der einzelnen Vermögensbestandteile (Vermögensgegenstände und Schulden) berechnet. Dies ist bei der Ermittlung von Reproduktions- und Liquidationswerten der Fall. Mischverfahren sind Kombinationsverfahren aus Gesamtbewertungs- und Einzelbewertungsverfahren.

1.6   Ablauf der Unternehmensbewertung

Eine Unternehmensbewertung vollzieht sich in mehreren Schritten. Eine typische Vorgehensweise ist in Abbildung 1.5 skizziert. Zunächst muss eine geeignete Bewertungsmethode ermittelt werden. Die Wahl einer geeigneten Methode hängt von der jeweiligen Unternehmenssituation, dem Bewertungszweck und der Unternehmensstruktur ab.

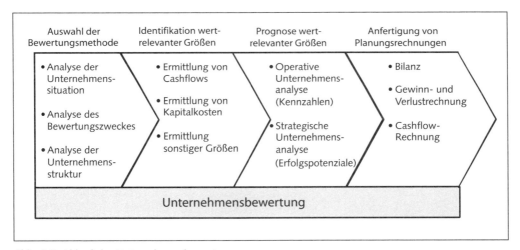

Abb. 1.5: Ablauf der Unternehmensbewertung

Die Unternehmenssituation zum Zeitpunkt der Bewertung korrespondiert mit der Auswahl eines geeigneten Bewertungsverfahrens. Ist der Anlass der Bewertung eine (absehbare) Liquidation, sollte der Liquidationswert ermittelt werden. Reproduktionswerte kommen bei der Ermittlung von steuerlichen Werten zur Anwendung. Der Reproduktionswert sollte auch ermittelt werden, wenn in Erwägung gezogen wird, ein Unternehmen voll-ständig neu aufzubauen. Reproduktionswerte sollten mithin auch dann ermittelt werden, wenn das Management vor einer Make-or-buy-Entscheidung steht. Eine Alternative zum

Unternehmenskauf stellt immer eine Reproduktion des gewünschten Kapitalstocks dar. Die Kaufentscheidung (»Buy«) ist nur dann zu rechtfertigen, falls der Reproduktionswert (»Make«) höher als der Kaufpreis ist.

Beispiele

▸▸▸ Die comdirect bank AG hat lange Zeit die Strategie verfolgt, mit ihrem Geschäftsmodell ins europäische Ausland zu expandieren. Dabei hatte man in verschiedenen Ländern die Wahl, einheimische Direktbanken zu kaufen oder selbstständig Niederlassungen aufzubauen. Für die Entscheidungsfindung war es deshalb erforderlich, den möglichen Kaufpreisen der Übernahmekandidaten die entsprechenden Reproduktionswerte gegenüberzustellen.

Die Ermittlung von Reproduktionswerten wird offensichtlich bei vielen Unternehmensübernahmen missachtet. So wurden bei Übernahmen von Unternehmen der »New Economy« vielfach Kaufpreise gezahlt, die einer ökonomischen Logik entbehren. Bei Dienstleistungsunternehmen mit einer Handvoll Mitarbeitern, geringen Marktanteilen und einem niedrigen Bekanntheitsgrad wäre der eigenständige Aufbau des Geschäfts häufig günstiger gewesen als der gezahlte Akquisitionspreis. So wurde das deutsche Internet-Auktionshaus Ricardo Anfang 2000 (Umsatz 1999: 3,2 Mio. Euro, 10 Mitarbeiter) bei der Übernahme durch den britischen Konkurrenten QXL mit ca. 1,1 Mrd. Euro (bezahlt in Aktien) bewertet. Für einen derartig hohen Betrag hätte man zahlreiche Mitarbeiter einstellen und umfangreiche Werbekampagnen zur Steigerung des Bekanntheitsgrades starten können. ◂◂◂

Im Regelfall kann man bei der Unternehmensbewertung von einer Fortführung des Unternehmens ausgehen – es müssen deshalb Fortführungswerte ermittelt werden. Hat die Unternehmensbewertung zum Zweck, individuelle Entscheidungswerte zu berechnen (z.B. bei Übernahmen, Abfindung von Gesellschaftern) bietet sich das Ertragswertverfahren an. Sollen hingegen Marktwerte ermittelt werden (z.B. bei der Bewertung von Aktien für die laufende Börsenbewertung oder im Rahmen des Going Public), sollte sich die Bewertung auf das Discounted-Cashflow-Verfahren oder eine Bewertung mit Multiples stützen.

Sowohl Entscheidungs- als auch Marktwerte können um verschiedene Aspekte ergänzt werden. Handelt es sich bei dem zu bewertenden Unternehmen um einen Konzern mit recht unterschiedlichen Geschäftsbereichen, ist es zweckmäßig, die Erfolgsaussichten und Risiken der einzelnen Bereiche separat zu bewerten. Diese Vorgehensweise bezeichnet man auch als Sum-of-the-parts-Bewertung. Handelt es sich bei dem Bewertungsobjekt um ein Unternehmen, das über zahlreiche strategische Handlungsoptionen verfügt (z.B. typische Wachstumsunternehmen), ist eine ergänzende Bewertung dieser sog. Realoptionen sinnvoll.

Bei den meisten Unternehmen ist darüber hinaus auch eine Bewertung des nicht betriebsnotwendigen Vermögens erforderlich. Fortführungswerte auf Basis von Entscheidungs- oder Marktwerten spiegeln lediglich die zukünftigen Ertragsperspektiven (Cashflows) der operativen Geschäftstätigkeit wider. Viele Unternehmen verfügen aber über zusätzliches Vermögen, z.B.

- flüssige Mittel, die über das erforderliche Niveau hinausgehen,
- Wertpapiere und spekulative Beteiligungen und
- Sachanlagen (Grundstücke, Immobilien),

die man ohne Beeinträchtigung der originären Geschäftstätigkeit veräußern könnte. Der Wert des nicht betriebsnotwendigen Vermögens kann beträchtliche Ausmaße annehmen. Dieses Vermögen ist deshalb mit seinen Liquidationswerten (abzüglich der Ertragssteuern auf die möglichen realisierten Gewinne) anzusetzen.

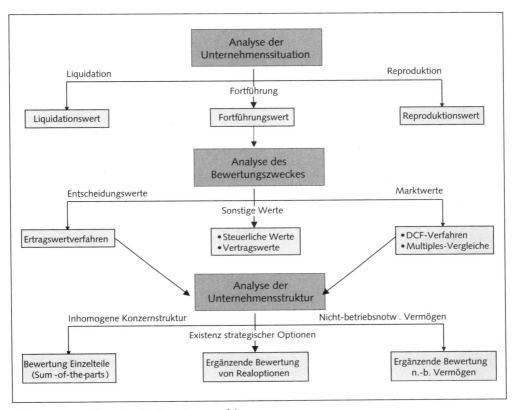

Abb. 1.6: Auswahl geeigneter Bewertungsverfahren

Nach der Festlegung der geeigneten Verfahren müssen die jeweiligen wertrelevanten Größen ermittelt und prognostiziert werden. Bei Fortführungswerten müssen demnach zukünftige Performancegrößen und Kapitalkosten errechnet werden. Für die Wertbestimmung des nicht betriebsnotwendigen Vermögens oder von Realoptionen müssen ggf. besondere Größen berechnet werden (z. B. Grundstückspreise oder Volatilitäten zukünftiger Cashflows). Die Prognose der Größen mündet in der Anfertigung von konsistenten Planungsrechnungen. In der Regel werden Planungsrechnungen für zukünftige Erfolge (Plan-GuV), zukünftige Cashflows (Plan-Cashflows) und zukünftige Vermögensbestände (Plan-Bilanzen) angefertigt.

Die Prognose zukünftiger Erfolge ist für die Güte der Unternehmensbewertung von besonderer Bedeutung und nimmt deshalb regelmäßig die meiste Zeit bei der Bewertung in Anspruch. Für eine fundierte Erfolgsprognose können sämtliche Erkenntnisse der Volks- und Betriebswirtschaftslehre genutzt werden.

Auf Basis von Vergangenheitsdaten können Kennzahlen zur Ertrags- und Liquiditätslage des Unternehmens berechnet werden. Diese Kennzahlen zeigen einige Stärken (z. B. ertragreiche Geschäftsbereiche) und Schwächen (z. B. Insolvenzgefahren) auf, die Anhaltspunkte für zukünftige Entwicklungen geben. Die operative Unternehmensanalyse mit Hilfe von Kennzahlen ist Gegenstand des 7. Kapitels.

Die Kennzahlenanalyse ist jedoch vergangenheitsorientiert und sollte deshalb um eine strategische Analyse des Wettbewerbsumfeldes und der Positionierung des Unternehmens in diesem Umfeld ergänzt werden. Für die strategische Analyse von Unternehmen stehen zahlreiche Analysetools zur Verfügung. Die strategische Analyse bzw. die Analyse von Erfolgpotenzialen wird eingehend im 8. Kapitel dargestellt.

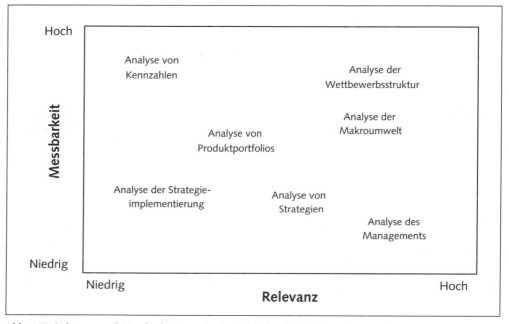

Abb. 1.7: Relevanz und Messbarkeit von Analysetools für die Erfolgsprognose

Problematisch ist jedoch, dass mehr oder weniger »weiche« Faktoren analysiert werden, deren Auswirkungen auf die zukünftige Ertragskraft nur schwer abzuschätzen sind. So wird die Qualität des Managements von enormer Bedeutung für den zukünftigen Erfolg sein: Ein gutes Management ist die Basis für sinnvolle Strategien, erfolgreiche Produktentwicklungen und eine hohe Motivation der Mitarbeiter. Die Qualität des Managements kann jedoch kaum gemessen werden.

Die Auswirkungen des Makroumfeldes (Konjunktur, Zinsen etc.) sowie des Wettbewerbsumfeldes (Marktanteile, Markteintrittsbarrieren etc.) auf die zukünftigen Ertragsperspektiven eines Unternehmens sind hingegen leichter messbar. Aufgrund der hohen Relevanz für die zukünftige Ertragskraft sollten derartige Analysen deshalb bei keiner gewissenhaften Unternehmensbewertung fehlen. Obgleich schwerer einschätzbar erweisen sich vielfach auch Analysen von Strategien, Strategieimplementierungen und Produktportfolios als sehr nützlich. Es ist in jedem Falle empfehlenswert, die Zukunftsprognosen auf empirische Erkenntnisse zur Ertragskraft von Unternehmen zu stützen.

1.7   Fazit

Die Bewertung von Unternehmen ist eine anspruchsvolle Tätigkeit. Sie stellt sowohl eine Wissenschaft als auch eine Kunst dar. Eine Wissenschaft deshalb, da ein umfassendes methodisches Know-how erforderlich ist, um die adäquaten Verfahren auszuwählen und zu implementieren. Eine Kunst deshalb, da die Bewertungsmodelle mit Zahlen gefüllt werden müssen und in der Regel eine Abschätzung der zukünftigen Erfolge eines Unternehmens notwendig wird. Zu diesem Zweck stehen zahlreiche Analysetools zur Verfügung, die sich jedoch nur mehr oder weniger konkret in Erfolgsprognosen überführen lassen. Ein profundes Know-how der Volks- und Betriebswirtschaftslehre, intime Branchenkenntnisse und Erfahrungen des Bewerters (Analysten) erweisen sich deshalb für die Unternehmensbewertung als sehr hilfreich.

Literaturhinweise

Einen übersichtliche Darstellung der Historie der Unternehmensbewertung in Deutschland sowie einen umfassenden Überblick über die verschiedenen Bewertungszwecke gibt:
Behringer, S.: Unternehmensbewertung der Mittel- und Kleinbetriebe, Betriebswirtschaftliche Verfahrensweisen, Berlin 1999.

Die Darstellung der Kölner Funktionenlehre findet man in den Werken von Sieben:
Sieben, G.: Neue Aspekte der Unternehmensbewertung, Zeitschrift für Betriebswirtschaft, 33. Jg. 1963, S. 37–46.
Sieben, G.: Der Substanzwert der Unternehmung, Wiesbaden 1963.
Sieben, G.: Der Entscheidungswert in der Funktionenlehre der Unternehmensbewertung, Betriebswirtschaftliche Forschung und Praxis, 28. Jg. (1976), S. 491–504.

Eine aktuellen Stand der Funktionenlehre vermittelt:
Schildbach, Thomas: Ist die Kölner Funktionenlehre der Unternehmensbewertung durch die Discounted Cashflow-Verfahren überholt?, in: Matschke, Manfred Jiurgen/Schildbach, Thomas (Hrsg.): Unternehmensberatung und Wirtschaftsprüfung: Festschrift für Prof. Dr. Günter Sieben zum 65. Geburtstag, Stuttgart 1998, S. 301–322.

Traditionelle Monografien zur Unternehmensbewertung sind:
Mellerowicz, K.: Der Wert der Unternehmung als Ganzes, Essen.
Moxter, Adolf: Grundsätze ordnungsmäßiger Unternehmensbewertung, Wiesbaden.
Münstermann, Hans: Wert und Bewertung der Unternehmung, 3. Auflage, Wiesbaden.

Die Ermittlung von steuerlichen Werten wird erläutert bei:
Tipke, K./Lang, J.: Steuerrecht, 14. Auflage, Köln 1994.
Tischer, F.: Der Einfluß der Rechtsform auf die Anteilsbewertung erworbener Unternehmen, Deutsches Steuerrecht, 33. Jg., S. 1562–1566.

Die Ermittlung von Vertragswerten ist Gegenstand von:
Sieben, G./Sanfleber, M.: Betriebswirtschaftliche und rechtliche Aspekte von Abfindungsklauseln – Unter besonderer Berücksichtigung des Problemfalls ertragsschwaches Unternehmen und existenzbedrohende Abfindungsregelung, Die Wirtschaftsprüfung, 42. Jg., S. 321–329.
Wagner, F. W: Unternehmensbewertung und vertragliche Abfindungsbemessung, Betriebswirtschaftliche Forschung und Praxis, 46. Jg., S. 482.

2 Erfolgsorientierte Unternehmensbewertung (Zukunftserfolgsverfahren)

Der Prinzip der erfolgsorientierten Unternehmensbewertung ist einfach: Man prognostiziert, was das Unternehmen in den kommenden Jahren verdient und kalkuliert anhand der Renditeerwartungen der Kapitalgeber den Gegenwartswert (Present Value) der zukünftigen Erfolge. Die Umsetzung dieses einfachen Bewertungsprinzips erweist sich jedoch in der Praxis als schwierig. Man kann sich trefflich darüber streiten, welche zukünftigen Erfolge bewertet werden müssen und wie diese abzuzinsen sind. Die beiden bekanntesten Varianten sind das Discounted-Cashflow-Verfahren (DCF-Verfahren) und das Ertragswertverfahren.

2.1 Discounted-Cashflow-Verfahren

2.1.1 Konzeption

Bei den DCF-Verfahren wird der Unternehmenswert durch Diskontierung zukünftiger Cashflows ermittelt. Die Bestimmung des Diskontierungssatzes bei den DCF-Verfahren basiert auf kapitalmarkttheoretischen Modellen, in der Regel wird auf das Capital Asset Pricing Model (CAPM) zurückgegriffen. Grundsätzlich kann bei den DCF-Verfahren zwischen Equity- und Entity-Ansätzen unterschieden werden. Kennzeichnend für die Entity-Ansätze (Gesamtkapital- oder Bruttoansätze) ist die zweistufige Berechnung des Marktwertes der Eigentümer (Shareholder Value). In einem ersten Schritt wird der Unternehmensgesamtwert berechnet, der sich aus dem Marktwert des Eigenkapitals, dem Marktwert des Fremdkapitals sowie dem Wert des nicht betriebsnotwendigen Vermögens zusammensetzt. Demzufolge werden bei den Entity-Ansätzen Cashflows *vor* Zinszahlungen an die Fremdkapitalgeber (sog. operative Cashflows) diskontiert, welche die verfügbaren Zahlungsüberschüsse für die Eigen- *und* Fremdkapitalgeber umfassen. Der gesuchte Shareholder Value ergibt sich dann als Residualgröße, indem vom Unternehmensgesamtwert der Marktwert des Fremdkapitals abgezogen wird. Im Gegensatz dazu werden beim Equity-Ansatz (Eigenkapital- oder Nettoansatz) die den Eigenkapitalgebern zustehenden Zahlungsströme (Flows to Equity) direkt bewertet.

Für die laufende Bewertung größerer, börsennotierter Unternehmen wird in der Regel der Gesamtkapitalansatz verwendet. Die Verzinsung des eingesetzten Kapitals wird unabhängig von seiner Herkunft beurteilt, d.h. es werden operative Free Cashflows bewertet, die von der Finanzierung des Unternehmens nicht beeinflusst werden. Gegenüber den Flows to Equity sind operative Cashflows stabiler (operative Margen sind konstanter), transparenter (in Zwischenberichten werden häufig nur operative Ergebnisse veröffentlicht), und sie zeigen

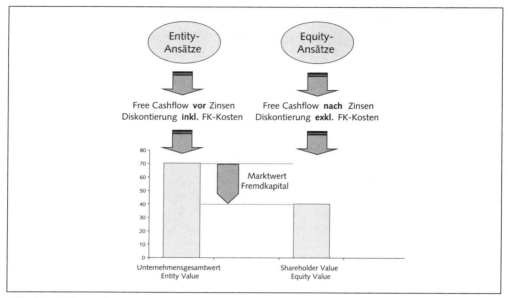

Abb. 2.1: Entity- und Equity-Ansätze

die Ertragskraft der originären Quellen der Wertschöpfung (des operativen Geschäfts) auf. Zahlungsströme an die Eigenkapitalgeber werden hingegen durch Veränderungen der Finanzierungspolitik oder der Rahmenbedingungen am Kapitalmarkt (die sich in stark schwankenden Zins- und Beteiligungsergebnissen bemerkbar machen) überlagert. Die Prognose operativer Cashflows fällt deshalb leichter.

Der Entity-Ansatz erweist sich insbesondere als sehr nützlich, um einen Konzern als Summe der Werte der einzelnen Geschäftsbereiche zu bewerten. Für die verschiedenen Geschäftsbereiche sind häufig nur operative Ergebnisse verfügbar und eine Zuordnung des Konzerneigen- und -fremdkapitals zu den verschiedenen Geschäftsbereichen ist kaum möglich. Eine Prognose der Flows to Equity für die einzelnen Bereiche fällt in der Folge häufig schwer.

Abbildung 2.2 verdeutlicht die Bewertung eines Konzerns mit verschiedenen Geschäftsbereichen. Auf Basis operativer Cashflows wird zunächst der Gesamtwert aller Geschäftsbereiche ermittelt. Nach Abzug der Kosten für die Zentrale erhält man den Gesamtwert des Unternehmens (Entity Value). Da operative Cashflows bewertet wurden, die allen Kapitalgebern zustehen, repräsentiert der Unternehmensgesamtwert auch den Wert des Unternehmens für alle Kapitalgeber. Nach Abzug des Wertes des Fremdkapitals erhält man den Wert des Eigenkapitals (Equity oder Shareholder Value). Sofern bei der Ermittlung des Unternehmensgesamtwertes auch die Cashflows von Minderheitsgesellschaftern (»Dritter«) in Tochtergesellschaften bewertet wurden, ist der Marktwert der Anteile Dritter ebenfalls in Abzug zu bringen. Der Wert von Vorzugsaktien muss für den Fall abgezogen werden, dass ausschließlich der Wert von Stammaktien ermittelt werden soll.

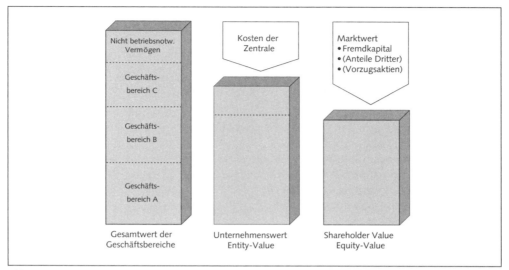

Abb. 2.2: Komponentenbewertung eines Konzerns

Beispiel

▶▶▶ Viele deutsche Konzerne bestehen aus sehr unterschiedlichen Bereichen. Die RWE AG betreibt neben dem Strom- und Wassergeschäft auch die Gewinnung von Erdöl und Erdgas (RWE Dea) und war lange Zeit Hauptaktionär der Heidelberger Druckmaschinen AG sowie der Hochtief AG (Deutschlands größtem Baukonzern). Die Daimler AG verfügt derzeit über ca. 20 unterschiedliche Geschäftsfelder. Bei großen Konglomeraten oder Konzernen drängt sich der Entity-Ansatz auf, da nur eine Bewertung der Einzelteile den unterschiedlichen Rahmenbedingungen der einzelnen Geschäftsbereiche gerecht werden kann. Darüber hinaus werden in den Zwischenberichten für die verschiedenen Bereiche nur operative Ergebnisgrößen veröffentlicht. Bei einigen Tochtergesellschaften der Daimler AG, z.B. Tognum (früher MTU), gibt es noch andere Eigentümer. Wird der gesamte Wert von der Tognum bei der Ermittlung des Unternehmenswertes angesetzt, ist bei der Berechnung des Shareholder Value der Marktwert der Anteile Dritter an Tognum abzuziehen. Diese Werte von Tognum stehen nicht den Aktionären von Daimler zu. ◀◀◀

Der Entity-Ansatz bewertet zunächst nur operative Cashflows, also Cashflows, die von der Finanzierung nicht beeinflusst werden. Die Finanzierungspolitik kann jedoch die den Eigenkapitalgebern zur Verfügung stehenden Cashflows erhöhen. Im Gegensatz zu den Eigenkapitalkosten sind Fremdkapitalkosten steuerlich abzugsfähig. In der Folge führt ein steigender Verschuldungsgrad zu einer Zunahme der tatsächlich zur Verfügung stehenden Cashflows. Dieser Steuervorteil aus zunehmender Fremdfinanzierung, das sog. Tax Shield, muss demnach bei der Unternehmensbewertung berücksichtigt werden. Auf Basis unterschiedlicher Implementierungen des Tax Shield wird der Entity-Ansatz weiter differenziert. Während beim sog. WACC-Ansatz der Tax Shield die steuerangepassten, gewogenen Kapitalkosten vermindert, erhöht er beim sog. Total-Cashflow-Ansatz direkt die zu bewertenden Cashflows. Beim Adjusted-Present-Value-Ansatz wird zunächst ein auf (unterstellter) Eigenfinanzierung beruhender Basiswert errechnet, der in einem zweiten Bewertungsschritt um den Barwert der Steuerersparnisse ergänzt wird.

2.1.2   Bruttoverfahren (»Entity-Approach«)

2.1.2.1   WACC-Ansatz

Der Entity-Ansatz auf der Grundlage von gewichteten Kapitalkosten (Weighed Average Cost of Capital oder kurz WACC) stellt die am weitesten verbreitete Variante der Bruttoverfahren dar. Im amerikanischen Grundmodell[1] wird zumeist das folgende Berechnungsschema angewendet[2] *(Copeland/Koller/Murrin, S. 136):*

	Earnings before interest and taxes (EBIT)
–	Cash taxes on EBIT
=	Net operating profit less adjusted taxes (NOPLAT)
+	Depreciation
=	Gross cashflow
+/–	Change in working capital
–	Capital expenditures
–	Increase in net other assets
=	Operating free cashflow (OFCF)
+	Cashflow from non-operating investments
=	Free cashflow (FCF)

Beim WACC-Ansatz wird eine Trennung des Unternehmens in einen *Leistungsbereich*, für den der Free Cashflow prognostiziert wird, und einen *Finanzierungsbereich*, der die Maßnahmen der Außenfinanzierung durch Eigen- und Fremdkapitalgeber umfasst, vorgenommen. Der Free Cashflow des Leistungsbereichs missachtet den Steuervorteil einer zunehmenden Fremdfinanzierung. Der bewertungsrelevante Cashflow entspricht somit einem Zahlungsüberschuss, der dem Unternehmen bei einer vollständigen Eigenfinanzierung zur Verfügung stehen würde. Die Vernachlässigung des Tax Shield bei der Ermittlung der Free Cashflows wird dadurch behoben, dass zur Diskontierung ein steuerangepasster Kapitalkostensatz verwendet wird. Die tatsächliche Finanzierung (Kapitalstruktur) des Unternehmens spiegelt sich somit erst im Diskontierungssatz wieder. Die Steuerersparnis aus den künftigen Fremdkapitalzinsen wird durch eine entsprechende Verminderung des Diskontierungssatzes berücksichtigt.

Da die prognostizierten Free Cashflows zur Bedienung der Eigen- und Fremdkapitalgeber des Unternehmens zur Verfügung stehen, werden sie mit einem *Mischzinsfuß* in Form des gewogenen Kapitalkostensatzes (WACC) diskontiert. Der Mischzinsfuß repräsentiert die gewichteten Renditeforderungen von Eigen- und Fremdkapitalgebern. Bei der Berechnung wird zumeist ein in Zukunft konstanter Verschuldungsgrad (auf Marktwertbasis) unterstellt,

---

1 Der Free Cashflow wurde abweichend vom Originaltext auch als »Operating« bezeichnet, damit eine Verwechslung mit den Free Cashflows der Equity-Verfahren (die Cashflows nach Zinszahlungen darstellen) vermieden wird. Copeland spricht bei der Bewertung auch vom Barwert der Operating Free Cashflows.

2 Die Ermittlung der Cashflows stellt hierbei auf amerikanische Verhältnisse ab. Es erweist sich deshalb zweckmäßig, dieses Schema auf deutsche Verhältnisse anzupassen, u.a. sind Veränderungen von Rückstellungen (insbesondere Pensionsrückstellungen), Sonderposten mit Rücklagenanteil und die Besonderheiten der Besteuerung in Deutschland zu berücksichtigen. Man vergleiche hierzu die Ausführungen zur Ermittlung der Cashflows in Kapitel 3.

der i.d.R. durch Festlegung einer Zielkapitalstruktur vorgegeben wird. Die Berechnung erfolgt in der Praxis zumeist anhand der folgenden Formel:

(2.1)
$$c_{WACC} = r_{EK} \cdot \frac{EK}{GK} + r_{FK} \cdot (1-s) \cdot \frac{FK}{GK}$$

FK   Marktwert des verzinslichen Fremdkapitals
EK   Marktwert des Eigenkapitals
GK   Marktwert des Gesamtkapitals
s   Ertragsteuersatz auf Unternehmensebene
r_{FK} Kosten des Fremdkapitals bzw. Renditeforderung der Fremdkapitalgeber
r_{EK} Renditeforderung der Eigenkapitalgeber für das verschuldete Unternehmen

Geht man von einer unendlichen Lebensdauer des Unternehmens aus, so erhält man den Marktwert des Unternehmens unter Berücksichtigung des Marktwerts des nicht-betriebsnotwendigen Vermögens N_0 nach folgender Formel:

(2.2)
$$\text{Unternehmenswert} = \sum_{t=1}^{\infty} \frac{OFCF_t}{(1+c_{WACC})^t} + N_0$$

Beispiele

▶▶▶ Die Deutsche Post AG besitzt eine Beteiligung am Logistikunternehmen DHL. Die Bewertung der operativen Cashflows der Deutschen Post würde ausschließlich das Post- und Frachtgeschäft der Post bewerten und diese wertvolle Beteiligung unterschlagen. Der Wert des nicht betriebsnotwendigen Vermögens kann in diesem Fall praktikabel über den Börsenwert der DHL-Aktien bestimmt werden.

Die Siemens AG wurde lange Zeit als »Bank mit angeschlossener Elektroabteilung« bezeichnet, da der Konzern über umfangreiche Finanzreserven verfügte. Die Bewertung der operativen Free Cashflows würde ausschließlich die »Elektroabteilung« bewerten. Der Wert der nicht betriebsnotwendigen Finanzreserven muss bei der Unternehmensbewertung ebenfalls berücksichtigt werden. Die Bewertung erfolgt in der Regel anhand von Verfahren der Substanzwertermittlung (vgl. hierzu Kapitel 6). ◀◀◀

Zieht man vom Marktwert des Gesamtkapitals den Marktwert des verzinslichen Fremdkapitals ab, so erhält man den Marktwert des Eigenkapitals (Shareholder Value). Das Berechnungsschema zur Ermittlung des Shareholder Value beim Bruttoverfahren auf Basis von Free Cashflows lautet also:

(2.3)
       Barwert der Free Operating Cashflows
+   Marktwert des nicht betriebsnotwendigen Vermögens
=   Marktwert des Unternehmens
–   Marktwert des verzinslichen Fremdkapitals
(–   Anteile Dritter)
(–   Marktwert von Vorzugsaktien)
=   Marktwert des Eigenkapitals (Shareholder Value)

Die Marktwerte der Anteile von Dritten müssen nur für den Fall abgezogen werden, dass im Barwert der Free Cashflows auch Cashflows an Minderheitsgesellschafter abgebildet und bewertet wurden. Der Marktwert von Vorzugsaktien kommt zum Abzug, wenn ausschließlich der Wert von Stammaktien ermittelt werden soll.

Zusammenfassend kann das Bruttoverfahren anschaulich wie folgt dargestellt werden:

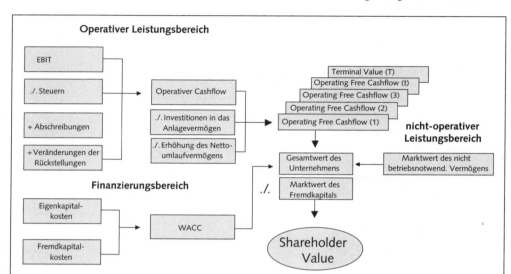

Abb. 2.3: Ermittlung des Shareholder Value im WACC-Ansatz

2.1.2.2   Total-Cashflow-Ansatz

Die Konzeptionen von Total-Cashflow-Ansatz und WACC-Ansatz sind recht ähnlich. Es wird ebenfalls ein Zahlungsstrom abgezinst, der den Eigen- und Fremdkapitalgebern zur Verfügung steht. Im Gegensatz zum WACC-Ansatz wird jedoch kein »fiktiver«, auf vollständiger Eigenfinanzierung beruhender Free Cashflow diskontiert, sondern ein Free Cashflow, der die tatsächliche Kapitalstruktur des Unternehmens widerspiegelt. Oder anders ausgedrückt: Der sich aus der steuerlichen Abzugsfähigkeit des Fremdkapitals ergebende Steuervorteil, das Tax Shield, wird nicht im Diskontierungssatz, sondern direkt im Zahlungsstrom abgebildet. Zwischen dem Operating Free Cashflow und dem Total Cashflow gilt dann folgender Zusammenhang:

(2.4)   Operating Free Cashflow
      +   Steuerersparnis aus Fremdkapitalzinsen
      =   Total Cashflow

Da die Steuerersparnisse aus den Fremdkapitalkosten bereits in den Total Cashflow Einzug gefunden haben, dürfen sie im gewogenen Kapitalkostensatz (WACC) nicht mehr beachtet werden. Es ergeben sich folgende durchschnittliche Kapitalkosten:

(2.5) $c_{TCF} = r_{EK} \cdot \dfrac{EK}{GK} + r_{FK} \cdot \dfrac{FK}{GK}$

Die Prognose künftiger Total Cashflows erfordert demzufolge auch die Prognose der Fremdkapitalentwicklung sowie eine Prognose der sich daraus in den einzelnen Perioden ergebenden Fremdkapitalzinsen. Dies gilt auch unter der Annahme eines konstanten Verschuldungsgrades, wenn die Cashflows im Zeitablauf stark schwanken. Das Bruttoverfahren auf Basis von Total Cashflows erweist sich daher in der Praxis als wenig praktikabel und wird in der Folge kaum angewendet. Bei der Bewertung der einzelnen Geschäftsbereiche von Konglomeraten ist das Verfahren wenig brauchbar, da das Fremdkapital und die Zinsen des Konzerns kaum den einzelnen Bereichen zugeordnet werden können.

2.1.2.3 Adjusted-Present-Value-Ansatz

Das Adjusted-Present-Value-Verfahren (APV-Verfahren bzw. Konzept des angepassten Barwertes) fußt auf der Idee der Wertadditivität, d.h.der Annahme, dass sich der Unternehmenswert aus der Summe aller Wertbeiträge UW_j zusammensetzt:

$$(2.6) \qquad \text{Unternehmenswert} = \sum_{j=1}^{n} UW_j$$

Beim APV-Verfahren wird deshalb zunächst der Marktwert des Unternehmens unter der Annahme der vollständigen Eigenfinanzierung des Unternehmens berechnet. Diesen Wert ermittelt man, indem die prognostizierten Operating Free Cashflows, die den Cashflows bei vollständiger Eigenfinanzierung entsprechen, mit der Renditeforderung der *Eigenkapitalgeber* für das unverschuldete Unternehmen r_{EKu} abgezinst werden. Die Summe aus dem so ermittelten Barwert der Operating Free Cashflows und dem Marktwert des nicht betriebsnotwendigen Vermögens bezeichnet man auch als »Marktwert des unverschuldeten Unternehmens«.

Die Folgen einer Fremdfinanzierung des Unternehmens werden erst in einem zweiten Schritt abgebildet. Die steuerliche Abzugsfähigkeit der Fremdkapitalzinsen erhöht den Marktwert des Gesamtkapitals in Form des so genannten »Tax Shield«. Die Erhöhung des Marktwertes ergibt sich aus dem Barwert der Steuerersparnis auf die Fremdkapitalzinsen. Die Summe aus Marktwert des unverschuldeten Unternehmens und Marktwerterhöhung aus der Fremdfinanzierung für das verschuldete Unternehmen ergibt sich wie folgt:

(2.7)   Barwert der Operating Free Cashflows bei Diskontierung mit r_{EKu},
+   Marktwert des nicht betriebsnotwendigen Vermögens
=   Markwert des unverschuldeten Unternehmens
+   Marktwerterhöhung durch Fremdfinanzierung
=   Marktwert des verschuldeten Unternehmens
−   Marktwert des verzinslichen Fremdkapitals
(−   Anteile Dritter)
(−   Marktwert von Vorzugsaktien)
=   Marktwert des Eigenkapitals (Shareholder Value)

Die Änderungen der Kapitalstruktur des zu bewertenden Unternehmens hat somit beim APV-Ansatz keinen Einfluss auf die Höhe des Diskontierungssatzes r_{EKu}, sondern lediglich auf die Höhe des Tax Shield. Bei der Umsetzung des APV-Verfahrens werden oft vereinfachend konstante Kapitalkosten unterstellt und das Tax Shield mit dem risikolosen Zinsfuß

r_F abgezinst. Der Marktwert des Unternehmens kann nach dem APV-Verfahren dann folgendermaßen berechnet werden:

$$(2.8) \qquad \text{Unternehmenswert} = \sum_{t=1}^{\infty} \frac{OCFC_t}{(1+r_{EK_u})^t} + \sum_{t=1}^{\infty} \frac{s \cdot r_F \cdot FK_{t-1}}{(1+r_F)^t} + N_0$$

Die Anwendung des APV-Verfahrens erfordert die Ermittlung der Renditeforderung für das *unverschuldete* Unternehmen r_{EKu}. Diese Renditeforderung kann aus der Renditeforderung für das verschuldete Unternehmen r_{EK} abgeleitet werden. Unter vereinfachenden Annahmen gilt folgender Zusammenhang (*Wallmeier*, ZfB 1999, S. 1476):

$$(2.9) \qquad r_{EKu} = \frac{r_{EK} + r_F \cdot (1-s) \cdot \dfrac{FK}{EK}}{1 + (1-s) \cdot \dfrac{FK}{EK}}$$

Das APV-Verfahren eignet sich besonders gut, wenn sich die Kapitalstruktur im Zeitablauf ändert, da der Diskontierungsfaktor im Gegensatz zum Brutto- bzw. Nettoverfahren unverändert bleibt. Darüber hinaus bietet sich der APV-Ansatz für die Bewertung von Leveraged-buy-outs an, da unterschiedliche Finanzierungsvarianten flexibel durchgespielt werden können. Die Ermittlung der Renditeforderung für das unverschuldete Unternehmen ist jedoch wenig praktikabel und vielen Anwendern kaum vertraut.

2.1.3   Nettoverfahren (»Equity-Approach«)

Im Rahmen des Nettoverfahrens erfolgt die Berechnung des Shareholder Value einstufig durch Abzinsung des Zahlungsstromes, der nach Abzug aller Investitions-, Steuer-, Zins- und Tilgungszahlungen den Eigenkapitalgebern zur Verfügung gestellt werden kann. Diesen Zahlungsstrom bezeichnet man auch als Flow to Equity (FTE). Im Gegensatz zu den Operating Free Cashflows sind bei der Ermittlung der Flows to Equity auch die künftigen Fremdkapitalzinsen (einschließlich der daraus resultierenden Steuerwirkung) sowie die Veränderungen des Fremdkapitalbestands zu prognostizieren. Da die Flows to Equity allein den Eigenkapitalgebern des Unternehmens zukommen, werden sie nur mit der geforderten Eigenkapitalrendite für das verschuldete Unternehmen (r_{EK}) abgezinst. Die Renditeforderungen der Eigenkapitalgeber werden in der Regel auf der Grundlage kapitalmarkttheoretischer Erkenntnisse (also in der Regel auf Basis des CAPM) hergeleitet. Im Gegensatz zu den Bruttoverfahren ist keine Gewichtung unterschiedlicher Kapitalkosten erforderlich.

Der Barwert der Flows to Equity und der Marktwert des nicht betriebsnotwendigen Vermögens ergeben zusammen den Marktwert des Eigenkapitals (Shareholder Value). Die Ermittlung des Shareholder Value ergibt sich mithin aus dem folgenden Schema:

	Barwert der Flows to Equity
+	Marktwert des nicht betriebsnotwendigen Vermögens
=	Marktwert des Eigenkapitals (Shareholder Value)

Der Marktwert des Eigenkapitals (Shareholder Value) lässt sich folgendermaßen errechnen:

(2.10)   Marktwert des Eigenkapitals $= \sum\limits_{t=1}^{\infty} \dfrac{FTE_t}{(1+r_{EK})^t} + N_0$

Beim Nettoverfahren werden Fremdkapitalzinsen und Änderungen des Fremdkapitalbestands in der Cashflow-Prognose unmittelbar abgebildet. Die Veränderung des Fremdkapitalbestands ist jedoch mit einer Änderung der Kapitalstruktur verbunden, streng genommen müsste deshalb auch eine Anpassung der Eigenkapitalkosten erfolgen. Den Veränderungen könnte ein periodenspezifischer Diskontierungssatz Rechnung tragen. Zur Vereinfachung wird bei Anwendung des Nettoverfahrens aber davon ausgegangen, dass sich die Kapitalstruktur im Zeitablauf nicht verändert. Empirische Untersuchungen belegen zudem, dass die Eigenkapitalkosten signifikant erst bei einem hochverschuldeten Unternehmen ansteigen. Bei der Bewertung von Unternehmen, denen in absehbarer Zeit keine Zahlungsunfähigkeit droht, kann deshalb vereinfachend angenommen werden, dass die Kapitalkosten im Zeitablauf konstant bleiben. Ahnt der Bewerter hingegen eine Liquiditätskrise, sollte für eine aussagekräftige Bewertung auch eine Anpassung der Eigenkapitalkosten vorgenommen werden.

2.2   Ertragswertverfahren

2.2.1   Konzeption

Als Ertragswertverfahren wird ein Ansatz der Unternehmensbewertung bezeichnet, den der Hauptfachausschuss (HFA) des Instituts der Wirtschaftsprüfer (IDW) in seinem Standard »Grundsätze zur Durchführung von Unternehmensbewertungen« (IDW S 1) niedergelegt hat. Die folgende Beschreibung des Ertragswertverfahrens basiert auf dem aktuellen Standard der Wirtschaftsprüfer (IDW S 1 i.d.F. 2008).

Das Ertragswertverfahren ähnelt konzeptionell dem Equity-Ansatz der DCF-Verfahren. Bei den Ertragswertverfahren wird der Wert des Eigenkapitals ebenfalls einstufig berechnet. Die Bewertung erfolgt, indem zukünftige »Ertragsüberschüsse« mit den Renditeforderungen der Eigenkapitalgeber auf den Bewertungszeitpunkt diskontiert werden. Wird eine unendliche Unternehmensdauer unterstellt, dann bestimmt sich der Wert des Eigenkapitals nach dem Ertragswertverfahren vereinfachend wie folgt:

(2.11)   Wert des Eigenkapitals $= \sum\limits_{t=1}^{\infty} \dfrac{E_t}{(1+r)^t} + N_0$

E_t erwarteter Unternehmensertrag in Periode t

r   Kalkulationszinsfuß

N_0 Barwert der Liquidationserlöse des nicht betriebsnotwendigen Vermögens

Unter dem Unternehmensertrag E versteht man generell die Summe aller Vorteile, die der Eigentümer des Unternehmens zukünftig erwarten darf. Es bleibt jedoch offen, wie die Abgrenzung dieser Zukunftserfolge vorzunehmen ist. Im Gegensatz zu den DCF-Verfahren ist es beim Ertragswertverfahren möglich, nicht nur Cashflows der Liquiditätsebene, sondern auch Erfolgsgrößen aus der Ergebnisrechnung heranzuziehen.

Darüber hinaus unterscheidet das Ertragswertverfahren zwischen der Ermittlung objektivierter und subjektiver Unternehmenswerte. »Der objektivierte Unternehmenswert stellt einen typisierten und intersubjektiv nachprüfbaren Zukunftserfolgswert aus der Perspektive einer inländischen, unbeschränkt steuerpflichtigen natürlichen Person als Anteilseigner dar, der sich bei Fortführung des Unternehmens in unverändertem Konzept mit allen realistischen Zukunftserwartungen im Rahmen der Marktchancen, -risiken und finanziellen Möglichkeiten des Unternehmens sowie sonstigen Einflussfaktoren ergibt« (IDW Standard S 1, Tz. 41). Bei der Berechnung der finanziellen Überschüsse sind rechtliche Restriktionen (z.B. Bilanzgewinn, ausschüttbarer handelsrechtlicher Jahresüberschuss) zu berücksichtigen (IDW Standard S 1, Tz. 45). Der objektive Unternehmenswert dient demzufolge einer Wertermittlung, die auch die marktorientierten DCF-Verfahren vor Augen haben.

Mit Hilfe des Ertragswertverfahrens kann neben einem objektivierten Unternehmenswert aber auch ein subjektiver Entscheidungswert ermittelt werden. Im Rahmen der Ermittlung subjektiver Entscheidungswerte werden die bei der Ermittlung objektivierter Unternehmenswerte erforderlichen Typisierungen durch individuelle Konzepte beziehungsweise Annahmen ersetzt (IDW Standard S 1, Tz. 56). Es werden individuelle Zielvorstellungen und Rahmenbedingungen des Bewertungsobjektes ermittelt, und das Ertragswertverfahren kann auch als »individualistischer« Ansatz beschrieben werden (Drukarzyck, S. 119 ff.). Die Ermittlung eines individuellen Ertragswerts erfordert z.B. die Berücksichtigung von geplanten Restrukturierungen oder von Synergieeffekten, die nach Erwerb des Unternehmens realisiert werden können.

Aus den unterschiedlichen Bewertungsanlässen (subjektiver Entscheidungs- versus objektiver Marktwert) und verschiedenen Definitionen der relevanten Ertragsgröße ergeben sich unterschiedliche Ausprägungen des Ertragswertverfahrens.

2.2.2 Ertragsgrößen im Ertragswertverfahren

Die wissenschaftliche Literatur und die Bewertungspraxis sind sich mittlerweile einig, dass die Ermittlung der wertrelevanten Überschüsse auf der Grundlage von Zahlungsströmen (Cashflows) geschehen soll. Zur Messung der finanziellen Zukunftserträge im Hinblick auf eine Verwendung im Ertragswertverfahren unterscheiden Mandl/Rabel (2000, S. 109 ff.) folgende Ertragsbegriffe:

- Netto-Cashflows beim (potenziellen) Eigner,
- Netto-Ausschüttungen aus dem Unternehmen,
- Einzahlungsüberschüsse des Unternehmens,
- Netto-Einnahmen des Unternehmens und
- Periodenerfolge des Unternehmens.

Welcher Ertragsbegriff einer Bewertung zugrunde gelegt wird, hängt vom Bewertungsanlass und dem gewünschten Grad der Vereinfachung der Bewertung ab. Die verschiedenen Ertragsbegriffe von Mandel/Rabel werden im Folgenden vorgestellt.

2.2.2.1 Netto-Cashflows

Die Netto-Cashflows werden als Saldo aller erwarteten finanziellen Zu- und Abflüsse beim (potenziellen) Eigentümer definiert, die beim Erwerb bzw. bei Fortführung des Unternehmens entstehen würden. Neben den direkten Zahlungsströmen zwischen Unternehmen und Eigner(n) erfassen die Netto-Cashflows auch solche Zahlungen zwischen Unternehmen und Dritten, die indirekt von dem zu bewertenden Unternehmen beeinflusst werden, wie etwa persönliche Steuern oder Synergieeffekte bei anderen Unternehmen des Eigners (»externe« Synergien).

In der Folge eignet sich die Verwendung von Netto-Cashflows dafür, subjektive Entscheidungswerte bei der Bewertung von Unternehmen zu ermitteln. Der Netto-Cashflow deckt sich mit dem Ertragsbegriff des IDW: »Die zur Ermittlung des Unternehmenswerts abzuzinsenden Nettoeinnahmen der Unternehmenseigner ergeben sich vorrangig aufgrund des Anspruchs der Unternehmenseigner auf Ausschüttung beziehungsweise Entnahme der vom Unternehmen erwirtschafteten finanziellen Überschüsse abzüglich von zu erbringenden Einlagen der Eigner« (IDW Standard S 1, Tz. 24). Die Netto-Cashflows beim (potenziellen) Eigner repräsentieren den umfassendsten und aus theoretischer Sicht überzeugendsten Ertragsbegriff. Alle im Folgenden erläuterten Ertragsdefinitionen beinhalten demgegenüber mehr oder weniger große Vereinfachungen.

2.2.2.2 Netto-Ausschüttungen

Beim Konzept der Netto-Ausschüttungen wird das Unternehmens isoliert betrachtet (»stand-alone«-Betrachtung). Externe Synergien, die der Eigentümer bei anderen Unternehmungen realisiert, sollen nicht berücksichtigt werden. Unter den Netto-Ausschüttungen aus dem Unternehmen werden deshalb grundsätzlich nur die Zahlungen zwischen Unternehmen und Eigentümer(n) verstanden, bestenfalls erweitert um persönliche Steuern des Eigners. Die Ermittlung der Netto-Ausschüttungen des Unternehmens erfordert ebenfalls eine umfassende Erfolgs- und Finanzplanung. Es müssen Annahmen über die künftige Kapitalstruktur sowie darauf aufbauend Annahmen über künftige Ausschüttungen, Kapitalrückzahlungen bzw. Kapitalzuführungen getroffen werden. Auch bei der Prognose der zukünftigen Dividenden eröffnen sich für den Bewerter Freiheitsgrade. Die Netto-Ausschüttungen eignen sich deshalb eher für Bewertungsanlässe, bei denen sich das Bewertungsobjekt durch Maßnahmen nach einem Erwerb nicht verändert, also z. B. bei der Bewertung von börsennotierten Unternehmen oder bei dem Erwerb finanzieller Beteiligungen von Unternehmen.

2.2.2.3 Einzahlungsüberschüsse

Bei der Betrachtung von Einzahlungsüberschüssen verengt sich das Blickfeld des Bewerters auf das zu bewertende Unternehmen. Es wird vereinfachend eine Vollausschüttung der Einzahlungsüberschüsse unterstellt. Externe Synergien und persönliche Steuerwirkungen beim Eigner werden im Grundmodell vereinfachend unterschlagen. Für die Ermittlung der Cashflows von Unternehmen sind in der Praxis unterschiedliche Methoden gebräuchlich. Eine Darstellung findet man in Kapitel 3.1.

Werden bei der Bewertung Einzahlungsüberschüsse zugrunde gelegt, müssen vereinfachende Annahmen über die künftige Ausschüttungspolitik getroffen werden, die Bewertungsfehler nach sich ziehen können. Es wird zumeist von einer Vollausschüttung der Einzahlungsüberschüsse ausgegangen, losgelöst davon, ob handelsrechtlich Ausschüttungen möglich sind oder ob steuerlich günstigere Ausschüttungsstrategien existieren. Die Prognose negativer »Einzahlungsüberschüsse« impliziert sogar die Annahme, dass der Eigentümer diesen Betrag dem Unternehmen zum Periodenende zuführt.

Einzahlungsüberschüsse der Unternehmen eignen sich für die Ermittlung objektivierter Unternehmenswerte nach IDW. Das IDW gebraucht allerdings einen abweichenden Ertragsbegriff (IDW S 1, Tz. 34). Es sollen nur so genannte »unechte« Synergieeffekte, die sich aus einem Verbund ohne Berücksichtigung der Auswirkungen aus dem Bewertungsanlass realisieren lassen, Berücksichtigung finden, während »echte« Synergieeffekte keinen Einzug in die Bewertung finden sollen. Darüber hinaus soll bei der Ermittlung des objektivierten Unternehmenswertes von der Vollausschüttungsannahme bei konstanter Finanzierungsstruktur ausgegangen werden, jedoch unter Beachtung handelsrechtlicher Ausschüttungsrestriktionen und ertragsteuerlicher Einflussfaktoren. In der Folge wird nicht in jedem Fall von der Annahme der Vollausschüttung ausgegangen, sondern eine bestimmte zukünftige Ausschüttungspolitik vorgegeben. Man hat den Eindruck, dass das IDW auch bei Verwendung von »Einzahlungsüberschüssen« einen Ertragsbegriff vor Augen hat, der in etwa den Netto-Ausschüttungen entspricht.

	Objektivierte Unternehmenswerte	Subjektive Entscheidungswerte
Ertragsüberschuss	Einzahlungsüberschüsse	Netto Cashflows
Berücksichtigung zukünftiger Maßnahmen	**Zum Stichtag eingeleitete Maßnahmen:** Es sind nur solche Erfolgschancen zu berücksichtigen, die durch Umsetzungsbeschlüsse der Geschäftsführung und dokumentierte Planungen konkretisiert sind.	**Geplante, noch nicht eingeleitete Maßnahmen:** Es sind alle Veränderungen zu berücksichtigen, die sich aus der Strategie des Erwerbers ergeben. Die rentabelste Nutzung des Betriebes ist zu unterstellen.
Synergieeffekte	**»Unechte« Synergieeffekte:** Es handelt sich um Synergien, die sich aus dem Verbund ergeben, ohne die Auswirkungen aus dem Bewertungsanlass. Sie sind so weit zu berücksichtigen, wie sie bereits eingeleitet sind.	**»Echte« Synergieeffekte:** Es sind alle Synergieeffekte, die sich aus dem Verbund ergeben, zu berücksichtigen.
Ausschüttungs-hypothese	**Differenzierte Annahmen:** Ausgeschüttet werden alle finanziellen Überschüsse, die nach Berücksichtigung rechtlicher Restriktionen aus der bestehenden Unternehmenstätigkeit anfallen. Bei einer Detailplanung der Ausschüttungen sollen die bisherige Ausschüttungspolitik, die Eigenkapitalausstattung und die steuerlichen Rahmen-bedingungen Berücksichtigung finden. Es muss beachtet werden, dass die Ausschüttungsannahmen mit dem Ausschüttungsverhalten der Alternativanlage korrespondieren.	**Finanzierungsannahmen und Ausschüttungsthese:** Ausgangspunkt sind die Kapitalstruktur und Finanzierungsmöglichkeiten des Eigentümers bzw. Erwerbers. Es wird das individuelle Ausschüttungsverhalten zugrunde gelegt. Das Finanzierungsrisiko ist auch im Kapitalisierungszinssatz abzubilden.

	Objektivierte Unternehmenswerte	Subjektive Entscheidungswerte
Managementfaktoren	**Typisierte Managementfaktoren:** Festzustellen ist, ob das bisherige Management auch in Zukunft für das Unternehmen tätig ist. Treten keine Veränderungen ein, ist auch keine Korrektur der Werte erforderlich. Bei personenbezogenen Unternehmen sind sowohl die positiven wie negativen Veränderungen aus dem Wechsel der Eigentümer zu berücksichtigen. Der Unternehmerlohn bemisst sich nach der Vergütung eines Geschäftsführers nach Branche und Größe des Unternehmens. Zu eliminieren sind alle Einflüsse, die sich aus personellen oder familiären Bindungen des bisherigen Eigentümers ergeben und nun entfallen. Zu prüfen wäre auch, ob eine Fortführung ohne die bisherige Führung überhaupt möglich ist. Kann dies nicht unterstellt werden, ist der Liquidationswert anzusetzen.	**Individuelle Managementfaktoren:** Ausschlaggebend sind die finanziellen Überschüsse, die sich aus der geplanten Besetzung der Führungspositionen ergeben.
Ertragsteuern	**Typisierte Ertragsteuern:** Auch bei Kenntnis der individuellen Steuersätze ist von dem typisierten Steuerbelastung der Eigentümer von 35% auszugehen. Dadurch soll der Wert unabhängig von individuellen Steuersätzen ermittelt werden. Eine zusätzliche Berücksichtigung des Solidaritätszuschlages und der Kirchensteuer scheidet bei diesen Typisierungen aus.	**Individuelle Ertragsteuern:** Ausgangspunkt ist die tatsächliche, persönliche Ertragsteuerbelastung der Eigentümer oder Erwerber.
Sitzland des Unternehmenseigners	**Sitzland des Unternehmens:** Es erfolgt grundsätzlich die Annahme, dass die Unternehmenseigner im Land des zu bewertenden Unternehmens ansässig sind. Dies hat Konsequenzen auf die zu berücksichtigende typisierte Steuerbelastung sowie für die zugrunde zu legenden Verhältnisse hinsichtlich Kapitalmarkt, Risiko und Wachstum.	**Sitzland des Eigentümers:** Ausgangspunkt ist das tatsächliche Sitzland der Eigentümer oder Erwerber.

Tab. 2.1: Eigenschaften von objektivierter und subjektiver Unternehmensbewertung (Quelle: Eigene Erstellung in Anlehnung an *Peemöller, V. H.*; *Kunowski, St.* (2001): Ertragswertverfahren nach IDW. In: *Peemöller, V. H.* (Hrsg.): Praxishandbuch der Unternehmensbewertung. Herne, Berlin 2001, S. 219)

2.2.2.4 Netto-Einnahmen (Einnahmenüberschüsse)

Die Netto-Einnahmen beschreiben den Saldo aus den erwarteten Einnahmen und Ausgaben des Unternehmens. Einnahmen bzw. Ausgaben machen sich in Veränderungen des Geldvermögens bemerkbar. Veränderungen des Geldvermögens aufgrund der Finanzierungstätigkeit des Unternehmens sollten jedoch außer Acht gelassen werden. Die Verwendung von Einnahmenüberschüssen stellt gegenüber den zuvor dargestellten Einzahlungsüberschüssen eine weitere Vereinfachung dar. Veränderungen in den Forderungs- und Verbindlichkeitspositionen (Ausnahme Finanzierungsgeschäfte) haben nunmehr Einfluss auf die Bewertung. Dieser Ansatz missachtet, dass zwischen dem Entstehen von Forderungen und Verbindlichkeiten und den korrespondierenden Zahlungen erhebliche Zeit vergehen kann.

Eine Berechnung auf der Grundlage von Nettoeinnahmen aus dem Unternehmen ist deshalb in der Praxis auch unüblich. In dem aktuellem IDW-Standard werden die bewertungsrelevanten Zukunftserträge zwar auch als »Nettoeinnahmen« bezeichnet (IDW Standard S 1, Tz. 24), aus den folgenden Ausführungen geht jedoch hervor, dass das IDW dabei jedoch eine Bewertung auf Basis von Einzahlungsüberschüssen der Unternehmenseigner im Sinne hat. Der Begriff Einnahmenüberschuss wird vom IDW also unscharf benutzt und suggeriert andere Inhalte, als vom IDW vorgesehen.

2.2.2.5 Periodenerfolge (Ertragsüberschüsse)

Theoretisch noch unbefriedigender ist es, die Bewertung an den künftigen Periodenerfolgen (Ertragsüberschüssen) des Unternehmens auszurichten. Die Periodenerfolge ergeben sich aus dem Saldo der in Zukunft erwarteten Erträge und Aufwendungen. Es gilt:

	Erträge des Unternehmens
–	Aufwendungen des Unternehmens
=	Periodenerfolg (Ertragsüberschuss) des Unternehmens

Nur unter sehr restriktiven Annahmen kommen die Periodenerfolge den eigentlich bewertungsrelevanten Cashflows nahe. Insbesondere bei der Bewertung von Unternehmen, die ausgewiesene Erfolge maßgeblich bilanzpolitisch beeinflussen, wird das Bewertungsergebnis auf Basis von Periodenerfolgen wesentlich verzerrt sein.

Die Verwendung von Periodenerfolgen erfordert im Prinzip keine Finanzplanung und keine Planung der künftigen Ausschüttungspolitik. Der IDW Standard S 1 sieht im Falle einer Bewertung auf Basis einer Ertragsüberschussrechnung jedoch zwingend eine ergänzende Finanzbedarfsrechnung (Finanzplanung) vor. Der Verzicht auf eine Finanzplanung stellt demzufolge auch bei einer Bewertung auf Basis von Periodenerfolgen einen Verstoß gegen die Ordnungsmäßigkeit von Bewertungen dar. Das IDW verlangt deshalb die Aufstellung aufeinander abgestimmter Planbilanzen, Plan-Gewinn- und Verlustrechnungen sowie Finanzplanungen als Voraussetzung für eine ordnungsgemäße Unternehmensbewertung (IDW S 1, Tz. 27). Aufgrund der mangelnden Aussagekraft von Periodenerfolgen erübrigt sich damit die Anwendung des Ertragswertverfahrens auf Basis von Periodenerfolgen. Der vermeintliche Vorteil der Verwendung einfach zu berechnender Erfolgsgrößen wird durch die Notwendigkeit zur Anfertigung umfangreicher Zusatzrechnungen konterkariert.

2.2.3 Kapitalisierungszins im Ertragswertverfahren

Die Unterscheidung zwischen subjektiven Entscheidungs- und objektivierten Unternehmenswerten macht die Anwendung unterschiedlicher Kapitalisierungszinssätze erforderlich. Bei der Ermittlung objektivierter Unternehmenswerte ist von einem landesüblichen Zinssatz für eine (quasi-) risikofreie Kapitalmarktanlage auszugehen. Dieser Basiszinsfuss ist um einen Risikozuschlag zu erhöhen und um *persönliche* Ertragsteuern zu mindern. Bei der Ermittlung subjektiver Entscheidungswerte sind demgegenüber die individuellen Verhältnisse des jeweiligen Investors (hinsichtlich Renditeerwartungen einer Alternativinvestition, Risikoeinstellung usw.) ausschlaggebend. Der Diskontierungszinsfuss bei der Berechnung subjektiver Entscheidungswerte kann auch als Mindestrendite interpretiert werden, die der betrachtete Investor vom (tatsächlich oder potenziell) gebundenen Kapital im Unternehmen fordert. Detaillierte Erläuterungen zur Bestimmung des Kalkulationszinsfusses werden in Kapitel 3.2 vorgenommen.

2.3   Vergleich der Verfahren

2.3.1   Vergleich der Bewertungskonzeption

Die Zukunftserfolgsverfahren ermitteln den Marktwert des Unternehmens als Marktwert des Gesamtkapitals bzw. den Shareholder Value als Marktwert des Eigenkapitals durch Diskontierung künftiger Cashflows. Unterschiede zwischen den Verfahren bestehen hinsichtlich der zu diskontierenden Cashflow-Größe, des Diskontierungssatzes und der Berücksichtigung von Kapitalstrukturänderungen. Die verschiedenen Varianten der DCF-Verfahren ergeben sich aus einer unterschiedlichen Behandlung des Tax Shield.

Unterschiede zwischen Ertragswertverfahren und DCF-Verfahren sind auf eine unterschiedliche Betrachtungsweise zurückzuführen. Während bei den Ertragswertverfahren ein *subjektiver* Alternativenvergleich durch Abzinsung mit der *individuellen* Alternativrendite vollzogen wird, orientieren sich DCF-Verfahren beim »Vergleich« am Kapitalmarkt bzw. an den Renditeforderungen der dort agierenden Investoren. In der Folge wird die Unsicherheit der künftigen Cashflows im Ertragswertmodell durch subjektive Risikozuschläge bzw. subjektive Sicherheitsäquivalente berücksichtigen. Bei den DCF-Verfahren werden demgegenüber Risikozuschläge verwendet, die auf Grundlage kapitalmarkttheoretischer Modelle abgeleitet wurden und nur das sog. systematische Risiko erfassen. Risiken, die durch Portfoliobildung vermeidbar sind, werden dagegen nicht bewertet.

Die in den vorangegangenen Abschnitten herausgearbeiteten unterschiedlichen Merkmale der einzelnen Verfahren sind in Tab. 2.2 zusammengefasst. Auf eine Erwähnung des Marktwerts des nicht betriebsnotwendigen Vermögens wurde verzichtet, da die Berücksichtigung bei allen Verfahren gleichermaßen erfolgt.

DCF-Bewertungen auf Basis der Entity-Ansätze und des Equity-Ansatzes führen zu identischen Werten, wenn gleiche Annahmen über das künftige Finanzierungsverhalten des Unternehmens getroffen werden. Das Ertragswertverfahren und das DCF-Equity-Verfahren führen zum selben Ergebnis, wenn bei beiden Verfahren dieselben Cashflows zugrunde gelegt und die risikoangepassten Kapitalkosten identisch erfasst werden. Die Flows to Equity entsprechen den »Unternehmenserträgen« jedoch nur für den Fall, wenn das amerikanische DCF-Grundmodell um die individuellen Aspekte eines potenziellen Käufers (z. B. Nutzung von Synergien, Rationalisierungen, persönliche Steuern) ergänzt wird. Im Gegenzug lassen sich bei der subjektiven Wertermittlung im Ertragswertverfahren die kapitalmarkttheoretischen Risikozuschläge des DCF-Verfahrens rechtfertigen, wenn sich ein potenzieller Käufer oder Verkäufer in der Position eines diversifizierten Investors befindet (Ballwieser 2001, S. 365 ff.).

Es kann deshalb festgehalten werden, dass die Modelle bei Verwendung der »theoretisch« richtigen Cashflows und Kapitalkosten zum gleichen Ergebnis kommen. Da die Berechnung der verschiedenen Größen jedoch auf Grundlage vereinfachender Annahmen erfolgt, wird man in der Praxis bei den verschiedenen Methoden auch zu unterschiedlichen Bewertungen kommen. Die ursprünglichen Unterschiede der Verfahren verwischen jedoch zunehmend. Die in den verschiedenen Ansätzen gewonnenen Erkenntnisse können in die jeweils anderen Bewertungsverfahren integriert werden. Dies führt zu einer Konvergenz der Verfahren, aber zugleich auch zu einer nahezu unüberschaubaren Vielzahl von Kombinationsmöglichkeiten bei der Ermittlung der benötigten Wertdeterminanten (Cashflows, Kapitalkosten). Die verschiedenen Möglichkeiten zur Ermittlung dieser Größen werden deshalb für alle Bewertungsmodelle übergreifend in Kapitel 3 dargestellt.

Verfahren	Entity-Verfahren			Equity-Verfahren	
	WACC	Total Cashflow	Adjusted Present Value	Flow to Equity	Ertragswert
Cashflow-Definition	Free Cashflow • vor Zinsen • bei (fiktiver) vollständiger Eigenfinanzierung	Free Cashflow • vor Zinsen • bei tatsächlicher Kapitalstruktur	Free Cashflow • vor Zinsen • bei (fiktiver) vollständiger Eigenfinanzierung	Free Cashflow • nach Zinsen	»Ertragsüberschuss« • nach Zinsen • a) subjektiv b) objektiv
Abbildung Tax Shield	Kapitalkosten	Free Cashflow	Barwert Tax Shield	Free Cashflow	Ertragsüberschuss
Diskontierungssatz	steuerangepasster Mischzinsfuß (WACC) aus • Eigenkapitalkosten für das verschuldete Unternehmen • Fremdkapitalkosten (inkl. Tax Shield)	gewogene Kapitalkosten aus • Eigenkapitalkosten für das verschuldete Unternehmen und • Fremdkapitalkosten (excl. Tax Shield)	Renditeforderung der Eigenkapitalgeber für das unverschuldete Unternehmen am Kapitalmarkt	Renditeforderung der Eigenkapitalgeber für das verschuldete Unternehmen am Kapitalmarkt	a) individuelle Renditeforderung der Eigenkapitalgeber für das verschuldete Unternehmen b) objektiver landesüblicher Zins
Ermittlung des Shareholder Value	zweistufig: Marktwert des GK – Marktwert verzins. FK = Shareholder Value	zweistufig: Marktwert des GK – Marktwert verzins. FK = Shareholder Value	mehrstufig: Marktwert des GK (unverschuldet) + Barwert Tax Shield – Marktwert verzins. FK = Shareholder Value	einstufig: Marktwert des Eigenkapitals = Shareholder Value	einstufig: Marktwert des Eigenkapitals = Shareholder Value

Tab. 2.2: Gegenüberstellung der Zahlungsstromverfahren (in Anlehnung an *Mandl/Rabel*, 1997, S. 38)

2.3.2 Vergleich der praktischen Eignung

Basis für eine Prognose zukünftiger Erfolge ist eine fundierte Beurteilung des Leistungsbereichs von Unternehmen. Neben einer Einschätzung des Marktumfeldes ist auch eine Identifikation der individuellen Stärken und Schwächen eines Unternehmens notwendig. Die fundierte Unternehmensanalyse mündet in einer Prognose von Erfolgs- und Cashflow-Größen für das *operative* Geschäft (Leistungsbereich) eines Unternehmens. Auf Basis einer Prognose der Operating Cashflows des Leistungsbereiches kann mit Hilfe von Annahmen über das zukünftige Investitions-, Finanzierungs- und Ausschüttungsverhalten auch eine Prognose der Cashflows der Finanzierungsebene vorgenommen werden.

Fundierte Unternehmensanalysen und Planungsrechnungen liefern in der Folge sowohl die Cashflows der Leistungs- als auch der Finanzierungsebene. Auf der Grundlage der Cashflows der Leistungs- und Finanzierungsebene lassen sich grundsätzlich alle Bewertungsverfahren sinnvoll anwenden. Die Wahl der geeigneten Bewertungsmethode hängt damit in erster Linie vom *Prognoseaufwand* ab, der mit dem jeweiligen Verfahren verbunden ist. Darüber hinaus wird für die Auswahl des verwendeten Bewertungsverfahrens auch die Verbreitung der Methoden und damit die *Akzeptanz der Ergebnisse* maßgeblich sein.

Die zweistufigen Entity-Verfahren bieten sich dann an, wenn ein Unternehmen losgelöst von den Cashflows der Finanzierungsebene beurteilt werden soll. Die Verfahren drängen sich dann auf, wenn das Unternehmen in Zwischenberichten ebenfalls auf operative Ergebnisse abstellt (die sich mit der Prognose des Bewerters abgleichen lassen) oder verschiedene Unternehmensteile bewertet werden müssen, für die nur operative Erfolgsgrößen vorliegen. Bei der laufenden Bewertung größerer, börsennotierter Unternehmen wird deshalb in der Regel das Entity-Verfahren verwendet. Aus Vereinfachungsgründen kann dabei auch auf eine sehr detaillierte Planung der Cashflows aus Fremdfinanzierung verzichtet werden. Die Prognose ist jedoch ratsam, wenn sich der Anteil des Fremdkapitals im Zeitablauf deutlich verändert und eine Anpassung der Kapitalkosten und ihrer Gewichtung vorgenommen werden muss.

Der WACC-Ansatz mit konstanten Kapitalkosten setzt voraus, dass die Kapitalstruktur zukünftig annähernd konstant bleibt und sich das Tax Shield *in jeder Periode* aufgrund ausreichender steuerlicher Gewinne auch in niedrigeren Fremdkapitalkosten bemerkbar macht. Der WACC-Ansatz eignet sich in der Folge besonders für etablierte und wenig zyklische Unternehmen, die in der Regel positive Gewinne aufweisen. Für Unternehmen am Beginn des Lebenszyklus, bei denen sich die Kapitalkosten noch deutlich verändern, oder Unternehmen, die regelmäßig Verluste ausweisen, ist die Annahme konstanter WACC jedoch problematisch. Es ist zu beachten, dass der WACC-Ansatz in der »Investment-Community« weit verbreitet ist und vermutlich über die höchste Akzeptanz verfügt.

Die Verzerrung der Bewertung aufgrund einer Verwendung konstanter Kapitalkosten wird beim Total-Cashflow-Ansatz abgemildert. Unterschiedliche Steuerersparnisse im Zeitablauf können bei einer Prognose der Total-Cashflows im Zähler des Bewertungsmodells berücksichtigt werden. Der Ansatz ist bei der Bewertung einzelner Geschäftsbereiche allerdings kaum praktikabel, da eine Zuweisung des Fremdkapitals und damit der Steuerersparnisse kaum möglich ist. Die Verwendung konstanter durchschnittlicher Kapitalkosten lässt sich darüber hinaus nur bei einer im Zeitablauf konstanten Kapitalstruktur rechtfertigen.

Ist davon auszugehen, dass sich die Kapitalstruktur des Bewertungsobjektes im Prognosezeitraum wesentlich verändern wird, bietet das APV-Verfahren Vorteile. Für Unternehmen am Beginn des Lebenszyklus oder bei der Beurteilung verschiedener Finanzierungsoptionen bei einem Unternehmenserwerb drängt sich das APV-Verfahren auf. Die Kapitalstruktur-änderungen können im Rahmen des Tax Shield aus der Fremdfinanzierung erfasst werden und bleiben ohne Rückwirkung auf den Marktwert des unverschuldeten Unternehmens. Das APV-Verfahren setzt allerdings u.a. voraus, dass die Renditeforderung der Eigenkapitalgeber für das unverschuldete Unternehmen bestimmt werden kann. Die höhere Genauigkeit wird deshalb durch eine Erhöhung der Komplexität erkauft. Das Verfahren hat daher in der Praxis eine geringe Verbreitung und dürfte eher eine geringe Akzeptanz besitzen.

Der Einsatz des Equity-Approach unter Verwendung eines im Zeitablauf konstanten Diskontierungssatzes ist ebenfalls nur unproblematisch, wenn der Einfluss der erwarteten Änderungen der Kapitalstruktur auf die Renditeforderung der Eigenkapitalgeber vernach-lässigbar ist. Dies wird bei Unternehmen, die über eine branchentypische Eigenkapitalquote verfügen und bei denen in Zukunft keine Zahlungsunfähigkeit absehbar ist, der Fall sein. Im Gegensatz zum Entity-Approach kann bei Anwendung des Netto-Verfahrens nicht auf eine explizite Planung der Cashflows aus der Fremdfinanzierung verzichtet werden. Steuerliche Besonderheiten wie Verlustvorträge können beim Equity-Verfahren einfacher berücksich-tigt werden als beim Entity-Verfahren. Im Gegensatz zum Entity-Verfahren ist auch keine (ungenaue) Gewichtung verschiedener Kapitalkosten notwendig. Bei nicht-börsennotierten, überschaubaren Unternehmen mit einer homogenen Geschäftätigkeit erscheint das Bewer-tungskalkül beim Equity-Approach daher transparenter als beim Entity-Verfahren.

Eine analoge Argumentation gilt für die Anwendung des Ertragswertverfahrens, da es sich hierbei ebenfalls um einen einstufigen Ansatz zur direkten Ermittlung des Shareholder Value handelt. Gegenüber dem Equity-Ansatz erlaubt das Ertragswertverfahren darüber hinaus die Ermittlung subjektiver Entscheidungswerte, d.h. es findet mit der Diskontierung ein individueller Alternativenvergleich statt und individuelle Strategien des Erwerbers werden im Rahmen von absehbaren Werteveränderungen des Bewertungsobjektes beachtet. Allerdings können derartige Aspekte auch bei der Implementierung von DCF-Verfahren

	Ertragswertverfahren auf Basis von Netto-Cashflows beim Eigner	Entity-Approach auf Basis von Free Cashflows
Konzeption	Individueller Alternativenvergleich	Kapitalmarktorientierung
Methodik	Kapitalwertmethode	Kapitalwertmethode
Diskontierte Größe	Netto-Cashflows beim Eigner	Operating Free Cashflows
Diskontierungssatz	Individuelle Alternativrendite	Gewogener Kapitalkostensatz der Rendite-forderungen aller Kapitalgeber
Risikoberücksichtigung	Individuell (durch Risikozuschlag oder Sicherheitsäquivalent)	Ableitung aus kapitalmarkttheoretischen Modellen (z. B. CAPM)
Berücksichtigung der Besteuerung	Unternehmenssteuern und persönliche Steuern	Nur Unternehmenssteuern (im amerikanischen Grundmodell)

Tab. 2.3: Gegenüberstellung von Ertragswert- und DCF-Verfahren
       (in Anlehnung an *Mandl/Rabel*, 1997a, S. 385)

berücksichtigt werden. Unternehmenserträge können je nach gewünschter Komplexität bzw. Vereinfachung unterschiedlich definiert werden. Die Konzeption des Ertragswertverfahrens ist auf die Ermittlung von Entscheidungswerten ausgerichtet – es eignet sich daher eher für die individuelle Bewertung von Akquisitionen und Fusionen. DCF-Verfahren liefern hingegen eine marktnahe Bewertung und bieten sich für die laufende Bewertung börsennotierter Unternehmen und für Bewertungen anlässlich von Börsengängen an.

2.4   Fazit

In der Bundesrepublik Deutschland ist das von den Wirtschaftsprüfern entwickelte Ertragswertverfahren die vorherrschende Methode zur Bewertung von Unternehmen. Die Bezeichnung »Ertragswertverfahren« ist jedoch nicht sehr treffend, da bei dem Verfahren bei sinnvoller Anwendung ebenfalls Cashflows (empfehlenswert: Netto-Cashflows an die Eigentümer) betrachtet werden. Aus theoretischer Sicht ist das Ertragswertverfahren den DCF-Verfahren überlegen: Es werden umfassende, individuelle Cashflows zugrunde gelegt, die mit einer subjektiven Verzinsung einer Alternativanlage verglichen werden. Die praktische Umsetzung des Ertragswertverfahren bereitet jedoch Probleme. Bei der Ermittlung der bewertungsrelevanten Einzahlungsüberschüsse und Berechnung der Kapitalkosten mit Hilfe eines landestypischen Zinses ergeben sich einige Ermessensspielräume. Der Prognoseaufwand ist häufig höher, da eine explizite Planung der zukünftigen Finanzierung mit Fremdkapital erforderlich ist. Das Ertragswertverfahren eignet sich vornehmlich für *detaillierte, individuelle Bewertungen* anlässlich des Kaufs bzw. Verkaufs von Unternehmen.

Die DCF-Methoden beschränken sich auf die Bewertung der Einzahlungsüberschüsse von Unternehmen. Dabei wird zur Diskontierung keine subjektive Verzinsung, sondern die Verzinsung am Kapitalmarkt herangezogen. Bei der Ermittlung der Eigenkapitalkosten erfolgt ein Rückgriff auf kapitalmarkttheoretische Modelle (insbesondere das CAPM), da diese Modelle eine präferenzfreie Berechnung der Renditeforderung der Kapitalgeber ermöglichen. Die Ermittlung marktorientierter Kapitalkosten ist immer dann sinnvoll, wenn die Kapitalmärkte informations- und allokationseffizient sind und eine ausreichende Liquidität gewährleistet ist.

Aufgrund der Kapitalmarktorientierung der Investoren in den USA sind die DCF-Methoden dort die dominierenden Verfahren zur Bewertung von Unternehmen. Im Zuge einer wachsenden Größe und Effizienz des deutschen Kapitalmarktes erlangen diese Methoden auch hierzulande an Bedeutung. Der wachsende Stellenwert wird auch durch die Aufnahme der Verfahren in das Wirtschaftsprüfer-Handbuch und den IDW-Standard S 1 unterstrichen. Die marktorientierten DCF-Verfahren eignen sich vornehmlich für die *marktnahe Bewertung von Unternehmen*, also insbesondere für die laufende Bewertung börsennotierter Unternehmen und anlässlich von Börseneinführungen.

Die methodische Stringenz der Verfahren darf aber nicht darüber hinwegtäuschen, dass die Grundlage der Bewertung eine Prognose weit in die Zukunft reichender Cashflows ist. Eine fundierte Unternehmensbewertung erfordert deshalb nicht nur methodische Kompetenz, auch Branchen- und Unternehmenskenntnisse sind notwendig, um die Zukunftsperspektiven (einigermaßen) realistisch abschätzen zu können. Derartige Prognosen haben, zumal von Bewertungstheoretikern, häufig die Schärfe nächtlicher Nebelschwaden. Die Punktlandungen dieser Verfahren sind deshalb nur scheinbar genau. Vor diesem Hintergrund lassen sich auch methodisch nicht vollkommen einwandfreie Ermittlungen von Cashflows und Kapitalkosten rechtfertigen, sofern sie nicht auf offensichtlich unrealistischen Vereinfachungen basieren.

Trotz der guten ökonomischen Fundierung der Verfahren darf ebenfalls nicht übersehen werden, dass sich die Verfahren auf die Betrachtung der Wertkomponenten »Entnahmemöglichkeiten der Kapitalgeber« und »Vergleichszins« beschränken. Andere preisrelevante Faktoren, z. B. die Marktpsychologie, Wachstumsphantasien, Marktliquidität oder Transparenz der Unternehmen, fließen nicht in die Bewertung ein. Einige dieser Aspekte können durch andere ökonomische Modelle (z. B. asymmetrische Informationen, Real Options, Behavioural Finance) erklärt werden. Diese Ansätze lassen sich allerdings kaum in praktikable Bewertungsmodelle überführen. Es ist deshalb ratsam, neben den Diskontierungsverfahren auch Bewertungen anhand von Multiplikatorverfahren vorzunehmen. Der Rückgriff auf vergleichbare Marktpreise ermöglicht eine Plausibilitätskontrolle der Bewertung auf DCF-/ Ertragswertbasis und erlaubt bei korrekter Anwendung auch die Beachtung anderer Einflüsse auf den Wert von Unternehmen.

Literaturhinweise

Eine Darstellung der DCF-Methode findet man im Standardwerk der amerikanischen Bewertungsliteratur bei:
Copeland, Tom/Koller, Tim/Murrin, Jack): Unternehmenswert – Methoden und Strategien für eine wertorientierte Unternehmensführung, Frankfurt am Main, New York 1998.

Eine gut strukturierte und übersichtliche Darstellung der verschiedenen Zukunftserfolgsverfahren findet man bei:
Mandl, Gerwald/Rabel, Klaus: Unternehmensbewertung: eine praxisorientierte Einführung, Wien 1997, sowie komprimiert bei
Mandl, Gerwald/Rabel, Klaus: Methoden der Unternehmensbewertung, in: Peemöller, Volker H. (Hrsg.): Praxishandbuch der Unternehmensbewertung, Herne 2001, S. 47–86.

Eine umfassende Darstellung der DCF-Methode, abgestellt auf deutsche Verhältnisse, findet man bei:
Baetge, Jörg/Niemeyer, Kai/Kümmel, Jens: Darstellung der Discounted-Cashflow-Verfahren, in: Peemöller, Volker H. (Hrsg.): Praxishandbuch der Unternehmensbewertung, Herne 2001, S. 263–360.

Das Ertragswertverfahren der Wirtschaftsprüfer ist dargestellt in:
IDW: IDW Standard: Grundsätze zur Durchführung von Unternehmensbewertungen (IDW S 1) verabschiedet am 28. Juni 2000, in: IDW Fachnachrichten 2000, S. 415–441.
WP-Handbuch: Wirtschaftsprüfer-Handbuch 2002, Band II, Abschnitt A: Unternehmensbewertung, in: Institut der Wirtschaftsprüfer e.V. (Hrsg.), Düsseldorf 2002, S. 1–142.

Eine übergreifende und vergleichende Darstellung der Verfahren findet man auch bei:
Ballwieser, Wolfgang: Methoden der Unternehmensbewertung, in: Gebhardt, Günther/Gerke, Wolfgang/Steiner, Manfred (Hrsg.): Handbuch des Finanzmanagements: Instrumente und Märkte der Unternehmensfinanzierung, München 1993, S. 151–176.
Born, Karl: Unternehmensanalyse und Unternehmensbewertung, 2. Auflage Stuttgart 2003.
Drukarczyk, Jochen: Unternehmensbewertung, 4. Auflage, München 2002.

3 Wertdeterminanten

3.1 Ermittlung von Cashflows

3.1.1 Cashflows des Unternehmens

Für die Ermittlung von Zahlungsmittelüberschüssen (Cashflows) eines Unternehmens ist es zweckmäßig, sich einen Überblick über die Zahlungsströme des Unternehmens zu verschaffen. Das Unternehmen kann vereinfachend als System von Zahlungsströmen betrachtet werden. Auf dem Absatzmarkt erzielt das Unternehmen Einzahlungen aus Umsätzen (E_U). Auf den Faktormärkten muss das Unternehmen Auszahlungen für Löhne (A_W), Material (A_M) und Investitionen (A_I) vornehmen. Die gesamten Zahlungsströme auf den Absatz- und Beschaffungsmärkten bezeichnet man auch als Zahlungsströme der Leistungsebene und den entsprechenden Saldo ($E_U - A_W - A_M - A_I$) als Zahlungssaldo der Leistungsebene. Die Zahlungsströme der Leistungsebene umfassen damit alle Zahlungsströme, die im Rahmen der betrieblichen Leistungserstellung auf den Absatz- und Faktormärkten entstehen. Die Steuerzahlungen an den Staat (A_{ST}) können separat betrachtet werden, sie werden aber in der Regel auch dem Leistungsbereich zugeordnet.

Darüber hinaus hat das Unternehmen Zahlungsströme im Finanzbereich. Dem Finanzbereich werden Zahlungsströme zugeordnet, die dem Unternehmen mit seinen Eigen- und Fremdkapitalgebern entstehen. Auf der einen Seite kann das Unternehmen Einzahlungen durch die Aufnahme von Eigenkapital (E_{EK}) oder Fremdkapital (E_{FK}) generieren, auf der anderen Seite werden die Kapitalgeber durch Ausschüttungen (A_A), Zinsen (A_Z) und Tilgungen (A_T) bedient.

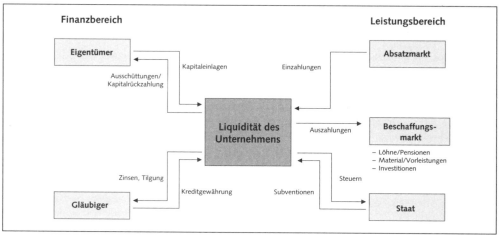

Abb. 3.1: Die Zahlungsströme des Unternehmens

Bei der Analyse der Liquiditätslage von Unternehmen erweist sich die Betrachtung von Finanzierungsgleichungen als hilfreich. In jeder beliebigen Teilperiode muss die folgende Finanzierungsgleichung erfüllt sein:

$$
\left.
\begin{array}{l}
\text{Leistungssaldo} \\
(E_U - A_W - A_M - A_I) \\[1em]
+ \quad \text{Finanzsaldo} \\
(E_{EK} + E_{FK} - A_A - A_Z - A_T) \\[1em]
- \quad \text{Steuerzahlungen} \\
(A_{ST})
\end{array}
\right\}
=
\left\{
\begin{array}{l}
\text{Zahlungmittel am Ende der Periode} \\
(L_T) \\[1em]
- \quad \text{Zahlungmittel am Anfang der Periode} \\
(L_0)
\end{array}
\right.
$$

Sofern Geld nicht vom Himmel fällt oder spurlos verschwindet, müssen sich die Zahlungssalden der Leistungs- und Finanzebene abzüglich der Steuerzahlungen in jeder Periode in einer entsprechenden Veränderung des Zahlungsmittelbestandes bemerkbar machen. Für Zwecke der Finanzanalyse wird die Grundgleichung häufig in einer anderen Form betrachtet. Den laufenden Saldo aus Leistungssaldo *vor* Investitionszahlungen abzüglich der Zins- und Steuerzahlungen bezeichnet man als Saldo der *Innenfinanzierung*. Der Saldo der Innenfinanzierung gibt an, inwieweit ein Unternehmen aus seiner laufenden Geschäftstätigkeit heraus in der Lage ist, einen Zahlungsmittelüberschuss zu generieren. Die im Rahmen der Eigen- und Fremdfinanzierung von außen zugeführten Mittel bezeichnet man als *Außenfinanzierung*. Mit Hilfe dieser Definitionen lassen sich die Zahlungsströme des Unternehmens nach Mittelherkunft und Mittelverwendung gliedern:

| **Mittelherkunft** | | **Mittelverwendung** |

$$
\left.
\begin{array}{l}
\text{Innenfinanzierungssaldo} \\
(E_U - A_W - A_M - A_Z - A_{ST}) \\[1em]
+ \quad \text{Außenfinanzierung} \\
(E_{EK} + E_{FK}) \\[1em]
+ \quad \text{Auflösung von Liquiditätsreserven} \\
(L_0 - L_T)
\end{array}
\right\}
=
\left\{
\begin{array}{l}
\text{Investitionen } (A_I) \\[1em]
+ \quad \text{Schuldentilgung } (A_T) \\[1em]
+ \quad \text{Ausschüttungen } (A_A)
\end{array}
\right.
$$

Positive Finanzierungssalden oder die Auflösung von Liquiditätsreserven können dazu genutzt werden, Investitionen zu tätigen oder die Kapitalgeber mit Tilgungszahlungen oder Ausschüttungen zu bedienen. Dabei ist zu beachten, dass auch negative Finanzierungssalden entstehen oder Liquiditätsreserven gebildet werden können. Diese Salden sind dann als Mittelverwendung zu interpretieren und auf der rechten Seite der Gleichung zu berücksichtigen.

Bei der Anfertigung von Kapitalflussrechnungen (*Cashflow-Statements*) wird diese Finanzierungsgleichung in leicht veränderter Form betrachtet. Der Innenfinanzierungssaldo wird als Cashflow aus laufender Geschäftstätigkeit bezeichnet. Die Außenfinanzierung mit Eigen- und Fremdkapital abzüglich der Bedienung der Kapitalgeber mit Tilgungen und

Ausschüttungen wird zu einem Cashflow der Finanzierungstätigkeit zusammengefasst. Es ergibt sich folgende Gleichung:

Mittelherkunft			**Mittelverwendung**
Cashflow aus laufender Geschäftstätigkeit $(E_U - A_W - A_M - A_Z - A_{ST})$	$\Big\}$	$= \Big\{$	Cashflow aus Investitionstätigkeit (A_I)
+ Cashflow aus Finanzierungstätigkeit $(E_{EK} + E_{FK} - A_T - A_A)$			+ Erhöhung der Liquiditätsreserven $(L_T - L_0)$

Die Informationen der Finanzierungsgleichungen bzw. der Cashflow-Statements sind für die Analyse der Liquiditäts- und Erfolgslage von Unternehmen sehr hilfreich. Sie zeigen auf,

- inwieweit ein Unternehmen aus seiner laufenden Geschäftstätigkeit heraus in der Lage ist
  - seine finanziellen Verpflichtungen (Schuldentilgung) zu erfüllen,
  - Investitionen zu tätigen,
  - Ausschüttungen vorzunehmen,
- inwieweit ein Unternehmen aufgrund seiner Liquiditätsreserven in der Lage ist
  - seine finanziellen Verpflichtungen (Schuldentilgung) zu erfüllen,
  - Investitionen zu tätigen,
  - Ausschüttungen vorzunehmen,
- wie hoch der Bedarf der Außenfinanzierung ist,
- wie sich Unterschiede zwischen ausgewiesenen Ergebnissen und Cashflows erklären lassen,
- wie die finanzielle Situation (Gefahr der Insolvenz) einzuschätzen ist.

Bei der Analyse der finanziellen Situation ist dem Innenfinanzierungssaldo (Cashflow der laufenden Geschäftstätigkeit) besondere Aufmerksamkeit zu schenken. Ein Unternehmen kann dauerhaft nur überleben, wenn es die erforderlichen Tilgungen und Investitionen aus der laufenden Geschäftstätigkeit bestreiten kann. Anderenfalls droht ein Teufelskreis: Die Finanzierung von Tilgungszahlungen oder Investitionen aus der zusätzlichen Aufnahme von Fremdkapital bewirkt höhere Auszahlungen für Zinsen und Tilgungen, welche die Innenfinanzierungskraft weiter einschränken. Die laufende Finanzierung mit Eigenkapital von außen ist in einer angespannten finanziellen Situation nur schwerlich möglich. Auch Liquiditätsreserven lassen sich nur begrenzt (bis sie aufgebraucht sind) zur Finanzierung der Zahlungsverpflichtungen heranziehen.

3.1.2 Grundsätzliche Berechnungsmöglichkeiten

Die Ausführungen des vergangenen Kapitels machen deutlich, dass ein Unternehmen durch zahlreiche Zahlungsströme mit seiner Umwelt verbunden ist. Demzufolge gibt es nicht einen einzigartigen Cashflow, sondern Zahlungen können auf verschiedene Weisen zu einem bestimmten Cashflow zusammengefasst werden. Unterschiedliche Cashflow-Definitionen lassen sich auf unterschiedliche Prämissen zurückführen.

1. *Abgrenzung der Zahlungsmittel:* Der Umfang der betrachteten Zahlungsmittel (auch Finanzmittelfonds genannt) kann sich erheblich unterscheiden. Der Cashflow wird in jedem Falle Zahlungsströme im Fonds »Geld« abbilden müssen, der den Bilanzpositionen »Schecks, Kassenbestand, Bundesbank- und Postgiroguthaben, Guthaben bei Kreditinstituten« des Gliederungsschemas der Bilanz in § 266 Abs. 2 HGB entspricht. Die Position kann ggf. um Einlösungsrisiken korrigiert werden. Als weitere Bestandteile können jedoch auch kurzfristig veräußerbare Wertpapiere und jederzeit fällige Bankverbindlichkeiten hinzugerechnet werden. Damit wird der betrachtete Finanzmittelfonds auf den Bereich »Liquide Mittel« erweitert.

2. *Abgrenzung der Zahlungsströme:* Der Umfang der berücksichtigten Zahlungsströme in dem betrachteten Finanzmittelfonds kann deutlich voneinander abweichen. So können z.B. ausschließlich Zahlungsströme der Leistungsebene (Operative Cashflows) oder auch Zahlungsströme der Leistungs- *und* Finanzebene (Cashflows der laufenden Geschäftstätigkeit) betrachtet werden. Derartige Cashflows lassen sich auch um Sondereinflüsse oder Steuerzahlungen bereinigen. In diesen Fällen spricht man von nachhaltigen Cashflows bzw. Cashflows vor Steuerzahlungen.

3. *Art der Berechnung (Direkte versus indirekte Berechnung):* Bei der direkten Methode werden die Einzahlungen und Auszahlungen der betrachteten Zahlungsströme in dem gewählten Finanzmittelfonds direkt ermittelt und gegenübergestellt. Die Anwendung der direkten Methode ist jedoch in vielen Fällen unmöglich, da zahlreiche Unternehmen ihre Zahlungsströme nicht aufzeichnen und/oder nicht veröffentlichen. In diesen Fällen muss deshalb indirekt aus dem verfügbaren Zahlenmaterial auf den Cashflow geschlossen werden.

Die indirekte Methode setzt an einer Ergebnisgröße (Saldo aus Erträgen und Aufwendungen) an. In einem ersten Schritt wird der zahlungs*un*wirksame Aufwand durch Addition und der zahlungs*un*wirksame Ertrag durch Subtraktion neutralisiert. Da das betrachtete Ergebnis als Ausgangsgröße auf der Gewinn- und Verlustrechnung basiert (die nur erfolgswirksame Vorgänge erfasst), muss das Ergebnis in einem zweiten Schritt um die erfolgsneutralen aber zahlungswirksamen Vorgänge korrigiert werden, um schließlich als Saldogröße einen Cashflow zu erhalten.

Nur unter der Voraussetzung, dass alle zahlungsunwirksamen Vorgänge (z.B. Abschreibungen) aus dem Jahresüberschuss eliminiert und alle erfolgsneutralen, zahlungswirksamen Vorgänge (z.B. Auflösung von Pensionsrückstellungen bei Auszahlung der Pension) berücksichtigt werden, führen beide Methoden zum gleichen Ergebnis. Die korrekte Ermittlung des Cashflows nach direkter und indirekter Methode zeigt die Abbildung 3.2.

Die direkte Ermittlung der Cashflows hat grundsätzlich eine größere Aussagekraft, da die Entstehung der Zahlungsströme besser abgelesen werden kann. Trotz der Überlegenheit der direkten Methode ist die indirekte Methode in der Praxis am weitesten verbreitet. Dies gilt sowohl für intern erstellte als auch für die in den Geschäftsberichten veröffentlichten Cashflow-Rechnungen. Ohne die Veröffentlichung direkt ermittelter Cashflows muss bei einer externen Unternehmensanalyse immer auf die indirekte Methode zurückgegriffen werden.

Direkte Methode	Indirekte Methode		
		Ergebnis (z. B. Jahresüberschuss/EBIT)	
Einzahlungen	+	zahlungsunwirksamer Aufwand	
− Auszahlungen	−	zahlungsunwirksamer Ertrag	
	+ / −	erfolgsneutrale, zahlungswirksame Vorgänge	
= Cashflow	=	Cashflow	

Abb. 3.2: Direkte versus indirekte Methode der Cashflow-Ermittlung

Darüber hinaus ist bei der indirekten Methode die Identifikation *aller* zahlungsunwirksamen bzw. erfolgsneutralen, zahlungswirksamen Vorgänge in dem gewählten Finanzmittelfonds häufig kaum möglich oder praktikabel. Bei der indirekten Methode gibt es deshalb eine Vielzahl von Ermittlungsschemata, die auf eine vereinfachte, pragmatische Cashflow-Ermittlung abzielen. Die zu korrigierenden Positionen hängen auch davon ab, ob der Jahresabschluss nach den International Financial Reporting Standards (IFRS), den US Generally Accepted Accounting Principles (US-GAAP) oder dem deutschen Handelsgesetzbuch (HGB) erstellt worden ist. Es ist zu betonen, dass vereinfachte Berechnungsschemas nahezu immer das Ziel verfehlen, den tatsächlichen Cashflow eines Unternehmens abzubilden.

3.1.3 Cashflow-Definitionen

Ursprünglich wurde der Cashflow zu Beginn der 50er-Jahre in den USA als Instrument zur Wertpapieranalyse entwickelt. Die verschiedenen Ansatzpunkte (Wahl des Finanzmittelfonds, Umfang der betrachteten Zahlungsströme im Finanzmittelfonds und Art der Berechnungsmethode bzw. Umfang der Bereinigungen bei der indirekten Methode) können jedoch nahezu beliebig kombiniert werden und es ist kaum verwunderlich, dass es in der Literatur heute eine Vielzahl unterschiedlicher Cashflow-Definitionen gibt. Heute wird der Cashflow vornehmlich als Erfolgskennzahl der Bilanzanalyse oder als Zahlungsstromgröße zur Beurteilung der finanzwirtschaftlichen Lage bzw. zur Ermittlung des Unternehmenswertes verwendet.

Die Wahl einer geeigneten Berechnungsmethode des Cashflows hängt insbesondere vom Zweck der Ermittlung ab. Abbildung 3.3 gibt einen Überblick darüber, wie die Berechnungsmöglichkeiten mit dem Zweck der Berechnung korrespondieren.

Während sich der betrachtete Finanzmittelfonds bei der finanzwirtschaftlichen Analyse auf Zahlungsströme in den Aggregaten »Geld« oder »Liquide Mittel« beschränkt, wird bei der Erfolgsanalyse der Finanzmittelfonds in der Regel um Veränderungen im Geldvermögen (Saldo aus Einnahmen und Ausgaben) erweitert. Im Geldvermögen werden neben den Zahlungsströmen auch Veränderungen der Verbindlichkeiten und Forderungen berücksichtigt. So entsteht z.B. durch einen Verkauf auf Ziel eine Einnahme, die aber noch zu keiner Einzahlung führt. Die Gesamterfolgsebene (Betrachtung von Aufwendungen und Erträgen)

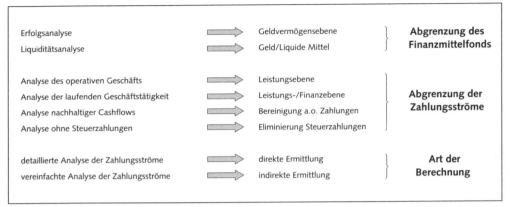

Abb. 3.3: Zwecke der Cashflow-Berechnung

unterscheidet sich von der Geldvermögensebene nur noch dadurch, dass Einnahmen und Ausgaben innerhalb einer Abrechnungsmethode betrachtet werden, also periodisiert sind. Die Geldvermögensebene steht zwischen der Gesamterfolgsebene und Liquiditätsebene und die Kennzahlen der Geldvermögensebene können sowohl der Liquiditäts- als auch der Erfolgsanalyse dienen (vgl. Abbildung 3.4).

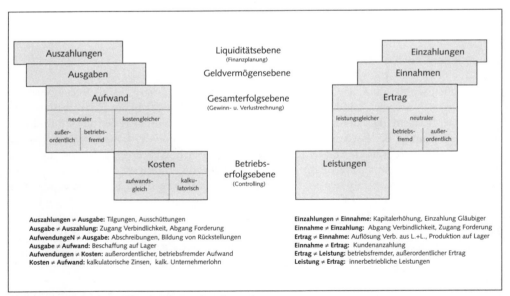

Abb. 3.4: Ebenen der Erfolgs- und Liquiditätsbetrachtung

Der Umfang der betrachteten Zahlungsströme im gewählten Finanzmittelfonds hängt insbesondere davon ab, ob die Ertrags- oder Finanzkraft der gesamten Unternehmenstätigkeit oder nur in seinem originären Geschäft beurteilt werden soll. Bei der Analyse des originären Geschäfts eines Unternehmens werden ausschließlich Zahlungsströme im operativen Geschäft betrachtet. Die indirekte Ermittlung eines Cashflows basiert in diesem Falle auf einem operativen Ergebnis (z. B. EBIT, Operating Profit). Soll die Ertrags- oder Finanzkraft der gesamten Unternehmenstätigkeit (im Leistungs- und Finanzbereich) beurteilt werden, müssen alle Zahlungsströme des Unternehmens im gewählten Finanzmittelfonds berücksichtigt werden. Die indirekte Ermittlung des Cashflows setzt in diesem Falle beim Jahresüberschuss an.

Die mangelnde Vergleichbarkeit unterschiedlicher Cashflow-Rechnungen hat in den vergangenen Jahren zu der Entwicklung verschiedener Ermittlungsstandards geführt. Diese sollen im Folgenden vorgestellt werden.

3.1.3.1 Cash-Earnings nach DVFA

Die DVFA/SG (Deutsche Vereinigung für Finanzanalyse und Anlageberatung und die Schmalenbach-Gesellschaft) hat zum Zwecke der Finanzanalyse ein einheitliches Schema zur Berechnung von Cashflows entwickelt. Dieses vereinfachte Schema wird bei vielen deutschen börsennotierten Unternehmen angewendet und ist die Basis weitergehender Stellungnahmen des Instituts der Wirtschaftsprüfer und der Deutschen Rechnungslegungsstandards geworden. Der Cashflow berechnet sich gemäß der indirekten Vorgehensweise wie folgt:

(3.1)   Jahresüberschuss/-fehlbetrag nach Anteilen Dritter
+   Abschreibungen auf das Anlagevermögen
−   Zuschreibungen auf das Anlagevermögen
+/− Veränderung der Rückstellungen für Pensionen bzw. andere langfristige Verpflichtungen
+/− Latente Ertragsteueraufwendungen bzw. -erträge
+/− Andere nicht zahlungswirksame Aufwendungen/Erträge von wesentlicher Bedeutung
=   Cash-Earnings des laufenden Jahres
+/− Bereinigung zahlungswirksamer Aufwendungen/Erträge aus Sondereinflüssen
=   *Cash-Earnings nach DVFA/SG*

Die DVFA/SG definiert nicht explizit den verwendeten Finanzmittelfonds. Aus dem Umfang der Korrekturposten ist jedoch ersichtlich, dass zahlungsunwirksame Einnahmen (z. B. Zugänge an Forderungen) bzw. Ausgaben (z. B. Zugänge an Lieferantenverbindlichkeiten) nicht bereinigt werden. Die Cash-Earnings nach DVFA/SG bilden deshalb Veränderungen des Geldvermögens eines Unternehmens ab und die Kennzahl eignet sich neben der Finanzanalyse auch für die Erfolgsanalyse.

Zielsetzung der DVFA/SG ist die korrekte Erfassung des *nachhaltigen* Erfolgs- und Innenfinanzierungspotenzials der gesamten Unternehmung. Demzufolge werden um Sondereinflüsse bereinigte Cashflows der laufenden Geschäftstätigkeit ermittelt und die indirekte Berechnung setzt beim ausgewiesenen Jahresüberschuss an. Darüber hinaus beschränken sich die Korrekturposten auf zahlungsunwirksame Aufwendungen und Erträge bei den *langfristigen* Bilanzpositionen. Andere nicht zahlungswirksame Aufwendungen und Erträge sollen nur dann berücksichtigt werden, wenn sie saldiert 5 % des Gesamtbetrags der durchschnittlichen Cash-Earnings der letzten drei Jahre überschreiten.

Die Eingrenzung der Korrekturposten (bzw. die dadurch erfolgte Eingrenzung des betrachteten Finanzmittelfonds) kann jedoch auch zu einer Fehleinschätzung der Innenfinanzierungskraft führen. Verschiedene Faktoren können dazu beitragen, dass die Cash-Earnings die tatsächliche Finanzkraft nur verzerrt wiedergeben:

- *Veränderungen des Umlaufvermögen bleiben unberücksichtigt:* Bei den Veränderungen des Umlaufvermögens handelt es sich häufig auch um nicht zahlungswirksame Aufwendungen (z. B. Abschreibungen auf Vorräte oder Forderungen). Die Missachtung ist dann problematisch, wenn die Veränderungen des Umlaufvermögens für die Geschäftstätigkeit sehr bedeutsam sind (z. B. bei Unternehmen mit großen Forderungs- oder Vorratsbeständen). Diese Positionen können mitunter erheblich schwanken, da bei Positionen des Umlaufvermögens im Gegensatz zum Anlagevermögen (außer bei Finanzanlagen) bereits vorübergehende Wertminderungen Abschreibungen auslösen (strenges Niederstwertprinzip). Es ist jedoch kaum möglich, Angaben über die Abschreibungen auf das Umlaufvermögen zu erhalten: Diese sind Bestandteil der sonstigen betrieblichen Aufwendungen und werden – sofern keine Kapitalflussrechnung angefertigt wird – nicht separat ausgewiesen.
- *Kurzfristige Rückstellungen werden nicht berücksichtigt:* Kurzfristige Rückstellungen haben bezüglich ihrer Zahlungswirksamkeit die gleichen Eigenschaften wie langfristige Rückstellungen. Ausschließlich der Zeithorizont ist ein anderer. So führen z. B. Rückstellungen für ausstehende Personalaufwendungen in dem Jahr ihrer Bildung zu einem auszahlungslosen Aufwand und im Jahr der Inanspruchnahme zu einer Auszahlung ohne Aufwand. Bei erheblichen Veränderungen der kurzfristigen Rückstellungen können die Cash Earnings nach DVFA/ SG die nachhaltige Finanzkraft nur verzerrt wiedergeben.
- *Langfristige Rückstellungen werden nicht nachhaltig gebildet:* Langfristig ist eine Rückstellung, wenn sie für länger als ein Jahr gebildet worden ist. Bei bestimmten Rückstellungsarten ist grundsätzlich von Langfristigkeit auszugehen (z. B. Rückstellungen für latente Steuern[1] und Rückstellungen für Gewährleistungsansprüche). Langfristige Rückstellungen (insbesondere für Pensionsverpflichtungen) können die externe Analyse in hohem Maße erschweren, da sie gerne auch zur Bildung stiller Reserven genutzt werden. Bei der externen Analyse vermisst man auch die Veröffentlichung des Zinsanteils, der auf bereits gebildete Pen-

---

1   Latente Steuern werden gebildet, um Unterschiede zwischen Handels- und Steuerbilanz zu schließen. Unterschiede zwischen handels- und steuerbilanziellen Bewertungen können unterschiedliche Ergebnisausweise nach sich ziehen. Unterschiedliche Bewertungen entstehen beispielsweise durch unterschiedliche Verfahren der Vorratsbewertung oder durch die nur handelsrechtlich erlaubte Aktivierung von Ingangsetzungsaufwendungen. Mit Hilfe der latenten Steuern soll ein korrekter Ausweis der Steuern auf das handelsbilanzielle Ergebnis erreicht werden. Die tatsächliche Steuerbemessung erfolgt auf Grundlage der Steuerbilanz, die tatsächlichen Steuerzahlungen stehen deshalb häufig in keinem sinnvollen Verhältnis zum Ergebnis der Handelsbilanz. Für den Fall, dass der tatsächliche Steueraufwand niedriger als der fiktive Steueraufwand in der Handelsbilanz ist (da die Handelsbilanz ein höheres Ergebnis ausweist als die Steuerbilanz), ist eine Steuerrückstellung zu bilden, um die spätere höhere Belastung vorwegzunehmen. Dies stellt einen latenten Steueraufwand dar. Ist dagegen die steuerbilanziell ermittelte Steuer höher als die fiktive der Handelsbilanz, werden sogenannte aktive latente Steuern gebildet. Dies stellt einen latenten Steuerertrag dar. Betriebswirtschaftlich können aktive latente Steuern als Steuererstattungsanspruch interpretiert werden.

sionsrückstellungen anfällt. Dieser wird entweder im Personal- oder im Zinsaufwand gezeigt, aber nicht separat dargestellt.

- *Bestandsveränderungen und aktivierte Eigenleistungen werden nicht erfasst:* Nicht anzusetzen sind Erträge aus aktivierten Eigenleistungen, da die DVFA/SG denjenigen Betrag ermitteln will, der für Investitionen zur Verfügung gestanden hat. Ausgenommen werden in der Regel die Aufwendungen für die Ingangsetzung des Geschäftsbetriebs, sofern sie nicht den Charakter eines Vermögensgegenstandes haben.
- *Die Posten »andere wesentliche zahlungsunwirksame Aufwendungen und Erträge« und »wesentliche, zahlungswirksame Aufwendungen und Erträge aus Sondereinflüssen«:* Die Positionen bieten großen bilanzpolitischen Spielraum und sind für den externen Analysten häufig nicht nachvollziehbar.

Beispiele

▶▶▶ Das Kerngeschäft der Sixt AG ist die Autovermietung. Die Fahrzeugflotte (»Vermietvermögen«) wird nicht im Anlagevermögen, sondern im Umlaufvermögen verbucht, und die Position ist nahezu 100-mal größer als das ausgewiesene Anlagevermögen. Die Cash-Earnings nach DVFA spiegeln in der Folge kaum die tatsächliche Ertrags- und Finanzlage des Konzerns wider, da die umfangreichen Abschreibungen auf den Fuhrpark und Leasinggegenstände im Umlaufvermögen missachtet werden. Die »tatsächlichen« Cash-Earnings der Sixt AG sind demzufolge deutlich höher.

Die Volkswagen AG bildet regelmäßig kurzfristige Rückstellungen für Gewährleistungen und Vertriebsaufwendungen. Die Veränderungen dieser Rückstellungen können erheblich sein und eine Unterschlagung bei der Berechnung der Cash-Earnings kann die tatsächlichen Cashflows maßgeblich verschleiern. ◀◀◀

Trotz der berechtigten Kritik muss man anerkennen, dass der DVFA/SG die Etablierung eines einheitlichen Schemas gelungen ist. Zeit- und Betriebsvergleiche von Cashflows verschiedener Unternehmen werden mit Hilfe der Cash Earnings maßgeblich vereinfacht.

3.1.3.2 Kapitalflussrechnung nach Deutschem Rechnungslegungsstandard Nr. 2

Die Übernahme von Zahlungssalden aus Kapitalflussrechnungen erlaubt ebenfalls die vergleichende Analyse der Erfolgs- und Liquiditätslage von Unternehmen. Seit Verabschiedung des KonTraG 1998 ist die Kapitalflussrechnung zum Pflichtbestandteil des Konzernabschlusses geworden. Der Deutsche Rechnungslegungsstandard Nr. 2 (DRS 2) »Kapitalflussrechnung«, der 1999 vom Deutschen Standardisierungsrat verabschiedet wurde, hat die Anforderungen für die Anfertigung der notwendigen Kapitalflussrechnung für börsennotierte Unternehmen definiert.[2]

---

2   Das Deutsche Rechnungslegungs Standards Commitee (DRSC) wurde 1998 als Standardisierungsorganisation geschaffen und ist seitdem Träger des deutschen Standardisierungsrates (DSR). Der DSR verfolgt das Ziel, die Qualität der Rechnungslegung und Finanzberichterstattung in Deutschland zu erhöhen. Darüber hinaus will man die Konvergenz der nationalen Regelungen mit den internationalen Rechnungslegungsvorschriften vorantreiben. Auf internationaler Ebene arbeitet man dabei eng mit dem International Accounting Standards Board (IASB) zusammen.

Der DRS 2 bezieht sich auf börsennotierte Mutterunternehmen. Er soll aber auch von Unternehmen angewendet werden, die freiwillig eine Kapitalflussrechnung anfertigen. Die Cashflow-Rechnung nach DRS hat mittlerweile jedoch nur noch eine geringe Bedeutung, da die zur internationalen Rechnungslegung verpflichteten Unternehmen die IFRS anwenden.

Der verwendete Finanzmittelfonds des DRS 2 setzt sich aus Zahlungsmitteln, d. h. Barmitteln, täglich fälligen Sichteinlagen bei den Kreditinstituten und Zahlungsmitteläquivalenten zusammen. Zahlungsmitteläquivalente sind kurzfristige, äußerst liquide Finanzmittel, die als Liquiditätsreserve gehalten werden können. Sie lassen sich auch jederzeit in Barmittel umwandeln. Zu den Zahlungsmitteläquivalenten gehören beispielsweise Anleihen mit einem hervorragenden Rating. Daneben können auch jederzeit fällige Bankverbindlichkeiten in den Finanzmittelfonds einbezogen werden. Änderungen in der Bewertung der Finanzmitteläquivalente und Veränderungen in den Wechselkursen von einbezogenen Fremdwährungsbeständen müssen separat als Bewertungsänderungen angegeben werden. Den Veränderungen des Finanzmittelfonds liegen dann keine Zahlungsvorgänge zugrunde.

Der DRS 2 erlaubt es, Cashflows sowohl nach der direkten als auch nach der indirekten Methode zu berechnen. Abbildung 3.5 stellt die Gliederung des DRS 2 nach der indirekten Berechnungsmethode dar. Der Cashflow aus laufender Geschäftstätigkeit lässt sich nach DRS 2 auch direkt ermitteln (siehe Abbildung 3.6).

Die Stellungnahme HFA 1/1995 verweist explizit auf den Cashflow nach DVFA/SG und lässt dessen Integration in das Berechnungsschema zu. Dadurch kann der Mittelzufluss/-abfluss aus laufender Geschäftstätigkeit auch wie in Abbildung 3.7 dargestellt werden.

1.		Periodenergebnis (einschließlich Ergebnisanteilen von Minderheitsgesellschaftern) vor außerordentlichen Positionen
2.	+/−	Abschreibungen/Zuschreibungen auf Gegenstände des Anlagevermögens
3.	+/−	Zunahme/Abnahme der Rückstellungen
4.	+/−	Sonstige zahlungswirksame Aufwendungen/Erträge (z. B. Abschreibungen auf ein aktiviertes Disagio)
5.	+	Gewinn/Verlust aus dem Abgang von Gegenständen des Anlagevermögens
6.	+	Zunahme/Abnahme der Vorräte, der Forderungen und Verbindlichkeiten aus Lieferungen und Leistungen sowie anderer Aktiva, die nicht der Investitions- oder Finanzierungstätigkeit zuzuordnen sind
7.	−	Zunahme/Abnahme der Verbindlichkeiten aus Lieferungen und Leistungen sowie anderer Passiva, die nicht der Investitions- oder Finanzierungstätigkeit zuzuordnen sind
8.	+/−	Ein- und Auszahlungen aus außerordentlichen Posten
9.	**=**	**Cashflow aus laufender Geschäftstätigkeit**
10.	+	Einzahlungen aus Abgängen von Gegenständen des Sachanlagevermögens/immateriellen Anlagevermögens
11.	−	Auszahlungen für Investitionen in das Sachanlagevermögen/immaterielle Anlagevermögen
12.	+	Einzahlungen aus Abgängen von Gegenständen des immateriellen Anlagevermögens
13.	−	Auszahlungen für Investitionen in das immaterielle Anlagevermögen
14.	+	Einzahlungen aus Abgängen des Finanzanlagevermögens
15.	−	Auszahlungen für Institutionen in das Finanzanlagevermögen
16.	+	Einzahlungen aus dem Verkauf von konsolidierten Unternehmen und sonstigen Gesellschaften
17.	−	Auszahlungen aus dem Erwerb von konsolidierten Unternehmen und sonstigen Gesellschaften
18.	+	Einzahlungen aufgrund von Finanzmittelanlagen im Rahmen der kurzfristigen Finanzmitteldisposition
19.	−	Auszahlungen aufgrund von Finanzmittelanlagen im Rahmen der kurzfristigen Finanzmitteldisposition
20.	**=**	**Cashflow aus der Investitionstätigkeit**
21.	+	Einzahlungen aus Eigenkapitalzuführungen (Kapitalerhöhungen, Verkauf eigener Anteile, etc.)
22.	−	Auszahlungen an Unternehmenseigner und Minderheitsgesellschafter (Dividenden, Erwerb eigener Anteile, Eigenkapitalrückzahlungen, andere Ausschüttungen)
23.	+	Einzahlungen aus der Begebung von Anleihen und der Aufnahme von (Finanz-) Krediten
24.	−	Auszahlungen aus der Tilgung von Anleihen und (Finanz-)Krediten
25.	**=**	**Cashflow aus der Finanzierungstätigkeit**
26.		Zahlungswirksame Veränderungen des Finanzmittelfonds (Summe aus 9, 18 und 23)
27.	+/−	Wechselkurs-, konsolidierungskreis- und bewertungsbedingte Änderungen des Finanzmittelfonds
28.	+	Finanzmittelfonds am Anfang der Periode
29.	**=**	**Finanzmittelfonds am Ende der Periode**

Abb. 3.5: Mindestgliederungsschema der Kapitalflussrechnung nach DRS 2 bei Anwendung der indirekten Berechnungsmethode

1.		Einzahlungen der Kunden für den Verkauf von Erzeugnissen, Waren und Dienstleistungen
2.	–	Auszahlungen an Lieferanten und Beschäftigte
3.	+	Sonstige Einzahlungen, die nicht der Investitions- oder Finanzierungsebene zuzuordnen sind
4.	–	Sonstige Auszahlungen, die nicht der Investitions- oder Finanzierungsebene zuzuordnen sind
5.	+/–	Ein- und Auszahlungen aus außerordentlichen Posten
9.	=	**Cashflow aus laufender Geschäftstätigkeit**

Abb. 3.6: Mindestgliederungsschema der Kapitalflussrechnung nach DRS 2 bei Anwendung der direkten Berechnungsmethode

	Cash-Earnings des laufenden Jahres
+/-	Gewinn/Verlust aus Abgang von Gegenständen des Anlagevermögens
+/-	Zunahme/Abnahme der Vorräte/ der Forderungen aus Lieferungen und Leistungen sowie anderer Aktiva
+/-	Zunahme/Abnahme der Verbindlichkeiten aus Lieferungen und Leistungen sowie anderer Passiva
+/-	Zunahme/Abnahme der kurzfristigen Rückstellungen
=	**Mittelzufluss/-abfluss (Cashflow) aus laufender Geschäftstätigkeit**

Abb. 3.7: Mittelzufluss/-abfluss aus laufender Geschäftstätigkeit nach Integration der Cash-Earnings nach DVFA/SG

3.1.3.3 Kapitalflussrechnung nach IAS und US-GAAP

Gemäß § 292 HGB haben börsennotierte Unternehmen die Möglichkeit, den Konzernabschluss mit befreiender Wirkung nach den internationalen Rechnungslegungsstandards IFRS[3] und US-GAAP aufzustellen. Für Unternehmen, die im Prime Standard notiert sein wollen, schreibt das Regelwerk der Deutschen Börse AG sogar vor, den Jahresabschluss auf Basis von IFRS oder US-GAAP anzufertigen. Die IFRS haben in den vergangenen Jahren deutlich an Bedeutung gewonnen. Börsennotierte Unternehmen sind gemäß einer EU-Verordnung seit 2005 verpflichtet, einen Konzernanschluss nach den IFRS anzufertigen.

---

3   Das International Accounting Standards Committee (IASC) wurde bereits 1973 als privatrechtlicher Verein nationaler Verbände von Rechnungslegern und Wirtschaftsprüfern, mit Sitz in London gegründet. Es verfolgt das Ziel, die Rechnungslegung in verschiedenen Ländern zu harmonisieren. Im Jahre 2001 erfolgte eine Umstrukturierung des IASC und die Umbenennung in International Accounting Standards Board (IASB). Sämtliche bis dato verabschiedeten International Accounting Standards (IAS) behielten ihre Gültigkeit und werden nach und nach modifiziert oder durch neue Standards ersetzt. Die neuen Rechnungslegungsstandards heißen nunmehr International Financial Reporting Standards (IFRS).

Es ist erfreulich, dass sich die Ausführungen des IAS 7 »Cash Flow Statement« und SFAS No. 95 »Statement of Cash Flows« vom DRS 2 nur geringfügig unterscheiden. Der Standardisierungsrat hatte schon bei der Anfertigung des DRS 2 auf eine Angleichung geachtet.

Eine Schwachstelle aller Verfahren ist die schwammige Abgrenzung des betrachteten Finanzmittelfonds, die jeweils Handlungsspielräume offen lässt. Unterschiede bestehen auch bei der Zuordnung von Zinsen, Dividenden und Ertragsteuern in den einzelnen Standards. Zinszahlungen sind nach US-GAAP grundsätzlich der laufenden Geschäftstätigkeit zuzuordnen, während bei IAS 7 und DRS 2 unter Beachtung des Stetigkeitsgebotes auch ein Ausweis im Cashflow der Finanzierungstätigkeit möglich ist. US-GAAP erlaubt ebenfalls keine Flexibilität bei der Buchung der Ertragsteuern. Sie mindern in jedem Fall die Cashflows der gewöhnlichen Geschäftstätigkeit, während nach IAS 7 und DRS 2 auch eine Zuordnung im Finanz- und Investitionsbereich zugelassen wird, sofern sie dort speziellen Vorgängen zugeordnet werden können.

Als Fazit lässt sich ziehen, dass alle vorgestellten internationalen und nationalen Standards zur Kapitalflussrechnung hinsichtlich der geforderten inhaltlichen Ausgestaltung sehr ähnlich sind. Der Prozess der internationalen Harmonisierung des Rechnungswesens im Bereich der Kapitalflussrechnung ist bereits weit fortgeschritten. In der Folge sind Vergleiche von Cashflows auf der Basis verschiedener Rechnungslegungsstandards aussagekräftig. Einschränkungen für die Vergleichbarkeit können sich jedoch aus der unscharfen Vorgabe des betrachteten Finanzmittelfonds sowie der unterschiedlichen Behandlung von Zinsen, Dividenden und Ertragsteuerzahlungen ergeben. Die Unterschiede werden ausführlich im Anhang dieses Kapitels aufgezeigt.

3.1.3.4 Cashflows der Leistungsebene (Operative Cashflows)

Kapitalflussrechnungen zeigen sehr detailliert die Zahlungsströme eines Unternehmens auf. Aufgrund von zufälligen Schwankungen bei den kurzfristigen Vermögens- und Schuldenpositionen (Forderungen, Vorräte, Verbindlichkeiten aus Lieferung und Leistung) kann die Fähigkeit des Unternehmens, *nachhaltig* verfügbare Cashflows zu generieren, jedoch verzerrt wiedergegeben sein. Darüber hinaus stehen Cashflow-Statements nur für Konzerne und börsennotierte Unternehmen zur Verfügung.

Die amerikanische Bewertungsliteratur ermittelt Cashflows deshalb vorwiegend auf der Grundlage von operativen Ergebnissen (EBIT-Ergebnissen). *Copeland/Koller/Murrin* (1998, S. 161 ff.) verwenden das folgende Schema[4]:

(3.2)		Operatives Ergebnis vor Zinsen und Steuern (EBIT)
	−	Steuern auf operatives Ergebnis (EBIT)
	=	Operatives Ergebnis vor Zinsen und nach Steuern (NOPLAT)
	+	Abschreibungen auf Sachanlagen
	=	Operativer Cashflow

---

4   Der Cashflow wurde abweichend vom Originaltext auch als »Operating« bezeichnet, damit eine Verwechslung mit den Cashflows der Equity-Verfahren (die Cashflows *nach* Zinszahlungen darstellen) vermieden wird. *Copeland/Koller/Murrin* sprechen bei der Bewertung auch vom Barwert der Operating Free Cashflows.

Die Berechnung von Cashflows auf Basis operativer Ergebnisse eignet sich unmittelbar zur Anwendung der Entity-Verfahren der Unternehmensbewertung. Das von *Copeland* vorgeschlagene Berechnungsschema ist jedoch recht einfach und kann die Fähigkeit, nachhaltig Cashflows zu generieren, erheblich verzerren. Im Gegensatz zum DVFA-Ermittlungsschema ist eine Bereinigung aperiodischer oder außergewöhnlicher Zahlungen nicht vorgesehen. Die indirekte Berechnung des Cashflows beschränkt sich auf die Bereinigung von Abschreibungen auf Sachanlagen. Die in Deutschland sehr bedeutsamen Veränderungen bei den langfristigen Rückstellungen werden ignoriert. Darüber hinaus können auch zahlungsunwirksame Aufwendungen für Abschreibungen im Umlaufvermögen oder die Bildung kurzfristiger Rückstellungen (vergleichbar zum DVFA-Schema) die nachhaltige Finanzkraft verzerren. Sofern diese Positionen nachhaltig und relevant sind, sollte das Berechnungsschema entsprechend angepasst werden.

3.1.4   Cashflows in Modellen der Unternehmensbewertung

Alle Methoden der Unternehmensbewertung laufen auf eine Bewertung *zukünftiger* Cashflows hinaus. Die Betrachtung *historischer* Cashflows ist gleichwohl sehr hilfreich, denn sie bilden die Grundlage zur Prognose der zukünftigen Zahlungsüberschüsse des Unternehmens. Für eine fundierte Prognose sollten jedoch nur die *nachhaltigen* Cashflows der Vergangenheit fortgeschrieben werden, d.h. die nach verschiedenen Schemata berechneten Cashflows sind um Einflüsse zu bereinigen, die sich in Zukunft nicht wiederholen lassen. Darüber hinaus sind im Konzernabschluss Auszahlungen zu bereinigen, die nicht den Kapitalgebern des Unternehmens (sog. Anteile von Minderheitsgesellschaftern oder Anteile Dritter) zustehen.

Die umfassend dargestellten Cashflows aus gewöhnlicher Geschäftstätigkeit (berechnet nach DRS 2, IAS 7 oder SFAS No. 95) bilden eine gute Basis zur Berechnung der nachhaltigen Cashflows. Der Nachteil einer Berechnung auf Grundlage einer Kapitalflussrechnung ist jedoch, dass sie jegliche Zahlungsströme des betrachteten Finanzmittelfonds, und nicht nur die nachhaltigen, festhält. Aufgrund der Ausweispflicht für außerordentliche Vorgänge lässt sich jedoch in den veröffentlichten Cashflow Statements gut erkennen, welche außergewöhnlichen oder nicht nachhaltigen Zahlungen bereinigt werden sollen. Bei auffälligen Schwankungen der Verbindlichkeiten aus Lieferungen und Leistungen oder bei Forderungen und Vorräten drängt sich auch eine Normalisierung dieser Positionen auf. Ebenfalls ist zu beachten, dass die Cashflows der gewöhnlichen Geschäftstätigkeit die Zahlungsströme von vollkonsolidierten Tochtergesellschaften beinhalten. Hat die Unternehmensbewertung – wie üblich – zum Ziel, das Unternehmen für die (potenziellen) Eigentümer des Mutterunternehmen zu bewerten, sollten Zahlungen an Minderheitseigentümer (»Dritte«) eliminiert werden.[5]

---

5   Alternativ können auch die Cashflows inklusive der Anteile Dritter bewertet werden. Bei dieser Vorgehensweise muss in einem nächsten Schritt vom Unternehmenswert der Marktwert der Anteile Dritte abgezogen werden. Die Ermittlung von Marktwerten der (möglicherweise vielen) vollkonsolidierten Tochtergesellschaften, bei denen es Anteile Dritter gibt, erweist sich jedoch in der Regel als zu aufwändig und nicht praktikabel.

Eine Berechnung von Cashflows auf Basis der veröffentlichten DVFA Cash-Earnings hat demgegenüber den Vorteil, dass eine Bereinigung nicht mehr erforderlich ist (sofern das Unternehmen die Bereinigungen gewissenhaft vorgenommen hat). Das Ermittlungsschema nach DVFA hat explizit zum Ziel, das *nachhaltige* Innenfinanzierungspotenzial abzubilden. Die Begrenzung des Schemas auf Bereinigungen in den langfristigen Bilanzpositionen kann allerdings auch wesentliche Informationen vorenthalten. Dieses gilt ebenso für die Berechnung von Cashflows auf Basis operativer Ergebnisse. Bei Verwendung des Berechnungsschemas nach *Copeland/Koller/Murrin* kann zusätzlich eine Bereinigung außergewöhnlicher Zahlungen oder von Zahlungen an Dritte sinnvoll sein.

Aus den nachhaltigen Operating Cashflows lassen sich durch Subtraktion der Investitionen die bewertungsrelevanten nachhaltigen *Operating Free Cashflows* ermitteln. Dabei ist zu beachten, dass nicht nur die Erweiterungs- oder Nettoinvestitionen, sondern die gesamten, zahlungswirksamen Investitionen, also die Bruttoinvestitionen, in Abzug zu bringen sind. Der Abzug der Erweiterungsinvestitionen kann nur bei einer alternativen Berechnung des Free Cashflows auf Grundlage des NOPLAT gerechtfertigt werden. Dies verdeutlicht folgender Zusammenhang:

$$
\begin{aligned}
\text{Operativer Free Cashflow} \; = \; & \text{Operativer Cashflow} - \text{Bruttoinvestitionen} \\
= \; & (\text{Operativer Cashflow-Abschreibungen}) - \\
& (\text{Bruttoinvestitionen-Abschreibungen}) \\
= \; & \text{NOPLAT} - \text{Nettoinvestitionen}
\end{aligned}
$$

Es ist ebenfalls zu beachten, dass nur die Investitionen berücksichtigt werden, die zur Erzielung der zu bewertenden Cashflows erforderlich sind. Die zu berücksichtigenden Investitionen sind deshalb auch nicht gleichzusetzen mit dem in der Kapitalflussrechnung ausgewiesenem Cashflows aus Investitionstätigkeit. Der Cashflow aus Investitionstätigkeit umfasst in der Regel auch *Desinvestitionen* von Sachanlagen, Finanzanlagen oder Konzerntöchtern. Desinvestitionen sind in der Regel nicht nachhaltig, d.h. auch in Zukunft zu erzielen. Analog zur Ermittlung der nachhaltigen Cashflows sind ebenfalls nur die nachhaltigen Investitionen zu beachten. Auszahlungen für Investitionen ins Finanzanlagevermögen oder für den Erwerb von konsolidierten Unternehmen dürften nur in Ausnahmefällen regelmäßig anfallen und zur »normalen« Geschäftstätigkeit gehören.

Aus den nachhaltigen (Operating) Free Cashflows können die verschiedenen Varianten der Free Cashflows berechnet werden, die bei der erfolgorientierten Bewertung zur Anwendung kommen. Im WACC- und APV-Ansatz wird der Freie Cashflow diskontiert, der einen Zahlungsstrom *vor* Fremdkapitalzinsen aber *nach* Investitionsausgaben und Steuern darstellt. Im TCF-Ansatz wird der Total Cashflow verwendet, der sich von diesem Cashflow lediglich dadurch unterscheidet, dass er das Tax Shield, d.h. die durch die Abzugsfähigkeit der Fremdkapitalzinsen entstehenden Steuervorteile, bereits im Zahlungsstrom erfasst. Schließlich stellen die Flows to Equity bzw. die Ertragsüberschüsse den ausschließlich an die Eigenkapitalgeber fließenden Zahlungsstrom dar, die für die Berechnung des Shareholder Value im Equity-Ansatz bzw. im Ertragswertverfahren erforderlich sind.

Abbildung 3.8 zeigt die im Rahmen der Bewertungsverfahren verwendeten unterschiedlichen Cashflow-Definitionen.

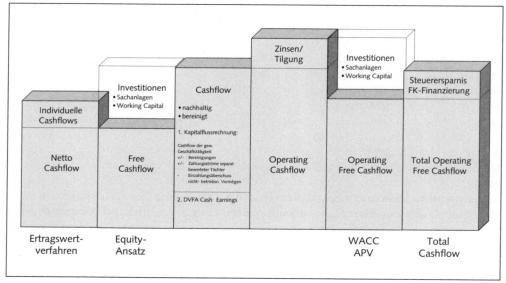

Abb. 3.8: Cashflow-Definitionen in verschiedenen Zahlungsstromverfahren

3.2 Ermittlung der Kapitalkosten

3.2.1 Begriff und Interpretation

Im Rahmen der erfolgsorientierten Bewertung ist es erforderlich, zukünftige Zahlungsströme im Bewertungszeitpunkt zu bewerten. Die Diskontierung mit adäquaten Kapitalkosten führt dazu, dass alle künftigen Zahlungsströme miteinander vergleichbar sind und mit ihrem Wert zum Bewertungszeitpunkt angesetzt werden. Die Vergleichbarkeit erfordert jedoch, das für den Diskontierungssatz nicht ein willkürlich gewählter Zins herangezogen wird. Der gewählte Zins muss subjektiv die Verzinsung der besten verdrängten Alternative der Bewertungssubjekte darstellen, also deren Opportunitätskosten. Durch eine derartige Diskontierung wird der Zeitwert des Geldes in angemessener Weise berücksichtigt. Der Diskontierungssatz i kann auch beschrieben werden als das Verhältnis vom Ertrag der besten Alternativanlage E_A zum (bekannten) Preis der besten Alternativanlage P_A:

$$(3.3) \quad i = \frac{E_A}{P_A}$$

Da die beste Alternative von den individuellen Nutzenvorstellungen des Bewertungssubjekts abhängt, kann es einen objektiv richtigen Unternehmenswert nicht geben. Der Unternehmenswert hängt daher immer von einem individuellen Vergleichsmaßstab ab. Die Umsetzung des theoretisch wünschenswerten »Subjektivitätsprinzips« ist jedoch in der praktischen Anwendung nicht möglich. Die erforderlichen Präferenzen des (potenziellen) Unternehmenseigentümers

(Risikonutzenfunktion, Konsumpräferenz) lassen sich kaum identifizieren.[6] Die Probleme vervielfachen sich, wenn ein Unternehmen für eine Personengruppe bewertet werden muss (z. B. anlässlich von Börseneinführungen).

In der Bewertungspraxis ist deshalb bei der Findung geeigneter Kapitalkosten ein Rückgriff auf beobachtbare Alternativverzinsungen notwendig. Während beim Ertragswertverfahren in der Regel die Ermittlung anhand eines sog. landesüblichen Zinses erfolgt, ist bei den DCF-Verfahren eine Berechnung auf Basis kapitalmarkttheoretischer Modelle vorgesehen.

3.2.2 Konsistente Ermittlung der Kapitalkosten

Der verwendete Diskontierungssatz muss mit der Berechnung des zu bewertenden Zahlungsstroms korrespondieren. Eine konsistente Ermittlung muss insbesondere beachten, *wem* die zu bewertenden Zahlungsströme Werte schaffen können. Wird ein operativer Cashflow (des Leistungsbereiches) bewertet, der sowohl den Eigen- als auch den Fremdkapitalgebern zur Verfügung steht, wie z. B. der Total Cashflow oder der Operating Free Cashflow, ist der Zahlungsstrom mit *gewogenen* Kapitalkosten zu diskontieren, damit die Opportunitätskosten der Eigen- *und* Fremdkapitalgeber berücksichtigt werden. Bei der Betrachtung von Zahlungsströmen an die Eigenkapitalgeber (Flows to Equity) ist lediglich die Renditeforderung der Eigenkapitalgeber als Diskontierungssatz heranzuziehen.

Analog verhält es sich mit der Berücksichtigung der Ergebnisanteile von Minderheitsgesellschaftern im Cashflow. Werden Cashflows inklusive dieser Minderheitsanteile bewertet, müssen konsequent auch deren Kapitalkosten bei der Diskontierung erfasst werden. Bei der Ermittlung des Shareholder Value ist in der Folge auch der Marktwert der Minderheitsanteile in Abzug zu bringen. Praktikabler ist es deshalb, einen um die Zahlungen an die Minderheitsgesellschafter verminderten Cashflow zu bewerten. Eine Berücksichtigung in den Kapitalkosten und eine (wenig praktikable) Ermittlung des Marktwertes der Minderheitsanteile erübrigen sich dann.

Darüber hinaus ist bei der Ermittlung von Cashflows und Kapitalkosten auf eine durchgängige Abgrenzung zwischen Leistungs- und Finanzbereich zu achten. Der Finanzbereich umfasst die Zahlungsströme zwischen dem zu bewertenden Unternehmen und seinen Eigentümern und Fremdkapitalgebern. Der Leistungsbereich (operative Bereich) erfasst dagegen alle Zahlungen, die im Rahmen der betrieblichen Leistungserstellung auf den Beschaffungs- und Absatzmärkten entstehen. Es gibt allerdings einige Geschäftsvorfälle, bei denen die Zuordnung nicht gelingt. Bei den im Folgenden erläuterten Zahlungsbeziehungen muss auf eine konsistente Behandlung in Cashflows und Kapitalkosten geachtet werden.

---

6   Die Kenntnis der Risikonutzenfunktion ist erforderlich, um die einer Bewertung zugrunde liegende Ertragsbandbreite auf den jeweiligen (subjektabhängigen) sicherheitsäquivalenten Ertrag zu verdichten. Die Kenntnis der Konsumpräferenzrate wird notwendig, wenn die beste alternative Mittelverwendung nicht in der Geldanlage auf dem Kapitalmarkt, sondern im Konsum besteht.

3.2.2.1 Zielkauf

Kauft das zu bewertende Unternehmen Güter oder Dienstleistungen auf Ziel, könnte der Vorgang in ein Gütergeschäft gegen Barzahlung und ein Kreditgeschäft aufgespalten werden. In der Bewertungspraxis verzichtet man aber auf eine derartige Aufteilung und ordnet die mit dem Zielgeschäft verbundenen Zahlungen einheitlich dem Leistungsbereich zu. Mit anderen Worten: Die Finanzierungskosten des Zielkaufes sind im Kaufpreis enthalten und vermindern den zu bewertenden operativen Cashflow. Die finanziellen Ansprüche der Lieferanten in ihrer Funktion als Kapitalgeber sind in erhöhten Verbindlichkeiten schon abgegolten. Eine konsistente Ermittlung der Kapitalkosten verlangt, dass die unverzinslichen Verbindlichkeiten aus Lieferung und Leistung nicht in die Kapitalkosten mit einfließen und auch beim Marktwert des Fremdkapitals nur das verzinsliche Fremdkapital beachtet werden muss.

3.2.2.2 Anzahlungen

Auch bei Kundenanzahlungen kann in der Regeln nicht davon ausgegangen werden, dass die Mittel dem Unternehmen kostenlos zur Verfügung gestellt werden. Die Finanzierungskosten von erhaltenen Anzahlungen machen sich z. B. in Preisnachlässen bemerkbar und vermindern den zu bewertenden operativen Cashflow. Da eine Bestimmung der Kapitalkosten von Kundenanzahlungen mit großen Schwierigkeiten verbunden ist, wird aus pragmatischen Überlegungen die vollständige Zuordnung der Zahlungsströme im Leistungsbereich beibehalten. Um eine Doppelbelastung dieser Finanzierungskosten zu vermeiden, fließen – analog zum Zielkauf – die Kapitalkosten der erhaltenen Anzahlungen nicht mehr in der Berechnung der gewichteten Kapitalkosten ein und werden auch nicht bei der Bestimmung des Marktwertes des Fremdkapitals berücksichtigt. Es ist jedoch zu beachten, dass bei Branchen mit typischerweise hohen Kundenanzahlungen (Beispiele: Bauindustrie, Anlagenbau) auch das Leveragerisiko und damit auch die Eigenkapitalkosten von den Kundenanzahlungen beeinflusst werden.

3.2.2.3 Pensionszusagen

Pensionszusagen sind Versprechen der Arbeitgeber, ihren Arbeitnehmern nach Eintritt in den Ruhestand Pensionszahlungen zu leisten. In der Bundesrepublik wird die Bildung von Pensionsrückstellungen als attraktive (zins- und mitsprachefreie) Möglichkeit der Innenfinanzierung betrachtet und zumeist kaum in Pensionsfonds ausgelagert (in diesem Fall entstehen sog. unfunded plans). Die jährlichen Zuführungen zu den Pensionsrückstellungen, die in der GuV als Personalaufwand verbucht werden, lassen sich aufspalten in den Zinsaufwand, der aus der Verzinsung des Vorjahresbestands resultiert, sowie den Barwert der neu erworbenen Ansprüche, wobei der Zinsaufwand in der Realität deutlich überwiegt.[7] Die unfunded plans müssen eher als Verbindlichkeit, genauer als Kreditgewähr der begünstigten Arbeitnehmer, interpretiert werden. Um den Fremdkapitalcharakter der Pensionsrückstellungen hervorzuheben, ist deshalb eine getrennte Verbuchung der Zinskomponente im Zinsergebnis sinnvoller – der

---

7   Die Zinsbelastungen sind im internationalen Vergleich in der Bundesrepublik zumeist außergewöhnlich hoch, da den jährlichen Kosten keine angemessene Verzinsung von ausgelagerten Fondsvermögen gegenübersteht. Das operative Ergebnis (EBIT) wird aus diesem Grund in Deutschland deutlich nach unten verzerrt (umgekehrt wird das Finanzergebnis zu hoch ausgewiesen). Nur in Einzelfällen (Beispiele Siemens, Schering, Mannesmann) folgen deutsche Unternehmen bisher diesem Ansatz und weisen den Zinsanteil dem Zinsergebnis zu.

gleiche Betrag ist gegebenenfalls dem EBIT zuzurechnen. Werden um die Zinskomponente verminderte Cashflows bewertet, müssen sie nicht mehr in den Kapitalkosten erfasst werden. Werden die Zinsaufwendungen der Pensionszusagen hingegen dem Finanzbereich zugeordnet, muss die Erfassung dieser Kosten im Diskontierungszinsfuss erfolgen, und auch der Marktwert der Pensionszusagen ist zur Ermittlung des Shareholder Value abzuziehen.[8]

3.2.2.4 Leasing

Leasingzahlungen enthalten sowohl Zins- als auch Aufwandsanteile, wobei nur der Aufwandsanteil sinnvoll der Leistungsebene zugeordnet werden kann. In der Regel werden Leasingzahlungen jedoch vollständig als Betriebsausgabe anerkannt[9] und vermindern somit das operative Ergebnis. Bei einem wesentlichen Umfang sollte Leasing besser als Verbindlichkeit interpretiert werden, die das Unternehmen nicht passiviert hat. Der Zinsanteil der Leasingzahlungen sollte deshalb zur besseren Vergleichbarkeit dem operativen Cashflow zugeschlagen werden. Bei der Ermittlung der Steuerbelastung für das operative Ergebnis muss die aus dem Zinsanteil resultierende Steuerersparnis berücksichtigt werden. Der Marktwert der zum Bewertungsstichtag vorhandenen Leasingverpflichtungen ist zur Ermittlung des Shareholder Value gemeinsam mit dem übrigen verzinslichen Fremdkapital vom Unternehmenswert in Abzug zu bringen. In die Ermittlung der Kapitalkosten gehen die Kapitalkosten der Leasingfinanzierung unter Berücksichtigung ihrer Steuerersparnis ein.[10]

3.2.2.5 Tax Shield

Modigliani/Miller haben gezeigt, dass der Unternehmenswert bei zunehmender Verschuldung durch die Abzugsfähigkeit der Fremdkapitalzinsen von der steuerlichen Bemessungsgrundlage um den Barwert der Steuerersparnisse steigt. Der Unternehmenswert eines verschuldeten Unternehmens ist also um den Barwert des Tax Shield höher als der Unternehmenswert des gleichen, ausschließlich eigenfinanzierten Unternehmens. Die Steuerersparnisse lassen sich sowohl dem Leistungs- als auch dem Finanzbereich zuordnen. Die unterschiedliche Berücksichtigung des Tax Shield hat zu den verschiedenen Varianten des DCF-Modells geführt.

---

8   Die Schätzung von Kapitalkosten von Pensionszusagen gestaltet sich jedoch in der Praxis als sehr schwierig. Der Gesetzgeber hat in § 6 EstG einen Rechnungszins von 6 % verankert. Es ist jedoch theoretisch überzeugender, die Kapitalkosten aus der Verzinsung für die alternative Aufnahme von langfristigem Fremdkapital durch das Unternehmens abzuleiten. In der Regel werden die Kapitalkosten dann über dem vom Gesetzgeber veranschlagten Wert liegen.

9   Leasingzahlungen werden als Betriebsausgabe anerkannt, wenn die feste Grundmietzeit zwischen 40 und 90 % der AfA-Nutzungsdauer beträgt, keine Mietverlängerungsoption besteht (es sei denn, die Anschlussmiete ist angemessen), die Anschaffungskosten innerhalb der Grundmietzeit gedeckt werden und eine beiderseitige Unkündbarkeit des Vertrages vorliegt. Nach Ablauf der Grundmietzeit muss eine Kaufoption zu einem angemessenen Preis existieren, oder der Leasinggegenstand wird an Dritte verkauft und der Leasingnehmer erhält maximal 75 % des dabei entstehenden Überschusses.

10 Zur näherungsweisen Bestimmung dieser Kapitalkosten schlagen *Copeland/Koller/Murrin* (1994, S. 175) die marginalen Fremdkapitalkosten des Unternehmens vor. Bei Kenntnis der Anschaffungskosten des geleasten Vermögensgegenstandes können die Kapitalkosten auch als interner Zinsfuß aus der Anschaffungsauszahlung und den Leasingraten (abzüglich der Kostenbestandteile) berechnet werden (*Hachmeister* 1995, S. 246 f.).

Während beim Total Cashflow-Ansatz der Tax Shield dem Leistungsbereich zugeordnet wird, erfolgt beim WACC- und APV-Ansatz eine Zuordnung im Finanzbereich.

3.2.3 Kapitalkosten und Risikozuschläge

In der Regel gliedert die betriebswirtschaftliche Literatur die Gesamtrisiken für die Eigen-kapitalgeber eines Unternehmens in Geschäftsrisiken (»Business Risks« oder »Operating Risks«) und finanzielle Risiken (»Financial Leverage Risk«). Die Geschäftsrisiken resultieren daraus, dass die erwarteten Zahlungsüberschüsse aus der *operativen* Geschäftstätigkeit nicht mit Sicherheit prognostiziert werden können. Sie hängen davon ab, welcher Umweltzustand künftig eintreten wird. Die tatsächlichen Zahlungsströme können folglich von den erwarteten Zahlungsströmen abweichen. Die Geschäftsrisiken lassen sich auf Marktrisiken und die ope-rativen Produktionsbedingungen (»Operating Leverage«) eines Unternehmens zurückführen.

Das Marktrisiko fasst alle Risiken zusammen, die sich in einer Streuung der Umsätze des Unternehmens bemerkbar machen. Dazu gehören neben ökonomischen Risiken (z.B. über Konjunktur, Zinsen, Wechselkurse) auch politische, sozio-kulturelle und technologische Veränderungen. Aufgrund dieser Risiken schwanken die Umsätze von Unternehmen zwar sehr stark, sie weisen aber im Zeitablauf auch typische zyklische Schwankungen auf. Empirische Untersuchungen belegen, dass die Umsatzentwicklungen von Automobil-, Einzelhandels-, und Telekommunikationsunternehmen ausgeprägteren zyklischen Schwankungen unterliegen als die Umsatzentwicklung von Versorgungs-, Transport- und Nahrungsmittelunterneh-men, die stabilere Umsatzentwicklungen aufweisen. Marktrisiken werden maßgeblich von Rahmenbedingungen bestimmt, auf die ein Unternehmen kaum Einfluss nehmen kann. Die Rahmenbedingungen können systematisch im Rahmen einer STEP-Analyse untersucht werden (vgl. dazu Kapitel 8).

Mit dem Operating-Leverage-Effekt wird der Hebel bezeichnet, mit dem die Marktrisiken auf die operativen Zahlungsüberschüsse des Unternehmens durchschlagen. Die wesentlichen Leverage-Treiber sind die (Sach-) Kapitalintensität und die damit verbundenen fixen Kosten. Je kapitalintensiver die Produktion ist, desto mehr wirken sich Umsatzschwankungen auf die operativen Überschüsse des Unternehmens aus. Bei hohen Fixkosten bzw. niedrigen variablen Stückkosten kann ein Unternehmen wenig flexibel auf veränderte Marktbedingungen rea-gieren. Weitere Einflüsse auf den Operating-Leverage können mit Hilfe einer umfangreichen Umwelt- und Unternehmensanalyse (vgl. dazu Kapitel 8) identifiziert werden.

Die Geschäftsrisiken werden ausschließlich durch das operative Geschäft (den Lei-stungsbereich) des Unternehmens bestimmt. Das Geschäftsrisiko umfasst somit lediglich Risiken, die sich bei einem vollständig eigenfinanzierten Unternehmen ergeben würden. Wird das zu bewertende Unternehmen hingegen auch anteilig fremdfinanziert, tragen die Eigenkapitalgeber neben dem operativen auch ein finanzielles Risiko (Kapitalstrukturrisiko oder »Financial Leverage Risk«).

Die Eigenkapitalgeber haben nur Anspruch auf einen Zahlungsüberschuss, der nach Abzug der vertraglich vereinbarten Zahlungen (Zinsen, Tilgungen) an die Fremdkapitalgeber verbleibt. Aufgrund von veränderten Zinsen am Kapitalmarkt oder einer veränderten Bonität des Unternehmens können die Zinsforderungen der Fremdkapitalgeber im Zeitablauf stark schwanken. Der resultierende Zahlungsstrom an die Eigenkapitalgeber hängt folglich auch von den Schwankungen der finanziellen Zahlungsströme eines Unternehmens ab.

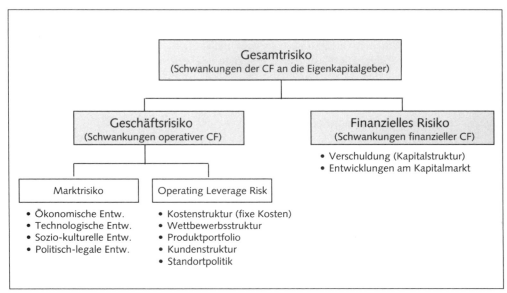

Abb. 3.9: Die verschiedenen Risiken eines Unternehmens

Geschäftsrisiken und finanzielle Risiken dürfen nicht unabhängig voneinander betrachtet werden. So wird das finanzielle Risiko ansteigen, wenn die Geschäftsentwicklung im operativen Geschäft unerwartete Rückschläge erleidet. Bei einer schlechteren Bonität werden die Fremdkapitalgeber höhere Zinsen verlangen. Umgekehrt wird sich ein höheres finanzielles Risiko auch im operativen Geschäft bemerkbar machen (z.B. Zurückhaltung von Kunden und Lieferanten). Die Risikoprämien für Geschäfts- und finanzielle Risiken können demnach nicht einfach addiert werden, sondern sie wirken multiplikativ. Die risikobehafteten Eigenkapitalkosten können formal wie folgt ermittelt werden:

$$r_{EK} = r_F + z(BR, FR)$$

r_F risikoloser Zinssatz,
z Risikoprämie
BR Geschäftsrisiken (»Business Risks«),
FR Finanzielle Risiken (»Financial Leverage Risk«)

Trotz einer systematischen Analyse ist die Ermittlung und Beurteilung von Risiken sehr subjektiv. Darüber hinaus lässt sich die Abhängigkeit der verschiedenen Risiken kaum formal abbilden. Problematisch ist ebenfalls, dass die Bestimmung der Risikozuschläge isoliert, d.h. losgelöst vom Kapitalmarkt, vorgenommen wird. Die Möglichkeiten der Kapitalgeber, Risiken durch Streuung von Anlagen am Kapitalmarkt zu vermindern, werden ausgeblendet. Insgesamt ist subjektive Ermittlung von Risikozuschlägen mithin sehr willkürlich und abzulehnen.

3.2.4 Kapitalkosten und Verschuldungsgrad

Nach der These von *Modigliani/Miller* (1958) sind der Unternehmenswert bzw. die Kapital-kosten unabhängig von der Finanzierung des Unternehmens. Der Wert des Unternehmens ergibt sich als Barwert der zukünftigen Cashflows der Leistungsebene, wobei die Abzinsung mit den durchschnittlichen Verzinsungsansprüchen aller Kapitalgeber (Gesamtkapitalrendite r_{GK} bzw. WACC) erfolgt. Die Cashflows der Leistungsebene werden ausschließlich durch die Bedingungen auf den Absatz- und Faktormärkten, aber nicht durch die Finanzierung beeinflusst. Der Markwert der operativen Cashflows (der zu verteilende »Kuchen«) liegt somit fest und die Finanzierung bestimmt nur noch, wie sich dieser Wert (der »Kuchen«) auf die verschiedenen Kapitalgeber aufteilt.

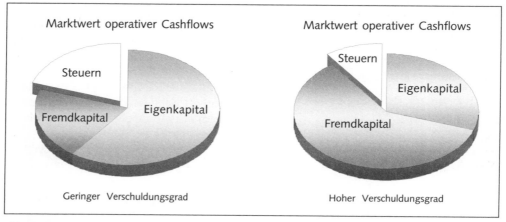

Abb. 3.10: Kapitalstruktur und Unternehmenswert

Aus dem Theorem von *Modigliani/Miller* folgt ebenfalls, dass die Eigenkapitalkosten eine linear ansteigende Funktion des Verschuldungsgrades sind. Der funktionale Zusammen-hang zwischen Eigenkapitalrendite und Verschuldungsgrad lässt sich formal wie folgt darstellen:

$$r_{EK} = \frac{Zahlungsüberschuss_{EK}}{EK} = \frac{Zahlungsüberschuss_{GK} - r_{FK} \cdot FK}{EK}$$

$$= \frac{r_{GK}(EK + FK) - r_{FK} \cdot FK}{EK} = r_{GK} + (r_{GK} - r_{FK}) \cdot \frac{FK}{EK}$$

Zahlungsüberschuss$_{EK}$	Zahlungsüberschuss, der den Eigenkapitalgebern zur Verfügung steht
Zahlungsüberschuss$_{GK}$	Zahlungsüberschuss, der allen Kapitalgebern zur Verfügung steht
r_{GK}	Verzinsung des Gesamtkapitals (von Eigen- und Fremd-kapital)
r_{FK}	Verzinsung des Fremdkapitals

Dieser Zusammenhang zwischen Verschuldungsgrad V = FK/EK und Eigenkapitalrendite r_{EK} wird als Leverage-Effekt bezeichnet. Es wird deutlich, dass bei gegebener Rendite des Gesamtkapitals r_{GK} die Eigenkapitalrendite mit steigendem Verschuldungsgrad zunimmt, sofern die Rendite des Gesamtkapitals über dem Fremdkapitalzinssatz r_{FK} liegt, also r_{GK} > r_{FK} gilt. Die Erhöhung der Eigenkapitalrendite durch Verschuldung wird als Leverage-Chance bezeichnet. Wird dagegen eine Rendite des operativen Geschäfts r_{GK} realisiert, die unter den Fremdkapitalzinsen r_{FK} liegt, also wenn r_{GK} < r_{FK} gilt, so fällt bei Verschuldung die Eigenkapitalrendite unter die Gesamtkapitalrendite, und dies umso stärker, je höher der Verschuldungsgrad ist (Leverage-Gefahr). Eine Verminderung des Fremdkapitalzinses führt ebenfalls zu einer Erhöhung der Eigenkapitalrendite.

Das Theorem von *Modigliani/Miller* gilt jedoch nur unter der Voraussetzung, dass das Unternehmen keine Steuern zahlt. Steuerzahlungen vermindern den Unternehmenswert (der Fiskus schneidet sich seinen Anteil am »Kuchen« ab). Der Unternehmenswert setzt sich grundsätzlich aus dem Marktwert der operativen Cashflows eines unverschuldeten Unternehmens und dem Barwert der Steuerersparnisse aus der Aufnahme von Fremdkapital zusammen. Die Höhe der Steuerzahlungen wird dabei von der Finanzierungspolitik beeinflusst. Im Gegensatz zu den Ausschüttungen an die Eigenkapitalgeber sind die Zinsen an die Fremdkapitalgeber (Zinsaufwand in der GuV) steuerlich abzugsfähig. Eine höhere Verschuldung senkt die Steuerlast, gleich hohe operative Cashflows vor Steuern münden in höheren Cashflows nach Steuern. In der Folge verringern sich mit zunehmender Verschuldung auch die gewichteten Gesamtkapitalkosten.

Gleichzeitig erhöht sich mit steigender Verschuldung aber auch die Wahrscheinlichkeit eines Konkurses. Bei einer finanziellen Krise entstehen diverse Kosten, die den Unternehmenswert verringern bzw. die Kapitalkosten erhöhen:

1. *Direkte Kosten:* Es entstehen erhöhte Verwaltungskosten sowie Kosten für Wirtschaftsprüfer, Steuerberater oder Gerichte.
2. *Indirekte Kosten:* Eine finanzielle Krise geht mit einem Vertrauensverlust bei Kunden und Lieferanten einher. Aus Angst vor Verlusten platzen zahlreiche Geschäfte. Obgleich schwer zu messen, dürften diese Kosten regelmäßig sehr hoch sein.
3. *Agency Costs:* Aus den Interessenkonflikten zwischen Kapitalgebern (Prinzipalen) und Managern (Agenten) resultieren weitere Kosten. Ein Management, das kaum noch etwas zu verlieren hat, könnte hoch-riskante Projekte aufnehmen, die eine geringe Chance beinhalten, das Unternehmen zu retten, mit größerer Wahrscheinlichkeit aber scheitern werden (»risk shifting«). Das Management wird häufig auf lohnende Investitionsprojekte verzichten, die kurzfristig zu hohen Ausgaben führen. Auch können sich die Eigentümer weigern, Geld für aussichtsreiche Projekte bereitzustellen, so lange diese nur den Kreditgebern nutzen (»Unterinvestitionsproblem«). Ein künstliches Hinauszögern des Konkurses oder eine zusätzliche Schwächung durch Ausschüttungen können die Situation weiter verschlimmern. Dies schadet vor allem den Kreditgebern, da die Eigenkapitalgeber aufgrund der beschränkten Haftung nur noch den Restwert ihrer Beteiligung zu verlieren haben. In dieser Situation wird deshalb regelmäßig eine verstärkte Überwachung durch die Fremdkapitalgeber nötig, die weitere Kosten verursacht (»monitoring costs«).

Diese Faktoren zusammengenommen ergeben einen konkaven Verlauf des Unternehmenswertes bei steigender Verschuldung. Durch den Steuereffekt steigt der Unternehmenswert mit steigender Verschuldung an. Gleichzeitig nimmt allerdings die Wahrscheinlichkeit eines Konkurses zu, was sich negativ auf den Unternehmenswert auswirkt. Die optimale Kapitalstruktur (im Sinne eines maximalen Unternehmenswertes bzw. minimaler Kapitalkosten) erhält man durch ein Austarieren des Steuereffekts und der Effekte der finanziellen Krise. Der optimale Verschuldungsgrad ist dann gegeben, wenn die Steigung des Barwertes der Kosten der finanziellen Krise der Steigung des Barwertes der Steuerersparnisse entspricht.

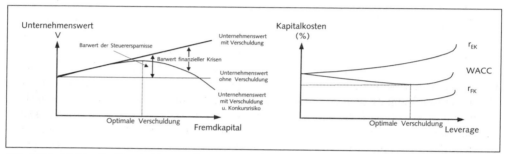

Abb. 3.11: Effekte der Verschuldung auf Kapitalkosten und Unternehmenswert

Für die Herleitung eines optimalen Verschuldungsgrades gibt es keine Formel. Es können jedoch verschiedene Faktoren identifiziert werden:

1. *Volatilität der Cashflows:* Unternehmen, bei denen es eine hohe Unsicherheit über die künftige operative Geschäftsentwicklung gibt (hohe Geschäftsrisiken), sollten zur »Pufferung der Risiken« weitgehend eigenfinanziert sein.
2. *Steuern:* Aufgrund des Steuervorteils der Fremdfinanzierung (Abzugsfähigkeit der Zinsaufwendungen) haben Unternehmen mit einer hohen Steuerlast (hohe Steuersätze, hohe Ertragskraft) eher einen hohen Verschuldungsgrad. Der Anreiz zur Verschuldung ist bei geringen Steuersätzen und/oder Gewinnen weniger ausgeprägt.
3. *Substanz der Aktiva:* Die Substanz der Aktiva und damit auch die Substanz des Eigenkapitals ist bei verschiedenen Unternehmen unterschiedlich. Unternehmen mit einem hohen Anteil substanzloser Aktiva (z.B. aktivierter Goodwill oder aktivierte Forschungs- und Entwicklungsaufwendungen) sollten weniger Fremdkapital aufnehmen als Unternehmen, deren Aktiva leichter zu angemessenen Preisen veräußert werden können. Forschungsintensive Unternehmen weisen deshalb in der Regel ein höheres Eigenkapital auf.
4. *Rentable Investitionen:* Bei der Finanzierung rentabler Investitionen wird zumeist der Innenfinanzierung der Vorzug gegenüber der Außenfinanzierung gegeben. Bei der Außenfinanzierung entstehen Transaktionskosten (z.B. Provisionen für Investmentbanken) und es kann ein Principal-Agent-Problem verschärft werden. Unternehmen mit zahlreichen rentablen Investitionen werden deshalb in guten Zeiten Rücklagen (also Eigenkapital) bilden, um in schlechten Zeiten nicht auf Außenfinanzierungen angewiesen zu sein. Diese Unternehmen werden demzufolge ein höheres Eigenkapital ausweisen.

Die typischen Verschuldungsgrade (Eigenkapitalquoten) in einer Branche geben deshalb wichtige Indizien für den optimalen Verschuldungsgrad des zu bewertenden Unternehmens.

Bei einer im Vergleich zum Branchendurchschnitt signifikant höheren Verschuldung sollten die Eigen- und Fremdkapitalkosten mit einem Risikozuschlag für finanzielle Risiken bedacht werden.

3.2.5 Ermittlung der Eigenkapitalkosten

3.2.5.1 Ermittlung mit Hilfe des landesüblichen Zinses

Die Verwendung eines landesüblichen Zinses ist in der (deutschen) Bewertungstheorie und -praxis – insbesondere bei der Anwendung des Ertragswertverfahrens – sehr verbreitet. Der landesübliche Zins wird dabei durch die Umlaufrendite der Anleihen der öffentlichen Hand angenähert, wobei auf eine Übereinstimmung der zugrundegelegten Laufzeiten bei Cashflows und Kapitalkosten zu achten ist. Während die Alternativanlage in festverzinsliche Wertpapiere einen »quasisicheren« Einkommensstrom darstellt, ist der zukünftige Cashflow des Unternehmens mit Unsicherheit behaftet. Folglich muss eine Anpassung der Zähler- bzw. Nennergröße vorgenommen werden, da das Vergleichsobjekt eine vergleichbare Anlage mit *vergleichbarem Risiko* repräsentieren soll. Diese Angleichung kann sowohl mit Hilfe der Sicherheitsäquivalenzmethode als auch mit Hilfe der Risikozuschlagsmethode erfolgen.

Bei der Verwendung des sicherheitsäquivalenten Ertrags wird dem »quasisicheren« landesüblichen Zins (r_F) ein ebenfalls »quasisicherer« Ertrag (SÄE) gegenübergestellt. Formal berechnet sich der Wert des Eigenkapitals (Shareholder Value) bei Verwendung der Sicherheitsäquivalenzmethode wie folgt:

$$\text{Shareholder Value} = \frac{\text{SÄE}}{r_F}$$

Die Umsetzung erfordert die Ermittlung der Risikonutzenfunktion des Bewertungssubjekts – diese kann jedoch kaum identifiziert werden. Eine genaue Bewertung des sicherheitsäquivalenten Ertrags ist ohne Kenntnis der Risikonutzenfunktion jedoch unmöglich.

Die Risikozuschlagsmethode arbeitet mit dem unsicheren Erwartungswert der Ertragsbandbreite $\mu(E)$ und addiert zum landesüblichen Zins einen Risikozuschlag z. Der Shareholder Value ergibt sich dementsprechend als:

$$\text{Shareholder Value} = \frac{\mu(E)}{r_F + z} = \frac{\mu(E)}{r_{EK}}$$

Die Ermittlung der Eigenkapitalkosten r_{EK} mit Hilfe des landesüblichen Zinses kann theoretisch nicht überzeugen. Die Bemessung des Risikozuschlags kann vom Bewerter sehr beliebig (willkürlich) vorgenommen werden. Die Berechnung des Risikozuschlags sollte sich zumindest auf eine eingehende Analyse der Geschäfts- und finanziellen Risiken des Unternehmens stützen. Daneben ist fraglich, ob die Mittelanlage in festverzinsliche Wertpapiere die tatsächlichen Opportunitätskosten der Bewertungssubjekte realistisch abbildet, was bei der Vielzahl alternativer Geldverwendungen (Anlage in Aktien, Kredittilgung, Alternativinvestition oder Konsum) sehr unwahrscheinlich ist. Die Sicherheitsäquivalenzmethode kann auch kaum praktisch umgesetzt werden, da die Risikonutzenfunktion kaum ermittelt werden kann.

3.2.5.2 Ermittlung mit Hilfe des Capital Asset Pricing Model

Die Probleme bei der Verwendung subjektiver Risikozuschläge wurden in der Bewertungstheorie bereits frühzeitig offensichtlich und führten zu der Verwendung vom Kapitalmarkt abgeleiteter Risikozuschläge. Das IDW erkennt deshalb mittlerweile die Möglichkeit an, die Ermittlung des Risikozuschlags auch mit Hilfe des Capital Asset Pricing Model (CAPM) vorzunehmen.

Das Mitte der sechziger Jahre von *Sharpe, Lintner* und *Mossin* entwickelte CAPM[11] versucht die Frage zu beantworten, wie viel Rendite (price) einer Anlage aufweisen muss, damit ein beliebiger Investor sein Kapital (capital) in diese Anlage (asset) investiert. Die Renditeforderung der Eigenkapitalgeber ergibt sich danach wie folgt:

$$(3.4) \qquad r_{EK} = r_F + \beta \cdot \left[r_M - r_F \right]$$

Die Verzinsung einer risikobehafteten Anlage ergibt sich aus der Verzinsung einer risikolosen Anlage r_F zuzüglich einer Risikoprämie. Die Risikoprämie erhält man durch Multiplikation der Risikoprämie des Marktes (r_M-r_F) mit dem Maß für das unternehmensindividuelle Risiko β. Das β misst nur den Beitrag eines Wertpapieres zum systematischen Risiko eines Portfolios, unsystematisches Risiko kann eliminiert werden und wird auf Kapitalmärkten nicht bewertet. Eine detaillierte Herleitung des CAPM findet man im Anhang des Kapitels.

Das CAPM wird in der Theorie heftig kritisiert. Die Kritik beruht auf den unrealistischen Annahmen des CAPM sowie dessen geringer empirischer Validität. Das CAPM unterstellt, dass alle Anleger die gleichen Erwartungen hinsichtlich zukünftiger Renditeentwicklungen haben (homogene Erwartungen). Darüber hinaus werden ausschließlich Risiken betrachtet, die sich in empirisch messbaren Wahrscheinlichkeitsverteilungen widerspiegeln (Risiko im engeren Sinn). Dabei geht das CAPM von einer Normalverteilung der Renditen aus (vgl. Anhang).

Eine Abbildung von Risiken anhand von Wahrscheinlichkeitsverteilungen ist nicht unumstritten. Risiko wird im täglichen Sprachgebrauch eher als Gefahr von *negativen* Abweichungen vom erwarteten Wert empfunden. Eine positive Abweichung kann hingegen auch als Chance angesehen werden. Zudem müssen negative Entwicklungen nicht unbedingt auch negative Folgen nachsichziehen. Sind nämlich Entscheidungen reversibel, d.h. sie können sofort und ohne »sunk costs« korrigiert werden, so gehen die Anleger auch in einer unsicheren Umwelt kein Risiko ein. Ein Risiko, bei dem sowohl Unsicherheit besteht als auch negative Konsequenzen drohen, bezeichnet man als Risiko im engsten Sinn. Als Ungewissheit bezeichnet man ein Risiko, bei dem die Wahrscheinlichkeit zukünftiger Umweltzustände nicht quantifizierbar ist (z.B. von möglichen Katastrophen). Risiko im engsten Sinn oder Ungewissheit werden im Rahmen des CAPM nicht abgebildet (vgl. Abbildung 3.12).

---

11 Vgl. dazu ausführlich *Markowitz* (1952), S. 77–91; ders. (1959). Das Markowitz-Modell der Portfolio Selection-Theorie wurde 1963 von *Sharpe* (1963), S. 277–293 weiterentwickelt.

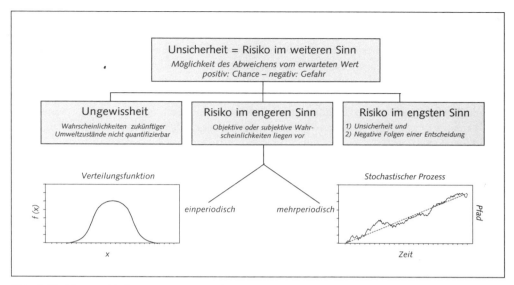

Abb. 3.12: Die verschiedenen Arten von Risiken

Das CAPM beschränkt sich zudem auf eine einperiodige Modellierung des Risikos. Dementsprechend kann das CAPM auch nur die *Renditestruktur* risikobehafteter Anlagen während einer Periode erklären. Dynamische Entwicklungen werden nicht modelliert und können im Rahmen des CAPM nicht erklärt werden. Geht man von einem dynamischen Optimierungskalkül der Anleger aus – wie z. B. bei Optionspreis- und Realoptionsmodellen – lassen sich Risiken in geeigneter Weise durch stochastische Prozesse abbilden. Stochastische Prozesse erlauben sowohl eine Modellierung der Dynamik als auch der Unsicherheit in ökonomischen Modellen (vgl. dazu den Anhang im Kapitel Realoptionen).

Trotz der Kritik in der Wirtschaftstheorie genießt das CAPM in der Praxis eine weite Verbreitung. Die praktische Umsetzung wirft jedoch weitere Probleme auf. Zur Ermittlung der Eigenkapitalkosten müssen drei Größen geschätzt werden: Die Rendite der risikolosen Anleihen r_F, der Betafaktor (ß) und die Marktrisikoprämie(r_M-r_F).

Bestimmung der risikolosen Anlage

Die Rendite einer risikolosen Anlage kann aus den internen Zinsfüßen von Anleihen der öffentlichen Hand abgeleitet werden, deren Bonität hervorragend geratet (»AAA«) wurde. In Deutschland kommen insbesondere Bundesobligationen mit fünfjähriger Laufzeit oder Bundesanleihen mit einer Laufzeit von 10 Jahren in Frage. Alternativ könnte auch die durchschnittliche Umlaufrendite von Anleihen der öffentlichen Hand zur Schätzung des risikolosen Zinses herangezogen werden, die ebenfalls für unterschiedliche Laufzeiten veröffentlicht wird. Die Verfallrenditen von Anleihen steigen jedoch bei normaler Zinsstruktur mit zunehmender Laufzeit an, für die genaue Schätzung des risikolosen Zinses muss deshalb die Laufzeit der Anleihe festgelegt werden.

Die Auswahl der geeigneten Laufzeit hängt unmittelbar vom verfolgten Zweck der Abzinsung ab. Mit Hilfe der Diskontierung werden zukünftige Cashflows mit alternativen Anlagen am Kapitalmarkt verglichen. Für unterschiedliche Laufzeiten können bei nicht-flacher Zinsstruktur am Kapitalmarkt jedoch unterschiedliche Renditen beobachtet werden. Ein geeigneter Vergleich erfordert deshalb eine fristenkongruente Abzinsung, d.h. die Vergleichsrendite im Nenner und die Cashflows im Zähler sollten bei einer gleichen Laufzeit betrachtet werden. Während die erste Phase den detailliert geschätzten zukünftigen Cashflow erfasst und zumeist eine Länge von zwei bis 10 Jahren aufweist, wird in der zweiten Phase ein gleichmäßiger unendlicher Zahlungsstrom unterstellt. Es erscheint zweckmäßig, bei der Auswahl der Laufzeit der risikolosen Anleihen analog zu verfahren: Beträgt der Prognosezeitraum z.B. 10 Jahre, so ist entsprechend die Rendite einer 10-jährigen Bundesanleihe zur Schätzung des risikolosen Zinses heranzuziehen, beträgt der Prognosezeitraum hingegen 5 Jahre, sollten zur Schätzung Bundesobligationen verwendet werden. Bei der Ermittlung des Kapitalkostensatzes der zweiten Phase sollte auf Staatsanleihen mit einer möglichst langen Laufzeit zurückgegriffen werden, da hier ein ewig andauernder Zahlungsstrom abzuzinsen ist.

Bestimmung des Marktpreises für das Risiko
Der Marktpreis für das Risiko ergibt sich aus der Differenz der Rendite des verwendeten Marktindexes und der Rendite der risikolosen Anleihen. Da die Rendite der risikolosen Anleihen bereits bekannt ist, braucht lediglich die Rendite des Marktindexes bestimmt zu werden. Hierbei treten neben der Frage der Mittelwertbildung insbesondere Probleme bei der Bestimmung des Ermittlungszeitraums auf.

Der Erwartungswert der Rendite des Marktportfolios und der risikolose Zinssatz werden aus dem Durchschnitt der Renditen vergangener Perioden ermittelt. Der Durchschnitt in dem betrachteten Schätzzeitraum kann sowohl mit Hilfe des arithmetischen als auch des geometrischen Mittels berechnet werden. Das arithmetische Mittel ergibt sich wie folgt:

$$R_i^{arith.} = \frac{1}{n} \sum_{t=1}^{n} R_{i,t}$$

R_{it} = Rendite der Anlagemöglichkeit i in der Periode t,
n = Anzahl der Perioden

Das geometrische Mittel wird dagegen folgendermaßen berechnet:

$$R_i^{geom.} = \sqrt[n]{\prod_{t=1}^{n}(1 + R_{i,t})} - 1$$

Trotz gleicher Renditen innerhalb der einzelnen Perioden können sich arithmetisches und geometrisches Mittel unterscheiden. In der Bewertungsliteratur wird die Renditeberechnung mit Hilfe des geometrischen Mittels aufgrund des Zinseszinseffektes bevorzugt.

Auch die Wahl des Schätzzeitraumes kann sich erheblich auf die Höhe der berechneten Renditen auswirken. Es ist kaum verwunderlich, dass sich anhand des volatilen DAX für verschiedene Zeiträumen zu sehr unterschiedliche durchschnittliche Renditen errechnen lassen.

In der US-amerikanischen Bewertungsliteratur werden für den US-amerikanischen Kapitalmarkt Marktrisikoprämien von 5 bis 6 Prozent genannt. Der Arbeitskreis »*Finanzierung*« der Schmalenbach-Gesellschaft quantifiziert die Marktrisikoprämie für Deutschland unter Hinweis auf verschiedene Erhebungen mit ca. 5,3 % p. a. *(Arbeitskreis »Finanzierung«*, ZfbF 1996, S. 549).

Financial Market Characteristics	Premium over Govt. Bond Rate
Emerging markets with political risk (South American, East European markets)	8,5 %
Emerging markets (Mexico, Asian markets other than Japan)	7,5 %
Developed markets with wide listings (United States, Japan, Britain)	5,5 % o
Developed markets with limited listings (Western Europe, ex Germany and Switzerland)	4,5 % – 5,5 %
Developed markets with limited listings and stable economies (Germany, Switzerland)	3,5 % – 4 %

Abb. 3.13: Marktrisikoprämien für unterschiedliche Kapitalmärkte
(in Anlehnung an *Domodaran* unter www.pages.stern.edu/~adamodar)

Bestimmung von Betafaktoren

Die Ermittlung des Betafaktors erfolgt in der Praxis bei börsennotierten Unternehmen mit Hilfe einer linearen Regression, bei der die Renditen des zu bewertenden Unternehmens auf die Rendite eines marktbreiten Index regressiert werden.

Der Betafaktor eines börsennotierten Unternehmens j ergibt sich dementsprechend aus dem Verhältnis der Kovarianz zwischen der Rendite des Unternehmens r_j und der Rendite des Marktindexes r_M der Periode t zur Varianz der Rendite des Marktindexes r_M der Periode t als:

$$(3.5) \qquad \beta_j = \frac{\text{Cov}(r_{j,t}; r_{M,t})}{\text{Var}(r_{M,t})}$$

Ermittlung der Betafaktoren mit Hilfe einer Peer-Group

Grundsätzlich muss das Unternehmen börsennotiert sein, wenn das CAPM zur Ermittlung von Risikozuschlägen herangezogen werden soll. Anderenfalls sind die Renditen des zu bewertenden Unternehmens nicht am Kapitalmarkt beobachtbar. Bei nicht börsennotierten Unternehmen kann der Betafaktor durch Betafaktoren vergleichbarer Unternehmen (einer »Peer-Group«) angenähert werden.

Dabei muss jedoch beachtet werden, dass Betafaktoren das systematische Risiko (Marktrisiko) der börsennotierten Unternehmen messen. Die systematischen Risiken können sowohl Geschäftsrisiken als auch finanzielle Risiken beinhalten. Sofern die Risiken von Peer-Group-Unternehmen und dem zu bewertenden Unternehmen vergleichbar sind, lässt sich das Beta des zu bewertenden Unternehmens aus dem arithmetischen Mittel oder dem Median (besser geeignet bei Ausreißern) der Betas der Peer-Group-Unternehmen ermitteln.

Es ist deshalb bei der Zusammenstellung der Peer-Group darauf zu achten, dass die Vergleichsunternehmen ähnliche Risiken wie das zu bewertende Unternehmen aufweisen. In der Regel sind Unternehmen einer Branche vergleichbaren Geschäftsrisiken ausgesetzt. Man wird jedoch häufig feststellen, dass sich diese Unternehmen trotz Branchenzugehörigkeit hinsichtlich ihrer finanziellen Risiken erheblich unterscheiden können. In diesen Fällen sollten die geschätzten Betas jeweils um das individuelle Kapitalstrukturrisiko bereinigt werden.

Zu diesem Zweck werden für die Peer-Group-Unternehmen zunächst Betas errechnet, die sich bei einer fehlenden Verschuldung dieser Unternehmen ergeben würden. Die Betas unverschuldeter Unternehmen (»unlevered Betas«) werden aus den geschätzten Betas verschuldeter Unternehmen (»levered Betas«) wie folgt ermittelt (vgl. Drukarczyk 1998, S. 260):

$$\beta_{u,i} = \frac{\beta_{l,i}}{1 + (1 - t_c)\dfrac{FK_i}{EK_i}}$$

$\beta_{u,i}$ Betafaktor des unverschuldeten Unternehmens i,
$\beta_{l,i}$ Betafaktor des teilweise fremdfinanzierten Unternehmens i,
t_c konstanter Unternehmenssteuersatz des Unternehmens,
FK   Marktwert des Fremdkapitals des Unternehmens i,
EK   Marktwert des Eigenkapitals des Unternehmens i.

Aus den unlevered Betas wird das arithmetische Mittel oder der Median der Betas der Peer-Group (β_{PG}) ermittelt. Dieses Beta spiegelt repräsentativ die systematischen Geschäftsrisiken des zu bewertenden Unternehmens wider. Damit es auch die finanziellen Risiken des Unternehmens abbildet, muss dieses Beta mit der Kapitalstruktur des zu bewertenden Unternehmens »delevered« werden:

$$\beta_{l,i} = \beta_{PG} \cdot \left[1 + (1 - t_c)\frac{FK_i}{EK_i}\right]$$

Die Schätzung von Betafaktoren mit Hilfe einer Peer-Group hat darüber hinaus den Vorteil, dass die geschätzten Parameter stabiler sind als bei einer Einzelschätzung des Marktmodells. Obwohl das CAPM ein Einperiodenmodell ist, müssen die Betas über einen Beobachtungszeitraum geschätzt werden. In diesem Beobachtungszeitraum können sich die individuellen Geschäftsrisiken und finanziellen Risiken erheblich verändern und zu einer wenig aussagekräftigen Schätzung des systematischen Risikos führen. Bei einer Schätzung von Betas mit Hilfe einer Peer-Group gleichen sich erfahrungsgemäß einige dieser Verzerrungen aus.

3.2.5.3 Ermittlung mit Hilfe der Arbitrage Pricing Theory

Die geringe empirische Validität des CAPM wird insbesondere auf den im Modell unterstellten eindimensionalen Risiko-Rendite-Zusammenhang zurückgeführt. Es wird kritisiert, dass das unternehmensspezifische Risiko nicht nur durch ein Risikomaß erklärt werden könne, wie es das CAPM durch die funktionale Abhängigkeit der Rendite vom Marktindex postuliert. Ausgehend von dieser Kritik wurden das Multi-Beta-CAPM und die Arbitrage Pricing Theory entwickelt. Gemäß der Arbitrage Pricing Theorie (APT) können die Eigenkapitalkosten wie folgt ermittelt werden:

$$(3.7) \qquad r_{EK} = r_F + \sum_{k=1}^{K} \beta_k \cdot (r_K - r_F) + u$$

Die Eigenkapitalkosten setzten sich demnach aus mehreren Teilrenditen zusammen, die von den Risikofaktoren 1 bis K abhängen und jeweils durch anderen Risikofaktoren nicht beeinflusst werden. Der Betafaktor misst in diesem Modell die Anhängigkeit der Rendite vom jeweiligen Risikofaktor. Die Renditeforderungen zusammen ergeben den Risikozuschlag, der zur risikolosen Verzinsung addiert wird. Der Term u stellt eine unternehmensspezifische Störvariable dar, die unsystematisches Risiko repräsentiert und aufgrund ihrer Diversifizierbarkeit vernachlässigt werden kann.

Die auf Ross zurückgehende APT basiert auf nicht so strengen Annahmen wie das CAPM. Die APT setzt lediglich Arbitragefreiheit in Bezug auf die Risikofaktoren voraus, restriktive Annahmen bezüglich der Erwartungen der Marktteilnehmer müssen nicht getroffen werden. Darüber hinaus zeichnet sich die APT dadurch aus, dass sie ohne einen Rückgriff auf das (kaum zu beobachtende) Marktportfolio auskommt. Hinsichtlich der einzelnen Risikofaktoren werden vergleichbar zum CAPM nur die systematischen Risiken bewertet.

Es ist jedoch fraglich, ob die Verwendung der Arbitrage Pricing Theory bei der Schätzung der Eigenkapitalkosten dem CAPM überlegen ist. In jedem Fall eröffnet die Arbitrage Pricing Theory dem Bewerter größere Ermessensspielräume, bei der Festlegung der Risikofaktoren ergeben sich zahlreiche Freiheitsgrade. Typische Risikofaktoren, die im Rahmen der APT betrachtet werden, sind Aktienindizes, Preisindizes (Inflation), Konjunkturindikatoren und Wechselkurse.

3.2.6 Ermittlung der Fremdkapitalkosten

Der Fremdkapitalbestand eines Unternehmens besteht aus sehr unterschiedlichen Positionen mit ebenso unterschiedlichen Kosten. Bei der Ermittlung der Fremdkapitalkosten ist zunächst zu prüfen, welche Fremdkapitalpositionen dem Finanzierungsbereich zuzuordnen sind. Werden den Cashflows des Leistungsbereiches die Finanzierungskosten von Zielkäufen oder -verkäufen zugeordnet, muss zum Finanzierungsbereich nur noch das so genannte »verzinsliche« bzw. »zinstragende« Fremdkapital, wie Darlehen, Anleihen, kurz- und langfristige Bankschulden sowie Leasingfinanzierung, gezählt werden. Zum nicht verzinslichen Fremdkapital werden u.a. Lieferverbindlichkeiten, Kundenanzahlungen sowie Rückstellungen und passive RAP gerechnet.

Analog verhält es sich mit den Zinsaufwendungen für die Pensionsverpflichtungen, deren jährliche Zuführungen Teil des Personalaufwandes sind und somit dem Leistungsbereich zugeordnet werden. In diesem Fall dürfen die Pensionsverpflichtungen keine zusätzlichen Kapitalkosten verursachen und sind ebenfalls nicht als Teil des Fremdkapitals zu betrachten. Es zeigt sich jedoch, dass auch solche Positionen (nicht explizite) Fremdkapitalkosten verursachen können (z. B. aufgrund eines höheren Leverage). Wegen der Schwierigkeit, die Kapitalkosten dieser Positionen zu berechnen, bleiben sie üblicherweise vereinfachend dem Leistungsbereich zugeordnet und gehen damit nicht in die Ermittlung von Kapitalkosten ein.

Bei der Bestimmung der Fremdkapitalkosten sollte auf entsprechende Marktpreise zurückgegriffen werden, weil die Fremdkapitalgeber eine marktübliche Verzinsung auf ihr eingesetztes Fremdkapital erwarten. Die Verwendung der durchschnittlichen Umlaufrendite öffentlicher Anleihen wäre eine denkbare Alternative. Es ist jedoch zu beachten, dass das Bewertungsobjekt in der Regel ein privates Unternehmen ist und die Verwendung der durchschnittlichen Umlaufrendite von Bundesanleihen dem individuellen Risiko des Unternehmens kaum gerecht wird. Ein Rückgriff auf die Verfallrenditen von Commercial Bonds mit dem entsprechenden Rating des Bewertungsobjekts ist daher vorzuziehen.

3.2.7 Gewichtung der Kapitalkosten mit Marktwerten

Der gewogene Kapitalkostensatz setzt sich aus den mit den jeweiligen Kapitalanteilen gewichteten Renditeforderungen der Eigen- und Fremdkapitalgeber zusammen. Die Gewichtung der Renditeforderungen muss zu Marktwerten und nicht zu Buchwerten erfolgen. Die Verwendung von Buchwerten erscheint zunächst vorteilhaft, da auf diese Weise das bei der Verwendung von Marktwerten auftretende Zirkularitätsproblem vermieden werden kann. Die Verwendung von Buchwerten kann die Unternehmensbewertung jedoch erheblich verzerren und ist deshalb abzulehnen.

Die Gewichtung zu Marktwerten ergibt sich unmittelbar aus der ökonomischen Begründung für den Abzinsungssatz. Die gewogenen Kapitalkosten werden verwendet, um den Zahlungsstrom des Bewertungsobjekts mit alternativen Anlagen zu vergleichen. Eigen- und Fremdkapitalgeber werden genau die Rendite fordern, die sie bei der besten alternativen Anlage am Kapitalmarkt erzielen könnten. Eigenkapitalgeber haben die Alternative, ihr Eigenkapital zum Marktwert (nicht Buchwert) aus dem Unternehmen herauszuziehen und dieses Kapital am Kapitalmarkt angemessen zu verzinsen. So können Aktionäre von börsennotierten Aktiengesellschaften zu den aktuellen Marktpreisen (Kursen) ihre Anteile veräußern und anderweitig verzinslich anlegen.

Entsprechend werden die Fremdkapitalgeber den im Entscheidungszeitpunkt aktuellen Marktzins von derzeit ca. 5 % fordern. Verfügt das Unternehmen vor der Durchführung der Akquisition über einen Fremdkapitalbestand von 100 Euro, auf den ein Nominalzins von 10 % zu zahlen ist, dann beträgt der Buchwert des Fremdkapitals 100 Euro, der Marktwert des Fremdkapitals jedoch deutlich mehr (dies hängt von der Laufzeit ab). Würde bei der Berechnung der gewogenen Kapitalkosten der Buchwert des Fremdkapitals zugrunde gelegt, wäre dies nur mit einer Renditeforderung der Fremdkapitalgeber von 10 % vereinbar. Da der Marktzins jedoch nur 5 % beträgt, könnten die Fremdkapitalgeber ihre Forderungen jedoch erheblich über Buchwert weiterveräußern. Nur wenn das Fremdkapital mit seinem Marktwert in die Gewichtung der Kapitalkosten eingeht, wird mit der gültigen Renditeforderung von 5 % kalkuliert. Die Verwendung von Buchwerten führt in der Folge zu falschen Kapitalkosten und kann die Bewertung erheblich verzerren.

3.2.8   Abbildung der Besteuerung

Die Unternehmenswerte werden in den verschiedenen erfolgsorientierten Modellen durch zwei Komponenten bestimmt: die jährlichen finanziellen Überschüsse sowie den Diskontierungssatz. Steuern haben grundsätzlich auf beide Komponenten einen erheblichen Einfluss. Zum einen sind sie bei der Ermittlung der bewertungsrelevanten Cashflows in Abzug zu bringen. Zum anderen reduzieren sie die Verzinsungen alternativer Investitionen und somit auch die Kapitalkosten.

Im DCF-Grundmodell werden sowohl bei der Ermittlung der relevanten Cashflows als auch beim Diskontierungssatz nur die Steuern auf Unternehmensebene berücksichtigt, persönliche Steuern der Unternehmenseigner bleiben außen vor. Die Verwendung dieses Grundmodells ist international üblich. Auf internationaler Ebene fließen in der Regel nur die Steuern auf Ebene des Unternehmens ein.

Um den Wert eines Unternehmens aus Sicht der Unternehmenseigner zu berechnen, sollte jedoch auch deren persönliche Besteuerung in die Bewertung einbezogen werden. Der Wert eines Unternehmens ergibt sich aus den finanziellen Vorteilen, die den aktuellen bzw. potentiellen Eignern aus dem Unternehmen künftig zufließen werden. Aufgrund des Eigentums an einem Unternehmen werden auch persönliche Steuern, wie Einkommensteuer, Solidaritätszuschlag und gegebenenfalls Kirchensteuer, ausgelöst. Mithin mindern sie die finanziellen Vorteile. Auch der Standard der Wirtschaftsprüfer IDW S 1 i.d.F. von 2008 geht von einer Relevanz der persönlichen Steuern für die Bewertung aus.

Im Folgenden wird ein Überblick über die aktuell bewertungsrelevanten Steuern in Deutschland gegeben.

3.2.8.1   Bewertungsrelevante Steuern in Deutschland
Auf Unternehmensebene fallen Körperschaftsteuer und Gewerbeertragsteuer an.

Körperschaftsteuer
Die Körperschafsteuer ist die Einkommensteuer der juristischen Personen und wird demzufolge von Kapitalgesellschaften erhoben. Als eines der Kernelemente der Unternehmenssteuerreform 2008 wurde der Körperschaftsteuersatz zum 1.1.2008 von 25 % auf 15 % gesenkt. Zuzüglich des Solidaritätszuschlags von 5,5 % ergibt sich daraus eine Steuerbelastung von 15,825 %.

Gewerbeertragsteuer
Die Gewerbeertragsteuer ist von allen Unternehmen zu entrichten. Der Gewerbeertragsteuersatz berechnet sich aus der Multiplikation einer im Gewerbesteuergesetz bestimmten Messzahl mit dem durch die jeweilige Gemeinde festgelegt Hebesatz. Die Messzahl beträgt aktuell 3,5 %. Bei einem Gewerbesteuerhebesatz von 400 % ergibt sich in der Folge ein Gewerbeertragsteu-

ersatz von 14 %. Es ist jedoch zu beachten, dass zahlreiche Finanzierungskosten und andere Aufwendungen der gewerbesteuerlichen Bemessungsgrundlage zugeschlagen werden müssen.

Dem Gewinn werden 25 % aller Finanzierungsanteile hinzugerechnet, soweit der Freibetrag in Höhe von 100.000 € überschritten wird (§ 8 GewStG). Finanzierungsanteile sind in den Aufwandspositionen Zinsen, Mieten, Leasingraten, Lizenzen, Renten etc. zu finden. Die Finanzierungsanteile werden wie folgt ermittelt:

- 100 % der Zinsaufwendungen, unabhängig von der Laufzeit des Darlehens.
- 100 % der Aufwendungen für Renten und dauernde Lasten.
- 100 % der Gewinnanteile eines typisch stillen Gesellschafters (Darlehensgeber).
- 25 % der Lizenz- und Konzessionsgebühren, soweit die Lizenzen/Konzessionen vom Unternehmen genutzt und nicht im Rahmen des Vertriebs weitergereicht werden.
- 20 % der Mieten, Pachten und Leasingraten, soweit sie auf bewegliche Wirtschaftsgüter entfallen.
- 50 %, der Mieten, Pachten und Leasingraten, soweit sie auf unbewegliche Wirtschaftsgüter entfallen.

Die Berechnung des Zinsanteils sei an einem Beispiel verdeutlicht:

Ermittlung der Hinzurechnungen nach § 8 Abs. 1 Gewerbesteuergesetz			
Hinzurechnungen	Zinsanteil	Aufwand	Zinsanteil in €
gezahlte Zinsen	100 %	30.000 €	30.000 €
gezahlte Renten/dauernde Lasten	100 %	0 €	0 €
Gewinnanteil typ. stiller Gesellschafter	100 %	0 €	0 €
Lizenz- und Konzessionsgebühren	25 %	36.000 €	9.000 €
Mieten, Pachten, Leasingraten für			
- bewegliche Wirtschaftsgüter	20 %	6.000 €	1.200 €
- unbewegliche Wirtschaftsgüter	50 %	200.000 €	100.000 €
Summe der Zinsanteile:			140.200 €
./. Freibetrag			- 100.000 €
verbleiben			40.200 €
Hinzurechnung 25 % der Zinsanteile	25 %		10.050 €

Die Gewerbesteuer wird nicht mehr auf die Körperschaftsteuer angerechnet. Dies wurde durch die Herabsetzung des Körperschaftsteuersatzes auf 15 % kompensiert.

Zinsschranke

Mit der Unternehmenssteuerreform 2008 wurde eine sog. Zinsschranke eingeführt. Der Abzug der Zinsaufwendungen von der körperschaft- und gewerbesteuerlichen Bemessungsgrundlage wird recht häufig eingeschränkt. Die Zinsschranke besitzt für Kapitalgesellschaften und

Personengesellschaften gleichermaßen Gültigkeit, lediglich Einzelunternehmen sind nicht betroffen.

Die Zinsaufwendungen (das sind alle Formen der Geldkapitalüberlassungen, auch Damnum, Disagio, Provisionen, Gebühren usw., nicht Sachkapitalüberlassungen wie Miete, Leihe usw.) sind als Betriebsausgabe abziehbar bis zur Höhe des im Unternehmen angefallenen Zinsertrages desselben Jahres. Der darüber hinausgehende Nettozinsaufwand aber nur bis zur Höhe von 30 % des Gewinns vor Steuer, Zinssaldo und Abschreibungen (EBITDA). Zinsaufwand, der diese Grenze überschreitet, ist nicht im Jahr seiner Entstehung abzugsfähig und wird dem Gewinn außerbilanziell wieder hinzugerechnet. Der nicht abzugsfähige Zinsaufwand wird durch das Betriebsfinanzamt gesondert festgestellt und als sogenannter Zinsvortrag in folgende Jahre vorgetragen. Die Zinsabzugsbeschränkung soll nicht greifen, wenn

- der Saldo aus Zinsaufwendungen und Zinserträgen (Nettozinsaufwand) negativ ist, soweit er weniger als 3 Mio. € beträgt,
- der Betrieb nicht Teil eines Konzerns ist (»Stand-alone-Klausel«), oder
- der Betrieb Teil eines Konzerns ist und seine Eigenkapital/Fremdkapital-Relation nicht schlechter ist als die des Konzerns oder um bis zu 2 % unterschreitet (»Escape-Klausel«).

Kapitalertragsteuern

Neben den Steuern auf Unternehmensebene fallen bei Ausschüttungen von Kapitalgesellschaften auch Einkommensteuern an. Die Höhe dieser Steuern hängt davon ab, von wem die Anteile an der Kapitalgesellschaft gehalten werden.

Ausschüttungen von Kapitalgesellschaften an natürliche Personen unterliegen der Abgeltungssteuer mit einem Steuersatz von 25 % zuzüglich Solidaritätszuschlag. Liegt der persönliche Einkommensteuersatz unter 25 %, besteht die Möglichkeit, mit dem niedrigeren persönlichen Steuersatz besteuert zu werden. Einkünfte aus Anteilen an Kapitalgesellschaften, die sich im Betriebsvermögen einer Personengesellschaft befinden, werden nach dem Teileinkünfteverfahren versteuert: Ausschüttungen und Veräußerungsgewinne werden zu 60 % in die Steuerbemessungsgrundlage einbezogen und mit dem individuellen Einkommensteuersatz des jeweiligen Gesellschafters besteuert. Werden die Anteile an Kapitalgesellschaften im Betriebsvermögen einer Kapitalgesellschaft gehalten, so sind die Ausschüttungen und Veräußerungsgewinne nur mit 5 % zu versteuern.

Fazit

Es lässt sich festhalten, dass die Höhe der Besteuerung von den Gesellschaftsformen des Bewertungsobjektes und -subjektes sowie der Ausschüttungspolitik abhängt:

1. **Gesellschaftsform des Bewertungsobjekts**: Im Gegensatz zu Kapitalgesellschaften, deren Gewinne mit Körperschaftsteuer und Gewerbesteuer belastet werden, sind Personengesellschaften und Einzelunternehmen nur Objekt der Gewerbesteuer.
2. **Gesellschaftsform des Bewertungssubjekts**: Erfolgt die Bewertung einer Personengesellschaft für eine natürliche Person, sind die Einkünfte der vollen persönlichen Einkommensteuer (einschließlich Solidaritätszuschlag und gegebenenfalls Kirchensteuer) zu unterwerfen. Bei der Bewertung einer Personengesellschaft für eine Kapitalgesellschaft ist der Körperschaftsteuersatz zuzüglich des Solidaritätszuschlags anzusetzen, der Gewerbesteuer unterliegen die Einkünfte in diesem Fall nicht. Handelt es sich hingegen bei dem (jetzigen oder künftigen)

Eigentümer einer Kapitalgesellschaft ebenfalls um eine inländische Kapitalgesellschaft (zum Beispiel eine Kapitalbeteiligungsgesellschaft), so werden die Einkünfte nur mit 5 % besteuert

3. **Ausschüttungspolitik der Kapitalgesellschaft**: Bei Kapitalgesellschaften ist darüber hinaus die Ausschüttungspolitik der Kapitalgesellschaft zu beachten. Aufgrund der Doppelbesteuerung von Ausschüttungen der Kapitalgesellschaft hängt die Höhe der gesamten Gewinnsteuern davon ab, inwieweit Gewinne ausgeschüttet oder thesauriert (einbehalten) werden.

Zur Vereinfachung geht man bei Unternehmensbewertungen häufig von Extremen aus, d. h. entweder man trifft die Annahme, dass zukünftige Gewinne vollständig ausgeschüttet werden, oder man trifft die Annahme, dass alle künftigen Gewinne einbehalten werden. Der aktuelle Bewertungsstandard des IDW sieht die Annahme einer Ausschüttungsquote vor. Probleme treten immer dann auf, wenn der Wert des Unternehmens für verschiedene Anteilseigner mit unterschiedlichen steuerlichen Verhältnissen ermittelt werden soll. Der IDW Standard S1 geht in diesen Fällen pragmatisch von einem typisierten persönlichen Steuersatz von 35 % aus. Die typisierte Steuerbelastung von 35 % soll repräsentativ die durchschnittliche Einkommensteuerbelastung in Deutschland widerspiegeln.

Es ist darauf zu achten, dass die getroffenen Annahmen konsistent sowohl bei der Ermittlung der bewertungsrelevanten Free Cashflows (im Zähler der Bewertungsmodelle) als auch bei der Ermittlung der Kapitalkosten (im Nenner der Bewertungsmodelle) durchgehalten werden. Im Folgenden werden verschiedene Konstellationen der Steuerwirkungen vorgestellt.

3.2.8.2   Abbildung von Steuern im IDW Standard

Der Standard der Wirtschaftsprüfer IDW S1 in der Fassung von 2008 (IDW S1 i.d.F. 2008) geht von einer Relevanz der persönlichen Steuern für die Bewertung aus. Bei der Bewertung von Kapitalgesellschaften differenziert das IDW je nach Bewertungsanlass zwischen objektivierter und subjektiver Bewertung.

Der objektivierte Unternehmenswert soll einen intersubjektiv nachprüfbaren Zukunftserfolgswert aus Sicht der Anteilseigner darstellen. Da man kein bestimmtes Bewertungssubjekt vor Augen hat, ist eine Typisierung der steuerlichen Verhältnisse der Anteilseigner erforderlich. Der IDW unterscheidet dabei je nach Bewertungsanlass zwischen einer unmittelbaren und mittelbaren Typisierung der persönlichen Steuerverhältnisse (vgl. IDW S1 i.d.F. 2008, Tz. 29,30,31).

Die mittelbare Typisierung soll bei neutralen Gutachten angewendet werden, die der Bewerter im Rahmen von Unternehmenstransaktionen und anderen unternehmerischen Initiativen erstellt (vgl. IDW S1 i.d.F. 2008, Tz. 30,45). Diese Bewertungsanlässe sind dadurch gekennzeichnet, dass die Bewertung als objektivierte Informationsgrundlage dient. Hierbei wird die Annahme getroffen, dass die Nettozuflüsse aus dem Bewertungsobjekt und aus der Alternativinvestition auf Anteilseignerebene einer vergleichbaren persönlichen Besteuerung unterliegen. In der Folge kann auf die Berücksichtigung persönlicher Ertragsteuern bei der Ermittlung der finanziellen Überschüsse und des Kapitalisierungszinses verzichtet werden. Die mittelbare Typisierung entspricht damit der internationalen Bewertungspraxis, bei der die explizite Berücksichtigung persönlicher Steuern nicht üblich ist.

Die unmittelbare Typisierung findet bei der Ermittlung eines objektivierten Unternehmenswertes Anwendung, die aufgrund gesellschaftsrechtlicher oder vertraglicher Vorschriften, insbesondere zur Ermittlung eines Abfindungsanspruchs bei Verlust von Eigentums- und Gesellschaftsrechten (IDW S1 i.d.F. 2008, Tz. 31,46), erforderlich wird. Dabei werden Unternehmen aus der Perspektive einer inländischen, unbeschränkt steuerpflichtigen natürlichen Person als Anteilseigner bewertet. Die explizite Berücksichtigung persönlicher Ertragsteuern hat in diesen Fällen auf Basis sachgerechter Annahmen zu deren Höhe sowohl bei den finanziellen Überschüssen als auch beim Kapitalisierungszins zu erfolgen. Folglich sieht der IDW S1 deshalb auch keine konkrete Vorgabe für die Höhe des typisierten Ertragssteuersatzes vor.

Für die Bewertung von Kapitalgesellschaften ist aktuell ein persönlicher Ertragsteuersatz von 26,375 % (Abgeltungssteuer zuzüglich Solidaritätszuschlag) realistisch. Für die Bewertung von Personengesellschaften mit einer Vielzahl von Anteilseignern erscheint ein typisierter Steuersatz von 35 % angemessen. Für die Bewertung von Personengesellschaften mit einigen, wohlhabenden Anteilseignern dürfte hingegen häufig der Spitzensteuersatz für gewerbliche Einkünfte in Höhe von 45 % zuzüglich Solidaritätszuschlag sinnvoll sein.

Bei der Berechnung von subjektiven Unternehmenswerten ist die tatsächliche Steuerbelastung der Unternehmenseigner zugrunde zu legen. Nur im Einzelfall kann noch eine Typisierung der steuerlichen Verhältnisse sachgerecht sein (vgl. IDW S1 i.d.F. Tz. 58).

Seit der letzten Unternehmenssteuerreform unterliegen auch Kursgewinne aus Anteilen, die ab dem 1. Januar 2009 neu erworben wurden, bei Verkauf ebenfalls der Abgeltungssteuer von 25 % zuzüglich Solidaritätszuschlag. Dies gilt unabhängig von der Haltedauer der Anteile. Bei Gewinnthesaurierung ergibt sich hinsichtlich der Besteuerung mithin ein Steuerstundungseffekt, der zu einem niedrigeren Barwert der Gesamtsteuerlast und somit zu einer niedrigeren Effektivsteuerbelastung führt. Anleger können den Realisationstermin und damit den Zeitpunkt der Besteuerung von Veräußerungsgewinnen frei wählen.

Die Höhe des Steuerstundungseffekts bzw. des Effektivsteuersatzes sind damit sowohl von der Ausschüttungspolitik als auch von der individuellen Haltedauer abhängig. Je länger die Haltedauer und je größer das Wertwachstum der Anteile an der Kapitalgesellschaft, desto niedriger ist der effektive Steuersatz der Alternativanlage. Der Fachausschuss Unternehmensbewertung und Betriebswirtschaft des IDW (FAUB) hat beschlossen, dass die Besteuerung des Veräußerungsgewinns für Bewertungsstichtage ab dem 1. Januar 2009 zwingend zu berücksichtigen ist. Hierbei wird ein typisierter effektiver Veräußerungsgewinnsteuersatz in Höhe des hälftigen Nominalsteuersatz (d.h. 12,5 % zuzüglich Solidaritätszuschlag) derzeit als angemessen erachtet.

3.2.8.3 Bewertung einer Kapitalgesellschaft

Annahme vollständiger Thesaurierung

Diese Prämisse erleichtert die Analyse und Bewertung, da bei einer vollständigen Thesaurierung keine persönlichen Steuern ausgelöst werden. Es reicht aus, die Belastung des Unternehmens mit Körperschaft- und Gewerbesteuersteuer abzubilden. Es kommt grundsätzlich das in den vorangehenden Kapiteln beschriebene DCF-Grundmodell zur Anwendung. Der Unternehmenssteuersatz s des Unternehmens entspricht dabei der Summe aus Gewerbeertragsteuersatz und Körperschaftsteuersatz (inklusive Solidaritätszuschlag):

$$s = s_K + s_{GewSt}$$

s_K Körperschaftsteuer von 15,825 % (inklusive Solidaritätszuschlag)
s_{GewSt} Gewerbesteuersatz 14 % (bei Hebesatz 400 %)

Bei einer Körperschaftsteuerbelastungen von 15 % (inklusive Solidaritätszuschlag 15,825 %) sowie einem Gewerbeertragsteuersatz von 14 % (Gewerbesteuerhebesatz von 400 %) ergibt sich mithin ein Unternehmenssteuersatz von 29,825 %.

Im dargestellten DCF-Grundmodell wird unterstellt, dass Zinsaufwendungen, Lizenzkosten, Mieten und Leasingraten vollständig von der (körperschaft- und gewerbesteuerlichen) Bemessungsgrundlage abgezogen werden können. Die 25 %-ige Hinzurechnung der Zinsaufwendungen auf die Gewerbesteuerbemessungsgrundlage hat jedoch auch Auswirkungen auf die anzusetzenden Fremdkapitalkosten. Die Hinzurechnung der Zinsen vermindert das Tax Shield aus Gewerbesteuer. Die Fremdkapitalkosten berechnen sich nun nicht mehr unter Abzug des vollen Gewerbesteuersatzes, sondern es können nur noch 75 % des Gewerbesteuersatzes in Abzug gebracht werden. Die Fremdkapitalkosten betragen damit:

$$r_{FK} = r_{FK,vorSteuern} \cdot (1 - 0,75 s_{GewSt} - s_K).$$

Im Grundmodell errechnet sich damit ein gewichteter Kapitalkostensatz von:

$$c_{WACC} = r_{EK} \cdot \frac{EK}{GK} + r_{FK,vorSteuern} \cdot (1 - 0,75 s_{GewSt} - s_K) \cdot \frac{FK}{GK}$$

EK   Marktwert des Eigenkapitals
FK   Marktwert des verzinslichen Fremdkapitals
GK   Marktwert des Gesamtkapitals
s_K Körperschaftsteuer von 15,825 % (inklusive Solidaritätszuschlag)
s_{GewSt} Gewerbesteuersatz (ca. 14 %)
r_{FK} Kosten des Fremdkapitals bzw. Renditeforderung der Fremdkapitalgeber
r_{EK} Renditeforderung der Eigenkapitalgeber für das verschuldete Unternehmen

Die Auswirkungen der Hinzurechnung von Lizenzaufwendungen, Mieten und Leasingraten sind davon abhängig, ob diese Aufwandsarten dem Leistungsbereich unter dem Finanzierungsbereich zugeordnet wurden. In der Regel ist von einer Zuordnung zum Leistungsbereich auszugehen, d. h. diese Aufwendungen haben den zu bewertenden operativen Cashflow vermindert. In der Folge sollte auch die durch die Hinzurechnung veranlasste Gewerbesteuerzahlungen bei der Berechnung der Cashflows abgebildet werden, der WACC wird nicht beeinflusst.

Daneben kann auch die Zinsschranke die Berechnung der Kapitalkosten erschweren. Nur für den Fall, dass der Saldo aus Zinsaufwendungen und Zinserträgen 30 % des EBITDA im Planungshorizont nicht übersteigt, hat die Zinsschranke keinen Einfluss auf die Unternehmensbewertung. Sobald die Zinsschranke jedoch greift, ist die steuerliche Entlastung aus der Aufnahme von Fremdkapital nicht mehr nur abhängig von der Höhe der Zinsen, sondern auch von der Höhe des EBITDA. Diesem Problem kann mit der Berechnung von periodenspezifischen WACC begegnet werden. Auch die Verwendung eines Entity-Modells auf Basis von Total Cashflows bietet sich an, da die Steuerersparnis aus Fremdkapitalzinsen periodengerecht in den zukünftigen Cashflows abgebildet werden kann.

Annahme vollständiger Ausschüttung

Die Annahme von Ausschüttungen erschwert die Analyse, da neben der Belastung mit Körperschaftsteuer auch individuelle Ertragssteuerbelastungen in den Cashflows und Kapitalkosten abgebildet werden müssen. Problematisch ist diese Annahme insbesondere bei der Bewertung des Unternehmens für eine Personengruppe (z. B. anlässlich einer Börseneinführung), da es keinen einheitlichen persönlichen Steuersatz gibt. Bei der Festlegung eines einheitlichen, typisierten Steuersatzes kann auf die Überlegungen des IDW (vgl. Kapitel 3.2.8.2) zurückgegriffen werden.

Es findet eine Doppelbesteuerung sowohl auf Unternehmensebene als auch auf persönlicher Ebene statt. Die persönliche Steuerbelastung hängt davon ab, ob es sich beim Bewertungssubjekt um eine natürliche Person oder eine Kapitalgesellschaft handelt. Bei natürlichen Personen werden seit dem 1.1.2009 grundsätzlich alle Kapitaleinkünfte mit einer einheitlichen Abgeltungssteuer belastet. Der Abgeltungssteuersatz beträgt 25 % zuzüglich Solidaritätszuschlag, also insgesamt 26,375 %. Bewertet man eine Kapitalgesellschaft aus Sicht einer inländischen Kapitalgesellschaft, so werden diese Einkünfte nur mit 5 % versteuert. Die zu bewertenden Cashflows sind mit diesen Steuern zu belasten.

Das Auslösen von persönlichen Steuern erfordert ebenfalls Anpassungen bei der Berechnung der Kapitalkosten. Die Kapitalkosten sollen die Renditen alternativer Verwendungsmöglichkeiten mit vergleichbarem Risiko und vergleichbarer Laufzeit widerspiegeln. Bei der Berechnung der Eigenkapitalkosten sollte man deshalb davon ausgehen, dass die Alternativverträge ebenfalls aus riskanten Beteiligungen an Kapitalgesellschaften stammen. In der Folge wird auch die Alternativrendite von Privatanlegern grundsätzlich mit der Abgeltungssteuer von 26,375 % (inkl. Solidaritätszuschlag) belastet.

Die Eigenkapitalkosten lassen sich demzufolge folgendermaßen ermitteln:

$$r_{EK} = r_F \cdot (1 - s_E) + \beta \cdot [(r_M - r_F)] \cdot (1 - s_E) = (1 - s_E) \cdot [r_F + \beta \cdot (r_M - r_F)]$$

r_F Verzinsung einer risikolosen Anlage
r_M Verzinsung eines diversifizierten Marktportfolios
ß   Risikomaß für das systematische Risiko des Unternehmens
s_E Einkommensteuer der natürlichen Person (26,375 % inkl. Solidaritätszuschlag)

Handelt es sich bei (aktuellen oder zukünftigen) Eignern um eine Kapitalgesellschaft, so werden die Erträge nur um 5 % der individuellen Steuerlast vermindert. In diesem Fall kann für $(1 - s_E)$ ein Wert von $(1 - 0{,}05 \cdot s_K)$ angesetzt werden.

Bei der Berechnung des WACC ist zudem der Einfluss auf die Fremdkapitalkosten zu beachten. Die Berechnung der Fremdkapitalkosten erfolgt grundsätzlich unter Berücksichtigung aller Ertragssteuerarten, die auch in die Berechnung der bewertungsrelevanten Cashflows Eingang gefunden haben. Die Steuerersparnis (Tax Shield) aus der Fremdfinanzierung setzt sich bei Berücksichtigung persönlicher Steuern aus Ersparnissen bei Gewerbesteuer, Körperschaftsteuer und Einkommensteuer zusammen. Entsprechend niedriger fallen die Fremdkapitalkosten bei der zusätzlichen Aufnahme von Fremdkapital aus:

$$r_{FK} = r_{FK,\,vor\,Steuern} \cdot (1 - 0{,}75 s_{GewSt} - s_K) \cdot (1 - s_E).$$

s_K Körperschaftsteuer von 15,825 % (inklusive Solidaritätszuschlag)
s_{GewSt} Gewerbesteuersatz (ca. 14 %)
s_E Einkommensteuer der natürlichen Person (26,375 % inkl. Solidaritätszuschlag)

Ermittlung der Kapitalkosten bei der Bewertung von Kapitalgesellschaften

Annahmen:

Risikolose Rendite r_F = 4 %

(Rendite von Bundesanleihen)

Marktrisikoprämie r_M = 6 %

(Rendite Marktindex − r_F)

Risikomaß ß = 1,5

(ermittelt aus CAPM)

FK-Kosten vor Steuern r_{FK} = 5 %

(r_F + ratingabhängige Prämie)

Einkommensteuersatz s_E = 26,375 %

(Abgeltungssteuer + Soli)

Körperschaftsteuersatz s_K = 15 %

(Steuer für Kapitalgesellschaften)

Gewerbesteuersatz s_{GewSt} = 15 %

(abhängig von Kommune)

Anteil Marktwert EK am GK = 50 %

Anteil Marktwert FK am GK = 50 %

Vollständige Thesaurierung

Eigenkapitalkosten		Fremdkapitalkosten
Risikolose Rendite r_F = 4 %		Risikolose Rendite r_F = 4 %
+ Risikoprämie ß* r_M = 9 %	**WACC**	+ Risikoprämie FK = 1 %
= EK-Kosten v. St. 13 %	**=**	= FK-Kosten vor Steuern 5 %
= EK-Kosten n. St. 13 %	**8,06 %**	− Gewerbesteuer 0,5625 %
		− Körperschaftsteuer 1,3188 %
		= FK-Kosten nach Steuern 3,1188 %

Vollständige Ausschüttung

Eigenkapitalkosten		Fremdkapitalkosten
Risikolose Rendite r_F = 4 %		Risikolose Rendite r_F = 4 %
+ Risikoprämie ß* r_M = 9 %	**WACC**	+ Risikoprämie FK = 1 %
= EK-Kosten v. St. 13 %	**=**	= FK-Kosten vor Steuern 5 %
− pers. EK-Steuer 3,4288 %	**5,93 %**	− Gewerbesteuer 0,5625 %
= EK-Kosten n. St. 9,5713 %		− Körperschaftsteuer 1,3188 %
		− pers. EK-Steuer 0,8226 %
		= FK-Kosten n. St. 2,2962 %

Differenzierte Ausschüttung (IDW und Tax-CAPM)

Eigenkapitalkosten		Fremdkapitalkosten
Risikolose Rendite r_F = 4 %		Risikolose Rendite r_F = 4 %
− pers. EK-Steuer 1,4 %	**WACC**	+ Risikoprämie FK = 1 %
= r_F nach Steuern 2,6 %	**=**	= FK-Kosten vor Steuern 5 %
	6,92 %	− Gewerbesteuer 0,5625 %
Div.-Rendite v. St. 2 %		− Körperschaftsteuer 1,3188 %
− EK-Steuer Dividende 0,5275 %		− pers. EK-Steuer 0,8226 %
− Kursgewinne 8 %		= FK-Kosten n. St. 2,2962 %
− EK-Steuer, effektiv 1 %		
= Marktrisikoprämie 5,9725 %		
Risikoprämie des U. 8,9588 %		
= EK-Kosten n. St. 11,5588 %		

Tab. 3.1: Kapitalkosten bei der Bewertung von Kapitalgesellschaften für natürliche Personen
Quelle: Eigene Erstellung

Handelt es sich bei (aktuellen oder zukünftigen) Eignern um eine Kapitalgesellschaft, so entspricht s_E nur 5 % der individuellen Steuerlast der Gesellschaft: $s_E = 0,05 \cdot s_K$.

In der Folge errechnet sich bei der Annahme vollständiger Ausschüttungen ein gewichteter Kapitalkostensatz (WACC) von:

$$c_{WACC} = r_{EK,vorSteuern} \cdot (1 - s_E) \cdot \frac{EK}{GK} + r_{FK,vorSteuern} \cdot (1 - 0,75 s_{GewSt} - s_K) \cdot (1 - s_E) \frac{FK}{GK}$$

EK	Marktwert des Eigenkapitals
FK	Marktwert des verzinslichen Fremdkapitals
GK	Marktwert des Gesamtkapitals
s_K	Körperschaftsteuer von 15,825 % (inklusive Solidaritätszuschlag)
s_{GewSt}	Gewerbesteuersatz (ca. 14 %)
r_{FK}	Kosten des Fremdkapitals bzw. Renditeforderung der Fremdkapitalgeber
r_{EK}	Renditeforderung der Eigenkapitalgeber für das verschuldete Unternehmen
s_E	Einkommensteuer der natürlichen oder juristischen Person

Annahme differenzierter Ausschüttung

Die Annahmen einer vollständigen Ausschüttung bzw. einer vollständigen Thesaurierung sind in der Praxis unrealistisch. Die Ausschüttungsquote sollte sinnvoll prognostiziert werden. Auch gemäß IDW Standard S1 soll bei der Ermittlung eines objektivierten Unternehmenswertes eine differenzierte Ausschüttungsannahme zur Anwendung kommen. Im Zuge der Detailplanung der Ausschüttungen sollen die bisherige Ausschüttungspolitik, die Eigenkapitalausstattung und die steuerlichen Rahmenbedingungen des Unternehmens Berücksichtigung finden (IDW Standard S1, TZ 35). Es muss auch darauf geachtet werden, dass die Ausschüttungsannahmen mit dem Ausschüttungsverhalten der Alternativanlage (abgebildet im Diskontierungszins) korrespondieren.

Diese Prämisse erschwert die Abbildung der Besteuerung, da nun einer unterschiedlichen Besteuerung von Kursgewinnen und Dividenden Rechnung getragen werden muss (IDW Standard S1 Tz. 120). Formal werden alle Einkünfte zwar mittlerweile mit einer einheitlichen Abgeltungssteuer belegt, bei Veräußerungsgewinnen (bei Unternehmensbeteiligungen kleiner 1 %) fällt diese Steuer jedoch nicht sofort an, sondern erst bei Veräußerung des Unternehmensanteils und der Realisierung des Wertzuwachses. Bei Gewinnthesaurierung ergibt sich demzufolge für thesaurierungsbedingte Wertzuwächse ein Steuerstundungseffekt, der zu einem niedrigeren Barwert der Gesamtsteuerlast und somit zu einer niedrigeren Effektivsteuerbelastung führt.

Zur Berechnung der Eigenkapitalkosten bietet sich das sog. Tax-CAPM an, welches das Standard-CAPM um die explizite Berücksichtigung der Wirkung persönlicher Ertragsteuern erweitert.

Die erwartete Rendite eines diversifizierten Marktportfolios setzt sich aus der Dividendenrendite und Kursgewinnen zusammen:

$$E(r_M) = Div + \Delta P / P$$

r_M	Verzinsung eines diversifizierten Marktportfolios
Div	Dividendenrendite des Marktportfolios
$\Delta P/P$	Prozentuale Kursgewinne des Marktportfolios

Ergänzt um die Besteuerungswirkungen ergibt sich die Marktrendite folgendermaßen:

$$E(R_M) = Div \cdot (1 - s_E) + \Delta P / P \cdot (1 - s_{E,eff.})$$

s_E Einkommensteuer der natürlichen Person (26,375 % inkl. Solidaritätszuschlag)

$s_{E,\,eff.}$ Effektive Einkommensteuerbelastung von Kursgewinnen (13,1875 % inkl. Solidaritätszuschlag)

Während die Dividenden unmittelbar mit dem aktuellen Abgeltungssteuersatz von 26,375 % (inklusive Solidaritätszuschlag) belegt werden, fällt bei den Kursgewinnen aufgrund des Steuerstundungseffekts ein deutlich niedriger Effektivzins an. Aktuell hält das IDW einen typisierten effektiven Gewinnsteuersatz für Veräußerungen in Höhe des hälftigen Nominalsteuersatz (d.h. 12,5 % zuzüglich Solidaritätszuschlag) für angemessen.

In der Folge lassen sich die Eigenkapitalkosten gemäß Tax-CAPM folgendermaßen ermitteln:

$$r_{EK} = r_F \cdot (1 - s_E) + \beta \cdot [Div \cdot (1 - s_E) + \Delta P/P \cdot (1 - s_{E,eff.}) - r_F (1 - s_E)]$$

Demnach setzen sich die Eigenkapitalkosten nach Steuern aus dem risikolosen Zins nach Steuern und dem Risikozuschlag nach Steuern zusammen. Bei der risikolosen Anlage wird angenommen dass die Erträge voll der Einkommensteuer unterliegen. Die Marktrendite kann dagegen teilweise steuerfrei vereinnahmt werden. Die Marktrendite setzt sich aus Kursgewinnen und Dividenden zusammen. In Deutschland dominieren meist die Kursgewinne. Der DAX ist ein Performanceindex und reflektiert sowohl Kurssteigerungen als auch die Dividenden großer deutscher Unternehmen. Im langjährigen Mittel konnte eine Marktrendite von ca. 10 % vor Steuern erzielt werden, wobei ca. 8 % aus Kursgewinnen und 2 % aus Dividenden resultieren.

Die Annahme über die Ausschüttung der Free Cashflows bzw. die Berücksichtigung der persönlichen Einkommensteuer kann erhebliche Effekte auf den berechneten Unternehmenswert haben. Mögliche Berechnungen der Kapitalkosten für die Bewertung einer Kapitalgesellschaft verdeutlicht Tab. 3.8.

3.2.8.4 Bewertung von Personengesellschaften bzw. Einzelunternehmen

Bei Personengesellschaften fallen keine Körperschaftsteuern an. Stattdessen muss der Einzelunternehmer bzw. Mitunternehmer die Einkünfte aus dem Unternehmen seiner persönlichen Einkommensteuer unterwerfen. Dabei spielt es keine Rolle, ob die erwirtschaften Gewinne ausgeschüttet oder thesauriert werden. Unternehmensgewinne sind dann zu versteuern, wenn sie anfallen.

Handelt es sich beim Bewertungssubjekt um eine Kapitalgesellschaft (zum Beispiel eine Kapitalbeteiligungsgesellschaft), so ist als Einkommensteuersatz der Körperschaftsteuersatz zuzüglich des Solidaritätszuschlags anzusetzen, der Gewerbesteuer des Unternehmens unterliegen die Einkünfte jedoch nicht. Erfolgt die Bewertung für eine natürliche Person als Bewertungssubjekt, so ist zu beachten, dass gemäß Paragraph 35 EStG die Gewerbesteuer in Höhe des 3,8-fachen Betrags auf die Einkommensteuer angerechnet wird. Der Gewerbesteuererbetrag ergibt sich durch die Multiplikation mit der im Gewerbesteuergesetz festgelegten Messzahl (aktuell 3,5 %) mit der Gewerbesteuerbemessungsgrundlage.

In der Folge sollten die bewertungsrelevanten Cashflows in den DCF-Modellen folgendermaßen berechnet werden:

1. Auf Unternehmensebene fällt ausschließlich Gewerbesteuer an. Beim Equity-Ansatz ist die Gewerbesteuer aus dem operativen Ergebnis vor Steuern (EBT), beim Entity-Ansatz aus dem operativen Ergebnis vor Zinsen und Steuern (EBIT) zu berechnen.
2. Auf persönlicher Ebene muss zwingend die Einkommensteuer (einschließlich Solidaritätszuschlag und gegebenenfalls Kirchensteuern) des Eigentümers subtrahiert werden. Die Einkommensteuer wird beim Equity-Ansatz aus dem Jahresüberschuss, beim Entity-Ansatz aus dem operativen Ergebnis vor Zinsen und nach Steuern (NOPLAT) ermittelt. Handelt es sich bei den Unternehmenseignern um natürliche Personen, so ist die hieraus berechnete Einkommensteuer um den 3,8-fachen Gewerbesteuerbetrag zu kürzen.

Bei Personengesellschaften ist zu beachten, dass die Cashflows des Unternehmens häufig nicht alle Kosten widerspiegeln. Hierbei ist insbesondere der Unternehmerlohn zu nennen, da bei Personengesellschaften Mitunternehmer häufig »unentgeltlich« im Unternehmen arbeiten und die Arbeitsentgelte über ihren Gewinnanteil beziehen. In diesen Fällen sollte für die mitarbeitenden Unternehmer ein branchenüblicher und für die Größe des Unternehmens angemessener Unternehmerlohn als zusätzlicher Personalaufwand bei der Ermittlung der Cashflows abgezogen werden.

Bei der Bewertung einer Personengesellschaft können die Eigenkapitalkosten nach demselben Schema ermittelt werden wie für Kapitalgesellschaften. Die Kapitalkosten sollen am Markt zu erzielende Alternativrenditen darstellen, dies können nur Renditen aus der Beteiligung an Kapitalgesellschaften sein. Dabei muss bei der Alternativanlage ebenfalls eine Annahme bezüglich der Ausschüttungen getroffen werden (Thesaurierung, Vollausschüttung, oder Teilausschüttung).

Ist mit dem Eigentum an dem zu bewertenden Unternehmen auch noch eine persönliche Haftung verbunden – bei Einzelunternehmern, Gesellschaftern einer OHG oder persönlich haftenden Gesellschaftern einer KG –, so kann es zweckmäßig sein, die Eigenkapitalkosten noch um einen Zuschlag für die persönliche Haftung zu erhöhen.

Beim WACC-Ansatz (Entity-Ansatz) benötigt man für die Ermittlung des Diskontierungszinses neben den Eigenkapitalkosten noch die Fremdkapitalkosten. Diese reflektieren wiederum das Tax Shield, d.h. es müssen alle Steuerarten berücksichtigt werden, die auch bei der Berechnung der bewertungsrelevanten Cashflows Berücksichtigung gefunden haben. Demnach berechnen sich die Fremdkapitalkosten nach Steuern aus:

$$r_{FK} = r_{FK, vor\ Steuern} \cdot (1 - s_{GewSt} - s_E)$$

s_{GewSt} Gewerbesteuersatz (ca. 14 %)
s_E Einkommensteuer der natürlichen Person

bzw. unter Berücksichtigung der Hinzurechnung von 25 % der Fremdkapitalkosten bei der Gewerbesteuerbemessungsgrundlage aus

$$r_{FK} = r_{FK, vor\ Steuern} \cdot (1 - 0,75 s_{GewSt} - s_E)$$

Diese Formeln gelten sowohl bei Thesaurierung als auch bei Ausschüttungen von Gewinnen, da die Einkommensteuer bei Personengesellschaften in jedem Fall anfällt.

Für Personengesellschaften errechnet sich mithin ein gewichteter Kapitalkostensatz (WACC) von:

$$c_{WACC} = r_{EK,vorSteuern} \cdot (1 - s_E) \cdot \frac{EK}{GK} + r_{FK,vorSteuern} \cdot (1 - 0,75 s_{GewSt} - s_E) \cdot \frac{FK}{GK}$$

EK   Marktwert des Eigenkapitals

FK   Marktwert des verzinslichen Fremdkapitals

GK   Marktwert des Gesamtkapitals

s_{GewSt} Gewerbesteuersatz (ca. 14 %)

r_{FK} Kosten des Fremdkapitals bzw. Renditeforderung der Fremdkapitalgeber

r_{EK} Renditeforderung der Eigenkapitalgeber für das verschuldete Unternehmen

s_E Einkommensteuer der natürlichen oder juristischen Person

Erfolgt die Bewertung aus Sicht einer natürlichen Person ist bei der Ermittlung der Fremdkapitalkosten zusätzlich noch die Anrechnung des 3,8-fachen Gewerbesteuermessbetrags auf die Einkommensteuer zu beachten. Die verminderte Einkommensteuer vermindert auch das Tax Shield. Die Fremdkapitalkosten nach Einkommensteuer erhöhen sich in der Folge bei einer Gewerbesteuermesszahl von derzeit 3,5 % um $r_{FK} \cdot (0,75 \cdot 3,5 \% \cdot 3,8 \cdot 1,055)$. Der Faktor 1,055 resultiert daraus, dass bei einer Verringerung der Einkommensteuer auch der Solidaritätszuschlag entsprechend kleiner ausfällt.

3.2.8.5   Fazit

Aufgrund der steuerlichen Vorteilhaftigkeit (keine Doppelbesteuerung) führt die Thesaurierungshypothese bei Kapitalgesellschaften in der Regel zu einem höheren Unternehmenswert als die Vollausschüttungsprämisse. Die Kapitalkosten fallen zwar höher aus, aber die bewertungsrelevanten Cashflows werden nicht mit der persönlichen Einkommensteuer der Eigentümer belastet. Die Thesaurierung führt zudem zu einer Steuerstundung und zu einem besseren Zinsergebnis: die thesaurierten/gestundeten Beträge können zur Anlage und/oder zur Rückführung von Fremdkapital genutzt werden.

Auch die (vom IDW vorgeschlagene) Differenzierung der persönlichen Steuern bei risikoloser Anlage und Dividenden bzw. Kursgewinnen beeinflusst maßgeblich die Unternehmensbewertung. Da die Marktrendite effektiv geringer besteuert wird, ist der WACC höher als bei einer Vollausschüttung mit einer durchgängigen Anwendung der Abgeltungssteuer. Die Bewertung fällt in der Folge bei Anwendung des aktuellen IDW-Standard niedriger aus. [12]

Ähnliche Ergebnisse erhält man bei der Berechnung der Kapitalkosten für die Bewertung von Personenunternehmen. Dies veranschaulicht Tabelle 3.2.

Die Bewertung von Personengesellschaften wird unter sonst gleichen Bedingungen in der Regel höher ausfallen als die Bewertung von Kapitalgesellschaften. Die Kapitalkosten fallen zwar höher aus (das Tax Shield reflektiert nicht mehr die ersparte Körperschaftsteuer), die bewertungsrelevanten Cashflows werden jedoch nicht mit Körperschaftsteuer belastet.

Es muss festgehalten werden, dass die Zahlungsstromverfahren bei der Abbildung der Besteuerung mit groben und häufig willkürlichen Vereinfachungen arbeiten. Da Unternehmen

---

12 Im Vergleich zur Vorgehensweise des IDW bis 2005 fällt die Bewertung nach aktuellem Standard ebenfalls niedriger aus. Bereits in der alten Fassung des IDW-Standard wurde die risikolose Anlage vollständig mit Gewinnsteuern belastet. Allerdings wurde in der alten Fassung die gesamte Marktrisikoprämie annahmegemäß nach dem Halbeinkünfteverfahren versteuert.

Ermittlung der Kapitalkosten bei der Bewertung von Personengesellschaften

Annahmen:	Vollständige Thesaurierung	
Risikolose Rendite r_F = 4 %	**Eigenkapitalkosten**	**Fremdkapitalkosten**
(Rendite von Bundesanleihen)	Risikolose Rendite r_F = 4 %	Risikolose Rendite r_F = 4 %
Marktrisikoprämie r_M= 6 %	+ Risikoprämie ß* r_M = 9 % **WACC**	+ Risikoprämie FK = 1 %
(Rendite Marktindex $- r_F$)	= EK-Kosten v. St. 13 % **=**	= FK-Kosten vor Steuern 5 %
Risikomaß ß = 1,5	= EK-Kosten n. St. 13 % **8,7188 %**	- Gewerbesteuer 0,5625 %
(ermittelt aus CAPM)		= FK-Kosten nach Steuern 4,4375 %
FK-Kosten vor Steuern r_{FK} = 5 %		
(r_F + ratingabhängige Prämie)	Vollständige Ausschüttung	
Einkommensteuersatz s_E = 35 %	**Eigenkapitalkosten**	**Fremdkapitalkosten**
(typisierte Belastung nach IDW)	Risikolose Rendite r_F = 4 %	Risikolose Rendite r_F = 4 %
Körperschaftsteuersatz s_K = 15 %	+ Risikoprämie ß* r_M = 9 % **WACC**	+ Risikoprämie FK = 1 %
(Steuer für Kapitalgesellschaften)	= EK-Kosten v. St. 13 % **=**	= FK-Kosten vor Steuern 5 %
Gewerbesteuersatz s_{GewSt} = 15 %	- pers. EK-Steuer 3,4288 % **6,13 %**	- Gewerbesteuer 0,5625 %
(abhängig von Kommune)	= EK-Kosten n. St. 9,5713 %	- pers. EK-Steuer 1,7500 %
Anteil Marktwert EK am GK = 50 %		= FK-Kosten n. St. 2,6875 %
Anteil Marktwert FK am GK = 50 %		
	Differenzierte Ausschüttung (IDW)	
	Eigenkapitalkosten	**Fremdkapitalkosten**
	Risikolose Rendite r_F = 4 %	Risikolose Rendite r_F = 4 %
	– pers. EK-Steuer 1,4 % **WACC**	+ Risikoprämie FK = 1 %
	= r_F nach Steuern 2,6 % **=**	= FK-Kosten vor Steuern 5 %
	7,12 %	- Gewerbesteuer 0,5625 %
	Div.-Rendite v. St. 2 %	- pers. EK-Steuer 1,7500 %
	– EK-Steuer Dividende 0,5275 %	= FK-Kosten n. St. 2,6875 %
	– Kursgewinne 8 %	
	– EK-Steuer, effektiv 1 %	
	= Marktrisikoprämie 5,9725 %	
	Risikoprämie des U. 8,9588 %	
	= EK-Kosten n. St. 11,5588 %	

Tab. 3.2: Kapitalkosten bei der Bewertung von Personengesellschaften für natürliche Personen
Quelle: Eigene Erstellung

in Deutschland erfahrungsgemäß den Großteil der Free Cashflows einbehalten, kommt die Annahme der vollständigen Thesaurierung der Realität in der Regel näher als die Annahme der vollständigen Ausschüttung. Bei der Vollthesaurierungsprämisse gerät man allerdings in ein bewertungslogisches Dilemma: Ein Unternehmen, das über seine gesamte Lebensdauer nicht ausschüttet, ist für seine Eigentümer unattraktiv. Das differenzierte Vorgehen des IDW mit der Annahme einer Ausschüttungsquote ist deshalb zu empfehlen.

3.2.9   Kapitalkosten als »cut-off-rate«

Die bisher vorgenommene Aufspaltung der Finanzierungsseite in die Komponenten Eigen- und Fremdkapital basiert auf der vereinfachenden Annahme, dass sich das Unternehmen mit homogenem Eigen- und Fremdkapital finanziert. Diese Annahme ist jedoch realitätsfern, da sich sowohl der Eigen- als auch der Fremdkapitalbestand aus den verschiedensten Finanzierungsquellen speisen.[13]

Für eine genauere Berechnung bietet sich z.B. die Untergliederung des Fremdkapitals nach Restlaufzeiten an, da langfristiges Fremdkapital (bei normaler Zinsstruktur) teurer ist als kurzfristige Verbindlichkeiten. Auch eine Differenzierung nach Fremdkapital, bei dem 25 % der Finanzierungsanteile zugerechnet werden können, ist denkbar. Bei den Eigenkapitalkosten könnte eine Aufteilung des Eigenkapitals in Vorzugs- und Stammaktien vorgenommen werden. Die differenzierte Berücksichtigung der Finanzierungskomponenten verändert den gewogenen Kapitalkostensatz *ohne Berücksichtigung persönlicher Steuern* (also unter der Annahme vollständiger Thesaurierung) zu:

$$(3.17) \qquad c_{WACC} = r_{EK,Vz} \frac{EK_{Vz}}{GK} + r_{EK,St} \frac{EK_{St}}{GK}$$

$$+ (1 - 0,75 s_{GewSt} - s_K) \cdot r_{FK,LF} \frac{FK_1}{GK} + (1 - s_{GewSt} - s_K) \cdot r_{FK,KF} \frac{FK_2}{GK}$$

FK_1	Marktwert des langfristigen verzinslichen Fremdkapitals, Gewerbesteuer zuzurechnen
FK_2	Marktwert des kurzfristigen verzinslichen Fremdkapitals, Gewerbesteuer nicht zuzurechnen
EK_{Vz}	Marktwert der Vorzugsaktien
EK_{St}	Marktwert der Stammaktien
GK	Marktwert des Gesamtkapitals
s_K	Ertragsteuersatz auf Unternehmensebene (ggf. zzgl. Solidaritätszuschlag)
s_{GewSt}	Effektiver Gewerbesteuersatz
$r_{FK,1}$	Kosten des Fremdkapitals, Gewerbesteuer zuzurechnen
$r_{FK,2}$	Kosten des Fremdkapitals, Gewerbesteuer nicht zuzurechnen
$r_{EK,Vz}$	Renditeforderung der Vorzugsaktionäre für das verschuldete Unternehmen
$r_{EK,St}$	Renditeforderung der Stammaktionäre für das verschuldete Unternehmen

---

13   Vgl. *Copeland/Koller/Murrin* (1998), S. 261.

3.3   Das Zirkularitätsproblem

Bei der praktischen Umsetzung des Discounted-Cashflow-Verfahrens in der Variante mit gewogenen durchschnittlichen Kapitalkosten (WACC-Ansatz) ensteht ein weiteres konzeptionelles Problem. Bei der Berechnung der Kapitalkosten ergibt sich ein sog. Zirkelproblem.

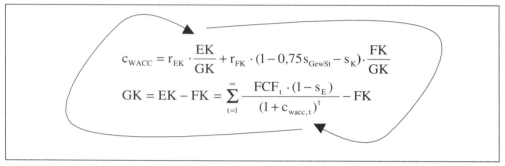

$$c_{WACC} = r_{EK} \cdot \frac{EK}{GK} + r_{FK} \cdot (1 - 0,75 s_{GewSt} - s_K) \cdot \frac{FK}{GK}$$

$$GK = EK - FK = \sum_{t=1}^{\infty} \frac{FCF_t \cdot (1 - s_E)}{(1 + c_{wacc,t})^t} - FK$$

Abb. 3.14: Das Zirkularitätsproblem

Das Zirkularitätsproblem besteht darin, dass für die Gewichtung der Kapitalkosten der Wert des Eigenkapitals bekannt sein muss – dieser Wert kann aber erst mit Hilfe der Kapitalkosten bestimmt werden. Zur Lösung dieser Problematik bestehen grundsätzlich zwei Möglichkeiten:

1. Festlegung einer marktgewichteten Zielkapitalstruktur,
2. Lösung durch mathematische Iterationen.

Mit Hilfe der Annahme einer Zielkapitalstruktur kann das Zirkularitätsproblem auf einfache Weise gelöst werden, da auf die Kenntnis der absoluten Höhe des Marktwertes des Eigenkapitals bzw. Thesaurierung des Marktwertes des Fremdkapitals verzichtet werden kann und stattdessen mit fixierten Eigen- bzw. Fremdkapitalrelationen gerechnet wird. Diese »Umgehung« des Zirkularitätsproblems durch die Verwendung einer Zielkapitalstruktur setzt allerdings voraus, dass die zu Beginn des Planungshorizonts bestehende Kapitalstruktur auch in den zukünftigen Perioden beibehalten werden kann. So wird z.B. aus Sicht eines potenziellen Erwerbers unterstellt, dass unmittelbar nach dem Erwerb eine Anpassung an die vorgegebene Zielkapitalstruktur erfolgt und diese Kapitalstruktur im Zeitablauf konstant bleibt. Eine konstante Zielkapitalstruktur lässt sich nur dann sicherstellen, wenn die Investitionen sowie die aus den Investitionen resultierenden Wertsteigerungen unternehmenswertabhängig finanziert werden.

Die Zielkapitalstruktur kann unabhängig von der gegenwärtigen Kapitalstruktur des Unternehmens vorgegeben werden. Es ist jedoch zu empfehlen, eine aktuelle Schätzung der marktwertbezogenen Kapitalstruktur vorzunehmen. Bei börsennotierten Unternehmen kann für den Marktwert des Eigenkapitals praktikabel die Marktkapitalisierung des Unternehmens herangezogen werden. Der Marktwert des Fremdkapitals kann recht gut durch den Buchwert des verzinslichen Fremdkapitals approximiert werden. In Zeiten annähernd konstanter Zinsen dürften die Buchwerte des Fremdkapitals in etwa den Marktwerten entsprechen. Darüber hinaus sollte bei einer Festlegung einer Zielkapitalstruktur eine Analyse der Kapitalstruktur vergleichbarer Unternehmen vorgenommen werden.

Die wechselseitige Abhängigkeit von Kapitalkostensatz und Marktwert des Eigenkapitals kann auch durch Iterationen gelöst werden. Dabei sind zunächst vorläufige Marktwerte des Eigen- und Fremdkapitals zu schätzen, wobei eine Orientierung an Buchwerten bzw. Börsenwerten erfolgen kann. Auf Grundlage dieser geschätzten und vorläufigen Kapitalstruktur kann dann zunächst ein vorläufiger Marktwert des Eigenkapitals bestimmt werden. Mit diesem Marktwert wird dann wiederum der gewogene Kapitalkostensatz sowie anschließend wieder der Marktwert des Eigenkapitals berechnet. Die wechselseitige Berechnung wird solange fortgesetzt, bis die Werte für das Eigenkapital bzw. die Kapitalstruktur mit der gewünschten Genauigkeit bestimmt sind.

Der auf diese Weise berechnete Marktwert des Eigenkapitals weicht nur rundungsbedingt vom seinem »wahren« Wert ab. Das iterative Vorgehen ist zwar etwas aufwändiger als die Vorgabe eine Zielkapitalstruktur, die impliziten Finanzierungsprämissen bei Verwendung einer Zielkapitalstruktur werden aber in der Bewertungspraxis nicht anzutreffen sein. In der Folge ist die Lösung des Zirkelproblems mit Hilfe von Iterationen der Verwendung einer Zielkapitalstruktur in der Bewertungspraxis vorzuziehen. Mit der Hilfe von Spreadsheets ist dies schnell und problemlos möglich.

3.4   Ermittlung des Residualwertes (Terminal Value)

3.4.1   Barwertformeln

Die Free Cashflows werden bei den DCF-Verfahren bis zum Planungshorizont in der Regel nominell geplant. Die Vorgehensweise ist konsistent mit der Bestimmung der Diskontierungszinsen – für deren Berechnung werden ebenfalls (die am Markt beobachtbaren) Nominalzinsen herangezogen. Für die Zeit nach dem Planungshorizont werden entweder mehr oder weniger pauschale Annahmen über die weitere Entwicklung der Free Cashflows getroffen oder es wird eine Veräußerung des Unternehmens unterstellt. Wird von einer Veräußerung des Unternehmens zum Planungshorizont ausgegangen, dann entspricht der Residualwert dem Veräußerungswert des Unternehmens.

Wird von einer Fortführung des Unternehmens ausgegangen, spricht man auch von Continuing Value. Wird angenommen, dass die Free Cashflows ab dem Planungshorizont T mit einer konstanten Wachstumsrate g wachsen (g < WACC), dann ergibt sich der Restwert als Fortführungswert oder Continuing Value CV zum Zeitpunkt T wie folgt:

$$(3.18) \quad CV_T = \frac{FCF_T(1+g)}{c_{wacc} - g} = \frac{FCF_{T+1}}{c_{wacc} - g}$$

Der Wahl der Wachstumsrate g kommt bei der Unternehmensbewertung erhebliche Bedeutung zu. Für Planungshorizonte mit einer Detailplanung von 5–10 Jahren macht der zu bestimmende Restwert regelmäßig 40–60 % des gesamten Unternehmenswertes aus. Die Bestimmung des CV muss deshalb sehr gewissenhaft vorgenommen werden.

Beispiel

▶▶▶ Ein Unternehmen erzielt in der Periode t einen Free Cashflow (FCF) in Höhe von 10 Mio. Euro. Die Kapitalkosten des Unternehmens betragen 10 %. Es wird zunächst der Fall betrachtet, dass die FCF in Zukunft konstant bleiben (g = 0). Die Bedeutung des Restwertes wird offensichtlich, wenn man die Zukunft in verschiedene Planungshorizonte unterteilt. Abbildung 3.15 zeigt die Anteile der verschiedenen Barwerte am gesamten Shareholder Value auf.

Planungshorizont (Jahre)	0	1	2	3	4	5	10	15	20
Barwert Planungshorizont	0 %	9,05 %	17,36 %	24,87 %	31,70 %	37,91 %	61,45 %	76,06 %	85,14 %
Barwert Continuing Value	100 %	90,91 %	82,64 %	75,13 %	68,30 %	62,09 %	38,55 %	23,94 %	14,86 %

Abb. 3.15: Die Abhängigkeit des Restwertes vom Planungshorizont

In der Praxis geläufig ist der Ansatz, dass man einen Planungshorizont, für den die FCF explizit prognostiziert werden, von 5 Jahren wählt. Der Continuing Value nach der expliziten Planungsperiode wird dann anhand einer Barwertformel ermittelt. Anhand des einfachen Beispiels wird deutlich, dass der Restwert für diesen Planungshorizont bei einem Nullwachstum schon einen Anteil am gesamten Shareholder Value von 62,09 % ausmacht. Die Bedeutung des Restwertes wird umso größer, je höher die Wachstumsrate gewählt wird. Abbildung 3.16 zeigt die Anteile der Barwerte für verschiedene Wachstumsraten auf, der Planungszeitraum beträgt durchgehend 5 Jahre.

Wachstumsrate	0 %	1 %	2 %	3 %	4 %	5 %	6 %	7 %	8 %
Barwert Planungshorizont	37,91 %	35,23 %	32,38 %	29,32 %	26,05 %	22,52 %	18,72 %	14,62 %	10,16 %
Barwert Continuing Value	62,09 %	64,77 %	67,62 %	70,68 %	73,95 %	77,48 %	81,28 %	85,38 %	89,84 %

Abb. 3.16: Die Abhängigkeit des Restwertes von der Wahl der Wachstumsrate

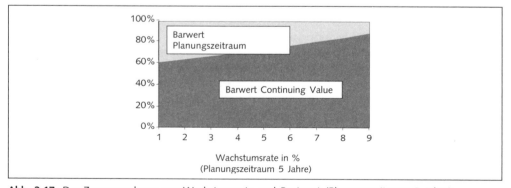

Abb. 3.17: Der Zusammenhang von Wachstumsrate und Restwert (Planungszeitraum 5 Jahre)

Das Beispiel macht deutlich, dass der Bestimmung des Restwertes und insbesondere der Wahl der Wachstumsrate im Rahmen der Unternehmensbewertung eine enorme Bedeutung zukommt. Bei einem inflationsneutralen Wachstum von derzeit 2 % beträgt der Continuing Value ca. 2/3 des gesamten Shareholder Value. Der Anteil steigt mit zunehmender Wachstumsrate exponential an: Bei einer Wachstumsrate von 8 % beträgt der Anteil des Continuing Value schon knapp 90 %. ◀◀◀

Bei einer adäquaten Bestimmung der nominalen Wachstumsrate sollten die folgenden Faktoren berücksichtigt werden:

1. Inflationsrate: Erwartete Cashflows werden bei erfolgsorientierten Modellen der Unternehmensbewertung mit Nominalzinsen diskontiert. In den Nominalrendite von festverzinslichen Anlagen kommt schon eine bestimmte, allgemeine Inflationserwartung zum Ausdruck. Die Wachstumsrate der nominalen Cashflow muss deshalb mit der Differenz zwischen Nominal- und Realzinsen bei den verwendeten Diskontierungszinsen korrespondieren.

2. Reales Wirtschaftswachstum: Das zukünftige Wachstum eines Unternehmens hängt insbesondere vom zukünftigen Wachstum der Volkswirtschaft ab. Das Wachstum einer Volkswirtschaft ist von zahlreichen Faktoren abhängig, insbesondere auch von demographischen Entwicklungen. Es ist für Unternehmen auf Dauer nicht möglich, Wachstumsraten zu realisieren, die über dem vokswirtschaftlichen Wachstum liegen. Dies würde bedeuten, dass das Unternehmen in der unendlichen Frist die Größe der Volkswirtschaft erreicht.

3. Positionierung des Unternehmens: Die Wachstumsraten der Volkswirtschaft bzw. die Höhe der erwarteten Inflationsraten geben gute Anhaltspunkte für die Berechnung der Wachstumsrate. Eine eingehende Analyse der individuellen Positionierung des Unternehmen kann jedoch Abweichungen von den allgemeinen Vorgaben rechtfertigen.

Im Folgenden werden die einzelnen Argumente näher betrachtet.

Einfluss der Inflation

Nimmt man an, dass die Wachstumsrate g genau der Inflationsrate p entspricht, liegt inflationsneutrales Wachstum der Free Cashflows vor. Diese Annahme erscheint nicht unplausibel. Sie besagt, dass die Umsätze des Unternehmens jenseits des Planungshorizontes real stagnieren. Es wird unterstellt, dass Preisentwicklungen auf den Beschaffungs- und Absatzmärkten parallel verlaufen. Oder anders ausgedrückt: Den Unternehmen gelingt eine vollständige Überwälzung der inflationsbedingten Preissteigerungen. Darüber hinaus bedeutet diese Annahme, dass das Unternehmen bei allen Erweiterungsinvestitionen/Desinvestitionen jenseits des Planungshorizontes lediglich seine Kapitalkosten verdienen kann. Der diskontierte Wert dieser Investitionen/Desinvestitionen jenseits des Planungshorizontes ist mithin gleich Null und man kann diese Investitionen bei der Bewertung unterschlagen.

Die beobachtbaren Nominalzinsfüße spiegeln die durchschnittlichen Inflationserwartungen aller Marktteilnehmer für die Laufzeit der gewählten Anleihe wider. Sofern die reale Rendite (r_{real}) ermittelt wurde[14], kann die Inflationsrate p aus der nominalen Rendite (r_{nom}) und realen Rendite folgendermaßen geschätzt werden:

---

14 Der künftige Realzins wird in der Praxis zumeist auf Grundlage der in der Vergangenheit beobachteten Realzinssätze ermittelt. Dabei werden die Realzinssätze als Differenz zwischen dem Jahresdurchschnitt der Nominalverzinsung quasi-sicherer Anlagen (z. B. Bundesanleihen) und der jährlichen Inflationsrate ermittelt.

$$(3.20) \qquad p = \frac{1 + r_{nom}}{1 + r_{real}} - 1$$

Näherungsweise erhält man die künftige Inflationsrate dann auch aus der Differenz zwischen Nominalzins und Realzins:

$$(3.21) \qquad p \approx r_{nom} - r_{real}$$

Aus den Verfallrenditen langlaufender Anleihen können aktuell Realzisen von 1,5-2,0 % und zukünftige erwartete Inflationsraten von etwa 1,5 % abgelesen werden.[15]

Die Annahme eines inflationsneutralen Wachstums ist recht optimistisch. Empirische Untersuchungen der Jahresabschlüsse deutscher Unternehmen belegen, dass die Wachstumsraten der Jahresüberschüsse deutscher Unternehmen im Durchschnitt kaum mit den durchschnittlichen Inflationsraten mithalten konnten. Dis veranschaulicht die Tabelle 3.3.

Zeitraum	Ø Wachstum der Unternehmen	Ø Inflationsrate	Wachstumsrate/ Inflationsrate
	in % p.a.	in % p.a.	in % p.a.
1971-1975	-2,8	6,4	–
1971-1980	2,2	5,1	43,1
1975-1980	6,5	4,0	162,5
1980-1992	1,3	2,8	46,4
1971-1992	1,7	3,8	44,7
1971-1994	1,7	3,7	45,9
1992-2001	1,3	1,9	68,4
1994-2003	1,6	1,4	114,3
1971-2003	1,7	3,0	56,7

Tab. 3.3: Gegenüberstellung von Unternehmenswachstum und Inflationsrate
Quelle: Eigene Erstellung mit Daten der Deutsche Bundesbank: Jahresabschlüsse westdeutscher Unternehmen 1971–1997; Deutsche Bundesbank Monatsberichte: Nov. 1996 S. 38, Okt. 1998 S. 30, Mrz. 2000 S. 34 u. 46, Mrz. 2001 S. 23 u. 36, Statistisches Bundesamt: Verbraucherpreisindex und Index der Einzelhandelspreise.

Der Tabelle ist zu entnehmen, dass die Jahresüberschüsse deutscher Unternehmen in den Jahren 1971 bis 2003 mit durchschnittlich 1,7 % p. a. gewachsen sind. Die Inflationsrate betrug im gleichen Zeitraum durchschnittlich etwa 3,0 %. Die Jahresüberschüsse haben sich demnach

---

15 Der aktuelle Renditespread zwischen nominellen und realen Renditen beträgt derzeit ca. 2 %. Dieser Spread beinhaltet jedoch eine Inflationsrisikoprämie, welche sich die Anleger aufgrund der Unsicherheit über die zukünftige Inflationsprämie vergüten lassen. Es ist deshalb empfehlenswert, den beobachteten Renditespread um 0,5 % zu korrigieren.

im Durchschnitt deutlich unterproportional zur Inflation entwickelt. Das Wachstum betrug nur ca. 57 % des Inflationswachstums. Die Daten lassen auch erkennen, dass von einem stabilen Zusammenhang zwischen Inflationsrate und Wachstum der Unternehmen nicht die Rede sein kann. Damit lässt sich die Forderung, die erwartete Inflationsrate als Untergrenze der Wachstumsrate in der Unternehmensbewertung festzusetzen, empirisch nicht belegen.[16]

Reales Wirtschaftswachstum

Neben der erwarteten Inflationsrate gibt auch das erwartete Wachstum der Volkswirtschaft gute Hinweise für die Ermittlung der Wachstumsrate. Das Wachstum dürfte auf lange Sicht in Deutschland insbesondere durch die demographische Entwicklung beeinflusst werden. Aufgrund einer absehbar schrumpfenden Bevölkerung und eines abnehmenden Produktivitätswachstums werden die Wachstumsraten in Zukunft deutlich geringer ausfallen als in der Vergangenheit. Zu diesem Ergebniss kommen auch zahlreiche empirische Untersuchungen.[17]

Über einen langen Zeitraum lassen sich in Zukunft nur durchschnittliche Wachstumsraten des realen BIP von ca. 0,6-1,1 % p.a. erwarten. Wird dies um die erwartete Inflationsrate von 1,5 %-2,0 % ergänzt, so wird das erwartete Wachstum des nominalen BIP in den kommenden Jahren durchschnittlich nur ca. 2,1-3,1 % p.a. betragen.

Das BIP-Wachstum stellt für im Inland agierende Unternehmen eine Höchstgrenze für die Wachstumsrate dar. Es ist nicht möglich, dauerhaft höhere Wachstumsraten als der Markt zu erzielen – die Annahme würde sonst implizieren, dass das Unternehmen in der langen Frist die Größe der Volkswirtschaft erreicht. Für Unternehmen, die hauptsächlich im Inland agieren, erscheint deshalb *maximal* eine Wachstumsrate für die Berechnung des Terminal Value von 2,1-3,1 % angemessen. Für »durchschnittliche« Unternehmen, die nur zu ca. 57 % am Inflationswachstum partizipieren konnten, erscheint die Annahme einer Wachstumsrate von ca. 2,0 % p.a. angemessen.

Positionierung des Unternehmens

Eine Orientierung an durchschnittlichen Wachstumsraten ist hilfreich, wird aber nicht den jeweiligen Rahmenbedingungen des Marktes bzw. den individuellen Stärken und Schwächen des Unternehmens gerecht. Befindet sich das Unternehmen mit seinen Produkten z.B. am Beginn des Lebenszyklus, hat sehr große Marktanteile und verfügt über viele »Stars« in seinem Produktportfolio, so lassen sich auch höhere Wachstumsraten rechtfertigen. Die Wahl einer geeigneten Wachstumsrate sollte sich an Erfahrungswerten von Branchen mit ähnlichen Strukturen orientieren.

> **Beispiel**
>
> ▸▸▸ Groupon ist ein US-Unternehmen, das diverse Webseiten mit Rabatt-Angeboten betreibt. Das Unternehmen verzeichnet derzeit eine stürmische Wachstumsphase. Es sieht so aus, dass sich die Auktionsplattform als weltweiter Standard etabliert und sich aufgrund von Netzwerkeffekten ein

---

16 Es muss sogar beachtet werden, dass die Daten das tatsächliche Wachstum der Unternehmen in Deutschland sogar noch überzeichnen. Es gibt einen sog. »Survivorship Bias«. Zwischenzeitlich insolvent gewordene Unternehmen gehen nicht mit negativen Wachstumsraten in die Berechnung ein, sondern sind in der Stichprobe nicht enthalten.

17 Man vergleiche hierzu insbesondere Albrecht (2004), S. 735 ff.

nahezu natürliches Monopol herausbildet. Auch in den nächsten 20 Jahren ist deshalb kaum mit einem niedrigen, inflationsneutralen Wachstum zu rechnen. Um die Wachstumsrate zur Ermittlung des Continous Value abschätzen zu können, macht es Sinn, sich die Situation von Microsoft vor 30 Jahren anzuschauen. Damals befand sich Microsoft in einer ähnlichen Phase des Lebenszyklusses und verfügte ebenfalls über eine dominierende Marktposition. Das Wachstum von Groupon könnte sogar noch höher als bei Microsoft ausfallen, da das Geschäft weitgehend elektronisch abgewickelt wird und Engpassfaktoren (z. B. Entwicklungsprobleme, Personal) kaum das Wachstum begrenzen. ◀◀

Bei Unternehmen, die über keine außergewöhnliche Positionierung verfügen, sollte eine Wachstumsrate deutlich unter dem erwarteten nominalen BIP-Wachstum angenommen werden. Unter der Annahme, dass die Wachstumsrate g Null ist, ergibt sich folgender CV:

$$(3.22) \qquad CV_T = \frac{FCF_T}{c_{wacc}}$$

Diese Annahme kann bedeuten, dass es dem Unternehmen jenseits der expliziten Planungsperiode aufgrund eines zunehmenden Wettbewerbsdrucks nicht gelingen wird, Preissteigerungen auf die Kunden überzuwälzen. Möglicherweise befindet sich das Unternehmen aber auch schon in einem Markt, der real schrumpft. Die Schrumpfung entspricht in jedem Jahr in etwa der erwarteten Inflationsrate. Bei Unternehmen, die jenseits der Planungsperiode ihren Zenit schon deutlich überschritten haben werden, muss gegebenenfalls von einer negativen Wachstumsrate ausgegangen werden.

Der Barwert des Continuing Value zum Bewertungsstichtag (CV_0) ergibt sich dann jeweils durch Abzinsung des CV_T mit dem relevanten Zinsfuß:

$$(3.23) \qquad CV_0 = \frac{CV_T}{(1 + c_{wacc})^T}$$

3.4.2 Bestimmung mit Multiples

Der Restwert kann alternativ auch durch eine Verwendung von Multiples bestimmt werden. Diese Vorgehensweise vermeidet das Problem, dass eine Bestimmung einer Wachstumsrate sehr ungenau und/oder sehr willkürlich vorgenommen wird und die Aussagekraft der Bewertung dadurch erheblich eingeschränkt ist. Im Prinzip können alle Multiples mit ihren jeweiligen Stärken bzw. Schwächen in der jeweiligen Bewertungssituation zur Anwendung kommen. So lässt sich der CV mit Hilfe des verbreiteten Kurs-Gewinn-Verhältnisses z. B. folgendermaßen ermitteln:

$$(3.24) \qquad CV_T = Gewinn_T \cdot KGV_T$$

Die Verwendung dieser Methode bietet den Vorteil, dass die Branchenmultiplikatoren bereits Markterwartungen über die Kapitalkosten und die nachhaltige Wachstumsrate beinhalten. Diese Vorgehensweise setzt allerdings voraus, dass der im letzten Planungsjahr zu verwendende Multiplikator dem derzeitigen Bewertungsmultiple entspricht, d. h. aus den jetzigen Marktbewertungen lässt sich auf zukünftige Marktbewertungen schließen. Diese Methode führt letztlich zu einer Vermengung von Zahlungsstromverfahren und Marktbewertung mit Multiples, wobei aufgrund der Bedeutung des CV für den gesamten Unternehmenswert die Marktbewertung anhand der Multiples sogar deutlich dominiert. Es stellt sich dann die Frage, ob die Anwendung eines komplexen Diskontierungsmodells überhaupt der Mühe wert war.

3.5   Fazit

Die Verfahren der erfolgsorientierten Unternehmensbewertung sind durch eine gute ökonomische Fundierung gekennzeichnet. Bei der Umsetzung der Verfahren ergeben sich jedoch vielfältige Möglichkeiten zur Ermittlung der erforderlichen Cashflows und Kapitalkosten. Die Bestimmung dieser Größen eröffnen dem Bewerter zahlreiche Freiheitsgrade und die Bewertung kann sehr subjektiv oder gar willkürlich geraten. Aufgrund der Komplexität der Verfahren ist die Bewertung wenig transparent und grobe Fehler sind nur schwer zu erkennen. Kleine Veränderungen der Parameterwerte, z.B. der Wachstumsrate bei der Bestimmung des Continuing Value, können jedoch erheblichen Einfluss auf die Bewertung haben. Es ist deshalb ratsam, die erfolgsorientierten Verfahren durch marktorientierte und kostenorientierte Verfahren zu »objektivieren«.

Anhang: Die Ableitung des Capital Asset Pricing Model (CAPM)

Investoren beurteilen die Vorteilhaftigkeit eines Investments nicht nur anhand der Rendite, sondern auch anhand des Risikos der Anlage. Das Risiko einer Anlage wird dabei gemessen als Standardabweichung der Tages-, Wochen- oder Monatsrenditen von der jeweiligen mittleren Rendite. Üblicherweise legen Investoren in Portfolios mit verschiedenen Anlagen an. Das passende Risikomaß ist dann nicht mehr die Standardabweichung, sondern die Kovarianz der erwarteten Renditen. Die Kovarianz misst den Risikobeitrag einer Anlage zu einem Portfolio. In der Folge kann eine Anlage mit hoher Varianz in einem Portfolio sogar risikoreduzierend sein, wenn diese Anlage zu den anderen Wertpapieren eine negative Kovarianz besitzt.[18]

Das CAPM nimmt an, dass sich Investoren so verhalten, wie es in der *Portfoliotheorie* von *Markowitz* beschrieben worden ist (vgl. *Markowitz* 1959). Die Portfoliotheorie geht dabei von zwei Grundüberlegungen aus. Zum einen ist jede Anlageentscheidung mit Risiko (genauer mit der Unsicherheit über zukünftige Erträge) verbunden: Anleger bewerten deshalb jede Anlage anhand ihrer erwarteten Rendite und des zur Erlangung der Rendite bestehenden

---

18 Die Varianz kann nur dann als Risikomaß einer Aktie herangezogen werden, wenn die erste Ableitung der Risikonutzenfunktion des Investors positiv, die zweite Ableitung der Risikonutzenfunktion negativ und der Ertrag der Aktie normalverteilt ist (Vgl. *Hachmeister* 1999, S. 160). Die Annahme der Normalverteilung ist nicht gegeben, weil der maximale Verlust auf Finanzmärkten auf das investierte Kapital begrenzt ist. Die Kovarianz zwischen zwei Wertpapieren ist positiv, wenn beide Wertpapiere einen über ihrem Erwartungswert liegenden Ertrag aufweisen. Die Kovarianz zwischen zwei Wertpapieren ist negativ, wenn der Ertrag des einen Wertpapiers über, der Ertrag des anderen Wertpapiers unter seinem Erwartungswert liegt.

Risikos. Darüber hinaus trägt die Portfoliotheorie der Tatsache Rechnung, dass Anleger in mehr als eine Anlage investieren, also Portfolios halten: erwartete Rendite und Risiko müssen deshalb im Portfoliokontext gemessen werden. Als Maß des Risikos einer Anlage oder Portfolios wird die Standardabweichung (oder äquivalent dazu die Varianz) betrachtet.

Zur Vereinfachung der Darstellung soll das Portfolio aus zwei Anlagen bestehen. Für den Erwartungswert und die Varianz der Renditen des Portfolios gilt dann:

$$\mu = E(R_p) = \alpha \cdot E(R_1) + (1-\alpha) \cdot E(R_2)$$

$$\sigma^2 = Var(R_P) = \alpha^2 Var(R_1) + (1-\alpha)^2 Var(R_2) + 2\alpha(1-\alpha)Cov(R_1, R_2)$$

$$= \alpha^2 \sigma_1^2 + (1-\alpha)^2 \sigma_2^2 + 2\alpha(1-\alpha)\rho_{1,2}\sigma_1\sigma_2$$

R_p Rendite des gesamten Portfolios R_i Rendite Anlage i
α Anteil der Anlage 1 am Portfolio ρ Korrelationskoeffizient

Der Korrelationskoeffizient ρ ist eine auf die Skala [-1,1] normierte Kovarianz. Für $\rho=1$ (vollständige Korrelation) ist das gesamte Risiko (gemessen an der Standardabweichung σ) ein mit den Anteilen gewichteter Durchschnitt der Risiken der Einzelanlagen. Falls die Renditen aber nicht vollständig korreliert sind (was sie in der Realität natürlich auch nicht sind), kann das Risiko durch Aufteilung gemindert werden. In Abbildung 3.18 seien zwei Anlagen mit ihrem Erwartungswert und ihrer Varianz eingezeichnet.

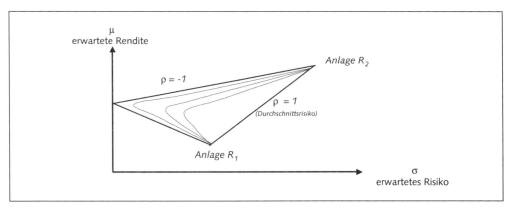

Abb. 3.18: Der effiziente Rand

Für $\rho < 1$ (nicht vollständige Korrelation) ergeben sich durch Diversifikation neue Möglich-keiten der Kombination aus erwarteter Rendite (μ) und Risiko (σ), die alle den gewichteten Durchschnitt (Verbindungslinie R_1-R_2) dominieren, da sie bei gleichem Risiko eine höhere Rendite oder bei gleicher Rendite ein geringeres Risiko oder beides (geringeres Risiko und höhere Rendite) haben. Je weniger die Renditen korreliert sind, desto mehr kann das Risiko wegdiversifiziert werden.

Als *effizienten Rand* bezeichnet man dann die Menge der nicht dominierten Portfolios, für die bei gegebenem Risiko die maximale Rendite bzw. bei gegebener Rendite das minimale

Risiko erzielt werden kann. Im μ-σ-Raum ist der effiziente Rand (oder die effiziente Grenze) eine Hyperbel (im Schaubild sind Beispiele eingezeichnet).

Es stellt sich die Frage, inwieweit sich das Risiko wegdiversifizieren lässt. Das Portfolio bestehe nun aus N Anlagen. Es hat dann das Risiko:

$$\sigma_p^2 = \sum_{i=1}^{N}\sum_{j=1}^{N}\alpha_i\alpha_j\sigma_{i,j} = \sum_{i=1}^{N}\alpha_i^2\sigma_i^2 + \sum_{\substack{i=1\\i\neq j}}^{N}\sum_{j=1}^{N}\alpha_i\alpha_j\sigma_{i,j}$$

Die naive Diversifikationsstrategie sei nun, dass das Portfolio gleichgewichtet ist, jede Anlage also im Verhältnis $\alpha_i = 1/N$ gehalten wird. Für das Risiko folgt dann:

$$\sigma_p^2 = \frac{1}{N}\sum_{i=1}^{N}\frac{1}{N}\sigma_i^2 + \sum_{i=1}^{N}\sum_{j=1}^{N}\frac{1}{N}\sigma_{i,j}$$

$$= \frac{1}{N}\overline{\sigma^2} + \frac{N-1}{N}\overline{\sigma_{i,j}}$$

Der erste Summand wird als firmenspezifisches Risiko bezeichnet. Es zeigt sich, dass mit zunehmender Aufnahme von Anlagen in das Portfolio das firmenspezifische (vom Markt unabhängige) Risiko wegdiversifiziert werden kann (der Term konvergiert gegen Null). Das Risiko konvergiert mit zunehmender Anzahl der Anlagen also gegen die durchschnittliche Kovarianz des Portfolios.

Empirische Untersuchungen haben gezeigt, dass die durchschnittliche Kovarianz positiv ist, das gesamte Risiko also nicht wegdiversifiziert werden kann. Dieses nach der Diversifikation verbleibende Risiko wird deshalb auch als *Marktrisiko* (oder systematisches, nichtdiversifizierbares Risiko) bezeichnet. Das firmenspezifische Risiko wird auch unsystematisches, diversifizierbares Risiko genannt. Empirisch ist gezeigt worden, dass schon ab ca. 10 bis 15 Anlagen in einem Portfolio das firmenspezifische Risiko nicht mehr signifikant verringert werden kann.

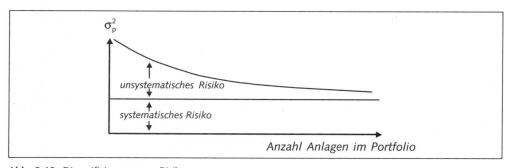

Abb. 3.19: Diversifizierung von Risiken

Welche Kombination gewählt wird, hängt von der jeweiligen Risikopräferenzfunktion des Investors ab. Es wird angenommen, dass der Anleger sich nach dem Bernoulli-Prinzip verhält, d.h. die Zielgröße, hier die Rendite R des Portfolios, kann in einer (subjektiven) Nutzenfunktion u(R) abgebildet werden, und es wird das Portfolio mit dem maximalen Erwartungsnutzen ausgewählt (max. E(u(R))).

Dabei ist das Bernoulli-Prinzip nur ein Entscheidungsprinzip. Es wird erst zur Entscheidungsregel, wenn die Nutzenfunktion genau festgelegt wird. Es wird angenommen, dass der Anleger seine Investmententscheidung ausschließlich auf Basis der bei den Parameter μ und σ trifft. Dazu ist erforderlich, dass die Nutzenfunktion nur von den ersten beiden Momenten der Renditeverteilung abhängt. Dies kann bei einer quadratischen Nutzenfunktion in Bezug auf die Rendite oder bei einer Normalverteilung der Renditen gerechtfertigt werden.

Eine Auswahl auf dem effizienten Rand setzt ebenfalls voraus, dass der Grenznutzen für die Rendite positiv ist und mit steigender Rendite abnimmt. In der Terminologie der Risikonutzentheorie bestehen dann Nichtsättigung und strikte Risikoaversion. Die zweite Bedingung impliziert auch, dass die Vergrößerung der Varianz der Rendite ceteris paribus nicht präferiert wird. Damit sind die Indifferenzkurven im μ-σ-Diagramm streng monoton steigend und von unten konvex (je weiter nordöstlich sich die Indifferenzkurve befindet, desto größer ist der Nutzen).

Problematisch ist jedoch, dass die Präferenzen kaum zu bestimmen sind und die Preisbildung auf Kapitalmärkten aufgrund der Vielzahl unterschiedlicher Präferenzen deshalb nicht ermittelt werden kann. Tobin hat jedoch gezeigt, dass die Auswahl eines optimalen Portfolios von den individuellen Präferenzen separiert werden kann. Wird eine risikofreie Anlage (R_F) in die Analyse eingeführt, vereinfacht sich das Auswahlproblem entscheidend. Wie in Abbildung 3.19 zu ersehen ist, liegen alle effizienten Portfolios im μ-σ-Diagramm auf der durch R_F und M liegenden Geraden. Die Existenz einer risikofreien Anlage kann durch die Annahme eines vollkommenen Kapitalmarktes gerechtfertigt werden, d.h. der Investor kann beliebige Summen zum gleichen Zinssatz leihen und verleihen.

Der Investor wird dann eine Kombination aus R_F und M wählen, da er dann seinen Erwartungsnutzen maximieren kann (er wird auf jeden Fall eine Indifferenzkurve erreichen, die weiter nordöstlich liegt). Die Struktur des riskanten Portfolios M ist dann unabhängig von seiner Risikoneigung. Es gilt die individuelle Separation (Two-Fund-Separation).

Das CAPM nimmt an, dass sich *alle* Anleger so verhalten, wie es in der Portfoliotheorie beschrieben worden ist. Wenn alle Anleger derartig homogene Erwartungen haben, es keine Steuern und Transaktionskosten gibt und keiner von ihnen durch Aktionen die Marktpreise beeinflussen kann, werden alle Anleger dann eine Kombination aus R_F und dem gleichen Portfolio M halten (M nennt man dann das Marktportfolio). Das CAPM baut die individuelle Separation also zu einer universellen Separation aus. Es wird von allen das gleiche Portfolio M gehalten, dessen Struktur festliegt. Abbildung 3.20 veranschaulicht diesen Zusammenhang.

Diese Aufspaltung der Portfoliorendite in von Präferenzen unabhängige Wert- und Risikokomponenten ermöglicht die einfache Definition eines Risikomaßes am Kapitalmarkt und darauf aufbauend die Ermittlung eines Gleichgewichtspreises für eine bzw. mehrere Einheiten dieses Maßes. Die Gerade, auf der sich alle optimalen Portfolios befinden, hat die Gleichung:

$$E(R_p) = R_F + \frac{E(R_M - R_F)}{\sigma_m}$$

Sie wird als *Kapitalmarktlinie* (Capital Market Line) bezeichnet. Die Steigung $E(R_M\text{-}R_F)/\sigma_M$ wird als Marktpreis für das Risiko bezeichnet, weil sie die erwartete Marktrisikoprämie für eine Einheit des Marktrisikos σ_M darstellt. Aus dem Marktpreis für eine Einheit des Risikos kann auch der Preis eines einzelnen Wertpapiers in Abhängigkeit vom Risiko abgeleitet werden.

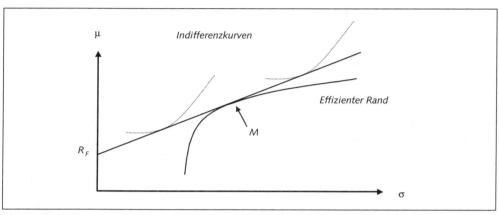

Abb. 3.20: Die Kapitalmarktlinie

Ein Portfolio p bestehe aus dem Marktportfolio M und aus einem Wertpapier i. Für den Erwartungswert der Rendite und das Risiko gilt dann:

$$E(R_p) = \alpha E(R_i) + (1-\alpha)E(R_M)$$

$$\sigma_p = \sqrt{\alpha^2\sigma_i^2 + (1-\alpha)^2\sigma_M^2 + 2\alpha(1-\alpha)\rho_{1,2}\sigma_i\sigma_M}$$

Die Abhängigkeit von Erwartungswert und Standardabweichung von marginalen Änderungen im Anteil α des Wertpapiers i am Portfolio kann durch Bildung der ersten Ableitung nach α ermittelt werden:

$$\frac{\partial E(R_p)}{\partial\alpha} = E(R_i) - E(R_M)$$

$$\frac{\partial\sigma_p}{\partial\alpha} = \frac{1}{2}\left[\alpha^2\sigma_i^2 + (1-\alpha)^2\sigma_M^2 + 2\alpha(1-\alpha)\rho_{1,2}\sigma_i\sigma_M\right]^{-0.5}$$
$$\left[2\alpha\sigma_i^2 - 2\sigma_M^2 + 2\alpha\sigma_M^2 + 2\sigma_{i,M}^2 - 4\alpha\sigma_{i,M}\right]$$

Im Marktgleichgewicht ist das Wertpapier i in einem bestimmten Anteil α_i im Marktportfolio M vertreten. Veränderungen des Anteils dieses Wertpapiers bewirken eine Gleichgewichtsstörung durch Nachfrage- oder Angebotsüberschuss. Da im Kapitalmarktgleichgewicht jedoch keine Überschüsse existieren, ist für diese Situation $\alpha = 0$ zu setzen. Für die Ableitungen im Gleichgewicht gilt somit:

$$\frac{\partial E(R_p)}{\partial \alpha} = E(R_i) - E(R_M)$$

$$\frac{\partial \sigma_p}{\partial \alpha} = \frac{1}{2}(\sigma_M^2)^{-0.5}(-2\sigma_M^2 + 2\sigma_{i,M}) = \frac{\sigma_{i,M} - \sigma_M^2}{\sigma_M}$$

Für das marginale Risiko-Rendite-Austauschverhältnis (Grenzrate der Substitution zwischen Risiko und Renditeerwartung) im Marktgleichgewicht folgt dann:

$$\frac{\partial E(R_p) / \partial \alpha}{\partial \sigma_p / \partial \alpha} = \frac{\partial E(R_p)}{\partial \sigma_p} = \frac{E(R_i) - E(R_M)}{(\sigma_{i,M} - \sigma_M^2) / \sigma_M}$$

Dieses marginale Risiko-Rendite-Austauschverhältnis entspricht im Tangentialpunkt sowohl der Steigung des effizienten Randes (Grenzrate der Transformation zwischen Risiko und Rendite) als auch der Steigung der Kapitalmarktlinie. Es gilt also:

$$E(R_i) = R_F + [E(R_M) - R_F]\frac{\sigma_{i,M}}{\sigma_M^2}$$

Bei Auflösung nach der Renditeerwartung des Wertpapiers i ergibt sich die sog. *Wertpapierlinie* (Security Market Line):

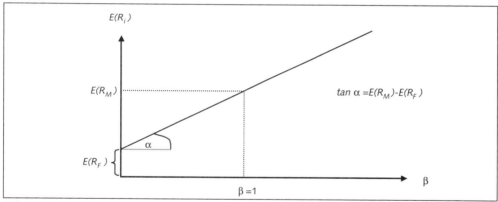

Abb. 3.21: Die Wertpapierlinie

Dies ist das Capital Asset Pricing Model (CAPM). Verbal lautet die Aussage: Die Renditeerwartung für eine risikobehaftete Kapitalanlage i entspricht im Kapitalmarktgleichgewicht der risikolosen Renditerate zuzüglich einer Risikoprämie, die sich aus Marktpreis für das Risiko multipliziert mit der Risikohöhe ergibt.

Die Risikohöhe σ_{iM}/σ_M^2 wird im CAPM als Beta β bezeichnet. β_i misst nur den Beitrag des systematischen Risikos eines Wertpapiers (= $\sigma_{i,,M}$) zum Gesamtrisiko des Portfolios (= σ_M^2). Falls alle Anleger sehr gut diversifizierte Portfolios halten (was sie annahmegemäß tun: sie halten das Marktportfolio), tendiert das unsystematische Risiko gegen Null. Das Beta β ist dann das einzig relevante Maß für das Risiko eines Wertpapiers. Unsystematisches Risiko wird nicht bewertet. Der lineare Zusammenhang zwischen erwarteter Rendite und β

einer Anlage ergibt sich aber auch nur dann, wenn das Marktportfolio tatsächlich auf dem effizienten Rand liegt. Unter Verwendung von β erhält das CAPM folgende Gestalt:

$$E(R_i) = R_F + [E(R_M) - R_F] \cdot \beta_i$$

Die Rendite setzt sich dabei aus den Dividenden und sonstigen Zuflüssen an den Investor sowie der erzielten Kurssteigerung der Anlage zusammen. Ist der Betafaktor gleich eins, schwanken die Anlagenkurse des Unternehmens parallel zur Entwicklung des Marktes. Ist Beta größer (kleiner) als eins, schwanken die Anlagenkurse des Unternehmens stärker (schwächer) als die Marktrendite.

Literaturhinweise

Die Ermittlung von Cashflows wird in Lehrbüchern der Bilanzanalyse bzw. des Controllings aufgezeigt, so z.B. bei:
Baetge, Jörg: Bilanzanalyse, Düsseldorf 1998.
Behringer, S.: Cash-flow und Unternehmensbeurteilung, Berlin 2001.
Günther, Thomas: Unternehmenswertorientiertes Controlling, München 1997.
Küting, Karlheinz/Weber, Claus-Peter: Die Bilanzanalyse: Lehrbuch zur Beurteilung von Einzel- und Konzernabschlüssen, 5. Auflage, Stuttgart 2000.

Die Ermittlung des Cashflow nach DVFA findet man in:
Busse von Colbe, Walther et al.: Ergebnis nach DVFA/SG, 3. Auflage, Stuttgart 2000.
DVFA/SG: Gemeinsame Arbeitsgruppe der DVFA und Schmalenbach-Gesellschaft, Fortentwicklung des Ergebnisses nach DVFA/SG, in: Der Betrieb, 51. Jg., 1998, S. 2537–2542.

Den Einfluss der Kapitalstruktur auf die Kapitalkosten findet man in den traditionellen Aufsätzen von:
Modigliani, Franco/Miller, Merton H.: The Cost of Capital, Corporation Finance and the Theory of Investment, in: The American Economic Review, Vol. 48, 1958, S. 268–271.
Modigliani, Franco/Miller, Merton H.: Corporate Income Taxes and the Cost of Capital: A Correction, in: The American Economic Review, Vol. 53, 1963, S. 433–443.

Das CAPM ist in den folgenden Originalaufsätzen dargestellt:
Sharpe, Wiliam F.: Capital Asset Prices: A Theory of Market Equilibrium under Conditions of Risk, in: The Journal of Finance, Vol. 19, 1964, S. 425–442.
Lintner, John: The Valuation of Risk Assets and the Selection of Risky Investments in Stock Portfolios and Capital Budgets, in: The Review of Economics and Statistics, Vol. 47, 1965, S. 13–37.
Lintner, John: Security Prices, Risk, and Maximal Gains from Diversification, in: The Journal of Finance, Vol. 20, 1965, S. 587–616.
Mossin, Jan: Equilibrium in a Capital Asset Market, in: Econometrica, Vol. 34, 1966, S. 768–783.

Die Darstellung des Einflusses der Kapitalstruktur und des CAPM findet man auch in jedem guten Buch der Finanzwirtschaft, so z.B. in:
Brealey, Richard A./Myers, Stewart C.: Principles of Corporate Finance, 6. Auflage, New York et al. 2000.
Copeland, Thomas E./Weston, Fred J.: Financial Theory and Corporate Policy, 3. Auflage, Reading et al. 1988.
Ross, Stephen A/Westerfield, Randolph W./Jaffe, Jeffrey F.: Corporate Finance, 5. Auflage, Chicago 1999.

Detaillierte Probleme bei der Ermittlung des Kalkulationszinses werden erläutert bei:
Ballwieser, Wolfgang: Kalkulationszinsfuß und Steuern, in: Der Betrieb, 50. Jg., 1997, S. 2393–2396.
Dinstuhl, Volkmar: Discounted-Cashflow-Verfahren im Halbeinkünfteverfahren, in: Finanzbetrieb, 4. Jg., 2002, S. 79–90.

Maier, Jürgen: Unternehmensbewertung nach dem IDW S 1 – Konsistenz der steuerlichen Annahmen bei Anwendung des Halbeinkünfteverfahrens, in: Finanzbetrieb, 4. Jg., 2002, S. 73–78.

Nowak, Karsten: Marktorientierte Unternehmensbewertung, Wiesbaden 2000.

Laitenberger, Jörg/Bahr, Christian: Einkommensteuer in der Unternehmensbewertung, in: Finanzbetrieb, 4. Jg., 2002, S. 703–705.

Schmidtbauer, Rainer: Die Berücksichtigung der Steuern in der Unternehmensbewertung, in: Finanzbetrieb, 4. Jg., 2002, S. 209–220.

Das Zirkelproblem ist Gegenstand von:

Nippel, Peter: Zirkularitätsprobleme in der Unternehmensbewertung, in: Betriebswirtschaftliche Forschung und Praxis, 51. Jg., 1999, S. 333–347.

Anhang: Unterschiede in den Kapitalflussrechnungen nach DRS 2, IAS 7 und SFAS 95

	DRS 2	IAS 7	SFAS 95
Anwendungs-bereich	Verpflichtende Anwendung für alle börsennotierten Mutterunternehmen (Abs. 2)	Verpflichtende Anwendung für alle Unternehmen, die nach IAS bilanzieren. (Abs. 1 und 3)	Verpflichtende Anwendung für nach US-GAAP bilanzierende prüfungspflichtige Unternehmen, die sich einer freiwilligen Prüfung unterziehen (Abs. 3)
	Leitlinie für alle freiwillig erstellten KFR (Abs. 3)		Nach US-GAAP bilanzierende Nicht-US-Unternehmen können die KFR auch mit befreiende Wirkung gemäß IAS 7 anfertigen
Finanzmittelfonds	Der Finanzmittelfonds besteht aus Zahlungsmitteln und Zahlungsmitteläquivalenten (Abs. 16)	Der Finanzmittelfonds besteht aus Zahlungsmitteln und Zahlungsmitteläquivalenten (Abs. 6ff.)	Der Finanzmittelfonds besteht aus Zahlungsmitteln und Zahlungsmitteläquivalenten
		Bei der Berücksichtigung von Zahlungsmitteläquivalenten sollen individuelle Besonderheiten des Unternehmens berücksichtigt werden (Abs. 7 und 45)	Bei der Berücksichtigung von Zahlungsmitteläquivalenten sollen unternehmensindividuelle Besonderheiten berücksichtigt werden (Abs. 10 und 56)
	Finanzmittel zählen nur dann zu den Zahlungsmitteläquivalenten, wenn sie eine vom Erwerbszeitpunkt ausgehende Restlaufzeit von nicht mehr als drei Monaten haben (Abs. 18)	Finanzmittel zählen nur dann zu den Zahlungsmitteläquivalenten, wenn sie eine vom Erwerbszeitpunkt ausgehende Restlaufzeit von nicht mehr als drei Monaten haben (Abs. 7)	Finanzmittel zählen nur dann zu den Zahlungsmitteläquivalenten, wenn sie vom Erwerbszeitpunkt ausgehende Restlaufzeit von nicht mehr als drei Monaten haben (Abs. 8)
	Der Einbezug von Kontokorrentverbindlichkeiten in den Fonds ist wahlweise möglich (Abs.19)	Der Einbezug von Kontokorrentverbindlichkeiten in den Fonds ist wahlweise möglich (Abs. 8)	Der Einbezug von Kontokorrentverbindlichkeiten in den Fonds ist nur in Ausnahmefällen erlaubt (Abs. 11ff.)
	Der Grundsatz der Stetigkeit ist bei der Abgrenzung des Fonds zu beachten (Abs. 9)	Der Grundsatz der Stetigkeit ist bei der Abgrenzung des Fonds zu beachten (IAS 1, Abs. 27)	Der Grundsatz der Stetigkeit ist bei der Abgrenzung des Fonds zu beachten (ARB 43, Chapter 2, Section A, Abs. 2)

Ausweispflicht der Fonds- abgrenzung	Pflicht zur Offenlegung der Fonds- zusammensetzung (Abs. 52)	Pflicht zur Offenlegung der Fonds- zusammensetzung (Abs. 45ff.)	Pflicht zur Offenlegung der Fondszusammensetzung (Abs. 10 und 56)
	Ausweis von Änderungen der Fondsabgrenzung und deren Aus- wirkungen auf die KFR (Abs. 52)	Ausweis von Änderungen der Fondsabgrenzung und deren Aus- wirkungen auf die KFR (Abs. 47)	Ausweis von Änderungen der Fondsabgrenzung und deren Auswirkungen auf die KFR (Abs. 10)
	Verpflichtung zum Ausweis von Fondsbestandteilen mit Verfü- gungsbeschränkungen (Abs. 53)	Verpflichtung zum Ausweis von Fondsbestandteilen mit Ver- fügungsbeschränkungen (Abs. 48 und 49)	Verpflichtung zum Ausweis von Fondsbestandteilen mit Verfügungsbeschränkungen
Gliederungs- vorschriften	Die Zahlungsströme sind folgen- den Teilbereichen zuzuordnen: a) laufende Geschäftstätigkeit b) Investitionstätigkeit c) Finanzierungstätigkeit (Abs. 6 und 7)	Die Zahlungsströme sind folgenden Teilbereichen zuzuordnen: a) laufende Geschäftstätigkeit b) Investitionstätigkeit c) Finanzierungstätigkeit (Abs. 10)	Die Zahlungsströme sind folgenden Teilbereichen zuzuordnen: a) laufende Geschäftstätigkeit b) Investitionstätigkeit c) Finanzierungstätigkeit (Abs. 14)
Zahlungsströme in Fremdwährung	Zahlungsströme in Fremdwährung sind generell mit dem zum Zah- lungszeitpunkt gültigen Transak- tionskurs in die Berichtswährung umzurechnen; diese Regelung gilt auch für ausländische Tochterun- ternehmen (Abs. 22)	Zahlungsströme in Fremdwährung sind generell mit dem zum Zah- lungszeitpunkt gültigen Transak- tionskurs in die Berichtswährung umzurechnen; diese Regelung gilt auch für ausländische Tochterunter- nehmen (Abs. 27)	Zahlungsströme in Fremd- währung sind generell mit dem zum Zahlungszeitpunkt gültigen Transaktionskurs in die Berichtswährung umzu- rechnen; diese Regelung gilt auch für ausländische Tochter- unternehmen (Abs. 25)

Ausweis spezieller Posten

| Erhaltene Zinsen Gezahlte Zinsen   Erhaltene Dividenden   Beteiligungserträge | Grundsätzliche Zuordnung zur laufenden Geschäfts- tätigkeit; erhaltene Zinsen und Dividenden dürfen bei entsprechender Begrün- dung auch der Investiti- onstätigkeit zugeordnet werden; gezahlte Zinsen dürfen bei entsprechender Begründung auch der Finanzierungstätigkeit zu- geordnet werden (Abs. 36, 38 und 39) Der Gesamtbetrag der gezahlten Zinsen ist unab- hängig von der Erfassung als Aufwand oder Aktivie- rung im Anhang offen zu legen (Abs. 38) | Es gibt keine grundsätzlich verpflichtenden Zuordnungs- vorschriften; die Posten müssen gesondert angegeben werden und sind unter Beachtung des Stetigkeitsgebots der laufenden Geschäfts-/Investitions- oder Finanzierungstätigkeit zuzuord- nen (Abs. 31ff.) Der Gesamtbetrag der gezahlten Zinsen ist unabhängig von der Erfassung als Aufwand oder Aktivierung im Anhang offen zu legen (Abs. 32) | Grundsätzlich verpflichtende Zuord- nung zur laufenden Geschäftstätig- keit; bei Anwendung der direkten Methode ist ein gesonderter Aus- weis erforderlich (Abs. 22b, 23d, 27b, 27e und 88ff.). Gezahlte, aktivierte Zinsen sind dem Investitionsbereich zuzuordnen (Abs. 17c, Fn.7) Es gibt hier keine entsprechende Bestimmung |

gezahlte Dividende	Unter Finanzierungstätig-keit gesondert auszuwei-sen (Abs. 37)	Unter laufenden Geschäftstätig-keit oder Finanzierungstätigkeit gesondert auszuweisen (Abs. 34)	Unter Finanzierungstätigkeit geson-dert auszuweisen (Abs. 20a)
Ertragsteuerzah-lungen	Grundsätzliche Zuordnung zur laufenden Geschäfts-tätigkeit (Abs. 23c) Ausnahmsweise ist auch eine Zuordnung zur In-vestitions- oder zur Finan-zierungstätigkeit erlaubt, wenn der zugehörige Geschäftsvorfall eindeutig diesem Tätigkeitsbereich zugerechnet werden kann (Abs. 41-42) Ertragssteuerbedingte Zahlungsströme sind gesondert auszuweisen (Abs. 40)	Grundsätzliche Zuordnung zur laufenden Geschäftstätigkeit (Abs. 23c) Ausnahmsweise ist auch eine Zuordnung zur Investitions- oder zur Finanzierungstätigkeit erlaubt, wenn der zugehörige Geschäftsvorfall eindeutig diesem Tätigkeitsbereich zugerechnet werden kann (Abs. 35) Der Gesamtbetrag der gezahlten Steuern muss gesondert angege-ben werden (Abs. 36)	Verpflichtende Zuordnung zur lau-fenden Geschäftstätigkeit (Abs. 23c) Ein gesonderter Ausweis der Ertrags-steuerzahlungen ist nur bei direkter Ermittlung des Cashflows auslau-fender Geschäftstätigkeit notwendig (Abs. 27f)
Sicherungsge-schäfte	Zahlungsströme im Zusammenhang mit Sicherungsgeschäften sind grundsätzlich dem Tätig-keitsbereich zuzuordnen, dem die Zahlungen aus dem Grundgeschäft zuge-hören (Abs. 47)	Zahlungsströme im Zusammen-hang mit Sicherungsgeschäften sind grundsätzlich dem Tätig-keitsbereich zuzuordnen, dem die Zahlungen aus dem Grundge-schäft zugehören (Abs. 16)	Zahlungsströme im Zusammenhang mit Sicherungsgeschäften sind grundsätzlich dem Tätigkeitsbereich zuzuordnen, dem die Zahlungen aus dem Grundgeschäft zugehören (SFAS 104, Abs. 6)
Außerordentliche Posten	Zahlungen im Zusammen-hang mit außerordentli-chen Vorgängen sind auf die drei Tätigkeitsbereiche der KFR verpflichtend zu-zuordnen und gesondert offen zu legen (Abs. 50)	Zahlungen im Zusammenhang mit außerordentlichen Vorgängen sind auf die drei Tätigkeitsberei-che der KFR verpflichtend zuzu-ordnen und gesondert offen zu legen (Abs. 29 und 30)	Zahlungen im Zusammenhang mit außerordentlichen Vorgängen sind auf die drei Tätigkeitsbereiche der KFR verpflichtend zuzuordnen; es besteht jedoch keine Ausweispflicht (Abs. 26, Fn. 10). Bei freiwilligem Ausweis ist in den folgenden Perio-den der Grundsatz der Stetigkeit zu beachten
Besondere Aus-weispflichten bei einer Konzern-KFR	Die in den Konzernab-schluss einzubeziehenden Unternehmen werden analog ihrer Konsolidie-rungsmethode in die KFR einbezogen (Abs. 14)	Die in den Konzernabschluss einzubeziehenden Unternehmen werden analog ihrer Konsolidie-rungsmethode in die KFR einbe-zogen (Abs. 37 und 38)	Die in den Konzernabschluss einzu-beziehenden Unternehmen werden analog ihrer Konsolidierungsmetho-de in die KFR einbezogen.
	Die Zahlungsströme von quotenkonsolidierten Un-ternehmen sind in die KFR entsprechend ihrer Quote anteilig zu übernehmen (Abs. 14)	Die Zahlungsströme von quo-tenkonsolidierten Unternehmen sind in die KFR entsprechend ihrer Quote anteilig zu überneh-men (Abs. 37 und 38)	Nach US-GAAP ist eine Quotenkon-solidierung grundsätzlich unzulässig; Nur bei Anwendung des Wesent-lichkeitsprinzips (materiality) kann ausnahmsweise eine Quotenkonsoli-dierung erlaubt sein
	Der Gesamtbetrag der Mittelzuflüsse und Mit-telabflüsse aus dem Erwerb oder Verkauf von konsolidierten Un-ternehmen oder sonstigen Geschäftseinheiten ist beim Cashflow aus Inves-titionstätigkeit gesondert darzustellen	Der Gesamtbetrag der Mittel-zuflüsse und Mittelabflüsse aus dem Erwerb oder Verkauf von konsolidierten Unternehmen oder sonstigen Geschäftsein-heiten ist beim Cashflow aus Investitionstätigkeit gesondert darzustellen	Der Gesamtbetrag der Mittelzuflüsse und Mittelabflüsse aus dem Erwerb oder Verkauf von konsolidierten Unternehmen oder sonstigen Ge-schäftseinheiten ist beim Cashflow aus Investitionstätigkeit gesondert darzustellen

4 Realoptionsansatz

4.1 Einführung

Den bisher vorgestellten Bewertungsverfahren auf Basis von Kapitalwerten liegt die Vorstellung einer statischen Umwelt zugrunde. Es wird unterstellt, dass die Unternehmen die zum Bewertungszeitpunkt projizierten Investitionen und Desinvestitionen auch tatsächlich durchführen. Die Zahlungsstromverfahren bewerten die unsicheren Free Cashflows dieser Investitionen und Desinvestitionen. Es besteht jedoch die Chance, dass aufgrund unvorhergesehener Entwicklungen die angesetzten Investitionen an Wert verlieren und bzw. andere – noch nicht betrachtete Investitions- oder Desinvestitionsmöglichkeiten – werthaltig werden.

Die Investitionsentscheidungen von Unternehmen sind demzufolge bei den erfolgsorientierten Verfahren immer Entweder-Oder-Entscheidungen: Bei positiven Kapitalwerten von Projekten investiert das zu bewertende Unternehmen bzw. bei negativen Kapitalwerten werden die Investitionen unterlassen. Die Möglichkeiten von Unternehmen, Investitionen bzw. Desinvestitionen in einem gewissen Rahmen hinauszuzögern, werden bei den Zahlungsstromverfahren missachtet. Diese Handlungsspielräume bezeichnet man als Realoptionen.

Durch die Berücksichtigung von Realoptionen kann die Statik der Zahlungsstromverfahren abgemildert werden. Dabei wird der mit den DCF- oder Ertragswertverfahren ermittelte Unternehmenswert als Basiswert oder passiver Unternehmenswert aufgefasst (vgl. Abbildung 4.1). Der Basiswert bildet den Wert der aktuell gültigen Strategie eines Unternehmens ab. Der Basiswert bewertet ausschließlich Free Cashflows von Produkt- und Marktsegmenten, die Eingang in die Cashflow-Projektion gefunden haben. Gestaltungsmöglichkeiten des Managements werden damit in den erfolgsorientierten Verfahren nicht erfasst. Realoptionen bewerten diese strategischen Handlungsoptionen (»aktive Unternehmenswerte«) und sie können als Optionswert zum Basiswert addiert werden.

Die Realoptionswerte repräsentieren die Freiheitsgrade der Unternehmensführung, auf unerwartete Entwicklungen zu reagieren und durch Strategieanpassungen den Verlauf der Free Cashflows aktiv zu steuern. Der Unternehmenswert ergibt sich demnach wie folgt:

(4.1)   Unternehmenswert = Basiswert (Zahlungsstromverfahren) + Optionswerte

Aus einer Missachtung von Realoptionen resultiert eine systematische Unterbewertung der Unternehmen, da Optionen nie negative Werte annehmen können. Die Ergänzung der Zahlungsstromverfahren um den Realoptionsansatz ist immer dann zweckmäßig, wenn das Bewertungssubjekt über zahlreiche Realoptionen verfügt. Insbesondere in Branchen, in denen sich Technologien oder Märkte rasant entwickeln (z. B. Internet, Multimedia, Biotech, Telekommunikation), ergeben sich für die Unternehmen viele Handlungsmöglichkeiten. Der Realoptionsansatz vermag die häufig sehr hohen Bewertungen dieser Unternehmen an den Börsen erklären. Auch die regelmäßig bei strategischen Übernahmen gezahlten hohen Prämien können auf die Existenz von Realoptionen zurückzuführen sein.

Offensichtlich werden Realoptionen an den Börsen bewertet. Schon im Vorfeld von Managemententscheidungen wird auf die Konsequenzen der potenziellen Entscheidungen spekuliert. Im Börsenjargon spricht man dann häufig von »Wachstumsphantasien«. Mit anderen Worten: Es werden nicht nur definitive, sondern frühzeitig auch schon potenzielle Entscheidungen in den Kursen eingepreist. Je wahrscheinlicher eine Entscheidung wird, also je mehr sich die Pläne konkretisieren, desto mehr nähert sich der Wert der Realoption dem Wert der entsprechenden Investition/Desinvestition an. Mit Hilfe von Realoptionen lässt sich deshalb erklären, dass die definitive Bekanntgabe von Investitions-/Desinvestitionsplänen in der Regel keine Kursreaktionen mehr hervorrufen. Die steigende Wahrscheinlichkeit der Ausübung der Realoption hat sukzessive schon vor der Konkretisierung der Entscheidung zu einer Einpreisung der absehbaren Strategieänderung geführt.

Beispiel

▶▶▶ Auch die Konzernchefs deutscher Unternehmen sprechen bei strategischen Entscheidungen häufig von Optionen. Die damalige Daimler Benz AG übernahm 1998 den amerikanischen Automobilproduzenten Chrysler Inc. und fusionierte zur DaimlerChrysler AG. Mit der Transaktion wurde man aber nicht glücklich, da Chrysler in den Folgejahren zumeist Verluste erwirtschaftete. Folgerichtig entwickelte sich der Kurs der DaimlerChrysler AG nach der Fusion deutlich unterdurchschnittlich zum DAX. Am 14.02.2007 verkündete der Vorstandschef Zetsche, dass man bei der amerikanischen Tochter nun »alle Optionen prüfen werde«. Den Anlegern wurde damit offensichtlich vor Augen geführt, dass sich Pläne konkretisieren, sich wieder von Chrysler zu trennen. Ohne den Geldvernichter Chrysler würden die Free Cashflows des Konzerns und die Bewertung deutlich höher ausfallen. Die Wahrscheinlichkeit der Ausübung dieser Option ist gestiegen – die Börsen feierten die Ankündigung deshalb mit einem Kursaufschlag von ca. 10% der DaimlerChrysler-Aktie. ◀◀◀

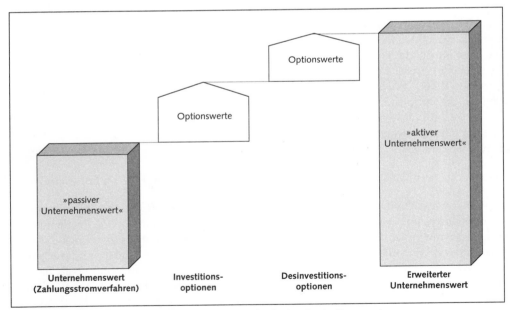

Abb. 4.1: Ergänzung der Unternehmensbewertung durch den Realoptionsansatz

Bei vielen Bewertungen ist es deshalb erforderlich, Realoptionen zu identifizieren und zu bewerten. In diesem Kapitel sollen deshalb zunächst die Eigenschaften und Ausprägungen von Realoptionen aufgezeigt werden. In einem zweiten Schritt werden dann die verschiedenen Möglichkeiten erläutert, Realoptionen zu bewerten.

4.2   Kennzeichen von Realoptionen

Die meisten Investitionsentscheidungen sind durch drei Eigenschaften gekennzeichnet:

1. *Unsicherheit:* Die zukünftigen Zahlungsströme von Investitionen sind unsicher. Unsicherheit entsteht dadurch, dass die für die Investitionsentscheidung relevanten Größen, wie Zinsen, Preise und Löhne, zum Teil unvorhersehbar sind.
2. *Irreversibilität:* Investitionsausgaben sind teilweise oder vollständig irreversibel. Mit anderen Worten: die Auszahlungen für Investitionen sind zumindest anteilig »sunk costs«, d.h. sie können später nicht mehr rückgängig gemacht werden.
3. *Flexibilität:* Investitionen können hinausgezögert werden. In der Folge ist es möglich, neuere und bessere Informationen über den Wert von Investitionen abzuwarten.

Die traditionellen Bewertungskalküle auf Basis der Kapitalwertregel haben das Zusammenspiel von Unsicherheit, Irreversibilität und Flexibilität nicht hinreichend berücksichtigt. Aufgrund von Unsicherheit und Irreversibilität müssen Unternehmen die negativen Konsequenzen von Investitionsentscheidungen fürchten. Die Projektion zukünftiger Cashflows kann sich im Nachhinein als zu optimistisch herausstellen und die Irreversibilität nimmt den Unternehmen die Möglichkeit, die getroffenen Entscheidungen (vollständig) rückgängig zu machen. Die Flexibilität erlaubt jedoch, diesen Eigenschaften Rechnung zu tragen, eine verbesserte Informationslage abzuwarten und eine gesichertere Entscheidung zu treffen.

Bei einer Flexibilität im Timing von Investitionen lässt sich eine aufschlussreiche Analogie von realen Investitionen und Optionen auf Finanzmärkten erkennen. Eine Finanzoption ist eine vertragliche Vereinbarung, welche das Recht, jedoch nicht die Pflicht verbrieft, während der Laufzeit der Option einen bestimmten Vermögensgegenstand – den so genannten *Basiswert* oder das *Underlying* – zu einem im Voraus vereinbarten Preis zu erwerben oder zu veräußern. Bei den Vermögensgegenständen kann es sich z.B. um Aktien, Währungen, Anleihen oder Indizes handeln. Kaufoptionen (Calls) gewähren das Recht zum Kauf, Verkaufoptionen (Puts) das Recht zum Verkauf eines Vermögensgegenstandes. Die Basiswerte können zu einem festgelegten Zeitpunkt (»europäische Option«: am Ende der Laufzeit) oder während einer Zeitspanne (»amerikanische Option«: jederzeit während der Laufzeit) bezogen oder verkauft werden.

Abbildung 4.2 verdeutlicht, dass die Risiko-Ertrags-Strukturen des Inhabers von Kauf- und Verkaufoptionen asymmetrisch verteilt sind. Das bedeutet, dass die Gewinnmöglichkeiten nach oben offen sind (bei Verkaufsoptionen nahezu offen, da der Wert des Underlying nicht negativ werden kann), während der maximale Verlust auf den zu Beginn der Optionslaufzeit zu zahlenden Optionspreis begrenzt ist. Sofern die Option out of the money ist, lohnt sich die Ausübung nicht und die gezahlte Optionsprämie muss abgeschrieben werden. Sobald der Ausübungspreis erreicht ist, macht es Sinn, die Option auszuüben. Der Gewinn aus der Ausübung entwickelt sich parallel zum Wert des Underlying. Allerdings wird der Break-even erst erreicht, wenn der Gewinn aus der Ausübung auch die zuvor gezahlte Prämie abdeckt.

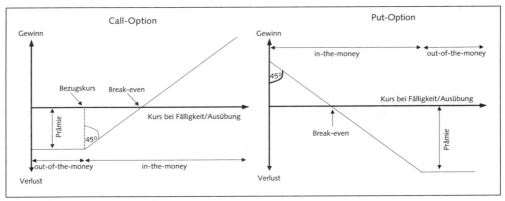

Abb. 4.2: Asymmetrisches Zahlungsprofil von Optionen

Die Analogie von Realoption und Finanzoption lässt sich leicht erkennen. Die Möglichkeit einer aufschiebbaren Investition stellt eine Option für das Unternehmen dar, jetzt *oder* in Zukunft Geld auszugeben, um dafür zukünftige Ertragspotenziale zu erschließen. Die mit der Investition verbundenen Ausgaben entsprechen dem Ausübungskurs. Dabei ist zu beachten, dass die Option selbst nicht erworben wurde, sondern im Laufe der Jahre durch die Geschäftstätigkeit »verdient« wurde. Der »Besitz« der Option kann durch so unterschiedliche Aspekte wie den Ruf, die Marktposition oder auch das Eigentum an Patenten oder anderen Ressourcen begründet sein. Im Gegensatz zur Finanzmarktoption hat die reale Investitionsmöglichkeit keinen konkreten Auslaufzeitpunkt, sondern im Regelfall eine unendliche Laufzeit.

Die Tätigung der irreversiblen Investition entspricht der Ausübung. Mit der Ausübung wird der *Nettokapitalwert* (Net Present Value oder kurz NPV) der Option realisiert. Allerdings resultieren aus der Ausübung der Option auch Opportunitätskosten. Mit dem Entschluss, die Investition durchzuführen, vergibt sich der Investor die Möglichkeit, die Investitionsentscheidung später zu treffen und damit verbesserten Daten in Zukunft Rechnung zu tragen.

Die Kapitalwertregel, als Basis aller Zahlungsstromverfahren, nach der so lange investiert werden soll, wie der Barwert einer Investition höher als deren Anschaffungskosten ist, muss deshalb modifiziert werden. In der Sprache der Optionspreistheorie berücksichtigt die NPV-Regel nur den inneren Wert einer Option. Man vernachlässigt dabei den so genannten *Zeitwert* der Option, der entsteht, falls man durch Abwarten einen höheren Gewinn erzielen kann.

Dieser Zeitwert ist durch die typische Asymmetrie einer Option bedingt (vgl. Abbildung 4.2): Falls der innere Wert der Anlage steigt, kann durch eine spätere Investitionsentscheidung ein entsprechender Gewinnzuwachs erzielt werden. Diesem Gewinnzuwachs steht aber im umgekehrten Fall kein entsprechendes Verlustpotenzial gegenüber, da man bei einem negativen Wert die Option nicht ausüben wird.

Beobachtungen auf Finanzmärkten zeigen, dass diese Zeitwerte erheblich sein können. Betrachtet sei beispielhaft eine US\$-Call-Option, die innerhalb einer Laufzeit von 2 Jahren berechtigt, 100 US-\$ zu einem Basispreis von 1,0 € je US-\$ zu kaufen. Der heutige Kurs beträgt 0,9 €. Obwohl der innere Wert dieser Option -10,- € ist, wird die Option für ca. 4,- € gehandelt. Viele Anleger bezahlen also einen Zeitwert von 14,- € für die Chance, dass der Kurs innerhalb der Laufzeit einmal erheblich über 1,0 € steigt. Es ist nahe liegend, dass auch irreversible und hinauszögerbare Investitionen einen erheblichen Zeitwert bzw. einen

Wert des Wartens haben. Im Rahmen der Unternehmensbewertung müssen diese Werte berücksichtigt werden.

Beispiel

▶▶▶ Betrachtet sei ein Coffee Shop, der die Möglichkeit hat, irreversibel in eine neue Espressomaschine zu investieren. Die Investitionskosten dieser Einheit betragen I = 800,- €. Die Erlöse aus diesem Produkt werden dauerhaft auf 100,- € pro Jahr geschätzt. Die relevante Diskontierungszins sei i = 10 %. Der Nettokapitalwert der Investition beträgt:

$$NPV = V - I = \sum_{t=0}^{\infty} \frac{100}{1.1^t} - 800 = 1000 - 800 = 200,-$$

Der Kapitalwert legt somit nahe zu investieren, da die Investition einen positiven Gegenwartswert besitzt bzw. der Barwert der Maschine höher als seine Anschaffungskosten ist. In einer »Jetzt-oder-nie-Lage« (und nur dann) wäre die Anwendung der NPV-Regel korrekt. Falls die Möglichkeit besteht, die Investition hinauszuzögern, werden bei der NPV-Regel allerdings die Opportunitätskosten der Investition missachtet. Es kann sich lohnen abzuwarten, ob die Preise in Zukunft fallen oder steigen.

Um das Beispiel einfach zu halten, betrage die Wahrscheinlichkeit 0.5, dass die Erlöse in der nächsten Periode auf 150,- € steigen und danach konstant bleiben. Auf der anderen Seite sei die Wahrscheinlichkeit, dass die Erlöse auf 50,- € fallen, ebenfalls 0.5. Diese Unsicherheit veranlasst das Unternehmen eine Periode abzuwarten und *nur* dann zu investieren, wenn die Erlöse steigen. Der Nettokapitalwert beträgt in diesem Falle:

$$NPV = 0.5 \cdot \left[-\frac{800}{1.1} + \sum_{t=1}^{\infty} \frac{150}{1.1^t} \right] = 318,18$$

Der erwartete NPV ist also höher, wenn man die Investition ein Jahr lang aufschiebt und nur dann investiert, wenn der Preis in der Zwischenzeit gestiegen ist. Der Gesamtwert der Option beträgt 318,18 €. Er setzt sich zusammen aus dem inneren Wert der Investition in der heutigen Periode von 200,- € und dem Zeitwert der Option, der 118,18 € beträgt. Der Wert dieser zeitlichen Flexibilität ist dadurch entstanden, dass im Falle einer ungünstigen Ertragsentwicklung auf die Investition verzichtet werden kann, ohne dass »sunk costs« angefallen sind, während man hingegen bei einer positiven Ertragsentwicklung einen höheren Gewinn erzielen kann. ◀◀◀

Tabelle 4.1 fasst die Parallelen von Finanzmarkt- und Realoptionen noch einmal zusammen.

Finanzmarktoption	Realoption	Symbol
Tageskurs	Barwert der Einzahlungsüberschüsse (Kapitalwert)	V
Basispreis	Anschaffungskosten	I
Innerer Wert	Nettokapitalwert (NPV)	V – I
Laufzeit	Zeitraum für Handlungsspielraum	T
Volatilität	Streuung der Einzahlungsüberschüsse	σ
Dividende	Entgangene Cashflows bei Nichtausübung der Realoption	δ
Risikoloser Zins	Risikoloser Zins	r
Wert der Call-Option	Wert der Investitionsmöglichkeit	F(V)
Wert der Put-Option	Wert der Desinvestitionsmöglichkeit	F(V)
Zeitwert	Wert des Wartens	F(V) – [V-I]
Ausübungsregel	Investitionsregel	V-I ≥ F(V) V ≥ I + F(V) Zeitwert ≤ 0

Tab. 4.1: Parallelen von Finanzmarkt- und Realoptionen

Jede Ausübung einer irreversiblen, aufschiebbaren Investition ist also mit der Aufgabe einer Option verbunden. Da Optionen Wahlrechte darstellen, deren Werte entsprechend immer positiv sind, muss die Kapitalwertregel modifiziert werden: Der Wert einer Anlage V muss *höher* als seine Anschaffungskosten I sein, und zwar genau in der Höhe der Opportunitätskosten, die mit dem Gesamtwert der Option anzusetzen sind. Eine optimale Entscheidungsregel kann dann auf verschiedene Weise formuliert werden: Investiere genau dann, wenn:

- der Nettokapitalwert der Investition NPV=V-I mindestens so groß ist wie seine Opportunitätskosten, die mit dem Gesamtwert der Option F(V) kalkuliert werden müssen,
- der Gegenwartswert aller zukünftigen Zahlungsüberschüsse V die gesamten Kosten abdeckt, die sich aus Anschaffungskosten I und Opportunitätskosten durch Verlust der Option F(V) zusammensetzen, oder
- der Zeitwert der Option nicht größer als 0 ist.

Abbildung 4.3 verdeutlicht grafisch diese Zusammenhänge. Der Gewinn bei Ausübung ist der Wert, der bei Tätigung der Investition realisiert wird. Es wird zunächst der innere Wert (Nettokapitalwert) der Investition erzielt. Mit der Entscheidung, die Investition durchzuführen, entstehen jedoch auch Opportunitätskosten in Form der Aufgabe der Option: Dem Unternehmen wird die Möglichkeit genommen, weitere Informationen abzuwarten und die Entscheidung auf eine breitere Informationsgrundlage zu stellen. Die Investitionsentscheidung ist deshalb erst dann lohnend, wenn der Kapitalwert V sowohl die Investitionskosten I als auch die Opportunitätskosten abdeckt. Die Opportunitätskosten sind mit dem Wert der Realoption bei der Ausübung $F(V^*)$ anzusetzen.

Der Optionswert F(V) der noch nicht getätigten Investition kann nie negativ sein. Die Option stellt eine Wahlmöglichkeit dar, die nicht wahrgenommen werden muss. Mit zunehmendem Kapitalwert wird sich der Wert der Option dem Nettokapitalwert (V-I) annähern, da die Wahrscheinlichkeit der Ausübung dann gegen 1 geht. Der Break-even wird erreicht bzw. die Investition wird ausgeübt, wenn der innere Wert den Optionswert erreicht. Aufgrund der Asymmetrie der Option – dem Gewinnpotenzial steht auf der anderen Seite kein Verlustpotenzial gegenüber – hat der Optionswert in jeder Periode eine andere Häufig-

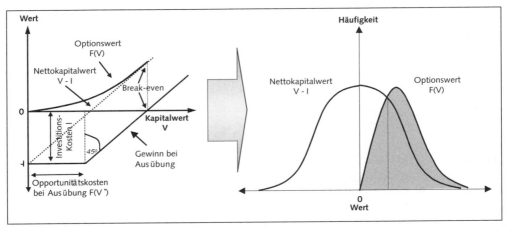

Abb. 4.3: Asymmetrisches Zahlungsprofil und Verteilung von Realoptionen

keitsverteilung als der Nettokapitalwert NPV. Während der NPV in etwa um 0 normalverteilt streuen dürfte, weist der Optionswert eine rechtsschiefe Verteilung auf. Falls der Optionswert in einer Periode größer als der Nettokapitalwert ist, sollte die Investition getätigt werden.

4.3 Klassifizierung von Realoptionen

Realoptionen ermöglichen ihrem Inhaber das Abwarten neuer Informationen und das Hinauszögern von Entscheidungen. Sie können daher grundsätzlich als Warteoption bezeichnet werden. Je nach Art der Entscheidung lassen sich Investitions- und Desinvestitionsoptionen unterscheiden.[1]

Investitionsoptionen sind mit Call-Optionen auf den Finanzmärkten vergleichbar. Sie räumen die Möglichkeit ein, durch »Ausübung« der Investition den zugrunde liegenden Nettokapitalwert des Projektes zu realisieren. Folgende Investitionsoptionen lassen sich unterscheiden:

(1) Einstiegsoption
Eine Einstiegsoption ermöglicht dem Inhaber das Ergreifen einer für ihn neuartigen Handlungsalternative. Um diese Handlungsflexibilität zu erhalten, bedarf es zunächst anderer Investitionen, die dem Erwerb der Option entsprechen (Beispiel: Erwerb von Patenten/ Namensrechten, Markterschließungskosten, Aufbau einer bekannten Marke, Grundlagenforschung in der Biotechnologie).

(2) Fortsetzungsoption
Von Fortsetzungsoptionen spricht man, wenn ein Investitionsprojekt über mehrere Jahre hinweg geplant und im Rahmen der Budgetplanung in Teilphasen zerlegt wird. Der Optionsinhaber kann am Ende jeder Teilperiode entscheiden, ob das Projekt fortgesetzt wird oder nicht. Diese Handlungsmöglichkeiten können jeweils als reale Option interpretiert werden (z.B. Fortführung oder Abbruch einer Produktentwicklung in Abhängigkeit der Ergebnisse von Marktstudien oder des Genehmigungs- bzw. Zulassungsverfahrens).

(3) Erweiterungsoption
Eine Erweiterungsoption hängt eng mit bereits getätigten Projekten bzw. Projektschritten zusammen. Die Möglichkeit, den Umfang eines Projektes zu erweitern, wird wahrgenommen, wenn sich das Projekt erfolgreicher entwickelt als zuvor angenommen (Beispiel: Erhöhung der Produktionsmenge eines Autoherstellers, wenn die Nachfrage nach einem Modell höher ausfällt als geplant – derzeit z.B. beim Mini von BMW).

Die Eigenschaften von Desinvestitionen korrespondieren mit den Eigenschaften von Put-Optionen auf Finanzmärkten. Desinvestitionen ermöglichen dem Optionsinhaber, ganz oder teilweise den zugrunde liegenden Projektwert von Investitionen zu verkaufen.

(4) Ausstiegsoption
Bei einer Ausstiegsoption verfügt ein Unternehmen über die Möglichkeit, ein Investitionsprojekt vor Ablauf der vorgesehenen Projektdauer zu beenden. Bei Ausübung dieser Option kann der

---

1   Eine übersichtliche Klassifizierung findet man z.B. bei *Ernst/Häcker* 2002, S. 9 ff.

Liquidationswert des gebundenen Kapitals abzüglich des Nettokapitalwertes des Projekts realisiert werden (Beispiel: BMW verkauft Rover, kann damit einen hohen Liquidationserlös erzielen und aufgrund der Verluste von Rover zugleich den jährlichen Cashflow deutlich steigern).

(5) Einschränkungsoption
Eine Einschränkungsoption ermöglicht eine teilweise Rückführung des ursprünglich geplanten Engagements. Diese Option beschreibt die Flexibilität des Managements, gegen Aufgabe eines Teils der Cashflows den anteiligen Liquidationswert des Projekts zu erzielen (Beispiel: Die Comdirect Bank schraubt die europäischen Expansionspläne deutlich zurück und verkauft seine französische Tochter).

Multiple Optionen stellen Kombinationen aus Investitions- und Desinvestitionsoptionen dar. Der Optionshalter hat hierbei die Wahl zwischen einer begrenzten Anzahl sich ausschließender Handlungsalternativen, wobei die Entscheidung von der Entwicklung der jeweiligen Rahmenbedingungen abhängt.

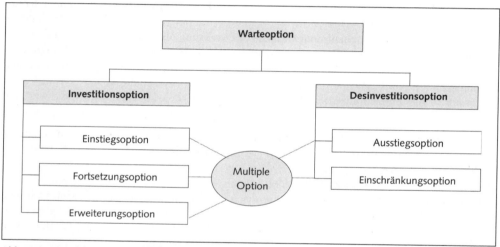

Abb. 4.4: Klassifizierung von Realoptionen
(in Anlehnung an *Ernst/Häcker*, 2002, S. 11)

4.4   Bewertungsmodelle

Bei Kenntnis der Analogie von Finanzmarkt- und Realoption fällt es leicht, die Ansätze der Optionspreistheorie auf die Bewertung der Realoptionen von Unternehmen zu übertragen. Für die Bewertung von Finanzoptionen haben sich zwei Verfahren etabliert. Hierbei handelt es sich um das Binomialmodell von *Cox/Ross/Rubinstein* und zum anderen das Modell von *Black/Scholes*. Für die besonderen Eigenschaften von Realoptionen wurde der Ansatz von *Black/Scholes* durch *Pindyck/Dixit* modifiziert. Diese Verfahren werden im Folgenden vorgestellt.

4.4.1 Binomialmodell

Das Binomialmodell ist ein stark vereinfachendes Modell zur Ermittlung des Optionspreises, da es auf der Annahme basiert, dass der Wert des Underlyings in Zukunft nur zwei Zustände (binomial) annehmen kann: Einen Wertanstieg oder einen Wertverlust. Daneben liegen dem Binomial-Modell folgende Prämissen zugrunde:

- vollkommener Kapitalmarkt ohne Steuern und Transaktionskosten,
- beliebige Kapitalanlage und -aufnahme zum risikofreien Zinssatz r,
- beliebige Teilbarkeit der Wertpapiere,
- keine Leerverkaufsbeschränkungen und
- keine Dividendenzahlungen während der Optionslaufzeit.

Das Binomial-Modell gibt es in zwei Varianten:

1. *Duplikationsmethode:* Die Duplikation der aus der Option resultierenden Zahlungsströme durch den Kauf (Call) bzw. Verkauf (Put) eines Underlyings mit entsprechender Kreditaufnahme (bei einem Call) bzw. Kapitalanlage (bei einem Put) und die Ableitung des Optionspreises aus den bekannten Preisen der Duplikate. Aus einer Investition und seinem Derivativ lässt sich deshalb ein risikoloses Portfolio (Hedge-Portfolio) konstruieren, da es für beide dieselben Quellen der Unsicherheit gibt. Beide Anlagen sind perfekt negativ miteinander korreliert.
2. *Risikoneutrale Bewertung:* Alternativ lässt sich ein Sicherheitsäquivalent für die erwarteten Rückflüsse aus der Option ableiten. Dieses kann mit dem risikolosen Zins diskontiert werden.

Zur Herleitung der Optionspreisformel wird zunächst der einperiodige Fall betrachtet, bevor auf das mehrperiodige Binomial-Modell eingegangen wird.

4.4.1.1 Einperiodiges Binomialmodell

Der Wert einer Option wird nach der Idee der arbitragefreien Bewertung bestimmt, indem der Optionspreis über die Wertentwicklung des Underlyings (z. B. einer Aktie) nachgezeichnet wird. Im Folgenden wird die Optionspreisformel zum einen über ein Hedge-Portfolio und zum anderen über die Sicherheitsäquivalenzmethode hergeleitet.

Herleitung der Optionspreisformel über das Hedge-Portfolio

Die Ermittlung des unbekannten Optionspreises F(V) basiert auf einer für Optionspreismodelle charakteristischen Annahme. Es wird angenommen, dass aus dem Basisinstrument und einer risikofreien Anleihe ein Portfolio konstruiert werden kann, das die Auszahlungen der Option in jedem denkbaren Umweltzustand exakt repliziert. Falls die Option und das Portfolio identische zukünftige Auszahlungen generieren, müssen sie auch den gleichen Gegenwartswert aufweisen. Andernfalls wären die Möglichkeit zur Arbitrage gegeben. Oder anders formuliert: An dem Wert des Duplikationsportfolios lässt sich auch der Wert der Option ablesen.

Die zur Option äquivalente Kombination aus Basisinstrument und risikofreier Anleihe bezeichnet man auch als Hedge-Portfolio. Das Hedge-Portfolio generiert unabhängig von der Wertentwicklung des Basisinstrumentes immer denselben, sicheren Zahlungsstrom. Die Konstruktion einer risikolosen Rendite mit Hilfe des Hedge-Portfolio ermöglicht es, die individuelle Risikoeinstellung einzelner Investoren zu vernachlässigen und die Annahme risikoneutraler Investoren zu treffen. In der Folge kann auch der risikofreie Zinssatz zur Diskontierung herangezogen werden. Aus diesen Überlegungen resultiert das für die Optionspreistheorie so bedeutsame Prinzip der risikoneutralen Bewertung. Es ermöglicht die präferenzfreie Bewertung von Optionen.

Die mathematische Herleitung der Optionspreisformel wird im Folgenden vorgestellt. Zu diesem Zweck wird ein auf einem vollkommenen Markt gehandeltes Gut – z.B. eine Aktie – betrachtet. V sei der Preis des Basiswertes zum Zeitpunkt t_0. Es wird nun angenommen, dass der Preis V innerhalb einer Periode einem Binomialprozess folgt.

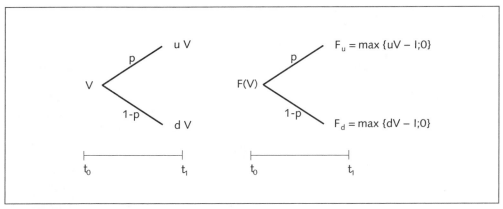

Abb. 4.5: Wertentwicklung des Basiswertes und der Kaufoption in einer Periode

Die Abbildung 4.5 verdeutlicht, dass im betrachteten Fall der Preis des Underlying nach einer Periode zwei unterschiedliche Wertveränderungen, nämlich eine Auf- und eine Abwärtsbewegung erfahren kann. Am Ende der Periode in t_1 kann der Wert des Underlying mit einer Wahrscheinlichkeit von p um den Faktor u (u = up) gestiegen sein und den Wert uV annehmen oder mit einer Wahrscheinlichkeit von (1-p) um den Faktor d (d = down) gesunken sein und dV betragen (vgl. Abbildung 4.5).

Um die Möglichkeit der Arbitrage auszuschließen muss u > (1 –r) > d sein. Anderenfalls wären die Anlage zum risikofreien Zinssatz bei u < (1 – r) und die Anlage in Aktien bei d > (1 – r) dominante Strategien.

Der Wert des Calls beträgt F(V) in t_0 und kann auf F_u steigen bzw. auf F_d fallen. Der europäische Call ermöglicht den Kauf des Basiswertes am Fälligkeitszeitpunkt zum Preis von I. Der Optionsinhaber wird seine Option in t_1 aber nur für den Fall ausüben, dass der Wert des Underlying zum Ausübungszeitpunkt mindestens den Bezugspreis I erreicht, da er sonst bei Ausübung der Option einen Verlust erleiden würde. Der Wert des Calls entspricht daher in t_1 entweder die Differenz zwischen dem aktuellen Wert des Underlying und dem Bezugspreis oder Null (vgl. Abbildung 4.5).

Für die Optionsbewertung muss dass oben erläuterte Hedge-Portfolio (Duplikationsportfolio) gebildet werden. Mit Hilfe von M Anteilen des Underlying und einem Anlage- bzw. Kreditbetrag B lässt sich exakt der Zahlungsstrom des Calls nachbilden.

$$P = M \cdot V + B$$

P   Wert des Duplikationsportfolios
M   Anzahl Anteile des Basiswertes (Underlying)
V   Wert des Basiswertes (Underlying)
B   Anlage bzw. Kreditbetrag zum risikolosen Zinssatz

Bei einer günstigen Veränderung der Rahmenbedingungen (Aufwärtsbewegung der Aktie) hat das Duplikationsportfolio zum Zeitpunkt t_1 den Wert

$$P_u = M \cdot u \cdot V + (1 + r) \cdot B,$$

bzw. im ungünstigen Fall (Abwärtsbewegung der Aktie) entsprechend

$$P_d = M \cdot d \cdot V + (1 + r) \cdot B.$$

Dieses Portfolio soll nun zum Zeitpunkt t_1 den gleichen Wert wie die betrachtete Option besitzen. Mathematisch folgt dann $P_u = F_u$ und $P_d = F_d$. Dies führt auf ein Gleichungssystem mit den beiden Unbekannten M und B.

$$M \cdot u \cdot V + (1 + r) \cdot B = F_u$$
$$M \cdot d \cdot V + (1 + r) \cdot B = F_d$$

Durch Gleichsetzung und gegenseitiges Einsetzen ergibt sich die Lösung des Systems:

$$M = \frac{F_u - F_d}{V \cdot (u - d)} \qquad \text{als Hedge-Verhältnis von } t_0 \text{ zu } t_1 \text{ und}$$

$$B = \frac{u \cdot F_d - d \cdot F_u}{(1 + r) \cdot (u - d)} \qquad \text{als Anlage-/Kreditbetrag von } t_0 \text{ zu } t_1.$$

Für diese Werte von M und B führt das Hedge-Portfolio in t_1 in beiden Umweltzuständen zu identischen Auszahlungen wie die Call-Option (F_u bzw. F_d).

Bei Gültigkeit der Arbitragefreiheit entspricht der Wert des Hedge-Portfolios in t_0 dem Wert der Option zum gleichen Zeitpunkt:

$$F(V) = M \cdot V + B$$

Setzt man die oben ermittelten Werte für M und B ein, so ergibt sich die Preisformel für einen europäischen Call im Ein-Perioden-Fall:

$$(4.2) \qquad F(V) = \left(\frac{1}{1+r} \right) \cdot \left[\frac{(1+r) - d}{(u-d)} \cdot F_u + \frac{u - (1+r)}{(u-d)} \cdot F_d \right]$$

Herleitung der Optionspreisformel über die Sicherheitsäquivalenzmethode

In der Praxis erfolgt die Herleitung der Optionspreisformel häufig mit Hilfe der Sicherheitsäquivalenzmethode. Die Bildung eines Hedge-Portfolios ist Praktikern oft nur schwer zu vermitteln. Mit Hilfe der Sicherheitsäquivalenzmethode kann die Herleitung des Optionspreises jedoch auch ohne Konstruktion eines Duplikationsportfolios erfolgen.

Die Anwendung der Sicherheitsäquivalenzmethode erfordert die Berechnung von Sicherheitsäquivalenten zu den unsicheren zukünftigen Zahlungsströmen. Unter einem Sicherheitsäquivalent versteht man eine sichere Zahlung, die einem risikoneutralen Investor den gleichen Nutzen stiftet wie eine unsichere Zahlung. Der Optionswert wird ermittelt, indem der Erwartungswert der Optionsauszahlung auf Basis risikoneutraler Wahrscheinlichkeiten mit dem risikofreien Zins abgezinst wird.

Grundlage der Sicherheitsäquivalenzmethode ist das Prinzip der risikoneutralen Bewertung und die Annahme risikoneutraler Investoren. Entspricht die erwartete Rendite von Anlagen dem risikofreien Zins, kann angenommen werden, dass es sich bei den Wahrscheinlichkeiten für Kursgewinne (Aufwärtsbewegungen) oder Kursverluste (Abwärtsbewegungen) um sog. risikoneutrale Wahrscheinlichkeiten handelt.

Die risikoneutralen Wahrscheinlichkeiten können mithin aus der oben abgeleiteten Optionspreisformel 4.2 übernommen werden.

$$p = \frac{(1+r)-d}{(u-d)} \quad \text{und}$$

$$1-p = \frac{u-(1+r)}{(u-d)}$$

Die Betrachtung der risikoneutralen Wahrscheinlichkeiten macht deutlich, dass die Bewertungsformel präferenzfrei ist und ohne die subjektiven Wahrscheinlichkeiten für die Auf- bzw. Abwärtsbewegung auskommt. Der Parameter p wird nicht mittels einer Schätzung der Wahrscheinlichkeit ermittelt, sondern aus dem Verhältnis von F zu V, u, d, und r.

Die Parameter p und (1-p) des Optionspreismodells können als Wahrscheinlichkeit interpretiert werden, mit der das Underlying in einer risikolosen Umwelt eine Aufwärts- bzw. Abwärtsbewegung erfährt. Die Annahme der Risikoneutralität der Investoren ermöglicht es, dass weder die Risikoneigung der Anleger noch ihre individuellen Wahrscheinlichkeitsvorstellungen abgebildet werden müssen. Die risikoneutrale Wahrscheinlichkeit p wird deshalb häufig auch als Pseudowahrscheinlichkeit bezeichnet.

Durch Einsetzen von p und (1 − p) ergibt sich wiederum die bereits oben abgeleitete Optionspreisformel

$$(4.3) \qquad F(V) = \frac{p \cdot F_u + (1-p) \cdot F_d}{1+r}$$

Bei der Zählergröße handelt es sich um das Sicherheitsäquivalent. Es darf deshalb mit dem risikolosen Zinssatz diskontiert werden.

Es muss betont werden, dass die Sicherheitsäquivalenzmethode nicht auf der Konstruktion eines Hedge-Portfolios zur Herleitung der Optionspreisformel basiert. Über die Definition der Pseudowahrscheinlichkeiten p und (1 − p) sind jedoch die gleichen Annahmen implizit enthalten. Die Sicherheitsäquivalenzmethode stellt mithin keinen gänzlich anderen Ansatz zur Methode des Hedge-Portfolios dar. Sie ermöglicht lediglich eine leichtere Vermittlung der Bewertungsformel.

4.4.1.2 Mehrperiodiges Binomialmodell

Die Vorgehensweise des einperiodigen Binomial-Modell lässt sich problemlos auf ein mehrperiodiges Modell übertragen. Zwei Perioden vor Fälligkeit des Calls ergeben sich im Wertentwicklungsbaum am Ende drei mögliche Werte für den zugrunde liegenden Basiswert (vgl. Abbildung 4.6). Die Werte des Hedge-Portfolios lassen sich analog berechnen.

Der Optionspreisbaum und der Optionswert in t_0 lassen sich wie im einperiodigen Fall rekursiv ermitteln. Ausgehend von den drei Werten in t_2 werden die potenziellen Optionswerte bestimmt (vgl. Abbildung 4.6) und analog zum oben dargestellten Ein-Perioden-Fall die Werte F_u und F_d in t_1 berechnet. In t_1 gilt:

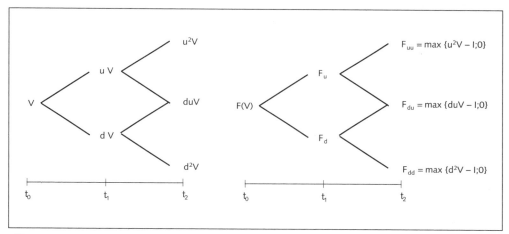

Abb. 4.6: Wertentwicklungsbaum im Zwei-Perioden-Fall

$$F_u = \frac{p \cdot F_{uu} + (1-p) \cdot F_{ud}}{1+r} \quad \text{und}$$

$$F_d = \frac{p \cdot F_{ud} + (1-p) \cdot F_{dd}}{1+r}.$$

Zur Berechnung von F(V) in t_0 müssen die beiden Werte für F_u und F_d in die Gleichung für den Ein-Perioden-Fall eingesetzt werden.

Dieser Ansatz kann auf beliebig viele Perioden ausgebaut werden. Bei einer Verallgemeinerung auf n Perioden ergibt sich folgende Formel für den Call:

$$(4.4) \qquad F(V) = \frac{1}{(1+r)^n} \cdot \sum_{j=0}^{n} \frac{n!}{j!(n-j)!} \, p^j \cdot (1-p)^{n-j} \max\left[u^j \cdot d^{n-j} \cdot V - I, 0\right]$$

4.4.1.3 Anwendung des Binomialmodelles

Die Bewertung soll anhand einer Einstiegsoption demonstriert werden. Es wird ein Unternehmen betrachtet, das die Möglichkeit hat, in eine neue Produktreihe zu investieren. Der heutige Barwert der künftigen Free Cashflows dieser Investition betrage V = 104,93 Mio. €. Die Investitionskosten machen I = 120 Mio. € aus, wodurch sich für einen sofortigen Markteintritt aus heutiger Sicht ein negativer Nettokapitalwert (NPV = V-I) von -15,07 Mio. € errechnet. Nach dem herkömmlichen Kapitalwertansatz wäre das Projekt somit abzulehnen.

Die Investitionskosten von 120 Mio. € werden als konstant angesehen und stellen den Basispreis (Ausübungspreis) dar. Sie fallen einmalig im Zeitpunkt des Markteintritts an. Es wird angenommen, dass dem Unternehmen die Möglichkeit, in den neuen Markt vorzudringen, für fünf Jahre offen steht. Die Laufzeit der Option beträgt mithin fünf Jahre. Um das Beispiel möglichst einfach zu gestalten, werden eventuelle Wettbewerbseffekte ausgeblendet. Es wird also von einer exklusiven Option ausgegangen. Auch entgangene Cashflows, die vor der Ausübung der Option auftreten könnten, werden hier vernachlässigt. Der risikofreie Zins betrage im Beispiel 8 % p.a.

Die Wertentwicklung des Basisinstruments (Barwert der finanziellen Überschüsse aus dem Markteintritt) werden in einem Binomialbaum modelliert. Eine Simulationsrechnung, aufbauend auf den Planungsdaten und unter Zugrundelegung bestimmter Annahmen (Verteilungsannahmen bezüglich des Wachstums einzelner Größen wie Umsatz, Produktionskosten etc.), ergab eine Streuung des Barwerts der Free Cashflows von 42 % p.a., die als Volatilität des Basisinstruments in die Bewertung einfließt.

Es wird unterstellt, dass sich der Kapitalwert in stetiger Zeit gemäß einer geometrisch Brownschen Bewegung entwickelt. Die absoluten Veränderungen in jeder Periode sind demzufolge log-normalverteilt. Für die Binomialverteilung als diskreter Spezialfall der geometrisch Brownschen Bewegung ergeben sich dann umgerechnet ein Wachstumsfaktor u (= $e^{\sigma \cdot \Delta t^{0,5}}$) von 1,52 und ein Schrumpfungsfaktor d (= 1/u) von 0,66 (vgl. Anhang). Der Binomialbaum spannt sich wie in der nachfolgenden Übersicht dargestellt auf.

Aufbauend auf der Wertentwicklung des Basisinstruments lässt sich jetzt der Optionswert rekursiv bestimmen. Zunächst ist jeweils der innere Wert der Option bei Fälligkeit in t_5 nach der Formel max$\{F_x$-120 Mio. €, 0 €$\}$ zu bilden. Auf Basis des Hedge-Portfolio-Ansatzes kann dann für jeden betrachteten Zeitpunkt und Zustand, d. h. für jeden Knoten des Baumes der Optionswert errechnet werden. Gemäß Formel ergibt sich z. B. in Periode t_4:

$$F_{t=4} = \frac{1}{1+r} \cdot \left[\frac{(1+r)-d}{(u-d)} \cdot F_{u,t=5} + \frac{u-(1+r)}{(u-d)} \cdot F_{d,t=5} \right]$$

Die rekursive Anwendung dieses Ansatzes für die anderen Perioden ergibt schließlich den Optionswert in t_0.

Als Resultat erhält man einen Optionswert von 47,13 Mio. €. Der Wert setzt sich aus dem statischen Nettokapitalwert (inneren Wert) von -15,07 Mio. € und dem Wert des Wartens von 62,20 Mio. € zusammen. Die 62,20 Mio. € spiegeln den Wert der Flexibilität des Managements wider, auf zukünftige Informationen warten zu können und nur bei günstiger Marktentwicklung die Expansion durchzuführen. Obwohl das Unternehmen noch nicht investiert hat, steigert schon die Chance auf die Realisierung positiver Nettokapitalwerte in Zukunft den Unternehmenswert!

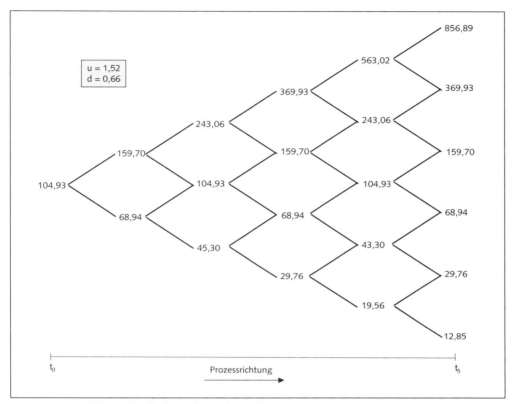

Abb. 4.7: Binomialbaum für die Entwicklung des Basisinstrumentes

4.4.1.4   Schlussfolgerung

Mit Hilfe der hier vorgestellten *Duplikationstechnik* sowie der risikoneutralen Bewertung des Binomialmodells lassen sich flexibel und gut nachvollziehbar Handlungsspielräume des Unternehmens bewerten. Die Modelle eignen sich aber eher für begrenzte Laufzeiten von Realoptionen, da die Quantifizierung des Entscheidungsbaums bei längeren Laufzeiten kaum praktikabel ist. Daneben unterstellen die Modelle, dass sich der Zahlungsstrom der Option auf zwei zukünftige Zustände, einen konstanten Wertanstieg und einen konstanten Wertverlust, beschränkt. Die getroffenen Annahmen sind damit äußerst realitätsfern. Tatsächlich ist aufgrund der Volatilität des Basiswertes eine unendliche Vielzahl von Entwicklungen möglich.

Es scheint deshalb geboten, das Binomialmodell in seiner einfachen Grundform um entsprechend realitätsnähere Annahmen zu erweitern. In den folgenden Optionspreismodellen stellt das Binomialmodell einen Spezialfall dar. Es werden keine diskreten, sondern stetige Entwicklungen des Underlyings unterstellt. Bei einer unendlichen Anzahl von diskreten Entwicklungen konvergiert die Binomialverteilung dann gegen die stetige Lognormalverteilung. Die Veränderungen in jeder Periode sind log-normalverteilt bzw. die prozentualen Veränderungen normalverteilt. Dieser stochastische Prozess lässt sich im Zeitablauf mit Hilfe

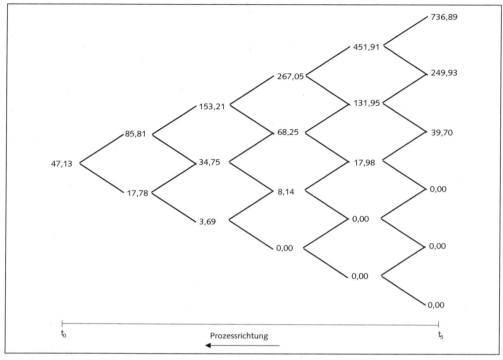

Abb. 4.8: Rekursive Ermittlung des Wertes der Markteintrittsoption

einer geometrisch Brownschen Bewegung modellieren (vgl. Anhang). Dieser Ansatz wird im nächsten Kapital vorgestellt.

4.4.2 Optionstheoretische Lösungen

4.4.2.1 Grundlagen

Die moderne Optionspreistheorie beruht auf drei Grundlagen:

- der Contigent-Claim-Analyse von *Arrow* (1964) und *Debreu* (1959),
- dem Prinzip der Arbitragefreiheit von Märkten und
- der Annahme vollständiger Märkte.

Die *Contingent-Claim-Analyse* untersucht die Auswirkungen des Risikos auf die Preisbildung von Wertpapieren. Risiko wird dadurch abgebildet, dass zukünftige Ansprüche (claims) zustandsabhängig (state contingent) sind. Die Optionspreistheorie wird deshalb auch als Contingent-Claim-Analyse bezeichnet, da der Wert einer Option in Abhängigkeit eines als bekannt vorausgesetzten Preises der zugrunde gelegten Anlage ermittelt wird. Die zukünftigen Umweltzustände werden dabei annahmegemäß als bekannt vorausgesetzt, d.h. die Menge aller Zustände bildet eine Partition, und die Zuordnung der Zahlungen zu einem Zustand ist eindeutig. Eine Option kann in diesem Zusammenhang auch als ein Anspruch auf ein Bündel (oder Vektor) von bekannten zustandsabhängigen Werten der zugrunde liegenden Anlage betrachtet werden.

Das Prinzip (und zugleich die Schwäche) des Contingent-Claim-Ansatzes ist, dass die Preisbildung eines Derivativs untersucht wird: der Preis der zugrunde liegenden Anlage wird als bekannt vorausgesetzt. Die Abschätzung künftiger Optionswertes kann deshalb immer nur so gut sein wie die Prognose des Basispapiers selber. Um die Preise von Optionen zu ermitteln, muss deshalb eine restriktive Annahme über die zukünftige Wertentwicklung der zugrunde liegenden Anlage getroffen werden. Dies erfolgt in der Regel durch die Annahme eines stochastischen Prozesses für die Wertentwicklung eines Basiswertpapiers. Abbildung 4.9 gibt einen Überblick über gebräuchliche stochastische Prozesse, die im Rahmen der Optionsbewertung Anwendung finden.

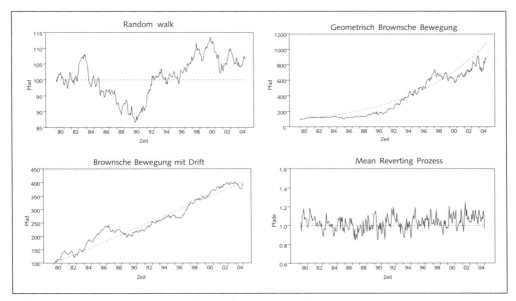

Abb. 4.9: Stochastische Prozesse im Rahmen der Optionspreistheorie

Die *geometrisch Brownsche Bewegung* drängt sich für die Modellierung der Wertentwicklung von Finanzaktiva auf. Die prozentualen Veränderungen (z.B. Aktienrenditen) bei diesem Prozess sind in jeder Periode normalverteilt, wobei die Streuung in jeder Periode konstant bleibt. Bei Modellierung eines *Random Walk* würde man unterstellen, dass die Wertentwicklung zwar unsicher ist, es aber im Durchschnitt aller Perioden keine Rendite zu erwirtschaften gibt. Die einfache *Brownsche Bewegung mit Drift* unterstellt, dass sich die Werte im Trend mit einer konstanten *absoluten* Rate fortentwickeln, die prozentuale Rendite mithin im Zeitablauf von Jahr zu Jahr sinkt. Für manche Variablen, z.B. die Ertragskraft von Unternehmen, kann es sinnvoll sein, einen Prozess zu beschreiben, der zwar streut, aber regelmäßig auf ein »Normalniveau« zurückfällt. Eine derartige Entwicklung beschreibt der *Mean Reverting Prozess*. Die im Folgenden vorgestellten Optionspreismodelle beschränken sich auf die Modellierung der geometrisch Brownschen Bewegung.

Das Prinzip der Arbitragefreiheit ist einsichtig und eine Minimalanforderung funktionierender Kapitalmärkte. Erst wenn es Arbitragefreiheit gibt, kann es ein Gleichgewicht auf Märkten geben. Sonst wird immer ein gewinnbringendes Ausnutzen von Preisdifferenzen möglich sein.

Bei Vollständigkeit existieren Märkte, die es allen Marktteilnehmern ermöglichen, durch Kauf und Verkauf einen ihren persönlichen Risiko- und Zeitpräferenzen entsprechenden Zahlungsstrom zu generieren. In der Folge erlaubt die Vollständigkeit eine präferenzfreie Bewertung von Vermögensgegenständen. Eine potenziell neue Anlage kann nicht qualitativ die Anlagemöglichkeiten verändern. Alternativ sagt man deshalb auch, dass alle möglichen Anlagen durch die schon existierenden Anlagen »aufgespannt« werden, d.h. es ist jederzeit möglich ein Portfolio zu konstruieren, das perfekt mit der neuen Anlage korreliert ist.

Bei Vollständigkeit und Arbitragefreiheit der Märkte sowie bei Annahme eines stochastischen Prozesses für die zugrunde gelegte Anlage kann mit Hilfe bekannter Optionspreistechniken eine konkrete Formel für den Optionswert abgeleitet werden. Falls die Annahme der Vollständigkeit nicht hält, können die Preise immer noch anschaulich mit Hilfe der Dynamischen Programmierung ermittelt werden. So ist in diesem Falle nichts anderes, als fortlaufend die Nettokapitalwerte (NPV) für jede Investitionsstrategie auszurechnen (heute investieren versus abwarten und später investieren), um sodann die Strategie mit dem höchsten NPV auszuwählen. Beide Vorgehensweisen sollen an einem einfachen Referenzmodell dargestellt werden.

4.4.2.2 Lösungsansatz Contingent-Claim-Analyse

Es gilt nun zu entscheiden, wann in ein einzelnes Projekt investiert werden soll. Es wird angenommen, dass die Kosten der Investition I fix sind und dass der Barwert des Projekts V, genauer die Summe aller zukünftigen diskontierten Einzahlungsüberschüsse, einer geometrisch Brownschen Bewegung folgt:

$$(4.5) \qquad dV = \alpha V dt + \sigma V dz$$

wobei dz der Zuwachs eines Wiener-Prozesses, also »weißes Rauschen« ist, und α die konstante prozentuale Drift von V beschreibt. Mit μ wird die Rendite bezeichnet, die sich für risikobehaftete Anlagen auf Kapitalmärkten erzielen lässt. In Abwesenheit von Arbitragemöglichkeiten werden Investoren auch von der realen Investitionsmöglichkeit V eine Rendite in Höhe von μ verlangen. Bei Gültigkeit des CAPM ergibt sich z.B. für die risikobehaftete Rendite im Kapitalmarktgleichgewicht:

$$(4.6) \qquad \mu = R_F + [E(R_M) - R_F] \frac{\sigma_{VM}}{\sigma_M^2}$$

Bei Aktienanlagen besteht μ z.B. aus der prozentualen Veränderungsrate sowie der gezahlten Dividende. Im übertragenen Sinn lässt sich auch bei realen Investitionsmöglichkeiten $\delta = \mu - \alpha$ als »Dividende« eines Projekts bezeichnen. δ kann dabei den Cashflow eines Projekts oder das Wettbewerbsverhalten der Konkurrenz reflektieren. Falls es keine Dividende gibt, $\delta=0$, hätte ein Investor keinen Anreiz zu investieren bzw. die Option zu investieren auszuüben. Da die gesamte Rendite nur durch Preisbewegungen bedingt ist, spiegelt eine Kaufoption den gesamten Wert wider. Es gibt somit keinen Anreiz, die Option auszuüben, da nach der Ausübung der Option keine »Dividende« erzielt wird. Für $\delta \to \infty$ ergeben sich unendlich hohe Opportunitätskosten für die Investition. In diesem Spezialfall reduziert sich die Investitionsentscheidung wieder auf eine »Jetzt-oder-Nie«-Entscheidung, und es macht Sinn, sich nur nach der NPV-Regel zu verhalten und zukünftige Entwicklungen zu missachten.

Der Gewinn- und Verlustbereich einer Option zu investieren, lässt sich in Abhängigkeit des Wertes des Projekts folgendermaßen darstellen. Bei bekannter Investitionsausgabe I kann höchstens ein Verlust in gleicher Höhe entstehen, falls das Projekt gar keinen Wert besitzt. Der Wert steigt linear mit dem Wert des Projekts an, wobei allerdings beachtet werden muss, dass V einem stochastischen Prozess folgt. Es lässt sich dann zeigen, dass der Wert einer Option zu investieren folgendermaßen begrenzt sein muss:

$$(4.7) \qquad F(V) \geq \max(0, V - I)$$

- $F(V) \geq 0$: Der Wert einer Option kann nie < 0 sein. Eine Option stellt eine Wahlmöglichkeit dar, die nicht wahrgenommen werden muss. Falls der Wert des Projekts gegen Null geht, verliert die Option zu investieren ihren Wert: $F(0)=0$.
- $F(V) \geq V - I$: Der Wert einer Option kann nie $< V - I$ sein. Der Wert der Option muss mindestens dem Kapitalwert des Projekts abzüglich der Anschaffungskosten entsprechen. Ansonsten würde es bei »Ausübung« der Option die Möglichkeit zur Arbitrage geben.
- Der Wert der Option muss sich dem Wert $V - I$ annähern. Falls mit steigendem Nettokapitalwert des Projekts die Wahrscheinlichkeit der Ausübung gegen 1 geht, wird ein Gewinn in Höhe von $V - I$ erzielt. Auch ohne Option steht dem Gewinnpotenzial auf der anderen Seite kein Verlustpotenzial gegenüber.

Diese Grenzen geben nicht nur einen ersten Anhaltspunkt für den Wert der Option, sie können auch mathematisch als Nebenbedingungen genutzt werden, um eine Optionspreisformel herzuleiten. *Black/Scholes* (1973) haben als erste solch eine formelle Lösung des Problems aufgezeigt. Neben der Annahme, dass die Werte der zugrunde liegenden Anlage einer *geometrisch Brownschen Bewegung* folgen, setzen sie einen vollkommenen und arbitragefreien Kapitalmarkt voraus. Ohne die Existenz von Transaktionskosten oder Steuern ist es dem Investor jederzeit möglich, ein risikoloses Portfolio zu »hedgen«, das aus dem Investitionsprojekt selber (»long« position) und einer Option auf dieses Projekt (»short« position) besteht. Durch Verwendung der stochastischen Differenzierungsregeln von Ito (vgl. Anhang) erhalten sie eine stochastische Differentialgleichung für den Wert der Option. Sie lösen diese stochastische Gleichung unter Verwendung der Randbedingungen (4.7) nach F auf:

$$(4.8) \qquad F(V) = N(d_1) \cdot V - N(d_2) \cdot I e^{-rt} \quad \text{mit}$$

$$d_1 = \left[\ln(V / I) + \left(r + \frac{1}{2}\sigma^2 \right) \cdot t \right] / \sqrt{\sigma^2 t} \quad \text{und}$$

$$d_2 = d_1 - \sqrt{\sigma^2 t} .$$

Dabei beschreibt $N(d_i)$ die Wahrscheinlichkeit, dass eine standardnormalverteilte Variable kleiner oder gleich d_i ist (der Flächeninhalt unter der Standardnormalverteilungsdichtefunktion von $-\infty$ bis d_i).

Die Black-Scholes-Formel ist allerdings für eine amerikanische Option abgeleitet worden, die keine Dividende ausschüttet und eine begrenzte Laufzeit hat. Damit muss die Vorgehensweise für reale Investitionsmöglichkeiten modifiziert werden. Da α die erwartete prozentuale Veränderungsrate von V ist, lässt sich $\delta = \mu - \alpha$, wie oben erläutert, als »Dividende« eines Projekts bezeichnen. Sie entsteht aus den Opportunitätskosten, um die Option am Leben zu erhalten.

Dixit (1988) leitet mit Hilfe derselben Technik wie *Black/Scholes* eine andere Formel für den Wert der Option ab. Die Vorgehensweise besteht dabei ebenfalls aus drei Schritten:

1. Es wird ein risikoloses Portfolio konstruiert, das sowohl aus der Investition selber als auch aus seiner Option besteht.
2. Unter Verwendung stochastischer Differenzierungsregeln wird die erwartete Rendite dieses Portfolios bestimmt.
3. Die Verzinsung dieses Portfolios wird mit einer risikolosen Verzinsung gleichgesetzt und die resultierende Differentialgleichung aufgelöst.

Aus der Investition und seinem Derivativ lässt sich deshalb ein risikoloses Portfolio konstruieren, da es für beide nur die gleichen Quellen der Unsicherheit gibt. Beide Anlagen sind deshalb perfekt negativ miteinander korreliert. Es kann somit ein Portfolio in der Weise gebildet werden, dass der Gewinn (Verlust) einer Investition ausgeglichen wird durch einen entsprechenden Verlust (Gewinn) der Option zu investieren. Am Ende der betrachteten Periode lässt sich ein bestimmter Wert des Portfolios mit Sicherheit erreichen.

In einem sehr kurzen Zeitintervall dt steigt bei einer Veränderung von V der Wert der Option F(V) um F_V. Damit der Wert des Portfolios unabhängig von dieser Veränderung ist, muss es kontinuierlich umstrukturiert werden: Für eine Einheit von F müssen jeweils n Einheiten von V verkauft werden. Die Veränderung dieses Portfolios beträgt:

$$d(F - nV) = (F_V - n)dV.$$

Man erkennt, dass ein Portfolio bei einer Veränderung von V nur dann risikolos bleibt, falls es neben einer Einheit der Option zu investieren jeweils $n = F_V$ Einheiten dieses Projekts enthält.

Ein Investor wird von der langen Position eine Verzinsung in Höhe der risikoadjustierten Rendite μV verlangen, die sich zusammensetzt aus dem Kapitalgewinn αV und dem Dividendenstrom δV. Da die kurze Position F_V Einheiten des Projekts enthält, verlangt sie eine Zahlung in Höhe von $\delta V F_V$ pro Periode. Die Rendite eines derartigen Portfolios ist deshalb in einem kurzen Zeitintervall gegeben durch:

$$dF - F_V dV - \delta V F_V dt$$

Für dF erhält man nach Itos Lemma (vgl. Anhang) auch einen anderen Ausdruck:

$$dF = F_V dV + \frac{1}{2} F_{VV} (dV)^2$$

Die Gesamtrendite des Portfolios ist deshalb durch folgende Formel gegeben:

$$\frac{1}{2} F_{VV} (dV)^2 - \delta V F_V dt$$

Aus den Eigenschaften der geometrisch Brownschen Bewegung folgt $(dV)^2 = \sigma^2 V^2 dt$ (vgl. Anhang), sodass die Gesamtrendite des Portfolios gegeben ist durch:

$$\frac{1}{2}\sigma^2 V^2 F_{VV} dt - \delta V F_V dt$$

Da dieses Portfolio wie erläutert risikolos ist, muss es der Verzinsung einer risikolosen Anlage r entsprechen:

$$\frac{1}{2}\sigma^2 V^2 F_{VV} dt - \delta V F_V dt = r[F - F_V V]dt,$$

wobei $[F - F_V V]$ der Wert des Portfolios ist, das eine Einheit der Option zu investieren und $n = F_V$ Einheiten des Projekts enthält.

Teilt man dies durch dt und formt um, ergibt sich:

$$\frac{1}{2}\sigma^2 V^2 F_{VV} + (r - \delta)V F_V - rF = 0$$

Lösung der Differentialgleichung

Die *Bellman-Gleichung* hat sich hier auf eine Differentialgleichung 2. Ordnung reduziert. Die Lösung einer derartigen Gleichung erhält man, indem man unter Berücksichtigung der Grenzbedingungen (4.7) eine Lösung »errät« und anschließend überprüft, ob sie mit den abgeleiteten Differentialgleichungen vereinbar ist. Die erste Nebenbedingung, $F(0) = 0$, legt nahe, folgende Lösungsform anzunehmen:

(4.9) $F(V) = aV^\beta,$

wobei α und β Konstante sind, deren Werte von den Parametern σ^2, r und δ abhängen. Bezeichnet man mit V^* den Kapitalwert, bei dem es optimal ist zu investieren, erhält man als zweite Nebenbedingung: $F(V^*) = V^* - I$. Allerdings kann diese »freie Grenze« V^* nicht ohne weitere Bedingung bestimmt werden. Eine besondere Eigenschaft der Optionskurve $F(V)$ ist, dass sie an der Stelle $V = V^*$ die gleiche Steigung wie der Nettokapitalwert V-I aufweist. An dieser Stelle bewirkt also eine kleine Wertänderung den gleichen Einfluss auf die Optionsbewertung wie auf die Bewertung des laufenden Projekts. Diese, für die Lösung des Investitionsproblems unter Unsicherheit entscheidende Tangentialbedingung, $F_V(V^*) = 1$, bezeichnet man in der englischsprachigen Literatur als »smooth pasting condition«. In der Optionspreistheorie kann sie durch den Ausschluss von Arbitragemöglichkeiten begründet werden.

Setzt man Formel (4.9) in die Nebenbedingungen ein und formt um, erhält man:

(4.10) $F(V) = aV^\beta,$
           $a = (V^* - I)/(V^*)^\beta,$

$$V^* = \frac{\beta}{\beta - 1}I,$$

$$\beta = \frac{1}{2} - \frac{r - \delta}{\sigma^2} + \left\{\left[\frac{r - \delta}{\sigma^2} - \frac{1}{2}\right]^2 + \frac{2r}{\sigma^2}\right\}^{1/2}.$$

Mit Hilfe dieser Formel kann der Wert von Realoptionen bei einer unendlichen Laufzeit recht leicht ermittelt werden.

4.4.2.3 Lösungsansatz Dynamische Programmierung

Das Problem, eine optimale Investitionsregel zu finden, kann als stochastisches Kontrollproblem aufgefasst werden. Eine Investition in ein Projekt hat in jeder Periode T einen inneren Wert von $V_T - I$. Ziel des Unternehmens ist es, genau dann zu investieren, wenn der innere Wert der Investitionsmöglichkeit maximal ist. Die geeignete Methode dies herauszufinden ist die Dynamische Programmierung. Sie ist in diesem Zusammenhang nichts anderes als eine Methode, die fortlaufend den NPV einer Investition ermittelt, um anschließend die Strategie mit dem höchsten NPV auszuwählen.

In Abwesenheit von Arbitrage muss dieser maximale Wert dem Wert der Option zu investieren entsprechen:

$$(4.11) \qquad F(V) = \max E[(V_T - I)e^{-\mu T}],$$

wobei $E(\cdot)$ den bedingten Erwartungswert, T den (unbekannten) Zeitpunkt der Ausübung der Investition und μ die Diskontrate darstellen. Man beachte, dass in dieser Formulierung eine Risikoneutralität des Unternehmens angenommen wird. Das schließt nicht aus, dass die Investoren selber risikoavers sind. Die Risikoaversion spiegelt sich dann nur in der Diskontrate μ wider. Als Nebenbedingung (oder Bewegungsgleichung) dieses dynamischen Optimierungsproblems muss beachtet werden, dass die Wertentwicklung des Projekts einer *geometrisch Brownschen Bewegung* folgt:

$$(4.12) \qquad dV = \alpha V dt + \alpha V dz.$$

Die Bellman-Gleichung, die zentrale Gleichung zur Lösung stochastischer Kontrollprobleme, lautet in diesem Fall (vgl. Anhang):

$$(4.13) \qquad \mu F = (1/dt)E_t dF$$

Gleichung (4.13) besagt, dass im Optimum die Momentanrendite eines Investitionsobjekts in jeder Periode gerade dem erwarteten Kapitalgewinn entsprechen muss. Das stochastische Differential nach Ito für die Veränderung von F lautet:

$$(4.14) \qquad dF = F_v dV + (1/2)F_{vv}(dV)^2$$

Setzt man (4.12) für dV ein und berücksichtigt zudem, dass aus den Eigenschaften der Wiener-Prozesse $dt \cdot dt = 0$ und $E(dz) = 0$ folgt (vgl. Anhang), ergibt sich:

$$(4.15) \qquad E_t(dF) = \mu F = \alpha V F_v dt + \frac{1}{2}\sigma^2 V^2 F_{vv} dt$$

Die Bellmann-Gleichung reduziert sich somit (nachdem man durch dt geteilt hat) auf:

$$(4.16) \qquad \frac{1}{2}\sigma^2 V^2 F_{vv} + \alpha V F_v - \mu F = 0$$

Man erkennt, dass diese Gleichung fast identisch zur Herleitung der Optionspreisformel ist. Der einzige Unterschied besteht darin, dass der risikolose Zinssatz r durch eine Diskontrate μ ersetzt wurde. Für μ = r ergibt sich α = r − δ, und (4.16) ist identisch mit der zuvor abgeleiteten Differentialgleichung. Die Lösung der Differentialgleichung ergibt wiederum:

$$F(V) = aV^{\beta}$$

$$a = (V^* - I)/(V^*)^{\beta}$$

$$V^* = \frac{\beta}{\beta - 1} I$$

$$\beta = \frac{1}{2} - \frac{r - \delta}{\sigma^2} + \left\{ \left[\frac{r - \delta}{\sigma^2} - \frac{1}{2} \right]^2 + \frac{2r}{\sigma^2} \right\}^{1/2}$$

Der Vorteil der *Dynamischen Programmierung* gegenüber der *Contingent-Claim-Analyse* besteht also darin, dass keine Annahme über die Vollständigkeit der Märkte notwendig ist. Der Zinssatz ist hier ein vorgegebener Bestandteil der Zielfunktion. In Kapitel 3 ist gezeigt worden, dass der Zinsfuß als durchschnittlicher Kapitalkostensatz interpretiert werden kann, der sich anhand einer Vielzahl von Kapitalmarkttheorien ermitteln ließe.

Die Analogie zur Contingent-Claim-Lösung ermöglicht eine wichtige Einsicht in die Eigenschaft der Investitionsregel: Das optimale Timing einer irreversiblen Investition, d.h. den maximalen Nettokapitalwert, erzielt man genau dann, wenn sich der Wert der Option und der innere Wert der Investition entsprechen. Die Ermittlung des optimalen Investitionszeitpunktes (anhand des maximalen NPV im Zeitablauf) sowie die Erweiterung des momentanen NPV um den Wert des Wartens sind somit zwei Seiten derselben Medaille und führen zum gleichen Ergebnis.

4.4.2.4 Anwendung des Optionspreismodells

Der Wert einer Realoption mit unendlicher Laufzeit lässt sich anhand von Formel (4.10) leicht ermitteln und grafisch veranschaulichen. Für ein einfaches Beispiel werden folgende Parameterwerte (in Jahreswerten) gewählt: Die Anschaffungskosten der Investition seien I = 1 Mrd. €, die anderen Werte betragen r = 0.04, δ = 0.04 und σ = 0.2. Die Verzinsung einer risikolosen Anlage r mit 4 % und die »Dividende« δ von 4 % einer risikobehafteten Investition dürften realistische Werte widerspiegeln. Die jährliche Standardabweichung σ von 20 %, die in etwa der Streuung auf Aktienmärkten entspricht, ist ebenfalls nicht abwegig. Als Lösung ergibt sich dann:

β = 2; a = 0,25; F(V) = 0,25 V²; V* = 2 Mrd. €.

Man erhält hier ein beeindruckendes Ergebnis: Die einfache NPV-Regel, nach der investiert werden sollte, falls V ≥ I, ist vollkommen unzureichend. V muss in diesem realistischen Beispiel mindestens *doppelt* so hoch (2 Mrd. €) sein, um eine Investition auszulösen.

Der Wert der Realoption hängt vom Kapitalwert (V) der Investition ab. So beträgt der Wert der Realoption für einen Kapitalwert von z.B. 1 Mrd. € 250 Mio. € und für einen Kapitalwert von z.B. 2 Mrd. € 1 Mrd. €. Für höhere Kapitalwerte ist die Ermittlung des Wertes der Realoption nicht zweckmäßig (und durch die Formel nicht abgedeckt), da die Option ausgeübt wird, wenn sich innerer Wert (Nettokapitalwert) und Optionswert entsprechen. Im Beispiel ist es optimal, die Investition bei einem kritischen Kapitalwert V* von 2 Mrd. € zu tätigen. Der Optionswert kann also bis zu 100 % des Nettokapitalwertes (V-I) von 1 Mrd. € betragen!

Der Wert der Investitionsoption F(V) ist durch die gleichen Eigenschaften gekennzeichnet wie die traditionellen Formeln zur Bewertung von Finanzmarktoptionen:

- Der Wert der Option steigt mit steigendem Wert des Investitionsobjekts an.
- Der Wert der Option und der kritische Wert V^* steigen mit steigender Varianz σ^2.
- Der Wert der Option und der kritische Wert V^* steigen bei einem Anstieg des risikolosen Zinssatzes.

Die Ergebnisse werden in Abbildung 4.10 verdeutlicht. Der Tangentialpunkt F(V) mit V – I ergibt den kritischen Wert V^*. Die Unternehmung sollte nur dann investieren, wenn gilt: V ≥ V^* bzw. V ≥ F(V) + I. Man erkennt, dass der kritische Wert V^* deutlich mit steigendem σ zunimmt. Bei einer Volatilität von 30 % p.a. wird erst bei einem kritischen Wert V^* von ca. 2,75 Mrd. € investiert. Die Investitionen reagieren somit *höchst* sensitiv auf die Volatilität in den Projektwerten, und dies völlig unabhängig von den Risikopräferenzen der Anleger; denn zur Herleitung reichten die Annahmen eines vollständigen und arbitragefreien Marktes aus.

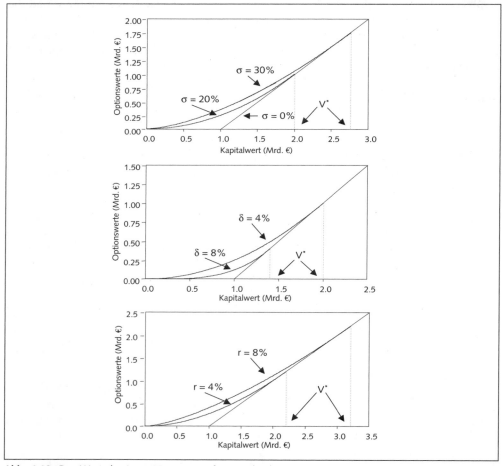

Abb. 4.10: Der Wert der Investitionsoption für verschiedene Parameter

Abbildung 4.10 verdeutlicht zudem, dass sich mit zunehmender Rendite δ eines Projekts der Optionswert dem inneren Wert der Anlage annähert. Durch die höhere entgangene Verzinsung fällt ein Verzicht auf die Investition und das Aufrechterhalten der Option zunehmend schwerer. Bei einer Rendite δ = 8 % würde das Unternehmen schon ab einem kritischen Kapitalwert V* von ca. 1,4 Mrd. € investieren.

Man erhält darüber hinaus das klassische Ergebnis, dass bei steigenden Zinsen weniger investiert wird. Bei einem Zins r = 10 % würde erst ein kritischer Wert V* von ca. 3,8 Mrd. € eine Investition auslösen. Allerdings ist hier das Ergebnis nicht in steigenden Kapitalkosten, sondern in der Tatsache begründet, dass der Wert der Option zu investieren und somit die Opportunitätskosten der heutigen Investition steigen. Sie steigen, da bei einer Zunahme des Zinses der Gegenwartswert der Investitionskosten Ie^{-rt} sinkt, auf der anderen Seite aber die Rendite des Objekts bei konstanten δ mit Ve$^{-δT}$ gleich bleibt.

Diese Ergebnisse können auch erheblichen Einfluss auf den Zeitpunkt der Investition haben. Es sei hypothetisch angenommen, dass man nach der NPV-Regel 1980 investiert hätte. Es gilt dann V − I = 0. Simuliert sei eine geometrisch Brownsche Bewegung für V und die resultierenden Werte für F(V) bei konstanten Investitionsausgaben von I = 1 Mrd. €. F(V) nähert sich nur langsam dem kritischen Wert V* und damit V − I an. Statt 1980 kann dann der optimale Zeitpunkt der Investition erheblich später sein. In zwei beispielhaften Fällen, dargestellt in Abbildung 4.11, wäre erst ca. 1996 bzw. 2002 investiert worden!

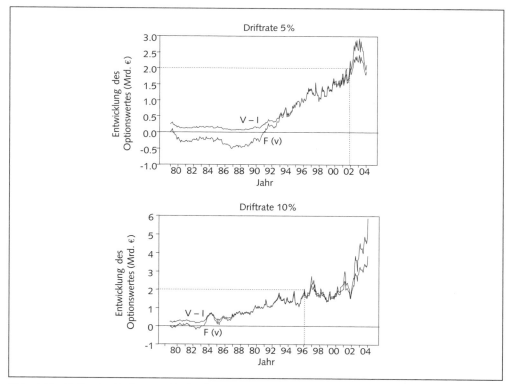

Abb. 4.11: Optimales Timing von Realoptionen

4.5   Fazit

Der Realoptionsansatz stellt kein eigenes Bewertungsverfahren dar, sondern ist eine sinnvolle Ergänzung zu den traditionellen Bewertungsansätzen. In einer sich dynamisch verändernden unsicheren Umwelt ergeben sich für viele Unternehmen zahlreiche strategische Handlungsoptionen. Mit Hilfe des Realoptionsansatzes können die Werte dieser strategischen Möglichkeiten erfasst und quantifiziert werden. Der Realoptionsansatz zeigt auf, dass Handlungsspielräume schon einen Wert besitzen, *bevor* die Ertragspotenziale konkret erschlossen werden.

Dieser Wert – auch Zeitwert oder Wert des Wartens genannt – ist durch die typische Asymmetrie der Handlungsoptionen bedingt. Unsicherheit bedeutet zugleich immer auch eine Chance, da durch das Abwarten neuer Informationen höhere Cashflows erzielt werden können. Der Aussicht auf höhere Cashflows stehen aber keine Verlustpotenziale gegenüber, da bei ungünstigen Entwicklungen der Rahmenbedingungen auf die Handlung verzichtet werden kann. Die Simulationen in diesem Kapitel haben gezeigt, dass die Werte von Realoptionen beträchtlich sein können und das Investitionsverhalten von Unternehmen maßgeblich beeinflussen.

Die Bewertung stößt in der Praxis jedoch auf diverse Anwendungsprobleme. Die Probleme bei der praktischen Umsetzung des Realoptionskonzepts bestehen dabei zunächst in der Identifikation der zur Verfügung stehenden Realoptionen. Das Identifikationsproblem verstärkt sich, wenn die Grundtypen von Realoptionen kombiniert auftreten, das Unternehmen also über Multiple Optionen verfügt.

Die unterstellte Exklusivität der Realoption ist ebenfalls problematisch. Es stellt sich die Frage, ob und wie viele Mitbewerber über die gleichen Handlungsmöglichkeiten verfügen. Verfügen Konkurrenten über gleiche oder ähnliche Realoptionen, so hängt der optimale Ausübungszeitpunkt und der Wert der Option maßgeblich vom Verhalten des Konkurrenten ab. Die Abschätzung des Wertes der Realoption verlangt deshalb immer auch eine eingehende Analyse des Wettbewerbsumfeldes.

Darüber hinaus treten Probleme bei der Bewertung der Realoptionen auf, die aus einer unvollkommenen Übertragbarkeit der Bewertung von Finanzoptionen auf die Bewertung von Realoptionen resultieren. Im Gegensatz zur Finanzoption kann der Basiswert bzw. Ausübungspreis der Realoption im Zeitablauf variieren. Während der Ausübungspreis bei der Finanzoption bereits im Voraus fixiert wird, berechnet sich der Ausübungspreis der Realoption aus dem Kapitalwert der Investition und kann entsprechend bei Veränderung der Rahmenbedingungen unterschiedliche Werte annehmen.

Zudem ist es wahrscheinlich, dass der Wert des Underlying der Realoption noch nicht existiert und nicht am Kapitalmarkt gehandelt wird (Ausnahme z. B. Investitionen in Rohstoffe). Die Verteilungsannahmen diskreter Veränderungen (im Binomialmodell) oder stetiger stochastischer Prozesse (bei Optionspreismodellen) für den Basiswert können deshalb nicht durch Beobachtungen auf Kapitalmärkten abgesichert werden. Insbesondere die Volatilität σ des Basisinstruments stellt eine nicht beobachtbare Größe dar, dessen Wertentwicklung in der Regel nur ungenau geschätzt werden kann. Auch die Laufzeit der Realoption ist kaum absehbar, da es im Gegensatz zu Finanzmarktoptionen keine vertraglichen Vereinbarungen gibt.

Das Binomialmodell zeichnet sich durch Transparenz und Flexibilität in der Modellierung aus. Allerdings erweist sich die Kernannahme (Binomialverteilung zukünftiger Umweltzustände) als unrealistisch und die Berechnung eines Binomialbaums erscheint nur für kurze Laufzeiten von Realoptionen praktikabel. Die Annahme überschaubarer Laufzeiten ist im Rahmen von Unternehmensbewertungen aber inkonsequent. Es ist nicht einzusehen, dass Unternehmen zwar unendlich lange Cashflows generieren, aber nicht bis ans Ende ihrer Zeit über Realoptionen verfügen. Der Bewertung von Realoptionen mit Hilfe einer Optionspreisformel für eine unendliche Laufzeit ist deshalb der Vorzug zu geben. Dieses Verfahren erlaubt eine schnelle und – angesichts der zahlreichen ungenauen Annahmen – auch hinreichend genaue Abschätzung des Wertes von Realoptionen.

Aufgrund des ergänzenden Charakters des Realoptionsansatzes ist bei der Bewertung darauf zu achten, dass es im Zuge der Bewertung von Realoptionen nicht zu Doppelbewertungen kommt. Hat der Bewerter bei der Projektion der Cashflows für die erfolgsorientierten Verfahren schon die Erschließung bestimmter Ertragspotenziale unterstellt (und entsprechende tatsächliche Investitionen prognostiziert), so dürfen diese strategischen Handlungen nicht mehr über den Realoptionsansatz erfasst werden. In der Regel verfügen Unternehmen jedoch über zahlreiche Handlungsspielräume, die noch nicht in Prognoserechnungen abgebildet wurden. Mit Hilfe des Realoptionsansatzes sollten deshalb ausschließlich Handlungsoptionen bewertet werden, die (noch) nicht in den Prognoserechnungen Berücksichtigung finden.

Beispiel

▶▶▶ BMW hat 1994 den britischen Automobilhersteller Rover von Honda gekauft. Der Konzern erhoffte sich mit der Akquisition, neue Märkte (insbesondere Großbritannien) und Marktsegmente (Kleinwagen, Mittelklasse) zu erschließen. Da der BMW-Vorstand in der Zeit danach die Integration von Rover forcierte, war es zweckmäßig, die erwarteten Cashflows von Rover in die Cashflow-Projektion für den Gesamtkonzern zu integrieren. Der BMW-Konzern verfügte nach dem Erwerb jedoch latent über eine Ausstiegsoption aus Rover.

Eine Unternehmensbewertung ohne diese Realoptionen hätte zu kurz gegriffen und den Wert des BMW-Konzerns unterschätzt. Ein Szenario, bei dem BMW sich definitiv von Rover trennt, hätte demgegenüber den Unternehmenswert von BMW überschätzt, da die Wahrscheinlichkeit dieses Szenarios ebenfalls weniger als 1 betrug. In diesem Fall wäre die Cashflow-Projektion von BMW deutlich höher ausgefallen (Rover generierte negative Cashflows) und der Liquidationserlös hätte den Wert des nicht-betriebsnotwendigen Vermögens von BMW erhöht.

Man erkennt, dass die deterministischen Zahlungsstromverfahren den Wert der Ausstiegsoption nicht adäquat abbilden können. Die Möglichkeit des Ausstiegs hätte jedoch frühzeitig schon über den stochastischen Realoptionsansatz erfasst werden können. Offensichtlich wurde diese Realoption an den Börsen bewertet, denn schon im Vorfeld wurde auf einen Ausstieg spekuliert und die Kurse der BMW-Aktie stiegen an. Als sich immer mehr abzeichnete, dass sich der Konzern von Rover trennen wird, wurde die Wahrscheinlichkeit des Ausstiegs immer größer und der Wert der Realoption näherte sich dem inneren Wert der Desinvestition an: Die Kurse der BMW-Aktie an den Börsen zogen weiter an. Nach der Transaktion entsprach die Bewertung von BMW einer Cashflow-Projektion ohne Rover. ◀◀◀

Literaturhinweise

Einen vergleichsweise verständlichen Überblick über das Thema Realoptionen geben:
Copeland, Tom/Antikavov, Vladimir: Real Options: A Practioners Guide, Texere, 2001.
Trigeorgis, Lenos: Real Options – Managerial Flexibility and Strategy in Resource Allocation, Cambridge: MIT Press 1996.

Eine sehr gute und praxisorientierte Erläuterung von Realoptionen – insbesondere zur Verwendung im Investment Banking – findet man bei:

Ernst, Dietmar/Häcker, Joachim: Realoptionen im Investment Banking: Mergers & Acquisitions, Initial Public Offering, Venture-Capital, Stuttgart, Schäffer-Poeschel, 2002.

Eine verständliche und gelungene Einführung in das Thema findet man auch im folgenden Lehrbuch:

Schäfer, Henry: Unternehmensinvestitionen – Grundzüge in Theorie und Management, Heidelberg: Physica-Verlag 1999 (insbesondere Kapitel 8).

Ein Klassiker der volkswirtschaftlichen Betrachtungsweise von Realoptionen ist:

Dixit, Avinash K./Pindyck, Robert S.: Investment under Uncertainty, Princeton: Princeton University Press 1994.

Das Werk ist allerdings mathematisch sehr anspruchsvoll und eignet sich weniger für die praktische Umsetzung.

In Deutschland gibt es auch einige umfassende Dissertationen zum Thema, z. B.:

Koch, Christian: Optionsbasierte Unternehmensbewertung, Wiesbaden: Gabler-Verlag 1999.
Meise, Florian: Realoptionen als Investitionskalkül, München & Wien: Oldenbourg-Verlag 1998.
Müller, Jürgen: Real Option Valuation in Service Industries, Wiesbaden: DUV & Gabler 2000.
Seppelfricke, Peter: Investitionen unter Unsicherheit, Haag + Herchen Verlag, 1996.

Um sich allgemein die mathematischen und stochastischen Fähigkeiten zur Bewertung von Optionen und Futures anzueignen, lohnt sich die Betrachtung der folgenden Werke:

Hull, John C.: Options, Futures and other Derivatives, 4. Auflage, Prentice Hall 1999.
Sandmann, Klaus: Einführung in die Stochastik der Finanzmärkte, Springer Verlag 1999.

In Deutschland haben sich verschiedene Autoren, insbesondere Hommel, in diversen Aufsätzen mit dem Thema Realoptionen auseinandergesetzt, z. B. in:

Hommel, Ulrich/Müller, Jürgen: Realoptionsbasierte Investitionsbewertung, in: Finanz Betrieb, 1. Jg., 1999, S. 177–188.
Hommel, Ulrich/Pritsch, Gunnar: Marktorientierte Investitionsbewertung mit dem Realoptionsansatz: Ein Implementierungsleitfaden für die Praxis, in: Finanzmarkt und Portfoliomanagement, 13. Jg., 1999, S. 121–141.
Rams, Andreas: Strategisch-dynamische Unternehmensbewertung mittels Realoptionen, in: Die Bank, o. Jg., 1998, S. 676–680.

Anhang: Theorie stochastischer Prozesse

Einführung

Viele in den Wirtschaftswissenschaften analysierte Größen ändern sich in der Realität nicht streng deterministisch, sondern weisen gerade in der kurzfristigen Betrachtung mehr oder weniger starke, unvorhergesehene Schwankungen auf. Hierdurch entstehen Risiken, die in ökonomischen Entscheidungskalkülen nach Möglichkeit berücksichtigt werden sollten. Geht man von einer realitätsnahen dynamischen Betrachtungsweise aus, lassen sich Risiken in geeigneter Weise durch stochastischer Prozesse modellieren.

Als stochastischen Prozess bezeichnet man eine Variable, deren Entwicklung über die Zeit zumindest teilweise zufällig ist. Stochastische Prozesse ermöglichen damit zugleich eine Modellierung der Dynamik als auch der Unsicherheit in ökonomischen Modellen. Wertpapierkurse sind ein Paradebeispiel für stochastische Prozesse: bis auf einen geringen

Teil, der die Investoren für das übernommene Risiko kompensiert, variieren die Kurse zufällig. So wurde schon in den 70er-Jahren die Veränderung von Wertpapierkursen in Form stochastischer Differentialgleichungen beschrieben. In den bekannten Werken von *Merton* (1972) und *Black/Scholes* (1973) werden damit Strategien für die optimale Bildung von Wertpapierportfolios oder die Werte von Aktienoptionen abgeleitet. Aber auch in anderen Bereichen wie der Investitions- und Konjunkturtheorie sind stochastische Modelle kaum mehr wegzudenken.

In diesem Anhang soll auf möglichst einfache Weise ein Einblick in die Theorie stochastischer Prozesse gegeben werden. Dabei werden zunächst die einfachsten Prozesse vorgestellt und gegeneinander abgegrenzt. Man wird erkennen, dass sich stochastische Prozesse am einfachsten durch stochastische Differentialgleichungen repräsentieren lassen. Stochastische Differentialgleichungen lassen sich allerdings nicht in der herkömmlichen Weise differenzieren. Die von K. Ito entwickelten Regeln zur Bildung stochastischer Differentiale bieten hier geeignete Ansatzpunkte. Die Bildung stochastischer Differentiale erlaubt es dann, die Ideen der dynamischen Optimierung auf den Fall der Unsicherheit zu erweitern. Das Instrumentarium zur Behandlung von dynamischen Systemen unter Unsicherheit bezeichnet man als Stochastische Dynamische Programmierung.

Brownsche Bewegungen, Wiener Prozesse und stochastische Differentialgleichungen

Die Theorie der *Brownschen Bewegung* geht zurück auf Albert Einstein. In einer bahnbrechenden Arbeit untersuchte er 1905 mathematisch die Bewegung fremder Partikel in einem Gasgemisch. Er benannte den beobachteten Prozess nach dem englischen Botaniker Robert Brown, der 1827 als erster die unregelmäßigen Bewegungen kleiner Partikel in einer Flüssigkeit beschrieb. Das Gas übt einen Druck auf den Partikel aus. Da der Druck allerdings von allen Seiten auf das Partikel wirkt ist seine Bewegungsrichtung nicht vorhersehbar. Die *Brownsche Bewegung* lässt sich formal durch das Konzept der *Wiener-Prozesse* darstellen, benannt nach dem Mathematiker Norbert Wiener, der 1923 die axiomatische Basis für diese Prozesse entwickelte. Unter Technikern und Statistikern sind derartige Prozesse auch unter dem Begriff »weißes Rauschen« bekannt.

Die Übertragung dieser Ideen auf ökonomische Theorien muss man *Paul Samuelson* zurechnen. In einer vielzitierten Arbeit aus dem Jahre 1965 stellt er die These auf, dass die Wertpapierkurse in effizienten Märkten einem so genannten *random-walk* folgen. Intuitiv besteht ein random-walk aus zufälligen Zuwächsen, sei es positiver oder negativer Art, die nicht miteinander korreliert sind. Am Ende eines betrachteten Zeitintervalls (innerhalb dessen es beliebig viele Zuwächse geben kann) ist es deshalb ebenso wahrscheinlich, dass sich der Prozess verglichen mit dem Anfangszustand vorwärts als auch rückwärts entwickelt hat. Im Durchschnitt beträgt die Veränderung vom Anfangs- zum Endzeitpunkt somit Null. Ein random-walk lässt sich bei diskreter Betrachtung folgendermaßen darstellen:

$$z_t = z_{t-1} + \varepsilon_t = z_0 + \sum_{i=1}^{t} \varepsilon_t \,,$$

wobei ε_t eine Zufallsvariable mit Mittelwert Null darstellt, die zeitlich nicht miteinander korreliert sind. Anschaulich kann man auch sagen, der random-walk hat kein »Gedächtnis«: augenblickliche Veränderungen sind unabhängig von zuvor eingetretenen Veränderungen. Der Erwartungswert eines random-walk beträgt:

$$E(z_t) = z_0 + \sum_{i=1}^{t} E(\varepsilon_i) = z_0$$

Wegen des Null-Mittelwertes jedes Zuwachses stellt der random-walk auch einen *Martingale-Prozess* dar. Als Martingale bezeichnet man einen Prozess, bei dem der Erwartungswert des heutigen Wertes dem Wert der Vorperiode entspricht. Im Gegensatz zum random-walk bzw. zur Brownschen Bewegung wird die vollständige Wahrscheinlichkeitsverteilung dabei nicht betrachtet.

Für die Varianz eines random-walks gilt hingegen:

$$Var(z_t) = E\left[(z_t - E(z_t))^2 \right] = E\left[(z_t - z_0)^2 \right]$$

$$= E\left[\left(\sum_{i=1}^{t} \varepsilon_i \right)^2 \right] = t \cdot \sigma_\varepsilon^2$$

Einen *Wiener-Prozess* bzw. eine Brownsche Bewegung erhält man als stetigen Grenzwert des diskreten random-walks. Er ist durch folgende drei Eigenschaften gekennzeichnet:

1. Die Wiener Prozesse haben die *Markov-Eigenschaft* und stellen deshalb gleichzeitig auch *Markov-Prozesse* dar. *Markov*-Prozesse haben die Eigenschaft, dass die Wahrscheinlichkeitsverteilung aller zukünftigen Werte ausschließlich von den gegenwärtigen Informationen abhängen.
2. Der Wiener-Prozess hat unabhängige Zuwächse, d.h. die Wahrscheinlichkeitsverteilung für alle Zuwächse innerhalb jeglicher Zeitintervalle ist statistisch unabhängig von jedem anderen (nicht überlappenden) Zeitintervall.
3. Die Zuwächse eines Wiener-Prozesses sind standardnormalverteilte Zufallsvariable, weisen also einen Erwartungswert von 0 und eine Varianz von 1 auf: $\Delta z_t \sim NV(0;1)$.

Durch die *Markov*-Eigenschaft eines Wiener-Prozesses wird die Wahrscheinlichkeitsverteilung der stochastischen Variablen nicht durch seine Vergangenheitswerte beeinflusst. In der Folge erhält man die beste Prognose ihres zukünftigen Wertes nur durch Beachtung des momentanen Wertes der Zufallsvariablen. Besonders Wertpapierkurse werden deshalb häufig als *Markov*-Prozesse modelliert. Falls die Märkte im Sinne von *E. Fama* (vgl. *Fama* 1972) schwach effizient sind, d.h. alle öffentlich verfügbaren Informationen augenblicklich in den Kursen enthalten sind, hat die Betrachtung vergangener Kursverläufe keinen Prognosewert. Analysemethoden, die auf vergangenen Kursen aufbauen, wie z.B. die Chartanalyse, sind dann nutzlos.

Die zweite und dritte Eigenschaft des Wiener-Prozesses führt dazu, dass man ihn als stetige Version des random-walks betrachten kann. An der random-walk-Darstellung erkennt man, dass die Varianz bei standardnormalverteilten Störgrößen ε_t linear mit der Länge des betrachteten Zeitintervalls wächst. Zerlegt man nun ein endliches Zeitintervall T in n gleiche Segmente mit der Länge $\Delta t = 1/n$, so muss dann in jedem dieser kurzen diskreten Zeitintervalle die Varianz der Veränderung $1/n = \Delta t$ betragen. Die Veränderung einer Variablen, die einem Wiener-Prozess folgt, beträgt also:

$$\Delta z_t = \varepsilon_t \sqrt{\Delta t} \, ,$$

wobei ε_t eine normalverteilte Zufallsvariable mit Mittelwert 0 und einer Varianz von 1 ist. Lässt man nun $\Delta t \to 0$ gehen, betrachtet also infinitesimal kleine Änderungen, erhält man für die Zuwächse eines Wiener-Prozesses folgende stochastische Differentialgleichung:

$$dz_t = \varepsilon_t (dt)^{1/2},$$

wobei $E(dz)=0$ und $Var(dz)=E[(dz)^2]=dt$. Man beachte, dass damit sowohl der diskrete random-walk als auch die Brownsche Bewegung *nichtstationäre Prozesse* darstellen, da ihre Varianz linear mit dem Zeitintervall wächst und somit bei zunehmender Zeitdauer gegen unendlich strebt.

Häufig arbeitet man mit einer Verallgemeinerung des Wiener-Prozesses:

$$dx = a(x,t)dt + b(x,t)dz$$

Dies ist ein so genannter *Ito-Prozess*. Die betrachtete Variable x ist nun sowohl eine Funktion der Zeit als auch eines Wiener-Prozesses. Wegen $E(dz)=0$ hat der Ito-Prozess einen Erwartungswert $E(dx) = adt$ und eine Varianz $E[dx-E(dz)^2]=b^2dt$. Während mit dem ersten Term der dynamische Verlauf der Variablen modelliert wird, fügt der zweite Term dem Pfad die Variabilität hinzu. Man bezeichnet a als stochastischen Trend (drift) des Ito-Prozesses und b als dessen Standardabweichung. Die obige Differentialgleichung ist die Kurzschreibweise für die Integralgleichung:

$$x_t = x_0 + \int_0^t a(x,t)ds + \int_0^t b(x,t)dz(s)$$

Aus dem allgemeinen *Ito-Prozess* ergeben sich einige wichtige Spezialfälle. Falls der Trend und die Standardabweichung Konstante sind, $a(x,t)=a$ und $b(x,t)=b$ für alle t, ergibt sich die *Brownsche Bewegung mit Drift*:

$$dx = adt + bdz$$

Für $a(x,t)=ax$ und $b(x,t)=bx$ ergibt sich die *geometrisch Brownsche Bewegung*:

$$dx = axdt + bxdz$$

Man beachte, dass hierbei als stochastischer Trend und als Standardabweichung ein konstanter prozentualer Anteil an der Variablen angenommen wird. Teilt man auf beiden Seiten durch x ergibt sich:

$$\frac{dx}{x} = d \ln x = adt + bdz$$

Man erkennt, dass bei einer geometrisch *Brownschen* Bewegung von x der natürliche Logarithmus von x, ln x, einer einfachen *Brownschen Bewegung mit Drift* folgt. Die relativen Veränderungen dx/x sind normalverteilt mit Erwartungswert $E(dx/x) = adt$ und Varianz $Var(dx/x) = b^2dt$. Die absolute Veränderung Δx ist damit definitionsgemäß log-normalverteilt.

Besonders Wertpapierkurse werden in dynamischen Modellen häufig als geometrisch Brownsche Bewegung modelliert. a stellt dann die erwartete Rendite einer Anlage dar und ließe sich z.B. mit Hilfe des Capital Asset Pricing Modell (CAPM) gewinnen. Da in der Praxis Wertpapierkurse aber schwanken, fügt der zweite Term dem Prozess die Unsicherheit hinzu. Dabei wird angenommen, dass die Varianz der Renditen in jeder Periode gleich ist.

Bei einer konstanten Rendite ergibt sich bei stetiger Betrachtung für den Erwartungswert der stochastischen Variablen x_t (entspricht einem aufgezinsten »Future Value«) sowie für die Varianz:

$$E(x_t) = x_0 e^{at}$$

$$Var(x_t) = x_0^2 e^{2at}(e^{b^2 t} - 1)$$

Die geometrisch Brownsche Bewegung tendiert dazu, sich vom Ausgangspunkt wegzubewegen. Für andere Variablen hingegen erscheint es sinnvoller, dass sie sich langfristig an einem Durchschnittswert orientieren und nur in der kurzen Frist zufällig schwanken. Einen derartigen Prozess bezeichnet man als Mittelwert-zurückkehrend (mean-reverting). Der einfachste mean-reverting-Prozess ist der *Ornstein-Uhlenbeck*-Prozess, der durch folgende Differentialgleichung beschrieben werden kann:

$$dx = \eta(\bar{x} - x)dt + bdz$$

wobei $\bar{x}$ den »normalen« Level von x beschreibt, zu dem x zurückstrebt, und mit der Variablen η die Rückkehrgeschwindigkeit modelliert werden kann. Falls x größer (kleiner) als $\bar{x}$ ist, wird die Wahrscheinlichkeit größer, dass x im nächsten Zeitintervall fällt (steigt). Durch entsprechende Berechnungen erhält man für den Erwartungswert und die Varianz eines *Ornstein-Uhlenbeck-Prozess*:

$$E(x_t) = \bar{x} + (x_0 - \bar{x})e^{-\eta t}$$

$$Var(x_t - \bar{x}) = \frac{\sigma^2}{2\eta}(1 - e^{-2\eta t})$$

Man beachte, dass Ito-Prozesse nicht in der üblichen Weise differenzierbar sind. Man erkennt am Wiener Prozess, dass dx/dt einen Term $dz/dt = \varepsilon_t(dt)^{-1/2}$ enthält. Für unendlich kleine Werte von dt wird dieser Term unendlich groß. Es sind deshalb spezielle Differenzierungsregeln notwendig.

Das Ito-Theorem zur Berechnung stochastischer Differentiale

Man stelle sich vor, x(t) folge einem Ito-Prozess und es gibt eine Funktion F = F(x,t), die mindestens 2-mal differenzierbar ist. Die Veränderung von F kann durch ein stochastisches Differential dF beschrieben werden.

Durch Entwicklung als *Taylor-Reihe* ergibt sich zunächst der Ausdruck:

$$dF = \frac{\partial F}{\partial t}dt + \frac{\partial F}{\partial x}dx + \frac{1}{2}\frac{\partial^2 F}{\partial t^2}(dt)^2 + \frac{1}{2}\frac{\partial^2 F}{\partial x^2}(dx)^2 + \frac{\partial^2 F}{\partial t \partial x}dtdx + \frac{1}{6}\frac{\partial^3 F}{\partial t^3} + \dots$$

In der herkömmlichen Analysis verschwinden bei einer Grenzwertbetrachtung alle Terme höherer Ordnung und man erhält das einfache totale Differential. Nicht so bei stochastischen Differentialen. Aus den Eigenschaften eines Wiener-Prozesses resultieren für die Differentiale dx und dt folgende Multiplikationsregeln:

$$dt \cdot dt = 0$$

$$dt \cdot dx = 0$$

$$dx \cdot dx = dt$$

Setzt man dies in das totale Differential ein, ergibt sich das *Ito-Theorem* für das stochastische Differential dF:

$$dF = \frac{\partial F}{\partial t}dt + \frac{\partial F}{\partial x}dx + \frac{1}{2}\frac{\partial^2 F}{\partial x^2}(dx)^2$$

Bemerkenswert ist, dass sich dieses stochastische Differential nur durch den stochastischen dritten Term von dem (nichtstochastischen) totalen Differential unterscheidet. Das Ito-Theorem lässt sich leicht verallgemeinern auf den Fall, bei dem F eine Funktion mehrerer Ito-Prozesse ist. Sei $F = F(x_1, x_2, ...,x_m,t)$ eine Funktion der Zeit sowie von m Ito-Prozessen, deren Veränderungen durch die stochastischen Differentialgleichungen

$$dx_i = a_i(x_1, ..., x_m, ,t)dt + b_i(x_1, ..., x_m, ,t)dz, i=1, ..., m$$

gegeben sind. Das Ito-Theorem ergibt dann das Differential:

$$dF = \frac{\partial F}{\partial t}dt + \sum_i \left(\frac{\partial F}{\partial x_i}\right)dx_i + \frac{1}{2}\sum_i\sum_j\left(\frac{\partial^2 F}{\partial x_i \partial x_j}\right)dx_i dx_j$$

Setzt man das stochastische Differential für dx_i ein und berücksichtigt die obigen Multiplikationsregeln, erhält man das folgende verallgemeinerte Differential:

$$dF = \left[\frac{\partial F}{\partial t} + \sum_i a_i(x_i,..,x_m,t)\frac{\partial F}{\partial x_i} + \frac{1}{2}\sum_i b_i^2(x_i,..,x_m,t)\frac{\partial^2 F}{\partial x_i^2}\right.$$

$$\left. + \sum_{i \neq j}\rho_{ij}b_i(x_i,..,x_m,t)b_j(x_i,..,x_m,t)\frac{\partial^2 F}{\partial x_i \partial x_j}\right]dt$$

$$+ \sum_i b_i(x_i,..,x_m,t)\frac{\partial F}{\partial x_i}dz_i$$

Dabei ist ρ_{ij} der Korrelationskoeffizient zwischen zwei Wiener-Prozessen. Selbstverständlich ist $\rho_{ii} = 1$ und somit $dz_i dz_i = dt$ für alle i=1,...,m.

Beispiel

▶▶▶ Die Variable x(t) folge einer geometrisch Brownschen Bewegung. Das Ito-Theorem soll benutzt werden, um das Differential für die Funktion:

$$F(x) = \ln x$$

zu finden. Es gilt:

$$\frac{\partial F}{\partial t} = 0 \;; \quad \frac{\partial F}{\partial x} = \frac{1}{x}\;; \quad \frac{\partial^2 F}{\partial x^2} = -\frac{1}{x^2}$$

Durch Anwendung von Itos Lemma und nach einsetzen für dx erhält man:

$$dF = (\frac{1}{x})dx - (\frac{1}{2}x^2)(dx)^2$$

$$= \mu dt + \sigma dz - \frac{1}{2}\sigma^2 dt$$

$$= (\mu - \frac{1}{2}\sigma^2)dt + \sigma dz$$

Da μ und σ Konstante sind, folgt F einer einfachen Brownschen Bewegung mit konstanter Drift $\mu-1/2\sigma^2$ und konstanter Varianz σ^2. Aus den Ergebnissen des letzten Kapitels folgt dann, dass auch d ln x bzw. die prozentuale Veränderung $\Delta x/x$ über ein endliches Zeitintervall T normalverteilt ist mit Mittelwert $(\mu-1/2\sigma^2)T$ und Varianz $\sigma^2 T$.

Es sind diese Eigenschaften, welche die häufige Modellierung von Wertpapierkursen als geometrisch Brownsche Bewegung erklären. Falls man annimmt, dass die Renditen in jeder Periode konstant und normalverteilt sind, muss man zwangsläufig auch annehmen, dass der erzeugende stochastische Prozess der Wertpapierkurse einer geometrisch Brownschen Bewegung folgt, deren Veränderungen entsprechend log-normalverteilt sind.

Man mag sich fragen, warum die Driftrate μ nicht dem Mittelwert $\mu-1/2\sigma^2$ entspricht. Anschaulich lässt sich dies mit dem Zinseszinseffekt erklären. Es lässt sich zeigen, dass das arithmetische Mittel einer Reihe immer größer sein muss als sein geometrisches Mittel, solange die Renditen in jeder Periode unterschiedlich sind (in diesem Sinne also eine Varianz aufweisen). Die Driftrate entspricht sozusagen der Verzinsung einer Periode, ohne dass es in dieser Periode Schwankungen gegeben hat. Unterteilt man diese Periode weiter und berücksichtigt die aufgetretenen Schwankungen, so muss es innerhalb der Teilperioden eine niedrigere Verzinsung gegeben haben.

Es lässt sich allerdings auch technisch argumentieren. ln x ist eine konkave Funktion in x. Da x aber unsicher ist, verändert sich der Erwartungswert von ln x weniger als der Logarithmus des erwarteten Wertes von x:

$$E(d\ln x) = E(dF) = \mu - \frac{1}{2}\sigma^2 \leq \ln E(dx) = \mu$$

Diese Eigenschaft ist ein Spezialfall von Jensens Ungleichung.

Die geometrisch Brownsche Bewegung von x kann in diskreter Zeit auch mit einem Binomialprozess modelliert werden. Sei p die Wahrscheinlichkeit, dass x um den Faktor u_1 steigt bzw. (1-p) die Wahrscheinlichkeit, dass x um den Faktor u_2 fällt. Für den Erwartungswert der Veränderung von x gilt dann:

$$E(x_{t+\Delta t}) = p \cdot \ln(u_1 \cdot x_t) + (1-p) \cdot \ln(u_2 \cdot x_t) = \ln(x_t) + (\mu - \frac{1}{2}\sigma^2)\Delta t$$

bzw. $p \cdot \ln(\frac{u_1}{u_2}) + \ln(u_2) = (\mu - \frac{1}{2}\sigma^2)\Delta t.$

Diese nichtlineare Gleichung kann nur durch eine weitere Bedingung gelöst werden. Sei $u_1 \cdot u_2 = 1$, so gilt approximativ:

$$p = \frac{1}{2} + \frac{1}{2}(\mu - \frac{1}{2}\sigma^2)\frac{\sqrt{\Delta t}}{\sigma}\;,$$

$$u_1 = e^{\sigma\sqrt{\Delta t}}$$

$$u_2 = \frac{1}{u_1} \cdot ◄◄◄$$

Stochastische Dynamische Programmierung

Das Ito-Theorem ermöglicht, die Verfahren der dynamischen Programmierung anzuwenden, falls eine oder mehrere Variablen eines Kontrollproblems einem Ito-Prozess folgen. Diese Methodik bezeichnet man als Stochastische Dynamische Programmierung.

Um Risiken in Form von stochastischen Einflüssen zu berücksichtigen, lässt sich die Bewegungsgleichung eines Kontrollproblems durch die Itosche stochastische Differentialgleichung $dx = a(x,t,u)dt + b(x,t,u)dz$ ersetzen, wobei dz wie gewohnt »weißes Rauschen« bedeutet. Das stochastische Kontrollproblem lautet dann:

$$\max_{u(t)} \quad J = E \int_{t_0}^{t_1} f[x(t),u(t),t]dt$$

unter den Nebenbedingungen

$$dx = a(x,t,u)dt + b(x,t,u)dz \quad \textit{Bewegungsgleichung}$$

$$x(0) = x_0 \geq 0 \quad \textit{Transversalitätsbedingung}$$

Analog zur nicht stochastischen Vorgehensweise ergibt sich der optimale Wert der Zielfunktion als Summe der optimalen Strategien in den Teilperioden. Angenommen $J^*(x_1,u_1,t_1)$ sei die optimale Lösung des stochastischen Kontrollproblems. Die *Bellmannsche Rekursionsgleichung* lautet:

$$J^*(x_0,u_0,t_0) = \max_{u(t)} E\left\{f(x_0,u_0,t_0)dt + J^*(x_1,u_1,t_1)\right\}$$

$J^*(x_1,u_1,t_1)$ lässt sich auch als *Taylor-Reihe* schreiben:

$$J^*(x_1,u_1,t_1) = J^*(x_0,u_0,t_0) + \frac{\partial J^*}{\partial x}dx + \frac{\partial J^*}{\partial t}dt + \dots$$

Durch die Eigenschaften eines Wiener-Prozesses gilt zudem:

$$(dx)^2 = a^2(dt)^2 + b^2(dz)^2 + 2ab(dt)(dz)$$

$$(dx)(dt) = a(dt)^2 + b(dz)(dt)$$

Setzt man diese Gleichungen in die Bellmansche Rekursionsgleichung ein und berücksichtigt zudem die Multiplikationsregeln für stochastische Prozesse, ergibt sich:

$$J^*(x_0,u_0,t_0) = \max_{u(t)} E\left\{f(x_0,u_0,t_0)dt + J^* + \frac{\partial J^*}{\partial t}adt + \frac{\partial J^*}{\partial x}dx + \frac{\partial J^*}{\partial x}bdz + \frac{1}{2}\frac{\partial^2 J^*}{\partial x^2}b^2dt + \dots\right\}$$

Da der Erwartungswert von dz verschwindet, erhält man nach Division durch dt und anschließendem Grenzübergang $dt \to 0$ folgende Beziehung:

$$-\frac{\partial J^*}{\partial t} = \max_{u(t)}\left\{f(x_0,u_0,t_0) + \frac{\partial J^*}{\partial x}a + \frac{1}{2}\frac{\partial^2 J^*}{\partial x^2}b^2\right\}$$

Dies ist die *Hamilton-Jakobi-Bellman-Gleichung* (kurz HJB-Gleichung) für das stochastische Kontrollproblem. Im Verein mit einer Randbedingung ist sie die zentrale Gleichung zur Lösung stochastischer Kontrollprobleme. Sie unterscheidet sich von der deterministischen Version nur durch den Term $1/2 \delta^2 J^*/\delta x^2 b^2$. Falls mehrere Variablen einem stochastischen

Prozess folgen, dem mehrdimensionalen Fall also, lässt sich die HJB-Gleichung analog herleiten. Dabei ist $\delta J^*/\delta x$ durch den entsprechenden Gradienten und $\delta^2 J^*/\delta x^2 b^2$ durch die Matrix $b' J^*_{xx} b$ zu ersetzen.

Beispiel

▶▶▶ Betrachtet sei eine Firma, die eine Kontrollvariable u_t in der Weise wählt, dass ein Periodengewinn $\Pi_t(x_t, u_t)$ entsteht. Ziel der Firma sei es, den Wert aller zukünftigen erwarteten Einzahlungsüberschüsse, die mit einer Alternativrendite r abgezinst werden, zu maximieren. Nach der Bellmanschen Rekursionsgleichung setzt sich die optimale Entscheidung aus dem maximalen Gewinn der ersten Periode sowie den optimalen Entscheidungen aller zukünftigen Perioden zusammen:

$$V_0(x_0) = \max_{u_t}\left\{\Pi_0(x_0, u_0) + \frac{E[V_1(x_1)]}{1+r}\right\},$$

wobei der erwartete Gewinn aller zukünftigen Perioden auf die heutige Periode abgezinst wurde. Falls das Problem endlich mit einem festen Planungshorizont T ist, lässt sich äquivalent auch von der letzten Entscheidung zurückarbeiten:

$$V_{T-1}(x_{T-1}) = \max_{u_{T-1}}\left\{\Pi_{T-1}(x_{T-1}, u_{T-1}) + \frac{E[V_T(x_T)]}{1+r}\right\}$$

Ohne festen Zeithorizont vereinfacht sich das Problem weiter, da die Wertefunktion für alle Perioden identisch bleibt. Die Bellman-Gleichung lässt sich dann ohne Zeitindex bei den Funktionen schreiben:

$$V(x_t) = \max_{u_t}\left\{\Pi(x_t, u_t) + \frac{E[V(x_{t+1})]}{1+r}\right\}$$

Betrachtet man nun eine kurze Periode Δt, so wächst der Gewinn um $\Pi\Delta t$ und die Verzinsung beträgt $(1+r\Delta t)$, sodass sich die folgende Wertefunktion ergibt:

$$V(x_t) = \max_{u_t}\left\{\Pi(x_t, u_t)\Delta t + \frac{E[V(x_t + \Delta t)]}{1+r\Delta t}\right\}$$

Multipliziert man mit $(1+r\Delta t)$ durch und formt um, ergibt sich:

$$r\Delta t V(x_t) = \max_{u_t}\left\{\Pi(x_t, u_t)\Delta t(1 + r\Delta t) + E[V(x_t + \Delta t)] - V(x_t)\right\}$$

Teilt man durch Δt vereinfacht sich die Bellman-Gleichung für $dt \to 0$ zu:

$$rV(x_t) = \max_{u_t}\left\{\Pi(x_t, u_t)\Delta t + E\left(\frac{\partial V(x_t)}{\partial t}\right)\right\}$$

Diese Gleichung ist die zentrale Gleichung zur Lösung stochastischer dynamischer Optimierungsprobleme, bei denen eine Unternehmung über einen unendlichen Zeithorizont den diskontierten Wert aller zukünftigen erwarteten Einzahlungsüberschüsse maximiert. Sie ist bis auf den Erwartungswertoperator mit dem nicht stochastischen Fall identisch. ◀◀◀

5 Marktorientierte Unternehmensbewertung (Multiplikatorverfahren)

5.1 Einführung

Grundidee der Multiplikatorverfahren ist es, dass sich der Wert eines Unternehmens bzw. seiner Aktien aus einem Kennzahlenvergleich mit anderen Unternehmen ermitteln lässt. Aus der Bewertung vergleichbarer Unternehmen wird auf den Wert des zu bewertenden Unternehmens geschlossen. Im Gegensatz zu den erfolgsorientierten Verfahren (Ertragswertverfahren, Discounted-Cashflow-Verfahren) wird ein Unternehmen nicht isoliert, sondern anhand der Marktbewertungen von Unternehmen mit vergleichbaren Charakteristika bewertet. Die Multiplikatormethode bezeichnet man deshalb auch als »marktorientierte Bewertung«.

Beispiel

▶▶▶ Der geläufigste Multiplikator ist das Kurs-Gewinn-Verhältnis (KGV), welches die Beziehung des Aktienkurses zum Gewinn je Aktie darstellt. Will man z.B. einen Automobilhersteller bewerten, so betrachtet man die Kurs-Gewinn-Verhältnisse anderer Automobilhersteller. Betragen diese z.B. im Mittel 10 bedeutet dies, dass die Aktien der Autohersteller durchschnittlich mit dem 10-fachen ihres Gewinns bewertet werden (deshalb auch der Begriff Multiplikator). Diese Bewertungsrelation stellt die Grundlage zur Bewertung des zu bewertenden Automobilunternehmens dar. ◀◀◀

Die Multiplikatormethode hat in die wissenschaftliche Literatur bisher nur sporadisch Einzug gehalten und wird dort eher kritisch beurteilt. Die überwiegend kritische Betrachtung beruht hauptsächlich darauf, dass Multiplikatoren auf Marktpreisen basieren, die zur Ermittlung individueller Entscheidungswerte kaum geeignet sind: »Letztlich bedeutet eine Unternehmensbewertung mit Hilfe dieser Verfahren eine Vermischung der Begriffe ›Preis‹ und ›Wert‹, die jedoch in ihrer Bedeutung strikt zu trennen sind« (*Buchner/Englert*, 1994, S. 11).

Diese strikte Trennung erscheint jedoch nicht immer zweckmäßig. Es wird übersehen, dass bei zahlreichen Bewertungsanlässen (z.B. Börsengängen, Squeeze Out) nicht subjektive Entscheidungswerte, sondern (potenzielle) Marktpreise zu bestimmen sind. Die Marktpreise vergleichbarer Unternehmen liefern für die Preisfindung hilfreiche Informationen, die bei den anderen fundamentalen Verfahren ignoriert werden. So lässt sich nur anhand von Marktbewertungen erkennen, dass bei unübersichtlichen Konglomeraten oder bei der Erlangung von Kontrollmehrheiten Ab- bzw. Aufschläge gezahlt werden. Bei der Kritik wird auch gern übersehen, dass bei den erfolgsorientierten Verfahren ebenfalls ein Bewertungsvergleich mit Marktgrößen vorgenommen wird: Im Rahmen der Abzinsung werden zukünftige Zahlungsströme mit aktuellen *Markt*verzinsungen (inklusive *Markt*preisen für das Risiko) auf den Kapitalmärkten verglichen, um den heutigen *Wert* der Zahlungsströme abzuleiten.[1]

---

1 Schon *Moxter* (1983, S. 123) schreibt deshalb: »Das Vergleichsobjekt dient als Bewertungsmaßstab; eine Bewertung ohne Vergleichsobjekt bedeutet, dass das Bewertungsobjekt seinen Wertmaßstab

Kritisch wird bei den Multiplikatorverfahren ebenfalls angemerkt, dass es kaum möglich sei, passende Vergleichsunternehmen zu finden und dass der Börsenkurs aufgrund der fehlenden Effizienz des deutschen Kapitalmarktes nicht den wahren Wert einer Aktie reflektiert. Dem muss entgegen gehalten werden, dass die Zahl der Börsennotierungen in den vergangenen Jahren aufgrund einer zunehmenden Kapitalmarktorientierung der Unternehmen zugenommen hat. Im Zuge der Globalisierung der Unternehmen und der Einführung des Euro hat sich auch die Vergleichbarkeit von Unternehmen auf internationaler Ebene deutlich erhöht. Bei den meisten Bewertungsanlässen fällt es deshalb nicht schwer, geeignete Vergleichsunternehmen zu finden.

Auch die Effizienz des Kapitalmarktes in Deutschland hat sich in den vergangenen Jahren deutlich verbessert. Verschiedene Entwicklungen sind zu erwähnen:

- Konsolidierung des Umsatzes auf wenige und deshalb besonders liquide Börsen (insbesondere Computerhandelssystem XETRA),
- Regelungen zum Insiderhandel, Directors Dealing und zur Ad-hoc-Publizität im Wertpapierhandelsgesetz (WphG),
- verstärkte Marktüberwachung durch die neue Bundesanstalt für Finanzdienstleistungsaufsicht (BaFin),
- Professionalisierung des Anlageverhaltens von Finanzdienstleistern und institutionellen Anlegern aufgrund einer zunehmenden Bedeutung der Kapitalanlage (insbesondere für die Altersvorsorge),
- Erhöhung der Transparenz der Unternehmen im Zuge der Anfertigung von Kapitalflussrechnungen, Quartals- und Segmentberichten[2] und
- zunehmende Shareholder-Value-Orientierung der Unternehmen.

Für viele große und mittelgroße Unternehmen stellen die Börsenkurse deshalb hinreichend effiziente Bewertungen dar. Allerdings dürfte bei Aktien mit geringem Handelsvolumen (z.B. in den Auswahlindizes SDAX und TecDAX) die Marktbewertung oftmals wenig aussagekräftig sein. Bewertungsvergleiche sind in diesen Fällen nur unter Vorbehalt vorzunehmen.

Den Multiplikatorverfahren wird auch vorgeworfen, dass die Ansätze stark vereinfachend sind und dem Anwender viele Freiheitsgrade (bei der Auswahl der Vergleichsgruppe, Auswahl und Verdichtung der Kennzahlen) gewähren. *Ballwieser* (1991, S. 62) kommt zu dem Ergebnis: »Wer die besonderen Eigenschaften eines Unternehmens innerhalb einer bestimmten Branche durch Variation des Multiplikators berücksichtigen will, kann dies beliebig, aber auf kaum überprüfbare Weise.« Mit diesem Problem steht die Multiplikatormethode allerdings nicht alleine da. Die erfolgsorientierten Verfahren für sich genommen sind zwar wissenschaftlich fundierter, die Ermittlung des notwendigen Zahleninputs erfordert aber auch zahlreiche subjektive und grobe Annahmen. Bei der Bestimmung von Kapitalkosten, Cashflows und Wachstumsraten ergeben sich für den Bewerter zahlreiche Spielräume. Aufgrund der

---

in sich selbst trüge, dass es einen absoluten, also nicht aus gegebenen Preisen anderer Objekte abgeleiteten Wert hätte«. Bewerten heißt vergleichen!

2   Die Verbesserung der Transparenz wurde durch neue Gesetzgebungen im Kapitalmarktrecht hervorgerufen. Zu nennen sind das Gesetz zur Kontrolle und Transparenz im Unternehmensbereich (KonTraG) sowie das 3. und 4. Finanzmarktförderungsgesetz.

Komplexität der Zahlungsstromverfahren ist die Bewertung weniger transparent als bei den Multiplikatorverfahren, der Willkür sind sogar größere Türen geöffnet.

Ungeachtet der von der wissenschaftlichen Seite hervorgebrachten Kritik haben die Multiplikatorverfahren in der Praxis der Unternehmensbewertung deshalb eine weite Verbreitung. Gegenüber den fundamentalen DCF- oder Ertragswertverfahren weisen Multiplikatorbewertungen einige Vorzüge auf. In die Bewertung fließen objektive, für jedermann geltende Marktpreise ein. Der Bewertungsvergleich zwingt zu einer Analyse von Konkurrenten, sodass Stärken und Schwächen des zu bewertenden Unternehmens deutlicher zu Tage treten. Die geringere Komplexität der Methode führt dazu, dass Bewertungen zumeist schneller gelingen und sich leichter kommunizieren lassen. In vielen Verhandlungssituationen erlangen Argumentationen auf Basis von Multiplikatoren eine höhere Glaubwürdigkeit, da die Gegenseite mit den entsprechenden Größen und Bewertungsrelationen ebenfalls vertraut ist.

Die wachsende Bedeutung der Kapitalmärkte und die wachsende Notwendigkeit für die Ermittlung von Marktwerten dürften dazu führen, dass die Bedeutung der Multiplikatorverfahren weiter zunimmt. Es ist deshalb geboten, die Lücke zwischen wissenschaftlicher Bewertungstheorie und Bewertungspraxis zu schließen. In diesem Kapitel soll deshalb zunächst aufgezeigt werden, welche Funktionen Multiplikatoren erfüllen können. Es folgt sodann eine Darstellung der Struktur und des Ablaufs einer Multiplikatorbewertung.

5.2   Funktionen der Multiplikatormethode

5.2.1   Bewertung von Unternehmen

Die Multiplikatormethode kann grundsätzlich bei jeder Unternehmensbewertung angewendet werden. Aufgrund ihrer geringen Komplexität und Marktnähe gibt es jedoch einige Anwendungsfelder, für die sie sich besonders eignet.

5.2.1.1   Bewertung bei fehlenden Plandaten

Die Multiplikatorverfahren drängen sich für die Unternehmensbewertungen immer dann auf, wenn keine Plandaten zur Verfügung stehen, die eine detaillierte Discounted-Cashflow-Bewertung erlauben. Aktienanalysten müssen die Auswirkungen aktueller Entwicklungen auf die Marktbewertung schnell einschätzen können und haben in vielen Situationen keine Zeit, detaillierte Planungsrechnungen anzufertigen. Bei der Anfertigung von Kurzanalysen verwenden Analysten daher überwiegend Multiplikatoren. M&A-Berater arbeiten im Rahmen indikativer Bewertungen mit Multiplikatoren etwa dann, wenn für einen möglichen Käufer ein erster Anhaltspunkt für den Wert des zu erwerbenden Unternehmens ermittelt werden soll.

Ein Spezialfall der Anwendung der Multiplikatormethode bei Fehlen hinreichender Plandaten ist die Erstellung einer Sum-of-the-Parts-Bewertung (auch Break-up-Value genannt). Der Wert eines Unternehmens wird in diesem Fall als Summe der Werte seiner Geschäftsbereiche ermittelt. Die Multiplikatormethode bietet sich bei der Bewertung von Konglomeraten an, wenn aufgrund unzureichender Segmentberichterstattung oder einer Vielzahl unterschiedlicher Geschäftsbereiche die Anwendung der DCF-Methode für die einzelnen Bereiche nicht praktikabel ist. Unterschiedliche Multiples für die verschiedenen Geschäftsbereiche können jedoch recht schnell den unterschiedlichen Wachstumsperspektiven und Risiken der Bereiche gerecht werden.

5.2.1.2 Bewertung bei Börseneinführungen

Für Preisüberlegungen im Rahmen einer Börseneinführung spielt die Multiplikatormethode eine wichtige Rolle, da hierbei die Einschätzung des Kapitalmarkts die entscheidende Determinante im Preisbildungsprozess darstellt. Aktien lassen sich nur dann erfolgreich platzieren, wenn es gelingt, die divergierenden Wertvorstellungen verschiedener Investoren in einem angemessenen Marktpreis zu verdichten.[3] Unterschiedliche Preisvorstellungen kommen sehr gut in den Marktpreisen vergleichbarer Unternehmen zum Ausdruck. Die starken Schwankungen an den Börsen verlangen eine Orientierung an Marktwerten, denen statische Bewertungsmodelle (DCF-, Ertragswertverfahren) nicht genügen können. Unternehmen, die neu an der Börse eingeführt werden, haben häufig auch eine sehr kurze Historie, sodass die Prognose weit in die Zukunft reichender Erfolge (die für erfolgsorientierten Verfahren benötigt werden) besonders schwer fällt.

Darüber hinaus genießen bei einer Vielzahl der (institutionellen) Investoren Multiplikatoren einen höheren Stellenwert als Ertragswert-/DCF-Bewertungen.[4] Der am häufigsten verwendete Multiplikator bei Börseneinführungen ist das Kurs-Gewinn-Verhältnis (KGV). Bei Unternehmen, die noch keine Gewinne erwirtschaften oder deren Ertragskraft noch nicht nachhaltig realistisch ist, wird häufig ein Umsatzmultiplikator herangezogen.

5.2.1.3 Berechnung von Endwerten (Exit Multiples)

Während bei den erfolgsorientierten Verfahren der Endwert oftmals durch die Kapitalisierung eines nachhaltigen Zahlungsstroms ermittelt wird, kann dies alternativ auch über die Multiplikation des nachhaltigen operativen Gewinns mit einem entsprechenden Multiplikator (Exit Mutiple) geschehen. Typischerweise verwendete Gewinngrößen sind das EBITDA (Gewinn vor Abschreibungen, Zinsen und Steuern) und das EBIT (Gewinn vor Zinsen und Steuern). Die Verwendung dieser Methode bietet den Vorteil, dass die Branchenmultiplikatoren bereits Markterwartungen über die Kapitalkosten und die nachhaltige Wachstumsrate beinhalten. Diese Vorgehensweise setzt allerdings voraus, dass der im letzten Planungsjahr zu verwendende Multiplikator dem derzeitigen Multiplikator entspricht.

---

3   Für die Ermittlung eines angemessenen Emissionskurses ist nicht nur die Art der Bewertung maßgeblich. Auch das sog. Pre-Marketing (Interviews institutioneller Anleger), das Bookbuilding-Verfahren (Bekanntgabe einer Bandbreite für den Emissionskurs und Sammlung der Zeichnungswünsche) und der sog. Greenshoe (Stabilisierungsinstrument nach Erstnotiz) dienen dazu, einen angemessenen Marktpreis auszuloten.

4   Bei Neuemissionen wird z. B. der Großteil der Aktien (ca. 70%) bei institutionellen Anlegern platziert.

5.2.2 Plausibilitätskontrolle

Multiplikatoren sind nützliche Instrumente zur Plausibilitätsprüfung von Bewertungen auf Ertragswert-/DCF-Basis. Führt eine Bewertung durch die Anwendung von Multiplikatoren börsennotierter Unternehmen zu einem deutlich anderen Ergebnis als eine erfolgsorientierte Bewertung auf »Stand-alone«-Basis, so hat der Bewerter bei einem oder mehreren für den Wert wichtigen Parametern eine grundlegend andere Einschätzung als der Kapitalmarkt. Diese Parameter können Diskontierungssatz, nachhaltige Wachstumsrate oder die Einschätzung der zukünftigen Ertragskraft sein. In einer solchen Situation empfiehlt sich eine Überprüfung dieser Parameter. Der aktuelle IDW-Standard (IDWS 1, i.d.F. 2008, Tz. 143) sieht die Multiplikatoren mittlerweile auch als geeignet an, die Plausibilität der anderen Modelle zu überprüfen.

5.2.3 Identifikation empirischer Einflüsse

Bei den Multiplikatorverfahren erfolgt die Bewertung anhand von Bewertungsvergleichen mit einer Vergleichsgruppe (*Peer-Group*). Diese Marktvergleiche offenbaren, dass Investoren für bestimmte Eigenschaften von Investitionsobjekten bereit sind, gewisse Prämien zu zahlen. Diese Prämien – die sich bei einer ausschließlichen Bewertung mit den erfolgsorientierten Verfahren kaum identifizieren lassen – gilt es bei Verhandlungen zu beachten. Verschiedene Phänomene[5] lassen sich beobachten:

* Börsennotierte Unternehmen erhalten in der Regel eine deutlich höhere Bewertung (ca. 30 %) als nicht-börsennotierte Unternehmen. Investoren sind offensichtlich bereit, für die Fungibilität ihrer Anteile einen höheren Preis zu zahlen. Der Börsengang stellt deshalb für Venture-Capital-Unternehmen regelmäßig den Königsweg für den Rückzug (Exit) aus dem Unternehmen dar. Diese Bewertungsdifferenz korrespondiert mit den Erkenntnissen der Realoptionstheorie, nach der Handlungsoptionen (hier beim Anleger) einen Wert beinhalten.
* Unübersichtliche Konzerne werden mit einem Abschlag (*Conglomerate Discount* oder *Diversifikationsabschlag* von bis zu 30 %) gegenüber fokussierten Unternehmen (»Pure Plays«) bewertet. Mangelnde Transparenz von Unternehmen und (vermutete) fehlende Kernkompetenz in einigen Bereichen werden von vielen Anlegern negativ beurteilt. Diese Lücke zwischen Wert und Preis lässt sich durch Modelle asymmetrischer Informationsverteilung erklären. Traditionelle fundamentale Bewertungsverfahren gehen dagegen von einer neoklassischen Welt mit vollkommener Transparenz aus.
* Aufgrund steigender Investitionsmittel und des damit einhergehenden Anlagedrucks sind Venture-Capital-Unternehmen oder andere Private-Equity-Investoren vielfach bereit, hohe Prämien zu zahlen. Die übermäßigen Prämien resultieren in diesem Fall aus einem *Principal-Agent-Problem*. Die Geldgeber (Prinzipale) deligieren die Anlage von Mitteln an Investment-Manager (Agenten). Die Manager besitzen jedoch einen deutlichen Informa-

---

5   *Hermann* (2002, S. 34 ff.) stellt zahlreiche Wert-Preis-Differenzen vor und nennt viele Quellen empirischer Untersuchungen.

tionsvorsprung (»*Hidden Information*«) vor den Eigentümern. Diesen Informationsvorsprung können die Manager nutzen, um ihre eigenen Ziele – und nicht diejenigen der Geldgeber – zu verfolgen (»*Hidden Action*«). Investment-Managern wird zumeist das Ziel auferlegt, alle Gelder anzulegen und ggf. eine Benchmark bei der Anlage zu übertreffen. Die Geldgeber hingegen sind eher daran interessiert, nur zu fairen Preisen zu investieren. Mit Hilfe von Anreiz- oder Kontrollmechanismen lässt sich dieses Problem abmildern (vgl. Kapitel 8.2).

- Für die Erlangung einer Kontrollmehrheit werden regelmäßig Prämien (Paketzuschläge von bis zu 40 %) gegenüber Minderheitsbeteiligungen gezahlt. Die Kontrolle ermöglicht die Nutzung von Rationalisierungs- und Synergiepotenzialen. Unternehmen können sich einen beherrschenden Einfluss sichern und müssen Anteile nicht kurstreibend über die Börse erwerben. Sie können auch sicher sein, in Zukunft keiner preistreibenden Auktion ausgesetzt zu sein.
- Bei öffentlichen Übernahmeangeboten oder einem Squeeze-out werden häufig fundamental bzw. strategisch nicht nachvollziehbare Kaufpreise für börsennotierte Unternehmen erzielt. Bei Übernahmeangeboten soll eine größtmögliche Akzeptanz des Angebots bei den Altaktionären erreicht und unliebsame Minderheitsaktionäre sollen ausgeschlossen werden.

Die Beispiele machen deutlich, dass es jenseits der traditionellen Bewertungsverfahren Einflüsse für die Bewertung gibt, die beachtet werden müssen. Die Höhe der gezahlten Prämien lassen sich anhand empirischer Bewertungsvergleiche erkennen. Bei der Ermittlung dieser Prämien ist allerdings äußerste Sorgfalt geboten. Die Prämien lassen sich nur dann verlässlich identifizieren, wenn sich Bewertungsobjekt und Vergleichsgruppe hinsichtlich aller anderen Eigenschaften (Bewertungszeitraum, Bewertungskennzahl, Unternehmenstätigkeit) perfekt entsprechen. Empirische Untersuchungen kommen deshalb regelmäßig zu unterschiedlichen Ergebnissen (vgl. *Hermann* 2002, S. 34 ff.).

Die Existenz dieser Prämien macht aber zugleich deutlich, dass Rückschlüsse aus Marktwertungen mit Vorsicht zu betrachten sind. Multiplikatorbewertungen auf Basis von Bewertungsvergleichen liefern nur dann sinnvolle Ergebnisse, wenn bei der Marktbewertung von Peer-Group und Bewertungsobjekt Vergleichbarkeit hergestellt ist. Vergleichbarkeit muss nicht nur in Bezug auf das Bewertungsverfahren und die Unternehmenstätigkeit gewährleistet sein, auch Bewertungsanlass und -situation müssen sich entsprechen. Vergleiche erfordern Vergleichbarkeit!

5.3   Struktur der Multiplikatorbewertung

5.3.1   Das Bewertungsmodell

Die Multiplikatorverfahren haben zum Ziel, den gesuchten Marktpreis der Unternehmung unmittelbar aus beobachteten Marktpreisen vergleichbarer Unternehmen abzuleiten (»marktorientierte Bewertung«). Formal sollten für das zu bewertende Unternehmen und seine Vergleichsunternehmen die Relationen von Bewertungs- und Bezugsgrößen übereinstimmen:

(5.1) $\dfrac{P_i}{B_i} = \dfrac{P_j}{B_j}$

Dabei bezeichnet P_i einen Marktpreis des zu bewertenden Unternehmens und B_i einen Indikator für die Performance des Unternehmens. Indikatoren für die künftige Performance können Gewinn-, Cashflow-, Umsatz- und Kapitalgrößen darstellen. P_j/B_j stellt die entsprechende Bewertungsrelation der Vergleichsobjekte dar und wird auch als Multiplikator *M* bezeichnet. Durch einfache Umformung erhält man:

(5.2) $P_i = B_i \cdot M$

Der potenzielle Marktpreis (P_i) ergibt sich bei dem Verfahren aus der Multiplikation eines Performance-Indikators (B_i) mit dem bewertungsrelevanten Multiplikator (M). Der bewertungsrelevante Faktor wird anhand eines Kennziffernvergleiches mit anderen Unternehmen (»Peer Group«) ermittelt. Die Berechnung der potenziellen Marktpreise kann für verschiedene Aggregate, also für die einzelne Aktie, das Eigenkapital oder das gesamte Unternehmen, vorgenommen werden. Denkbare Indikatoren für den Wert des Eigenkapitals sind der Gewinn, der Cashflow oder der Buchwert des Eigenkapitals. Bei der Bewertung einzelner Aktien werden die entsprechenden Preise und Indikatoren *je Aktie* betrachtet. Alternativ können auch Indikatoren verwendet werden, welche zusätzlich die Vermögensposition der Fremdkapitalgeber beinhalten. Adäquate Indikatoren für den *Gesamtwert* des Unternehmens (Enterprise Value) sind dann operative Ergebnisse (z.B. EBIT, EBITDA), die *allen* Kapitalgebern zustehen, oder der Buchwert des *gesamten* investierten Kapitals (Gesamtkapital, Invested Capital, Capital Employed). Die Preise lassen sich durch einfache algebraische Operationen ineinander überführen (vgl. Abbildung 5.1).

Die potenziellen Marktpreise und Performance-Indikatoren beziehen sich auf das zu bewertende Unternehmen. Die adäquaten Multiplikatoren müssen anhand von Vergleichsunternehmen (Peer Group) ermittelt werden. Damit der Multiplikator einen Erklärungsbeitrag für den potenziellen Marktpreis des zu bewertenden Unternehmens liefern kann, ist es notwendig, dass die zu seiner Bestimmung herangezogenen Marktpreise von vergleichbaren Objekten

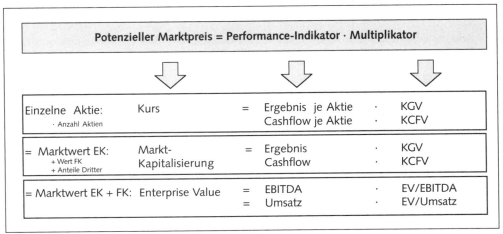

Abb. 5.1: Bewertung mit Multiplikatorverfahren

stammen. Da kein dem Unternehmen vollständig vergleichbares Objekt existiert, wird auf mehrere Objekte zurückgegriffen, um die Wirkungen von zufallsbedingten Ausreißern oder unternehmensspezifischen Besonderheiten abzuschwächen. Der relevante Multiplikator kann dann beispielsweise aus dem arithmetischen Mittel oder dem Median der Multiples der Vergleichsgruppe bestimmt werden.

Beispiel

▶▶▶ Es soll eine Multiplikatorbewertung für die Daimler AG durchgeführt werden. Als passende Vergleichsgruppe werden andere europäische Automobilhersteller herangezogen. Die Bewertung erfolgt anhand der Multiplikatoren für den Gewinn je Aktie und das EBITDA der Peer-Group-Unternehmen. Basis der Bewertung ist jeweils die erwartete Performance für die Jahre 2012 bzw. 2013. Die Bewertungen der einzelnen Unternehmen werden mit Hilfe von Mittelwerten und Median zu einer repräsentativen Bewertung der Peer-Group verdichtet.

	KGV 2012	KGV 2013	EV/EBITDA 2012	EV/EBITDA 2013
BMW	12,4	11,4	4,5	4,3
Porsche	22,9	17,7	9,3	6,4
PSA	7,2	6,4	2,1	1,9
Renault	6,8	6,2	5,0	4,5
Volkswagen	6,7	6,0	2,0	1,9
Mittelwert	11,2	9,5	4,6	3,8
Median	7,2	6,4	4,5	4,3
Daimler	12,4	9,5	4,0	3,6

Abb. 5.2: Bewertung der DaimlerChrysler AG mit Peer-Group

Die Bewertung liefert kein einheitliches Bild. Es fällt auf, dass die Mittelwerte durch den »Ausreißer« Porsche nach oben verzerrt werden. Es erscheint zweckmäßiger, die Bewertungsrelationen der Peer-Group mit Hilfe des Medians zu verdichten. Während die Kurs-Gewinn-Verhältnisse eine Überbewertung von Daimler anzeigen, deuten die EV/EBITDA-Multiples auf eine Unterbewertung des Konzerns.

Aufgrund der Vielzahl der unterschiedlichen Aktivitäten von Daimler ist der Vergleich mit reinen Automobilunternehmen jedoch fragwürdig. Es ist deshalb sinnvoll, für den Konzern auch eine Sum-of-the-Parts-Bewertung durchzuführen. Der Wert eines Unternehmens wird in diesem Fall als Summe der Werte seiner Geschäftsbereiche ermittelt. Unterschiedliche Multiples für die verschiedenen Geschäftsbereiche können recht schnell den unterschiedlichen Wachstumsperspektiven und Risiken der Bereiche gerecht werden.

Mio. € (€ bei Werten je Aktie)	Umsatz 2012	EV/Ums. 2013	Gesamt-wert	Wert je Aktie	Bewertungsansatz
Mercedes-Benz Cars	60.000	50 %	30.000	30.00	BMW-Multiple (Discount 30 %)
Daimler Truck	26.000	20 %	5.200	5.20	Volvo/Navistar-Multiple (Discount 30 %)
Daimler Buses	4.800	25 %	1.200	1.20	(Discount 30 %)
Industrielles Kerngeschäft	141.561	29 %	36.400	36.40	
Daimler Financial Services			4.000	4.000	Buchwert des Eigenkapitals
Anteile Dritter			-446	-0.44	Buchwerte
Pensionsverpflichtungen			-9.064	-9.03	Angaben aus Anhang
Nicht betriebsn. Vermögen			1.117	1.11	Buchwerte
Andere Beteiligungen			6.994	6.97	Buchwerte
Sum-of-the parts Wert			39.001	39.01	

Abb. 5.3: Bewertung der Daimler AG mit einer Sum-of-the-Parts-Bewertung

Für Mercedes Cars wird die Bewertung eines Premium-Autoherstellers herangezogen. Aufgrund der Unübersichtlichkeit dieses Bereichs wird ein Conglomerate Discount von 30 % gegenüber dem fokussierten Konkurrenten BMW vorgenommen. Die übrigen industriellen Bereiche (Trucks, Buses) werden auch anhand von direkten Konkurrenten bewertet. Die Bewertung der Beteiligungen erfolgt – falls möglich – mit Hilfe der Börsenbewertung dieser Unternehmen. Bei den weniger bedeutsamen Positionen erfolgt eine Bewertung mit Buchwerten. ◄◄◄

5.3.2 Voraussetzungen für sinnvolle Marktvergleiche

Anhand dieser Grundstruktur des Verfahrens wird deutlich, dass für eine sinnvolle vergleichende Analyse verschiedene Aspekte zu klären sind.

1. *Auswahl vergleichbarer Performance-Indikatoren:* Es muss geklärt werden, welche Kennzahlen (Gewinne, Cashflows, Kapitalgrößen) die Performance der Unternehmen gut abbilden und inwieweit diese Größen vergleichbar sind. Gegebenenfalls sind Bereinigungen durchzuführen.
2. *Selektion vergleichbarer Unternehmen:* Bewertungsobjekt und Peer-Group sollen vergleichbar sein. Es muss deutlich werden, nach welchen Kriterien vergleichbare Unternehmen auszuwählen sind.
3. *Die Identifikation vergleichbarer Bewertungsanlässe (vergleichbarer Marktpreise):* Je nach Bewertungsanlass können aktuelle Börsenbewertungen, erzielte Verkaufserlöse oder Emissionspreise zur Anwendung kommen. Hiernach lassen sich verschiedene Grundformen – Similar Public Company-, Recent Acquisition- oder Initial Public Offering-Method – der Multiplikatormethode unterscheiden.

4. *Die Wahl einer geeigneten Verdichtungsmethode für die Multiples*: Die Vergleichswerte der Peer-Group sind in geeigneter Form zu verdichten, um Ausreißer oder andere Besonderheiten auszuschalten.

Diese Aspekte werden in den folgenden Kapiteln erläutert.

5.4   Ablauf der Multiplikatorbewertung

Bei einer Multiplikatorbewertung empfiehlt sich die in Abbildung 5.4 skizzierte Vorgehensweise. Damit eine fundierte Bewertung vergleichbarer Unternehmen oder Transaktionen vorgenommen werden kann, muss der Bewerter zunächst über ein fundiertes Verständnis des zu bewertenden Unternehmens verfügen. Dabei lassen sich alle Erkenntnisse der Vergangenheitsanalyse (vgl. Kapitel 7) oder der zukünftigen Erfolgspotenziale (vgl. Kapitel 8) nutzen. Die Unternehmensanalyse mündet – analog zu den erfolgsorientierten Verfahren – in einer Prognose von Erfolgsgrößen (von Ergebnissen und/oder Cashflows).

5.4.1   Auswahl geeigneter Multiplikatoren

5.4.1.1   Grundsätzliche Anforderungen
Bei der Berechnung jeglicher Multiples ist auf sinnvolle Beziehung zwischen den Größen im Zähler und den Größen im Nenner zu achten: Der Performance-Indikator im Nenner muss einen hohen Erklärungsgehalt für den zu erklärenden Marktpreis im Zähler haben. Es sind deshalb folgende Aspekte zu beachten:
- *Performance-Indikatoren und Preise müssen sich auf das gleiche Aggregat beziehen:* Sollen Marktwerte je Aktie (Kurse) ermittelt werden, so müssen sich auch die Indikatoren (Gewinne, Cashflow, Kapitalgrößen) auf die einzelne Aktie beziehen. Sollen Marktwerte des Eigenkapitals bewertet werden, so sind Indikatoren zu betrachten, die nur den Eigenkapitalgebern zustehen (z. B. Jahresüberschüsse). Bei Bewertung des gesamten Unternehmens werden Größen bewertet, die allen Kapitalgebern zustehen (z. B. Operative Ergebnisse oder das Capital Employed).
- *Performance-Indikatoren leiten sich aus Konzernabschlüssen ab*: Ein Konzern steht definitionsgemäß unter einheitlicher Leitung. Die Konzernführung kann verschiedene Tochtergesellschaften steuern und Ergebnisse innerhalb des Konzerns verschieben. Die Werte der Töchter stehen gemäß dem Anteilsbesitz der Mutter zu und stellen für die Eigentümer der Mutter einen Wert dar. Kennzahlen berechnet auf Basis von Einzelabschlüssen sind demzufolge unzureichende Indikatoren für die künftige Performance des Gesamtkonzerns.
- *Eliminierung Anteile Dritter:* In den Konzernabschlüssen werden Ergebnisse und Kapitalanteile von Tochtergesellschaften vollkonsolidiert, die jedoch nicht zu 100 % der Mutter gehören. Diese sog. Anteile Dritter sind bei Ergebnis- und Kapitalgrößen zu eliminieren, da sie nicht den Eigentümern der Mutter zustehen und nicht in die Bewertung einfließen

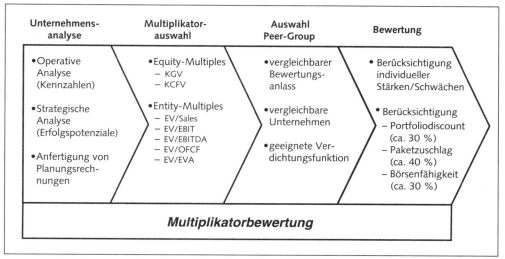

Unternehmens-analyse	Multiplikator-auswahl	Auswahl Peer-Group	Bewertung
•Operative Analyse (Kennzahlen)	•Equity-Multiples – KGV – KCFV	•vergleichbarer Bewertungs-anlass	• Berücksichtigung individueller Stärken/Schwächen
•Strategische Analyse (Erfolgspotenziale)	•Entity-Multiples – EV/Sales – EV/EBIT – EV/EBITDA – EV/OFCF – EV/EVA	•vergleichbare Unternehmen	• Berücksichtigung – Portfoliodiscount (ca. 30 %) – Paketzuschlag (ca. 40 %) – Börsenfähigkeit (ca. 30 %)
•Anfertigung von Planungsrech-nungen		•geeignete Ver-dichtungsfunktion	

Multiplikatorbewertung

Abb. 5.4: Ablauf der Multiplikatorbewertung

sollen. Werden die Anteile Dritter in den Performance-Indikatoren *nicht* bereinigt (z.B. bei Betrachtung von EBIT oder EBITDA), kann aus Gründen der Konsistenz alternativ eine Bereinigung des zu erklärenden potenziellen Preises (z.B. des Enterprise Values) vorgenommen werden.

- *Analoge Bereinigungen von Performance-Indikator und Preisgröße:* Häufig werden Ergebnis- und Kapitalgrößen als Performance-Indikatoren herangezogen, die um gewisse Tatbestände bereinigt werden. So werden z.B. Pensions- oder Leasingverpflichtungen regelmäßig als Verbindlichkeiten klassifiziert und die operativen Ergebnisse um die entsprechenden Zinsaufwendungen nach oben korrigiert (Funding Conversion). Eine konsistente Berechnung der Multiples verlangt, dass eine gewählte Klassifikation durchgehend in der Performance-Größe *und* der Preisgröße eingehalten wird.

5.4.1.2   Arten von Multiplikatoren

Dem Bewerter stehen eine Vielzahl möglicher Multiplikatoren zur Verfügung. Dabei kann grundsätzlich zwischen Equity- und Entity-Multiplikatoren unterschieden werden. Mit der Hilfe von *Equity-Multiplikatoren* wird das Eigenkapital bewertet, entweder das gesamte Eigenkapital oder die einzelne Aktie. Bei *Entity-* (oder Enterprise-Value) *Multiplikatoren* wird die Gesamtheit des Unternehmens bewertet, also das Eigen- *zuzüglich* des Fremdkapitals. Der grundsätzliche Unterschied der Verfahren besteht darin, dass bei der Bewertung des Eigenkapitals eine Performance-Größe betrachtet wird, bei der die Ansprüche der Fremdkapitalgeber schon abgegolten sind. Dies kann eine Erfolgsgröße *nach* Zinszahlungen oder eine Kapitalgröße *exklusive* des Fremdkapitals sein. Bei den Entity-Methoden wird hingegen eine operative Erfolgsgröße *vor* Zinszahlungen bzw. eine Kapitalgröße *inklusive* des Fremdkapitals bewertet, da diese Werte sowohl Eigen- *und* Fremdkapitalgebern zustehen.

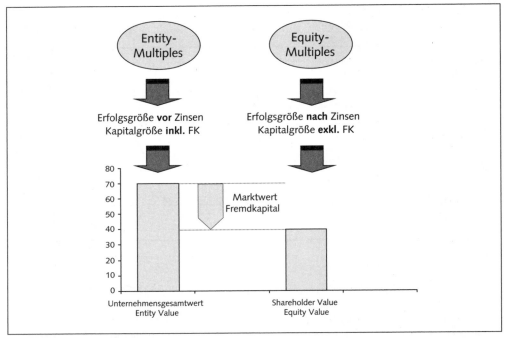

Abb. 5.5: Equity- versus Entity-Multiples

5.4.1.3 Equity-Multiples

Das Kurs-Gewinn-Verhältnis (KGV)

Aufgrund seiner einfachen Ermittlung findet das Kurs-Gewinn-Verhältnis (Price-Earnings-Ratio oder kurz PE) auch heute noch weite Verbreitung. Ausgangsbasis für die Berechnung des Nenners ist zumeist der nach dem Berechnungsschema der DVFA ermittelte Gewinn je Aktie.[6] Um den Ertragsvergleich zwischen Unternehmen und im Zeitablauf zu vereinfachen, werden ungewöhnliche und dispositionsbedingte Komponenten im Jahresüberschuss unter Berücksichtigung ihrer steuerlichen Auswirkungen bereinigt. Bei der Anzahl der Aktien wird die durchschnittliche Zahl der dividendenberechtigten Aktien (Stamm- *und* Vorzugsaktien) zugrunde gelegt. Die Berechnung erfolgt nach dem folgenden Schema:

	Jahresüberschuss nach Anteilen Dritter
+/–	Bereinigungen nach DVFA
=	*DVFA-Ergebnis*
./.	Anzahl der dividendenberechtigten Aktien (Jahresdurchschnitt)
=	*DVFA-Ergebnis je Aktie*

---

6 Die Deutsche Vereinigung für Finanzanalyse und Anlageberatung (DVFA) ist die Standesorganisation der Vermögensberater und Analysten. Zur Ermittlung der gemeinsamen Bewertungsstandards vgl. DVFA (1996) und DVFA (1998).

Das *DVFA-Ergebnis* entspricht in etwa den *Basic Earnings per Share* nach US-GAAP. Es ist jedoch zu beachten, dass die Earnings per Share nach US-GAAP nur ein Ergebnis der Stammaktien darstellen, die Dividenden für Vorzugsaktien (preferred shares) werden als Bedienung von Fremdkapital angesehen und bei der Berechnung vom ausgewiesenen Jahresüberschuss abgezogen.

Das Ergebnis nach DVFA bzw. die Basic Earnings sind dann sinnvoll anzuwenden, wenn das Unternehmen über eine vergleichsweise einfache Kapitalstruktur verfügt, also keine Wandelanleihen oder Stock Options ausgegeben hat. In diesen Fällen ist abzusehen, dass bald neue Aktien ausgegeben werden, die das Ergebnis je Aktie verwässern. Unter diesen Umständen ist es zweckmäßig, auch ein verwässertes (diluted) Ergebnis je Aktie zu berechnen. Gemäß US-GAAP (SFAS 128) oder IAS (IAS 133) berechnet sich das verwässerte Ergebnis je Aktie z.B. wie folgt:

	Net income
–	Preferred dividends
=	Net income after preferred dividends
+	Convertible debt interest
+	Convertible preferred dividends
=	*Net income of diluted shares*
./.	(Weighed average number of Common Shares
	+ shares of conversion of debt
	+ shares of conversion of preferred shares
	+ shares of issuable stock options)
=	*Diluted earnings per share*

Aufgrund der Zuordnung der Anteile Dritter im Fremdkapital entspricht das Net Income dem ausgewiesenen Jahresüberschuss nach Anteilen Dritter. Die Berechnung des verwässerten Ergebnisses erfolgt unter der Fiktion, dass die Bezugs- und Wandlungsrechte für neue Aktien aus Wandelanleihen (convertible debt), wandelbaren Vorzugsaktien (convertible preferred shares) und Aktienoptionen (stock options) auch tatsächlich ausgeübt werden. In der Folge wird sowohl das zugrunde liegende Ergebnis um die entfallenden Zinsen bzw. Ausschüttungen als auch die Anzahl der Aktien entsprechend korrigiert.

Das DVFA-Ergebnis bzw. das Net Income beinhalten jeweils das Finanzergebnis, d.h. die Ansprüche der Fremdkapitalgeber haben diese Ergebnisse bereits vermindert. Es ist deshalb sinnvoll, den (verwässerten) Gewinn (je Aktie) dem Marktwert des Aktionärsvermögens (also der Marktkapitalisierung) gegenüberzustellen. Das bekannte Kurs-Gewinn-Verhältnis lautet:

$$(5.3) \qquad KGV = \frac{Kurs}{Gewinn\,je\,Aktie} = \frac{Marktkapitalisierung}{Gewinn}$$

Das KGV ist eine *dimensionslose Zahl* und aufgrund seiner einfachen Anwendung und weiten Verbreitung auch heute noch die zentrale Kennziffer zur Bewertung von Aktien bzw. Unternehmen. Eine Aktienbewertung auf Basis des KGV weist jedoch folgende Schwächen auf:

- *Ertragslage muss nachhaltig realistisch sein:* Das betrachtete Unternehmen muss mindestens im nächsten oder übernächsten Jahr über einen realistischen Gewinn verfügen, damit sinnvolle Bewertungsvergleiche angefertigt werden können. Das KGV eignet sich kaum für Bewertungsvergleiche von Unternehmen in einer Turn-Around-Situation oder am Beginn des Lebenszyklus.

- *Abhängigkeit vom Verschuldungsgrad (Leverage):* Die Kennzahl ist nicht an die operative Ergebnisentwicklung angelehnt. Unterschiedliche Verschuldungsgrade und unterschiedliche Besteuerungen (insbesondere bei der Nutzung von Verlustvorträgen) erschweren die Identifikation und Prognose der Ertragsdynamik des originären Geschäfts. Unterschiedliche Verschuldungsgrade schränken die Aussagekraft des KGV ein, da mit zunehmendem Verschuldungsgrad die Renditeforderungen der Kapitalgeber steigen. Das KGV sollte entsprechend niedriger ausfallen.
- *Unternehmens- und Zeitvergleiche sind kritisch:* Die hohe Abhängigkeit von der deutschen Rechnungslegung beeinträchtigt die (internationale) Vergleichbarkeit. Die deutsche Rechnungslegung legt den Schwerpunkt der Bilanzierung auf den Gläubigerschutz, sodass die tatsächliche Ertragskraft vieler Unternehmen unterzeichnet wird.[7]
- *Subjektive Bewertung notwendig:* Bewertungen auf Basis des Gewinns je Aktie sind häufig willkürlich und subjektiv (Wer »verdient« welches KGV?). Gehaltvolle Bewertungsmaßstäbe erhält man durch eine gewissenhafte Analyse der Bewertungsrelationen von vergleichbaren Unternehmen. Aufgrund unterschiedlicher Risiken oder Wachstumsraten müssen jedoch in der Regel recht willkürliche Zu- bzw. Abschläge auf die Bewertungen der Vergleichsunternehmen vorgenommen werden.

Das Price/Earnings to Growth Ratio (PEG-Ratio)

Das PEG-Ratio wird berechnet, indem das KGV auf Basis des Gewinns des folgenden Jahres durch die annualisierte Wachstumsrate des Gewinns oder des Umsatzes (Compound Annual Growth Rate oder CAGR) geteilt wird. Das PEG-Ratio wird in der Regel auf Basis der Wachstumsrate der kommenden drei Jahre berechnet. Somit sollen Unternehmen mit unterschiedlichen Wachstumsprofilen besser vergleichbar gemacht werden.

Der Zusammenhang zwischen KGV und Diskontierungsmethoden (vgl. Kapitel 5.4.1.6) macht jedoch deutlich, dass das PEG-Ratio unterschiedliche Wachstumsraten nur auf eine sehr grobe Weise berücksichtigt. Geeigneter wäre danach auch eine gleichzeitige Berücksichtigung der Eigenkapitalkosten. Das PEG-Ratio führt deshalb in der Regel zu unbefriedigenden Ergebnissen.

Das Kurs-Cashflow-Verhältnis (KCFV)

Um die Spielräume der Bilanzpolitik weitgehend auszuschalten, werden ebenfalls in Anlehnung an die Richtlinien der DVFA die Cash Earnings je Aktie ermittelt. Cash Earnings stellen den gesamten (sowohl operativen als auch nicht-operativen) Überschuss an Mitteln dar und sind sowohl Ausdruck der Ertrags- als auch der Innenfinanzierungskraft eines

---

7   Aus dem Gläubigerschutz resultieren wichtige Prinzipien in der Rechnungslegung wie das Vorsichts-, Realisations- und Imparitätsprinzip. Die Dominanz dieser Prinzipien führt häufig dazu, dass das Stetigkeitsgebot der Rechnungslegung missachtet wird. Der Volkswagen-Konzern hat beispielsweise in den vergangenen Jahren regelmäßig seine Bewertungsgrundsätze geändert. Die Veränderungen der Berechnungsmethoden für Pensionsrückstellungen oder Abschreibungen haben die ausgewiesenen Ergebnisse jeweils um Milliardenbeträge geschmälert.

Unternehmens. Die *DVFA Cash Earnings* werden indirekt aus dem Jahresüberschuss durch Bereinigung aller zahlungs*un*wirksamen Aufwendungen/Erträge sowie aller ungewöhnlichen zahlungswirksamen Vorgänge von wesentlicher Bedeutung abgeleitet. Die Berechnung sieht wie folgt aus:

	Jahresüberschuss nach Anteilen Dritter
+	Abschreibungen auf das Sachanlagevermögen
+	Veränderung langfristiger Rückstellungen
+/-	Bereinigung ungewöhnlicher zahlungsunwirksamer Aufwendungen/Erträge
=	*Cash Earnings nach DVFA*
./.	Anzahl der dividendenberechtigten Aktien (Jahresdurchschnitt)
=	*DVFA-Cash Earnings je Aktie*

Ausgangsbasis zur Ermittlung der DVFA-Cash Earnings ist ebenfalls der Jahresüberschuss, also eine Größe nach Finanzergebnis. Zur Ermittlung eines sinnvollen Multiplikators werden die Cash Earnings je Aktie (analog zur Vorgehensweise beim DVFA-Gewinn) ebenfalls mit dem Kurs der betreffenden Aktie ins Verhältnis gesetzt:

$$(5.4) \qquad KCFV = \frac{Kurs}{(DVFA-)Cash\,Earnings\,je\,Aktie} = \frac{Marktkapitalisierung}{(DVFA-)Cash\,Earnings}$$

Aufgrund unterschiedlicher internationaler Rechnungslegungen sowie unterschiedlicher Bewertungsmethoden bzw. Bilanzpolitik sind die großen (nicht-zahlungswirksamen) Aufwandspositionen Abschreibungen auf Sachanlagen oder Pensionsaufwendungen bei verschiedenen Unternehmen kaum vergleichbar. Mit Hilfe der Bereinigung dieser Positionen erhält man einen stabilen und international gut vergleichbaren Maßstab zur Beurteilung der Ertrags- und Finanzkraft von Unternehmen. Trotz dieser Vorteile gegenüber dem KGV sind auch Bewertungen auf Basis des KCFV nicht ohne Schwächen:

- *Abhängigkeit vom Verschuldungsgrad (Leverage):* Die Cash Earnings beinhalten alle operativen und nicht-operativen Zahlungsströme. Es erfolgt deshalb keine Bewertung auf Basis der nachhaltigen *operativen* Ertragskraft. Überdurchschnittlich hohe Verschuldungsgrade (und deshalb deutlich erhöhte Insolvenzrisiken) sollten sich in einem geringeren KCFV bemerkbar machen.
- *Mangelnde Vergleichbarkeit:* Die Cash Earning geben vielfach die Finanzkraft nur verzerrt wieder. So enthält der international gebräuchliche »Cash flow from operations« demgegenüber auch Bewegungen im Nettoumlaufvermögen (»working capital«) und bei den kurzfristigen Rückstellungen. Darüber hinaus sind die Cash Earning kaum für einen Bewertungsvergleich von Unternehmen mit unterschiedlicher Kapitalintensität geeignet. Trotz gleicher Cash Earnings können die eigentlich bewertungsrelevanten verfügbaren Cashflows (Free Cashflows) erheblich voneinander abweichen, da Unternehmen mit einer höheren Kapitalintensität mehr Cash für die Finanzierung der erforderlichen Investitionen vorhalten müssen.
- *Keine Verbindung zu DCF-Modellen:* Als Basis der Unternehmensbewertung ist die Ermittlung der DVFA-Cash-Earnings kaum hilfreich, da die Herleitung des relevanten operativen Free Cashflows nur mit weiteren Rechenschritten möglich ist. Eine Bewertung der Einzelteile von Unternehmen (Sum-of-the-Parts-Valuation) kann ebenfalls nicht vorgenommen werden.

Das Kurs-Buchwert-Verhältnis

Bisher wurden lediglich Stromgrößen als Performance-Indikatoren zur Bewertung betrachtet. In vielen Fällen werden jedoch auch Bestandsgrößen-Multiplikatoren (Asset Multiples) verwendet. Der am häufigsten verwendete Equity-Multiplikator, der Bestandsgrößen betrachtet, ist das Kurs-Buchwert-Verhältnis.

Beim Kurs-Buchwert-Verhältnis (*Price/Book-Multiple*) wird der Marktwert des Eigenkapitals durch den Buchwert des Eigenkapitals eines Unternehmens geteilt. Das ausgewiesene Eigenkapital kann ein guter Indikator für die Substanz eines Unternehmens sein, wenn die Bilanz nicht durch unrealistische Buchungen verzerrt wurde und es kaum Vermögen (z. B. Markenname, Image) oder Schulden neben der Bilanz gibt. In der Regel sind die Kurs-Buchwert-Verhältnisse verschiedener Unternehmen aufgrund unterschiedlicher Bilanzierungsmethoden jedoch kaum miteinander vergleichbar. Für sinnvolle Vergleiche wären umfassende und wenig praktikable Bereinigungen notwendig. Hinzu kommt, dass beim Kurs-Buchwert-Verhältnis nur die Substanz und nicht das zukünftige Ertragspotenzial bewertet wird. Das Kurs-Buchwert-Verhältnis eignet sich damit eher für Bewertungsanlässe, bei denen von einer baldigen (freiwilligen oder unfreiwilligen) Liquidation des Unternehmens ausgegangen werden muss.

Mit Hilfe des Kurs-Buchwert-Verhältnisses können jedoch deutliche Unterbewertungen aufgedeckt werden. Ein Kurs-Buchwert-Verhältnis weniger als eins deutet eine Unterbewertung an, da der Markt noch nicht einmal die (vermutlich in der Bilanz unterzeichnete) Substanz bewertet. Durch einen Kauf des Unternehmens mit anschließender Zerschlagung/Liquidierung könnten Arbitragegewinne erzielt werden. Kurs-Buchwert-Verhältnisse geringer als eins sind deshalb über längere Zeiträume kaum zu beobachten. Bei Unternehmen am Neuen Markt haben sie angezeigt, dass der Markt von einer weiteren Substanzvernichtung (»*Cash Burning*«) dieser Unternehmen ausging.

5.4.1.4   Entity-Multiples

Um die Ertragskraft der eigentlichen Geschäftstätigkeit zu bewerten bzw. um die Abhängigkeit der Ergebnisgröße von der Finanzstruktur auszuschalten, werden in der modernen Finanzanalyse zunehmend auch operative Ergebnisgrößen mit ihren entsprechenden Multiplikatoren betrachtet. Diese Ansätze erleichtern die internationale Vergleichbarkeit und erlauben häufig auch eine unterjährige Anwendung, da viele Unternehmen in ihren Zwischenberichten nur operative Ergebnisgrößen veröffentlichen. Die Methoden korrespondieren zudem mit den gebräuchlichen Verfahren der erfolgsorientierten Bewertung, bei denen ebenfalls operative Erfolgsgrößen bewertet werden.

Im Gegensatz zu den Equity-Verfahren hat es sich bei den Entity-Verfahren durchgesetzt, zur Bildung der Multiplikatoren absolute Größen (und nicht die entsprechenden Werte je Aktie) zu betrachten. Hierbei macht es jedoch keinen Sinn, die operative Ergebnisgröße der Marktkapitalisierung (wie beim KGV und KCFV) gegenüberzustellen: Operative Ergebnisse bzw. Cashflows stehen sowohl zur Bedienung des Eigen- *und* Fremdkapitals zur Verfügung. Demzufolge ist der so genannte *Enterprise Value (EV)*, also die Summe der Marktwerte des Eigen- *und* Fremdkapitals die natürliche Referenzgröße. Die entsprechenden Multiplikatoren zur Ermittlung des fundamentalen Wertes von Aktien bzw. Unternehmen haben demnach die folgende Form:

$$(5.5) \quad \frac{\text{Enterprise Value}}{\text{operatives Ergebnis}}$$

Den Entity-Verfahren liegt die Annahme zugrunde, dass Unternehmen mit vergleichbaren operativen Ergebnissen auch vergleichbare Unternehmenswerte haben. Diese Vorgehensweise ist dann zu rechtfertigen, wenn die Verschuldung (Kapitalstruktur) *keinen* Einfluss auf den Unternehmenswert hat. *Modigliani/Miller* haben in ihren bekannten Arbeiten aufgezeigt, unter welchen Bedingungen dies der Fall ist. Den Theoremen von *Modigliani/Miller* liegen jedoch unrealistische Annahmen zugrunde und in der Realität kann beobachtet werden, dass die Verschuldungspolitik Unternehmenswerte beeinflusst. Sinnvolle Bewertungsvergleiche auf Basis von Entity-Multiples sind deshalb nur möglich, wenn sich die Verschuldungsgrade und die steuerlichen Rahmenbedingungen der betrachteten Unternehmen nicht maßgeblich unterscheiden (vgl. dazu auch die Kapitel 3.2.4 und 5.4.1.6).

Im Folgenden sollen die geeigneten Definitionen operativer Ergebnisgrößen und des Enterprise Value vorgestellt werden.

Der Enterprise Value (EV)

Der Enterprise Value als Summe aus den Marktwerten des Eigen- und des Fremdkapitals ist die natürliche Bezugsgröße für alle operativen Ergebnisgrößen, da diese sowohl zur Bedienung des Fremd- als auch des Eigenkapitals zur Verfügung stehen. Für sinnvolle Bewertungsvergleiche mit operativen Erfolgsgrößen vor Steuern sollte der Enterprise Value jedoch nicht den vollständigen Marktwert des Unternehmens abbilden, sondern nur den »Marktwert des *operativen* Geschäfts *vor* Steuern«. Der Marktwert eines Unternehmens an den Börsen spiegelt nicht nur (Barwerte) zukünftiger operativer Ergebnisse, sondern auch andere Vermögensgegenstände oder die steuerlichen Rahmenbedingungen des Unternehmens wider.

Beispiel

▶▶▶ Die Lufthansa verfügt über einige wertvolle Beteiligungen (z.B. Buchungssystem Amadeus, Catering-Service LSG Sky Chefs). Die Werte dieser Beteiligungen werden von den Investoren honoriert und spiegeln sich in der Börsenkapitalisierung des Unternehmens wider. Eine Gegenüberstellung von operativen Ergebnissen, welche die Erträge dieser Finanzbeteiligungen unterschlagen, mit einem Enterprise Value, der diese Werte einschließt, wäre nicht konsistent und würde die Lufthansa-Bewertung zu hoch erscheinen lassen. ◀◀◀

Vermögensgegenstände eines Unternehmens, die nicht zur Erzielung des gewählten Performance-Indikators erforderlich sind, sind deshalb bei der Berechnung des Enterprise Value zu eliminieren. Dies können z.B. Beteiligungen, Wertpapiere oder nicht betriebsnotwendige Immobilien und Grundstücke sein. Alternativ wäre es sinnvoll, den Wertbeitrag der nicht betriebsnotwendigen Vermögensgegenstände (also deren Erträge) den operativen Ergebnisgrößen zuzuschlagen.

Der EV wird in der Regel in Relation zu einem operativen Ergebnis *vor* Steuern (z.B. EBIT, EBITDA) betrachtet. Die Marktbewertung von Unternehmen an den Börsen wird jedoch auch ein Ausdruck der individuellen steuerlichen Rahmenbedingungen des Unternehmens sein. Es ist deshalb zweckmäßig, im Hinblick auf eine bessere Vergleichbarkeit auch die Werte von unterschiedlichen Steuerbelastungen im EV zu korrigieren. Dabei ist es jedoch nicht praktikabel, alle Unterschiede zu bereinigen. Die Bereinigung beschränkt sich regelmäßig auf besonders auffällige Unterschiede. So wird zumeist bei Unternehmen, die über steuerliche Verlustvorträge verfügen, der Barwert der zukünftigen Steuerersparnisse vom EV abgezogen.

Ein konsistenter Vergleich mit operativen Größen erfordert ebenfalls, dass die Anteile Dritter korrigiert werden. Operative Ergebnisgrößen wie das EBIT oder EBITDA beinhalten Ergebnisanteile Dritter und sind damit Indikatoren für eine zukünftige Performance, von der nicht nur Eigen- und Fremdkapitalgebern, sondern *zusätzlich* auch Minderheitseigentümer in den Tochtergesellschaften des Bewertungsobjektes profitieren. Eine konsistente Berechnung erfordert deshalb eine Abbildung des Wertes dieser Anteile Dritter im Enterprise Value.

Zur Ermittlung der benötigten Marktwerte der Anteile Dritter eignen sich grundsätzlich alle Methoden der erfolgsorientierten, marktorientierten und kostenorientierten Bewertung. Aufgrund der zumeist geringen Relevanz der Anteile Dritter kommen jedoch in der Regel einfache Verfahren, z. B. Börsenwerte oder Buchwerte, zur Anwendung.

Der Enterprise Value als Bezugsgröße für Bewertungsrelationen wird folgendermaßen ermittelt:

	Marktkapitalisierung
+	Wert des Fremdkapitals (zinstragende Verbindlichkeiten)
+	Anteile Dritter
(+	Barwert der Leasingverpflichtungen)
(+	Pensionsverpflichtungen oder unfunded plans)
−	Wert der nicht-operativen Vermögensgegenstände
(−	Barwert steuerlicher Verlustvorträge)
=	*Enterprise Value (EV)*

Vereinfachend geht man häufig davon aus, dass die nicht betriebsnotwendigen Vermögensgegenstände ausschließlich aus den Finanzanlagen bestehen. Der EV lässt dann auch folgendermaßen ermitteln:

	Marktkapitalisierung
+	Nettofinanzverschuldung bzw. Net Debt (zinstragende Verb. − Finanzanlagen)
+	Anteile Dritter
(+	Barwert der Leasingverpflichtungen)
(+	Pensionsverpflichtungen oder unfunded plans)
(−	Barwert steuerlicher Verlustvorträge)
=	*Enterprise Value (EV)*

Die Pensions- oder Leasingverpflichtungen sind nur dann zu aktivieren, falls die Pensionsverpflichtungen (unfunded plans) und die Leasingverpflichtungen als Verbindlichkeit klassifiziert und die operativen Ergebnisse um die entsprechenden Zinsaufwendungen nach oben korrigiert wurden (vgl. dazu auch Kapitel 7.5). Ohne diese Korrekturen spiegeln sich die Ansprüche der Pensionäre oder Leasinggeber schon in den entsprechend reduzierten operativen Ergebnissen wider. In der Folge dürfen diese Verpflichtungen nicht mehr als Verbindlichkeit interpretiert werden, die noch mit diesen operativen Überschüssen bedient werden müssen.

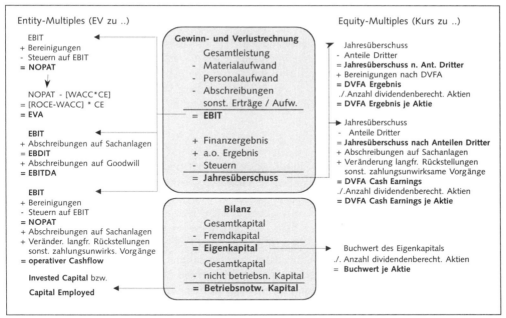

Abb. 5.6: Ableitung von Multiples aus Bilanz und GuV

EV/EBIT

Das EBIT (**e**arnings **b**efore **i**nterest and **t**axes)-Ergebnis ist durch seinen Namen definiert: Es bezeichnet gemäß der deutschen Rechnungslegung das Ergebnis eines Unternehmens *vor* Finanzergebnis und *vor* Ertragsteuern. Es erscheint sinnvoll, die sonstigen Steuern (Grund-, Gewerbekapital-, Kraftfahrzeug-, Umsatzsteuer) – die häufig im Steuerposten subsumiert werden – dem operativen Geschäft zuzuordnen, da deren Höhe unternehmerische Entscheidungen zugrunde liegen. Als ein operatives Ergebnis ist das EBIT gut geeignet, die Ertragsdynamik des originären Geschäfts eines Unternehmens (oder von deren Teilen) aufzuzeigen. Damit liefert das EBIT-Ergebnis eine gute Basis zur Prognose der zukünftigen Ertragskraft. Verzerrungen durch unterschiedlichen Leverage und unterschiedliche Steuerquoten werden ausgeschaltet.

Die Aussagekraft von Unternehmens- und Zeitvergleichen anhand von EBIT-Kennzahlen kann allerdings durch Ausnutzung bilanzpolitischer Spielräume in den verschiedenen Aufwandspositionen erheblich eingeschränkt sein. Es kann deshalb auch bei den operativen Ergebnisgrößen sinnvoll sein, adäquate Bereinigungen vorzunehmen (vgl. Kapitel 7.5). Eine einfache Bereinigungsvariante erhält man, indem die Goodwill-Abschreibungen zurückaddiert werden, da diese Abschreibungen einen aussagekräftigen Bewertungsvergleich häufig unmöglich machen. In diesem Fall erhält man ein EBITA-Ergebnis (**e**arnings **b**efore **i**nterest, **t**axes and **a**mortization). Gegenüber operativen Cashflow-Größen haben EBIT-Größen den Vorteil, dass sich Unternehmen mit unterschiedlicher Kapitalintensität sinnvoll miteinander vergleichen lassen.

EV/EBDIT

Um die Effekte stark schwankender Abschreibungen oder unterschiedlicher Abschreibungsge-pflogenheiten auszuschalten, wird vielfach die EBDIT (earnings before depreciation, interest and taxes)-Ergebnisebene als Maß der operativen Ertragskraft betrachtet. Unterschiede und Manipulationen in anderen Aufwandsgrößen werden jedoch nicht bereinigt. Das EBDIT-Ergebnis entspricht annähernd einem operativen Cashflow vor Steuern, ist vergleichsweise einfach zu berechnen und eignet sich häufig gut für umfangreiche Vergleiche der Ertrags- und Finanzkraft von Unternehmen.

EV/EBITDA

Eine zusätzliche Verfeinerung des EBDIT-Ansatzes erhält man, wenn darüber hinaus auch die Abschreibungen auf die immateriellen Vermögensgegenstände bereinigt und wieder zum operativen Ergebnis hinzuaddiert werden. Das A steht für Amortization und beschreibt die Abschreibungen der immateriellen Vermögensgegenstände, insbesondere die Abschreibungen auf den entgeltlich erworbenen Geschäfts- oder Firmenwert (*Goodwill*, vgl. § 255 HGB).

Diese Vorgehensweise korrespondiert mit der Idee der DVFA-Bereinigungen, dispositi-onsbedingte Möglichkeiten der Bilanzierung auszuschalten. Sofern dies im Wesentlichen den Ansatz und die Abschreibung von Goodwill betrifft, ist das EBITDA-Ergebnis eine praktikabel zu berechnende und gut vergleichbare Kennzahl. Das EBITDA-Ergebnis eignet sich insbesondere für grenzüberschreitende Bewertungsvergleiche, da alle wesentlichen Verzerrungen auf internationaler Ebene (Abschreibungspolitik, Goodwill-Behandlung, Finanzierungspolitik) im EBITDA eliminiert sind.

Vorsicht ist jedoch geboten, wenn Unternehmen mit unterschiedlicher Kapitalintensität verglichen werden. Eine höhere Kapitalintensität sollte – aufgrund höherer Investitions-auszahlungen – zu einem niedrigeren EBITDA-Multiplikator führen. Die eigentlich bewer-tungsrelevanten Free Cashflows fallen mit zunehmender Kapitalintensität niedriger aus. Die Berechnung ergibt sich wie folgt:

Umsatzkostenverfahren:	*Gesamtkostenverfahren:*
Umsatz	Gesamtleistung
– Herstellungskosten	- Materialaufwand
– Vertriebs- und Verwaltungskosten	- Personalaufwand
+/– sonst. Betriebl. Erträge/Aufwendungen	- Abschreibungen
	+/- sonst. betriebl. Erträge/ Aufwendungen

= *EBIT*
+ Abschreibungen auf das Sachanlagevermögen
= *EBDIT*
+ Abschreibungen auf immaterielle Vermögensgegenstände
= *EBDITA*

Sonstige Entity-Multiples

Das bereinigte EBIT- bzw. das NOPAT-Ergebnis können als konsequente Fortführung der EBDIT- und EBITDA-Ansätze interpretiert werden. Als bereinigtes EBIT-Ergebnis bezeichnet man ein EBIT-Ergebnis, bei dem *alle* relevanten außerordentlichen und aperiodischen Effekte (und nicht nur die goodwill-Abschreibungen) bereinigt werden. Versteuert man fiktiv dieses operative Ergebnis, erhält man ein *NOPAT* (**n**et **o**perating **p**rofit **a**djusted **t**axes)-Ergebnis, das bei der Unternehmensbewertung anhand des *EVA-Ansatzes* eine wichtige Größe darstellt (vgl. Kapitel 7). Die Berechnung erfolgt nach dem folgenden Schema:

	EBIT
+/–	Bereinigungen (aperiodische und außergewöhnliche operative Ergebniseinflüsse)
=	EBIT (bereinigt)
–	Steuern auf EBIT
=	NOPAT (operatives Ergebnis nach Steuern)

Die Ermittlung der Bereinigungen fällt Analysten zumeist nicht schwer, da die (häufig bekannt gegebenen) DFVA-Bereinigungen zumeist vollständig das operative Ergebnis betreffen und entsprechend hier als Bereinigungsposten angesetzt werden können.[8] Bereinigt man darüber hinaus *alle* zahlungsunwirksamen Vorgänge (nicht nur der Abschreibungen wie beim EBDIT) erhält man einen operativen Cashflow, der sich hervorragend zur Beurteilung der operativen Ertragskraft und für Unternehmensvergleiche eignet, allerdings auf Kosten des erhöhten Rechenaufwandes. Dies verdeutlich das folgende Berechnungsschema:

	NOPAT
+	Abschreibungen auf das Sachanlage- und Umlaufvermögen
+	Veränderung langfristiger Rückstellungen
+/–	sonstige zahlungsunwirksame Aufwendungen/Erträge
=	*Operativer Cashflow (OCF) oder Brutto Cashflow*

Der operative Cashflow bereinigt weitgehend Unterschiede in der Rechnungslegung und der Bilanzpolitik, ist weniger durch zyklische Effekte verzerrt und deshalb eine gute Basis für internationale Vergleiche der Ertrags- und Liquiditätslage von Unternehmen. Insbesondere deutsche Unternehmen neigen dazu, für zukünftige Aufwendungen (Pensionen, Umstrukturierungen, Risiken) konservativ überhöhte Rückstellungen zu bilden, deren Zuführungen nicht-zahlungswirksame Positionen in der Gewinn- und Verlustrechnung (GuV) darstellen.

Für die Kapitalgeber schaffen nur diejenigen Zahlungsströme einen zusätzlichen Wert, die ihnen nach der Finanzierung von erforderlichen Investitionen zur Verfügung gestellt werden können. Dies führt zur Betrachtung von so genannten Free Cashflows. Die Ermittlung von operativen Free Cashflows erweist sich nicht nur für die Ermittlung von Multiplikatoren, sondern auch für DCF-Verfahren als nützlich, da der OFCF die maßgebliche Ergebnisgröße zur Ermittlung von Unternehmenswerten anhand des verbreiteten WACC-Verfahrens ist. Der OFCF ergibt sich wie folgt:

---

8   Auch DVFA-Bereinigungen können nicht alle Unterschiede der Bilanzpolitik ausschalten. *Stern/Steward/Chew* empfehlen deshalb auch, alle offensichtlichen »Aufwendungen mit Reservecharakter« (z. B. unrealistisch hohe Abschreibungen oder Personalaufwendungen) zu bereinigen. Analysten bevorzugen bei deutschen Unternehmen jedoch den ausschließlichen Ansatz der DVFA-Bereinigungen, da sich die Bekanntgabe und Berechnung dieser Positionen etabliert haben und sich ohne viel Aufwand ein hinreichend verlässliches Ergebnis ermitteln lässt.

Operativer Cashflow (OCF) oder Brutto Cashflow
−   Bruttoinvestitionen in das Anlagevermögen
−   Bruttoinvestitionen in das Nettoumlaufvermögen (Working Capital)
=   *Operativer Free Cashflow (OFCF)*

Es erscheint sinnvoll, auch die Investitionen in das Nettoumlaufvermögen (working capital) abzuziehen, da auch das gebundene Kapital in Vorräten, Debitoren- oder Kreditorenbeständen für die Erhaltung der operativen Ertragskraft notwendig ist. Man beachte ebenfalls, dass die Bruttoinvestitionen (Nettoinvestitionen *zuzüglich* Abschreibungen) betrachtet werden, da nicht nur die Erhaltungs-, sondern auch die Erweiterungsinvestitionen zahlungswirksam sind. Würde man als Ausgangspunkt der Berechnung eine operative Ergebnisgröße, also abzüglich der Abschreibungen, betrachten (der Cashflow-Charakter der Ergebnisgröße geht dann verloren), so müssten hingegen nur die Nettoinvestitionen abgezogen werden, da nur die Erweiterungsinvestitionen zusätzliche Werte in Zukunft generieren können. Bei Verwendung des NOPAT-Ergebnisses ermittelt sich der OFCF dann folgendermaßen:

NOPAT
+   Veränderung langfristiger Rückstellungen
+/− sonstige zahlungsunwirksame Aufwendungen/Erträge
−   Nettoinvestitionen in das Anlagevermögen
−   Nettoinvestitionen in das Nettoumlaufvermögen (Working Capital)
=   *Operativer Free Cashflow (OFCF)*

Optionale Bereinigungen operativer Ergebnisse

Trotz umfassender Bereinigungen kann die Vergleichbarkeit aller operativen Ergebnisgrößen noch eingeschränkt sein. Einige Aufwendungen werden von der deutschen Rechnungslegung fälschlicherweise der operativen Ebene zugeordnet, obwohl eine Interpretation als Zinsaufwand (und damit eine Einordnung ins Finanzergebnis) sinnvoller erscheint. Dies macht eine sog. Funding-Conversion notwendig. In Kapitel 7.5 sind derartige Bereinigungen ausführlich dargestellt. Im Rahmen der Multiplikatorbewertung werden häufig die folgenden Aspekte beachtet:

*   *Verzerrung durch unterschiedliche Finanzierungsformen:* Bei der Berechnung des operativen Ergebnisses darf es keinen Unterschied machen, ob für Anlagen der Kreditkauf (Zinsaufwand belastet Finanzergebnis) oder Leasing (Aufwand belastet operatives Ergebnis) gewählt wird. Bei einem wesentlichen Umfang sollte Leasing ebenfalls als Verbindlichkeit interpretiert werden, die das Unternehmen nicht passiviert hat. Die Leasingzahlungen enthalten sowohl Zins- als auch Aufwandsanteile, wobei nur der Aufwandsanteil sinnvoll der operativen Ebene zugeordnet werden kann. Der Zinsanteil der Leasingzahlungen sollte deshalb zur besseren Vergleichbarkeit dem operativen Ergebnis zugeschlagen werden. Die Bilanzierung von Finance-Lease-Verträgen gemäß US-GAAP und IFRS folgt bereits dieser Vorgehensweise. Bei Fluggesellschaften – die häufig einen Großteil ihres Flugzeugbestandes leasen – ist es deshalb üblich, ein EBDITAR (**e**arnings **b**efore **d**epreciation, **i**nterest, **t**axes and **a**ircraft **r**ental costs)-Ergebnis zu berechnen.
*   *Verzerrung durch unterschiedliche Behandlung von Pensionsverpflichtungen:* In der Bundesrepublik wird die Bildung von Pensionsrückstellungen als attraktive (zins- und mitspra-

chefreie) Möglichkeit der Innenfinanzierung betrachtet und zumeist kaum in Pensionsfonds ausgelagert (unfunded plans). Die jährlichen Zuführungen zu den Pensionsrückstellungen, die in der GuV als Personalaufwand verbucht werden, lassen sich aufspalten in den

- Zinsaufwand, der aus der Verzinsung des Vorjahresbestands resultiert, sowie den
- Barwert der neu erworbenen Ansprüche,

wobei der Zinsaufwand in der Realität deutlich überwiegt. Die Zinsbelastungen sind im internationalen Vergleich in der Bundesrepublik zumeist außergewöhnlich hoch, da den jährlichen Kosten keine angemessene Verzinsung von ausgelagerten Fondsvermögen gegenübersteht. Das operative Ergebnis (EBIT) wird aus diesem Grund in Deutschland *deutlich nach unten verzerrt* (umgekehrt wird das Finanzergebnis zu hoch ausgewiesen). Die unfunded plans müssen eher als Verbindlichkeit, genauer als Kreditgewähr der begünstigten Arbeitnehmer, interpretiert werden. Um den Fremdkapitalcharakter der Pensionsrückstellungen hervorzuheben, ist deshalb eine getrennte Verbuchung der Zinskomponente im Zinsergebnis sinnvoller – der gleiche Betrag ist gegebenenfalls dem EBIT zuzurechnen. Einige deutsche Unternehmen (Beispiele Siemens, Schering, Mannesmann) folgen bisher diesem Ansatz und weisen den Zinsanteil dem Zinsergebnis zu.[9]

Das typisch deutsche Finanzierungsverhalten in Verbindung mit einer verzerrenden Rechnungslegung führen dazu, dass die von deutschen Unternehmen ausgewiesenen operativen Ergebnisse deren tatsächliche operative Ertragskraft häufig erheblich unterzeichnen. Die erforderlichen Bereinigungen sind jedoch aufwendig und häufig nicht praktikabel. Nur bei hoher Relevanz des Leasing (Beispiel Lufthansa) oder hohen unfunded plans (Beispiel DaimlerChrysler) erscheint eine entsprechende Anpassung der operativen Ergebnisse angebracht.

EV/Sales

Der Umsatz stellt in der Regel die robusteste Größe gegenüber unterschiedlichen Methoden der Rechnungslegung und Bilanzierungspolitik dar. Die Vergleichbarkeit der Kennziffer Umsatz an sich ist somit recht hoch. Bewertungsvergleiche und indikative Bewertungen lassen sich recht schnell herleiten, da zumeist keine aufwändigen Bereinigungen der Umsatzgrößen notwendig sind. Das EV/Sales-Multiple ermöglich zudem Bewertungsvergleiche von Unternehmen, die sich in Verlust- oder Turn-Around-Situationen befinden. Alternative Multiples auf Basis von Ergebnisgrößen versagen in diesen Fällen.

Auf der anderen Seite stellen Umsätze nur sehr grobe Indikatoren für die zukünftige Performance eines Unternehmens dar. Der Erklärungsgehalt für den Unternehmenswert ist deshalb regelmäßig eher gering. Umsatzmultiples lassen sich am ehesten dann anwenden, wenn Bewertungsobjekt und Vergleichsunternehmen hinsichtlich anderer Parameter (Branche, Marktposition, Ertragskraft, Wachstumsperspektiven, Risikoprofil usw.) nahezu identisch sind. EV/Sales-Multiples geben eine schnelle und grobe Indikation für den Wert von Unternehmen.

---

9 DaimlerChrysler weist diese Aufwendungen gemäß US-GAAP nicht dem operativen Ergebnis zu. Um jedoch eine internationale Vergleichbarkeit der Ergebnisse zu ermöglichen, wird ein entsprechend bereinigter »operating profit« veröffentlicht.

5.4.1.5   Spezielle Multiples

Die Performance-Größen müssen nicht zwingend aus der Rechnungslegung des Unternehmens abgeleitet sein. Es gibt auch andere Informationen, die eine Indikation für die zukünftige Entwicklung eines Unternehmens geben. Der Phantasie zur Auswahl anderer Indikatoren sind kaum Grenzen gesetzt. In der Regel begrenzt nur das verfügbare Datenmaterial die Anwendung beliebiger Multiples.

Branche	Performanceindikator
Beratung	• Honorareinnahmen • Mitarbeiter
Biotech	• Anzahl Produkte in Pipeline • Pipeline-Score
Brauereien	• Ausgestoßene Hektoliter
Hotels	• Miete pro Zimmer
Internet	• Besucher (Clickraten) • Anzahl Kunden • Anzahl Transaktionen • Werbeeinnahmen
Telekommunikation	• Anzahl Kunden
Verlage	• Anzahl Abonnenten
Vermögensverwaltung	• Assets under Management

Abb. 5.7: Spezielle Multiples in verschiedenen Branchen

In verschiedenen Branchen sind unterschiedliche Informationen verfügbar. Abbildung 5.7 gibt eine Übersicht über diverse branchenspezifische Multiples. Besonders bei Unternehmen am Beginn des Lebenszyklus (»geschichtslose« Unternehmen), bei denen aktuelle Umsatz- und Ertragsgrößen kaum aussagekräftig sind, liefern diese Multiples hilfreiche Bewertungsvergleiche. Im Einzelfall muss aber kritisch untersucht werden, inwieweit der branchenspezifische Indikator tatsächlich ein Schlüsselindikator für die zukünftige Performance ist. So ist bei einem Internetunternehmen mit einer hohen Frequenz an Besuchern noch lange nicht garantiert, dass diese Beliebtheit auch in Erträgen münden wird. Dies kann nur anhand einer gewissenhaften Analyse des Geschäftsmodells und einer Analyse der Wettbewerbssituation (hier insbesondere der Marktzugangsbeschränkungen) beurteilt werden.

5.4.1.6   Fairer Wert von Multiples

Die angemessene Höhe von Multiples wird vor allem anhand von empirischen Zeit- und Unternehmensvergleichen ermittelt. Angemessene Bewertungsrelationen lassen sich aber auch theoretisch errechnen, wenn man die betrachtete Performancegröße des Multiples in einem entsprechenden Diskontierungsmodell analysiert. So erfolgt beim KGV die Bewertung anhand erwarteter zukünftiger Periodenerfolge. Bei der Betrachtung eines Diskontierungsmodells auf Grundlage von Periodenerfolgen ergibt sich der folgende faire Marktwert für ein Unternehmen:

$$\text{Fairer Unternehmenswert} = \sum_{t=0}^{\infty} \frac{(\text{DVFA}-)\text{Gewinn}_t}{(1+r_{EK})^t}$$

r_{EK} = Renditeforderungen der Eigenkapitalgeber

Diese Formulierung setzt voraus, dass die Periodenerfolge recht gut die eigentlich bewertungsrelevanten Free Cashflows repräsentieren. Dies wird nur unter restriktiven Bedingungen (vgl. Kapital 2.2) der Fall sein.

Wenn man annimmt, dass die Gewinne in Zukunft mit einer konstanten Rate g wachsen, reduziert sich die unendliche arithmetische Reihe auf:

$$\text{Fairer Unternehmenswert} = \frac{\text{Gewinn}_0(1+g)}{r_{EK}-g} = \frac{\text{Gewinn}_1}{r_{EK}-g}$$

Teilt man auf beiden Seiten durch die Anzahl der dividendenberechtigten Aktien, erhält man:

$$\text{Fairer Kurs} = \frac{\text{Gewinn je Aktie}_1}{r_{EK}-g}$$

Durch Umformung erhält man einen Ausdruck für ein angemessenes Kurs-Gewinn-Verhältnis:

$$\text{Faires KGV} = \frac{\text{Fairer Kurs}}{\text{Gewinn je Aktie}_1} = \frac{1}{r_{EK}-g}$$

Ein faires KGV auf Basis der für das nächste Jahr erwarteten Gewinne hängt mithin von den Renditeforderungen der Eigenkapitalgeber sowie der Gewinndynamik des Unternehmens ab. Oder anders interpretiert: In beobachtbaren Multiples kommt sowohl das erwartete Wachstum des Unternehmens als auch die Renditeforderung der Eigentümer zum Ausdruck. Die Ermittlung von Eigenkapitalkosten ist eingehend in Kapitel 3.2 dargestellt. Höhere Renditeforderungen sollten sich in einem niedrigeren KGV widerspiegeln. Bei ausgeprägten Wachstumsunternehmen ist ein höheres KGV zu erwarten als bei stagnierenden Unternehmen. Tabelle 5.1 zeigt angemessene Kurs-Gewinn-Verhältnisse für verschiede Parameter von Wachstumsraten und Kapitalkosten auf.

$g = 2\%$ $r_{EK} =$	Faires KGV	$r_{EK} = 12\%$ $g =$	Faires KGV
6 %	25,5	0 %	8,3
7 %	20,4	1 %	9,2
8 %	17,9	2 %	10,2
9 %	14,3	3 %	11,4
10 %	12,8	4 %	13,6
11 %	11,3	5 %	15,4
12 %	10,2	8 %	25,4
13 %	9,3	10 %	55,3

Tab. 5.1: Sensitivitätsanalyse des KGV

Eine ähnliche Betrachtung kann für das verbreitete EV/EBITDA-Multiple vorgenommen werden. Das EBITDA stellt einen (einfach berechneten) operativen Cashflow dar. Nach Abzug von Investitionen und Steuern kann er in einen operativen Free Cashflow übergeführt werden, der Grundlage für die Entity-Methoden der erfolgsorientierten Unternehmensbewertung ist. Danach gilt:

$$\text{Fairer Unternehmenswert} = \sum_{t=0}^{\infty} \frac{EBITDA_t \cdot (1-inv) \cdot (1-s)}{(1+WACC)^t}$$

WACC   Weighed Average Cost of Capital
           (gewichtete Renditeforderung aller Investoren),
inv   Investitionsquote (Investitionen in Relation zum EBITDA),
s   Steuerquote (Steuerzahlungen in Relation zum operativen Free Cashflow).

Geht man von konstant wachsen EBITDA-Ergebnissen (Wachstumsrate g) aus, so konvergiert die Summenformel gegen:

$$\text{Fairer Unternehmenswert} = \frac{EBITDA_1 \cdot (1-inv) \cdot (1-s)}{WACC-g}$$

Teil man auf beiden Seiten durch $EBITDA_1$ erhält man einen Ausdruck für ein faires EV/EBITDA-Multiple:

$$\text{Faires EV / EBITDA}_1 = \frac{(1-inv) \cdot (1-s)}{WACC-g}$$

Im Gegensatz zum KGV hängt das faire EV/EBITDA nicht nur von den Renditeforderungen der Eigentümer, sondern von den gewichteten Renditeforderungen *aller* Kapitalgeber (WACC) ab. Darüber hinaus wird ein angemessenes EV/EBITDA auch durch die Investitionstätigkeit (Kapitalintensität) und die Steuerzahlungen des Unternehmens beeinflusst.

Bei kapitalintensiven Unternehmen ist für die Kapitalgeber aufgrund der höheren Investitionen vom operativen Cashflow weniger verfügbar und das EV/EBITDA sollte entsprechend niedriger ausfallen. Das angemessene EV/EBITDA korrespondiert in hohem Maße mit der Kennzahl »Innenfinanzierungskraft« (vgl. Kapitel 7.4) des Unternehmens. Bei Unternehmen mit einer geringen Innenfinanzierungskraft (Investitionen/EBITDA tendiert gegen 100 %) erzielt das Unternehmen sehr geringe Free Cashflows und das Multiple sollte entsprechend niedrig ausfallen. Bei einer negativen Innenfinanzierungskraft (Investitionen / EBITDA > 1) verbrennt das Unternehmen im operativen Geschäft sogar Cash und vernichtet Unternehmenswert.

Höhere Steuerbelastungen führen ebenfalls zu einem geringeren Free Cashflow und sollten in einem ebensolchen EV/EBITDA münden. Tabelle 5.2 zeigt eine Sensitivitätsanalyse des EV/EBITDA-Multiples für verschiedene Parameterwerte.

g = 2 % WACC = 12 % s = 40 % inv =	Faires EV / EBITDA	g = 2 % WACC = 12 % inv = 70 % s =	Faires EV / EBITDA	WACC = 12 % inv = 70 % s = 40 % g =	Faires EV/EBITDA
30 %	3,00	20 %	2,40	0 %	1,50
40 %	2,40	25 %	2,25	1 %	1,63
50 %	3,00	30 %	2,10	2 %	1,80
60 %	2,40	35 %	1,95	3 %	2,00
70 %	2,10	40 %	1,80	4 %	2,25
80 %	1,20	45 %	1,65	5 %	2,57
90 %	0,60	50 %	1,50	8 %	4,50
100 %	0,00	55 %	1,35	10 %	9,00

Tab. 5.2: Sensitivitätsanalyse des EV/EBITDA

5.4.2 Anlass von Marktpreisschätzungen

Die Idee der Multiplikatorverfahren ist es, den Wert von Unternehmen durch Vergleichsbewertungen herzuleiten. Neben vergleichbaren Kennzahlen sollten für aussagekräftige Bewertungen auch die Unternehmenstätigkeit der Unternehmen vergleichbar sein. Die empirische Marktanalyse offenbart jedoch, dass Marktpreise nicht nur Unterschiede in der Unternehmenstätigkeit zum Ausdruck bringen, auch die Bewertungssituation oder der Bewertungsanlass können Ursache für unterschiedliche Bewertungen sein. So werden für börsennotierte Unternehmen regelmäßig höhere Preise gezahlt als für vergleichbare nicht-börsennotierte Unternehmen. Für die sinnvolle Ermittlung von Vergleichspreisen sind deshalb unterschiedliche Konzeptionen herausgearbeitet worden.

5.4.2.1 Similar Public Company Method

Bei der Similar Public Company Method (SPCM) wird ein Bewertungsobjekt verschiedenen vergleichbaren Unternehmen gegenübergestellt. Die Unternehmen der Vergleichsgruppe zeichnen sich dadurch aus, dass ihre Anteile *öffentlich an Börsen* notiert sind, d.h. die aktuellen Marktpreise der einzelnen Anteile der Vergleichsunternehmen sind bekannt.

Die SPCM hat die Vorteile, dass der Aufwand bei der Suche von vergleichbaren Unternehmen recht gering ist und diese Vergleichsunternehmen zudem eine Fülle öffentlich verfügbarer Informationen liefern. In den USA fällt die Eingrenzung besonders leicht, da sämtliche US-amerikanische Unternehmen nach dem Northern American Industrie Classification System (NAICS) eingruppiert sind. Mit Hilfe der NAICS lassen sich die Unternehmen finden, die in der gleichen Branche tätig sind. Ist es nicht möglich, ein Vergleichsunternehmen mit identischem NAICS-Code zu finden, kann auf den nächst höheren Code zurückgegriffen werden.

In der Bundesrepublik fällt die Auswahl geeigneter börsennotierter Unternehmen ebenfalls kaum schwer. Die Zahl vergleichbarer börsennotierter Unternehmen ist immer noch überschaubar, und erfahrene Branchenanalysten können sehr schnell die Hauptkonkurrenten mit ihren jeweiligen Unterschieden identifizieren. Die SPCM eignet sich insbesondere für die Bewertung vergleichbarer börsennotierter Unternehmen. Aufgrund der hervorragenden Informationslage von börsennotierten Unternehmen kommt sie aber auch bei der Bewertung von Unternehmenskäufen oder von Neuemissionen zur Anwendung. In diesen Fällen sind jedoch adäquate Bewertungszuschläge für Kontrollprämien bzw. Abschläge für fehlende Fungibilität oder Zeichnungsanreize vorzunehmen.

5.4.2.2   Recent Acquisition Method

Im Rahmen der Recent Acquisition Method (RAM) wird der potenzielle Marktpreis des zu bewertenden Unternehmens aus Kaufpreisen abgeleitet, die in der jüngeren Vergangenheit bei Verkäufen vergleichbarer Transaktionen gezahlt wurden. In der Folge ergibt sich eine andere Auswahl für die Peer-Group als bei der SPCM. Die Unternehmenswerte werden nicht aus einem Vergleich mit börsennotierten Unternehmen abgeleitet, sondern aus in der Vergangenheit stattgefundenen Unternehmenstransaktionen.

Die Recent Acquisition Method funktioniert nur dann, wenn es eine hinreichend große Anzahl von Unternehmenstransaktionen gegeben hat, bei denen die Kaufpreise bekannt sind. In den USA lassen sich derartige Daten mit Hilfe von Informationsdiensten wie »The Mergerstat Review« oder »The Merger & Acquisition Sourcebook« gewinnen. In der Bundesrepublik veröffentlicht die Zeitschrift »Finance« regelmäßig Transaktionsdaten.

Die Recent Acquisition Method drängt sich für die Bewertung von Unternehmenskäufen auf. Die Notwendigkeit zur Berücksichtigung von Bewertungszuschlägen entfällt in diesen Fällen, da sich die Vergleichspreise auf Unternehmen in einer ähnlichen Situation beziehen. Allerdings sollte die Transaktion zeitnah stattgefunden haben. Liegt der Kaufpreis der Transaktion zu weit in der Vergangenheit, sind die Preise durch zeitliche Trendfortschreibungen anzupassen.

Aufgrund mangelnder Datenverfügbarkeit kommt bei der Bewertung von Akquisitionen häufig auch die *Similar Public Company Method* zur Anwendung. Da das Ziel der Preisschätzung jedoch nicht ein potenzieller Börsenpreis, sondern der mögliche Akquisitionspreis des gesamten Unternehmens am freien Markt ist, muss die Bewertung mit geeigneten Korrekturfaktoren angepasst werden. Der Börsenwert eines im Streubesitz befindlichen Unternehmens repräsentiert lediglich den »marginalen« Grenzpreis des Unternehmens, ohne Berücksichtigung des Wertes einer möglichen Einflussnahme in die Unternehmenstätigkeit. Die Marktpreisschätzung ist in der Folge um einen Kontrollzuschlag zu korrigieren, der zukünftige Synergie- und Rationalisierungseffekte vorwegnimmt. Darüber hinaus erfordert die Anwendung des SPCM auf Akquisitionen die Reduktion des Ergebnisses um den sog. Fungibilitätsabschlag, der die geringere Marktgängigkeit gegenüber den börsennotierten »comparables« reflektiert. Kontrollzuschlag und Fungibilitätsabschlag ergeben zusammen die sog. Akquisitionsprämie.[10]

5.4.2.3   Initial Public Offering Method

Bei der Initial Public Offering Method werden als Vergleichsmaßstab die Emissionspreise für Anteile vergleichbarer Unternehmen zugrunde gelegt. Die IPO-Method gelingt nur dann, wenn

---

10 Bisherige Schätzungen für die Korrekturfaktoren kommen leider zu höchst unterschiedlichen Ergebnissen. Empirische Analysen von Fungibilitätsabschlag und Kontrollzuschlag findet man z. B. bei *Böcking/Novak* (1999, S. 174) sowie *Koeplin/Sarin/Shapira* (2000, S. 94 ff.).

zeitnah genügend vergleichbare Neuemissionen stattgefunden haben. Die IPO-Method eignet sich potenziell für die Emissionspreisfindung des Bewertungsobjektes. Bewertungsabschläge einer börsennotierten Peer-Group oder Bewertungszuschläge aus einer Peer-Group der Recent Acquisition Method müssen bei Anwendung der IPO-Method nicht vorgenommen werden. In den USA können die erforderlichen Daten aus Informationsdiensten wie »The IPO Reporter« gewonnen werden. In der Bundesrepublik eignet sich die IPO-Methode allerdings kaum, da es nicht genügend Neuemissionen gibt.

5.4.3   Auswahl der Peer-Group

Nachdem die für die jeweilige Bewertungssituation geeigneten Performance-Indikatoren ausgewählt wurden, sind in einem nächsten Schritt vergleichbare Unternehmen zu finden, deren Bewertungsrelationen sich auf das Bewertungsobjekt übertragen lassen. Da Unternehmen naturgemäß nicht in allen Facetten vergleichbar sind, sind Kriterien heranzuziehen, die sich für die Auswahl einer passenden Peer-Group eignen. Die Anwendung der Kriterien ist im Einzelfall flexibel vorzunehmen: Es muss die Balance gehalten werden zwischen einer hinreichend großen Datenbasis (die eine weite Auslegung der Kriterien nachsichzieht) und einer angemessenen Vergleichbarkeit zwischen Peer-Goup und Bewertungsobjekt (die eine enge Auslegung der Kriterien impliziert).

Die Suche nach theoretisch begründeten Vergleichsfaktoren ergibt kein einheitliches Bild. An erster Stelle der Kriterienliste steht regelmäßig die Zughörigkeit zur gleichen Industrie oder Branche wie das Zielobjekt.[11] Dieses Kriterium gewährleistet, dass sich Bewertungsobjekt und Vergleichsunternehmen in einem vergleichbaren Marktumfeld bewegen. Die Positionierung in diesem Marktumfeld kann jedoch sehr unterschiedlich ausfallen. Das recht grobe Kriterium der Branchenzugehörigkeit wird deshalb häufig durch weitere qualitative Kriterien ergänzt. Zu nennen sind beispielsweise (vgl. dazu *Peemöller/ Meister/Beckmann* 2002, S. 204 ff.):

- *Vergleichbare Reifephase*: Unternehmen in unterschiedlichen Lebensphasen haben verschiedene Ertrags- und Risikoprofile. Frühe Unternehmensphasen sind gekennzeichnet durch geringe Ertragskraft, hohe Risiken und Wachstumsraten. Vergleichsunternehmen sollten sich deshalb in einer ähnlichen Phase des Lebenszyklus befinden.
- *Vergleichbarer Zyklus:* Multiplikatoren werden auf Basis von Performance-Indikatoren *eines* bestimmten Jahres berechnet. Sofern sich Bewertung- und Vergleichsobjekte in diesem »Basisjahr« in unterschiedlichen Zyklen befinden, sind die Performance-Indikatoren kaum miteinander vergleichbar.
- *Vergleichbares Geschäftsmodell*: Auch wenn Unternehmen der gleichen Branche angehören, können sie sich signifikant unterscheiden. Die Vergleichsunternehmen sollten deshalb

---

11 Das Kriterium hat in den USA im Rahmen der Revenue Ruling 59–60 sogar rechtlichen Status erlangt. In nahezu allen praxisorientierten Richtlinien findet es Anwendung. Diese Verwaltungsvorschrift ist mit den deutschen steuerlichen Vorschriften zur Ermittlung eines gemeinen Wertes von nicht-notierten Aktien und Anteilen vergleichbar.

vergleichbare Wertschöpfungstiefen, Vertriebs- und Kundenstrukturen sowie ein ähnliches regionales Tätigkeitsgebiet haben.

- *Angemessene Verschuldungsgrade:* Die Höhe des Verschuldungsgrades (Leverage) beeinflusst das finanzielle Risiko eines Unternehmens und führt zu höheren Eigen- und Fremdkapitalkosten. Mit zunehmendem Risiko der Insolvenz steigen Eigen- und Fremdkapitalkosten deutlich an. Die Marktbewertungen von hoch- und normalverschuldeten Unternehmen sind in der Folge kaum vergleichbar.

- *Vergleichbarer Diversifizierungsgrad:* Konglomerate werden – wie zuvor erläutert – häufig mit einem Diversifizierungsabschlag (Conglomerate Discount) bewertet. Bewertung- und Vergleichsobjekte sollten deshalb keinen oder vergleichbare Abschläge aufweisen. Darüber hinaus muss sich auch die Geschäftätigkeit der Teilbereiche einigermaßen überschneiden. Bei kaum vergleichbarer Geschäftätigkeit einiger Teilbereiche kann eine Bewertung der Einzelteile (Sum-of-the-parts-Bewertung) ins Auge gefasst werden.

- *Vergleichbares Management und vergleichbare Strategie:* Die Führung eines Unternehmens und die verfolgte Strategie sind Indikatoren für das langfristige Erfolgspotenzial eines Unternehmens. So werden Unternehmen, die eine Shareholder-Value- oder Differenzierungsstrategie verfolgen, erfahrungsgemäß höher bewertet als Unternehmen, die nur eine Strategie der Kostenführerschaft einschlagen können. Ein gutes Management reduziert das Risiko, dass in Zukunft die Umsetzung einer geeigneten Strategie erfolglos verläuft und Fehlentscheidungen getroffen werden. Die Qualität des Managements ist allerdings schwer zu erfassen.

Im Regelfall werden sich Bewertungsobjekt und Peer-Group nicht perfekt entsprechen. Eine endgültige Wertfindung erfordert deshalb die Vornahme adäquater Bewertungsabschläge bzw. -zuschläge. Diese Korrekturen sollten jedoch sehr vorsichtig vorgenommen werden, da sie gleichzeitig mit einem Verlust der Objektivität der Bewertung einhergehen. Die Ermittlung einer angemessenen Höhe dieser Korrekturen gelingt am ehesten erfahrenen Branchenanalysten. Branchenkenner können verlässlich Unterschiede zwischen Bewertungsobjekt und Peer-Group aufdecken und auf Basis eines reichen Erfahrungsschatzes die Konsequenzen für die Bewertung abschätzen.

5.4.4 Verdichtungsmethoden von Multiples

Die im vorigen Kapitel dargestellten Kriterien konstituieren das für die Marktpreisschätzung erforderliche »*Comparable Set*«. Der Bewerter steht nun vor der Frage, wie die Multiplikatoren der Vergleichsgruppe zu verdichten sind, damit ein möglichst repräsentativer Multiplikator für das Bewertungsobjekt entsteht. Statistisch kann die Peer-Group als Zufallsstichprobe einer Grundgesamtheit vergleichbarer Unternehmen interpretiert werden – das Problem der Ermittlung eines geeigneten Multiplikators stellt sich dann als Suche einer geeigneten Schätzfunktion für den Multiplikator M aus dieser Grundgesamtheit dar. Verschiedene Schätzverfahren werden angewendet.

5.4.4.1 Verdichtung über das arithmetische Mittel

In der Praxis wird sehr häufig ein Multiplikator mit Hilfe des arithmetischen Mittels aus der Stichprobe berechnet. Der gesuchte Multiplikator ermittelt sich in diesem Fall folgendermaßen:

$$(5.6) \qquad M_{AM} = \frac{1}{n} \sum_{i=1}^{n} \frac{P_i}{I_i} \,,$$

wobei n die Anzahl der Unternehmen in der Peer-Group und P_i bzw. I_i die Marktpreise und Performance-Indikatoren der Unternehmen in der Vergleichsgruppe repräsentieren. Sofern die Multiplikatoren der Peer-Group normalverteilt sind, stellt das arithmetische Mittel einen effizienten (varianzminimalen) Schätzer für den Erwartungswert der Grundgesamtheit dar. Die Effizienz des arithmetischen Mittels ist mithin selten gegeben, da Multiplikatoren in der Regel *nicht* symmetrisch normalverteilt sind: Negative Performance-Indikatoren werden bei Betrachtung der Peer-Group ausgeschlossen, und die Multiplikatoren weisen in der Folge eine Untergrenze von Null auf. Nach oben können Multiplikatoren theoretisch einen unbegrenzt hohen Wert annehmen. Es wird deutlich, dass der Multiplikator KGV entgegen der Normalverteilung auch eine Schiefe (Skewness) und Wölbung (Kurtosis) aufweist. Das arithmetische Mittel wird insbesondere durch Ausreißer stark verzerrt, bei denen Multiplikatoren in der Peer-Group Werte von bis zu 1000 annehmen. Bei der Existenz von Ausreißern im Comparable Set ist die Aussagekraft des arithmetischen Mittels somit erheblich eingeschränkt. Die Anwendung führt in der Tendenz zu einer *Überbewertung* des Zielobjektes.

5.4.4.2 Verdichtung über den Median

Um die verzerrende Wirkung von Ausreißern zu eliminieren wird vielfach der Median als Schätzer für den unbekannten Multiplikator vorgeschlagen. Der Median-Multiplikator ermittelt sich wie folgt:

$$(5.7) \qquad M_{Med} = \begin{cases} M_{\frac{n+1}{2}} \,; n \text{ ungerade} \\[2ex] \frac{1}{2}\left(M_{\frac{n}{2}} + M_{\frac{n}{2}+1} \right) \,; n \text{ gerade.} \end{cases}$$

Der Median reflektiert das Zentrum der Verteilung deutlich besser als das arithmetische Mittel, da die Wirkung der Ausreißer eliminiert ist. Darüber hinaus hat der Median den Vorteil, dass er die Absolutbeträge der Abstände zwischen den einzelnen Beobachtungswerten zum Median minimiert (Minimumeigenschaft des Medians). Da die Multiplikatorschätzung zum Ziel hat, möglichst geringe Abweichungen von geschätztem und tatsächlichem Marktpreis zu produzieren, ist diese Eigenschaft von besonderem Vorteil. Allerdings hat der Median gegenüber dem arithmetischen Mittel den Nachteil, dass er nicht alle Informationen nutzt. Mit anderen Worten: Die Ausreißer sind nicht zufällig entstanden, sondern reflektieren wertvolle Marktinformationen.

5.4.4.3 Verdichtung über lineare Regressionen

Bei der Erläuterung der Struktur der Multiplikatorbewertung wurde herausgearbeitet, dass für jedes Unternehmen der Vergleichsgruppe eine lineare Beziehung zwischen dem Performance-Indikator und dem korrespondierenden Marktpreis besteht. Das Ausmaß des linearen Zusammenhangs beschreibt der Multiplikator, der deshalb auch im Rahmen einer linearen Regression ermittelt werden kann:

(5.8) $P_i = M \cdot I_i + \varepsilon_i$

Der tatsächliche Marktpreis des Unternehmens i entspricht dem geschätzten Multiplikator M multipliziert mit dem Performance-Indikator I_i zuzüglich eines Schätzfehlers ε_i.

5.5   Fazit

Die Bewertung anhand von Multiplikatoren stellt eine sinnvolle Ergänzung zu Unternehmensbewertungen auf Basis des Ertragswert- und DCF-Verfahrens dar. Aufgrund kaum transparenter Annahmen wird eine Bewertung anhand der erfolgsorientierten Verfahren häufig als Black-Box empfunden, deren Ergebnissen kaum Vertrauen entgegengebracht wird. Diese Modelle beschränken sich zudem bei den betrachteten Wertkomponenten auf die Faktoren »Entnahmemöglichkeiten der Kapitalgeber« und »Kapitalisierungszins«. Die Preisfindung auf Kapitalmärkten unterliegt jedoch einer Vielzahl anderer Einflüsse, die sich teilweise durch andere Theorien (z.B. asymmetrische Informationen, Real Options oder Behavioural Finance) oder teilweise auch noch gar nicht erklären lassen. Der Rückgriff auf beobachtete Marktpreise erlaubt es potenziell, die Vielzahl dieser Einflüsse *gleichzeitig* in die Bewertung einfließen zu lassen.

Multiplikatoren beruhen auf der einfachen ökonomischen Logik, dass perfekte Substitute zu identischen Preisen gehandelt werden. Aufgrund der Komplexität von Unternehmen und Marktsituationen wird es jedoch nicht möglich sein, perfekte Substitute für Bewertungsvergleiche heranzuziehen. Auf die individuellen Gegebenheiten eines Unternehmens können Multiplikatoren nur bedingt eingehen: In einer einzigen Kennzahl werden sowohl aktuelle Marktverhältnisse als auch individuelle Aspekte wie Wachstum, Risiken, Image oder Marktstellung vermengt. Problematisch bei der Anwendung von Multiplikatoren zur Unternehmensbewertung ist auch die Einperiodenorientierung. Zufälligkeiten können die Bewertung überlagern und zukünftige Entwicklungen werden nur mangelhaft berücksichtigt. Sofern es jedoch gelingt, vergleichbare Kennzahlen von vergleichbaren Unternehmen zu vergleichbaren Bewertungsanlässen heranzuziehen, liefern Multiples wertvolle Hinweise für eine faire Marktbewertung.

Im Vergleich zum Ertragswert- und DCF-Verfahren können Unternehmenswerte mit Hilfe von Multiples vergleichsweise schnell ermittelt werden, und die Ergebnisse finden eine hohe Resonanz, da viele professionelle Anleger an den Umgang mit den entsprechenden Multiplikatoren gewöhnt sind. Multiplikatoren ermöglichen insbesondere auch sinnvolle Bewertungsvergleiche von Unternehmen auf internationaler Ebene, die im Zuge der Ausweitung des Anlageuniversums vieler (professioneller) Anleger immer wichtiger werden. Im Zuge der fortschreitenden Internationalisierung von Unternehmen und der Ausdehnung des Analysehorizonts vieler Investment-Banken dürfte sich dabei der Trend zur Anwendung der besser vergleichbaren Entity-Multiples fortsetzen. Multiplikatoren eigen sich in der Folge besonders für die laufende Bewertung börsennotierter Unternehmen, Börseneinführungen und indikative Bewertungen von Akquisitionen.

Literaturhinweise

Zu den Multiplikatorverfahren gibt es vergleichsweise wenig wissenschaftliche Literatur. Eine umfassende Darstellung findet man in der ausgezeichneten Dissertation von
Herrmann, Volker: Marktpreisschätzung mit kontrollierten Multiplikatoren, Köln 2002.

Aufsätze, die sich mit diesem »Praktikerverfahren« auseinandersetzen, findet man insbesondere in der Zeitschrift »Finanzbetrieb«. Hier eine Auswahl der Aufsätze:

Aders,Christian/Galli, Albert/Wiedemanis, Florian: Unternehmenswerte auf Basis der Multiplikatormethode? – Eine Überprüfung mit dem Netto-Ansatz der DCF-Methode –, in: Finanzbetrieb, 2. Jg., 2000, S. 197–204.

Ballwieser, Wolfgang: Unternehmensbewertung mit Hilfe von Multiplikatoren, in: Rückle, Dieter (Hrsg.): Aktuelle Fragen der Finanzwirtschaft und der Unternehmensbesteuerung: Festschrift für Erich Loitlsberger zum 70. Geburtstag, Wien 1991, S. 47–66.

Berner, Christian/Rojahn, Joachim: Anwendungseignung von marktorientierten Multiplikatoren, in: Finanzbetrieb, 5. Jg. (2003), S. 155–167.

Buchner, Robert: Marktorientierte Unternehmensbewertung, in: Seicht, Gerhard (Hrsg.): Jahrbuch für Controlling und Rechnungswesen '95, Wien 1995, S. 401–427.

Buchner, Robert/Englert, Joachim: Die Bewertung von Unternehmen auf der Basis des Unternehmensvergleichs, in: Betriebs-Berater, 49. Jg., 1994, S. 1573–1580.

Coenenberg, Adolf G. Schultze, Wolfgang: Multiplikator-Verfahren in der Unternehmensbewertung, in: Finanzbetrieb, 4. Jg., 2002, S. 679–703.

Küting, Karlheinz/Eidel, Ulrike: Marktwertansatz contra Ertragswert- und Discounted Cash Flow-Verfahren, in: Finanzbetrieb, 1. Jg., 1999, S. 225–231.

Löhnert, Peter G./Böckmann, Ulrich J.: Multiplikatorverfahren in der Unternehmensbewertung, in: Peemöller, Volker H. (Hrsg.): Praxishandbuch der Unternehmensbewertung, Herne 2001, S. 401–426.

Peemöller, Volker H./Meister, Jan M. Beckmann, Christoph: Der Multiplikator-Ansatz als eigenständiges Verfahren der Unternehmensbewertung, in: Finanzbetrieb, 4. Jg., 2002, S. 197–209.

Seppelfricke, Peter: Multiplikator-Verfahren bei der Aktien- und Unternehmensbewertung, in: Finanzbetrieb, 1. Jg., 1999, S. 300–307.

6 Kostenorientierte Bewertungsverfahren (Substanzwertverfahren)

6.1 Einführung

Der Substanzwert eines Unternehmens ergibt sich aus der Summe der isoliert bewerteten Vermögensgegenstände abzüglich der isoliert bewerteten Schulden eines Unternehmens. Der Substanzwert errechnet sich daher allgemein nach dem Schema:

(6.1)   Wert der einzelnen Vermögensgegenstände
          –   Wert der Schulden
          =   Substanzwert

Bei den Verfahren der Substanzwertermittlung handelt es sich in der Folge um Einzelbewertungsverfahren. Wertbestimmend für die Höhe des Substanzwertes sind die Menge der einbezogenen Vermögensgegenstände und Schulden sowie die Wahl der jeweiligen Wertansätze. Die geeignete Bestimmung dieser Größen hängt von der Situation des Unternehmens zum Zeitpunkt der Bewertung bzw. vom Bewertungszweck ab. Man unterscheidet folgende Ausprägungen:

- *Reproduktionswert:* Traditionell wird in Deutschland der Substanzwert unter der Prämisse der Fortführung des Unternehmens bestimmt. Die Ermittlung von Reproduktionswerten ist Ausdruck des Gedankens, dass alle im Unternehmen vorhandenen Vermögensgegenstände alternativ neu beschafft werden können. Reproduktions- bzw. Rekonstruktionswerte werden damit unter der Fiktion der Neuerrichtung des Unternehmens ermittelt. Die adäquaten Wertansätze sind demnach Wiederbeschaffungspreise auf dem Beschaffungsmarkt.
- *Liquidationswert:* Geht man davon aus, dass das Unternehmen zerschlagen wird, wird der Wert der Vermögensgegenstände nicht durch den Gebrauchswert, sondern durch den Liquidationswert der Vermögensgegenstände bestimmt. Im Gegensatz zum Reproduktionswert orientiert sich die Ermittlung der Substanzwerte nicht an den Preisen auf dem Beschaffungs-, sondern auf dem Absatzmarkt. Die adäquaten Wertansätze sind Marktpreise.

Der Ermittlung von Substanzwerten kommt in der Praxis der Unternehmensbewertung eine eher untergeordnete Rolle zu. Reproduktionswerte nehmen bei der Ermittlung keinen Bezug zur Fortführung des Unternehmens und berücksichtigen nicht den Wert der zukünftigen finanziellen Überschüsse. Für die meisten Bewertungszwecke, bei denen von einer Fortführung des Unternehmens ausgegangen werden kann, muss die Ermittlung des Reproduktionswertes deshalb abgelehnt werden.

Reproduktionswerte können jedoch sinnvoll anlässlich einer Make-or-buy-Entscheidung eines Unternehmens berechnet werden. Der Käufer eines Unternehmens steht häufig vor der Alternative »Kauf des Unternehmens« oder »Neuerrichtung des Unternehmens«. Der eigenständige Aufbau von Substanz kann Übernahmen substituieren. Zur Entscheidungsfindung ist deshalb eine Gegenüberstellung individueller Entscheidungswerte auf Basis der erfolgsorientierten Verfahren mit dem Reproduktionswert sinnvoll. Die zusammenfassende Betrachtung der Zahlungsreihen von Bewertungsobjekt und Vergleichsobjekt bezeichnet man in Deutschland auch als Substanzwert im Sinne ersparter Ausgaben.

Der Liquidationswert ist immer dann sinnvoll zu berechnen, wenn – aus welchen Gründen auch immer – von einer begrenzten Lebensdauer des zu bewertenden Unternehmens (oder Teilen seines Vermögens) auszugehen ist. Die Berechnung von Liquidationswerten findet daher bei der Zerschlagung von Unternehmen, aber auch bei der Bewertung von ertragsschwachen Unternehmen oder bei der Bewertung von nicht-betriebsnotwendigem Vermögen Anwendung. Geht man von einer Fortführung des Unternehmens aus, so kann der Liquidationswert als Wertuntergrenze einer erfolgsorientierten Wertermittlung interpretiert werden. Bei unzureichendem Erfolg verbleibt den Investoren immer die Möglichkeit, dass Unternehmen zu liquidieren.

6.2   Substanzwert auf Basis von Reproduktionswerten

Im Rahmen dieses Bewertungsverfahrens wird von einer Fortführung des Unternehmens ausgegangen. Der Reproduktionswert bezeichnet den Betrag, der aufzuwenden wäre, wenn das Unternehmen auf der »grünen Wiese« wieder errichtet werden würde. Demzufolge werden die betriebsnotwendigen Vermögensgegenstände zu Reproduktionswerten angesetzt, das nicht betriebsnotwendige Vermögen kann zum (niedrigeren) Liquidationswert veräußert werden. Die Reproduktionswerte werden auch als »Wiederbeschaffungsaltwerte« oder »Zeitwerte« bezeichnet. Die Substanzwertermittlung vollzieht sich damit nach folgendem Schema:

(6.2)   Reproduktionswert des betriebsnotwendigen Vermögens
         + Liquidationswert des nicht betriebsnotwendigen Vermögens
         − Schulden (auf Going-Concern-Basis)
         = Substanzwert auf Basis von Reproduktionswerten

Die zugrunde liegende Vorstellung des Unternehmensnachbaus erfordert, dass sämtliche Vermögenswerte des Unternehmens Eingang in die Bewertung finden, und zwar unabhängig davon, ob sie in der Handelsbilanz ausgewiesen werden oder nicht. Der Reproduktionswert des betriebsnotwendigen Vermögens umfasst daher auch die (mangels Anschaffungskosten nicht in der Bilanz aktivierten) immateriellen Vermögenswerte, also z. B. Mietrechte oder Markenwerte.

Die Fiktion eines vollständigen Nachbaus des Unternehmens erfordert, dass auch nicht bilanzierbares Vermögen mit dem Reproduktionswert in die Bewertung eingeht. Dazu gehören beispielsweise der Bekanntheitsgrad, die Standortqualität, die Güte der Kundenbeziehungen oder die Qualität der Mitarbeiter. In der praktischen Anwendung sind diese Werte jedoch in der Regel nicht vollständig erfassbar geschweige denn quantifizierbar. Man beschränkt sich daher unter Missachtung dieser Vermögenswerte auf die Ermittlung von »Teilreproduktionswerten«. Dem schließt sich auch das Fachgutachten des IDW an.

Ein grundlegendes Prinzip zur Ermittlung von Reproduktionswerten ist das Stichtagsprinzip. Die Verwendung von Wiederbeschaffungszeitwerten zum Bewertungsstichtag hat zur Folge, dass die Bewertungsansätze leicht nachvollziehbar und kommunizierbar sind. Der Ansatz von Stichtagspreisen kommt dem Versuch einer Objektivierung der Unternehmensbewertung entgegen. Die Tabelle 6.1 gibt eine Übersicht über die Wertansätze der Substanz bei einer Ermittlung von Teilreproduktionswerten.

Objekt	Wertansatz
Grundstücke	• Tatsächlich gezahlte Kaufpreise • Vergleichspreise (Gutachterausschüsse) • Schätzpreise
Gebäude	• Wiederbeschaffungspreise • Herstellungskosten (Geldwertangepasst)
Maschinen, technische Anlagen, sonstige abnutzbare Gegenstände des Anlagevermögens	• Einzelwertermittlung (VDI-Richtlinien, WIBAU-Listen, Schwacke-Listen, Preislisten von Herstellerfirmen) • Globale (gruppenweise) Bewertung mit Preisindexierung unter Berücksichtigung der Nutzungsdauer
Immaterielle Vermögensgegenstände	• Marktübliche Gebühren für Lizenzen, Namensrechte, Nutzungsrechte etc. • Hypothetische Werbeausgaben zur Bewertung von Markennamen und Bekanntheitsgrad
Beteiligungen/ Wertpapiere des Anlagevermögens	• Börsenkurse • Buchwerte • Eigenständige Bewertung (DCF-Methode, Multiples)
Roh-, Hilfs- und Betriebsstoffe	• Wiederbeschaffungspreise zum Bewertungsstichtag
Unfertige und fertige Erzeugnisse	• Vollkosten auf Basis von Wiederbeschaffungspreisen • Zukünftige Erlöse
Forderungen	• Buchwert (Zins entspricht Marktkonditionen, kurzfr. Forderungen) • Marktwert (Zins weicht signifikant vom Marktzins ab)
Liquide Mittel, Bankguthaben, Schecks	• Buchwert
Wertpapiere des Umlaufvermögens	• Börsenkurse
Verbindlichkeiten	• Buchwert (Zins entspricht Marktkonditionen, kurzfr. Verbindlichkeiten) • Marktwert (Zins weicht signifikant vom Marktzins ab)
Rückstellungen	• Schätzung für Verbindlichkeitsrückstellungen • Erfassung bei korrespondierenden Vermögensgegenständen bei Aufwandsrückstellungen

Tab. 6.1: Wertansätze zur Ermittlung von Teilreproduktionswerten (in Anlehnung an *Sieben/Maltry* 2001, S. 381f.)

6.3 Substanzwert im Sinne von ersparten Ausgaben

Bei vielen Unternehmenskäufen steht der (potenzielle) Unternehmenskäufer vor der Alternative, ein vergleichbares Objekt eigenständig neu aufzubauen. Vor dem Kauf eines Unternehmens (Bewertungsobjekt) muss daher zunächst auch die Möglichkeit einer Neuerrichtung ins Auge gefasst werden. Die Gegenüberstellung des Reproduktionswertes neu geschaffener Substanz mit dem Wert des Bewertungsobjektes bezeichnet man auch als Substanzwert im Sinne ersparter Ausgaben. Die Schaffung neuer Substanz ermöglicht es, zukünftige Auszahlungen beim Übernahmeobjekt (zum Erhalt/Aufbau der dortigen Substanz) zu sparen.

Die Ermittlung des Substanzwertes i.S. ersparter Ausgaben basiert auf der Gegenüberstellung von Zahlungsreihen. Vom Barwert der Differenz aus Einzahlungen und Auszahlungen des zu bewertenden Unternehmens wird der Barwert der Differenz aus Einzahlungen und Auszahlungen des neu zu errichtenden Unternehmens abgezogen. Die Differenz bildet den Substanzwert im Sinne ersparter Ausgaben ab:

$$(6.3) \qquad SW_{iSeA} \; (E_{B0} - A_{B0}) - (E_{RP} - A_{RP})$$

SW_{iSeA} Substanzwert im Sinne ersparter Ausgaben

E_{BO} Barwert der Einzahlungen des Bewertungsobjekts

A_{BO} Barwert der Auszahlungen des Bewertungsobjekts

E_{RP} Barwert der Einzahlungen des zu reproduzierenden Unternehmens

A_{RP} Barwert der Auszahlungen des zu reproduzierenden Unternehmens

Nach einfacher Umformung ergibt sich:

$$(6.4) \qquad SW_{iSeA} = (E_{B0} - E_{RP}) - (A_{B0} - A_{RP})$$

Die Reproduktion sollte derart erfolgen, dass die Einzahlungen aus dem neu zu errichtenden Unternehmen die Einzahlungen aus dem potenziellen Übernahmeobjekt replizieren. Die Formel reduziert sich dann auf den zweiten Klammerausdruck:

$$(6.5) \qquad SW_{iSeA} = A_{RP} - A_{B0}$$

Der Substanzwert im Sinne ersparter Ausgaben entspricht in diesem Falle also der Differenz der Barwerte der Auszahlungen des zu bewertenden Unternehmens und des neu zu gründenden Unternehmens. Unterschiede bei den Auszahlungen sind bei den Auszahlungen zur Reproduktion bzw. bei der Kaufpreiszahlung zu verzeichnen. Die Unterschiede reduzieren sich deshalb in der Regel auf die Differenz zwischen Akquisitionspreis und den Auszahlungen zur Reproduktion. Bei einem positiven Substanzwert wäre die Unternehmensübernahme günstiger, bei einem negativen Substanzwert wäre es für den potenziellen Käufer lohnender, ein Unternehmen mit identischen Eigenschaften neu aufzubauen.

Der Substanzwert im Sinne ersparter Ausgaben ist ein zukunftsbezogener, ganzheitlich ermittelter und subjektiver Unternehmenswert. Der Wert ist zukunftsbezogen, da die künftigen Auszahlungen des Bewertungsobjekts und des alternativ neu zu errichtenden Unternehmens Eingang in die Bewertung finden. Bei der Ermittlung der Zahlungsströme von Bewertungs-

und Vergleichsobjekt werden individuelle Entscheidungswerte betrachtet. Außerdem wird das Unternehmen als Gesamtheit betrachtet, d. h. das Zusammenspiel der eingesetzten Güter wird erfasst. Der Substanzwert im Sinne ersparter Ausgaben kann damit auch als eine Variante einer subjektiven, erfolgsorientierten Unternehmensbewertung bezeichnet werden, bei der zur Ermittlung der notwendigen Auszahlungen auch Reproduktionswerte Eingang finden.

6.4 Substanzwert auf Basis von Liquidationswerten

Während bei den Substanzwertverfahren auf Basis von Reproduktionswerten von einer Unternehmensfortführung ausgegangen wird, unterstellt man beim Ansatz von Liquidations-werten eine Zerschlagung (Liquidation) des Unternehmens bzw. von Unternehmensteilen. Die einzelnen Vermögensgegenstände werden hier mit den erwarteten Verwertungserlösen angesetzt, die im Zuge einer Auflösung des Unternehmens erwartet werden können. Bei länger andauernder Zerschlagung ist der Barwert der Verwertungserlöse heranzuziehen. Neben den in der Bilanz abgebildeten Schulden müssen auch sämtliche durch die Liquidation bedingten, zusätzlichen Belastungen berücksichtigt werden, also z. B. Sozialplanverpflichtungen, Abbruch- und Sanierungskosten, Kosten aus der vorzeitigen Auflösung von Dauerschuldverhältnissen und Steuerbelastungen durch die Auflösung von stillen Reserven.

Der Substanzwert als Liquidationswert des Unternehmens ermittelt sich also nach folgendem Schema:

(6.6)   Liquidationswert des Vermögens (betriebsnotwendig, nicht-betriebsnotwendig)
        − Schulden (nach Unternehmensauflösung)
        = Substanzwert auf Basis von Liquidationswerten (Liquidationswert)

Die Höhe des Verwertungserlöse wird dabei maßgeblich durch die Auflösungsintensität (Einzelveräußerungsgrad) und der Auflösungsgeschwindigkeit beeinflusst. Für eine genaue Eingrenzung der Erlöse müssten demzufolge Annahmen über die Form der Unternehmens-auflösung getroffen werden. Grundsätzlich wird hierbei zwischen einer Auflösung unter Zeitdruck (Zerschlagung) und einer Auflösung »unter Normalbedingungen« (Liquidation) unterschieden.

Abhängig vom Verwertungsvorgehen ist deshalb regelmäßig ein sehr breites Spektrum möglicher »Liquidationswerte« denkbar, das vom reinen Zerschlagungswert bis hin zum Kaufpreis reichen kann, der sich ohne Zeitdruck realisieren ließe. Bei Unternehmensbewer-tungen umschreibt der Begriff »Liquidationswert« jedoch in der Regel den Zerschlagungswert (»Break-up-value«).

6.5   Substanzwerte von einzelnen Vermögensgegenständen und Schulden

Die Bewertung der Substanz erfolgt bei der Ermittlung von Reproduktionswerten auf Basis von Wiederbeschaffungspreisen, bei Liquidationswerten auf Basis von Absatzpreisen. Auf Märkten, die durch einen regen Handel und Transparenz gekennzeichnet sind, dürften diese Preise kaum voneinander abweichen. Da eine Liquidation/Zerschlagung in der Regel jedoch unter Zeitdruck erfolgt, dürften die Wiederbeschaffungspreise eher eine Höchstgrenze für die Verwertungserlöse bei einer Liquidation darstellen. Die im Folgenden erläuterten Substanzwerte einzelner Vermögensgegenstände und Schulden gelten daher uneingeschränkt für die Ermittlung von Reproduktionswerten, bei der Ermittlung von Liquidationswerten muss je nach Zerschlagungsgeschwindigkeit ein individueller Abschlag vorgenommen werden. Eine detaillierte Darstellung zur Substanzbewertung von einzelnen Vermögensgegenständen findet man z.B. bei Born (2003).

6.5.1   Grundstücke

Grundstückswerte können in Deutschland mit Richtwerten berechnet werden, die von Gutachterausschüssen in den Städten und Kreisen ermittelt werden. Diese Richtwerte werden auf Basis einer Sammlung von gezahlten Kaufpreisen errechnet. Auskunft erhält man in den Geschäftsstellen der Gutachterausschüsse. Insbesondere im Ausland kann man auch Architekten und Makler nach zeitnah gezahlten Kaufpreisen für vergleichbare Grundstücke befragen.

Die Verwendung von Richtwerten und Gutachten hat jedoch den Nachteil, dass sie nicht die individuelle Kaufsituation widerspiegeln und deshalb kaum subjektive Entscheidungswerte repräsentieren. Aus steuerlichen Gründen (Einsparung von Grunderwerbssteuer, Abschreibungsfähigkeit von Gebäuden) werden aber für Grundstücke häufig möglichst niedrige Preise vereinbart. Dieses geht oft Hand in Hand mit höheren Preisen für die Immobilie. Dagegen zahlen Unternehmen manchmal besonders hohe Grundstückspreise, wenn sie zum Beispiel Nachbargrundstücke zur Erweiterung des Geschäftsbetriebes dringend benötigen.

Bei der individuellen Bewertung von Grundstücken sollten die folgenden Faktoren beachtet werden:

1. *Lage und Verkehrsverhältnisse:* Umgebung, vorhandene und geplante Verkehrswege, wie Autobahn, Straße, Wasser, Bahnen und deren nächster Anschlusspunkt, Zustand der Straßen und Wege, Nähe zu öffentlichen Verkehrsmitteln, zum Flughafen, zum Zentrum, zur nächsten Großstadt und zu Erholungsmöglichkeiten, Entfernung für die Arbeitskräfte (bei Industriegrundstücken), Entfernung zu den Arbeitsstätten (bei Wohngrundstücken), Beeinträchtigung durch Nachbarschaft (Lärm, Abgase),
2. *Ver- und Entsorgungsmöglichkeiten:* Strom-, Gas- und Wasserversorgung, Kanalisation, Wassernutzungsrechte,
3. *Bodenbeschaffenheit und Topografie:* Baugrund, Wasserverhältnisse, Höhe, Flach- oder Hanglage,
4. *Behördliche Auflagen:* vorgeschriebene Bauweise, Immissionsschutz und

5. *Nutzungsbeschränkungen durch Grunddienstbarkeiten:* Wegerechte, Vorkaufsrecht, Wohn-rechte, Mietvertragsverpflichtungen, Erbbaurechte, Verfügungsbeschränkungen (dagegen Nutzungserweiterungen und somit Werterhöhung bei berechtigten Grundstücken)

Sachverständigengutachten sind vor dem Hintergrund dieser Faktoren kritisch zu hinterfragen. Gutachter haben häufig geringe Orts- und Marktkenntnisse, tätigen häufig Gefälligkeits-gutachten oder haben ein hohes Interesse an hohen Werten, schließlich hängt das Honorar zumeist vom Wert ab.

6.5.2 Gebäude

Zur Ermittlung der Reproduktionswerte von Gebäuden werden Wiederbeschaffungszeitwerte herangezogen. Diese ergeben sich aus:

(6.7)   Wiederbeschaffungsneuwert
         – Abschlag für bisherige Nutzung (unter Zugrundelegung der Nutzungsdauer)
         – Abschlag für unorganischen Aufbau oder technisch überholte Ausführung
         – Abschlag für schlechten Erhaltungszustand oder evtl. unangemessen teure Ausstattung.

Grundsätzlich ist es möglich, Einzelbewertungen oder Globalbewertungen vorzunehmen. Bei Einzelbewertungen werden Gebäude durch technische Sachverständige bewertet, bei der globalen Bewertung werden Anschaffungs- oder Herstellungskosten unter Berücksichtigung zeitanteiliger Abschreibungen herangezogen.

Einzelbewertung der Gebäude

Es wird von technischen Sachverständigen häufig angenommen, dass die Abnutzung von Gebäuden am Anfang gering ist und sich danach sukzessive steigert. In der Regel werden deshalb für Wertminderungen progressive Abschreibungen angesetzt. Man unterstellt bei Industriebauten zumeist eine technische Lebensdauer von 80 Jahren. Aufgrund der pro-gressiven Abschreibung erhält man in den einzelnen Jahren dann in etwa eine gleichmäßige Belastung (Annuität) der Gebäude. Die Annuität setzt sich aus der Abschreibung sowie der Verzinsung des Restwertes zusammen.

Der so ermittelte Sachwert kann nicht unverändert zur Ermittlung der Reproduktionswerte übernommen werden, da hier ein zukunftsorientierter Fortführungswert berechnet werden sollte. Die wirtschaftliche Nutzungsdauer ist zumeist deutlich niedriger als deren technische Lebensdauer. Es sollte mit ca. 25-40 Jahren, höchstens jedoch 50 Jahren wirtschaftlicher Nutzungsdauer kalkuliert werden. Es ist auch zu beachten, dass im Laufe der Zeit steigende Reparaturen notwendig oder die Verwertungsmöglichkeiten weniger aussichtsreich werden. Progressive Abschreibungen werden dem nicht gerecht, mithilfe von linearen Abschreibungen kann diesen Argumenten eher Rechnung getragen werden.

Globalbewertung der Gebäude

Basis einer Globalbewertung sind die aktivierten Anschaffungs- oder Herstellungskosten der einzelnen Geschäftsjahre. Es sind die Zugänge der einzelnen Geschäftsjahre heranzuziehen, abzüglich der inzwischen erfolgten Abgänge zu Anschaffungswerten, die jedoch oft nur geschätzt werden können.

6.5.3 Technische Anlagen und Maschinen

Technische Anlagen und Maschinen können anhand von Preislisten für gebrauchte Maschinen bewertet werden. Falls diese Daten nicht vorliegen, können diese Vermögenswerte auch global, also durch Anschaffungs- oder Herstellungskosten abzüglich zeitanteiliger Abschreibungen, bewertet werden.

Einzelbewertung der technischen Anlagen und Maschinen

Auch bei technischen Anlagen und Maschinen sollten die Bewertungsgutachten von technischen Sachverständigen nicht kritiklos übernommen werden. Das Gutachten sollte darauf geprüft werden, ob es auf der Grundlage eines Wirtschaftlichkeitsvergleiches erfolgte. Der Vergleich sollte jeweils mit einer neuen, identisch leistungsfähigen Anlage durchgeführt werden. Bei vielen technischen Anlagen kann man im Zeitablauf einen deutlichen Preisverfall feststellen.

Globalbewertung der technischen Anlagen und Maschinen

Auch bei technischen Anlagen und Maschinen stellen die aktivierten Anschaffungs- oder Herstellungskosten der einzelnen Geschäftsjahre die Basis einer Globalbewertung dar. Falls keine Anlagenliste oder -kartei vorliegt, müssen die Zugänge der einzelnen Geschäftsjahre betrachtet werden. Von diesen sind die Anschaffungswerte der inzwischen erfolgten Abgänge (verkaufte, verschrottete oder unbrauchbar gewordene Maschinen) abzuziehen. Der Wert der Abgänge kann jedoch häufig nur geschätzt werden. Gegebenenfalls sind diese Werte anzupassen. So kann bei selbsterstellten Anlagen ein Zuschlag für nichtaktivierte Herstellungskosten zweckmäßig sein, sofern er nicht in der Kalkulation berücksichtigt wurde. Auf der anderen Seite kann es bei einer nachhaltigen Unterauslastung der Kapazität (z.B. bei Kurzarbeit) angebracht sein, einen Abschlag auf die Anschaffungs- und Herstellungskosten vorzunehmen.

6.5.4 Sonstige Gegenstände des Anlagevermögens

Bei den sonstigen Gegenständen des Anlagevermögens handelt es sich zum Beispiel um Kraftfahrzeuge, Betriebs- und Geschäftsausstattungen sowie andere geringwertige Wirtschaftsgüter. Die Bewertung sollte analog zu den Maschinen vorgenommen werden. Es ist aber zu beachten, dass insbesondere bei EDV-Anlagen ein erheblicher Preisverfall stattfindet und neuere Anlagen häufig eine wesentlich höhere Leistungsfähigkeit haben. Bei einer Globalbewertung müssen deswegen entsprechend hohe Abschläge vorgenommen werden. Bei Kraftfahrzeugen hingegen spiegeln die Buchwerte in der Regel recht realistisch den

Reproduktionswert wider. Sollte der Kraftfahrzeugbestand für das Unternehmen allerdings erhebliche Werte darstellen, sollte man sich bei der Bewertung mehr Mühe machen. In diesem Fall sind Gebrauchtwagenpreise heranzuziehen, zur Orientierung lassen sich entsprechende Portale im Internet sowie die weit verbreitete Schwacke-Liste nutzen.

6.5.5 Immaterielle Wirtschaftsgüter

Bei diesen Wirtschaftsgütern fällt ein realistischer Wertansatz häufig schwer.

Patente, Lizenzen, Gebrauchsmuster und Warenzeichen, Erfindungen
Die Werte dieser Positionen lassen sich auf der Grundlage von Barwertformeln für entsprechende Lizenzgebühren ermitteln, die in der Branche üblich und für das Unternehmen angemessen sind. Angemessen sind Gebühren dann, wenn das Geschäft bei dem zu bewertenden Unternehmen (Lizenznehmer) mindestens seine Kapitalkosten erwirtschaftet. Bei sonstigen Rechten (zum Beispiel Verlagsrechten, Konzessionen, Nutzungsrechten, Optionen) sowie langfristigen Mieten, Pachten und Leasingverträgen sollte recherchiert werden, welche Werte solche Rechte in der Branche besitzen.

Markenname und Bekanntheitsgrad
Bei zahlreichen Herstellern von Markenartikeln hat eine Bewertung dieser Aspekte eine erhebliche Relevanz. Der Wert dieser Positionen baut sich in der Regel über lange Jahre der Geschäftstätigkeit und zahlreiche PR- und Werbekampagnen auf. In der Folge lassen sich diese Werte kaum aus aktuellen Aufwendungen herleiten. Es könnte aber die Summe der PR- und Werbeaufwendungen geschätzt werden, die erforderlich wäre, um die heutige Marktposition zu erreichen. Daneben können auch die Marktbewertungen von börsennotierten Unternehmen der gleichen Branche mit einer vergleichbaren Größe herangezogen werden. Börsennotierte Unternehmen werden in etwa 30 % höher als nicht börsennotierte Unternehmen bewertet. Mit Hilfe dieser Tatsache kann hilfsweise ein Marktwert für ein nicht-börsennotiertes Unternehmen bestimmt werden. Auch Multiplikatorverfahren können für die Bestimmung des Marktwertes zur Anwendung kommen. Zieht man vom Marktwert des Unternehmens den Buchwert ab, so reflektiert die Differenz vornehmlich Markennamen und Bekanntheitsgrad des Unternehmens.

6.5.6 Anteile an verbundenen Unternehmen/Wertpapiere des Anlagevermögens

Es ist eine eigene Unternehmensbewertung zu erstellen, falls die Beteiligung wesentlich ist und im Konzernabschluss keine Konsolidierung möglich ist. Bei weniger bedeutenden Beteiligung kann die Bewertung zur Vereinfachung anhand von geeigneten Multiplikatorverfahren erfolgen. Falls adäquate Bewertungsvergleiche nicht möglich sind, können vereinfachend die Buchwerte des Eigenkapitals herangezogen werden. Wertpapiere des Anlagevermögens sind analog zu bewerten.

6.5.7 Langfristige Forderungen

Langfristige Forderungen können anhand von Barwerten der Zins- und Tilgungszahlungen berechnet werden. Der Kalkulationszins sollte dabei die Laufzeit der Forderung und das Rating des Schuldners abbilden. Bei einer Übereinstimmung von Forderungs- und Marktzins entspricht der Barwert einer Forderung seinem Buchwert. Bei einer deutlichen Abweichung sollte deshalb auf den Nominalwert der tatsächlichen Forderung ein Abschlag bzw. ein Zuschlag vorgenommen werden. Bei kurzfristigen Forderungen weichen hingegen Buch- und Marktwerte kaum voneinander ab, es können zur Vereinfachung die Buchwerte herangezogen werden.

6.5.8 Vorräte

In der Handelsbilanz erfolgt die Bewertung von Vorräten anhand des Niederstwertprinzips. In der Folge kommen bei der Ermittlung der Substanzwerte höchstens Bewertungskorrekturen nach oben in Betracht. Zumeist werden die Unterschiede in der Bewertung jedoch gering sein und man kann auf eine entsprechende Korrektur der Buchwerte verzichten.

Roh-, Hilfs- und Betriebsstoffe sowie Waren
Diese Waren können zum Tagungsbeschaffungspreis bewertet werden, falls die Verwertung dieser Stoffe die Kapitalkosten des Unternehmens decken kann.

Fertige Erzeugnisse
Fertige Erzeugnisse sollten mit dem Verkaufspreis bewertet werden. Davon sind die noch anfallenden Lagerkosten sowie anteilige Verwaltungs- und Vertriebskosten in Abzug zu bringen.

Unfertige Erzeugnisse
Unfertige Erzeugnisse sind mit den Herstellungskosten zu Tagespreisen einschließlich eines angemessenen Teils der Verwaltungskosten anzusetzen.

6.5.9 Andere Gegenstände des Umlaufvermögens

Bei der Bewertung von Wertpapieren des Umlaufvermögens können aktuelle Börsenkurse herangezogen werden. Fremdwährungsforderungen sind mit aktuellen Wechselkursen anzusetzen. Bei den anderen Positionen dürfte sich in der Regel gegenüber der Handelsbilanz kaum die Notwendigkeit für eine Bewertungskorrektur ergeben.

Bei unverzinslichen Forderungen sollte eine Wertberichtigung vorgenommen werden, da der Barwert dieser Forderungen kaum ihren Buchwerten entspricht. Falls man bei den kurzfristigen unverzinslichen Verbindlichkeiten ebenfalls keine Korrektur vornimmt, kann zur Vereinfachung auf eine Wertberichtigung verzichtet werden.

6.5.10 Sonderposten mit Rücklageanteil

Die gebildeten Rücklagen können mit ihren Buchwerten abzüglich der abgezinsten Ertragsteueranteile angesetzt werden. Bei Auflösung des Sonderpostens werden Ertragsteuern fällig. Sofern dieser Position keine große Bedeutung zukommt, kann der Sonderposten mit Rücklagenanteil zur Vereinfachung mit 50 % seines Wertes den Verbindlichkeiten des Unternehmens zugeschlagen werden.

6.5.11 Rückstellungen

Langfristige Rückstellungen sind mit dem Barwert zu bewerten. Für die Beurteilung der angemessenen Höhe einer Rückstellung ist es ratsam, über mehrere Jahre die Bildung und Inanspruchnahme der Rückstellungen zu analysieren.

Es ist im Regelfall davon auszugehen, dass Rückstellungen die absehbaren Verpflichtungen des Unternehmens überschätzen. Aufgrund des Vorsichtsprinzips in verschiedenen Rechnungslegungsstandards sind Unternehmen angehalten, Rückstellungen eher zu hoch anzusetzen. Bei ertragsschwachen Unternehmen kann es dagegen ratsam sein, die Gewinn- und Verlustrechnungen der letzten Jahre besonders intensiv durchzusehen, um eine mögliche Unterdotierung zu erkennen.

Darüber hinaus ist zu prüfen, ob auch Rückstellungen für bestehende oder drohende Auflagen für Umweltschutz und Rückstellung für Abfallbeseitigung vorgenommen wurden. Abfallhalden oder in Betrieben lagernde oder nicht abtransportierte Abfälle sind Indizien dafür, dass zu wenige Rückstellungen gebildet wurden.

Rückstellungen für Pensionen und ähnliche Verpflichtungen

Die Rückstellungen für Pensionen und ähnliche Verpflichtungen repräsentieren den Wert der in der Vergangenheit von den Arbeitnehmern verdienten zukünftigen Geldzahlungen. Sie sind unabhängig von der Ertragslage des Unternehmens zu zahlen, haben zweifellos Schuldcharakter und müssen deshalb bei der Unternehmensbewertung berücksichtigt werden. Seit dem Inkrafttreten des Bilanzrichtliniengesetzes 1986 besteht in Deutschland in der Handelsbilanz eine Rückstellungspflicht nur für Neuzusagen. Unterdeckungen für Altzusagen sind im Anhang allerdings auszuweisen. Laut § 16 des Betriebsrentengesetzes hat in Abständen von drei Jahren eine Überprüfung und Anpassung der Betriebsrenten zu erfolgen. Aufgrund dieser permanenten Kontrolle kann man deshalb davon ausgehen, dass die vorgenommene Bewertung der Pensionsrückstellungen für Neuzusagen angemessen ist. In der Folge können die Buchwerte angesetzt werden.

6.5.12 Verbindlichkeiten

Es gelten ähnliche Überlegungen wie bei der Bewertung von Forderungen. Soweit Verbindlichkeiten mit aktuellen marktüblichen Konditionen verzinst werden, können sie mit Ihrem Rückzahlungsbetrag (Buchwert) angesetzt werden. Entspricht dagegen bei langfristigen Verbindlichkeiten der zu zahlende Zins nicht dem gegenwärtigen Marktzins für Verbindlichkeiten mit gleicher Laufzeit und gleichem Risiko (gemessen am Rating des Unternehmens), so muss der Barwert herangezogen werden. Dieser ermittelt sich wiederum aus dem Barwert der Zins- und Tilgungszahlungen. In der Folge ergibt sich ein Ab- bzw. Zuschlag auf den Buchwert.

Bei den kurzfristigen unverzinslichen Verbindlichkeiten wird man zumeist kaum nennenswerte Abweichungen von Buch- und Marktwert feststellen können. Es kann deshalb der Nennwert angesetzt werden. Fremdwährungsverbindlichkeiten, die nicht besichert wurden, sind mit dem aktuellen Wechselkurs zu bewerten.

6.6 Fazit

Der Reproduktionswert ist zur Ermittlung von Entscheidungs- oder Marktwerten ungeeignet. Der Wert von zukünftigen Erfolgen des Unternehmens wird unterschlagen. Die Verwendung von Reproduktionswerten führt deshalb schnell zu Fehlbewertungen. Man stelle sich z. B. ein Unternehmen vor, das seit Jahren Verluste macht, aber über teure Fabriken verfügt. Dieses Unternehmen hätte zwar einen hohen Substanzwert, schafft für seine (potenziellen) Eigentümer aber keinen Nutzen. Die (potenziellen) Eigentümer eines Unternehmen sind nicht an den Kosten, sondern an den zukünftigen Erfolgen eines Unternehmens interessiert.

Darüber hinaus erweist sich die Ermittlung aller Kosten für eine vollständige Rekonstruktion des Unternehmens als unmöglich. Die Ermittlung der Wiederbeschaffungswerte aller materiellen Vermögensgegenstände ist in der Praxis sehr mühsam und macht häufig grobe Schätzungen erforderlich. Der Wert der immateriellen Vermögensgegenstände wird zumeist vollkommen vernachlässigt. Diese Werte (z. B. Markennamen, Bekanntheitsgrad, Qualität der Mitarbeiter etc.) werden zunehmend wichtiger und dürften bei vielen Unternehmen beträchtliche Ausmaße annehmen. Die Missachtung dieser Werte schränkt die Aussagekraft von Reproduktionswerten erheblich ein. Die Missachtung der immateriellen Vermögensgegenstände rückt den Reproduktionswert eher in die Nähe eines Liquidationswertes.

Durch die isolierte Bewertung der einzelnen Vermögenspositionen bleiben auch Kombinationseffekte, die sich aus dem Zusammenwirken der eingesetzten Güter ergeben können, bei der Substanzwertermittlung grundsätzlich unberücksichtigt. Dieses Vorgehen ist ein entscheidender Nachteil gegenüber den Gesamtbewertungsverfahren. Zudem kann das Stichtagsprinzip häufig nicht eingehalten werden. In die Bewertung der einzelnen Vermögenspositionen fließen in der Regel auch Prognosen ein, etwa über künftig realisierbare Preise für einzelne Vermögenswerte. Auch das IDW kommt deshalb in seinem Standard IDW S 1 (»Grundsätze zur Durchführung von Unternehmensbewertungen«) zu dem Schluss, dass Reproduktionswerte »vom Wirtschaftsprüfer nur dann zu ermitteln (sind), wenn dies im Auftrag für das Bewertungsgutachten ausdrücklich festgelegt ist« (IDW, IDW S 1, Tz. 182).

Aufgrund des vergleichsweise einfachen Bewertungsansatzes und der fehlenden Prognoseunsicherheit finden Reproduktionswerte jedoch Anwendung im Rahmen der Rechnungslegung und der Rechtsprechung. So bilden Reproduktionswerte die Grundlage zur Feststellung des beleihungsfähigen Vermögens oder von beizulegenden Werten im Rahmen der Konzernrechnungslegung.

Reproduktionswerte können auch sinnvoll bei einer Make-or-buy-Entscheidung eines Unternehmens eingesetzt werden. Eine mögliche Alternative zu einer Übernahme stellt immer eine Rekonstruktion des gewünschten Kapitalstocks dar. Eine Übernahme ist immer nur dann ökonomisch sinnvoll, wenn der Barwert der Rekonstruktion des gewünschten Vermögens den Barwert bei einer Übernahme nicht übersteigt. Unter diesem Blickwinkel ist die Berechnung von Reproduktionswerten unverzichtbar, um die erforderlichen Zahlungsströme (Investitions- und Finanzierungspläne) ermitteln zu können.

Die Berechnung von Liquidationswerten ist immer bei einer (absehbaren) Liquidation von Unternehmen oder Unternehmensteilen sinnvoll. Die Bewertung kommt bei vielen Unternehmensbewertungen auch bei der Bewertung des nicht-betriebsnotwendigen Vermögens zur Anwendung. Aufgrund unterschiedlicher Rahmenbedingungen bei der Liquidierung/ Zerschlagung ist allerdings eine große Bandbreite möglicher Bewertungsansätze denkbar.

Literaturhinweise

Aufgrund der schwindenden Bedeutung des Substanzwertes gibt es kaum aktuelle Literatur. Eine traditionelle Abhandlung des Substanzwertverfahrens gibt:
Sieben, G.: Der Substanzwert der Unternehmung, Wiesbaden 1963.

Eine übersichtliche Einführung in diese Form der Wertermittlung findet man bei:
Behringer, S.: Unternehmensbewertung der Mittel- und Kleinbetriebe, Betriebswirtschaftliche Verfahrensweisen, Berlin 1999.
Serfling, K./Pape, U.: Theoretische Grundlagen und traditionelle Verfahren der Unternehmensbewertung, Das Wirtschaftsstudium, 24. Jg., 1995, S. 808–820.
Sieben, G./Maltry, H.: Der Substanzwert der Unternehmung, in: Peemöller, Volker H. (Hrsg.): Praxishandbuch der Unternehmensbewertung, Herne 2001, S. 375–397.

Eine Renaissance hat der Substanzwert (insbesondere in Form der ersparten Ausgaben) bei der Privatisierung von Unternehmen in den neuen Bundesländern erlangt. Dieses Thema wird behandelt bei:
Diedrich, R.: Substanzwertorientierte Verfahren zur Bewertung von Unternehmen in der ehemaligen DDR, Betriebswirtschaftliche Forschung und Praxis, 43. Jg., 1991, S. 155–167.
Sieben, G.: Zur Wertfindung bei der Privatisierung von Unternehmen in den neuen Bundesländern durch die Treuhandanstalt, Der Betrieb, 45. Jg., 1992, S. 2041–2051.

Praktische Anregungen zur Ermittlung einzelner Substanzwerte und Schulden gibt insbesondere
Born, Karl: Unternehmensanalyse und Unternehmensbewertung, 2. Auflage, Stuttgart 2003.

7 Operative Unternehmensanalyse (Vergangenheitsanalyse)

7.1 Einführung

Die Darlegung der Bewertungsverfahren in den vorangehenden Kapiteln hat gezeigt, dass Unternehmen in der Regel auf Basis ihrer zukünftigen Erfolge bewertet werden. Das geflügelte Wort: »Für das Gewesene gibt der Kaufmann nichts« bringt dies deutlich zum Ausdruck. Umso erstaunlicher ist es, dass die Erfolgsprognose bei vielen Bewertungen keine große Rolle spielt und selten systematisch betrieben wird. Vielfach findet man Analysen und Bewertungsgutachten, bei denen sehr detailliert das verwendete Bewertungsverfahren beschrieben wird, auf den Zahleninput für die Modelle wird jedoch nur am Rande eingegangen. Die Aussagekraft derartiger Bewertungen ist regelmäßig als gering einzustufen.

Die Hauptursache für die mangelnde Beachtung der Erfolgsprognose dürfte in deren Komplexität liegen. Nach Hebling (vgl. Hebling 2000, S. 170) ist die Schätzung der künftigen Erfolgskennzahlen »das Schwierigste der Unternehmensbewertung«. Der Versuch, in die Zukunft eines Unternehmens zu blicken, ist alles andere als trivial. Für eine perfekte Prognose wäre es erforderlich, *alle* unternehmensinternen und -externen Faktoren zu identifizieren, zu prognostizieren und ihre Auswirkungen auf die zukünftige Ertragskraft abzusehen. Eine perfekte Erfolgsprognose ist demzufolge unmöglich.

Dieses Tatsache sollte jedoch nicht davon abhalten, eine systematische Analyse des Unternehmens und seiner Umwelt vorzunehmen. Je gewissenhafter und fundierter die Analyse vorgenommen wird, desto verlässlicher werden die Erfolgsprognose und letztlich die Bewertung ausfallen. Es gilt deshalb, die *wichtigsten* Erfolgsfaktoren zu erkennen und in ihren Folgen *abzuschätzen*. Umfassende Erfahrungen des Analysten und ein profundes, interdisziplinäres Know-how in den verschiedenen Disziplinen der Volks- und Betriebswirtschaft erweisen sich diesbezüglich als sehr nützlich. An dieser Stelle wird besonders deutlich, dass die Unternehmensbewertung nicht nur eine Wissenschaft, sondern auch eine Kunst darstellt.

Abbildung 7.1 verdeutlicht die Vorgehensweise bei der Anfertigung von Prognosen. Im Rahmen der Unternehmensanalyse wird zunächst die derzeitige operative Situation des Unternehmens untersucht. Die Analyse erfolgt in der Regel mit Hilfe quantitativer Kennzahlen der Finanzanalyse. Die Analyse historischer und aktueller Erfolgs- und Liquiditätskennzahlen liefert wichtige Hinweise für die Abschätzung der zukünftigen Erfolgspotenziale eines Unternehmens. Allerdings sind nicht nur quantitative Kennzahlen, sondern auch qualitative Informationen für die Abschätzung des Zukunftspotenzials sehr wichtig. Die systematische Analyse der Unternehmensumwelt sowie der Stärken und Schwächen eines Unternehmens kann als strategische Unternehmensanalyse (Analyse von Erfolgspotenzialen) bezeichnet werden.

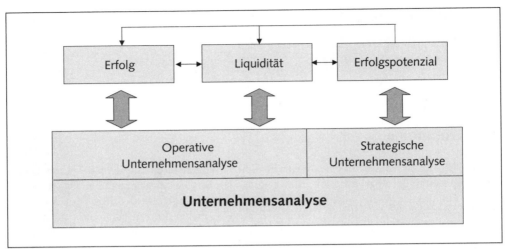

Abb. 7.1: Operative und strategische Unternehmensanalyse

Beispiel

▶▶▶ Auf Basis einer quantitativen Erfolgsanalyse mit Kennzahlen findet man heraus, dass die deutschen Automobilhersteller einen Großteil ihres Gewinns in den USA erzielen. Diese Information verdeutlicht, dass es für die Abschätzung der zukünftigen Erfolge der Unternehmen sehr wichtig ist, die Absatz- und Preisentwicklung auf dem amerikanischen Absatzmarkt abzusehen. Neben der quantitativen Analyse der Vergangenheit ist deshalb ebenfalls eine Analyse der Rahmenbedingungen auf dem amerikanischen Automobilmarkt (Wachstum, Konkurrenzverhalten usw.) sowie die Beurteilung der strategischen Positionierung der Unternehmen auf diesem Markt (Produktportfolio, Strategie usw.) erforderlich. ◀◀◀

Eine detaillierte operative und strategische Analyse korrespondiert mit den Grundsätzen ordnungsgemäßer Unternehmensbewertung (IDW S1, Tz. 79). Danach sollen die rechtlichen, monetären und realwirtschaftlichen Gegebenheiten eines Unternehmens umfassend untersucht werden. Eine detaillierte und systematische Analyse der Vergangenheit hat auch Berührungspunkte mit einer Due-Diligence-Untersuchung – eine Untersuchung mit gebührender Sorgfalt. Im Rahmen von Börseneinführungen oder Akquisitionen ist es eine Selbstverständlichkeit, alle relevanten Informationen für die Beurteilung eines Unternehmen zu beschaffen und auszuwerten. Eine Analyse der Vergangenheit ist deshalb in der Regel auch Teil eines Due-Diligence-Auftrages.

Im Vergleich zu einer Unternehmensbewertung kommt es hierbei allerdings zu einer Verlagerung des Betrachtungsschwerpunktes. Im Mittelpunkt der Due-Diligence stehen nicht quantitative Kennzahlen, sondern die qualitative Untersuchung des Unternehmens. Die Due Diligence soll Chancen und Risiken des Unternehmens aufzeigen, diese Informationen werden dann im Rahmen der Unternehmensbewertung auch durch externe Analysten genutzt.

Im Rahmen dieses Kapitels soll zunächst die Unternehmensanalyse mit Hilfe von Kennzahlen (Finanzanalyse) dargestellt werden. Gegenstand des 8. Kapitels ist dann die strategische Unternehmensanalyse.

7.2 Finanzanalyse mit Kennzahlen

7.2.1 Zwecke der Finanzanalyse

Mit Hilfe der Finanzanalyse soll die Erfolgs- und Liquiditätslage eines Unternehmens beurteilt werden. Erfolgt die Analyse durch das betreffende Unternehmen selbst, so spricht man von interner Finanzanalyse; wird sie dagegen von Personen außerhalb der Unternehmung durchgeführt, so handelt es sich um eine externe Finanzanalyse. Die interne Analyse soll Planungs- und Kontrollinformationen für Entscheidungen der Unternehmensleitung zur Verfügung stellen.

Die im Rahmen einer Unternehmensbewertung vorgenommene externe Finanzanalyse[1] dient dagegen folgenden Zwecken:

1. *Kennenlernen des Unternehmens:* Ein gründliches Studium der Vergangenheit, eine Zerlegung des Erfolges in ihre Elemente und eine Prüfung der Verhältnisse der Elemente zueinander erlauben es, positive bzw. kritische Faktoren für das zukünftige Erfolgspotenzial zu identifizieren. Das im Amerikanischen bezeichnete »getting to know the business« liefert das unentbehrliche Rüstzeug zur Anfertigung von Planungsrechnungen.
2. *Maßstab der Zukunftsplanung:* Eine Analyse von Vergangenheitsdaten erlaubt es, die Plausibilität zukünftiger Planungen einzuordnen. Die Vergangenheit zeigt auf, unter welchen Rahmenbedingungen welche Performance möglich ist.
3. *Maßstab für Bewertungsvergleiche:* Im Rahmen einer Multiple-Bewertung werden Bewertungsvergleiche mit einer Vergleichsgruppe (Peer-Group) vorgenommen. Die Kenntnis der Charakteristika von Unternehmen liefert wichtige Anhaltspunkte für die zweckmäßige Auswahl der Peer-Group. Darüber hinaus ermöglichen die Kennzahlen auch die Einordnung der Bewertungsrelationen und lassen ggf. Bewertungsab- bzw. -zuschläge gegenüber der Peer-Group rechtfertigen.

Im Rahmen einer externen Analyse stehen in der Regel weniger Daten zur Verfügung als bei einer internen Analyse. Der Informationsstand kann jedoch individuell sehr unterschiedlich sein und hängt zumeist von der Machtposition des Analysten ab. So kann ein Großaktionär einen ähnlichen Informationsstand wie die Unternehmensleitung erlangen.

Für eine externe Finanzanalyse stehen zumeist nur Bilanz und Gewinn- und Verlustrechnung sowie bei Kapitalgesellschaften Anhang und Lagebericht zur Verfügung. Bei börsennotierten Unternehmen und Konzernen können auch Kapitalflussrechnungen (Cashflow-Statements) und Segmentberichte ausgewertet werden. Darüber hinaus können noch allgemeine Daten der Branche und der konjunkturellen Entwicklung hinzugezogen werden. Die externe Finanzanalyse fußt aber primär auf einer Analyse des Jahresabschlusses.

---

1 Für die finanzielle Lage eines Unternehmens interessieren sich nicht nur (gegenwärtige und zukünftige) Anteilseigner, sondern auch die Gläubiger (Banken, Lieferanten, Kunden). Darüber hinaus sind diese Informationen auch für Konkurrenzunternehmen, Gewerkschaften und Arbeitnehmer interessant. Gemäß dem Betriebsverfassungsgesetz (§ 108 Abs. 5) haben Letztere über den Betriebsrat bzw. Wirtschaftsausschuss das Recht auf Einsicht und Erläuterung der Bilanz.

Die Unternehmensanalyse verfolgt das Ziel, die zukünftige Entwicklung des Unternehmens abzuschätzen, wobei die Schwerpunkte je nach Interessenlage unterschiedlich sein können. Während Aktionäre und Analysten vor allem auf die Ertragskraft schauen, wird bei Gläubigern der Schwerpunkt auf die Beurteilung der Zahlungsfähigkeit gelegt. Ertragskraft und Zahlungsfähigkeit bedingen jedoch einander (vgl. auch Abbildung 7.1). So ist die Erwirtschaftung von Überschüssen auf lange Frist die Basis zur Sicherstellung der Liquidität. Bei drohender Illiquidität werden sich Kunden und Lieferanten abwenden und die Ertragssituation des Unternehmens wird sich deutlich eintrüben. Eine Illiquidität führt zum Konkurs und damit sogar zum Versiegen des Ertrags. Eine sinnvolle Finanzanalyse sollte daher immer sowohl eine Erfolgs- als auch eine Liquiditätsanalyse umfassen.

7.2.2   Ablauf der Analyse

Die Kennzahlenanalyse stützt sich in der Regel auf Daten, die dem Jahresabschluss entnommen werden können. Diese sind für die Analyse in geeigneter Form aufzubereiten und zu verdichten, um sinnvolle Vergleiche der Kennzahlen zu ermöglichen. Die Analyse umfasst die folgenden Schritte:

1. Aufbereitung des Zahlenmaterials
Aus den Daten des Jahresabschlusses sind Größen zu berechnen, die anschließend zur Bildung der Kennzahlen benötigt werden. Soweit im Jahresabschluss nicht bereits ausgewiesen, werden beispielsweise folgende Positionen gebildet: Cashflow, liquide Mittel, Working Capital, Eigenkapital, Fremdkapital (lang- kurz- und mittelfristig), betriebsnotwendiges Kapital. Diese Positionen sind ggf. um außerordentliche, aperiodische und dispositive Ereignisse zu bereinigen, um den Zeit- und/oder Betriebsvergleich zu verbessern.

2. Bildung von Kennziffern
Folgende Kennzahlen können unterschieden werden:

Absolute Zahlen: Es werden Positionen der Bilanz bzw. Gewinn- und Verlustrechnung durch Addition und/oder Subtraktion zu Kennzahlen zusammengefasst (z. B. betriebsnotwendiges Kapital, Cashflow).

Verhältniszahlen: Hierbei setzt man zwei absolute Zahlen zueinander in Beziehung, diese Relation wird häufig in Prozentwerten angegeben. Je nachdem, welche Größen in Beziehung gesetzt werden, unterscheidet man:

- *Gliederungszahlen:* Diese drücken die Beziehung zwischen einer Teilgröße und der zugehörigen Gesamtgröße aus (z. B. Eigenkapital zu Gesamtkapital).
- *Beziehungszahlen:* Es werden zwei Größen in Beziehung gesetzt, ohne dass eine davon eine übergeordnete Gesamtgröße darstellt (z. B. Fremdkapital zu Eigenkapital).
- *Indexzahlen:* Indexzahlen zeichnen die zeitliche Entwicklung einer Größe nach. Der Ausgangswert (Basiswert) wird auf 1 bzw. 100 % normiert, und die Werte der nachfolgenden

Zeitpunkte werden in Relation zu diesem Basiswert angegeben (z.B. Entwicklung der Umsätze durchschnittlich pro Beschäftigten mit 1970 i = 100).

Statistische Maßgrößen: Kennzahlen können auch unter Anwendung von Verfahren der Statistik berechnet werden. Insbesondere die ersten beiden Momente einer Wahrscheinlichkeitsverteilung (Erwartungswert und Varianz) sind Maßgrößen, die bei der Kennzahlenanalyse häufig Anwendung finden. Der Erwartungswert dient häufig zur Beurteilung der Höhe von zukünftigen Erfolgen und die Varianz misst das Risiko, mit der die zukünftigen Erfolge erzielt werden.

3. Durchführung von Vergleichen

Eine Kennzahl kann erst durch einen Vergleich mit empirischen oder normativen Größen eingeordnet und beurteilt werden. Folgende Vergleichsmöglichkeiten bestehen:

- *Zeitvergleich:* Beim Zeitvergleich werden die ermittelten Kennziffern einer Unternehmung in verschiedenen Perioden miteinander verglichen. Mit Hilfe von Zeitvergleichen über längere Zeiträume lassen sich gut Trends oder Zyklen erkennen.
- *Betriebsvergleich:* Beim Betriebsvergleich werden die Kennzahlen von Unternehmen der gleichen Branche einander gegenübergestellt oder die Werte eines Unternehmens werden mit den Branchendurchschnitten verglichen. Bei gesamtwirtschaftlichen Betrachtungen kann auch ein Vergleich mit ausländischen Unternehmen in Betracht gezogen werden (z.B. bei der Beurteilung der Eigenkapitalausstattung).
- *Soll-Ist-Vergleich:* Bei internen Finanzanalysen kommen auch Soll-Ist-Vergleiche zur Anwendung. Vorgabe- und Planwerte sind im Rahmen der Kontrollphase mit den tatsächlich erreichten Kennziffern zu vergleichen. Dieser Vergleich fasst jedoch häufig nur Betriebs- und Zeitvergleiche zusammen, da die Soll-Größen anhand dieser Vergleiche ermittelt wurden.

Abbildung 7.2 gibt einen Überblick über die in diesem Kapital erläuterten Kennziffern zur Erfolgs- und Liquiditätslage. Die zur Kennzahlenbildung erforderlichen Angaben können aus Bilanzbeständen, die zeitpunktbezogen sind, oder aus Stromgrößen, die einen Zeitraum abdecken, gewonnen werden. Erstere werden vielfach auch als statische und Letztere als dynamische Kennzahlen bezeichnet.

7.3 Analyse des Erfolgs

Die Kennzahlen zur Analyse des Erfolgs geben Aufschluss über die Fähigkeit eines Unternehmens, Überschüsse zu erzielen. Die Betrachtung der Überschüsse kann sich auf verschiedene Vermögensebenen beziehen. Am häufigsten werden Gewinne der Gewinn- und Verlustrechnung (Saldo aus Erträgen und Aufwendungen, also Überschüsse der Gesamterfolgsebene) untersucht, recht häufig werden auch Cashflows (Saldo aus Cash Inflows und Cash Outflows, also Überschüsse der Zahlungsmittelebene) analysiert. Anhand von Erfolgen lässt sich erkennen, inwieweit ein Unternehmen in der Lage ist, Investitionen zu tätigen

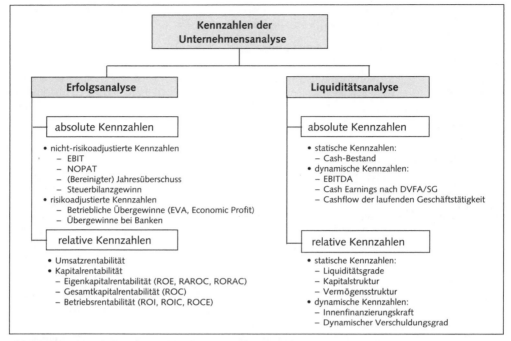

Abb. 7.2: Systematik für Kennzahlen der Unternehmensanalyse

(also zu wachsen), Schulden zu tilgen oder Ausschüttungen an die Eigentümer vorzunehmen (bzw. das Eigenkapital zu erhöhen, falls nicht ausgeschüttet wird).

Die Kennzahlen des Erfolgs können ebenfalls danach unterschieden werden, in welchem Umfang Überschüsse betrachtet werden. Bei der Analyse des originären Geschäfts eines Unternehmens werden ausschließlich Erfolgsgrößen im Leistungsbereich (operativen Geschäft) des Unternehmens betrachtet (z.B. EBITDA, NOPAT). Die Ermittlung dieser Erfolgsgrößen basiert in der Folge auf einem ausgewiesenen operativen Ergebnis (Betriebsergebnis, EBIT oder Operating Profit). Soll hingegen der Erfolg der gesamten Unternehmenstätigkeit beurteilt werden, müssen auch die Erfolge aus dem Finanzbereich und dem außerordentlichen Geschäft berücksichtigt werden. Die Ermittlung der entsprechenden Erfolgsgrößen setzt in diesem Fall beim ausgewiesenen Jahresüberschuss an. Abbildung 7.3 gibt einen Überblick über die wichtigsten Erfolgsgrößen, die aus der Gewinn- und Verlustrechnung abgeleitet werden können.

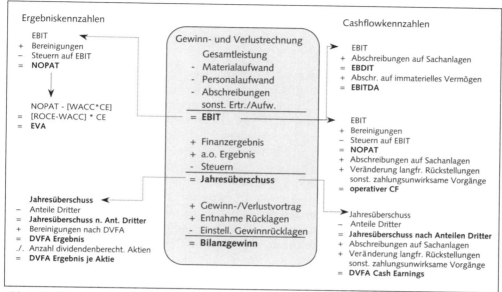

Abb. 7.3: Ableitung von Erfolgskennzahlen aus der Gewinn- und Verlustrechnung

7.3.1   Absolute Erfolgskennzahlen

7.3.1.1   EBIT

Die **E**arnings **B**efore **I**nterest and **T**axes entsprechen zu Deutsch dem Betriebsergebnis (englisch auch Operating Profit genannt). Von allen in der GuV ausgewiesenen Ergebnissen des Unternehmens hat es die größte Aussagekraft hinsichtlich der Beurteilung der Erfolgsentwicklung. Das EBIT enthält weitgehend nur betriebliche Erträge und Aufwendungen und zeigt damit recht gut den Erfolg der operativen Unternehmenstätigkeit auf. Das EBIT wird nicht durch Erfolge im Finanzgeschäft (spiegeln sich im Finanzergebnis wider), von den Rahmenbedingungen am Kapitalmarkt (spiegeln sich im Zinsergebnis wider) oder der speziellen steuerlichen Situation des Unternehmens verzerrt. In der Folge eignet sich das EBIT gut für Betriebsvergleiche auf internationaler Ebene und wird deshalb auch häufig für internationale Bewertungsvergleiche im Rahmen von Multiples-Bewertungen herangezogen. Aufgrund dieser Vorteile stellen mittlerweile viele börsennotierte Unternehmen ihre Zwischenberichterstattung auf das EBIT ab.

Allerdings können im EBIT auch finanzwirtschaftliche, außergewöhnliche, periodenfremde oder dispositive Aufwendungen und Erträge enthalten sein, die eine Beurteilung und Vergleichbarkeit erschweren. Es kann deshalb sinnvoll sein, die Ergebnisgröße entsprechend zu bereinigen. Aus Vereinfachungsgründen beschränken sich viele Analysten und Unternehmen auf die Bereinigung der Goodwill-Abschreibungen. Eine derartig bereinigte operative Ergebnisgröße bezeichnet man dann als EBITA (**E**arnings **B**efore **I**nterest, **T**axes and **A**mortization).

Für umfangreichere Bereinigungen kann auf die in Kapitel 7.5 beschriebenen Verfahren zurückgegriffen werden.

7.3.1.2 NOPAT

Aus dem EBIT kann mit Hilfe umfangreicherer Bereinigungen auch ein *bereinigtes operatives Ergebnis nach Steuern* abgeleitet werden. Etabliert hat sich hier der sog. NOPAT (**N**et **O**perating **P**rofit **A**fter **T**axes), der auch zur Bestimmung von Übergewinnen und damit auch im Zuge der Umsetzung von Shareholder-Value-Strategien eingesetzt wird. Der betriebliche Gewinn NOPAT stellt eine Größe nach Abzug von adjustierten Steuern und vor Finanzierungskosten dar. Die adjustierten Steuern sollen einen Steueraufwand repräsentieren, der bei vollständiger Eigenfinanzierung entstehen würde. Die steuerliche Vorteilhaftigkeit der Fremdfinanzierung, das Tax Shield, wird bei der Berechnung von Übergewinnen nicht in der Gewinngröße, sondern genau wie beim WACC-Ansatz in den gewogenen Kapitalkosten abgebildet. Da Steuern die tatsächlichen Überschüsse mindern (»taxes matter«) und umfangreichere Bereinigungen vorgenommen werden, gelingt es dem NOPAT noch besser als dem EBIT, die Ertragskraft des operativen Geschäftes nachzuzeichnen, allerdings auf Kosten eines erheblich höheren Berechnungsaufwandes.

Der NOPAT kann auf verschiedene Weisen berechnet werden. Beim sog. Operating Approach startet man beim EBIT und führt zahlreiche Bereinigungen durch, um auf die tatsächliche operative Ertragskraft zu schließen. Die möglichen Bereinigungen sind Gegenstand des Kapitels 7.5, regelmäßig werden beim NOPAT die aus dem Ansatz sog. »Equity-Equivalents« resultierenden Auswirkungen auf den Gewinn bereinigt. Hierbei handelt es sich um Zuführungen zu den passivischen latenten Steuern, die Erhöhung der LIFO-Reserve sowie die Eliminierung eventuell vorgenommener Abschreibungen auf den Geschäfts- und Firmenwert.

Das NOPAT-Ergebnis kann auch mit Hilfe des sog. Financing Approach berechnet werden. Bei dieser Vorgehensweise werden zunächst die aus dem Ansatz der »Equity-Equivalents« resultierenden Auswirkungen auf den Jahresüberschuss bereinigt. Danach werden die steuerangepassten Zinszahlungen addiert, die auch die fiktiven Zinsen für das zu bereinigende Operating Leasing berücksichtigen. Die Berechnung des NOPAT nach dem Financing Approach verdeutlich das folgende Schema:

	Jahresüberschuss
+	Zuführungen zu den passivischen latenten Steuern
+	Erhöhung der LIFO-Reserve
+	Abschreibungen auf den Geschäfts- und Firmenwert
=	Angepasster Jahresüberschuss
–	Zinsen
–	fiktive Zinsen auf kapitalisierte Leasingaufwendungen
+	Steuervorteil aus Zinsen
=	**NOPAT**

7.3.1.3 Jahresüberschuss

Der Jahresüberschuss gibt den Periodenerfolg eines Unternehmens wieder. Um gehaltvolle Schlussfolgerungen ziehen zu können, ist jedoch eine Analyse der verschiedenen Bestandteile des Jahresüberschusses zweckmäßig. Es wird deshalb bei der Analyse zumeist eine Trennung in betriebsbedingte und betriebsfremde sowie in regelmäßig auftretende und einmalige Erfolgskomponenten vorgenommen. Die erste Unterscheidung lässt erkennen, inwieweit das ausgewiesene Ergebnis im Rahmen der gewöhnlichen Betriebstätigkeit erzielt wurde. Diese Unterscheidung bietet sich für einen sinnvollen Betriebs- und Branchenvergleich des Erfolgs an. Die zweite Unterscheidung legt den Schwerpunkt der Betrachtung auf die Nachhaltigkeit des Erfolgs. Die Identifikation der nachhaltigen Ertragskraft ist für die Prognose der zukünftigen Erfolge eines Unternehmens sehr hilfreich. Außergewöhnliche oder aperiodische Erträge und Aufwendungen sind bei der Prognose von zukünftigen Erfolgen außer Ansatz zu lassen.

Der Jahresüberschuss setzt sich bei der vereinfachten Dreiteilung aus dem Betriebsergebnis, dem Finanzergebnis und dem außerordentlichen Ergebnis zusammen (vgl. Abbildung 7.3). Das außerordentliche Ergebnis ist auf Bewertungsmaßnahmen oder Veräußerung von Teilen des Anlagevermögens zurückzuführen. Ein schlechtes gewöhnliches Ergebnis kann durch ein manipuliertes außerordentliches Ergebnis verschleiert werden, deshalb ist eine detaillierte Analyse der Erfolgskomponenten sinnvoll. Darüber hinaus wird die Qualität der Kennzahl Jahresüberschuss durch die mögliche Bildung/Auflösung von stillen Reserven beeinträchtigt, die im Rahmen der gesetzlichen Vorschriften zulässig sind. Der Erfolg kann kleiner bzw. größer ausgewiesen werden als er tatsächlich ist.

Für die Ermittlung von bereinigten, nachhaltigen Ergebnissen sind deshalb verschiedene Bereinigungskonzeptionen entworfen worden. Das bekannteste Bereinigungsverfahren hat die Deutsche Vereinigung für Finanzanalyse und Anlageberatung e.V. (DVFA) und der Arbeitskreis »Externe Unternehmensrechnung« der Schmalenbach-Gesellschaft, Deutsche Gesellschaft für Betriebswirtschaft (SG), entwickelt. Da die Bereinigungsansätze alle Erfolgsgrößen gleichermaßen betreffen, werden diese Konzeptionen übergreifend in Kapitel 7.5 behandelt.

7.3.1.4 Geschätzter Steuerbilanzgewinn

Neben dem DVFA-Ergebnis eignet sich zur Identifikation der Veränderungen der stillen Reserven auch die Schätzung des Steuerbilanzgewinns aus dem in der Gewinn- und Verlustrechnung ausgewiesenen Steueraufwand. Grundlage ist die Erkenntnis, dass das Steuerrecht in geringerem Umfang die Bildung stiller Reserven zulässt als das Handelsrecht.

Die Berechnung basiert auf den separat ausgewiesenen Steuern vom Einkommen und vom Ertrag (§ 275 Abs. 2 Nr. 18 oder Abs. 3 Nr. 17 HGB). Diese Position ist ggf. um den Erfolg aus der Steuerabgrenzung gem. § 274 HGB zu bereinigen, der sich aufgrund des gesonderten Ausweises des Bilanzpostens für latente Steuern ergibt. Die Bereinigung lässt diejenigen stillen Reserven erkennen, die aufgrund steuerlicher Vorschriften über die umgekehrte Maßgeblichkeit in der Handelsbilanz entstanden sind.

Die Schätzung des Steuerbilanzgewinns im Rahmen einer externer Finanzanalyse bietet sich besonders für körperschaftsteuerpflichtige Kapitalgesellschaften mit Betriebsstätten im Inland an, bei denen eine konstante Beziehung zwischen dem Gewinn und der Höhe der gewinnabhängigen Steuern vorliegt. Bei Einzelkaufleuten und für Gesellschafter von Personengesellschaften gilt dagegen der progressive Einkommensteuertarif, die Höhe der Steuersätze wird also mit den individuellen Einkommensteuerverhältnissen der Steuerpflichtigen variieren.

Die gewinnabhängigen Steuern einer Kapitalgesellschaft umfassen die Körperschaftsteuer und die Gewerbesteuer. Für nicht ausgeschüttete Gewinne gilt ab Veranlagungszeitraum 2008 ein Körperschaftsteuersatz von 15 %. Die Gewerbeertragsteuer beläuft sich bei einer Steuermesszahl von 14 % und einem angenommenen durchschnittlichen Hebesatz von 400 % auf 20 %. In der Summe werden die Gewinne mit 29,875 % (inkl. Solidaritätszuschlag) versteuert. Vereinfachend wird angenommen, dass für die Bemessungsgrundlage der Gewerbesteuer der einkommenssteuerliche Gewinn aus Gewerbebetrieb nicht korrigiert wird. Die nach dem Steuerrecht vorgeschriebenen Hinzurechnungen bzw. Kürzungen zur Ermittlung des Gewerbeertrags bleiben also außer Acht. Die gesamten gewinnabhängigen Steuern (Gewerbe- + Körperschaftsteuer) betragen also

(7.1)   Gewinnabhängige Steuern = 0,29875 · Geschätzter Steuerbilanzgewinn

Aufgelöst nach dem geschätzten Steuerbilanzgewinn ergibt sich:

(7.2)   Geschätzter Steuerbilanzgewinn = 3,3472 · Gewinnabhängige Steuern

Die im handelsrechtlichen Jahresabschluss gelegten stillen Reserven können dann wie folgt ermittelt werden:

(7.3)   Geschätzter Steuerbilanzgewinn (= SG)
          –   Gewinnabhängige Steuern
          –   Jahresüberschuss
          =   Stille Reserven der Handelsbilanz

Mit Hilfe dieser Schätzung werden allerdings diejenigen stillen Reserven nicht erfasst, die sowohl in der Handelsbilanz als auch in der Steuerbilanz gelegt wurden. Darüber hinaus wird die Qualität der Schätzung u. a. dadurch vermindert, dass Steuernachzahlungen im Steueraufwand enthalten sein können und damit den geschätzten Steuerbilanzgewinn nach oben verzerren. Auf der anderen Seite werden Rückerstattungen auf zuviel geleistete Vorauszahlungen beim geschätzten Steuerbilanzgewinn nicht berücksichtigt.

Es muss auch beachtet werden, dass die auf die Periode entfallene Steuerschuld nicht nur vom Jahresergebnis, sondern auch von der Zusammensetzung des Konzernergebnisses abhängt. So können Konzerne in einigen Teilbereichen Gewinne erwirtschaften und normale Steuerquoten aufweisen, in anderen Bereichen aufgrund von Verlusten aber keine Steuern zahlen. Die Steuerquote des Konzerns steigt, falls Verluste zwischen den Bereichen im Hinblick auf die Besteuerung nicht aufgerechnet werden können. Insgesamt gesehen, ist daher der geschätzte Steuerbilanzgewinn als Indikator für den Erfolg nur bedingt geeignet.

Beispiel

▶▶▶ Die Volkswagen AG hat in den 90er-Jahren regelmäßig sehr konservativ bilanziert. Die ausgewiesenen Ergebnisse haben den tatsächlichen Erfolg erheblich unterzeichnet. Abbildung 7.4 zeigt die Ergebnisentwicklung des VW-Konzerns für die Jahre 1995 bis 2000. Es fällt auf, dass der DVFA-Gewinn deutlich über dem ausgewiesenen Jahresüberschuss gelegen hat. Mit Hilfe umfangreicher bilanzpolitischer Maßnahmen wurde das ausgewiesene Ergebnis erheblich geschmälert. So wurde z. B. der Rechnungszins für die Bildung der Pensionsrückstellungen von 6 % auf 3,5 % gesenkt (erfordert höhere Pensionsrückstellungen) oder von linearer auf degressive Abschreibung umgestellt.

	1996 DM Mio.	1997 DM Mio.	1998 DM Mio.	1999 DM Mio.	2000 DM Mio.
Umsatz	**100.123**	**113.245**	**134.243**	**147.013**	**151.557**
- Herstellungskosten	-90.504	-100.926	-117.568	-130.347	-132.612
Materialaufwand	-61.536	-68.184	-84.327	-90.458	-87.145
Personalaufwand	-20.465	-20.686	-22.457	-23.406	-27.129
Bruttoergebnis vom Umsatz	**9.619**	**12.319**	**16.675**	**16.666**	**18.945**
- Vertriebskosten	-8.301	-9.027	-10.786	-11.944	-13.064
- Allgemeine Verwaltungskosten	-2.660	-2.782	-3.108	-3.334	-3.789
+ Sonst. betriebl. Erträge	7.487	6.694	6.933	7.471	8.681
- Sonst. betriebl. Aufwendungen	-5.760	-5.404	-5.283	-6.039	-6.214
EBIT	**385**	**1.800**	**4.431**	**2.820**	**4.559**
+ Abschreibung	4.780	5.948	7.996	7.972	9.093
EBDIT	**5.165**	**7.748**	**12.427**	**10.792**	**13.652**
+ Abschreibungen auf Goodwill	0	0	1.195	0	0
EBITDA	**5.165**	**7.748**	**13.622**	**10.792**	**13.652**
± Beteiligungsergebnis	509	509	222	854	1.000
± Zinsergebnis	1.209	1.580	1.651	1.299	1.100
- Abschreibungen auf Finanzanlagen	-131	-43	-17	-40	-50
Finanzergebnis	**1.587**	**2.046**	**1.856**	**2.113**	**2.050**
Ergebnis gew. Geschäftstätigkeit	**1.972**	**3.846**	**6.287**	**4.933**	**6.609**
± a. o. Ergebnis	0	0	0	0	0
Ergebnis vor EE-Steuern	**1.972**	**3.846**	**6.287**	**4.933**	**6.609**
- EE-Steuern	-1.294	-2.485	-4.044	-3.282	-3.833
(Steuerquote)	65,6 %	64,6 %	64,3 %	66,5 %	58,0 %
Jahresüberschuss	**678**	**1.361**	**2.243**	**1.651**	**2.776**
± Gewinn-/Verlustanteile Dritter	-1	-22	-24	-40	-42
JÜ nach Anteilen Dritter	**677**	**1.339**	**2.219**	**1.611**	**2.734**
Bereinigungsposten/DVFA	1.330	1.859	890	788	450
DVFA-Ergebnis n. Anteilen Dritter	**2.007**	**3.198**	**3.109**	**2.399**	**3.184**
Anz. dividendenber. Aktien (Mio.)	364	371	417	417	417
DVFA-Ergebnis/Aktie (DM)	**5,50**	**8,60**	**7,45**	**5,75**	**7,63**
DVFA-Ergebnis/Aktie (EUR)	**2,81**	**4,40**	**3,81**	**2,94**	**3,90**
Geschätzter Steuerbilanzgewinn	**2.588**	**4.970**	**8.088**	**6.564**	**7.666**

Abb. 7.4: Die Ergebnisentwicklung des Volkswagen-Konzerns

Die tatsächliche Ertragskraft gemessen am DVFA-Ergebnis lag in den Jahren 1995 bis 2000 deutlich höher als der ausgewiesene Jahresüberschuss. Auf diese Aussage deutet auch die unrealistisch hohe Steuerquote. Berechnet man aus der Steuerquote gemäß (7.2) den geschätzten Steuerbilanzgewinn des Volkswagen-Konzerns, so deutet sich auch eine höhere Ertragskraft an. Der geschätzte Steuerbilanzgewinn des Konzerns ist allerdings nur realistisch, falls alle Konzernbereiche (Volkswagen, Seat, Skoda, Audi) in dem betrachteten Jahr Gewinne erwirtschafteten und gleichmäßig besteuert wurden. Negative Ergebnisse in Teilbereichen können das ausgewiesene Konzernergebnis senken bzw. die Steuerquote erhöhen. Da der geschätzte Steuerbilanzgewinn immer über dem DVFA-Ergebnis lag, ist zu vermuten, dass ein oder mehrere Konzernbereiche (damals vermutlich Seat) Verluste geschrieben haben. ◀◀◀

7.3.1.5 Bilanzgewinn

Der Bilanzgewinn eines Unternehmens unterscheidet sich vom Jahresüberschuss wie folgt:

	Jahresüberschuss (bzw. Jahresfehlbetrag)
+	Gewinnvortrag (./. Verlustvortrag) aus dem Vorjahr
+	Entnahmen aus Kapital- und Gewinnrücklagen
−	Einstellungen aus dem Jahresüberschuss in Gewinnrücklagen
=	Bilanzgewinn (bzw. Bilanzverlust)

Der Bilanzgewinn kann also durch Zuführungen bzw. Entnahmen aus den Rücklagen verringert bzw. erhöht werden. Diese absolute Kennzahl zeichnet daher kaum die tatsächliche Ertragskraft eines Unternehmens in einer bestimmten Periode nach. Bei Aktiengesellschaften können neben den vorgeschriebenen Zuführungen zu der gesetzlichen Rücklage bis zu 50 % des Jahresüberschusses – sofern die Satzung nicht einen höheren Satz zulässt - in die anderen Gewinnrücklagen eingestellt werden (§ 58 Abs. 2 AktG). Über den verbleibenden Rest hat die Hauptversammlung zu befinden, die weitere Teile in die Gewinnrücklagen einstellen oder als Gewinn vortragen kann. Bei börsennotierten Unternehmen repräsentiert der Bilanzgewinn deshalb zumeist den Betrag, den der Vorstand bzw. Aufsichtsrat an das breite Publikum ausschütten möchte. Der Bilanzgewinn bei Aktiengesellschaften gibt daher eher Hinweise auf die Ausschüttungs- und (offene) Selbstfinanzierungspolitik der Unternehmung. Als Maßstab für den Periodenerfolg des Unternehmens ist die Kennzahl nicht geeignet.

7.3.1.6 Betriebliche Übergewinne (Ökonomische Gewinne)

Übergewinne berücksichtigen nicht nur die tatsächlichen Kosten, sondern auch die Opportunitätskosten der Geldgeber in Form entgangener Verzinsungen auf das eingesetzte Kapital. Zur Berechnung von betrieblichen Übergewinnen werden deshalb neben einer betrieblichen Gewinngröße (z.B. dem NOPAT) auch eine Vermögensgröße (z.B. das Invested Capital) sowie ein Kapitalkostensatz (z.B. der WACC) benötigt. Der Übergewinn fasst in einer Kennzahl anschaulich operative Maßnahmen, Investitions- und Finanzierungsentscheidungen zusammen. Abbildung 7.5 zeigt die Basiselemente betrieblicher Übergewinne sowie deren Berechnung nach der sog. Capital-Charge-Formel.

Die Konzeption der betrieblichen Übergewinnverfahren wird bei der Berechnung anhand der Capital-Charge-Formel deutlich. Der Übergewinn ergibt sich durch Gegenüberstellung von einem betrieblichen Ergebnis und den Kapitalkosten. Der betriebliche Übergewinn ist dadurch gekennzeichnet, dass nicht nur die tatsächlichen Kosten eines Unternehmens, sondern zusätzlich auch die Opportunitätskosten der Kapitalgeber berücksichtigt werden. Den Kapitalgebern entstehen Opportunitätskosten (ökonomische Kosten) dadurch, dass sie auf eine alternative Verzinsung für das eingesetzte Kapital verzichten. Ein Unternehmen kann den Kapitalgebern einen zusätzlichen Wert (Value Added) nur schaffen, wenn es gelingt, auch diese ökonomischen Kosten zu decken. Die Kapitalkosten ergeben sich aus der Multiplikation des eingesetzten betriebsnotwendigen Kapitals mit dem gewichteten Kapitalkostensatz WACC. Der Kapitalkostensatz muss die gewichteten Kapitalkosten der Eigen- *und* Fremdkapitalgeber repräsentieren, da der betriebliche Gewinn vor Finanzierungskosten ermittelt wird und damit allen Kapitalgebern (sowohl von Eigen- als auch von Fremdkapital) zusteht.

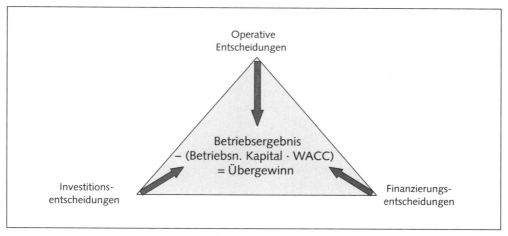

Abb. 7.5: Die Bewertungskonzeption betrieblicher Übergewinne

(7.4)   Übergewinn = Betriebsergebnis − (Betriebsnotwendiges Kapital · WACC)

Die Value-Spread-Formel berechnet den Übergewinn durch eine Gegenüberstellung von Kapitalrendite (Betriebsergebnis/Betriebsnotwendiges Kapital) und Kapitalkosten. Man erhält die Value-Spread-Formel aus der Capital-Charge-Formel, indem man dort das betriebsnotwendige Kapital ausklammert. Es ergibt sich:

(7.5)   Übergewinn = (Kapitalrendite-WACC) · betriebsnotwendiges Kapital

Die betriebliche Überrendite ergibt sich als positiver Saldo aus der Rendite auf das betriebsnotwendige Kapital und den Kapitalkosten WACC. Je nachdem, wie das betriebsnotwendige Kapital berechnet wird, bezeichnet man die Kapitalrendite als Return on Invested Capital, Return on Capital Employed oder Cashflows Return on Investment. Wird in der Value-Spread-Formel für die Rendite der Term Betriebsergebnis/Betriebsnotwendiges Kapital eingesetzt, dann ergibt sich nach Umformung wiederum die Capital-Charge-Formel (7.4).

Der Vorteil der Value-Spread-Formel besteht darin, dass der Zusammenhang zwischen Kapitalrendite, Kapitalkosten und Wertsteigerung transparent wird. Der Übergewinn ist immer dann größer als Null, wenn die Kapitalkosten kleiner als die Kapitalrendite sind. Da die Kapitalkosten bei vielen Unternehmen in etwa gleich hoch sind (ca. 12 %), können geübte Analysten mit Hilfe eines schnellen Blicks auf die Kapitalrendite feststellen, ob ein Unternehmen in einer Periode einen ökonomischen Mehrwert für seine Kapitalgeber erwirtschaftet hat.

7.3.1.6.1 Die Berechnung der Vermögensgröße

Die betrachteten Übergewinne messen Wertsteigerungen aufgrund der *betrieblichen (operativen)* Geschäftstätigkeit eines Unternehmens. Die betrieblichen Überschüsse müssen demzufolge konsistent dem *betriebsnotwendigen* Vermögen gegenübergestellt werden. Das betriebsnotwendige Vermögen ist mit Marktwerten anzusetzen, da die Kapitalgeber auf dieses gebundene Vermögen eine angemessene Rendite erwarten. Das betriebsnotwendige (auch investiertes Kapital/invested capital oder gebundenes Kapital/capital employed bezeichnet) kann genau wie der NOPAT entweder über den operating oder den financing approach ermittelt werden. Zur Berechnung des Kapitaleinsatzes nach dem operating approach werden zunächst die Vermögenspositionen der Aktivseite der Bilanz auf ihre Betriebsnotwendigkeit überprüft. Nicht betriebsnotwendige Vermögensbestandteile werden dabei vom Gesamtkapital abgezogen.

Daneben müssen Anpassungen des eingesetzten Kapitals über sog. »Equity Equivalents« vorgenommen werden. Diese »Equity Equivalents« umfassen Vermögenspositionen, die betriebsnotwendig sind, jedoch aufgrund der geltenden Bilanzierungsvorschriften (z.B. aufgrund des Realisationsprinzips) nicht aktiviert werden dürfen. Mit Hilfe der »Equity Equivalents« sollen die Buchwerte in Marktwerte (»ökonomische Werte) transformiert werden. Dies sind beispielsweise Aufwendungen für Forschung und Entwicklung, die bei den Übergewinn-Konzepten bei der Berechnung des eingesetzten Kapitals zu den bilanziellen betriebsnotwendigen Vermögensgegenständen addiert werden. Weitere (in Kapitel 7.5 ausführlich diskutierte) Anpassungen ergeben sich bei Leasinggeschäften, der LIFO-Bewertung des Lagerbestands, dem Geschäfts- und Firmenwert und den latenten Steuern.

Beim financing approach geht man bei der Berechnung vom bilanziellen Eigenkapital aus. Zum Eigenkapital werden dann die Eigenkapitaläquivalente (inklusive passivische latente Steuern, Erhöhung der LIFO-Reserve, Abschreibungen auf den Geschäfts- und Firmenwert, kapitalisierte Leasingzahlungen) und das zinstragende Fremdkapital addiert. Die Ermittlung anhand des financing approach scheint nicht so transparent wie beim operating approach, da nicht ersichtlich ist, inwieweit die Vermögensgegenstände der Aktivseite als betriebsnotwendig bzw. nicht-betriebsnotwendig eingestuft wurden.

Bei der Berechnung des Kapitals wird grundsätzlich der Kapitalbestand zu Beginn der Periode zugrunde gelegt. Unterliegt das eingesetzte Kapital starken Schwankungen, kann auch mit Periodendurchschnitten gerechnet werden.

7.3.1.6.2 Die Berechnung des Kapitalkostensatzes

Die Ermittlung des Kapitalkostensatzes erfolgt im Konzept der Übergewinne sinngemäß zur Berechnung des gewogenen Kapitalkostensatzes im WACC-Ansatz (vgl. dazu Kapitel 3.2). Der gewogene Kapitalkostensatz soll die Mindestrenditeforderungen der Eigen- und Fremdkapitalgeber abbilden. Er berechnet sich demzufolge aus den mit den jeweiligen Kapitalanteilen gewichteten Renditeforderungen der Eigen- und Fremdkapitalgeber. Daneben wird im gewogenen Kapitalkostensatz auch der Steuervorteil durch die Fremdfinanzierung (das Tax Shield) abgebildet. Der bei den Übergewinn-Ansätzen verwendete Kapitalkostensatz stimmt daher mit dem gewogenen Kapitalkostensatz WACC der DCF-Verfahren überein.

▶▶▶

	T€	2010 Ant.%	+/-%	T€	2011 Ant.%	+/-%	T€	2012 Ant.%	+/-%
NOPAT	1.880	100,0%	0,0%	2.661	100,0%	41,5%	1.804	100,0%	-32,2%
Capital Employed	32.712	6426,7%	0,0%	38.745	17452,7%	18,4%	40.149	4701,3%	3,6%
ROCE	5,7%	--	--	6,9%	--	--	4,5%	--	--
WACC	10,4%	--	--	10,5%	--	--	11,0%	--	--
EVA	-1.532	-1,4%	0,0%	-1.423	-1,1%	-7,1%	-2.596	-1,8%	82,5%

Tab. 7.1: Kapitalkosten und Übergewinne eines fiktiven deutschen Konzerns
Quelle: Eigene Erstellung

Für den fiktiven deutschen Mittelstandskonzern ergeben sich gemäß Tabelle 7.1 die folgenden Zahlen. Das NOPAT-Ergebnis schwankte in den Jahren 2010–2012 um die 2 Mio. €. Das betriebsnotwendige Vermögen stieg im gleichen Zeitraum auf über 40 Mio. € an. Es konnte deshalb nur eine Rendite (ROCE) von zuletzt 4,5 % auf das im Betrieb gebundene Vermögen (Capital Employed) erzielt werden. Die Kapitalgeber mussten deshalb erhebliche Opportunitätskosten auf den Marktwert ihres gebundenen Vermögens hinnehmen. Sie verlangen im Durchschnitt eine Kapitalverzinsung (WACC) von über 10 %. Das Niveau der Ertragskraft reichte deshalb in den vergangenen Jahren nicht aus, den Kapitalgebern einen ökonomischen Mehrwert zu liefern. Das EVA-Ergebnis war in allen Jahren negativ. ◀◀◀

7.3.1.6.3 Alternativen der Berechnung
Aufgrund der wachsenden Beliebtheit betrieblicher Übergewinne zur Unternehmenssteuerung in den vergangenen 10 Jahren fühlten sich einige Unternehmensberatungen dazu aufgerufen, eigene Bereinigungen und Übergewinne zu konzipieren. Das Grundprinzip ist bei allen Verfahren gleich und entspricht der oben beschriebenen Vorgehensweise. Die Kennzahlen unterscheiden sich »nur« hinsichtlich der Berechnung bzw. Bereinigung der Kapital- und Ergebnisgrößen. Für die Kapital- und Ergebnisgrößen wurden eigene Bezeichnungen kreiert. Eine Übersicht der Verfahren gibt Tabelle 7.2. Eine detaillierte Übersicht über die Unterschiede in den Berechnungen findet man im Anhang des Kapitels.

	Economic Value Added	Economic Profit	Cash Value Added	Value Added
Konzeption	Stern & Steward	McKinsey	Boston Consulting	London Business School
Betrieblicher Gewinn	NOPAT	NOPLAT	Brutto Cashflow	NOPAT
Kapitalgröße	Capital Employed	Invested Capital	Brutto Investitionsbasis	Investitionsbasis
Rendite	ROCE	ROIC	CFROI	ROI

Tab. 7.2: Verschiedene Übergewinnkonzepte

Die Qualität der Kennziffern hängt von der Zweckmäßigkeit der vorgenommenen Bereinigungen ab. Die Kennzahl ist umso aussagekräftiger, je besser die Kapitalgröße den tatsächlichen Marktwert (»ökonomischen Wert«) des investierten Kapitals abbildet und je besser die Gewinngröße die tatsächliche Performance des Unternehmens nachzeichnet. Der Economic Value Added (EVA) zeichnet sich durch die umfangreichste Bereinigungskonzeption aus: Der Bereinigungskatalog umfasst 107 mögliche Bereinigungen für die Kapital- und Gewinngröße. Der Economic Profit ist vom Grundprinzip dem EVA recht ähnlich. Es sind jedoch nicht so viele Bereinigungen vorgesehen und die Berechnung erfolgt konservativer. Im Gegensatz zum EVA ist z. B. keine Aktivierung von Aufwendungen mit Reservecharakter (F&E-Aufwand, Markterschließungskosten, Ausbildungskosten) vorgesehen.

Der Cash Value Added unterscheidet sich recht deutlich vom Economic Value Added und Economic Profit. Kapital und Gewinngröße werden *vor* Abschreibungen ermittelt. Demzufolge entspricht die Ergebnisgröße einem operativen Cashflow und die Kapitalgröße einer Investitionsbasis vor Abschreibungen. Bei Unternehmen, bei denen die Abschreibungen die Gewinngröße und den Marktwert des Vermögens verzerren, scheint dieser Ansatz sinnvoller.

Beispiel

▶▶▶ Die Lufthansa AG schreibt ihre Flugzeugflotte degressiv ab. Aufgrund der guten Wartung der Flugzeuge entspricht der Marktwert der Flugzeuge jedoch nahezu dem Anschaffungswert. In der Folge spiegeln Cashflows und Cash Value Added realistischer die Performance wider als der EVA oder der Economic Profit, die auf ausgewiesenen Gewinnen (inklusive der überhöhten Abschreibungen) basieren. Bei weniger konservativ bilanzierenden Unternehmen, bei denen die Abschreibungen den Vermögensverzehr realistisch abbilden (z. B. bei Computern), dürften hingegen EVA und Economic Profit zu besseren Ergebnissen kommen. ◀◀◀

7.3.1.6.4 Einsatzgebiete von betrieblichen Übergewinnen

Unternehmenssteuerung im Rahmen einer Shareholder-Value-Strategie

Betriebliche Übergewinne werden von vielen Unternehmen im Rahmen einer Shareholder-Value-Politik ermittelt und veröffentlicht. Die Größe fasst in einer Kennzahl anschaulich den Erfolg der operativen Geschäftspolitik (im Betriebsergebnis), der Investitionspolitik (im investierten Kapital) und der Finanzierungspolitik (in den Kapitalkosten) zusammen. Die Orientierung der Geschäftspolitik am betrieblichen Übergewinn eignet sich dazu, einen Interessengleichlauf von Managern und Eigentümern herzustellen. Die Verfolgung gleicher Ziele ist nicht selbstverständlich. Manager verfolgen auch ihre eigenen Interessen, nicht nur die Interessen der Eigentümer (Principal-Agent-Problem).

Das Prinzipal-Agent-Problem der Unternehmensführung resultiert daraus, dass die Eigentümer (Deligierende, Principale) die Führung des Unternehmens an Manager (Ausführende, Agenten) delegieren. Aufgrund des täglichen Einblicks in die Geschäfte besitzen die Manager jedoch einen deutlichen Informationsvorsprung (»Hidden Information«) vor den Eigentümern. Diesen Informationsvorsprung können die Manager nutzen, um ihre eigenen Ziele und nicht diejenigen der Eigentümer zu verfolgen (»Hidden Action«). Die Manager können Handlungsspielräume nutzen, um ihren eigenen Nutzen auf Kosten der Eigentümer zu steigern (Moral Hazard). Die konsequente Ausrichtung der Geschäftspolitik an der Schaffung von Übergewinnen kann das Pricipal-Agent-Problem abmildern. Weitere Maßnahmen einer Shareholder-Value-Strategie werden in Kapitel 8 erläutert.

Bestimmung von Unternehmenswerten

Die Berechnung von Übergewinnen kommt vornehmlich bei der Unternehmenssteuerung anhand des Shareholder Value zur Anwendung, die Konzepte können jedoch auch zur Unternehmensbewertung eingesetzt werden. Da betriebliche Übergewinne periodisierte Wertsteigerungen des Unternehmens darstellen, ergibt sich der Unternehmenswert als Summe der auf den heutigen Zeitpunkt abgezinsten Übergewinne zuzüglich des Wertes des gesamten Vermögens (betriebs- und nicht-betriebsnotwendig):

$$(7.6) \qquad GK = \sum_{t=1}^{\infty} \frac{\text{Übergewinn}_t}{(1 + c_{WACC})^t} + \text{betriebsnotwendiges Vermögen} + \text{nicht-betriebsnotwendiges Vermögen}$$

Ein Unternehmen ist zunächst die Substanz seines Vermögens wert. Dabei handelt es sich nicht um die Buchwerte des Kapitals, sondern um die Marktwerte (»ökonomische Werte«). Wenn es dem Unternehmen gelingt, dieses Vermögen höher zu verzinsen als von den Kapitalgebern gefordert, steigt der Wert über den ursprünglichen Wert des investierten Kapitals hinaus.

Die Summe der auf den Bewertungszeitpunkt abgezinsten zukünftigen Übergewinne (der erste Term in (7.6)) wird auch als Market Value Added$_{ex\ ante}$ (MVA) bezeichnet. Der MVA$_{ex\ ante}$ bezeichnet die Differenz zwischen dem fairen Marktwert des eingesetzten Kapitals (GK) und dem ökonomischen Wert (Marktwert) des eingesetzten Kapitals. Dementsprechend kann der Market Value Added$_{ex\ ante}$ auch berechnet werden aus:

$$(7.7) \qquad MVA_{ex\ ante} = GK - \text{Ökonomischer Wert des Vermögens}$$

In der Folge hängt die Aussagekraft des MVA$_{ex\ ante}$ ebenso wie die des Übergewinns von den vorgenommenen Bereinigungen ab. Entspricht die Vermögensgröße »Betriebsnotwendiges Kapital« dem tatsächlichen Marktwert des investierten Kapital, ist der MVA$_{ex\ ante}$ aussagekräftig. Sind die Anpassungen in der Erfolgs- und Vermögensgröße jedoch unvollkommen, ist auch der Market Value Added kein guter Maßstab für den vom Management geschaffenen Added Value.

Der MVA kann auch ex post (MVA$_{ex\ post}$) bestimmt werden, indem man den Marktwert des Kapitals nicht herleitet, sondern direkt aus den beobachteten Marktbewertungen am Kapitalmarkt berechnet. Den Marktwert des Unternehmens an den Kapitalmärkten bezeichnet man auch als »Enterprise Value«. Zur Bestimmung des Enterprise Value vgl. Kapitel 5.4.

7.3.1.7 Übergewinne in Banken

Betriebliche Übergewinne werden zur Beurteilung und Steuerung von Industrieunternehmen herangezogen. Bei Banken kommen im Rahmen einer wertorientierten Steuerung ähnliche risikoadjustierte Verfahren zur Anwendung. Die Kapitalgrößen und Renditen werden bei Banken jedoch häufig nicht aus einem Kapitalmarktmodell (z.B. dem CAPM) hergeleitet, sondern sie basieren auch auf der generierten Schadensverteilung eines Kreditportfolios. Durch diese Vorgehensweise geht der Diversifikationsgrad des Kreditportfolios in die Berechnung ein.

Bei der Betrachtung der Wahrscheinlichkeitsverteilung möglicher Kreditausfallverluste wird üblicherweise zwischen dem »Expected Loss« EL und dem »Unexpected Loss« UEL unterschieden. Der Erwartungswert EL entspricht dem statistischen Mittelwert der Ausfallverluste und soll durch eine geeignet kalkulierte Zinsmarge gedeckt werden. Für den Fall, dass in einem bestimmten Jahr die tatsächlichen Verluste einen solchen Durchschnittswert übersteigen, muss zur Abdeckung derartiger »unerwarteter« Verluste außerdem ein ausreichend hoher Eigenkapitalpuffer vorgehalten werden. Dieses im Kreditgeschäft gebundene notwendige Eigenkapital bezeichnet man − analog zu den betrieblichen Übergewinnverfahren − als »Ökonomisches Kapital«. Die Bezeichnung dient auch zur Abgrenzung von den aufsichtsrechtlichen Eigenkapitalanforderungen für Banken.

Die Höhe dieses Eigenkapitalpuffers bemisst sich danach, dass die Wahrscheinlichkeit für eine Insolvenz des Kreditinstitutes unter ein bestimmtes, gerade noch akzeptables Niveau gedrückt wird. Eine mögliche Vorgabe besteht darin, dass das Kreditinstitut mindestens das Rating AA erhält, was in eine Insolvenzwahrscheinlichkeit von weniger als $\alpha=0{,}03\,\%$ übersetzt werden kann. Das Quantil $q(\alpha)$ gibt das zur Deckung der Risiken mindestens benötigte Eigenkapital an. Abbildung 7.6 verdeutlicht diese Zusammenhänge.

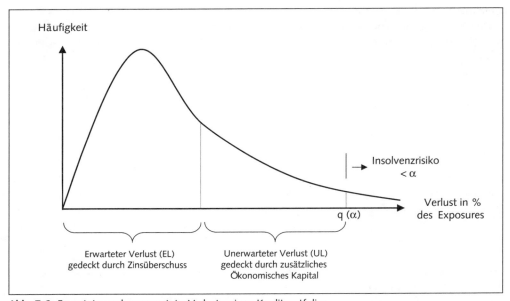

Abb. 7.6: Erwartete und unerwartete Verluste eines Kreditportfolios

Der Übergewinn einer Bank berechnet sich demnach wie folgt:

(7.8)   Übergewinn = Nettoergebnis −[Ökonomisches Kapital · Eigenkapitalkosten]

Im Gegensatz zu den betrieblichen Übergewinnen werden bei Banken üblicherweise Nettoergebnisse betrachtet, d.h. es handelt sich um Provisionseinnahmen, die um die Refinanzierungskosten vermindert sind. Da diese Ergebnisse nur noch den Eigentümern zustehen, werden sie konsistent nur noch den Kapitalkosten der Eigenkapitalgeber gegenübergestellt. Aus dieser Capital-Charge-Fomel kann durch Ausklammern des ökonomischen Kapitals ebenfalls eine Value-Spread-Formel hergeleitet werden:

$$(7.9) \quad \text{Übergewinn} = \left(\frac{\text{Nettoergebnis}}{\text{Ökonomisches Kapital}} - \text{Eigenkapitalkosten} \right) \cdot \text{Ökonomisches Kapital}$$

$$= (\text{RORAC} - »\text{Ziel} - \text{RORAC}«) \cdot \text{Ökonomisches Kapital}$$

Für die sich unter Berücksichtigung von Kreditausfallkosten ergebende Rendite hat sich in der Bankenpraxis der Begriff »Return on Risk Adjusted Capital« (RORAC) eingebürgert. Die Eigenkapitalkosten stellen eine »Ziel-RORAC« im Rahmen der Gesamtbankensteuerung dar. Häufig wird dafür eine »Hurdle Rate« von 15 % genannt.

Der Übergewinn bzw. der RORAC kann ex post und ex ante ermittelt werden. Der ex post realisierte Übergewinn bzw. RORAC zeigt auf, ob das Geschäft die von den Eigentümern erwartete Rendite erzielt hat. Ex ante wird die Kennzahl von den Banken ermittelt. Dabei werden Ergebnis- und Kapitalgrößen mit den erwarteten Ausfällen des Kreditportfolios berechnet.

Daneben ist es bei Banken üblich, auch den Übergewinn im Verhältnis zum ökonomischen Kapitaleinsatz zu betrachten. Für diese Kapitalrendite hat sich die Bezeichnung »Risk Adjusted Return on Capital« (RAROC) durchgesetzt. Der RAROC ergibt sich wie folgt:

$$(7.10) \quad \text{RAROC} = \frac{\text{Übergewinn}}{\text{Ökonomisches Kapital}} = \text{RORAC} - »\text{Ziel} - \text{RORAC}«$$

Die Verlustverteilung für Kreditrisiken weist regelmäßig die in Abbildung 7.6 angedeutete Rechtsschiefe (Linkssteilheit) auf. Dies hängt damit zusammen, dass Kreditausfälle relativ seltene, gegebenenfalls aber zu hohen Verlusten führende Ereignisse sind. Bei positiv korrelierten Ausfallereignissen mittelt sich dieser Effekt auch in einem größeren Kreditportfolio nicht völlig heraus und kommt in der angedeuteten Schiefe der aggregierten Verlustverteilung zum Ausdruck. Eine Folge hiervon ist, dass der Median kleiner ist als der Erwartungswert, sodass in den meisten Geschäftsjahren die tatsächlichen Ausfallverluste den erwarteten Verlust unterschreiten werden. In den übrigen Jahren werden dafür die Ausfallverluste jeweils besonders hoch ausfallen.

7.3.2 Rentabilitätskennzahlen

Rentabilitätskennzahlen stellen eine Beziehung zwischen einem Erfolg und einer Größe her, die Grundlage zur Erzielung dieses Erfolgs ist. Als Basis für den Erfolg werden zumeist der erzielte Umsatz oder der Kapitaleinsatz angesehen, entsprechend spricht man von Umsatzrentabilität oder Kapitalrentabilität. Je nachdem, welche Größe als eingesetztes Kapital herangezogen wird, unterscheidet man zwischen Eigenkapital-, Gesamtkapital- und Betriebsrentabilität. Rentabilitätskennzahlen können im Nenner mit allen im vorausgegangenen Abschnitt erläuterten Erfolgskennzahlen gebildet werden. Die Rentabilitätsmessung kann sich auf das ganze Unternehmen, aber auch auf das operative Geschäft, Abteilungen, Produktbereiche, Produkte oder bestimmte (Investitions-)Projekte beziehen. Bei der Berechnung der Rentabilitätskennziffern kann der Erfolg entweder vor oder nach Steuern betrachtet werden. Sollen international Unternehmen mit unterschiedlichen Steuersystemen verglichen werden, so ist Erfolgskennzahlen vor Steuern der Vorzug zu geben.

Absolute Erfolgskennzahlen eignen sich kaum für einen Betrieb- und Zeitvergleich. Durch die Bildung der Rentabilität wird die Erfolgsgröße relativiert und die Rentabilitätsanalyse ist aussagekräftiger als die Betrachtung der absoluten Erfolgsgrößen. Bei der Bildung der Rentabilität ist dabei auf eine Konsistenz der Zähler- und Nennergröße zu achten, d.h. Umsatz- bzw. Kapitalgröße im Nenner müssen in ursächlichem Zusammenhang zur Erfolgsgröße im Zähler stehen. So lassen sich sinnvolle operative Rentabilitätsgrößen nur ermitteln, wenn eine operative Erfolgsgröße ins Verhältnis zu dem entsprechenden operativen Umsatz bzw. operativen Kapitaleinsatz gesetzt wird.

7.3.2.1 Umsatzrentabilität

Die Umsatzrentabilität oder Umsatzmarge zeigt den Anteil einer Erfolgsgröße am Umsatz. Sie zeigt damit den Anteil an den Umsatzerlösen an, der dem Unternehmen für Investitionen, Schuldentilgung und zur Gewinnausschüttung zur Verfügung steht.

(7.11) $$\text{Umsatzrentabilität} = \frac{(\text{operativer}) \text{Erfolg}}{(\text{operative}) \text{Umsatzerlöse}}$$

Zur besseren Vergleichbarkeit sollten im Nenner immer die Umsatzerlöse und nicht etwa die Gesamtleistung stehen. Dann hat es keinen Einfluss mehr, ob die Vergleichsunternehmen nach dem Umsatzkostenverfahren oder nach dem Gesamtkostenverfahren abrechnen.

Umsatzmargen eignen sich recht gut für Zeit- und Betriebsvergleiche. Umsätze lassen sich kaum durch die Bilanzierung manipulieren. Die Vergleichbarkeit ist besonders hoch bei operativen Umsatzmargen (EBIT-Marge, EBITA-Marge, NOPAT-Marge), da bei diesen Erfolgsgrößen weniger Verzerrungen durch finanzwirtschaftliche, außerordentliche oder steuerliche Effekte auftreten. Erfahrene Analysten kennen häufig die typischen Margen in einer Branche und können deshalb die Rentabilität des betreffenden Unternehmens mit Hilfe von Umsatzmargen schnell einordnen.

Angaben in %	1981	1984	1987	1990	1993	1996	1998
Chemische Industrie	1,9	2,9	3,6	3,4	2,2	3,8	6,2
Maschinenbau	1,8	2,4	2,2	2,6	0,2	1,6	3,3
Elektrotechnik	2,2	3,1	2,7	2,5	1,1	2,0	1,4
Baugewerbe	2,7	1,9	2,4	2,5	1,9	0,7	1,4
Ernährungsgewerbe	1,3	1,2	2,1	2,5	1,0	1,9	2,3
Textilgewerbe	1,2	1,8	2,6	2,3	1,9	1,1	2,7
Bekleidungsgewerbe	2,2	2,2	2,7	2,4	3,1	1,9	2,9
Papiergewerbe	1,1	2,5	3,2	3,5	1,3	1,7	4,3
Großhandel	1,1	1,2	1,4	1,5	1,1	0,9	1,2
Einzelhandel	2,1	1,9	2,4	2,4	1,4	1,2	1,4

Tab. 7.3: Umsatzrendite nach Steuern (Branchendurchschnittswerte)
(Quelle: Deutsche Bundesbank, Monatsberichte, zuletzt Oktober 1998)

Allerdings eignen sich Umsatzmargen nur für einen Betriebsvergleich von Unternehmen derselben Branche. Unterschiedliche Umsatzrentabilitäten können – trotz gleicher Kapitalrenditen – auf eine unterschiedliche Kapitalumschlagshäufigkeit zurückzuführen sein. So liegt bei den Unternehmen in Deutschland die Umsatzrentabilität bei durchschnittlich 2 %, beim verarbeitenden Gewerbe bei etwa 1 % und bei der Telekommunikation bei 10 %. Der Handel zeichnet sich üblicherweise durch einen sehr hohen Kapitalumschlag aus (»Box in, Box out«), die Umsatzrenditen sind deshalb in der Regel sehr niedrig.

Angaben in %	1981	1984	1987	1990	1993	1996	1998
Chemische Industrie	1,43	1,59	1,24	1,19	1,04	0,96	1,03
Maschinenbau	1,15	1,23	1,31	1,28	1,22	1,32	1,37
Elektrotechnik	1,29	1,21	1,13	1,25	1,15	1,22	1,25
Baugewerbe	1,11	1,13	1,18	1,23	1,14	1,18	1,19
Ernährungsgewerbe	1,94	2,01	2,02	1,92	1,89	1,96	1,87
Textilgewerbe	1,66	1,75	1,79	1,74	1,62	1,67	1,71
Bekleidungsgewerbe	2,01	1,99	2,21	2,14	2,23	2,15	2,10
Papiergewerbe	1,74	1,90	1,98	1,89	2,19	1,50	1,44
Großhandel	2,79	2,79	2,85	2,57	2,54	2,62	2,56
Einzelhandel	2,21	2,24	2,48	2,59	2,45	2,47	2,46

Tab. 7.4: Kapitalumschlagshäufigkeit (Branchendurchschnittswerte)
(Quelle: Deutsche Bundesbank, Monatsberichte, zuletzt Oktober 1998)

7.3.2.2 Eigenkapitalrentabilität (ROE, RORAC)

Bei der Ermittlung der Eigenkapitalrentabilität wird eine Erfolgsgröße auf das durchschnittlich eingesetzte Eigenkapital bezogen. Die betrachtete Erfolgsgröße sollte auf einer Ergebnisgröße nach Zinsen (z.B. dem Jahresüberschuss) basieren, da die Ansprüche der Fremdkapitalgeber dann schon abgegolten sind und sich eine sinnvolle Beziehung zum eingesetzten Eigenkapital herstellen lässt. In der Regel wird die Erfolgsgröße um außerordentliche, betriebsfremde oder andere Sonderfaktoren bereinigt. Das Eigenkapital setzt sich zusammen aus dem gezeichneten Kapital, den Rücklagen und dem Eigenkapitalanteil im Sonderposten mit Rücklageanteil. Bei den Banken ist es üblich, dass Eigenkapital um die Ausfallrisiken des Kreditportfolios zu bereinigen (vgl. Kapitel 7.3.1.7).

$$(7.12) \qquad \text{Eigenkapitalrentabilität} = \frac{\text{Erfolg}}{\text{Eigenkapital}}$$

Die Rentabilität des Eigenkapitals sollte größer als die Eigenkapitalkosten der Eigentümer sein. Die Eigenkapitalrentabilität hängt jedoch wesentlich von der Eigenkapitalquote ab. Mit abnehmender Eigenkapitalquote steigt die Eigenkapitalrentabilität, solange die Kosten des Fremdkapitals unter der Gesamtkapitalrentabilität liegen (Leverage-Effekt).

Ergänzend sollte deshalb auch der *Leverage-Faktor* berechnet werden:

$$(7.13) \qquad \text{Leverage} - \text{Faktor} = \frac{\text{Eigenkapitalrendite}}{\text{Gesamtkapitalrendite}} = \frac{\text{Eigenkapital}}{\text{Gesamtkapital}}$$

Diese Kennzahl lässt im Zeitvergleich erkennen, ob eine Veränderung der Eigenkapitalrendite auf rein finanzwirtschaftliche Faktoren und Maßnahmen zurückzuführen ist, insbesondere auf eine Veränderung der Finanzierungspolitik.

Die Aussagekraft der Eigenkapitalrentabilität für Zeit- und Betriebsvergleiche ist häufig recht mäßig. Das ausgewiesene Eigenkapital kann durch Bilanzierungsmethoden und Bilanzpolitik erheblich verzerrt werden und stellt kaum den Marktwert des eingesetzten Eigenkapitals dar. Aufgrund mangelnder Interpretierbarkeit und (internationaler) Vergleichbarkeit hat die Kennziffer bei Analysen von Industrieunternehmen keinen hohen Stellenwert. Bei Banken hat sich hingegen die Betrachtung der risikoangepassten Eigenkapitalrendite (RORAC) durchgesetzt.

7.3.2.3   Gesamtkapitalrentabilität (ROC)

Die Gesamtkapitalrentabilität (Unternehmensrentabilität) zeigt die Verzinsung des in einem Unternehmen insgesamt eingesetzten Kapitals (Summe aus Eigen- und Fremdkapital bzw. Bilanzsumme). Bei der Gesamtkapitalrentabilität sollte eine Erfolgsgröße vor Zinszahlungen betrachtet werden, denn auch diese sind durch das investierte Kapital erwirtschaftet worden. Ein Vergleich zwischen Unternehmen mit unterschiedlicher Eigen-/Fremdkapitalausstattung wäre sonst nicht sinnvoll.

Die Kennzahl Gesamtkapitalrentabilität erlaubt es, die Rentabilität unterschiedlich finanzierter Unternehmen miteinander zu vergleichen. Verzerrungen durch unterschiedliche Steuerbelastungen (aufgrund unterschiedlicher Rechtsformen) können ausgeschaltet werden, wenn eine Erfolgsgröße vor Steuern betrachtet wird. In Verbindung mit der Umsatzrentabilität werden die Ursachen für Ergebnisveränderungen transparent.

Liegt die Gesamtkapitalrentabilität eines Unternehmens über dem Zinsfuß für die zusätzliche Aufnahme von Fremdkapital, so kann der Einsatz zusätzlichen Fremdkapitals zur Steigerung des Gewinns und zur Erhöhung der Eigenkapitalrentabilität genutzt werden (Leverage-Effekt). Dabei muss jedoch beachtet werden, dass eine zunehmende Verschuldung auch die Gefahr einer Insolvenz erhöht.

Ebenso wie bei der Eigenkapitalrendite muss auch die Aussagekraft der Gesamtkapitalrendite kritisch beurteilt werden. Die verwendeten Buchwerte können durch die Art der Bilanzierung (Bilanzierungsmethode, Bilanzierungspolitik) maßgeblich beeinflusst werden und repräsentieren selten den Marktwert des eingesetzten Kapitals. Kapitalgeber verlangen jedoch auf den Marktwert ihres eingesetzten Kapitals eine ansprechende Verzinsung. Darüber hinaus kann die Gesamtkapitalrentabilität kurzfristig auch durch einen Verzicht auf Investitionen und verstärkte Schuldentilgung angehoben werden. Eine Rückführung von Investitionen muss in der Regel jedoch negativ beurteilt werden, da dies auf eine mangelnde Erschließung künftiger Erfolgspotentiale deutet.

7.3.2.4   Betriebsrentabilität (ROI, ROIC, ROCE)

Die Ermittlung der allein durch die betriebliche Tätigkeit erzielten Rentabilität erfolgt auf der Grundlage eines Betriebsergebnisses und des dafür benötigten betriebsnotwendigen Vermögens. Aufgrund der Beliebtheit dieser Kennziffer haben insbesondere amerikanische Unternehmensberatungen dabei unterschiedliche Konzeptionen zur Ermittlung eines bereinigten operativen Ergebnisses bzw. eines adäquat ermittelten operativen Kapitaleinsatzes entwickelt. Je nach Ermittlung und Bezeichnung dieser Größen spricht man von Return on Investment (RoI nach Boston Consulting Group), Return on Invested Capital (ROIC nach McKinsey) oder als Return on Capital Employed (ROCE nach Stern & Steward). Im Anhang des Kapitels befindet sich eine Übersicht über die Unterschiede der verschiedenen Berechnungsschemata.

$$(7.14) \quad \text{Betriebsrentabilität} = \frac{\text{Operativer Erfolg}}{\text{Betriebsnotwendiges Vermögen}}$$

Ähnlich wie die Gesamtkapitalrendite gibt die Betriebsrentabilität die Rendite des eingesetzten Kapitals unabhängig von seiner Herkunft an. Da jedoch operative Größen betrachtet werden, kann die Betriebsrentabilität genauer als die Gesamtkapitalrentabilität die Ertragskraft des originären Geschäfts eines Unternehmens aufzeigen. Die Kennziffer findet deshalb vielfach Verwendung im Bereich der Konzernsteuerung und der externen Analyse mit Hilfe ökonomischer Übergewinne.

Aufgrund der guten prinzipiellen Eignung für Betriebs- und Zeitvergleiche sind ausgefeilte Berechnungskonzeptionen entwickelt worden (vgl. dazu Kapitel 7.5).

7.4 Analyse der Liquidität

7.4.1 Einführung

Liquidität ist die Fähigkeit eines Unternehmens, seine Zahlungsverpflichtungen jederzeit uneingeschränkt erfüllen zu können. Zahlungsverpflichtungen können z. B. gegenüber Gläubigern, Lieferanten und Mitarbeitern bestehen. Die dauerhafte Zahlungsfähigkeit hat für ein Unternehmen existenzielle Bedeutung. Bei mangelnder Zahlungsfähigkeit eines Unternehmens droht die Insolvenz. Zahlungsunfähigkeit ist nach der Insolvenzordnung gegeben, wenn der Schuldner seine Zahlungen eingestellt hat (§ 17 Abs. 2 InsO). Die Zahlungsunfähigkeit ist zusammen mit der Überschuldung allgemeiner Grund für die Eröffnung des Insolvenzverfahrens (§ 16ff. InsO). Die drohende Zahlungsunfähigkeit ist ebenfalls Eröffnungsgrund, falls der Schuldner dies beantragt (§ 18 InsO). Sie ist gegeben, wenn der Schuldner voraussichtlich nicht in der Lage sein wird, die bestehenden Zahlungsverpflichtungen im Zeitpunkt der Fälligkeit zu erfüllen (§ 18 Abs. 2 InsO).

Die Betrachtung der Liquidität hat auch im Rahmen der Unternehmensbewertung eine enorme Bedeutung. Bei drohender Insolvenz ziehen sich Kunden und Lieferanten häufig schnell zurück und das zukünftige Erfolgspotenzial ist erheblich eingeschränkt. Aufgrund der höheren Risiken zukünftiger Erfolge werden Eigen- und Fremdkapitalgeber deutlich höhere Renditeforderungen stellen. Die Kapitalkosten steigen dramatisch an und die Unternehmenswerte sinken beträchtlich.

Auf der anderen Seite wird eine zu hohe Liquidität aufgrund eines zu hohen Liquiditätsbestandes ebenfalls Unternehmenswerte vernichten. Überschüssige Liquidität (Excess Cash) wird kaum den Renditeansprüchen der Kapitalgeber genügen können, sodass für die überschüssige Liquidität Opportunitätskosten in Form entgangener Gewinne entstehen. Die Suche nach einem optimalen Gleichgewicht zwischen angemessener Liquidität einerseits und Opportunitätskosten andererseits ist Gegenstand des Cash-Managements bzw. des Working-Capital-Managements.

Beispiel

▶▶▶ Eine der bekanntesten Insolvenzen in Deutschland in den vergangenen Jahren ist die Insolvenz der Kirch Media Gruppe. Nachdem der damalige Vorstandschef der Deutschen Bank, Breuer, in einem Fernsehinterview andeutete, dass die Bank die weitere Unterstützung kritisch betrachte, war die Insolvenz kaum mehr aufzuhalten. Andere Gläubigerbanken haben sich in der Folge bei der weiteren Kreditvergabe zurückgehalten und im Gegenteil versucht, Teile der Forderungen einzutreiben. Lieferanten (z.B. Filmstudios) schreckten vor einer weiteren Zusammenarbeit zurück, da die künftige Bezahlung der Lieferungen angezweifelt wurde. Auch Kunden (z.B. Fernsehsender) standen einer weiteren Zusammenarbeit fortan sehr kritisch gegenüber, da sie fürchteten, bei einer Abhängigkeit von Kirch Media mittelfristig ohne Medieninhalte dazustehen. In dieser Situation steigen die Kapitalkosten exponentiell an bzw. der Unternehmenswert sinkt auf die Bewertung von Penny-Stocks. Ex-Vorstandschef Breuer wurde aufgrund dieses Verstoßes gegen das Bankgeheimnis vom Landgericht München zu Schadensersatz gegenüber Kirch verurteilt. ◀◀◀

Die Messung der Liquidität (also der Fähigkeit, Zahlungsverpflichtungen nachzukommen) hat eine Bestands- und Stromgrößendimension. Dies verdeutlicht Abbildung 7.7. Die Auszahlungen einer Periode können entweder aus dem Bestand an Zahlungsmitteln oder aus den neu generierten Einzahlungen der Periode bestritten werden. Die Cashflows des Unternehmens (z.B. Zinszahlungen) lassen sich wiederum häufig auf Bestandsgrößen (z.B. Schuldenbestand) zurückführen. Ensprechend gibt es bestandsgrößen- und stromgrößenorientierte Liquiditätskennzahlen.

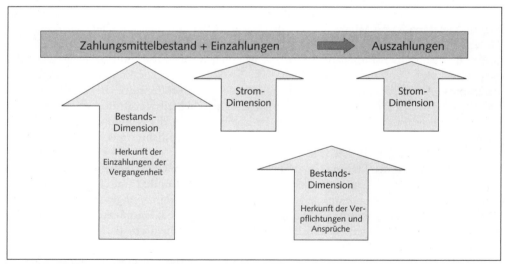

Abb. 7.7: Dimensionen der Liquiditätsmessung

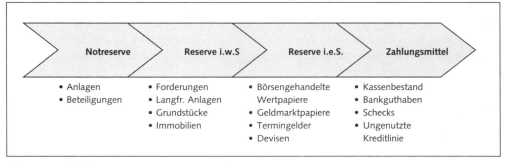

Notreserve	Reserve i.w.S	Reserve i.e.S.	Zahlungsmittel

• Anlagen
• Beteiligungen
	• Forderungen
	• Langfr. Anlagen
	• Grundstücke
	• Immobilien
		• Börsengehandelte
		  Wertpapiere
		• Geldmarktpapiere
		• Termingelder
		• Devisen
			• Kassenbestand
			• Bankguthaben
			• Schecks
			• Ungenutzte
			  Kreditlinie

Abb. 7.8: Geldnähe von Vermögensgegenständen

7.4.2   Bestandsgrößenorientierte Liquiditätskennzahlen (Statische Liquidität)

7.4.2.1   Cash-Bestand

Der Bestand der liquiden Mittel in der Bilanz trägt zur Liquidität (der Fähigkeit, Zahlungsverpflichtungen nachzukommen) eines Unternehmens bei. Es ist jedoch problematisch abzugrenzen, welche Vermögensgegenstände in der Bilanz als Zahlungsmittel verwendet bzw. in Zahlungsmittel umgewandelt (»liquidiert«) werden können. Man kann die verschiedenen Vermögensgegenstände der Aktivseite der Bilanz nach ihrer Liquidierbarkeit in eine Reihenfolge bringen. Abbildung 7.8 zeigt die Geldnähe verschiedener Vermögensgegenstände auf. Unzweifelhaft wird man die Zahlungsmittel zur absoluten Liquidität zählen. Aufgrund ihrer sehr schnellen Liquidierbarkeit werden in der Regel auch Devisen sowie verbriefte und an der Börse gehandelte Vermögensgegenstände zu den liquiden Mitteln gezählt. Die Reserve im weiteren Sinne oder die Notreserve lassen sich weniger schnell liquidieren und werden kaum als »liquide« klassifiziert. Sollte ein Unternehmen auf diese Reserven zugreifen, ist dies häufig ein Zeichen von Liquiditätsproblemen. Die Veräußerung von Forderungen (z.B. Factoring, Asset Backed Securities), von Anlagen (z.B. Sale-and-lease-back-Geschäfte) oder von Beteiligungen (»Tafelsilber«) kann auch auf eine mangelnde Innenfinanzierungskraft deuten.

Die Höhe der absoluten Liquidität ist schwer zu interpretieren, da ausgeblendet wird, wie viel und wofür die Liquidität benötigt wird. Es ist deshalb sinnvoll, die absolute Liquidität ins Verhältnis zu den absehbaren Auszahlungen zu setzen. Die im Folgenden vorgestellten Liquiditätskennzahlen beruhen auf derartigen Gegenüberstellungen.

7.4.2.2   Kennzahlen der horizontalen Bilanzstruktur

Kennzahlen der horizontalen Bilanzstruktur betrachten Verhältniszahlen aus Positionen der Aktiv- *und* Passivseite der Bilanz. Mit Hilfe horizontaler Kennzahlen lassen sich die Beziehungen zwischen Vermögen und Kapital bzw. Investition und Finanzierung aufdecken. Diese Kennziffern werden von Kapitalgebern häufig zur Vorgabe von Auflagen/Bedingungen (Covenants) genutzt, um die Liquidität des Unternehmens und die Rückzahlung des Kapitals sicherzustellen. Abweichungen von den Covenants räumen den Geldgebern häufig Kündigungs- oder weitergehende Mitspracherechte ein.

Bei den Liquiditätsregeln handelt es sich um kurzfristige Deckungsgrade, bei denen kurz- und mittelfristig liquidierbare Vermögensteile zu kurz- und mittelfristigen Schulden in Beziehung gesetzt werden. Bei den langfristigen Deckungsgraden werden demgegenüber langfristige Vermögensteile dem langfristigen Kapital gegenübergestellt. Diese Kennzahlen werden im Folgenden vorgestellt.

7.4.2.3 Liquiditätsgrade (kurzfristige Deckungsgrade)

Traditionell werden so genannte Liquiditätsgrade ermittelt. Hierbei handelt es sich um Verhältniszahlen, bei denen im Nenner die Zahlungsverpflichtungen und im Zähler die dafür verfügbaren Liquiditätspositionen betrachtet werden. Prinzipiell lassen sich beliebig viele Liquiditätsgrade bilden, je nachdem welche Zahlungsverpflichtungen bzw. Liquiditätspositionen abgebildet werden. In der Praxis haben sich die folgenden Kennzahlen etabliert.

Kennzahl	Darstellung
Liquidität 1. Grades (Barliquidität, Absolute Liquidity Ratio)	$\dfrac{\text{Zahlungsmittel}}{\text{kurzfr. Verbindlichkeiten}}$
Liquidität 2. Grades (Acid test, Net Quick Ratio)	$\dfrac{\text{Zahlungsmittel} + \text{kurzfristige Forderungen}}{\text{kurzfr. Verbindlichkeiten}}$
Liquidität 3. Grades (Current Ratio)	$\dfrac{\text{Zahlungsmittel} + \text{kurzfristige Forderungen} + \text{Vorräte}}{\text{kurzfr. Verbindlichkeiten}}$
Working Capital (Nettoumlaufvermögen)	Zahlungsmittel + kurzfristige Forderungen + Vorräte – kurzfristige Verbindlichkeiten

Tab. 7.5: Liquiditätskennzahlen

Grundsätzlich kann aus einem Liquiditätsgrad > 1 gefolgert werden, dass die Liquidität im Zähler ausreicht, die absehbaren kurzfristigen Zahlungsverpflichtungen im Nenner zu erfüllen. Je höher die ermittelten Prozentsätze der dargestellten Kennzahlen ausfallen, umso günstiger ist es um die Liquidität der untersuchten Unternehmung bestellt. Allerdings ist zu beachten, dass eine unnötig hohe Liquidität im Regelfall zu Lasten der Rentabilität und des Unternehmenswertes geht. Überschüssige Liquidität wird kaum die von den Kapitalgebern geforderte Rendite erzielen.

Die durchschnittliche Liquidität ersten Grades ist deshalb in der Praxis eher niedrig. Bei kurzfristigen Liquiditätsengpässen kann zumeist auch mit Bankkrediten gerechnet werden. Für Liquiditäten 2. bzw. 3. Grades werden häufig Werte um 100 % bzw. 200 % genannt. Dies deckt sich mit in den USA gebräuchlichen Vorgaben. Dort ist häufig für den Acid Test die sog. 1:1-Ratio (entspricht einer Liquidität 2. Grades von 100 %) und für die Current Ratio (auch Banker's Rule genannt) die sog. 2:1-Ratio (entspricht einer Liquidität 3. Grades von 200 %) anzutreffen. Die pauschalen Regeln werden jedoch kaum den individuellen

Verhältnissen eines Unternehmens gerecht. Angemessene Werte lassen sich besser mit Hilfe von sinnvollen Betriebs- und Zeitvergleichen ermitteln.

Neben den traditionellen Verhältniszahlen kann die Gegenüberstellung von liquiden Mitteln und Zahlungsverpflichtungen auch durch Differenzenbildung erfolgen. So wird im Investment-Banking häufig das Working Capital ermittelt. Das Working Capital stellt den Überschuss des kurzfristig gebundenen Umlaufvermögens über das kurzfristige Fremdkapital dar und wird daher auch als Nettoumlaufvermögen bezeichnet. Aufgrund der Ähnlichkeit entspricht die Interpretation weitgehend demjenigen der Liquidität 3. Grades. Die Kennzahl zeigt auf, ob die kurzfristig erforderliche Tilgung von Schulden aus dem kurzfristigen Umlaufvermögen bestritten werden kann (Working Capital > 0). Durch die Betrachtung einer absoluten Differenz enthält die Kennzahl Working Capital gegenüber den Verhältniszahlen jedoch noch mehr Informationen. Die Höhe des Working Capital zeigt das Reservoir an überschüssigen Finanzmitteln auf, mit dem das Unternehmen arbeiten (»working«) kann.

Gegenüber den Liquiditätsgraden hat das Working Capital darüber hinaus den Vorteil, dass die Kennzahl bei einer gleichmäßigen Erhöhung sowohl des Umlaufvermögens als auch der kurzfristigen Verbindlichkeiten in seiner Höhe unverändert bleibt, während der Prozentsatz der Verhältniszahl eine Veränderung erfährt. Liquiditätsgrade unter 100 % können durch eine Bilanzverlängerung im Bereich der kurzfristigen Aktiva und Passiva aufgebessert werden, so z. B. durch die Aufnahme von Tagesgeld zum Bilanzstichtag. Allerdings ist das Working Capital als absolute Zahl für Branchen- oder Betriebsvergleiche nicht so gut geeignet; hier sind die Liquiditätsgrade vorzuziehen.

Im Rahmen des Working Capital Managements gilt es, den optimalen Bestand an Working Capital auszuloten. Aufgrund von Unsicherheit über die zukünftige Ertrags- und Liquiditätsentwicklung ist als »Risikopuffer« ein positives Working Capital erforderlich. Für den Bestand des Working Capital entstehen aber Bestandskosten (Opportunitätskosten des gebundenen Kapitals, Lager-/Werterhaltungskosten für Vorräte). Bei einem zu geringen Working Capital können demgegenüber Fehlmengenkosten (Beeinträchtigung des Geschäfts

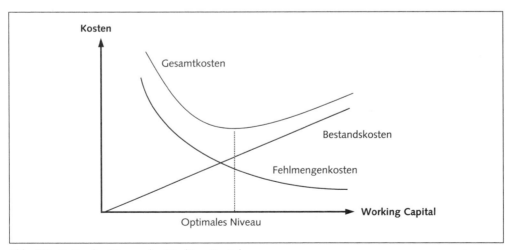

Abb. 7.9: Optimales Niveau des Working Capital

aufgrund von Liquiditätsengpässen, Erhöhung der Kapitalkosten, Transaktionskosten) entstehen. Den optimalen Bestand des Working Capitals erhält man durch Minimierung der Gesamtkosten (vgl. Abbildung 7.9).

Der optimale Bestand des Working Capital wächst in der Regel proportional zum Geschäftsvolumen. Bei wachsenden Unternehmen müssen deshalb auch entsprechende »Investitionen« in das Working Capital eingeplant werden.

Für die Beurteilung des Working Capital (Managements) sind verschiedene Kennzahlen entwickelt worden. Eine Übersicht gibt Tabelle 7.6:

Kennzahl	Darstellung
Working Capital Intensität (WCI)	$\dfrac{\text{Working Capital}}{\text{Umsatz}}$
Days of Working Capital (DWC)	$\dfrac{\text{Working Capital} \cdot 365}{\text{Umsatz}}$
Day Sales Outstanding (DSO)	$\dfrac{\text{Forderungen aus L.} + \text{L.} \cdot 365}{\text{Umsatz}}$
Days Payables Outstanding (DPO)	$\dfrac{\text{Verbindlichkeiten aus L.} + \text{L.} \cdot 365}{\text{Umsatz}}$

Tab. 7.6: Kennzahlen zum Working Capital

Die Working Capital Intensität (WCI) gibt an, wie viel zusätzliches Working Capital bei einer Umsatzsteigerung gebunden wird. Der reziproke Wert der Kennzahl zeigt an, wie häufig das Working Capital durchschnittlich umgeschlagen wird und ist ein Indikator für die Produktivität des Kapitaleinsatzes.

Die Days of Working Capital (DWC) zeigen die durchschnittliche Anzahl von Tagen an, in der der Umsatz vorfinanziert werden muss. Je geringer die Zeitspanne zwischen Verkauf und Einzahlung, desto höher ist der Liquiditätsumschlag im Unternehmen. Ein negativer Wert deutet an, dass aus dem Umsatzprozess mehr liquide Mittel generiert werden, als zur Finanzierung der Vorratshaltung und der Bezahlung kurzfristiger Verbindlichkeiten benötigt werden.

Die Day Sales Outstanding (DSO), auch Debitorenlaufzeit bzw. Forderungslaufzeit genannt, zeigen das von den Kunden durchschnittlich in Anspruch genommene Zahlungsziel auf. Die Kennzahl beschreibt die durchschnittliche Bindung der Umsätze aus Forderungen. Je höher der Umschlag, desto schneller werden die Forderungen in liquide Mittel umgewandelt. Eine niedrige Kennzahl deutet auf ein schwaches Forderungsmanagement hin. Bei Unternehmen in Deutschland beträgt die die Kennzahl in etwa 35 Tage, in Italien sind dagegen auch DSO von über 100 Tagen üblich.

Diese Kennzahl wird besonders aussagekräftig, wenn man sie mit den tatsächlich eingeräumten Zahlungskonditionen des Unternehmens vergleicht. Der Vergleich ist leicht möglich, da beide Wertangaben in Tagen vorliegen. Die DSO kann deshalb auch besser interpretiert werden als die in Deutschland geläufige reziproke Kennzahl Forderungsumschlaghäufigkeit.

Die Days Payables Outstanding (DPO), auch Kreditorenlaufzeit genannt, geben an, wie lange das Unternehmen Kredit bei seinen Lieferanten in Anspruch nimmt. Die DPO beschreiben also die durchschnittliche Zeitspanne zwischen Rechnungseingang und Bezahlung und sind ein guter Indikator für das Zahlungsverhalten des Unternehmens. Hohe bzw. zunehmende Werte dieser Kennzahl deuten häufig auf Liquiditätsprobleme im Unternehmen. Die Finanzierung über Lieferantenkredite ist aufgrund des Skontoverlustes sehr teuer und sollte wenn möglich vermieden werden. Als Faustformel gilt eine Kreditorenlaufzeit von mehr als 90 Tagen als kritisch.

7.4.2.4 Finanzierungsregeln (langfristige Deckungsgrade)

Die langfristigen Deckungsgrade umfassen die goldene Finanzierungsregel, die goldene Bilanzregel und die Anlagendeckung durch Eigenkapital.

Kennzahl	Darstellung
Goldene Finanzierungsregel	$$\frac{\text{langfristiges Vermögen}}{\text{langfristiges Kapital}} \leq 1$$ $$\frac{\text{kurzfristiges Vermögen}}{\text{kurzfristiges Kapital}} \geq 1$$
Goldene Bilanzregel	$$\frac{\text{Anlagevermögen}}{\text{langfristiges Kapital}} \leq 1$$ $$\frac{\text{Umlaufvermögen}}{\text{kurzfristiges Kapital}} \geq 1$$
Anlagendeckung durch Eigenkapital	$$\frac{\text{Eigenkapital}}{\text{Anlagevermögen}}$$

Tab. 7.7: Finanzierungsregeln (Deckungsgrade)

Goldene Finanzierungsregel

Diese Regel basiert auf dem Grundsatze der Fristenkongruenz; d. h. Kapitalüberlassungsdauer und Kapitalbindungsdauer sollten übereinstimmen. Kapital soll demnach nicht länger im betriebsnotwendigen Vermögen gebunden werden, als die jeweilige Kapitalüberlassungsdauer beträgt. Der goldenen Finanzierungsregel entspricht im Bankwesen die goldene Bankregel, die besagt, dass kurzfristig aufgenommenes Geld nur kurzfristig ausgeliehen werden darf, während langfristig aufgenommenes Kapital auch langfristig ausgeliehen werden kann.

Bei den Aktivpositionen ergibt sich jedoch in der Praxis das Problem, dass die einzelnen Vermögensgegenstände kaum bestimmten Fristigkeiten zugeordnet werden können. Der Zeitpunkt der Liquidierung und der mögliche Liquidationserlös (Existenz Stille Reserven) können aus der Bilanz nicht abgelesen werden. Um die goldene Finanzierungsregel anwenden zu können, bedient man sich daher einer groben Vereinfachung und beschränkt sich auf die zwei Fristigkeiten *langfristig* und *kurzfristig*.

Auch bei den Posten der Passiva ist die genaue Fristigkeit des Kapitals in der Bilanz häufig nicht ersichtlich. Darüber hinaus werden andere regelmäßige Zahlungsverpflichtungen (z. B. Lohn- und Gehaltszahlungen) nicht in der Bilanz erfasst. Die Einhaltung dieser Kennzahlen stellen aus diesen Gründen die Aufrechterhaltung der Liquidität nicht sicher und sie werden deshalb in der Praxis kaum mehr angewendet.

Goldene Bilanzregel

Eine weitere Variante der Fristenkongruenz stellt die goldene Bilanzregel dar. Es wird vereinfachend unterstellt, dass die Zuordnung der Vermögensgegenstände zum Anlage- bzw. Umlaufvermögen identisch ist mit langfristiger bzw. kurzfristiger Kapitalbindung. Es wird gefordert, dass das Anlagevermögen durch das Eigenkapital und das langfristiges Fremdkapital gedeckt wird.

Die Interpretation der goldenen Bilanzregel ist ebenfalls problematisch. Den Vermögensgegenständen des Anlagevermögens kann zumeist keine bestimmte Liquidationsdauer zugeordnet werden. So werden z. B. börsengängige Wertpapiere oder nicht-betriebsnotwendige Grundstücke im Anlagevermögen ausgewiesen, diese können jedoch häufig sehr schnell veräußert werden. Auf der anderen Seite kann das Umlaufvermögen Teile aufweisen, die eine langfristige Kapitalbindung haben, beispielsweise langfristig betriebsnotwendige Vorräte. Derartige Kennziffern sind daher nicht sehr aussagekräftig und eher abzulehnen.

Anlagendeckung durch Eigenkapital

Die goldene Finanzierungsregel und die goldene Bilanzregel sollen die Aufrechterhaltung der Liquidität für den Fall sicherstellen, dass das Unternehmen fortgeführt wird. Demgegenüber wird die Regel der Anlagendeckung durch Eigenkapital insbesondere bei der Liquidation des Unternehmens relevant. Die Regel basiert auf Überlegungen zum Gläubigerschutz.

Im Falle einer Insolvenz kann ein Gläubiger umso eher mit der Rückzahlung seines Geldes rechnen, je höher die prozentuale Deckung des Anlagevermögens durch Eigenkapital ist. Der größte Teil des Anlagevermögens (insbesondere immaterielle Vermögensgegenstände) können im Konkursfall kaum oder nur weit unter ihrem Buchwert veräußert werden. Bei den Gegenständen des Umlaufvermögens wird dagegen unterstellt, dass sie in angemessener Zeit zum Buchwert liquidiert werden können. In der Folge wird gefordert, dass nur der Umsatzprozess mit Krediten unterlegt wird und langfristige Investitionen im Anlagenbereich aus Eigenmitteln bestritten werden.

Die Regel übergeht ebenfalls, dass die Zuordnung zum Anlage- oder Umlaufvermögen keinen eindeutigen Hinweis auf die Liquidierungsschnelligkeit gibt. Darüber hinaus können im Konkursfall bevorrechtigte Ansprüche vorliegen und Vermögensteile können als Kreditsicherheiten verpfändet worden sein. Die Aussagekraft der Kennzahl ist deshalb ebenfalls gering.

Angaben in %	1981	1984	1987	1990	1993	1996
Chemische Industrie	125,7	150,4	165,5	155,0	155,8	198,8
	171,3	183,2	190,5	178,5	184,8	227,9
Maschinenbau	116,8	113,9	98,1	100,3	104,3	129,7
	190,6	191,3	164,6	163,2	169,1	190,7
Elektrotechnik	126,9	147,8	133,6	126,4	156,6	170,3
	185,2	195,1	180,6	169,3	200,6	223,4
Baugewerbe	51,9	57,4	15,3	38,0	40,2	42,6
	125,0	146,5	104,3	118,2	121,2	128,5
Ernährungsgewerbe	65,7	67,0	55,4	55,4	51,3	56,7
	118,8	122,3	113,2	110,3	104,3	112,2
Textilgewerbe	92,3	- 94,5	74,2	70,6	82,8	85,2
	171,2	176,4	154,8	150,0	154,7	166,7
Bekleidungsgewerbe	104,2	122,7	79,2	53,6	104,3	127,8
	225,0	277,3	220,8	189,3	234,8	255,6
Papiergewerbe	69,0	73,7	64,3	58,2	53,8	60,7
	132,0	137,5	116,7	121,8	112,3	119,3
Großhandel	112,8	122,5	96,5	96,4	92,8	99,3
	202,9	218,8	192,8	185,9	183,4	197,2
Einzelhandel	64,6	66,1	28,5	20,4	21,0	14,9
	163,0	171,0	139,0	133,4	126,9	134,2

Tab. 7.8: Branchendurchschnittswerte für Sachanlagendeckung durch Eigenkapital, darunter Sachanlagendeckung durch Eigenkapital und langfristiges Fremdkapital (Quelle: Deutsche Bundesbank, Monatsberichte, zuletzt Oktober 1998)

7.4.2.5 Kennzahlen zur Kapitalstruktur (langfristige Deckungsgrade)

Kennzahlen der Kapitalstruktur betrachten Verhältniszahlen aus Positionen der Passivseite der Bilanz. Die Passivseite der Bilanz wird grob in des Eigen- und Fremdkapital unterteilt. Die Kapitalstrukturregeln (auch vertikale Finanzierungsregeln genannt) stellen auf Art und Zusammensetzung des Kapitals ab. Betrachtet wird die Aufteilung des Gesamtkapitals in Eigen- und Fremdkapital. Die Kapitalstruktur kann alternativ durch folgende Kennziffern verdeutlicht werden.

Kennzahl	Darstellung
Verschuldungsgrad (Gearing Ratio)	$\dfrac{\text{Fremdkapital FK}}{\text{Eigenkapital EK}}$
Eigenkapitalquote	$\dfrac{\text{Eigenkapital EK}}{\text{Gesamtkapital GK}}$
Fremdkapitalquote	$\dfrac{\text{Fremdkapital FK}}{\text{Gesamtkapital GK}}$

Tab. 7.9: Kennzahlen der Kapitalstruktur

Kennzahlen zur Kapitalstruktur gibt es in diversen Variationen. Traditionell werden Bilanzwerte, heute dagegen zunehmend auch Marktwerte zugrunde gelegt. In der Regel wird bei der Berechnung des Fremdkapitals nur das verzinsliche Fremdkapital berücksichtigt. Häufig beschränkt man sich bei der Betrachtung auch auf das kurz- oder mittelfristig fällige Fremdkapital, um kurz- bzw. mittelfristige Liquiditätsengpässe abzusehen.

Im Kreditgeschäft der Banken wurde früher ein Verhältnis von Eigenkapital zu Fremdkapital von 1:1 gefordert. Dieses Verhältnis sollte sicherstellen, dass dem Unternehmen selbst bei einem vollständigen Verlust der durch Kredite finanzierten Vermögensgegenstände noch ausreichend Mittel zur Verfügung stehen, aus denen die Ansprüche der Fremdkapitalgeber erfüllt werden könnten.

Der Eigenkapitalanteil der deutschen Unternehmen hat sich in den vergangenen Jahren immer mehr verringert und die traditionelle 1:1-Norm wurde zu einer 1:2-(EK/FK-)Regel abgeschwächt. Die Eigenkapitalausstattung der deutschen Industrie ist im internationalen Vergleich sehr gering. Dies ist insbesondere auf die geringe Ertragskraft deutscher Unternehmen (mangelnde Eigenfinanzierungsmöglichkeiten) zurückzuführen. Darüber hinaus haben auch die traditionell enge Bindung zur Hausbank, die wenig ausgeprägte Aktienkultur sowie die steuerliche Attraktivität der Fremdkapitalaufnahme in Deutschland zur geringen Eigenkapitalausstattung beigetragen.

Der Zusammenhang zwischen Eigenkapitalquote, Verschuldungsgrad und Return on Investment wird anhand des sog. Leverage-Effekts deutlich. Der funktionale Zusammenhang zwischen Eigenkapitalrendite und Verschuldungsgrad lässt sich formal wie folgt darstellen:

$$(7.15) \qquad r_{EK} = \frac{\text{Gewinn}}{EK} = \frac{r_{GK}(EK + FK) - r_{FK} \cdot FK}{EK} = r_{GK} + (r_{GK} - r_{FK}) \cdot \frac{FK}{EK}$$

r_{GK} = Gesamtkapitalrendite (Investitionsrendite), r_{FK} = Verzinsung des Fremdkapitals

Die Formel verdeutlicht, dass bei gegebenem Return on Investment (Rendite des Gesamtkapitals) r_{GK} mit steigendem Verschuldungsgrad $V = FK/EK$ die Eigenkapitalrendite r_{EK} zunimmt, solange die Rendite des Gesamtkapitals über dem Fremdkapitalzinssatz r_{FK} liegt, also $r_{GK} > r_{FK}$ gilt. Die Erhöhung der Eigenkapitalrendite mittels zunehmender Verschuldung wird auch als Leverage-Chance bezeichnet. Wird hingegen ein Return on Investment r_{GK} realisiert, der die Fremdkapitalkosten r_{FK} nicht deckt, also wenn $r_{GK} < r_{FK}$ gilt, so liegt die Eigenkapitalrendite unter der Gesamtkapitalrendite, und zwar umso stärker, je höher der Verschuldungsgrad ist (Leverage-Gefahr). Der Möglichkeit, die Eigenkapitalrendite durch Erhöhung des Verschuldungsgrades zu erhöhen, steht allerdings die Zunahme der finanziellen Risiken der Unternehmung gegenüber.

Der optimale Bestand des Eigenkapitals hängt von verschiedenen Faktoren ab:

- *Geschäftsrisiken:* Unternehmen, bei denen eine große Unsicherheit bezüglich der zukünftigen Geschäftsentwicklung besteht (z.B. Unternehmen am Beginn des Lebenszyklus, zyklische Unternehmen) sollten zur »Pufferung« der Risiken weitgehend eigenfinanziert sein. Unternehmen mit weitgehend stabilen Cashflows (z.B. Versorger, Banken) benötigen dagegen weniger Eigenkapital.

- *Steuern:* Aufgrund des Steuervorteils der Fremdfinanzierung (Abzugsfähigkeit der Zinsaufwendungen) haben Unternehmen mit einer hohen Steuerlast (hohe Steuersätze, hohe Ertragskraft) eher einen hohen Verschuldungsgrad. Der Anreiz zur Verschuldung ist bei geringen Steuersätzen und Gewinnen weniger ausgeprägt.

- *Substanz der Aktiva:* Die Substanz der Aktiva und damit auch die Substanz des Eigenkapitals ist bei verschiedenen Unternehmen unterschiedlich. Unternehmen mit einem hohen Anteil substanzloser Aktiva (z.B. bei aktiviertem Goodwill oder aktivierten Forschungs- und Entwicklungsaufwendungen) sollten weniger Fremdkapital aufnehmen als Unternehmen, deren Aktiva leichter zu angemessenen Preisen veräußert werden können. Forschungsintensive Unternehmen weisen deshalb in der Regel ein höheres Eigenkapital auf.

- *Rentable Investitionen:* Bei der Finanzierung rentabler Investitionen wird zumeist der Innenfinanzierung der Vorzug gegenüber der Außenfinanzierung gegeben. Bei der Außenfinanzierung entstehen Transaktionskosten (z.B. Provisionen für Investmentbanken) und es kann ein Principal-Agent-Problem verschärft werden. Unternehmen mit zahlreichen rentablen Investitionen werden deshalb in guten Zeiten Rücklagen (also Eigenkapital) bilden, um in schlechten Zeiten nicht auf Außenfinanzierungen angewiesen zu sein. Diese Unternehmen werden demzufolge ein höheres Eigenkapital ausweisen.

Die verschiedenen Aspekte lassen sich nicht in einer Formel zur Herleitung einer optimalen Eigenkapitalquote verdichten. Glücklicherweise bilden sich für bestimmte Branchen jedoch typische Eigenkapitalquoten bzw. Verschuldungsgrade heraus. Mit Hilfe von Zeit- und Betriebsvergleichen innerhalb der gleichen Branche lassen sich Eigenkapitalquoten bzw. Verschuldungsgrade deshalb gut einordnen. Tabelle 7.10 gibt einen Überblick über typische Eigenkapitalquoten in verschiedenen Branchen.

Abgaben in %	1981	1984	1987	1990	1993	1996	1998
Chemische Industrie	37,9	38,9	41,2	39,8	37,5	38,4	35,2
Maschinenbau	20,3	20,3	19,7	19,0	19,4	20,4	24,0
Elektrotechnik	24,7	23,2	22,8	23,4	25,6	24,3	25,7
Baugewerbe	9,2	9,7	2,9	5,6	5,8	5,9	5,1
Ernährungsgewerbe	24,9	24,0	20,6	19,7	20,0	20,5	20,5
Textilgewerbe	23,9	23,6	21,0	18,9	22,7	21,2	5,1
Bekleidungsgewerbe	18,2	18,1	13,4	8,7	15,0	18,7	21,0
Papiergewerbe	26,4	26,4	24,1	21,1	20,3	24,2	27,7
Großhandel	17,2	17,4	15,0	13,9	14,5	14,7	15,6
Einzelhandel	16,6	16,2	7,2	4,7	5,2	3,2	3,5

Tab. 7.10: Branchendurchschnittswerte für Eigenmittel in % der Bilanzsumme
(Quelle: Deutsche Bundesbank, Monatsberichte, zuletzt Oktober 1998 und Deutsche Bundesbank, Verhältniszahlen 2001)

Um die Aussagekraft von Betriebsvergleichen für diese Kennzahl zu erhöhen, wird häufig ein bereinigtes Eigenkapital ermittelt. Bei Kapitalgesellschaften ergibt sich das bereinigte Eigenkapital wie folgt:

> Gezeichnetes Kapital
> − Ausstehende Einlagen
> + Kapital- und Gewinnrücklagen
> + Bilanzgewinn (- Bilanzverlust)
> + Eigenkapitalanteil des Sonderpostens mit Rücklageanteil (hilfsweise 50 %)
> − Aktiviertes Disagio
> = *Bilanzielles oder rechnerisches Eigenkapital*

Bei dem Ansatz der Sonderposten mit Rücklageanteil zum halben Wert handelt es sich um eine pragmatische Annäherung an den tatsächlichen Wert, da eine exakte Trennung in Rücklageanteil und Steuerschuld extern kaum möglich ist.

Insbesondere bei internationalen Vergleichen der Kapitalausstattung kann es zweckmäßig sein, Pensionsrückstellungen dem Eigenkapital zuzurechnen. Sie stellen juristisch zweifellos Fremdkapital dar, stehen dem Unternehmen zumeist aber so langfristig zur Verfügung, dass sie wirtschaftlich als Eigenkapital eingestuft werden können.

Bei einer detaillierten Analyse der Kapitalstruktur wird häufig nach der Fristigkeit des Kapitals differenziert. Beim Eigenkapital wird grundsätzlich davon ausgegangen, dass es dem Unternehmen langfristig zur Verfügung steht. Demgegenüber können beim Fremdkapital verschiedene Fristen identifiziert werden. Die Bilanzierung nach dem HGB für Kapitalgesellschaften unterscheidet die folgenden Fristen:

- kurzfristige Verbindlichkeiten mit einer Restlaufzeit bis zu einem Jahr,
- mittelfristige Verbindlichkeiten mit einer Restlaufzeit von über einem Jahr bis zu fünf Jahren (durch Subtraktion der kurz- und langfristigen Verbindlichkeiten von den Gesamtverbindlichkeiten),
- langfristige Verbindlichkeiten mit einer Restlaufzeit von über fünf Jahren.

Das langfristige Fremdkapital wird zur besseren Vergleichbarkeit ebenfalls bereinigt und zumeist wie folgt berechnet.:

      Langfristige Verbindlichkeiten mit einer Restlaufzeit von über fünf Jahren

+   Stiftungen und Darlehen von betriebszugehörigen Pensions- und Unterstützungskassen (soweit nicht eine wirtschaftliche Zurechnung zum Eigenkapital gerechtfertigt erscheint)

+   Langfristige Rückstellungen

=   *Langfristiges Fremdkapital*

Das kurz- und mittelfristige Fremdkapital berechnet sich dann aus:

      Verbindlichkeiten

−   Langfristige Verbindlichkeiten mit einer Restlaufzeit von über fünf Jahren (gem. Angabe im Anhang)

+   Fremdkapitalanteil des Sonderpostens mit Rücklagenanteil (hilfsweise 50 %)

+   Kurzfristige Rückstellungen (sonstige Rückstellungen + Steuerrückstellungen)

+   Passive Rechnungsabgrenzung

=   *Kurz- und mittelfristiges Fremdkapital*

Das kurzfristige Fremdkapital lässt sich wie folgt berechnen:

      Verbindlichkeiten mit einer Restlaufzeit von bis zu 1 Jahr

+   kurzfristige Rückstellungen

+   passive Rechnungsabgrenzung

=   *kurzfristiges Fremdkapital*

Diese absoluten Kennzahlen bilden die Grundlage zur Bildung von Verhältniszahlen, mit denen die Fristigkeit des Kapitals analysiert wird.

Kennzahl	Darstellung
Anteil des langfristigen Kapitals	$\dfrac{\text{Langfristiges Kapital (EK + langfristiges FK)}}{\text{Gesamtkapital}}$
Anteil des mittelfristigen Fremdkapitals	$\dfrac{\text{Kurz- und mittelfristiges Fremdkapital}}{\text{Gesamtkapital}}$
Anteil des kurzfristigen Fremdkapitals	$\dfrac{\text{Kurzfristiges Fremdkapital}}{\text{Gesamtkapital}}$

Tab. 7.11: Kennzahlen zur Fristigkeit des Kapitals

Mit Hilfe dieser Kennzahlen kann das Risikos eines Liquiditätsengpasses aufgrund erforderlicher Schuldentilgungen beurteilt werden: Je geringer der Anteil des langfristigen Kapitals, umso höher ist dieses Risiko, während es mit zunehmendem kurzfristigen Kapital sinkt.

Diese Kennziffern haben jedoch keine große Aussagekraft, da die tatsächliche Fristigkeit des Kapitals häufig nicht aus der Bilanz abgelesen werden kann. So können beispielsweise bei kurzfristigen Bankkrediten Prolongationszusagen vorliegen, die eine längerfristige Verfügbarkeit des Kapitals sicherstellen. Auch beim Eigenkapital ist nicht unbedingt garantiert, dass es dauerhaft zur Verfügung steht. So können die Gesellschafter einer OHG das Eigenkapital mit einer Frist von 6 Monaten kündigen, sofern der Gesellschaftervertrag nicht anderes bestimmt.

7.4.2.6 Kennzahlen zur Vermögensstruktur

Kennzahlen der Vermögensstruktur betrachten Verhältniszahlen aus Positionen der Aktivseite der Bilanz. Das Vermögen einer Unternehmung wird zumeist grob in das Anlage- und Umlaufvermögen unterteilt. Übliche Kennzahlen der Vermögensstruktur sind:

$$(7.16) \quad \frac{\text{Anlagevermögen}}{\text{Umlaufvermögen}}$$

$$(7.17) \quad \frac{\text{Anlagevermögen}}{\text{Gesamtvermögen}}$$

Ein niedriges Anlagevermögen ist ein Beleg für betriebliche Flexibilität. Unternehmungen mit kleinem Anlagevermögen können sich leichter an Veränderungen in den Rahmenbedingungen anpassen, da sie sowohl weniger Kapital langfristig gebunden haben als auch geringere fixe Kosten aufweisen. Eine geringere Kapitalbindung ermöglicht schnelle Produktionsumstellungen, niedrige Fixkosten lassen eine mangelnde Kapazitätsauslastung nicht so stark auf den Erfolg durchschlagen. Zahlreiche Unternehmen haben deshalb in den vergangenen Jahren Strategien des Outsourcing und der Lean Production forciert.

Bei Industriebetrieben muss ein niedriges Anlagevermögens unter Umständen jedoch negativ interpretiert werden. So kann ein geringes bilanzielles Anlagevermögen auch darauf hindeuten, dass der Betrieb mit bereits abgeschriebenen, alten Anlagen arbeitet. Man muss also befürchten, dass der technologische Anschluss zu Wettbewerbern verloren gegangen ist. Es muss dann in der Zukunft mit einem Rückgang des Erfolgs gerechnet werden, oder es muss ein erheblicher Investitionsstau abgebaut werden.

Bei Handels- und Dienstleistungsbetrieben ist im Allgemeinen ein niedriges Anlagevermögen bzw. ein hohes Umlaufvermögen positiv zu beurteilen, bei Industriebetrieben sollten dagegen die typischen Geschäftsmäßigkeiten der Branche beachtet werden.

7.4.2.7 Beurteilung bestandsorientierter Kennzahlen

Die bestandsorientierten Kennzahlen orientieren sich vornehmlich an den ausgewiesenen Größen der Bilanz. Aus der Bilanz sind jedoch verschiedene Aspekte nicht ersichtlich:

- Andere, regelmäßige Zahlungsverpflichtungen (z.B. Lohn- und Gehaltszahlungen, Mietzahlungen, Steuervorauszahlungen),
- Erforderliche Zahlungen für Investitionen und Ausschüttungen,
- Aktueller Stand der Daten zum Analysezeitpunkt (die Bilanz ist eine stichtagsbezogene Vergangenheitsrechnung),
- Window-Dressing der Unternehmensführung zum Bilanzstichtag,
- Cash-Generierung aus der laufenden Geschäftstätigkeit,

- Liquidierbarkeit der Aktiva hinsichtlich
  - Zeitraum, in dem verschiedene Positionen der Aktiva zu Geld transformiert werden können,
  - Höhe des Betrages, der sich bei der Liquidation ergibt (Unterbewertung oder Überbewertung),
- Fristigkeit der Passiva (z.B. kündbares Eigenkapital; Prolongationszusage für kurzfristig ausgewiesene Kredite).

Aufgrund dieser Nachteile können bestandsorientierte Kennzahlen häufig nur unzureichend die Liquiditätslage eines Unternehmens wiedergeben. Bestimmte Vorgaben (Covenants) von Seiten der Kapitalgeber (z.B. Eigenkapital zu Fremdkapital wie 1:2) sind vor diesem Hintergrund eher fragwürdig. Darüber hinaus geben bestandsorientierte Liquiditätskennzahlen eher eine Indikation für die *langfristige* Zahlungsfähigkeit eines Unternehmens. Stromgrößenorientierte Liquiditätskennzahlen zeigen eher an, wie sich die Liquidität entwickelt, und sind deshalb zur frühzeitigen Diagnose von Liquiditätsproblemen besser geeignet.

7.4.3 Stromgrößenorientierte Liquiditätskennzahlen (Dynamische Liquidität)

Gegenüber der statischen Betrachtungsweise bezieht sich dynamische Liquidität nicht auf die Bilanzpositionen und auf Zeitpunkte. Nach der dynamischen Konzeption wird Liquidität zeitraumbezogen analysiert. Instrumente der dynamischen Liquidität sind die Kapitalflussrechnung sowie die Gewinn- und Verlustrechnung. Mit deren Hilfe lassen sich diverse absolute Cashflow-Größen berechnen. Absolute Cashflows eines Unternehmens zeigen recht gut die Veränderung der Liquidität des einzelnen Unternehmens auf. Setzt man die absoluten Cashflows ins Verhältnis zu absehbaren Auszahlungen (z.B. für Schuldentilgung oder Investitionen) erhält man wiederum relative Cashflow-Kennziffern, die sich besser für einen Zeit- und Betriebsvergleich eignen.

7.4.3.1 Absolute Cashflows
Die Ermittlung von Cashflows ist ausführlich in Kapitel 3 dargestellt worden. Im Rahmen einer Liquiditätsanalyse werden häufig die anhand der Gewinn- und Verlustrechnung ermittelten Cash Earnings nach DVFA und das EBITDA herangezogen. Bei Kapitalgesellschaften und börsennotierten Unternehmen kann zudem auf die veröffentlichten Cashflows aus Kapitalflussrechnungen zurückgegriffen werden.

7.4.3.1.1 EBITDA
Das EBITDA (**E**arnings **B**efore **I**nterest, **T**axes, **D**epreciation and **A**mortization) erhält man, in dem man zum (bereinigten) EBIT-Ergebnis die Abschreibungen auf Sachanlagen sowie auf immaterielle Vermögensgegenstände (Goodwill, Patente) hinzuaddiert. Durch Addition der nicht-zahlungswirksamen Aufwendungen erhält man einen einfach zu berechnenden *operativen* Cashflow. Das EBITDA-Ergebnis eignet sich insbesondere für grenzüberschreitende Vergleiche der operativen Performance, da alle wesentlichen Verzerrungen auf internationaler Ebene (Abschreibungspolitik, Goodwill-Behandlung, Finanzierungspolitik, Steuersystem) im EBITDA eliminiert sind.

Umsatzkostenverfahren: Gesamtkostenverfahren:
Umsatz   Gesamtleistung
 – Herstellungskosten   –   Materialaufwand
 – Vertriebs- und Verwaltungskosten   –   Personalaufwand
 + sonst. Betriebl. Erträge   –   Abschreibungen
 – sonst. Betriebl. Aufwendungen   +/- sonst. betriebl. Erträge/Aufwendungen

        = EBIT
        + Abschreibungen auf das Sachanlagevermögen
        = EBDIT
        + Abschreibungen auf immaterielle Vermögensgegenstände
        = EBITDA

Abb. 7.10: Berechnungsschema EBITDA

Während die operative Performance anhand des EBITDA gut abgelesen werden kann, ist die Einordnung der Liquiditätssituation mit Hilfe des EBITDA schwieriger. Ein »Break-Even« beim EBITDA – der häufig von Wachstumsunternehmen angestrebt wird – ist nicht sehr hoch einzustufen. Es kann daraus nur gefolgert werden, dass *vor* Steuern, *vor* Investitionen und *vor* Schuldentilgungen im operativen Geschäft keine Vernichtung von Zahlungsmitteln (Cash Burning) stattfindet. Der tatsächlich zur Verfügung stehende operative Cashflow wird durch Steuerzahlungen (zumeist erheblich) gemindert. Darüber hinaus sollte der Cashflow zur Schuldentilgung und für die Finanzierung von Investitionen zur Verfügung stehen. Unternehmen mit unterschiedlicher Kapitalintensität werden unterschiedlich hohe Investitionen haben und die entsprechenden EBITDA-Ergebnisse sind unterschiedlich zu beurteilen. Geringere Kapitalintensität, geringere Schulden oder geringere Steuerzahlungen erfordern zur Aufrechterhaltung der Liquidität niedrigere EBITDA-Ergebnisse: Die Bewertung dieser Unternehmen (z.B. die Relation EV/EBITDA) sollte höher ausfallen. Bewertungsvergleiche mit Hilfe des EBITDA sind in der Folge am ehesten bei Unternehmen innerhalb der gleichen Branche mit vergleichbaren Steuersystemen sinnvoll.

7.4.3.1.2 Cash Earnings nach DVFA/SG

In Anlehnung an die Richtlinien der DVFA/SG werden häufig Cash Earnings ermittelt. Cash Earnings stellen den gesamten (sowohl operativen als auch nicht-operativen) Überschuss an Mitteln dar und spiegeln sowohl die Ertrags- als auch die Innenfinanzierungskraft eines Unternehmens wider. Die DVFA Cash Earnings werden indirekt aus dem Jahresüberschuss durch Bereinigung aller zahlungs*un*wirksamen Aufwendungen/Erträge sowie aller ungewöhnlichen zahlungswirksamen Vorgänge von wesentlicher Bedeutung abgeleitet. Die möglichen Bereinigungen sind in Kapitel 7.5 dargestellt.

Jahresüberschuss nach Anteilen Dritter
+   Abschreibungen auf das Sachanlagevermögen
+   Veränderung langfristiger Rückstellungen
+/– Bereinigung ungewöhnlicher zahlungsunwirksamer Aufwendungen/Erträge
=   *Cash Earnings nach DVFA*

Die Cashflow-Berechnung ist genauer als beim EBITDA, da nicht nur die Abschreibungen, sondern auch andere nicht-zahlungswirksame Aufwendungen (insbesondere für die in Deutschland wichtigen Pensionsrückstellungen) und Erträge erfasst werden. Allerdings spiegeln die Cash Earnings nicht wie beim EBITDA den Zahlungsmittelüberschuss des originären Geschäfts eines Unternehmens wider, da die Ausgangsbasis zur Ermittlung der Jahresüberschuss (also eine Größe nach Finanzergebnis) ist. Aufgrund der umfassenden Bereinigungen bilden die Cash Earnings aber recht gut das nachhaltige Innenfinanzierungspotenzial der gesamten Unternehmung ab.

7.4.3.1.3 Cashflows aus Kapitalflussrechnungen

Es gibt diverse Darstellungsformen von Cashflow-Statements. Eine ausführliche Darstellung findet man in Kapitel 3. Im Rahmen der Unternehmensanalyse wird in der Regel der Cashflow der laufenden Geschäftstätigkeit betrachtet. Dieser Cashflow kann auch aus den DVFA Cash Earnings entwickelt werden. Bei dieser Darstellungsweise werden zudem die Unterschiede der beiden Berechnungen transparent:

Cash-Earnings nach DVFA/SG vor Bereinigungen
+/– Gewinn/Verlust aus Abgang von Gegenständen des Anlagevermögens
+/– Zunahme/Abnahme der Vorräte/der Forderungen aus Lieferungen und Leistungen sowie anderer Aktiva
+/– Zunahme/Abnahme der Verbindlichkeiten aus Lieferungen und Leistungen sowie anderer Passiva
+/– Zunahme/Abnahme der kurzfristigen Rückstellungen
=   *Cashflow aus laufender Geschäftstätigkeit*

DVFA-Cash Earnings und Cashflow aus laufender Geschäftstätigkeit basieren beide auf dem ausgewiesenen Jahresüberschuss eines Unternehmens. Damit beinhalten beide auch Zahlungsströme aus dem Finanzbereich des Unternehmens. Im Gegensatz zu den Cash Earnings werden in den Cashflows aus laufender Geschäftstätigkeit jedoch jegliche Zahlungsströme des betrachteten Finanzmittelfonds, und nicht nur die nachhaltigen, erfasst. Zufällige Veränderungen im Anlage- und Umlaufvermögen können die Cashflows aus laufender Geschäftstätigkeit deshalb maßgeblich verzerren.

7.4.3.2 Relative Cashflow-Kennzahlen

Zur Beurteilung der Liquidität sind die absoluten Cashflows nur bedingt geeignet, da keine Beziehung zur Verwendung der Cashflows hergestellt wird, wie dies bei Verhältniszahlen möglich ist. Auch beim Betriebsvergleich ist aufgrund unterschiedlicher Unternehmensgrößen Verhältniszahlen der Vorzug zu geben. Tabelle 7.12 gibt eine Übersicht über die relativen Cashflow-Kennzahlen, die üblicherweise in der Liquiditätsanalyse angewendet werden.

Kennzahl	Darstellung
Innenfinanzierungskraft	$\dfrac{\text{Cashflow}}{\text{Investitionen}}$
Dynamischer Verschuldungsgrad	$\dfrac{\text{Effektivschulden}}{\text{Cashflow}}$
Zinsdeckungsgrad	$\dfrac{\text{Cashflow}}{\text{Zinszahlungen}}$

Tab. 7.12: Relative Cashflow-Kennzahlen

Die Innenfinanzierungskraft gibt an, inwieweit ein Unternehmen seine Investitionen aus Mitteln der Innenfinanzierung bestreiten kann. Je höher der prozentuale Wert, desto weniger ist die Unternehmung auf Mittel der Außenfinanzierung angewiesen und desto mehr finanziell unabhängig. Bei einer Innenfinanzierungskraft > 100 % können Ausschüttungen an die Eigentümer vorgenommen, Schulden zurückgeführt oder Liquiditätsreserven gelegt werden. Je nachdem, welcher Cashflow im Zähler verwendet wird, gilt diese Aussage für das operative Geschäft (bei Verwendung von operativen Cashflows wie z. B. dem EBITDA) oder für die gesamte Unternehmenstätigkeit inklusive Finanzgeschäft (bei Verwendung von Cash Earnings oder Cashflows aus laufender Geschäftstätigkeit). Bei der Verwendung des EBITDA ist allerdings zu beachten, dass es sich um einen operativen Cashflow *vor* Steuern handelt. In der Folge wird die mit dem EBITDA ermittelte Kennzahl die tatsächliche Innenfinanzierungskraft aufgrund der (zumeist hohen) Steuerzahlungen erheblich überschätzen.

Der dynamische Verschuldungsgrad gibt an, wie viele Jahre es dauern würde, die Effektivschulden (gesamte Verbindlichkeiten ./. monetäres Umlaufvermögen) aus dem im Zähler verwendeten Cashflow zu tilgen. Dies setzt allerdings voraus, dass die wirtschaftlichen Verhältnisse in Zukunft konstant bleiben und die Cashflows ausschließlich zur Schuldentilgung verwendet werden. Dies wird in Zukunft kaum der Fall sein, schließlich muss das Unternehmen auch in Zukunft investieren und sollte seine Eigentümer gelegentlich mit Ausschüttungen (bei Aktiengesellschaften Dividenden) bedienen. Dennoch ist die Kennzahl gut geeignet, die Fähigkeit zur Schuldentilgung (bzw. die Last der Schuldentilgung) aufzuzeigen.

Der Zinsdeckungsgrad misst, inwieweit ein Unternehmen seine Zinszahlungen aus den Cashflows bestreiten kann. Da andere Zahlungen (Tilgung kurzfristiger Schulden, Investitionen, Ausschüttungen) ausgeblendet werden, sollte diese Kennzahl signifikant größer Null sein.

Beispiel

▶▶▶ Die verschiedenen Cashflows bzw. Kennzahlen werden beispielhaft für den Metro-Konzern berechnet. Basis für die Berechnungen bildet der Konzernabschluss für das Geschäftsjahr 2005.

Kennzahl	Wert
EBITDA	2,978 Mrd. €
DVFA Cash Earnings	2,888 Mrd. €
Cashflow der laufenden Geschäftstätigkeit	2,745 Mrd. €
Operativer Free Cashflow	1,194 Mrd. €
Innenfinanzierungskraft	216%
Dynamischer Verschuldungsgrad	7,2 Jahre
Zinsdeckungsgrad	452%
Quelle: Eigene Erstellung	

Tab. 7.13: Cashflow-Kennzahlen des Metro-Konzerns (Geschäftsjahr 2005)

Es wird deutlich, dass der Konzern auf operativer Ebene (Leistungsebene) einen deutlichen Zahlungsmittelüberschuss erzielt hat. Das EBITDA-Ergebnis betrug 2,978 Mrd. €. Da der Zahlungssaldo der Finanzebene nahezu ausgeglichen war, lagen der Cashflow der gewöhnlichen Geschäftstätigkeit und die DFVA Cash Earnings in einer ähnlichen Größenordnung. Würde Metro in Zukunft identische Cashflows erzielen und ausschließlich zur Schuldentilgung verwenden, hätte der Konzern nach 7,2 Jahren seine Schulden getilgt. Der hohe Zinsdeckungsgrad von 452% macht deutlich, dass der Metro-Konzern seine Zinszahlungen problemlos aus den Zahlungsmittelüberschüssen der Geschäftstätigkeit bestreiten kann. Darüber hinaus konnte der Metro-Konzern mit Hilfe der Cashflows seine Investitionen komfortabel aus eigener Kraft finanzieren. Die Innenfinanzierungskraft betrug 216%. Aufgrund dieser hohen Überdeckung konnte auch der Unternehmenswert für die Kapitalgeber deutlich gesteigert werden. Der Operative Free Cashflow betrug 1,194 Mrd. €. Insgesamt war die Erfolgs- und Liquiditätslage mithin für den Metro-Konzern im Geschäftsjahr 2005 sehr positiv. ◄◄◄

7.5   Bereinigungen

7.5.1   Systematisierung der Bereinigungen

Die ausgewiesenen Erfolgs-, Cashflow- und Bilanzgrößen können durch zahlreiche außergewöhnliche, aperiodische und dispositive (Manipulationen des Managements) Ereignisse verzerrt sein. Aufgrund der Vielzahl der denkbaren Bereinigungen ist eine Systematisierung der möglichen Anpassungen sinnvoll. In Anlehnung an Hostettler (1997, 2000) soll hier zwischen Operating-, Funding-, Tax- und Shareholder-Konversionen unterschieden werden.

7.5.1.1   Operating Conversions

Operating Conversions haben zum Ziel, die verwendeten bilanziellen Vermögens- und Erfolgsgrößen auf ihre betriebliche Zugehörigkeit zu prüfen. Nicht betriebliche Komponenten werden aus der Gewinn- bzw. Vermögensgröße herausgerechnet. Operating Conversions entsprechen in etwa der traditionellen deutschen Einteilung in betriebliche und neutrale Aufwendungen und Erträge. Die neutralen Aufwendungen und Erträge sind entweder

- *betriebsfremd,* stehen also in keinem ursächlichen Zusammenhang mit der eigentlichen betrieblichen Aufgabe, z. B. Zinserträge und Mieterträge im Industriebetrieb, oder
- *betrieblich-außerordentlich,* d. h. sie haben ursächlich mit der eigentlichen betrieblichen Tätigkeit zu tun, fallen aber so unregelmäßig an, dass sie nicht kalkuliert werden können und auch nicht dem ordentlichen Betriebsergebnis zugerechnet werden dürfen, oder
- *periodenfremd,* d. h. sie stehen im Zusammenhang mit der eigentlichen betrieblichen Tätigkeit, jedoch fällt nur die Zahlung in das untersuchte Geschäftsjahr. Wirtschaftlich sind sie einem anderen Geschäftsjahr zuzurechnen, z. B. nicht abgegrenzte Garantieleistungen.

Die sonstigen betrieblichen Erträge enthalten überwiegend solche Erträge, die nicht dem Ergebnis aus der eigentlichen betrieblichen Tätigkeit zuzurechnen sind, wie

- Erträge aus dem Abgang von Vermögensgegenständen des Anlagevermögens, Zuschreibungen zum Anlagevermögen (wesentliche Zuschreibungsbeträge sind im Anhang zu erläutern – § 284 Abs. 2 Nr. 1 HGB),
- Erträge aus der Auflösung von Einzelwertberichtigungen,
- Erträge aus der Auflösung des Sonderpostens (entweder als Posten in der GuV-Rechnung zu vermerken oder im Anhang anzugeben – § 281 Abs. 2 HGB),
- Gewinne aus der Veräußerung von Beteiligungen, Gewinne aus dem Verkauf von Wertpapieren,
- Schuldennachlässe, die nicht auf gesellschaftsrechtlicher Grundlage beruhen, Währungsgewinne, Erlöse aus Nebenbetrieben, Schadensersatz.

Die periodenfremden Erträge sind hinsichtlich ihres Betrags und ihrer Art im Anhang erläutert, soweit sie für die Beurteilung der Ertragslage nicht von untergeordneter Bedeutung sind (§ 277 Abs. 4 Satz 3 HGB).

Betriebs- oder periodenfremde Aufwendungen liegen häufig bei den ausgewiesenen Abschreibungen vor. Die außerplanmäßigen Abschreibungen auf Sachanlagen, die steuerlichen Abschreibungen und die Abschreibungen auf den Geschäfts- oder Firmenwert und auf den Ingangsetzungs- und Erweiterungsaufwand werden in der Regel dem neutralen Aufwand zugeordnet. Die Abschreibungen werden in der Bilanz oder im Anhang entsprechend der Gliederung des Anlagevermögens ausgewiesen (§ 268 Abs. 2 HGB). Mithin sind auch die Abschreibungen auf den Geschäfts- oder Firmenwert und auf den Aufwand für Ingangsetzung und Erweiterung ersichtlich. Es muss im jedem Einzelfall geprüft werden, inwieweit diese Abschreibungen ökonomisch gerechtfertigt sind.

Die Position Abschreibungen auf Vermögensgegenstände des Umlaufvermögens enthält zumeist ebenfalls neutrale Aufwendungen. Die Abschreibungen auf unfertige und fertige Erzeugnisse werden unter dem Posten Erhöhung oder Verminderung des Bestands an fertigen und unfertigen Erzeugnissen, Roh-, Hilfs- und Betriebsstoffe werden unter dem Posten Aufwendungen für Roh-, Hilfs- und Betriebsstoffe und für bezogene Waren, Wertpapiere des Umlaufvermögens werden unter dem Posten Abschreibungen auf Finanzanlagen und Wertpapiere des Umlaufvermögens, Forderungen werden unter dem Posten sonstige betriebliche Aufwendungen ausgewiesen.

Bei den sonstigen betrieblichen Aufwendungen und Erträgen werden häufig auch periodenfremde Aufwendungen oder Erträge fälschlicherweise als »betrieblich« erfasst. Die Aufwendungen werden im Anhang hinsichtlich ihres Betrags und ihrer Art erläutert, soweit sie für die Beurteilung der Ertragslage nicht von untergeordneter Bedeutung sind (§ 277 Abs. 4 Satz 3 HGB). Insbesondere die folgenden Aufwendungen/Erträge können als außergewöhnlich oder aperiodisch betrachtet werden:

- Gewinne/Verluste aus Abgängen des Anlage- oder Umlaufvermögens (z. B. bei Verkauf über/unter Buchwert).
- periodenfremde betriebliche Aufwendungen/Erträge,
- Einstellungen in den Sonderposten mit Rücklageanteil,
- Zuschüsse für Beteiligungen.

Insbesondere bei den Übergewinnverfahren werden auch Vermögensgegenstände auf ihre betriebliche Zugehörigkeit geprüft. Im Allgemeinen werden die Wertpapiere des Umlaufvermögens als nicht-betriebsnotwendig angesehen und bei der Berechnung des gebundenen Kapitals (capital employed oder capital invested) nicht berücksichtigt. Nicht-betriebsbedingte Zahlungsmittel (excess cash) sollten nach Copeland/Koller/Murrin ebenfalls nicht zum operativen Bereich gezählt werden. Je nach Branche sind Barmittel und Wertpapiere, die über 0,5 % – 5 % des Umsatzes hinausgehen, als nicht-betriebsnotwendig zu betrachten. Es erweist sich als praktikabel, die gesamte Aktivseite der Bilanz nach nicht-betrieblichen Bestandteilen »durchzuforsten« und dieses Kapital vom Gesamtvermögen abzuziehen. Auf recht einfache Weise kann das betriebsnotwendige Vermögen beispielsweise folgendermaßen errechnet werden:

Gesamtvermögen (aus Bilanz)
- Vorratsgrundstücke
- Stillgelegte Maschinen und sonstige Vermögensteile
- Finanzanlagen
- Wertpapiere des Umlaufvermögens
- Eigene Anteile
- Nicht betriebsnotwendige Zahlungsmittel (Excess Cash)
- Sonstige nicht-betriebsnotwendige Vermögensgegenstände
= *Betriebsnotwendiges Vermögen*

7.5.1.2 Funding Conversions

Die Funding Conversions haben zum Ziel, die betrieblich genutzten Finanzierungsmittel vollständig zu erfassen und richtig zuzuordnen. Funding Conversions dienen zur Ermittlung adäquater Betriebserfolge bei der Berechnung von betriebsnotwendigem Vermögen und betrieblichen Renditen. Ohne derartige Bereinigungen zeichnen betriebliche Erfolgs- und Vermögensgrößen (z. B. EBIT, NOPAT, Capital Employed usw.) kaum die operative Ertragskraft eines Unternehmens nach und sie sind für einen Betriebsvergleich wenig geeignet.

Bei der Ermittlung von Erfolgs- und Kapitalgrößen ist auf eine sinnvolle Abgrenzung zwischen Leistungs- und Finanzbereich zu achten. Der Finanzbereich umfasst die Erfolgsströme (Gewinne oder Cashflows) zwischen dem zu bewertenden Unternehmen und seinen Eigentümern und Fremdkapitalgebern. Der Leistungsbereich (operativer Bereich) erfasst dagegen nur Erfolgsströme, die im Rahmen der betrieblichen Leistungserstellung auf den Beschaffungs- und Absatzmärkten entstehen. Es gibt allerdings im Leistungsbereich einige Geschäftsvorfälle, hinter denen sich auch versteckte Finanzierungen verbergen.

Bei den im Folgenden erläuterten Zahlungsbeziehungen muss auf eine passende Zuordnung zu Erfolgs- und Kapitalgrößen geachtet werden.

Zielkauf

Kauft das zu bewertende Unternehmen Güter oder Dienstleistungen auf Ziel, könnte der Vorgang in ein Gütergeschäft gegen Barzahlung und ein Kreditgeschäft aufgeteilt werden. In der Bewertungspraxis verzichtet man aber auf eine derartige Aufteilung und ordnet die mit dem Zielgeschäft verbundenen Zahlungen einheitlich dem Leistungsbereich zu. Mit anderen Worten: Die Finanzierungskosten des Zielkaufs sind im Kaufpreis enthalten und vermindern die betrachtete operative Erfolgsgröße. Die finanziellen Ansprüche der Lieferanten in ihrer Funktion als Kapitalgeber sind in erhöhten Verbindlichkeiten schon abgegolten. Eine konsistente Ermittlung der Vermögensgröße verlangt, dass die unverzinslichen Verbindlichkeiten aus Lieferung und Leistung nicht in die Berechnung des Fremdkapitals (zur Berechnung der Kapitalkosten) mit einfließen.

Zielverkauf

Auch bei Kundenanzahlungen kann in der Regeln nicht davon ausgegangen werden, dass die Mittel dem Unternehmen kostenlos zur Verfügung gestellt werden. Die Finanzierungskosten von erhaltenen Anzahlungen machen sich z. B. in Preisnachlässen bemerkbar und vermindern die betrachtete Erfolgsgröße der Leistungsebene. Um eine Doppelbelastung dieser Finanzierungskosten zu vermeiden, fließen – analog zum Zielkauf – diese Verbindlichkeiten bei der Berechnung betrieblicher Übergewinne nicht in die Ermittlung des Fremdkapitals ein.

Pensionszusagen

Pensionszusagen sind Versprechen der Arbeitgeber, ihren Arbeitnehmern nach Eintritt in den Ruhestand Pensionszahlungen zu leisten. In der Bundesrepublik wird die Bildung von Pensionsrückstellungen als attraktive (zins- und mitsprachefreie) Möglichkeit der Innenfinanzierung betrachtet und zumeist kaum in Pensionsfonds ausgelagert (in diesem Fall entstehen sog. unfunded plans). Die jährlichen Zuführungen zu den Pensionsrückstellungen, die in der GuV als Personalaufwand verbucht werden, lassen sich aufspalten in den Zinsaufwand, der aus der Verzinsung des Vorjahresbestandes resultiert, sowie den Barwert der neu erworbenen Ansprüche, wobei der Zinsaufwand in der Realität deutlich überwiegt.[2] Die unfunded plans müssen eher als Verbindlichkeit, genauer als Kreditgewähr der begünstigten Arbeitnehmer, interpretiert werden. Um den Fremdkapitalcharakter der Pensionsrückstellungen deutlich zu machen, ist eine getrennte Verbuchung der Zinskomponente im Zinsergebnis sinnvoller – der gleiche Betrag ist gegebenenfalls der operativen Erfolgsgröße zuzurechnen. Werden derartig verminderte Erfolgsgrößen betrachtet, müssen sie bei der Berechnung von Übergewinnen nicht mehr im Fremdkapital erfasst werden. Werden die Zinsaufwendungen dagegen dem

---

2   Die Zinsbelastungen sind im internationalen Vergleich in der Bundesrepublik zumeist außergewöhnlich hoch, da den jährlichen Kosten keine angemessene Verzinsung von ausgelagerten Fondsvermögen gegenübersteht. Das operative Ergebnis (EBIT) wird aus diesem Grund in Deutschland deutlich nach unten verzerrt (umgekehrt wird das Finanzergebnis zu hoch ausgewiesen). Nur in Einzelfällen (Beispiele: Siemens, Schering, Mannesmann) folgen deutsche Unternehmen bisher diesem Ansatz und weisen den Zinsanteil dem Zinsergebnis zu.

operativen Ergebnis zugeschlagen, müssen die Pensionsrückstellungen nicht mehr als verzinsliche Verbindlichkeit klassifiziert werden. Dies würde einer Doppelerfassung gleichkommen.

Leasing-Finanzierungen

Leasingzahlungen enthalten sowohl Zins- als auch Aufwandsanteile, wobei nur der Aufwandsanteil sinnvoll der Leistungsebene zugeordnet werden kann. In der Regel werden Leasingzahlungen jedoch vollständig als Betriebsausgabe anerkannt[3] und vermindern somit das operative Ergebnis. Der Zinsanteil der Leasingzahlungen sollte deshalb zur besseren Vergleichbarkeit den operativen Erfolgsgrößen zugeschlagen werden.

Bei den Leasingverträgen unterscheidet man Capital Leasing und Operating Leasing. Unternehmen, die Operating Leasing praktizieren, weisen ein vergleichsweise geringeres Kapital aus, da der Leasinggeber das Risiko übernimmt und den Vermögensgegenstand demzufolge in seiner Bilanz aktiviert. Auf der anderen Seite weisen Unternehmen, welche Capital Leasing praktizieren (Risiko und Bilanzierung beim Leasingnehmer) oder die genutzten Vermögensgegenstände (eigen- oder fremdfinanziert) erwerben, einen vergleichsweise hohen Kapitaleinsatz auf. Diese Verzerrungen können bei betrieblichen Kapitalgrößen durch die Berücksichtigung kapitalisierter Leasingraten (des operating leasing) behoben werden. Der Barwert der kapitalisierten Leasingraten (üblicherweise berechnet über einen Zeitraum von fünf Jahren) wird dem Wert des betriebsnotwendigen Vermögens zugeschlagen.

7.5.1.3 Shareholder Conversions

Die Shareholder Conversions haben zum Ziel, die Ergebnisse »durch die Brille des risikofreudigen Eigentümers« (Hostettler 1997, S. 318) und nicht des vorsichtigen Gläubigers zu betrachten. Bei der Rechnungslegung (insbesondere der konservativen deutschen) wird umfangreiches Vermögen aufgrund mangelnder Realisation oder Greifbarkeit unterschlagen. Beispiele hierfür sind Markenwerte oder Know-how. Durch den Ansatz von sog. »Equity Equivalents« sollen derartige Werte berücksichtigt werden. Die Vermögensgegenstände sind mit ihren Marktwerten anzusetzen, um die für die Kapitalgeber maßgeblichen Werte realistisch abzubilden. Allerdings lässt sich dieses Vermögen nicht vollständig anhand von veröffentlichten Daten identifizieren. Folgende eigenkapitalähnliche Vermögenswerte können jedoch aus dem Jahresabschluss berechnet werden und sollten bei der Berechnung des betriebsnotwendigen Vermögens berücksichtigt werden:

Latente Steuern

Latente Steuern werden gebildet, um Unterschiede zwischen Handels- und Steuerbilanz zu schließen. Unterschiede zwischen handels- und steuerbilanziellen Bewertungen können zu unterschiedlichen Ergebnisausweisen führen. Unterschiedliche Bewertungen entstehen

---

3 Leasingzahlungen werden als Betriebsausgabe anerkannt, wenn die feste Grundmietzeit zwischen 40 und 90 % der AfA-Nutzungsdauer beträgt, keine Mietverlängerungsoption besteht (es sei denn, die Anschlussmiete ist angemessen), die Anschaffungskosten innerhalb der Grundmietzeit gedeckt werden und eine beiderseitige Unkündbarkeit des Vertrages vorliegt. Nach Ablauf der Grundmietzeit muss eine Kaufoption zu einem angemessenen Preis existieren, oder der Leasinggegenstand wird an Dritte verkauft und der Leasingnehmer erhält maximal 75 % des dabei entstehenden Überschusses.

beispielsweise durch unterschiedliche Verfahren der Vorratsbewertung oder durch die nur handelsrechtlich erlaubte Aktivierung von Ingangsetzungsaufwendungen. Mit Hilfe der latenten Steuern soll ein korrekter Ausweis der Steuern auf das handelsbilanzielle Ergebnis erreicht werden. Die tatsächliche Steuerbemessung erfolgt auf Grundlage der Steuerbilanz, die tatsächlichen Steuerzahlungen stehen deshalb häufig in keinem sinnvollen Verhältnis zum Ergebnis der Handelsbilanz.

Für den Fall, dass der tatsächliche Steueraufwand niedriger als der fiktive Steueraufwand in der Handelsbilanz ist (da die Handelsbilanz ein höheres Ergebnis ausweist als die Steuerbilanz), ist eine Steuerrückstellung zu bilden, um die spätere höhere Belastung vorwegzunehmen. Da die Rückstellungen für passivische latente Steuern Innenfinanzierungscharakter haben, werden sie bei den Übergewinn-Konzepten dem investierten Kapital zugerechnet. Analog werden die Aufwendungen für die Bildung passivischer latenter Steuern beim betrieblichen Ergebnis (z.B. dem NOPAT) korrigiert.

LIFO-Bewertung

Die LIFO-Methode basiert auf der Annahme, dass die jüngsten Lagerzugänge dem Vorratsvermögen auch als erstes wieder entnommen werden (**Last in, First out**). Dieses Verbrauchsfolgeverfahren hat in Zeiten steigender Preise eine systematische Unterbewertung des Vorratsvermögens zur Folge. Die im Vorratsvermögen enthaltene LIFO-Reserve wird bei den Übergewinn-Konzepten als »Equity-Equivalent« dem investierten Kapital und analog dem Betriebsergebnis zugeschlagen.

Geschäfts- und Firmenwert (Goodwill)

Ein derivativer Geschäfts- und Firmenwert entsteht dann, wenn der gezahlte Kaufpreis für ein übernommenes Unternehmen dessen Buchwert des Eigenkapital übersteigt. Gemäß § 255 Abs. 4 HGB kann der Geschäfts- und Firmenwert aktiviert und über seine Nutzungsdauer planmäßig abgeschrieben werden. Die betriebsgewöhnliche Nutzungsdauer des Geschäfts- und Firmenwerte wird in Deutschland durch § 7 Abs. 1 Satz 3 EStG auf 15 Jahre festgelegt.

Eine sinnvolle Berechnung von betrieblichen Vermögensgrößen verlangt, dass Beteiligungsunternehmen mit ihrem Marktwert in die Berechnung eingehen. Der erworbene Geschäfts- und Firmenwert ist im betriebsnotwendigen Vermögen mit seinem Kaufpreis zu aktivieren, falls der gezahlte Kaufpreis den aktuellen Marktwert realistisch widerspiegelt. Abschreibungen sind nur dann vorzunehmen, wenn eine tatsächliche Verminderung des Beteiligungswertes vorliegt. Dementsprechend sind ökonomisch nicht gerechtfertigte Abschreibungen auf den Geschäfts- und- Firmenwert dem betrieblichen Ergebnis zuzurechnen, die kumulierten Abschreibungen werden als »Equity-Equivalent« dem investierten Kapital zugeschlagen.

Die Bilanzierung nach US-GAAP folgt mittlerweile diesem Ansatz: Im Rahmen von »Impairment-Tests« muss der aktuelle ökonomische Wert des Firmenwertes festgestellt werden.

Forschungs- und Entwicklungskosten

Forschungs- und Entwicklungskosten dürfen nicht aktiviert werden, da diese Größen im bilanziellen Sinne (Greifbarkeit) nicht den Kriterien eines Vermögensgegenstandes genügen. Aufwendungen für Forschung und Entwicklung schaffen jedoch Know-how und eröffnen die Abschöpfung zukünftiger Erfolgspotenziale. Bei den Übergewinn-Konzepten wird der Wert der Forschungs- und Entwicklungsaufwendungen dadurch abgebildet, dass die Forschungs- und Entwicklungskosten als »Equity-Equivalent« interpretiert werden. Der Barwert der Forschungs- und Entwicklungsaufwendungen wird dem investierten Kapital zugerechnet, wobei das betriebliche Ergebnis in den Folgejahren um die Abschreibungen auf die kapitalisierten Forschungs- und Entwicklungskosten zu reduzieren ist.

7.5.1.4 Tax Conversions

Die Tax Conversions haben zum Ziel, den Steueraufwand eines Unternehmens auf die Steuerbelastung eines fiktiv eigenfinanzierten Unternehmens umzurechnen. Dieser Schritt ist bei der Ermittlung von Übergewinnen erforderlich, damit das Tax Shield (Steuervorteil, der durch die steuerliche Abzugsfähigkeit der Fremdkapitalzinsen von der steuerlichen Bemessungsgrundlage entsteht) im Kapitalkostensatz berücksichtigt wird. Eine Unterlassung der Steueranpassung innerhalb der Erfolgsgröße würde den Steuervorteil doppelt erfassen und damit den Übergewinn überzeichnen.

7.5.2 Bereinigungen nach DVFA

Nach § 264 II 1 HGB hat der Jahresabschluss der Kapitalgesellschaft unter Beachtung der GoB ein den tatsächlichen Verhältnissen entsprechendes Bild der Vermögens-, Finanz- und Ertragslage der Kapitalgesellschaft zu vermitteln. Der ausgewiesene Jahresüberschuss (Jahresergebnis) soll Grundlage für die Beurteilung der Ertragskraft eines Unternehmens sein. Da das Jahresergebnis durch eine Reihe dispositionsbedingter und ungewöhnlicher Komponenten beeinflusst werden kann, wird sowohl der Ergebnisvergleich des Unternehmens im Zeitablauf als auch der Ergebnisvergleich mit anderen Unternehmen erschwert.

Zur Verbesserung des intertemporalen und zwischenbetrieblichen Ergebnisvergleichs haben die Kommission für Methodik der Finanzanalyse der Deutschen Vereinigung für Finanzanalyse und Anlageberatung e.V. (DVFA) und der Arbeitskreis »Externe Unternehmensrechnung« der Schmalenbach-Gesellschaft, Deutsche Gesellschaft für Betriebswirtschaft (SG) eine gemeinsame Empfehlung vorgelegt, die eine Bereinigung der veröffentlichten Jahresergebnisse vorsieht. Das bereinigte Ergebnis wird als »Ergebnis nach DVFA/SG« bezeichnet. Es soll:

- den Ergebnistrend eines Unternehmens im Zeitablauf aufzeigen;
- eine zuverlässige Ausgangsposition für die Schätzung der zukünftigen Ergebnisentwicklung schaffen;
- Vergleiche des wirtschaftlichen Erfolges zwischen verschiedenen Unternehmen ermöglichen und
- eine auch international geeignete Ausgangsgröße für eine Kursbeurteilung gewinnen.

Das Ergebnis nach DVFA/SG umfasst sowohl das Gesamtergebnis (bereinigter Jahresüberschuss) als auch das Ergebnis je Aktie; Letzteres als Grundlage für die Ermittlung des Kurs/Gewinn-Verhältnisses (KGV). Das bereinigte Ergebnis kann sowohl von dem publizierenden Unternehmen als ergänzende Information mit dem Jahresabschluss und Lagebericht veröffentlicht als auch von externen Finanzanalysten ermittelt werden.

Das Hauptproblem der Ermittlung des Ergebnisses nach DVFA/SG besteht in der Bestimmung/Definition der zu bereinigenden Sondereinflüsse. In der gemeinsamen Empfehlung werden zwei Gruppen von Sondereinflüssen unterschieden:

1. *Ungewöhnliche Aufwendungen und Erträge*
Sie werden durch drei Kriterien abgegrenzt, nämlich
- Höhe des Betrags im Verhältnis zu den gewöhnlichen Aufwendungen und Erträgen,
- Seltenheit des Auftretens des Aufwands bzw. Ertrags,
- Nichtvorliegen eines Gewinns oder Verlusts aus kontinuierlichen Aktivitäten.

Zu den ungewöhnlichen Aufwendungen und Erträgen rechnen die außerordentlichen Aufwendungen und Erträge sowie Aufwendungen und Erträge aus Maßnahmen wie Aufgabe von Geschäftsbereichen, Änderungen der Organisation, Stilllegung von Werken, Verkauf von Beteiligungen, Abgang von Sachanlagen, außergewöhnliche Schadensfälle, Sanierungsmaßnahmen u.Ä. In allen Fällen muss es sich entsprechend dem oben genannten Kriterium (1) um wesentliche, d.h. betragsmäßig hohe, Aufwendungen und Erträge handeln. Wesentlichkeit ist gegeben, wenn das Ergebnis um mehr als 5% durch diese Aufwendungen/Erträge beeinflusst wird.

2. *Dispositionsbedingte Aufwendungen und Erträge.*
Als dispositionsbedingt werden Aufwendungen und Erträge angesehen, die im Rahmen der Ausübung bestehender Bewertungs- und Ermessensspielräume entstehen. Zur Herstellung der Vergleichbarkeit der Jahresergebnisse zwischen verschiedenen Unternehmen wird in Bezug auf die Ausübung der Spielräume ein so genannter Normalfall unterstellt. Aufwendungen und Erträge, die in Ausübung der bestehenden Bewertungs- und Ermessensspielräume entstehen und von dem Normalfall abweichen, sind zu bereinigen. Dies gilt auch für Aufwendungen, die durch Änderung von angewandten Bewertungsmethoden entstehen.

Die Ermittlung des Ergebnisses nach DVFA/SG erfolgt unter Zugrundelegung eines vorgegebenen Schemas, in dem ausgehend von dem ausgewiesenen Jahresüberschuss die im einzelnen vorgegebenen Bereinigungen der Aufwendungen und Erträge erfolgen.

Neben dem Gesamtergebnis und dem Ergebnis je Aktie nach DVFA/SG sieht die gemeinsame Empfehlung auch die Ermittlung der Cash Earnings nach DVFA/SG vor. Die Ermittlung wurde in Kapitel 3 dargestellt.

Der DVFA/SG ist es gelungen, einen Standard in der Bereinigung von Ergebnissen zu etablieren. Viele börsennotierte Unternehmen veröffentlichen derartig bereinigte Ergebnisse, und die externe Analyse der Erfolgs- und Liquiditätslage wird maßgeblich vereinfacht. Allerdings erweisen sich die Bereinigungen häufig nicht als hinreichend. Die Bereinigungen der DVFA umfassen Operating- und einige Shareholder Conversions. Funding Conversions und Tax Conversions sind nicht vorgesehen. In der Folge ist das DVFA-Ergebnis nicht dazu geeignet, die operative Ertragskraft eines Unternehmens nachzuzeichnen und bzw. den Einfluss der Finanzierungspolitik auszublenden. Bei konservativ bilanzierenden Unternehmen wird die tatsächliche Ertragskraft trotz der Bereinigungen unterzeichnet, da keine Aktivierung von »Aufwendungen mit Reservecharakter« (»Equity-Equivalents«) erfolgt.

Beispiel

▶▶▶ Die Unterschiede zwischen ausgewiesener und tatsächlicher Ertragskraft können beträchtlich sein. Dies soll das folgende Beispiel verdeutlichen. Betrachten wir ein mittelständisches Unternehmen, das bei einem Umsatz von 10 Mio. € ein EBIT-Ergebnis von 1 Mio. € ausweist. Das bilanzielle Gesamtkapital beträgt ebenfalls 10 Mio. €, sodass sich eine Gesamtkapitalrendite von 10% errechnen lässt. Bei näherer Betrachtung des Unternehmens fällt aber auf, dass diese Größen verzerrt sind. Nach einer Übernahme (Kaufpreis 2 Mio. €, Buchwert des Eigenkapitals 1 Mio. €) wird jährlich ein Goodwill von 250.000 € abgeschrieben. Diese Abschreibung ist allerdings ökonomisch nicht sinnvoll, da sich das Tochterunternehmen prächtig entwickelt hat und deshalb kaum an Wert verloren haben dürfte. Darüber hinaus verfügt das Unternehmen über eine nicht-betriebsnotwendige Immobilie (Marktwert 2 Mio. €), bei der ein Verlust von 250.000 € hingenommen werden musste. Es sind deshalb beim EBIT-Ergebnis folgende Bereinigungen sinnvoll:

	EBIT	1 Mio. €
+	Abschreibungen auf Goodwill	250.000 €
+	Verluste aus nicht-betriebsnotwendigem Vermögen	250.000 €
=	Bereinigtes EBIT	1,5 Mio. €

Aufgrund der Goodwill-Abschreibungen und der nicht-betriebsnotwendigen Immobilie entspricht auch der Marktwert des betriebsnotwendigen Kapitals kaum dem ausgewiesenen Gesamtkapital von 10 Mio. €. Das betriebsnotwendige Kapital lässt sich folgendermaßen ermitteln:

	Gesamtkapital	10 Mio. €
+	Goodwill	1 Mio. €
−	Nicht-betriebsnotwendigem Vermögen	2 Mio. €
=	Betriebsnotwendiges Kapital	9 Mio. €

Damit lässt sich eine Kapitalrendite von 16,7% errechnen, die deutlich über der ausgewiesenen Rendite von 10% liegt. ◀◀◀

Literaturhinweise

Die Erläuterung von Finanzkennzahlen findet man in guten Büchern der Finanzwirtschaft, z.B. bei:
Brealey, Richard A./Myers, Stewart C.: Principles of Corporate Finance, 6. Auflage, New York et al. 2000.
Copeland, Thomas E./Weston, Fred J.: Financial Theory and Corporate Policy, 3. Auflage, Reading et al. 1988.
Drukarczyk, Jochen: Finanzierung, 8. Auflage, Stuttgart 1999.
Franke, Günter/Hax, Herbert: Finanzwirtschaft des Unternehmens und Kapitalmarkt, 4. Auflage, Berlin 1999
Perridon, L./Steiner, M.: Finanzwirtschaft der Unternehmung, 10. Auflage, München 2002.
Ross, Stephen A/Westerfield, Randolph W./Jaffe, Jeffrey F.: Corporate Finance, 5. Auflage, Chicago 1999.
Schäfer, Henry: Unternehmensfinanzen – Grundzüge in Theorie und Management, Heidelberg: Physica-Verlag 2001.
Die Kennzahlen für die Unternehmenssteuerung anhand von Übergewinnen werden erläutert bei:
Boston Consulting Group: Shareholder Value Metrics, Booklet 2 of Shareholder Value Management, Boston Consulting Group, 1996.
Copeland, Tom/Koller, Tim/Murrin, Jack: Unternehmenswert – Methoden und Strategien für eine wertorientierte Unternehmensführung, Frankfurt am Main, New York 1998.
Stern, Joel M.: EVA[TM] Roundtable, in: Journal of Applied Corporate Finance, Vol. 7, 1994, S. 46–70.

Stern, Joel M./Stewart, Bennett G./Chew Jr., Donald H.: The EVA@ Financial Management System, in: Journal of Applied Corporate Finance, Vol. 8 (Summer 1995), S. 32–46.

Stewart, Bennett G.: The Quest for Value, New York 1991.

Spezielle Kennzahlen zur Verwendung in der Bankenpraxis werden detailliert erläutert bei

Schierenbeck, Henner: Ertragsorientiertes Bankmanagement: Band 1: Grundlagen, Marktzinsmethode und Rentabilitäts-Controlling; 6. Auflage, Wiesbaden 1999, Band 2: Risiko-Controlling und Bilanzstruktur-Management, 6. Auflage, Wiesbaden 1999, Band 3: Fallstudien mit Lösungen, 4. Auflage, Wiesbaden 1998.

Die Systematisierung von Ergebnisbereinigungen findet man bei:

Hostettler, Stephan: »Economic Value Added« als neues Führungsinstrument. Einsatzmöglichkeiten des EVA-Konzeptes aus der Sicht des Verwaltungsrates, in: Der Schweizer Treuhänder, 34. Jg., 1995, S. 307–315.

Hostettler, Stephan: Economic Value Added (EVA): Darstellung und Anwendung auf Schweizer Aktiengesellschaften, 2. Auflage, Bern et al. 1997.

Das Bereinigungsverfahren nach DVFA/SG ist dargestellt in:

Busse von Colbe, Walther et al.: Ergebnis nach DVFA/SG, 3. Auflage, Stuttgart 2000.

DVFA/SG: Gemeinsame Arbeitsgruppe der DVFA und Schmalenbach-Gesellschaft, Fortentwicklung des Ergebnisses nach DVFA/SG, in: Der Betrieb, 51. Jg., 1998, S. 2537–2542.

Anhang: Die verschiedenen Berechnungsmöglichkeiten für Übergewinne

Konzept	Economic Value Added	Economic Profit	Added Value	Cash Value Added
Operating Conversion				
Nicht betriebliche Bestandteile				
Bereinigung der Vermögens- und Gewinngröße von nicht betrieblichen Bestandteilen?	Ja	Ja	Ja	Bereinigung der Gewinngröße nach DVFA/SG Kein Abzug von BIB
Beachtung der Konsistenz zwischen Vermögens- und Gewinngröße bei Anpassungsmaßnahmen?	Ja	Ja	Ja	n. a.
Abzug der Wertpapiere und Finanzanlagen?	Ja (Gesamtbestand ohne weitere Konkretisierung)	Ja (wenn Gesamtbestand über 0,5 bis 2 % der Umsatzerlöse liegt)	Ja (Gesamtbestand ohne weitere Konkretisierung)	Nein
Abzug der liquiden Mittel?	k. A. (nach Stewart) Ja (nach Hostettler)	Ja (Richtwert: s. o.)	Ja (Gesamtbestand)	Nein
Abzug der Anlagen im Bau?	Ja (Buchwert)	k. A.	Nein	k. A.
Abschreibungen				
Beinhaltet die Gewinngröße die Abschreibungen auf das Sachanlagevermögen i.S. von betrieblichem Aufwand?	Ja	Ja	Ja (inflationiert)	Nein (Addition der kumulierten Abschreibungen zur BIB)

Konzept	Economic Value Added	Economic Profit	Added Value	Cash Value Added
Funding Conversion				
Leasing-Finanzierung				
Behandlung der Leasinginstrumente beim Operating Leasing: Kapitalisierung der Leasingraten?	Ja	Ja	Keine Korrektur	Ja
Addition der Leasingraten zur Vermögensgröße?	Ja	Ja		Ja
Diskontierungssatz	Risikoloser Zinssatz	Individueller Zinssatz	n. a.	FK-Kostensatz
Behandlung des impliziten Zinsaufwandes?	Addition zum NOPAT	Addition zum NOPAT	n. a.	Keine Anpassung
Pensionsrückstellungen				
Behandlung der Pensionsrückstellungen als Fremdkapital?	k. A. (nach Stewart) Ja/Nein (nach Eidel: abhängig vom Bilanzausweis im HGB-Abschluss	Ja (bei wesentlicher Unterdotierung nach US-amerikanischen Verhältnissen)	Ja (abhängig vom Bilanzausweis im HGB-Abschluss)	Nein (bezogen auf HGB-Abschlüsse)
Anpassung der Gewinngröße: Bereinigung um impliziten Zinsanteil?	Ja	Ja	Nein! Doppelerfassung!	n. a.
nicht zinstragende kurzfristige Verbindlichkeiten				
Verrechnung mit dem Umlaufvermögen?	Ja	Ja	Ja	Ja
Posten als nicht zinstragende kurzfristige Verbindlichkeiten:	Verb. aus LuL Kurzfristige PRAP Steuerrückstellungen Kundenanzahlungen	Verb aus LUL	Verb. aus LuL Kundenanzahlungen	Verb. aus LuL Steuerverbindlichkeiten Kundenanzahlungen Pensionsrückstellungen!

Konzept	Economic Value Added	Economic Profit	Added Value	Cash Value Added
Shareholder Conversion				
Firmenwert (Goodwill)				
Einbezug des Goodwill (Addition der Abschreibungen zur Vermögens- und Gewinngröße	Ja	Ja/Nein (zweckabhängig)	Ja (nicht eindeutig)	Ja/Nein (zweckabhängig)
Ausgaben mit Investitionscharakter				
Einbezug der jährlichen Erhöhung in die Gewinngröße?	Ja	Ja	Ja	Ja
Ausgaben mit Investitionscharakter	F & E-Kosten Markterschließungskosten Marketingkosten Ausbildungskosten	k. A.	Siehe EVA	F & E-Kosten Werbung Aufbau von Vertriebssystemen
Abschreibungsdauer	geschätzte Projektdauer F & E: 5 Jahre	k. A.	Siehe EVA	F & E: 3 – 10 Jahre Werbung: 4 – 5 Jahre
Bewertung von Vorräten (LiFo-Reserve)				
Erkennung einer »LiFo-Reserve« als Wertreserve?	Ja	Ja	Ja	Ja
Entstehungsgrund	Differenz zwischen LiFo- und FiFo-Methode	Differenz zwischen Marktwert und Buchwert	Differenz zwischen Bilanzwert und Verkehrs- oder Tageswert	Differenz zwischen LiFo- und FiFo-Methode
Bewertungskorrektur	Ja (Addition zur Vermögensgröße)	Nein	Nein	Nein (nur in Ländern mit hoher Inflationsrate)
Stille Reserven				
Umfang der stillen Reserve	Abschreibungen auf Forderungen Garantierückstellungen Rückstellungen für latente Steuern	Aufwand für Umstrukturierung und Wartung Garantierückstellungen Steuerrückstellungen	k. A.	Rückstellungen
Anpassungsmaßnahmen durch Addition der stillen Reserven zur Vermögens- und Gewinngröße	Ja	Ja	Nein	Nein (Abzug von BIB und Bereinigung des Brutto-Cashflows gem. DVFA/SG-Schema
Konsistente Behandlung zwischen Vermögens- und Gewinngröße	Ja	Ja	n. a.	Ja

8 Strategische Unternehmensanalyse (Analyse von Erfolgspotenzialen)

8.1 Einführung

Die Kennzahlenanalyse des vorangehenden Kapitels ermöglicht, sich mit einem Unternehmen vertraut zu machen und einige Stärken bzw. Schwächen zu identifizieren. Die Kennzahlenanalyse nutzt jedoch ausschließlich Informationen der Rechnungslegung und ist vergangenheitsorientiert. Die Analyse muss deshalb um eine Analyse des Wettbewerbsumfeldes sowie der strategischen Positionierung des Unternehmens in dieser Umwelt ergänzt werden.

In diesem Kapitel werden verschiedene Aspekte vorgestellt, die im Rahmen einer strategischen Unternehmensanalyse untersucht werden können. Die Ausführungen erheben nicht den Anspruch auf Vollständigkeit, da in der betriebswirtschaftlichen Literatur eine kaum überschaubare Anzahl von Konzepten und Analysetechniken existiert. Die systematische Aufbereitung und Analyse der hier vorgestellten Aspekte hat sich jedoch in zahlreichen Untersuchungen bewährt. Die gewissenhafte Umwelt- und Unternehmensanalyse nimmt bei einer Bewertung regelmäßig die meiste Zeit (ca. 95%) des Analysten in Anspruch. Auf Basis einer fundierten Analyse stellen die Verfahren der Unternehmensbewertung nur noch »Handwerkszeug« dar, mit dessen Hilfe sich eine Bewertung in Kürze bewerkstelligen lässt.

Basis für eine strategische Analyse sind zunächst empirische Erkenntnisse der Ertragskraft von Unternehmen und Branchen. Empirische Analysen geben gute Anhaltspunkte dafür, unter welchen Rahmenbedingungen sich welche Ertragsniveaus realisieren lassen. Untersuchungen zur Ertragskraft *von Unternehmen* zeigen darüber hinaus, inwieweit sich individuelle Stärken bzw. Schwächen von Unternehmen in über- bzw. unterdurchschnittlichen Erträgen widerspiegeln. Auf Basis gesicherter empirischer Erkenntnisse lassen sich die Auswirkungen zukünftiger Entwicklungen besser absehen, und die Prognose stützt sich auf ein solides Fundament. In Kapitel 8.2.1 erfolgt deshalb zunächst eine Darstellung empirischer Ergebnisse zur Ertragskraft von Unternehmen und Branchen.

Ebenso wichtig erscheint es, bei der Erfolgsprognose grundlegende volkswirtschaftliche Erkenntnisse zu berücksichtigen. Die Analyse von Übergewinnen (z.B. des Economic Value Added – EVA) hat gezeigt, dass ein Unternehmen seinen Wert steigern kann, wenn es Gewinne erzielt, die über den Kapitalkosten des Unternehmens liegen. Mikroökonomische Überlegungen zeigen aber (vgl. Kapitel 8.2.2), dass es unter den Bedingungen der sog. vollkommenen Konkurrenz *nicht möglich* ist, nachhaltig Übergewinne zu erzielen. Im Umkehrschluss bedeutet dies: Je weniger die Bedingungen der vollkommenen Konkurrenz erfüllt sind, desto eher wird es für die Unternehmen der betrachteten Branche möglich sein, außerordentlich hohe Gewinne zu erwirtschaften. Grundlage jeder Erfolgsprognose muss es deshalb sein, zunächst eingehend die Struktur und die Wettbewerbsintensität der entsprechenden Branche zu analysieren.

Porter hat in seiner vielbeachteten Analyse diese mikroökonomischen Erkenntnisse aufgegriffen und verfeinert. Seine detaillierte Analyse des Wettbewerbsumfeldes (»Five Forces«) bildet – bewusst oder unbewusst – die Grundlage der meisten Unternehmensanalysen. Die Analyse der Five Forces (vgl. Kapitel 8.3.3) erweist sich jedoch in vielen Fällen als unzureichend. Seine Analyse der Brancheneinflüsse ist statisch und berücksichtigt nicht die Ansprüche/Einflüsse anderer Stakeholder (z.B. von Mitarbeitern). Es wird übersehen, dass politische, ökonomische, sozio-kulturelle und technische Einflüsse das Wettbewerbsumfeld im Zeitablauf verändern können. Die Betrachtung dynamischer Veränderungen ist die konsequente Vertiefung der Schumpeterschen Marktanalyse, die den Wettbewerb schon früh als »Entdeckungsverfahren« und Prozess der »schöpferischen Zerstörung« beschrieben hat. Die Analyse der Unternehmensumwelt von *Porter* wird in Kapitel 8.3.4 um diese Aspekte ergänzt.

Die Arbeiten von *Porter* legen den Schwerpunkt der Analyse auf Umweltfaktoren als Ursachen des unternehmerischen Erfolgs. Auf Erfolg versprechende Strategien und Positionierungen innerhalb des Wettbewerbsumfeldes geht er nur ansatzweise ein. Das Grundkonzept dieser Forschungsrichtung wird auch als *Structure-Conduct-Performance-Paradigma (SCP–Modell)* oder *Market Based View* bezeichnet. Der Ansatz verstellt den Blick darauf, dass der Erfolg eines Unternehmens immer auch von den spezifischen und einzigartigen Potenzialen des Unternehmens bestimmt wird. Diese werden häufig auch als Kernkompetenzen oder Ressourcen bezeichnet. Diesen Forschungsansatz bezeichnet man auch als *Ressource-Conduct-Performance-Ansatz (RCP-Modell)*. Kapitel 8.4 geht näher auf die verschiedenen Aspekte der Unternehmensanalyse ein.

Auch wenn das Unternehmen über entsprechende Ressourcen verfügt, ist damit noch nicht gewährleistet, dass es diese auch gewinnbringend nutzt. So nutzen Manager häufig ihre Handlungsspielräume, um auf Kosten des zukünftigen Erfolgs ihren eigenen Nutzen zu steigern (Moral Hazard). Mit Hilfe von Shareholder-Value-Strategien kann diesem sog. Principal-Agent-Problem entgegengewirkt werden (vgl. Kapitel 8.4.2). Darüber hinaus müssen adäquate Unternehmens-, Geschäftsbereichs- und Produktstrategien implementiert werden. Die Analyse geläufiger Strategien wird in Kapitel 8.4 vorgenommen. Im Hinblick auf eine optimistische Erfolgsprognose reicht es aber nicht aus, geeignete Strategien zu entwickeln, sie müssen auch verfolgt werden. Die in Kapitel 8.4.4 vorgestellten Methoden der Strategieimplementierung (Business Plan, Balanced Scorecard) liefern hierfür Anhaltspunkte. Die bei der Balanced Scorecard vorgestellten Kennzahlen (z.B. zur Kundenzufriedenheit und Mitarbeitermotivation) sind darüber hinaus gute Indikatoren für das *langfristige* Erfolgspotenzial eines Unternehmens.

Abbildung 8.1 gibt einen Überblick über den Ablauf einer Erfolgsprognose und den Aufbau dieses Kapitels.

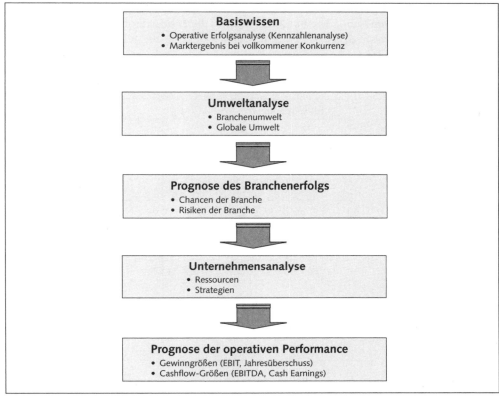

Abb. 8.1: Ablauf der Erfolgsprognose

8.2   Grundlagen der Erfolgsprognose

8.2.1   Empirische Studien zur Ertragskraft

8.2.1.1   Ertragskraft nach Branchen

Die Deutsche Bundesbank führt regelmäßig eine Analyse deutscher Jahresabschlüsse durch. Die Analyse basiert auf Bilanz- und Erfolgsrechnungen, die den Zweigstellen der Landeszentralbanken im Zusammenhang mit dem Rediskontgeschäft eingereicht wurden. Die Abschlüsse werden eingereicht, da die Bundesbank zur Prüfung der Bonität von Wechselverpflichtungen angehalten ist.[1]

---

1   Aus diesem Grunde sind größere Unternehmen in der Stichprobe überrepräsentiert. Mit Hilfe von Bereinigungsverfahren wirkt die Bundesbank diesem Phänomen jedoch entgegen (vgl. Deutsche Bundesbank 1998, S. 9 ff.)

Die Fortschreibung der Deutschen Bundesbank für das Jahr 2004 stützt sich auf eine Auswertung von ca. 53.000 Jahresabschlüssen. Damit spiegeln die Zahlen der Deutschen Bundesbank sehr gut die Ertragskraft deutscher Unternehmen wider. Tabelle 8.1 gibt einen Überblick über wichtige Kennziffern, die aus den Daten der Bundesbank errechnet werden können.

	2003	2004
Mrd. €	*Bilanzpositionen*	
Eigenkapital	370	386
Gesamtkapital	1.369	1.397
Capital Employed	1.212	1.255
Mrd. €	*Erfolgspositionen*	
Umsatz	1.904	2.003
EBIT	118	126
EBITDA	194	200
Jahresüberschuss	40	48
in Prozent	*Kennziffern*	
Eigenkapitalquote	27,0	27.6
EBIT/Umsatz	6,2	6,3
EBITDA/Umsatz	10,2	10,0
Jahresüberschuss/Umsatz	2,1	2,4
ROCE	9,7	10,0

Tab. 8.1: Ertragskraft deutscher Unternehmen 2003–2004 (Ergebnisse Deutsche Bundesbank, Verhältniszahlen aus Jahresabschlüssen deutscher Unternehmen 2007)

Die operative Marge deutscher Unternehmen in den Jahren 2003–2004 betrug im Durchschnitt nur ca. 6 % vom Umsatz, der operative Cashflow EBITDA betrug nur etwa 10 % vom Umsatz. Damit konnte über alle Unternehmen ein Return on Capital Employed (ROCE) von nur ca. 10 % erreicht werden. Die Kapitalkosten können naturgemäß für die Unternehmen der Stichprobe nicht ermittelt werden. Kalkuliert man mit einem Erfahrungswert für die gewichteten Kapitalkosten (WACC) von 12 %, so wird deutlich, dass deutsche Unternehmen im Durchschnitt nicht in der Lage sind, ihre Kapitalkosten zu verdienen bzw. ihren ökonomischen Wert zu steigern.

Die Industrie-Kredit-Bank (IKB) wertet regelmäßig die Jahresabschlüsse *mittelständischer* Unternehmen (Jahresumsatz bis zu 1 Mrd. DM) aus ihrem Kundenkreise aus. Im Jahre 2004 umfasst die Datenbasis über 1300 Abschlüsse mittelständischer Industrieunternehmen. Tabelle 8.2 gibt einen Überblick über wichtige Kennziffern dieser mittelständischen Unternehmen.

in Prozent	2001	2004
Eigenkapitalquote	31,2	34,9
EBIT-Marge	4,3	5,0
EBITDA-Marge	8,6	9,0
EBT-Marge	3,3	4,0

Tab. 8.2: Ertragskraft deutscher Unternehmen 1999–2001 (Ergebnisse IKB)

Die operative Ertragskraft entspricht in etwa den Ergebnissen der Deutschen Bundesbank. Mittelständische Unternehmen (zumindest die Kunden der IKB) scheinen etwas weniger ertragreich als der deutsche Durchschnitt zu sein. Aber auch diese Unternehmen dürften kaum in der Lage sein, ihre Kapitalkosten zu erwirtschaften.

2000 in Prozent Branche	EBIT/ Umsatz	EBITDA/ Umsatz	EK-Quote	ROCE
Ernährung	5,0	8,6	27,4	7,0
Textil	4,2	8,3	25,3	4,2
Bekleidung	5,4	7,3	27,5	7,4
Holzgewerbe	3,5	8,6	17,5	3,6
Verlags-/Druckgewerbe	6,7	11,7	25,6	6,5
Chemische Industrie	11,3	17,4	34,6	9,7
Gummi-/Kunststoffwaren	5,0	9,9	27,9	4,9
Glas/Keramik	7,0	14,4	31,4	5,4
Metall	4,2	8,6	28,2	4,4
Maschinenbau	5,3	9,0	26,7	4,3
Elektrotechnik	5,7	9,3	23,1	5,3
Medizin-/Messtechnik	4,8	8,8	25,8	3,9
Automobilindustrie	2,4	6,3	26,9	3,5
Energie/Wasser	6,8	15,9	26,7	3,1
Baugewerbe	9,1	2,9	14,5	0,0
Großhandel	2,8	4,0	20,2	8,3
Einzelhandel	3,3	4,9	17,5	6,7
Verkehr	4,1	12,1	27,0	2,4

Tab. 8.3: Ertragskraft deutscher Unternehmen nach Branchen 2000 (Ergebnisse Deutsche Bundesbank)

Betrachtet man die Ertragskraft verschiedener Branchen fällt auf, dass die Chemische Industrie und die Energie-/Wasserwirtschaft im Jahre 2000 die höchste Rentabilität erreichten. Aber auch die Unternehmen dieser vergleichsweise rentablen Branchen waren im Durchschnitt nicht in der Lage, ihre Kapitalkosten zu verdienen. Die Rendite auf das im Betriebsprozess gebundene Kapital (ROCE) lag durchgehend im einstelligen Prozentbereich. Der Handel erzielte erwartungsgemäß sehr niedrige operative Ergebnismargen, konnte aufgrund des hohen Kapitalumschlags aber ansehnliche Kapitalrenditen erwirtschaften.

8.2.1.2 Ertragskraft im Lebenszyklus

Der Produktlebenszyklus

In zahlreichen Unternehmensanalysen zeigt sich, dass der Umsatzverlauf für ein Produkt oder ein gesamtes Unternehmen von der Markteinführung bis zum Marktaustritt gewissen Gesetzmäßigkeiten unterliegt. Diesen Verlauf bildet das Modell des Produktlebenszyklus ab.

Der Produktlebenszyklus wird häufig in eine Gründer-, Expansions- und Reifephase zerlegt. Die Gründerphase besteht aus der Ideenphase, der Forschungs- und Entwicklungsphase sowie einer eventuellen Genehmigungs- und Testphase (Marktstudien, klinische Studien). Die Reifephase endet mit Beendigung der Erzeugung und Vermarktung des Produkts. Falls ein Produkt die Reifephase verlängert (z. B. Coca Cola), spricht man auch von einem Relaunch.

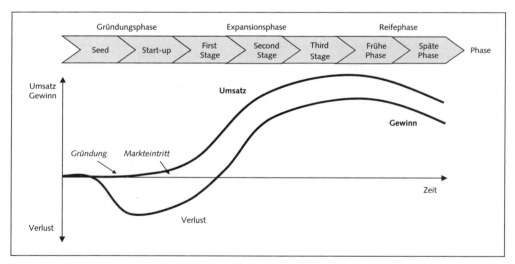

Abb. 8.2: Lebenszyklus des Unternehmens

Die einzelnen Phasen sind durch unterschiedliche Ausprägungen von Umsätzen, Gewinnen und Geschäftsrisiken gekennzeichnet. In der Gründerphase fallen zunächst ausschließlich Kosten an. Die Geschäftsrisiken sind infolge eines wenig erprobten Produkts, eines unsicheren Marktpotenzials und eines häufig unerfahrenen Managements sehr hoch. Aufgrund mangelnder

Innenfinanzierungskraft und der besonderen Geschäftsrisiken sind junge Unternehmen in der Gründerphase auf Außenfinanzierungen in Form von Eigenkapital (Venture-Capital, Private Equity, Börsengang) angewiesen.[2]

In der Expansionsphase sind zunächst Verluste zu beobachten, da den hohen Kosten (insbesondere Markteinführungskosten) zunächst nur geringe Umsätze gegenüberstehen. In den Folgejahren nehmen Gewinn und Cashflow zu, da die Umsätze steigen und zugleich sinkende Stückkosten realisiert werden können. Die Erklärung für sinkende Stückkosten im Lebenszyklus liefert die sog. Erfahrungskurve.

Die Erfahrungskurve

Eine Erklärung für die Entwicklung der Ertragskraft im Lebenszyklus kann auf Basis von empirischen Ergebnissen zum Stückkostenverlauf vorgenommen werden. In einer Vielzahl von Untersuchungen hat die Boston Consulting Group[3] die Abhängigkeit der Stückkostenentwicklung von der produzierten Menge überprüft und als Ergebnis eine Schätzung der lernbedingten Stückkostenentwicklung vorgenommen. Danach ist davon auszugehen, dass mit jeder Verdoppelung der Ausbringungsmenge die Stückkosten um 20 – 30 % zurückgehen (vgl. Abbildung 8.3). Diesen Zusammenhang bezeichnet man auch als Lernkurve.

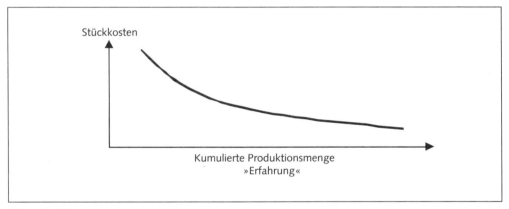

Abb. 8.3: Erfahrungskurve

Die Lernkurve ergibt sich aus der Kombination von Lern-, Spezialisierungs-, Investitions- und Betriebsgrößeneffekten:

1. *Lerneffekte:* Durch die Wiederholung von Tätigkeiten entstehen Lerneffekte sowohl bei einer Person (individuelles Lernen) als auch bei der Zusammenarbeit innerhalb einer

---

2 Auf die Finanzierungsaspekte im Lebenszyklus soll hier nicht näher eingegangen werden. Abhandlungen über verschiedene Formen der Finanzierung im Lebenszyklus findet man z. B. bei *Schäfer* (2000), *Achleitner* u.a. (2000) und *Engelmann* (2000).

3 Das Konzept der Erfahrungskurve wurde insbesondere von *Bruce Henderson* entwickelt. Vgl. dazu *Henderson* (1976) oder *Bauer* (2000). Der in der Erfahrungskurve zum Ausdruck gebrachte Effekt wird auch als »Boston-Effekt« bezeichnet.

Gruppe (kollektives Lernen). Sie führen zu einer Reduktion von Zeiten in Verwaltung und Fertigung sowie zu einer Senkung der Ausschussquote. So gelten Produktionsanläufe regelmäßig als heiße Phase, da jeder Handgriff geübt werden muss und nicht jedes Teil zum richtigen Zeitpunkt am richtigen Ort ist.

Dieser Effekt wurde in der Frühphase der Diskussion um die Erfahrungskurve als alleinige Ursache gesehen (deshalb auch der Begriff »Erfahrungskurve«). Später kamen noch folgende Erklärungen hinzu:

2. *Nutzung der Vorteile der Massenproduktion*: Mit der Erhöhung der Produktionsmenge lassen sich regelmäßig die Vorteile der Massenproduktion (Economies of Scale) nutzen. So erreicht man eine Regression der Fixkosten (z.B. für Forschung und Entwicklung, Immobilien) und kann ggf. zu einem kostengünstigeren Fertigungsverfahren (z.B. Fließfertigung statt Werkstattfertigung ab einer kritischen Masse) übergehen.

3. *Verbesserte Produktionstechnologien*: Im Zeitablauf können häufig Produktivitätssteigerungen verzeichnet werden, da sich die Produktionsanlagen verbessern und Störungen seltener werden. Besonders in kapitalintensiven Branchen (z.B. Halbleiterindustrie, Ölraffinerien, Automobilindustrie) können aus diesem Grund empirisch Kosteneinsparungen von 20-30% nachgewiesen werden.

4. *Produktstandardisierung*: Mithilfe von ständigen Wiederholungen können Arbeitsabläufe standardisiert und vereinfacht werden. Hoch qualifizierte und teure Facharbeiter können gegebenenfalls durch billigere Arbeitskräfte ersetzt werden. Die Plattformstrategie des Volkswagen-Konzerns ist hierfür ein gutes Beispiel. Wesentliche Bauteile wie Fahrwerke oder Motoren sind standardisiert und werden gleichzeitig in verschiedenen Modellen der Marken VW, Audi, Skoda, Seat, Porsche und Lamborghini verwendet. Neben einer Stückkostendegression erlaubt diese Strategie auch eine Auffächerung der Produktpalette.

Die Erkenntnisse von Produktlebenszyklus und der Erfahrungskurve liefern im Hinblick auf die Formulierung geeigneter Strategien zwei wichtige Hinweise:

- Die Sicherung großer Marktanteile ist zentrale Voraussetzung zur Erzielung einer hohen Rentabilität. Bei einem geringen Marktanteil wird es trotz aller Kostensenkungsbemühungen kaum möglich sein, die Stückkosten der mächtigeren Konkurrenz zu erreichen.
- Die Sicherung hoher Marktanteile ist in Märkten mit hohen Wachstumsraten anzustreben, da in diesen Märkten die kumulierten Absatzmengen schnell ansteigen und die Erfahrungseffekte in absehbarer Zeit nutzbar werden.

Auf Basis dieser Überlegungen sind der relative Marktanteil als unternehmensinterne und das Marktwachstum als unternehmensexterne Größe als zentrale Einflussfaktoren für den Erfolg von Unternehmen herausgearbeitet worden. Diese empirischen Ergebnisse bilden die Basis zur Beurteilung von Produkten oder strategischen Geschäftseinheiten im Rahmen der sog. Portfolioanalyse (vgl. Kapitel 8.4.2).

In der Praxis ist die Aussagekraft des Lebenszyklusmodells und der Erfahrungskurve hilfreich. Die Ergebnisse dürfen aber nicht darüber hinwegtäuschen, dass diese Ansätze die Einflussgrößen für die Ertragskraft von Unternehmen stark reduzieren. Zahlreiche andere wichtige unternehmensinterne und -externe Faktoren werden ausgeblendet. Daneben ist die Definition des Bezugspunktes »Produkt« in der Regel schwierig, und die Eigenschaften des Produktlebenszyklus sind nur ex post nachgewiesen. Bei der Ex-ante-Prognose ist die

Zuordnung zu einer konkreten Phase und die Ermittlung der dazu passenden Ertragskraft kaum möglich. Lebenszyklusmodell und Erfahrungskurve geben deshalb nur erste Anhaltspunkte für das Ertragspotenzial eines Unternehmens, für eine konkretere Erfolgsprognose muss eine detailliertere Analyse vorgenommen werden.

Tabelle 8.4 zeigt auf, in welcher Phase des Lebenszyklus sich verschiedene Branchen und Produkte im Jahre 2002 befanden.

Phase im Lebenszyklus			
Gründungsphase	*Expansionsphase*	*Reifephase*	*Degenerationsphase*
• E-Commerce • E-Payment • Multimedia • Telematik • Digitales Fernsehen • Zahnlaser	• Mobilfunk • Online-Dienste • Call Center • Hardware • Software • Internet-Suchdienste • Logistik • Life Science • Spezialchemie • Medizintechnik • Biotechnik • Tourismus • Freizeitindustrie • Finanzdienstleistungen	• Energie (Strom) • Automobile • Maschinenbau • Haushaltsgeräte • Grundnahrungsmittel • Bier • Schokolade • Schmuck	• Kohle • Stahl • Spirituosen • Pelzwaren • Öffentliche Telefonzellen

Tab. 8.4: Zuordnung von Branchen und Produkten zu den Phasen des Lebenszyklus

8.2.1.3   Ertragskraft nach Einflussgrößen (Erfolgsfaktoren)

Die empirische Erfolgsfaktorenforschung umfasst eine Reihe von Studien, in denen versucht wird, Erfolgsfaktoren aus beobachteten Daten abzuleiten. Die wohl wichtigste empirische Untersuchung basiert auf dem *PIMS-(Profit Impact of Market Strategy)-Programm*. Das Programm wird heute vom Strategic Planning Institute (SPI) in Cambridge getragen, einer Non-Profit-Organisation der angeschlossenen Partner mit Verbindungen zur Harvard Business School. Die der PIMS-Datenbank angeschlossenen Unternehmen stammen zu etwa 60 % aus Nordamerika, 35 % haben ihren Sitz in Westeuropa und etwa 5 % in der übrigen Welt. Die Branchenschwerpunkte liegen mit ca. 60 % bei der Investitionsgüterindustrie, mit ca. 30 % bei der Konsumgüterindustrie und 10 % stammen aus dem Dienstleistungssektor.

Mit Hilfe statistischer Methoden, vor allem der multiplen Regressionsanalyse, wird untersucht, welche Faktoren Einfluss auf den Return on Investment (ROI) und den Cashflow von Unternehmen haben. Dabei ist es PIMS gelungen, etwa 30 Determinanten herauszufiltern, die ausschlaggebend für die Resultate einer Geschäftseinheit sind. PIMS ist es gelungen, anhand dieser Determinanten 75 % – 80 % der Unterschiede von ROI's verschiedener Strategischen Geschäftseinheiten zu erklären.

Von den gefundenen 30 Determinanten haben sieben einen besonders großen positiven oder negativen Einfluss auf den ROI und den Cashflow. Diese so genannten Schlüsselfaktoren werden nachfolgend erläutert:

1. **Investitionsintensität:** Die Investitionsintensität ist definiert als das Verhältnis des Anlagevermögens (zu Buchwerten) + Working Capital (Umlaufvermögen – kurzfristige Verbindlichkeiten) zum Umsatz und kann daher als Konsequenz von Investitionsentscheidungen gesehen werden. Die Investitionsintensität übt einen negativen Einfluss auf den ROI aus, d. h. Investitionsintensität und ROI bzw. Cashflow sind negativ korreliert – hohe Investitionsintensität bewirkt oftmals einen geringen ROI bzw. Cashflow. Als Gründe hierfür nennen die PIMS-Forscher, dass eine hohe Kapitalintensität eine Marktaustrittsbarriere für unprofitable Geschäftseinheiten darstellen kann und oftmals ein aggressiver und ruinöser Wettbewerb die Folge ist.
2. **Produktivität:** Unternehmen mit höherer Wertschöpfung je Beschäftigtem haben einen höheren ROI und Cashflow als diejenigen mit einer niedrigen Kennzahl dieser Art. Sind Maßnahmen zur Erhöhung der Produktivität jedoch mit einer Erhöhung der Investitionsintensität verbunden, so ist die negative Auswirkung der höheren Investitionsintensität auf ROI und Cashflow in der Regel größer als der positive Einfluss der höheren Produktivität.
3. **Marktposition:** Es besteht ein deutlich positiver Zusammenhang zwischen der Marktposition und dem ROI. Diese Feststellung lässt sich sowohl für den absoluten Marktanteil, als auch für den relativen Marktanteil im Vergleich zu den größten Wettbewerbern treffen. Als Erklärung für die erhöhte Profitabilität bei hohem Marktanteil gelten die Economies of Scale, die Risikoaversion der Kunden, die Marktmacht oder auch ein gemeinsamer zugrunde liegender Faktor, z. B. die Qualität des Managements. Die PIMS-Forschung fand heraus, dass sich im Durchschnitt für eine 10%ige Marktanteilssteigerung eine Zunahme des ROI um 3,5 Prozentpunkte ergibt.
4. **Marktwachstum:** Der Einfluss dieses Faktors ist in Bezug auf den ROI nicht eindeutig. Der Gewinn in absoluten Zahlen ist im Allgemeinen mit dem Marktwachstum positiv korreliert, der Cashflow hingegen negativ.
5. **Produktqualität:** Die Determinante Qualität bzw. relative Qualität kann im Vergleich zu den drei größten Konkurrenten als der entscheidende Faktor für die Profitabilität einer Geschäftseinheit angesehen werden. Zum einen besteht die Möglichkeit, überlegene technische Qualität anzubieten, zum anderen kann überlegene relative Qualität angeboten werden; hierbei entspricht man den Vorstellungen der Kunden besser als die Konkurrenz. Überlegene wahrgenommene Qualität führt zu stärkerer Kundentreue, häufigeren Wiederholungskäufen, geringerer Gefährdung bei Preiskämpfen, niedrigeren Marketingkosten sowie Marktanteilssteigerungen.
6. **Innovation/Differenzierung:** Unter dem Sammelbegriff »Innovation/Differenzierung gegenüber dem Konkurrenten« sind im PIMS-Programm die Gewinndeterminanten Produkt- oder Dienstleistungsqualität, relativer Preis und die Rate der Einführung neuer Produkte oder Dienstleistungen zusammengefasst. Bei dem Merkmal Innovation/Differenzierung kann ein signifikant positiver Einfluss auf den ROI und die Cashflows nachgewiesen werden.

7. **Vertikale Integration:** Im Allgemeinen ist bei hoher vertikaler Integration in reifen oder stabilen Märkten ein positiver Zusammenhang mit dem ROI gegeben, während sich diese in rasch wachsenden, schrumpfenden oder oszillierenden Märkten negativ auswirkt. Als Vorteile einer vertikalen Integration werden die Kostenvorteile bei Ein- und Verkauf, die Sicherung von Zulieferungen oder Absatz, eine verbesserte Fertigungs- und Lagerbestandskontrolle, verbesserte technologische Möglichkeiten sowie die höheren Markteintrittsbarrieren für potenzielle neue Anbieter genannt. Nachteilig wirken sich die Faktoren der erhöhten Kapitalanforderungen, die Probleme einer effizienten Auslastung aller Produktionsstufen, der verminderten Flexibilität und des geringeren Spezialisierungsgrades aus.

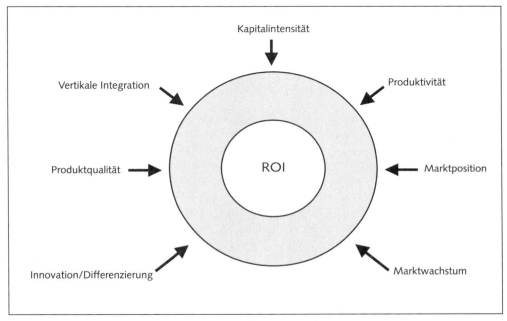

Abb. 8.4: Die sieben Schlüsselfaktoren des ROI nach PIMS

Das Konzept der PIMS-Studie und die gewonnenen Ergebnisse müssen kritisch betrachtet werden. Es muss hervorgehoben werden, dass die Datenbank nicht repräsentativ ist und aufgrund der Durchschnittsbildung eine Verzerrung der Wirkungszusammenhänge erfolgt. Das Datenmaterial stammt aus sehr unterschiedlichen Industrie- und Geschäftszweigen (65 % der Daten kommen aus Investitionsgüter- und Rohmaterialgeschäftseinheiten und nur 4 % aus Dienstleistungsindustrien). Darüber hinaus stammen die in der Datenbank gespeicherten Daten zu 80 % von amerikanischen Unternehmen, deren Geschäftsfelder sich primär in der Reife- bzw. Sättigungsphase des Marktes befinden. Diese Reduktion von Informationen auf bestimmte Schlüsselfaktoren ist ebenfalls ein Kritikpunkt. Die im Rahmen der Regressionsanalyse aufgedeckten Korrelationen müssen nicht zwingend auf einem Ursache-Wirkungs-Zusammenhang beruhen.

8.2.2 Marktergebnis bei vollkommener Konkurrenz

Auf einem Markt herrscht vollkommene Konkurrenz[4], wenn er folgende Eigenschaften besitzt:

1. Die Unternehmen maximieren ihre Gewinne.
2. Es gibt keine dominierenden Anbieter und Nachfrager am Markt.
3. Marktein- und -austritt ist jederzeit unbehindert möglich.
4. Es werden identische (homogene) Güter produziert bzw. Dienstleistungen angeboten.
5. Die Preise auf dem Markt sind nach oben und unten frei beweglich.
6. Es herrscht vollkommene Markttransparenz.

Ein Markt unter vollkommener Konkurrenz ist ein vollkommener Markt. Unter diesen Annahmen kann kein Produzent die Marktpreise beeinflussen. Er ist Preisnehmer in dem Sinne, dass er nur zum herrschenden Marktpreis verkaufen kann. Die flexiblen Preise werden sich derartig anpassen, dass der Unternehmer *in der langen Frist* keine Gewinne erzielen kann. Sollte es Gewinne in einem Markt geben, ist dies für alle Marktteilnehmer transparent, und durch den unbehinderten Marktzutritt neuer Wettbewerber werden diese Gewinne bald aufgezerrt.

Es ist hervorzuheben, dass es sich bei den Gewinnen um ökonomische Gewinne (Übergewinne) handelt, die kalkulatorische bzw. Opportunitätskosten der Anleger beinhalten. Nur wenn die Preise am Markt auch derartige Kosten abdecken, werden sich Kapitalgeber finden, die den Markteintritt in diese Branche finanzieren. Die Grundgedanken betrieblicher Übergewinne (z. B. des Economic Value Added – EVA) sind deshalb für Ökonomen keineswegs neu, sie gehören zu den traditionellsten Konzepten der Volkswirtschaftslehre.

Unter den Bedingungen der vollkommenen Konkurrenz wird der ökonomische Gewinn einer Branche langfristig gegen Null tendieren. Die Existenz eines vollkommenen Marktes ist zweifellos nicht sehr realistisch und eine oder mehrere Bedingungen sind höchstens vorübergehend erfüllt. Auf der anderen Seite ist erkennbar, dass viele Märkte dem Idealbild immer näher kommen: Im Zuge der Globalisierung wird die Wettbewerbsintensität auf vielen Märkten größer und aufgrund von technischen Neuerungen (z. B. Entwicklung des Internets) oder politischen Veränderungen (Vereinheitlichung von Normen, Einführung des Euro) werden zahlreiche Märkte immer transparenter. In der Folge ist es kaum verwunderlich, dass das Marktergebnis der vollkommenen Konkurrenz in vielen Branchen der Realität sehr nahe kommt. Die empirische Studien des vorangehenden Kapitels belegen, dass viele Unternehmen im Durchschnitt der letzten Jahre nicht ihre Kapitalkosten verdienen konnten.

Das Verständnis der vollkommenen Konkurrenz ist als Basis für die systematische Erfolgsprognose sehr hilfreich. Es zeigt, dass Unternehmen in einer wettbewerbsintensiven Branche in der langen Frist kaum mehr als ihre Kapitalkosten erwirtschaften können. Daneben gibt das Konzept auch erste Hinweise darauf, unter welchen Bedingungen nachhaltig Übergewinne erzielt werden können.

---

4 Detaillierte Abhandlungen über das Modell der vollkommenen Konkurrenz findet man z. B. bei *Samuelson/Nordhaus* (2001) oder *Varian* (2000).

- **Einfluss ineffizienter Märkte:** In geschützten oder regulierten Märkten wird es leichter sein, dauerhaft Übergewinne zu erzielen. Auch andere Markteintrittsbarrieren, wie hohe Fixkosten oder sog. Skalenerträge (sinkende Stückkosten mit zunehmender Ausbringungsmenge) erleichtern die Generierung von Übergewinnen.
- **Einfluss der Strategie:** Unternehmen müssen das Ziel der Gewinnmaximierung verfolgen, damit sie bei vollkommener Konkurrenz im Wettbewerb überleben. Daneben können sich Unternehmen durch die Schaffung inhomogener Produkte (z. B. durch Spezialisierung, Entwicklung von Innovationen, Schaffung einer unverwechselbaren Marke) dem Wettbewerb entziehen und sich einen »eigenen« Markt schaffen.

Das Modell der vollkommenen Konkurrenz zeigt deutlich, dass sowohl Aspekte der Umwelt als auch des Unternehmens die Ertragskraft von Unternehmen maßgeblich beeinflussen. Die vorgestellten Analysemethoden in den folgenden Kapiteln können danach gegliedert werden, welche Annahme des Grundmodells sie aufheben bzw. an welcher Stelle sie die Analyse verfeinern.

8.2.3 Analysetechniken

8.2.3.1 SWOT-Analyse

Eine grobe Umwelt- und Unternehmensanalyse wird häufig auf der Grundlage einer sog. SWOT-Analyse vorgenommen. Die Umweltanalyse, genauer die Untersuchung der Branchenstruktur und des Wettbewerbsumfeldes, repräsentiert die Chancen (**Opportunities**) und Risiken (**Threats**) eines Unternehmens. Die Untersuchung der unternehmensinternen Eigenschaften werden in den Stärken (**Strength**) und Schwächen (**Weaknesses**) zusammengefasst (siehe Abbildung 8.5).

Im Falle des Zusammentreffens einer Chance des Unternehmens (z. B. zunehmende Nachfrage nach einem Produkt in der Reifephase) und einer Stärke des Unternehmens (z. B. niedrige Stückkosten aufgrund eines hohen Marktanteils) ergibt sich für das Unternehmen eine außerordentlich gute Erfolgsprognose. Trifft das Risiko des Umfeldes (z. B. Umsatzeinbruch eines Produktes) auf eine Schwäche des Unternehmens (z. B. unausgewogenes Portfolio, mangelnde Alternativprodukte), so muss die Erfolgsprognose entsprechend vorsichtiger vorgenommen werden.

Erfahrungsgemäß beschäftigt sich die Erfolgsprognose schwerpunktmäßig mit der Analyse der Unternehmensumwelt. Für Analysten und andere Unternehmensbewerter lässt sich die Umwelt leichter beschreiben als unternehmensinterne Prozesse und die Ertragskraft damit schon recht genau prognostizieren. Unternehmensindividuelle Stärken und Schwächen sind schwerer zu identifizieren und in ihren Auswirkungen kaum zu erfassen. Analysten geht es diesbezüglich kaum anders als den Wettbewerbern erfolgreicher Unternehmen: Die genauen Ursachen für eine »Erfolgsstory« sind häufig nicht genau ersichtlich und deshalb schwer zu analysieren bzw. zu imitieren.

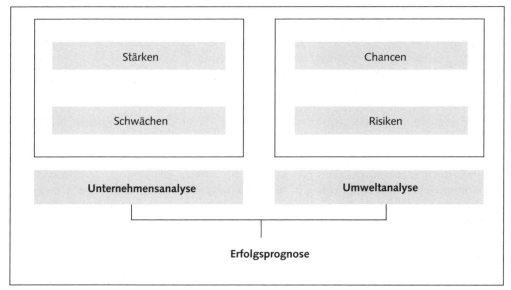

Abb. 8.5: SWOT-Technik

8.2.3.2 Portfolioanalyse

Die Portfolioanalyse erlaubt ebenfalls die zweidimensionale Analyse von Marktumfeld und Unternehmen. Mit Hilfe der Portfolioanalyse werden die komplexen Chancen und Risiken der Umwelt sowie die individuellen Stärken und Schwächen der verschiedenen Geschäftseinheiten oder Produkte *auf zwei Größen* reduziert. Die Reduktion der Komplexität auf zwei Faktoren erlaubt eine *zweidimensionale Darstellung* im Rahmen einer Portfoliomatrix und einen anschaulichen Vergleich von verschiedenen Geschäftseinheiten oder Produkten.

Die Portfolioanalyse ist bei der Unternehmensanalyse eines der am häufigsten eingesetzten Verfahren. In Analogie zur Bestimmung eines optimalen Wertpapierportfolios im Finanzbereich wird das Unternehmen als ein Portfolio aufgefasst, das heißt als Gesamtheit von strategischen Geschäftseinheiten bzw. Produkten/Dienstleistungen. Im Rahmen der Portfolioanalyse repräsentiert eine Achsendimension in der Regel die Unternehmensumwelt und die andere Dimension unternehmensindividuelle Eigenschaften. Während die eine Dimension (die Umwelteinflüsse) kaum oder gar nicht zu beeinflussen ist, kann die Unternehmensleitung die andere Dimension (die individuelle Positionierung) aktiv bearbeiten.

Zur Beurteilung des zukünftigen Erfolgspotenzials von Produkten oder Dienstleistungen innerhalb der Matrix werden in der Regel auch die empirischen Ergebnisse der Erfahrungskurve und des Lebenszyklusmodells herangezogen. Die zwei bekanntesten Ansätze sind die Portfolioanalyse der Boston-Consulting-Group (BCG) sowie die Analyse von McKinsey. Da die Ansätze gleichzeitig Strategieempfehlungen beinhalten, werden sie in Kapitel 4.4.4 näher erläutert.

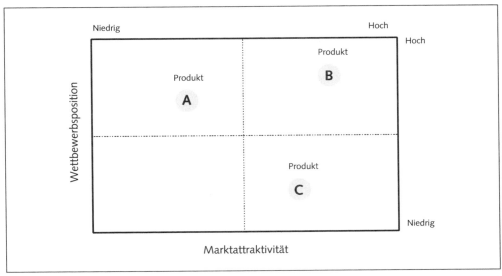

Abb. 8.6: Portfolioanalyse

8.2.3.3   STEP-Analyse

Im Rahmen der Unternehmensbewertung hat es sich auch als hilfreich erwiesen, den Blick auf die Unternehmensumwelt zu systematisieren. Ziel ist es, die relevanten Umweltfaktoren, die Einfluss auf den zukünftigen Erfolg eines Unternehmens haben, grob zu sammeln. Der systematischen Erfassung dieser Faktoren dient die STEP- (auch PEST-) Analyse. Mit ihrer Hilfe werden die wesentlichen gesellschaftlichen (Socio-Cultural), technologischen (Technological), volkswirtschaftlichen (Economical) und politischen (Political-Legal) Einflussfaktoren ermittelt. Abbildung 8.7 gibt eine Übersicht über aktuell bedeutsame Rahmenbedingungen.

Die STEP-Analyse kann als ein Teil der SWOT-Analyse oder der Portfolioanalyse interpretiert werden. Sie konkretisiert und systematisiert den Blick auf die Umweltfaktoren, wobei sich die Betrachtung auf Einflüsse jenseits der einzelnen Branchen beschränkt. Eine ausführliche Untersuchung dieser Faktoren ist nicht Teil der STEP-Analyse.

Die bei der STEP-Analyse identifizierten Einflüsse haben häufig den Charakter von Mega-Trends, d.h. sie beeinflussen über Jahre oder sogar Jahrzehnte die Ertragskraft einer Branche. So hat der Wertewandel und die Emanzipation der Frau weitreichende Folgen gehabt. Das Wahl- und Kaufverhalten der Bevölkerung hat sich durch die Emanzipation erheblich verändert. So hat in den vergangenen Jahrzehnten die Nachfrage nach Zweitwohnungen, Zweitwagen oder auch nach Tiefkühlkost deshalb deutlich zugenommen.

Socio-Cultural	Technological
• Emanzipation der Frau	• kürzere Produktlebenszyklen
• Individualisierung der Bedürfnisse	• steigende Entwicklungsrisiken
• Ökologisches Bewusstsein	• flexiblere Produktionsstrukturen (Outsourcing)
• Freizeitgesellschaft	• vernetzte Produktionsstrukturen (Plattformen)
• Cocooning (Rückzug in die »eigenen vier Wände«)	
Economical	**Political-Legal**
• Wachstum wird stetiger	• Verschiebungen im Parteiengefüge
• Wachstum wird geringer	• Neue Umwelt-/Steuergesetze
• Inflation stabil auf niedrigem Niveau	• Europäische Integration
• Arbeitslosigkeit stabil auf hohem Niveau	• Zwischenstaatliche Abkommen (GATT, WTO)
• Wechselkursrisiken werden geringer (Einführung Euro)	• Wachsende Bedeutung Chinas
	• Konflikte mit islamischen Staaten/Terroristen

Abb. 8.7: STEP-Analyse

8.2.3.4 Stärken-Schwächen-Analyse

Ähnlich wie die STEP-Analyse verfeinert die Stärken-Schwächen-Analyse den SWOT- und Portfolio-Ansatz. Die Stärken-Schwächen-Analyse gehört zu den klassischen Konzepten der Betriebswirtschaftslehre. Bei dieser Analyse werden zunächst die erfolgsentscheidenden Parameter für das Unternehmen ermittelt und sodann die Leistungsfähigkeit in den verschiedenen Bereichen bewertet.

Zur besseren Veranschaulichung wird die Stärken-Schwächen-Analyse in der Regel grafisch dargestellt. In der Praxis weit verbreitet ist dabei auch häufig ein direkter Vergleich mit den Konkurrenten. Abbildung 8.8 zeigt ein Beispiel für eine Stärken-Schwächen-Analyse.

Die Stärken-Schwächen-Analyse kann auch für die Analyse einzelner Geschäftsbereiche oder Produkte eingesetzt werden. Man findet auch Ansätze, bei denen die gewählten Parameter in ihrer Bedeutung gewichtet werden, um so die Beurteilung der Stärken und Schwächen in einer Zahl zusammenzufassen. Die Bewertung erfolgt z. B. durch Anwendung des sog. Scoring-Modells, bei dem die einzelnen Kriterien anhand einer ordinalen Skala (z. B. 0 bis 10 oder −10 bis 10) bewertet und sodann im Hinblick auf ihre Bedeutung für den Unternehmenserfolg gewichtet werden.

Die Auswahl der Faktoren zur Charakterisierung der Stärken und Schwächen eines Unternehmens stellt kein triviales Unterfangen dar. Hilfreiche Aufschlüsse ergibt eine detaillierte Unternehmensanalyse gemäß Kapitel 8.4. Der genaue Einfluss auf den Unternehmenserfolg kann ebenfalls kaum quantifiziert werden und selbst bei korrekter Gewichtung kann noch das Problem der Abhängigkeit verschiedener Faktoren bestehen. In der Folge kann es zu Doppelzählungen kommen. Das systematische Vorgehen liefert häufig nur vermeintlich eine objektive Analyse und mündet nicht selten in einer Scheingenauigkeit.

Kriterium	Bewertung										Gewich-tung	Gewichtete Werte	
	gering					hoch						A	B
	1	2	3	4	5	6	7	8	9	10			
Beschaffung											0,075	0,225	0,525
Produktion											0,125	0,500	0,750
Absatz											0,100	0,300	0,500
Personal											0,125	0,625	0,875
Technologie											0,100	0,450	0,500
Information											0,125	0,500	0,250
Organisation											0,125	0,875	0,625
Unternehmenskultur											0,125	0,375	0,750
Summe											1,0	3,850	4,775

A = Produkt A bzw. Unternehmen A; B = Produkt B oder Unternehmen B

Abb. 8.8: Stärken-Schwächen-Analyse

8.2.3.5 Analyse der Marktattraktivität

Analog zur Stärken-Schwächen-Analyse kann auch die Analyse des Unternehmensumfeldes systematisiert werden. Dieses Vorgehen verfeinert ebenfalls die SWOT- und Portfolioanalyse. Die Faktoren der Marktattraktivität werden hinsichtlich ihres Erfolgsbeitrages auf einer ordinalen Skala bewertet und gewichtet. Abbildung 8.9 zeigt exemplarisch die Faktoren der Marktattraktivität auf, die McKinsey im Rahmen seiner Portfolio-Analysen berücksichtigt. Es muss betont werden, dass eine sinnvolle Auswahl und Gewichtung der Faktoren nur situationsabhängig erfolgen kann. Hinweise für eine konkrete Auswahl dieser Faktoren liefert eine Analyse des Marktumfeldes auf Basis der Ausführungen in Kapitel 8.3.

Kriterium	Bewertung										Gewich-tung	Gewichtete Werte	
	gering					hoch						A	B
	1	2	3	4	5	6	7	8	9	10			
Marktgröße											0,075	0,225	0,525
Marktwachstum											0,125	0,500	0,750
Zahl Wettbewerber											0,100	0,300	0,500
Größe Wettbewerber											0,125	0,625	0,875
Zutrittsbarrieren											0,100	0,450	0,500
Lieferanten											0,125	0,500	0,250
Abnehmer											0,125	0,875	0,625
Beschaffenheit Gut											0,125	0,375	0,750
Summe											1,0	3,850	4,775

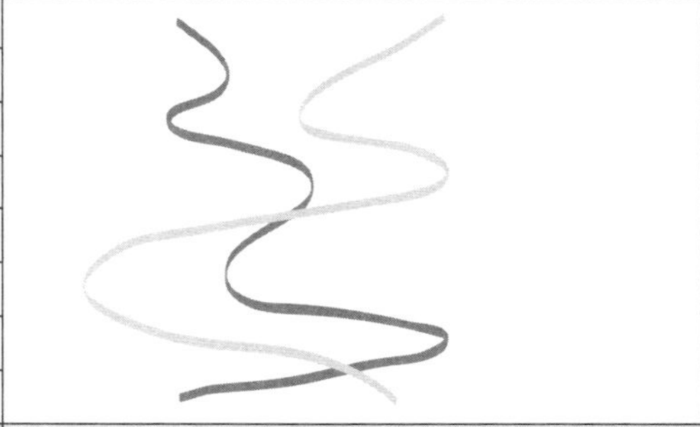

A = Produkt A bzw. Unternehmen A; B = Produkt B oder Unternehmen B

Abb. 8.9: Analyse der Marktattraktivität

8.3   Umweltanalyse

8.3.1   Aufgaben der Umweltanalyse

Die empirischen Untersuchungen zu den Erfolgsfaktoren von Unternehmen haben deutlich gezeigt, dass die Faktoren des Marktes die Ertragskraft von Unternehmen maßgeblich beeinflussen. Für eine fundierte Erfolgsprognose ist es deshalb unumgänglich, die Umweltfaktoren eingehend zu analysieren. Wesentliches Kennzeichen dieser Analyse ist die Betrachtung des Unternehmens aus der Perspektive des Absatzmarktes (Outside-in-Perspektive).

Die *auf einem Markt* erzielbaren Renditen können in Abhängigkeit der Determinanten

- Marktpotenzial (Marktgröße, Marktwachstum),
- Marktstruktur (Wettbewerber, Lieferanten, Kunden) und
- Beschaffenheit des Gutes auf dem Markt.

gesehen werden (*Bea/Haas* 2001, S. 93 f.).

Um die Marktumwelt zu analysieren, muss damit zunächst die Frage beantwortet werden, was unter einem »Markt« zu verstehen ist. Diese nicht triviale Fragestellung wird im nächsten Kapitel (»Der relevante Markt«) behandelt. Auf Basis der Abgrenzung des relevanten Marktes für ein Produkt bzw. für ein Unternehmen können die oben genannten Eigenschaften des Marktes untersucht werden.

Das Zusammenspiel der verschiedenen Marktfaktoren für die *Ertragskraft einer Branche* wird im Rahmen einer sog. Branchenstrukturanalyse vorgenommen. Der bekannteste Vertreter dieser Analyse ist Michal Porter, dessen zwei Publikationen »Competitive Strategy: Techniques for Analysing Industries and Competition« (New York, 1980) sowie »Competitive Advantage: Creating and Sustaining Superior Performance« (New York, 1985) Klassiker geworden sind. *Porter* rückt den Ansatz der Industrieökonomik (Industrial-Organization-Ansatz) in den Mittelpunkt der Betrachtung. Dabei geht er von der These aus, dass die Strukturmerkmale einer Branche die Intensität und Dynamik des Wettbewerbes bestimmen. Von dieser Intensität und Dynamik wiederum ist die Rentabilität der Unternehmen dieser Branche abhängig. Auf Basis dieser Analyse können ebenfalls Wettbewerbsvorteile und geeignete Strategien abgeleitet werden. Im Rahmen des Strategischen Managements wird dieser Ansatz auch als marktorientierter Ansatz (*Market Based View*) bezeichnet. Kapitel 8.3.3 geht eingehend auf diese Analyse ein.

Die Marktbetrachtung von *Porter* ist statisch. Märkte und Branchenstrukturen sind jedoch nichts Gegebenes, sie entstehen und vergehen. Im Zuge der Globalisierung und technischer Neuerungen sind in den vergangenen Jahren zahlreiche neue Märkte (»New Economies«) entstanden. Die Betrachtung dieser Marktveränderungen ist für die Erfolgsprognose von besonderer Relevanz, da die Prognose (insbesondere bei den erfolgsorientierten Verfahren) auf sehr lange Sicht erfolgt und demzufolge diese Veränderungen berücksichtigt werden müssen. Es scheint deshalb geboten, auch auf die dynamischen Veränderungen des Wertbewerbs einzugehen. Diese dynamische Analyse ist die folgerichtige Vertiefung des *Schumpeterschen* Marktanalyse, die den Wettbewerb schon früh als »Entdeckungsverfahren« und Prozess der »schöpferischen Zerstörung« beschrieben hat. Kapitel 8.3.4 ergänzt die Branchenstrukturanalyse um diese Aspekte.

8.3.2 Der relevante Markt

Bei der Betrachtung des relevanten Marktes wird häufig nach dem Grad der Verflechtung zwischen Unternehmen und Unternehmensumwelt differenziert. Je nach Nähe zum Unternehmen unterscheidet man zwischen dem

- Markt (Wettbewerbsumfeld, Mikroumwelt) und der
- weiteren Unternehmensumwelt (globale Umwelt, Makroumwelt).

Die unmittelbare wirtschaftliche Umgebung eines Unternehmens stellen seine Wettbewerber, Nachfrager und Lieferanten dar. Die Beziehung zu Lieferanten findet auf den Beschaffungs-, jene zu den Kunden auf den Absatzmärkten statt. Der Markt stellt demnach die Gesamtheit der wirtschaftlichen Beziehungen zwischen Anbietern und Nachfragern eines bestimmten Gutes bzw. einer bestimmten Gütergruppe dar. Unter der weiteren Unternehmensumwelt werden die gesamtwirtschaftlichen, politischen, sozio-ökonomischen und technischen Rahmenbedingungen zusammengefasst.

Die Identifizierung des für einen Anbieter »relevanten« Marktes, also der relevanten Wettbewerber und Nachfrager, ist nicht einfach und kann dramatische Auswirkungen für die Abschätzung des Erfolgspotenzials von Unternehmen haben.

Beispiele

▸▸▸ Bei den Automobilherstellern ist es umstritten, ob man sich auf dem Markt für Automobile oder auf dem (wesentlich größeren) Markt für Mobilitätsdienstleistungen befindet. Bei der letzteren Betrachtungsweise gehören zu den Konkurrenten auch Fluggesellschaften oder Mietwagenunternehmen. Nischenanbieter von Software sehen sich häufig auf einem größeren Markt und überschätzen deshalb ihr Absatzpotenzial. Bei der Anfertigung von Business-Plänen (z.B. vor einem Börsengang) definieren die Unternehmen den relevanten Markt häufig als unangemessen klein, um sich dann recht großspurig als »Marktführer« (mit entsprechend besseren Erfolgsperspektiven) bezeichnen zu können. ◂◂◂

Die Beispiele machen deutlich, dass sehr viele Unternehmen und Produkte miteinander konkurrieren. Die Intensität der Konkurrenzbeziehungen ist jedoch sehr verschieden. In der Praxis erfolgt die Abgrenzung des relevanten Marktes deshalb in der Regel durch eine *Beschränkung auf die intensiven Wettbewerbsbeziehungen*. Als geeignetes Abgrenzungskriterium dient häufig die in der mikroökonomischen Preistheorie entwickelte Kreuzpreiselastizität (Triffin'scher Koeffizient). Sie lautet:

$$(8.1) \qquad \varepsilon_{m_i, p_j} = \frac{\partial m_i}{m_i} \div \frac{\partial p_j}{p_j}$$

wobei m_i die Absatzmenge des Unternehmens i und p_j der Preis des Unternehmens j sind. Die Kreuzpreiselastizität gibt die prozentuale Veränderung der Absatzmenge m_i bei einer einprozentigen Veränderung des Preises p_j an. Beide Unternehmen bieten auf dem gleichen Markt an, wenn die Variation des Preises p_j durch Anbieter j für das Unternehmen i eine fühlbare Veränderung der Absatzmenge m_i bewirkt. Liegt die Elastizität bei Null, sind also Preisaktionen des Unternehmens i für das Unternehmen j nicht spürbar, bieten die Unternehmen ihre Produkte auf verschiedenen Märkten an. Der Grad der Spürbarkeit ist sehr hoch, wenn die Güter homogen sind, mit zunehmender Heterogenität nimmt er ab.

Auf Basis der Abgrenzung des relevanten Marktes können die Marktstruktur, die Marktgröße und das zukünftige Marktwachstum analysiert werden.

8.3.3   Analyse der Mikroumwelt (Porters »Five Forces«)

Der Ansatz von *Porter* ist der gebräuchlichste Ansatz zur Untersuchung der Chancen und Risiken eines Unternehmens. Danach ergibt sich die Ertragskraft einer Branche als logische Konsequenz der fünf Einflussgrößen (»Five Forces«)

1. Rivalität der bestehenden Unternehmen (Wettbewerbsintensität),
2. Bedrohung durch neue Wettbewerber,
3. Bedrohung durch Konkurrenzprodukte (Substitute),
4. Verhandlungsstärke der Lieferanten und
5. Verhandlungsstärke der Kunden.

Die Einflüsse lassen sich sehr gut interpretieren, wenn man sie in zwei Gruppen aufgliedert. Die ersten drei Einflüsse (Branchenrivalität, Bedrohung durch neue Wettbewerber und Substitute) messen den Grad der Vollkommenheit des Marktes in Anlehnung an das erläuterte Konzept der vollständigen Konkurrenz. Bestehende und potenzielle Wettbewerber identifizieren die Möglichkeit zur Erzielung von Übergewinnen in einer Branche und zehren diese ggf. durch Ausweitung des Angebots und in der Folge fallende Preise wieder auf. Darüber hinaus begrenzen Substitute die Möglichkeiten zur Preissetzung und damit die Gewinnmargen der Unternehmen. Umgekehrt lässt sich in Märkten mit geringerer Bedrohung durch alte oder neue Konkurrenten und differenzierte Produkte zumeist eine höhere Ertragskraft beobachten.

Die ersten drei »Forces« determinieren das Gewinnpotenzial *der gesamten Branche*. Die beiden übrigen Einflüsse (Verhandlungsmacht gegenüber Lieferanten und Kunden) bestimmen dann, wie sich diese *Gewinne* zwischen den verschiedenen Marktteilnehmern der Branche *aufteilen*. Auch in einer Branche mit hohem Gewinnpotenzial können so die Gewinne eines Unternehmens aufgezehrt werden.

Beispiele

▶▶▶ In der Rüstungsindustrie gibt es in der Regel wenig Konkurrenz, die wenigen Kunden (es dominiert häufig der Heimatstaat) können aber erheblichen Druck auf die Preise ausüben. In ähnlicher Weise können sich auch mächtige Lieferanten einen großen Teil vom »Kuchen« der Branchengewinne abschneiden. Besonders starke Zulieferer, die aufgrund ihres einzigartigen Know-hows und der überlegenen Produkteigenschaften kaum austauschbar sind, erreichen zumeist höhere Gewinnmargen als die Unternehmen, die sie beliefern (z. B. Bosch bei den Automobilzulieferern). ◀◀◀

Es ist hervorzuheben, dass sich die Verhandlungsstärke innerhalb einer Branche im Zeitablauf deutlich verschieben kann. In unterschiedlichen Phasen des Lebenszyklus einer Branche sind verschiedene Kompetenzen maßgeblich für die Ertragskraft. Während in frühen Phasen häufig die Fähigkeiten in der Forschung und Entwicklung oder im Produktdesign ausschlaggebend für den Erfolg sind, verschiebt sich der Fokus mit nachlassenden Wachstumsraten auf die Gewinnung hoher Marktanteile und die Realisierung einer umfangreichen Stückkosten-

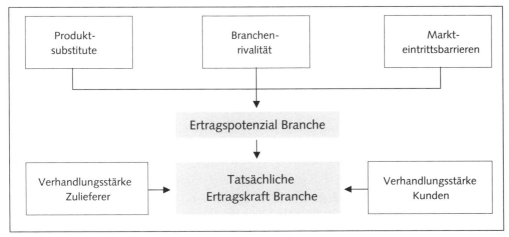

Abb. 8.10: Porters's Five Forces

degression. Die Verhandlungsstärke der Branche verschiebt sich dann von den Innovatoren der Branche hin zu den Assemblern und Distributoren.

Beispiel

▶▶▶ Ein anschauliches Beispiel liefert die Computerindustrie, wo zunächst innovative Unternehmen wie IBM und Compaq den Markt unter sich aufteilten und später Distributoren wie Dell und Gateway deutliche Marktanteile gewannen. ◀◀◀

8.3.3.1   Branchenrivalität/Wettbewerbsintensität

Eine detaillierte Analyse der Wettbewerbsintensität ist eine unabdingbare Voraussetzung zur Prognose der Ertragskraft von Unternehmen. Es können verschiedene Aspekte identifiziert werden, die Einfluss auf die Branchenrivalität haben:

Branchenkonzentration: In konzentrierten Branchen (Beispiel Energiewirtschaft) mit einer geringen Anzahl von Wettbewerbern ist geringerer Margendruck zu beobachten als in fragmentierten Branchen mit einer Vielzahl von Wettbewerbern (Beispiel Internet-Dienstleister).

Fixkosten: In Branchen mit hohen Fixkosten (Beispiel Chipindustrie) ist der Kampf um Marktanteile und der Preisdruck häufig ausgeprägter als in Branchen mit geringen Fixkosten (Beispiel Dienstleistungen). Unternehmen mit hohen Fixkosten sind stets auf eine ausreichende Kapazitätsauslastung bedacht. Auf der anderen Seite können diese Unternehmen im Aufschwung jedoch überdurchschnittlich profitieren, da hohe Fixkosten keine schnelle Ausweitung des Marktangebotes zulassen. Unternehmen mit geringen Fixkosten können dagegen flexibler auf veränderte Marktbedingungen reagieren. Dieser Vorteil ist auch einer der Hauptgründe für das in den vergangenen Jahren weit verbreitete Outsourcing von Produktionsprozessen.

Sunk Costs: Investitionsausgaben sind teilweise oder vollständig irreversibel, d. h. sie stellen zumindest anteilig »Sunk Costs« (versunkene Kosten) dar. Je weniger Alternativen es gibt, den Kapitalstock anderweitig zu nutzen (Beispiel Bauindustrie), desto höher sind auch die Markt*aus*trittsbarrieren und desto größer bleibt eine bestehende Branchenrivalität. Ähnlich wie bei hohen Fixkosten sind Branchen mit hohen »Sunk Costs« im Aufschwung jedoch überdurchschnittlich ertragreich. Die Gefahr von Sunk Costs stellt eine Markteintrittsbarriere dar und wird viele Unternehmen abschrecken, derartige Investitionen zu tätigen.

Produktdifferenzierung: Bei Produkten, die in den Augen der Kunden gegenüber Konkurrenzprodukten differenzierte Eigenschaften aufweisen (Beispiele: Coca-Cola, Luxusautos), ist geringerer Margendruck zu beobachten als bei austauschbaren Produkten und Dienstleistungen (Beispiel Handel).

Umstellungskosten: Differenzierte Produkte können auch zu hohen Wechselkosten der Kunden führen. Umstellungskosten sind insbesondere dort hoch, wo es den Anbietern möglich ist, einen »Standard« zu setzen (z. B. bei Software). In diesem Zusammenhang spricht man auch von Netzwerkexternalitäten. Die Kunden haben einen deutlich steigenden Nutzen mit steigender Anzahl von Nutzern in diesem Netzwerk. So wird ein Mobilfunknetz oder das Auktionshaus EBAY immer attraktiver, je mehr Kunden das entsprechende Netz nutzen. In Frühphasen von Industrien mit hohen Wechselkosten ist deshalb mit einer hohen Branchenrivalität zu rechnen, da viele Marktteilnehmer einen Standard setzen wollen bzw. die kritische Masse von Nutzern erreichen müssen.

8.3.3.2 Bedrohung durch Markteintritte

Neue Wettbewerber stellen für die etablierten Unternehmen eine ernsthafte Bedrohung dar. Die Analyse der vollständigen Konkurrenz zeigt, dass durch Markteintritte bestehende Strukturen und Margen erodieren können. Konkurrenten bauen neue Kapazitäten auf und versuchen, über günstigere Preise, höhere Qualität oder besseren Service Marktanteile zu gewinnen. Dies setzt regelmäßig die Gewinnmargen der etablierten Anbieter unter Druck.

Beispiel

▶▶▶ Das prominenteste Beispiel für die Bedeutung von Markteintritten liefert derzeit die Luftfahrtindustrie. Der Eintritt von Billigfluglinien (Ryanair, Easyjet) auf den deutschen Markt hat einige Lufhansa-Tarife auf bisher unangetasteten Strecken erheblich unter Druck gesetzt. An diesem Beispiel ist auch gut erkennbar, dass nicht nur tatsächliche Markteintritte, sondern schon die Bedrohung durch potenzielle Markteintritte beachtet werden müssen. Die bestehenden Anbieter greifen häufig zu präventiven Maßnahmen, um den Markteintritt für potenzielle Einsteiger unattraktiv werden zu lassen. Im genannten Beispiel hat die Lufthansa die Tarife auf der wichtigen Strecke Frankfurt-Berlin derartig stark gesenkt, dass sogar das Luftfahrtbundesamt diese Preisgestaltung unterbinden musste. ◀◀◀

Eine hohe Branchenrivalität aufgrund der oben genannten Faktoren stellt zugleich eine hohe Markteintrittsbarriere dar. Geringere Margen werden kaum neue Wettbewerber anziehen. Die Aspekte für die Wettbewerbsintensität und die Markteintrittsbarrieren überschneiden sich deshalb, teilweise müssen sie nur aus einem anderen Blickwinkel betrachtet werden.

Skalenerträge: Das Konzept der Erfahrungskurve zeigt auf, dass durch höhere Ausbringungsmengen die Stückkosten eines Produktes bzw. einer Dienstleistung gesenkt werden können. Empirische Studien können aufzeigen, dass die realen Stückkosten um ca. 20 – 30 % zurückgehen, sobald sich die in der kumulierten Produktmenge ausgedrückte Produkterfahrung verdoppelt. Je höher die Kostendegression bei den angebotenen Waren oder Dienstleistungen, desto weniger aussichtsreich ist der Markteintritt. Neue Wettbewerber werden kaum in der Lage sein, die Stückkosten der etablierten Konkurrenz zu erreichen und im Wettbewerb zu bestehen.

Absolute Kostenvorteile: Es gibt zahlreiche Standortvorteile, die sich in niedrigeren Kosten bemerkbar machen (z.B. Subventionen, besserer Zugang zu Rohstoffen, billigeren Zulieferern oder Arbeitskräften; Nähe zu Absatzmärkten), die einen nachhaltigen Wettbewerbsvorteil gegenüber Konkurrenten gewährleisten und vom Markteintritt abschrecken. So haben Zementproduzenten aufgrund der hohen Transportkosten ein nahezu natürliches Monopol rund um die bestehenden Produktionsstätten. Billigfluglinien sind insbesondere deshalb »billig«, da sie mit weitaus geringeren Personalkosten operieren können als die etablierten Fluglinien.

Kapitalknappheit: Markteintritte erfordern sehr häufig die Finanzierung umfangreicher Investitionen. Bei der Finanzierung umfangreicher Investitionen sind die meisten Unternehmen auf funktionsfähige Kapitalmärkte angewiesen. In den 90er-Jahren stellte die Versorgung mit Eigen- und/oder Fremdkapital kaum ein Problem dar. Im Zuge der Eintrübung des Börsenklimas und der Verschärfung der Kreditvergabe aufgrund der Umsetzung von »Basel II« wird es für viele Unternehmen jedoch zunehmend schwieriger, die notwendigen Finanzmittel für den Markteintritt aufzubringen. Die Unternehmen, die sich noch im Börsenboom mit günstigen Mitteln eindecken konnten, können sich dagegen auf absehbare Zeit auf weniger Wettbewerb einstellen (First Mover Vorteil).

Produktdifferenzierung: Eine hohe Loyalität gegenüber den bisher gekauften Produkten lässt die Perspektiven für potenzielle neue Konkurrenten deutlich schlechter erscheinen. Unternehmen, die es schaffen, durch Produktdifferenzierung die Elastizität der Nachfrage zu senken, haben größere Preisspielräume und Gewinnmargen. So haben Fahrzeuge der Marke Mercedes eine Wiederverkaufsrate von ca. 80 %. Aufgrund der sehr hohen Kundenloyalität kann DaimlerChrysler bei Mercedes-Fahrzeugen sehr hohe Margen abschöpfen und potenzielle Konkurrenten im Luxussegment abschrecken.

Umstellungskosten: Umstellungskosten bei den Kunden beeinflussen nicht nur die Wettbewerbsintensität, sondern auch die Attraktivität eines Markteintritts. Hohe Umstellungskosten lassen es unwahrscheinlich erscheinen, schnell Marktanteile zu gewinnen. In ausgeprägten Wachstumsindustrien sind Wechselkosten dagegen weniger relevant, da zumindest die Vielzahl *neuer Kunden* (noch) keine Umstellungskosten hat.

Kontrolle der Vertriebswege: Der Markteintritt für neue Wettbewerber wird unattraktiver, wenn die bestehenden Wettbewerber die Vertriebswege kontrollieren. Diese Markteintrittsbarriere ist insbesondere für die Hersteller von Konsumgütern sehr hoch. Aufgrund begrenzter Kapazitäten (Regalflächen), Risikoaversion gegenüber neuen Produkten und hoher Fixkosten, die mit der Aufnahme neuer Produkte verbunden sind, steht der Einzelhandel Neueinführungen regelmäßig sehr kritisch gegenüber. Darüber hinaus sind bei Markteinführungen von Konsumgütern überdurchschnittlich hohe Marketingaufwendungen notwendig, welche die (ohnehin sehr geringen) Margen in diesem Geschäft schnell aufzehren.

Regierungspolitik: Staatliche Regulierung führt regelmäßig zu sehr hohen Markteintrittsbarrieren In zahlreichen Bereichen (z. B. Banken, Telekommunikation) müssen die Marktteilnehmer häufig staatlich zugelassen sein. In Know-how intensiven Branchen stellen insbesondere Patente oder Copyrights sehr effektive Eintrittsbarrieren dar. Besonders ausgeprägt sind die Zulassungsvoraussetzungen (und die damit verbundenen Kosten) in der Pharmaindustrie, so dass neue Anbieter kaum ernsthaft mit den etablierten Anbietern konkurrieren können.

8.3.3.3 Verhandlungsstärke von Abnehmern

Als Abnehmer werden nicht unbedingt die Endverbraucher verstanden, sondern die Gruppen, welche auf dem Absatzmarkt des Unternehmens als unmittelbare Nachfrager auftreten. Diese können neben Endverbrauchern auch Groß- oder Einzelhandelsunternehmen sein. Die Verhandlungsstärke dieser Nachfrager kann die Ertragskraft einer Branche entscheidend beeinflussen. Verschiedene Aspekte sind zu beachten.

Konzentrationsgrad der Abnehmer: Obgleich der Konzentrationsgrad auf Seiten der Anbieter zumeist höher ist als auf der Abnehmerseite, ist in vielen Branchen eine beträchtliche Konzentration der Abnehmer (mit weiter steigender Tendenz) zu finden. Ein Beispiel sind die großen Filialketten im Einzelhandel (insbesondere Aldi), die über eine sehr große Einkaufsmacht und damit Verhandlungsstärke verfügen.

Anteil an den Gesamtkosten der Abnehmer: Mit zunehmendem Anteil des Produktes am gesamten Einkaufsbudget der Abnehmer wird die Intensität der Preisverhandlungen und die Suche nach Substitutionsprodukten zunehmen, da das Kostensenkungspotenzial entsprechend größer ist.

Produktdifferenzierung: Die Standardisierung (fehlende Produktdifferenzierung) von Produkten bzw. Dienstleistungen stärkt die Position der Abnehmer, da die Austauschbarkeit der Produkte zunimmt und sich die Abnehmer alternative Lieferanten suchen können. Dagegen sind bei stark differenzierten, speziellen Produkten die Umstellungskosten der Abnehmer bei einem Lieferantenwechsel in der Regel sehr hoch, sodass die Verhandlungsmacht der Abnehmer als Folge der geringen Preiselastizität sehr schwach ist.

Drohung mit Rückwärtsintegration: Einige Abnehmer mit großer Finanzkraft und technologischem Know-how könnten die benötigten Produkte und Leistungen auch selbst produzieren. Durch Drohung mit Rückwärtsintegration schaffen sich die Abnehmer eine starke Verhandlungsposition. Die Drohung wird umso glaubwürdiger, je größer die Nachfragemenge und je größer die mögliche Kostenersparnis sind.

Markttransparenz: Die Verhandlungsstärke des Abnehmers steigt mit zunehmender Transparenz des Beschaffungsmarktes. Im Zuge der Einführung des Euro, einer steigenden Verbreitung des Internets und der wachsenden Inanspruchnahme von Preisagenturen wird die Transparenz der Märkte in Zukunft steigen.

Gewinnsituation: Bei einer sich eintrübenden Gewinnsituation steigt das Interesse des Abnehmers an Preisverhandlungen, um durch geringere Einkaufspreise einen Teil des Ergebnisrückganges auf die Lieferanten abzuwälzen.

8.3.3.4 Verhandlungsstärke von Lieferanten

Die Lieferantenanalyse ist ein Spiegelbild der Abnehmeranalyse. Die Verhandlungsstärke ist umso größer,

- je höher der Konzentrationsgrad der Lieferanten,
- je höher der Anteil der Lieferanten an den Gesamtkosten,
- je geringer die Produktdifferenzierung,
- je geringer die Bedrohung durch Vorwärtsintegration,
- je geringer die Markttransparenz und
- je schlechter die Ertragslage der Lieferanten.

In der Folge können verhandlungsstarke Lieferanten durch hohe Preise bzw. geringen Service die Branchenattraktivität erheblich beeinträchtigen. Dies ist insbesondere der Fall, wenn die nachfragenden Unternehmen die hohen Einkaufspreise nicht in ihren eigenen Preisen weitergeben können.

Beispiel

▶▶▶ Über besondere Verhandlungsmacht verfügt die Vereinigung erdölexportierender Länder (OPEC). Viele Branchen (Chemie, Transport) sind auf Öl angewiesen und können keinen Druck auf das Kartell ausüben. Während Energieunternehmen wie Royal Dutch/Shell den Preisdruck an den Tankstellen gut an die Verbraucher weitergeben können, fällt dies Fluglinien aufgrund der höheren Wettbewerbsintensität schwerer. ◀◀◀

8.3.3.5 Bedrohung durch Substitute

Ersatzprodukte, auch Substitutionsprodukte genannt, sind Produkte anderer Märkte, die grundsätzlich den gleichen Bedarf der Abnehmer befriedigen. Hierzu zählen beispielsweise die Produkte Butter und Margarine sowie Heizöl und Erdgas, die in einem engen Verwendungszusammenhang stehen. Bei Substitutionsprodukten ist die Kreuz-Preis-Elastizität positiv, das heißt bei einer Erhöhung des Preises für Produkt A vergrößert sich die Nachfrage nach dem Substitutionsprodukt B.

Beispiel

▶▶▶ Verschiedene Mobilfunkunternehmen haben im Jahre 2000 sehr teuer die Lizenzen (eine Lizenz kostete 8,4 Mrd. €) für die Nutzung des neuen Standards UMTS erstanden. UMTS-Netze erhalten jedoch unerwartet starke Konkurrenz durch sog. W-Lan-Netze. W-Lan-Netze ermöglichen an sog. »Hot Spots« (z. B. Flughäfen, Cafés) den schnellen Internetzugang. Für viele Nutzer wird die Beschränkung des mobilen Internetzugangs auf Hot Spots ausreichen, und sie werden auf eine Anschaffung mobiler UMTS-Möglichkeiten verzichten. ◀◀◀

8.3.4 Analyse der Makroumwelt

Bei der Analyse des (relevanten) Marktes wird zwischen einer Mikroumwelt (aufgabenspezifisches Umfeld) mit direktem Bezug zur Unternehmensaufgabe und einer Makroumwelt (globales Umfeld) mit indirektem Bezug zur Unternehmensaufgabe unterschieden. Das

Makroumfeld umfasst alle generellen Faktoren, die nicht nur für das eigene Unternehmen oder die Branche relevant sind, sondern für eine darüber hinausgehende größere Anzahl von Unternehmen Geltung besitzen.

Der Ansatz von *Porter* beschränkt sich auf die *statische Analyse der Mikroumwelt* bei der Analyse der Branchenertragskraft. Dabei beschränkt er sich auf die Analyse von fünf Faktoren. Das Unternehmensumfeld umfasst jedoch eine unüberschaubare Fülle von zusätzlichen Einflüssen. Die Analyse dieser Makroumwelt zeigt weitere Einflüsse für die Branchenertragskraft auf. Darüber hinaus offenbart die Makroanalyse, wie sich Branchen und Märkte im Zeitablauf verändern. Um die Informationsfülle auf die für das Unternehmen relevanten Informationen zu begrenzen, ist es notwendig, die Einflussfaktoren des Umfeldes zu identifizieren, die eine Auswirkung auf die zukünftige Ertragskraft des Unternehmens haben.

Abbildung 8.11 gibt einen Überblick über die Analyse des Unternehmensumfeldes, dessen Bestandteile im Folgenden näher erläutert werden.

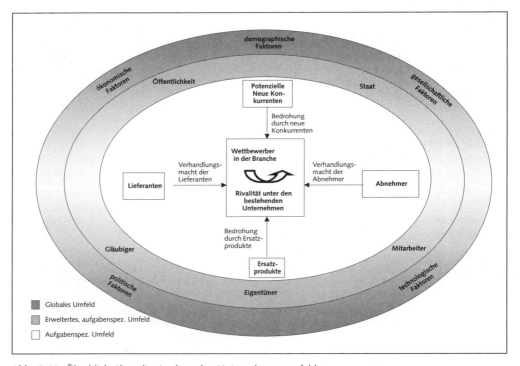

Abb. 8.11: Überblick über die Analyse des Unternehmensumfeldes

8.3.4.1 Indikatoren der Makroumwelt

Zur Analyse des Makromfeldes existieren verschiedene Strukturierungsvorschläge (vgl. z.B. *Steinmann/Schreyögg* 2000 und *Kreikebaum* 1997). Bei vielen Analysen hat sich die Strukturierung des globalen Umfeldes in ein

- ökonomisches,
- demografisches
- technologisches,
- politisches und
- gesellschaftliches

Umfeld etabliert. Die verschiedenen Umfeldsegmente bestehen wiederum aus einzelnen Umfeldfaktoren. Diese bilden die Rahmenbedingungen, die das Unternehmen bei der Interaktion mit dem globalen Umfeld zu beachten hat. Tabelle 8.5 gibt einen Überblick über die aktuell wichtigen Faktoren der Makroumwelt.

Umweltsegment	Indikatoren
(1) Gesamtwirtschaftliche Entwicklungen Trends: Die gesamtwirtschaftliche Entwicklung zeichnet sich derzeit durch ein stetiges Wachstum auf geringem Niveau aus. Die Arbeitslosigkeit bleibt auf hohem Niveau und wird zu einem Dauerproblem.	• Wachstum des Sozialprodukts • Entwicklung des Geldwertes • Entwicklung der Wechselkurse • Arbeitslosenzahlen
(2) Demographische Entwicklungen Trends: Das Durchschnittsalter der Deutschen betrug 1965 = 35 Jahre, 1985 = 39 Jahre und 1999 = 41 Jahre. Es entstehen zwei neue Zielgruppen: junge Doppelverdiener und vermögende Etablierte ohne Kinder zwischen 40 und 60 Jahren.	• Geburtenrate • Entwicklung der Altersstruktur • Regionale Mobilität • Zunahme der Singlehaushalte (bereits 50 % in einzelnen Ballungsgebieten)
(3) Technologische Entwicklungen Trends: Produkt-Lebenszyklen verkürzen sich laufend bei steigenden Entwicklungszeiten. Prozessinnovationen sind auf die Schaffung integrierter, vernetzter und flexibler Fertigungsstrukturen ausgerichtet.	• Produktinnovationen • Prozessinnovationen
(4) Veränderungen im politischen Umfeld Trends: Staat und Staatenbündnisse greifen in das Wirtschaftsgeschehen ein (z.B. Pfandverordnung, Abgasverordnungen), politische Veränderungen (z.B. europäische Integration, wachsende Bedeutung Chinas) beeinflussen die Entwicklung von Märkten. Auseinandersetzungen zwischen Religionen und (islamischen) Terroristen und Diktatoren (Iran, Nordkorea) gefährden die Wirtschaftsentwicklung. Globale Erwärmung und hohe CO_2-Emissionen werden als Problem erkannt.	• Verschiebungen im Parteiengefüge • Regierungswechsel • Gesetzesinitiativen und gesetzliche Änderungen • Deregulierung im Rahmen des europäischen Marktes • Veränderungen von Wochen- bzw. Lebensarbeitszeiten • Zwischenstaatliche Abkommen (EU, NATO, GATT, WTO)
(5) Veränderungen im gesellschaftlichen Umfeld (Wertewandel) Trends: Nachdem der Umweltschutz in den 80er- und 90er- Jahren zum Hauptanliegen der Deutschen wurde, hat er sich inzwischen als Grundwert etabliert, wird derzeit aber von Zielen wie »Sicherung des Arbeitsplatzes« dominiert. Es findet eine zunehmende Individualisierung mit einer Tendenz zum selektiven Luxus (»der feine Unterschied«) statt.	• Entstehung von Bürgerinitiativen • Änderungen in der Einstellung zur Arbeit und Freizeit (Freizeitmobilität und Freizeitverhalten) • Ökologisches Bewusstsein und Handeln • Abkehr von materiellen Werten hin zur Pflege des persönlich-privaten Lebensbereiches wie Ehe, Familie, Freizeit, Gesundheit, persönliche Unabhängigkeit

Tab. 8.5: Segmente und Indikatoren der weiteren Unternehmensumwelt (in Anlehnung an *Bea/Haas* 2000, S. 102)

8.3.4.2 Stakeholder-Ansatz

Der Stakeholder-Ansatz analysiert sehr detailliert die Umwelt eines Unternehmens. Als Stakeholder (stake ist ein mit Risiko verbundener Einsatz) werden alle Bezugsgruppen, Interessengruppen, Anspruchsgruppen bezeichnet, die sich in ein Unternehmen einbringen. Die Stakeholder haben alle ein gewisses Interesse an der Fortentwicklung des Unternehmens. In der Folge wird ein Unternehmen nicht mehr nur als eine Einrichtung gesehen, die Gewinne für ihre Kapitalgeber (stockholder) generieren soll, sondern auch als eine Institution, die sich einer Vielzahl verschiedener Interessengruppen gegenübersieht. Die unterschiedlichen Interessengruppen müssen ihre verschiedenen Interessen in Einklang bringen (Koalitionsansatz).

Der Stakeholder-Ansatz wird deshalb auch als Anspruchsgruppenansatz bezeichnet. Damit ergeben sich Unterschiede zu anderen Ansätzen der Mikroökonomie. Beim klassischen Ansatz der Mikroökonomie wird der Unternehmer als Funktionär des Marktmechanismus betrachtet. Bei dem mikroökonomischen Ansatz von Porter werden die Lieferanten, die Abnehmer, die Arbeitnehmer, die Kapitalgeber und die Konkurrenten erfasst. Eine derartige Eingrenzung findet beim Stakeholder-Ansatz nicht statt. Insbesondere die Anspruchsgruppe »Mitarbeiter« kann die Ergebnisprognose maßgeblich beeinflussen.

Beispiele

▶▶▶ Bei den Verhandlungen in der Tarifrunde 2001 konnten die Lufthansa-Piloten aufgrund ihres guten Organisationsgrades und ihrer besonderen Fähigkeiten Gehaltsteigerungen von ca. 30 % durchsetzen. Die Gehaltsteigerungen haben ceteris paribus den operativen Gewinn des Lufthansa-Konzerns um ca. 300 Mio. € gemindert. Es scheint deshalb geboten, diesen Aspekt der Umweltanalyse nicht zu unterschlagen.

Die Ansprüche der Mitarbeiter wurden bei der Anfertigung von Business-Plänen von vielen Unternehmen der sog. »New Economy« häufig unterschätzt. Deren Mitarbeiter verfügen häufig über besondere Qualifikationen, sind schwer ersetzbar und im Branchenaufschwung auch sehr gesucht. Es ist kaum zu erwarten, dass diese Mitarbeiter einer Besserung der Ertragslage dieser Unternehmen tatenlos zusehen und auf eine angemessene Partizipation am Erfolg verzichten werden. ◀◀◀

Die globale Umweltanalyse im Rahmen des Stakeholder-Ansatzes läuft in Folgenden vier Schritten ab:

1. *Scanning*: Identifikation von Anspruchsgruppen.
   Die Umwelt sollte aus einem unvoreingenommenen Blickwinkel abgetastet werden. Das Ergebnis lässt in Form einer Stakeholder-Landkarte abbilden. So würde zum Beispiel eine solche Landkarte (Stakeholder-Map) eines Pharma-Unternehmens unter anderem aus Ärzten, Krankenkassen, Chemieunternehmen, Arbeitnehmern, PR- und Werbemanagern, Medien und Anteilseignern bestehen.

2. *Monitoring*: Identifikation von relevanten Trends.
   Es sollen alle Veränderungen in der Umwelt erkannt werden, die für das Unternehmen bedeutsam sind und deren Entwicklungen sich absehen lassen. Dabei sollen von allen identifizierten Anspruchsgruppen die Ziele, Argumente und Instrumente erfasst werden.

3. *Forecasting*: Ermittlung von Richtung, Ausmaß und Intensität.
   Bei den identifizierten Umweltveränderungen sollen Richtung, Ausmaß und Intensität erfasst werden. Dabei soll insbesondere eine Erforschung von Bedrohungspotenzial stattfinden. Hierfür geeignete Techniken sind die Trendanalyse, die Szenarioanalyse und Expertenbefragung.

4. *Assessment*: Bewertung von Scanning, Monitoring und Forecasting
   Die Ergebnisse von Scanning, Monitoring, und Forecasting müssen bewertet werden.

Interne Quellen	• Internes und externes Rechnungswesen • Bestehendes Wissen/Informationsstand der Mitarbeiter (Konferenzen) • Interne Statistiken (z. B. Anfrage-, Auftrags-, Reklamationsstatistiken) • Schriftverkehr mit Nachfragern, Konkurrenten, öffentlichen Stellen • Persönliche/telefonische Kontakte mit Dritten • Karteien (z. B. Lieferantenkartei, Kundenkartei)
Externe Quellen	• Branchenresearch der Researchabteilungen von Banken und Finanzdienstleistern • Branchenberichte von Kreditinstituten (z. B. IKB, KfW) • Veröffentlichungen internationaler Organisationen und Behörden (EU, UNO, GATT) • Amtliche Statistiken und Register (Statistisches Bundesamt, Staat, Landesämter, Handelsregister) • Wirtschaftswissenschaftliche Institute • Markt- und Meinungsforschungsinstitute (GfK Nürnberg, Stiftung Warentest München) • Deutsche Bundesbank • Ministerien des Bundes und der Länder • Andere Institutionen (z. B. Bundesanstalt für Außenhandelsinformationen) • Firmen- und Adressbücher • Beratungsunternehmen, Auskunfteien, Banken • Veröffentlichungen von Verbänden, Industrie- und Handelskammern (Fachbriefe, Verbandberichte, Mitgliederverzeichnisse, IHK-Mitteilungen/Studien) • Berichterstattung der Presse (Tageszeitungen, Fach- und Unterhaltungszeitschriften, Fernsehen, Rundfunk) • Messen und Ausstellungen • Firmenberichte, Geschäftsberichte, Kataloge, Prospekte, Preislisten anderer • Zeitungsausschnittsdienste, Informationssammelstellen • Informationen aus dem Internet, z. B. Datenbank GENIOS (750.000 Firmenprofile, Hintergründe aus 120 Pressestellen, www.genios.de) • Bundesstelle für Aussenhandelsinformationen (BfA1): Informationen über Marktchancen und Branchenentwicklungen zu ca. 40 Branchen in über 100 Ländern

Tab. 8.6: Informationsquellen zur Umweltanalyse

8.3.5   Identifikation von Chancen und Risiken als Ergebnis der Umweltanalyse

Als Ergebnis der Umweltanalyse erhält man ein System von Chancen und Risiken des Unternehmens. Jedes Unternehmen ist von einer Umwelt umgeben, die sowohl Chancen bietet, als auch Risiken erwarten lässt. Tabelle 8.7 zeigt beispielhaft die Chancen und Risiken der SAP AG:

Chancen	Risiken
• Geringe Branchenkonzentration begrenzt Margendruck	• Anhaltende Investitionszurückhaltung von Kunden aufgrund eintrübender Konjunktur
• Hohe Umstellungskosten begründen hohe Kundenloyalität	• Bedrohung durch Microsoft bei Zielgruppe kleiner und mittelgroßer Unternehmen
• Hohe Skalenerträge und Sunk Costs erschweren Markteintritt von Konkurrenten	• Aufwertung des € mindert Erträge im Ausland
• Lieferanten und Kunden können keinen Druck ausüben aufgrund fragmentierter Absatz- und Beschaffungsmärkte	
• Fokussierung auf kleine und mittlere Unternehmen möglich	
• Hohes Potenzial bei Bestandskunden (erst ca. 20 % der Kunden sind auf my-SAP.com umgestiegen)	

Tab. 8.7: Chancen und Risiken der SAP AG

Es stellt sich nun die Frage, inwieweit sich die Chancen und Risiken des Umfeldes in der zukünftigen Ertragslage des Konzerns widerspiegeln werden. Die Antwort hängt davon ab, welche Potenziale dem Unternehmen zur Verfügung stehen und ob es diese gewinnbringend nutzt. Die Potenzial- bzw. Unternehmensanalyse ist Gegenstand des nächsten Kapitels.

8.4   Unternehmensanalyse

8.4.1   Aufgaben der Unternehmensanalyse

Die Analyse des Unternehmensumfeldes in Kapital 8.3 liefert gute Hinweise darauf, wie sich die Ertragskraft *einer Branche* in Zukunft mutmaßlich entwickeln wird. Die Aufgabe der Unternehmensanalyse besteht darin, *für das einzelne Unternehmen* zu untersuchen, wie es sich in diesem Marktumfeld behaupten wird. Als Ergebnis der Unternehmensanalyse erhält man ein System von Stärken und Schwächen des Unternehmens.

Die Analyse der Stärken und Schwächen vollzieht sich in vier Schritten:

1. **Identifikation der Erfolgspotenziale:** Zunächst sind die Quellen von Stärken und Schwächen zu identifizieren. Zur Systematisierung der Faktoren werden häufig die Wertkettenanalyse von Porter und die Analyse von Leistungsfaktoren oder Ressourcen zu Rate gezogen.

2. **Identifikation der Leistungspotenziale (Management-/Strategieanalyse):** Auch wenn das Unternehmen über Erfolgsfaktoren verfügt, ist damit noch nicht gewährleistet, dass

es diese auch nutzt. Dies setzt ein fähiges Management und die Wahl einer geeigneten Strategie voraus. Die Gesamtheit der hierfür erforderlichen Faktoren bezeichnet man auch als Leistungspotenziale.

3. **Analyse der Konkurrenz:** Ob aus Erfolgs- oder Leistungspotenzialen Stärken oder Schwächen resultieren, lässt sich nur anhand eines Vergleichs mit der Konkurrenz ermitteln. Der Analyst muss daher stets auch die entsprechende Situation der Konkurrenten vor Augen haben, um die Positionierung des betrachteten Unternehmens einordnen zu können.

4. **Ermittlung der Relevanz der Erfolgsfaktoren:** Für die Ergebnisprognose reicht es nicht aus, umgesetzte Stärken und Schwächen zu erkennen, auch der Zusammenhang zwischen dem Faktor und dem Erfolg muss herausgearbeitet werden. Wenn möglich, sollte man zu diesem Zweck auf (gesicherte) empirische Ergebnisse zurückgreifen. Aufgrund eines Mangels an verlässlichen Untersuchungen wird man sich im Rahmen der Erfolgsprognose allerdings häufig mit den eigenen Erfahrungen begnügen müssen.

8.4.1.1   Identifikation von Erfolgspotenzialen

Bei jedem Unternehmen kann eine individuelle Wertkette (Value Added Chain) ausfindig gemacht werden, die in ein System von vor- und nachgelagerten Wertketten von Lieferanten und Abnehmern eingebettet ist. Wertketten bezeichnen dabei von Unternehmen ausgeführte physisch und technologisch unterscheidbare Aktivitäten. Porter unterscheidet zwischen den primären und unterstützenden Aktivitäten. Die primären Aktivitäten sind unmittelbar mit der Herstellung und dem Vertrieb eines Produktes verbunden. Die unterstützenden Aktivitäten unterstützen die primären Aktivitäten. Soll ein Wettbewerbsvorsprung erzielt werden, sind die einzelnen Aktivitäten kostengünstiger und/oder nutzenbringender zu vollziehen, als dies der Konkurrenz gelingt.

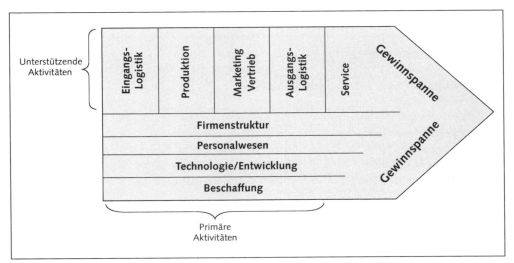

Abb. 8.12: Die Wertkette nach Porter

Man erkennt, dass die Wertketten an die klassischen betrieblichen Funktionen angelehnt sind. Dieser Ansatz ließe sich auf andere Betriebsabläufe verallgemeinern. Der gesamte Leistungsprozess des Unternehmens wird durchleuchtet und als Quelle zur Identifikation von Erfolgspotenzialen genutzt. Diese Analyse bezeichnet man auch als *Ressourcenanalyse (Ressource Based View)* oder *Potenzialanalyse*. Die Übersicht in Tabelle 8.8 gibt einen Überblick über mögliche Leistungspotenziale und kann als Checklist in der Analyse dienen.

Leistungspotenziale	Strategische Erfolgsfaktoren
(a) Beschaffung	• Relative Preise der Produktionsfaktoren • Qualität der Vorprodukte • Abstimmung mit Lieferanten (z. B. Verwirklichung des Just-in-Time-Prinzips) • Grad der Abhängigkeit von Lieferanten (Höhe der switching costs)
(b) Produktion	• Kapazität der Fertigungsanlagen • Leistungsstand der Fertigungsanlagen • Flexibilität der Fertigung (z. B. Umfang des Outsourcing) • Fertigungstiefe • Kostenstruktur
(c) Absatz	• Produktqualität • Markenname/Image • Laufzeit von Schutzrechten • Altersaufbau der Produkte • Qualität des Distributionssystems • Qualität der after-sales-services (Betreuung, Schulung) • Preisspielraum • Lieferfähigkeit • Marktanteil • Kundentreue
(d) Personal	• Qualifikation • Motivation • Alter und Ausbildung • Lernfähigkeit • Identifikation mit dem Unternehmen (Fluktuation) • Unternehmerisches Handeln
(e) Kapital	• Zugang zum Kapitalmarkt • Verschuldungsgrad • Eigene finanzielle Ressourcen • Innenfinanzierungskraft • Finanzielle Ressourcen verbundener Unternehmen
(f) Technologie (F&E)	• Innovationsbereitschaft • Forschungs- und Entwicklungsaufwand • Forschungseffizienz • Patente, Lizenzen

Tab. 8.8: Leistungspotenziale

8.4.1.2 Identifikation der Leistungspotenziale (Management-/Strategieanalyse)

Ein Unternehmen wird nur dann den potenziellen in einen tatsächlichen Erfolg verwandeln, wenn es ihm gelingt, die potenziellen Leistungsfaktoren Gewinn bringend zu nutzen. Problematisch erweist sich hierbei insbesondere, dass sich das Umfeld des Unternehmens dynamisch verändert und dementsprechend andere Leistungsfaktoren wichtiger werden. In der Folge bestimmen auch die Fähigkeiten des Managements maßgeblich den Erfolg. Die Fähigkeit des Managements, die aktuell relevanten Erfolgsfaktoren zu identifizieren und im Rahmen einer geeigneten Strategie zu berücksichtigen, kann ebenfalls als Erfolgsfaktor bezeichnet werden. Im Rahmen des Strategischen Managements werden diese Eigenschaften auch Führungspotenziale genannt. Die folgende Tabelle gibt eine Übersicht über wichtige Führungspotenziale.

Führungspotenziale	Strategische Erfolgsfaktoren
(a) Planung	• Geschlossenes Planungssystem • Flexibilität der Planung • Einsatz von Planungstechniken
(b) Kontrolle	• Geschlossenes Kontrollsystem • Abstimmung der Kontrolle mit der Planung • Einsatz von Kontrolltechniken (z. B. Balanced Scorecard)
(c) Information	• Strategische Unternehmensrechnung (z. B. Prozesskostenrechnung, Target Costing) • Segmentberichte, Kapitalflussrechnungen • Verfolgung der Corporate-Governance-Grundsätze • Risikomanagementsysteme • Computergestützte Informationssysteme
(d) Organisation	• Zahl der Hierarchieebenen • Grad der Dezentralisierung (z. B. Führung von Profit Centern) • Flexibilität der Organisation • Lernfähigkeit der Organisation • Koorperationsfähigkeit mit anderen Unternehmen
(c) Unternehmenskultur	• Stärke der Unternehmenskultur • Grad der Außenorientierung • Innovationsfähigkeit

Tab. 8.9: Führungspotenziale

Die Führungspotenziale stellen die Meta-Faktoren für die Nutzung der Erfolgspotenziale dar. Nur mit Hilfe eines fähigen Managements wird die Implementierung einer geeigneten Strategie gelingen, die sowohl die Umweltfaktoren als auch die internen Ressourcen des Unternehmens optimal nutzt. Im Zuge einer sich immer schneller verändernden Umwelt kommt diesen Führungspotenzialen eine immer größere Bedeutung für die Erfolgsprognose zu. Allerdings können diese Faktoren kaum objektiv gemessen werden, der Branchenexpertise und Erfahrung des Analysten kommt bei der Analyse der Führungspotenziale entscheidende Bedeutung zu. Die folgende Analyse verschiedener Strategien kann hierfür nur Anhaltspunkte liefern.

8.4.2 Analyse von Strategien

Strategien sind Maßnahmen zur Sicherung des langfristigen Erfolgs von Unternehmen. Da es in der Praxis und Theorie eine Vielzahl von vorgeschlagenen Maßnahmen gibt, ist auch die Anzahl der vorgeschlagenen Strategien sehr groß. Umfassende Erläuterungen zu verschiedenen Strategien findet man bei *Bea/Haas* (1999), *Hinterhuber* (1996) und *Kreikebaum* (1997). Im Rahmen dieser Ausführungen sollen nur die gängigsten Theorien vorgestellt und auf ihre Eignung geprüft werden.

Die Beurteilung von Strategien kann immer nur auf Basis einer gründlichen Analyse des Marktumfeldes und der Ressourcen des Unternehmens gelingen. So sind für Produkte am Ende des Lebenszyklus in gesättigten Märkten andere Strategien Erfolg versprechend als bei Produkten am Beginn ihres Lebenszyklus in wachsenden Märkten.

8.4.2.1 Shareholder-Value-Strategie

Der Shareholder-Value-Ansatz entstand zu Beginn der 80er-Jahre des 20. Jahrhunderts. Im Kern stehen Überlegungen, den Wert eines Unternehmens in die Zielsetzungen des Managements einzubinden. Das Shareholder-Value-Management stellt damit keinen originär neuen Ansatz dar, sondern verknüpft nur bekannte Erkenntnisse der Kapitalmarkttheorie, der Unternehmensbewertung, des Strategischen Managements sowie des Operativen Controlling.

Bei börsennotierten Unternehmen kann der Marktwert des Unternehmens täglich am aktuellen Kurs an der Börse abgelesen werden. Aber nicht nur für Aktionäre, sondern generell für alle Eigentümer (auch anderer Gesellschaftsformen) ist das Konzept anwendbar. Die Bezeichnung »Shareholder Value« greift deshalb eigentlich zu kurz, es wäre sinnvoller allgemeiner von einem »Eigentümerwert« zu sprechen. Da sich der Begriff Shareholder-Value aber mittlerweile in deutschen Sprachgebrauch festgesetzt hat, soll dieser Begriff auch im Rahmen dieser Ausführungen Anwendung finden.

Eine ausführliche Darstellung zur Ermittlung des Shareholder-Value findet man in Kapitel 7. Der Shareholder Value wird definiert als Unternehmenswert abzüglich des Marktwertes des Fremdkapitals:

(8.2)   Marktwert des Gesamtkapitals
             – Marktwert des verzinslichen Fremdkapitals
             = Marktwert des Eigenkapitals (Shareholder Value)

Die periodengerechte Messung der Schaffung von Shareholder Value kann mittels sog. Übergewinne vorgenommen werden:

(8.3)   Übergewinn = Betriebsergebnis − (Betriebsnotwendiges Kapital · WACC)

Das wesentliche Grundprinzip des Shareholder-Value-Konzeptes besteht darin, Unternehmensentscheidungen an deren Auswirkungen auf den Unternehmenswert auszurichten. Anhand von Formel (8.3) wird deutlich, dass Shareholder Value nur geschaffen wird, wenn die Rendite zukünftiger Investitionen über deren Kapitalkosten liegt. Damit wird die Hürde höher gelegt als bei dem traditionellen Ziel der Gewinnmaximierung. Nicht nur die tatsächlichen, auch die Opportunitäts- bzw. kalkulatorischen Kosten der Kapitalgeber werden berücksichtigt. Die Schaffung von Shareholder Value soll das oberste Gebot der Unternehmensführung sein. Unter diesem Primat sind alle anderen Strategien und Maßnahmen zu beurteilen.

Die Verfolgung dieses Ziels ist jedoch nicht selbstverständlich. Manager verfolgen auch ihre eigenen Interessen, nicht nur die Interessen der Eigentümer (*Principal-Agent-Problem*). Das Principal-Agent-Problem der Unternehmensführung resultiert daraus, dass die Eigentümer (Deligierende, Principale) die Führung des Unternehmens an Manager (Ausführende, Agenten) deligieren. Aufgrund des täglichen Einblicks in die Geschäfte besitzen die Manager jedoch einen deutlichen Informationsvorsprung (»*Hidden Information*«) vor den Eigentümern. In diesem Zusammenhang spricht man auch von einer asymmetrischen Informationsverteilung. Diesen Informationsvorsprung können die Manager nutzen, um ihre eigenen Ziele, und nicht diejenigen der Eigentümer, zu verfolgen (»*Hidden Action*«). Die Manager können Handlungsspielräume nutzen, um ihren eigenen Nutzen auf Kosten der Eigentümer zu steigern *(»Moral Hazard«).*

Beispiele

▶▶▶ Sehr häufig ist ein Verhalten anzutreffen, bei dem übermäßig am Arbeitsplatz konsumiert wird (Fringe Benefits), z. B. bei Dienstreisen, Dienstfahrzeugen oder bei der Nutzung von Lufthansa-Bonusmeilen. Häufig findet man ein Verhalten, bei dem riskante und erst langfristig wirksame Investitionen unterlassen werden, um die eigene Position nicht angreifbar zu machen. Die Entlassung von Telekom-Chef Sommer hat deutlich gemacht, dass der Rückfluss langfristiger Investitionen (Voicestream) häufig nicht abgewartet wird. Der Informationsvorsprung kann sich auch schlicht in Faulheit/Trägheit oder gar in kriminellem Verhalten (Veruntreuung, Bilanzfälschung) bemerkbar machen. ◀◀◀

Zur Lösung des komplexen Delegationsproblems sind verschiedene Maßnahmen vorgeschlagen worden. Die Eigentümer können die Eigenschaften der Manager *vor Vertragsabschluss* nur schwer beurteilen. Im Allgemeinen werden sie deshalb nur bereit sein, ein Durchschnittsgehalt zu bieten. Aufgrund dieses Verhaltens werden überdurchschnittliche Manager ihre Arbeit nicht anbieten, und die Durchschnittsqualität auf dem Markt wird weiter sinken *(»adverse Selektion«)*. Manager können dieses Problem eingrenzen, indem sie verschiedene Signale über ihre Eigenschaften senden (»*signalling*«). Dazu bieten sich Gutachten, Reputation und Zertifikate an. Suchen die Eigentümer anhand dieser Kriterien einen Manager aus, spricht man von »screening«.

Zur Lösung der Informationsasymmetrie *nach Vertragsabschluss* stehen verschiedene Anreiz- und Kontrollmechanismen (»Zuckerbrot und Peitsche«) bereit. Die Anreiz- und Kontrollregeln *nach Vertragsabschluss* korrespondieren mit Verfolgung der Shareholder-Value-Strategie. Die Maßnahmen stellen sicher, dass die Zielsetzung der Schaffung von

Shareholder Value auf das Management übertragen wird. Tabelle 8.10 gibt einen Überblick über die möglichen Verfahren.

	Hidden Characteristics	Hidden Intention	Hidden Information	Hidden Action
Informationsasymmetrie besteht bzgl.	Fähigkeiten und Qualifikationen des Managements	Fairness, Entgegenkommen des Managements	Situationsadäquanz der Managemententscheidungen	Fleiß, Anstrengung und Sorgfalt des Managements
Zeitlicher Bezug	Vor Vertragsabschluss	Nach Vertragsabschluss		
Lösungsmöglichkeiten	• Signalling • Screening	Bindung der Führungskräfte an das Unternehmen (vertikale Integration)	• Motivationsmechanismen (z. B. finanzielles Anreizsystem) • Informations- und Kontrollmechanismen (z. B. Management Informationssystem, Berichterstattung, Revision etc.)	

Tab. 8.10: Beziehungen zwischen Management und Eigentümern

Unter Shareholder-Value-Strategie werden deshalb auch die folgenden Maßnahmen zusammengefasst:

Einwirkungsrechte der Anteilseigner

Die Durchsetzung der Interessen der Eigentümer ist insbesondere dann problematisch, wenn die Anteile breit gestreut sind. Eine Betrachtung des deutschen Aktiengesetzes macht deutlich, dass es schon ausreichend Möglichkeiten für eine effiziente Unternehmenskontrolle gibt. Der Gesetzgeber fordert explizit die Aufsichtsräte dazu auf, »die Geschäftsführung zu überwachen« (§ 111 Abs. 1 Aktiengesetz). Auch bei zustimmungspflichtigen Geschäften (§ 111 Abs. 4 Aktiengesetz), bei der Feststellung des Jahresabschlusses zusammen mit dem Vorstand (§ 172 Aktiengesetz) und der Bestellung und Abberufung von Vorstandsmitgliedern (§ 84 Abs. 1 Aktiengesetz) kann der Aufsichtsrat den Vorstand effektiv kontrollieren. Eine mangelnde Kontrolle des Vorstands liegt erfahrungsgemäß an der mangelnden Wahrnehmung der Kontrollrechte durch Aufsichtsräte.

Informationsrechte der Anteilseigner

Eine effiziente Allokation von Kapital benötigt eine größtmögliche Transparenz von Unternehmen. Die Transparenz kann erhöht werden durch detailliertere Angaben im Jahresabschluss und vermehrte Auskunftsrechte der Aktionäre. Der Jahresabschluss sollte sich stärker am Informationsbedarf der Anteilseigner ausrichten. Bewertungsspielräume sind einzuschränken, es sollte regelmäßiger veröffentlicht werden (Quartalsberichte) und auch über den Erfolg einzelner Geschäftsbereiche (Segmentberichterstattung) sollte Auskunft gegeben werden. Im Rahmen von Investor Relations sollen die Anteilseigner über die externe Berichterstattung hinaus laufend mit Informationen versorgt werden.

Vergütungssystem für Manager

Die Verwendung von Übergewinnen als Bezugsgröße für die Managerentlohnung hat zum Ziel, einen Interessengleichlauf zwischen Management und Eigentümern herbeizuführen.

Beispiele

▶▶▶ SAP beteiligt bis zum Jahre 2002 in drei Tranchen 8 % der Gesamtbelegschaft an den Kurssteigerungen der SAP-Vorzugsaktien entsprechend dem STAR-Programm. So sollen Führungskräfte, insbesondere in den USA, an das Unternehmen gebunden werden. Siemens: »Außerdem haben wir für das Top-Management einen Stock-Options-Plan eingerichtet. Dadurch spüren alle Beteiligten die positiven, aber auch die negativen Konsequenzen ihres Wirkens viel deutlicher als früher.« (von Pierer, Bericht zur Hauptversammlung 2000). ◀◀◀

Aufbauorganisation

Anreizverträgliche Vergütungssysteme, Einwirkungs- und Informationsrechte führen nur dann zu den gewünschten Effekten, wenn die Unternehmensstruktur angepasst wird. Shareholder-Value-Management erfordert eine kompatible Aufbauorganisation. Rappaport fordert, dass selbständige Einheiten eingerichtet werden, die mit der Wahrnehmung einer bestimmten Strategie betraut werden können und denen sich Zahlungsströme eindeutig zurechnen lassen. Diese Einheiten bezeichnet man als Profitcenter. In der Konsequenz bedeutet dies, dass eine Quersubventionierung verschiedene Profitcenter zu vermeiden ist, weniger effiziente strategische Geschäftsfelder sollten nicht durch erfolgreiche strategische Geschäftsfelder unterstützt werden.

Die konsequente Verfolgung der Shareholder-Value-Strategie ist im Rahmen der Unternehmensanalyse positiv zu beurteilen:

- Die konsequente Ausrichtung der Entscheidungen der Manager an den Interessen der Eigentümer wird forciert (Abschwächung des Principal-Agent-Problems).
- Informationsvorsprünge des Managements oder von anderen Insidern werden vermindert. Aufgrund einer erhöhten Transparenz werden Werteveränderungen häufig eher und umfassender offen gelegt.
- Die Ermittlung der Übergewinne basiert auf Kapital- und Ergebnisgrößen, die weniger durch bilanzpolitische Maßnahmen verzerrt werden als ausgewiesene Jahresüberschüsse.
- Übergewinne fassen in einer Kennzahl anschaulich operative Prozesse, Investitions- und Finanzierungsentscheidungen zusammen.
- Die Übergewinne berücksichtigen auch die Opportunitätskosten der Anleger. Es besteht weniger die Gefahr, dass das Management durch suboptimale Entscheidungen das Wertsteigerungspotenzial nicht ausnutzt oder gar Wertevernichtungen herbeiführt.
- Die Unternehmen laufen weniger Gefahr, ihre Unabhängigkeit zu verlieren. Das Management wird gezwungen, das Verhalten potenzieller »Raider« vorwegzunehmen und im Extremfall »wie Raider zu managen«, um die Übernahmegefahr abzuwenden.

Selbst wenn das Management wertsteigernde Entscheidungen trifft und entsprechend kommuniziert, verbleibt die Gefahr, dass der Kapitalmarkt die zur Verfügung gestellten Informationen nicht adäquat verarbeitet und das Unternehmen daher nicht entsprechend bewertet. Zahlreiche Maßnahmen im Kapitalmarktrecht, z. B. Erleichterung des Aktienrückkaufs durch das Gesetz zur Kontrolle und Transparenz im Unternehmensbereich (KonTraG) oder die Insider- und Ad-hoc-Regelungen im Wertpapierhandelsgesetz (WpHG) haben auch durch

Gesetzgebungen die Transparenz von Unternehmen und die Kontrolle des Managements verbessert. Die deutsche Börse verlangt im Zuge der Aufnahme in ihre Auswahlindizes (DAX, MDAX, SDAX, TecDAX) die Befolgung der Corporate-Governance-Grundsätze. Die Umsetzung von Shareholder-Value-Strategien wurde demzufolge in den vergangenen Jahren durch die Veränderungen der strukturellen Rahmenbedingungen unterstützt.

Trotz der zahlreichen positiven Aspekte einer Shareholder-Value-Strategie dürfen die Nachteile nicht übersehen werden. Dabei ist weniger das Ziel, als vielmehr die Umsetzung des Zieles mit Hilfe der genannten Maßnahmen kritisch. Kontroll- und Anreizregeln werden zumeist kurzfristig ausgelegt. Die Laufzeit von Stock Options ist häufig eher kurz, und aufgrund der permanenten Berichterstattung ist das Management einem enormen Performancedruck ausgesetzt. Dieser Druck wird durch den zunehmenden Einfluss institutioneller Anleger (die ihrerseits einen Performancedruck haben) auf das Unternehmen noch erhöht. In der Folge wird kurzfristiges Denken beim Management gefördert.

Es besteht die Gefahr, dass Investitionen in Forschung und Entwicklung oder in Humankapital, die sich erst langfristig lohnen, unterlassen werden. Nicht selten werden auch alle Möglichkeiten der Bilanzierung ausgereizt oder gar Bilanzen manipuliert (Beispiele: Enron, Worldcom). Die Shareholder-Value-Politik kann auch in einer (vorschnellen) Aufgabe von wenig ertragreichen Geschäftsbereichen enden, um schnell Ergebnisverbesserungen ausweisen zu können. In der Folge können Mitarbeiter nachhaltig demotiviert und das Betriebsklima empfindlich gestört werden. Mit Hilfe eines verbesserten Strategiecontrollings und ausgewogenen Kennzahlen (z.B. mit Hilfe der Balanced Scorecard) kann diesen Effekten jedoch entgegengewirkt werden.

8.4.2.2   Unternehmensstrategien

Die Strategien auf Unternehmensebene geben die generelle Stoßrichtung des gesamten Unternehmens an. Die Entwicklung kann grundsätzlich auf Wachstum, Stabilisierung oder Desinvestition ausgerichtet sein. Je nachdem, welche der drei Richtungen gewählt wird, werden Entscheidungen über die Zusammensetzung der Geschäftsfelder und deren Entwicklung durch Zuteilung von personellen, materiellen und finanziellen Ressourcen getroffen. In der Unternehmensstrategie kommt also zum Ausdruck, in welchen Geschäftsfeldern, d.h. auf welchen Märkten die Erfolge gesehen werden.

Im Rahmen der Portfolio-Analyse betrachtet, bezieht sich die Unternehmensstrategie auf die Entwicklung des Portfolios als Ganzes, die Geschäftsbereichsstrategien zielen dagegen auf die Entwicklung der einzelnen Strategischen Geschäftsfelder im Rahmen dieser Entwicklungsstrategie. Mit Hilfe der Unternehmensstrategie wird den Strategischen Geschäftsfeldern eine strategische Richtung vorgegeben.

8.4.2.2.1   Wachstumsstrategien

Die Wachstumsstrategien umfassen nach Ansoff (1979) die Strategien der Marktdurchdringung, der Produktentwicklung, der Marktentwicklung und schließlich der Diversifikation. Diese Primärstrategien wiederum können über verschiedene Sekundärstrategien umgesetzt werden. So werden diese Grundstrategien häufig auf lokale, nationale, internationale oder globale Märkte ausgerichtet. Nach dem Grad der Eigenständigkeit lässt sich zwischen Autonomiestrategien, Kooperationsstrategien und Integrationsstrategien unterscheiden.

Produkt-Markt-Strategien

1. Die *Marktdurchdringungsstrategie* hat zum Ziel, auf den bisherigen Märkten mit den bisherigen Produkten ein Wachstum, insbesondere über eine Marktanteilssteigerung, herbeizuführen. Diese Strategie wird häufig in gesättigten Märkten (z.B. Autoindustrie, Nahrungsmittel), aber auch in Wachstumsmärkten angewandt.

Die Marktdurchdringungsstrategie gibt keinen Anhaltspunkt dafür, *wie* die Marktanteilsgewinne erzielt werden können. Die Strategie muss deshalb durch adäquate Geschäftsbereichs- und Produktstrategien untermauert werden. Dabei gilt es zu beachten, dass die Kunden in zunehmend gesättigten Märkten immer kenntnisreicher und anspruchsvoller werden. In der Folge treten die technischen Eigenschaften der Produkte zunehmend in den Hintergrund. Kosten, Service und die Generierung eines emotionalen Zusatznutzens (gutes Image, hoher Bekanntheitsgrad) werden dann zu den entscheidenden Erfolgsfaktoren.

		Produkt	
		gegenwärtig	neu
Markt	**gegenwärtig**	1. Marktdurchdringung (market penetration)	2. Produktentwicklung (product development)
	neu	3. Marktentwicklung (market development)	4. Diversifikation (diversification)

Tab. 8.11: Produkt-Markt-Kombinationen nach Ansoff

Beispiel

▶▶▶ Der Mobilfunkmarkt in Deutschland hat inzwischen die Form eines Oligopols angenommen. Es konkurrieren die Anbieter D1, D2, E-Plus und O₂ um die Kunden. Alle Unternehmen versuchen, Marktanteile zu gewinnen und neue Wettbewerber (z.B. Quam) fernzuhalten. Während zu Beginn des Mobilfunks die technische Qualität des Netzes ausschlaggebend für die Auswahl eines Anbieters war, rücken nun Preise und Service in den Vordergrund. ◀◀◀

Diese Marktdurchdringungsstrategie mündet in gesättigten Märkten häufig in einem scharfen Preis- und Verdrängungswettbewerb und ist kurzfristig selten ertragreich. Langfristig kann das Ertragspotenzial dieser Strategie recht hoch sein, wenn es gelingt, als Überlebender aus dem Verdrängungskampf hervorzugehen. Die Branchenrivalität sinkt, eine umfangreiche Kostendegression kann wahrgenommen werden, und aufgrund hoher Markteintrittsbarrieren bleiben die Gewinne stabil auf einem hohen Niveau.

2. Bei der *Marktentwicklungsstrategie* sucht ein Unternehmen nach neuen Märkten für die bestehenden Produkte.

Beispiel

▶▶▶ Der Weltkonzern Nestle erzielt nur 2% seines Umsatzes in seinem »Heimatmarkt« Schweiz, 80% seines Umsatzes macht Nestle mit nur 15% der Weltbevölkerung. In den Staaten der ehemaligen Sowjetunion sowie in China winken attraktive Märkte, z.B. für Baby- und Kindernahrungsmittel. ◀◀◀

Diese Stoßrichtung klingt auf den ersten Blick schlüssig und verlockend. In der Praxis erweist sich die Marktentwicklung jedoch regelmäßig als sehr schwierig und langwierig. Der Erfolg dieser Strategie setzt eine tiefgreifende Kenntnis der fremden Märkte (Gespür für andere Kulturen), ausreichende Management-, Finanz- und Personalkapazitäten bzw. eine Verlässlichkeit der Partner vor Ort voraus. Erfolg versprechend scheint die Strategie dann, wenn die Bedürfnisse auf den fremden Märkten ähnlich und die Transportkosten von untergeordneter Bedeutung sind (Produktion großer Stückzahlen senkt Stückkosten).

Beispiel

▶▶▶ Die deutschen Autohersteller haben auf dem amerikanischen Markt lange Zeit kaum eine große Rolle gespielt. Europäische Autos schienen den Amerikanern häufig zu klein und zu wenig komfortabel. Im Zuge der Annäherung der Bedürfnisse (insbesondere bei den sog. »Lifestyle-Autos« (Cabrios, Roadstern, Offroadern, Sportfahrzeugen) gelingen den deutschen Herstellern seit einigen Jahren jedoch deutliche Marktanteilgewinne.

Volkswagen hat in China bei den PKW einen dominierenden Marktanteil (ca. 50 %). Aufgrund der Dominanz der chinesischen Partner bei den dortigen Joint-Ventures (Shanghai Automotive Industry Corporation und First Automotive Works in Changchun) gelingt es dort jedoch kaum, hohe Gewinne abzuschöpfen. ◀◀◀

3. Bei der *Produktentwicklungsstrategie* wird über die Neuentwicklung von Produkten der bisherige Markt bedient.

Beispiel

▶▶▶ Klassisches Beispiel für eine erfolgreiche Produktentwicklungsstrategie ist der Ersatz der Vinyl-Schallplatte durch die CD. Aktuelle Beispiele sind die Entwicklung des UMTS-Mobilfunks oder die Neuentwicklung alkoholischer Mixgetränke. ◀◀◀

Die Beispiele zeigen, dass die Strategie dann erfolgreich ist, wenn die Eigenschaften der neuen Produkte den ursprünglichen Produkten deutlich überlegen sind oder neue Bedürfnisse befriedigt werden können. Dabei ist das richtige Timing für die Markteinführung nicht einfach. So bietet die Berentzen AG schon seit einigen Jahren alkoholische Mixgetränke an, aber erst im Jahre 2002 ist der Durchbruch gelungen.

Die Erfolgsprognose fällt bei Produktentwicklungen häufig sehr schwer. Die neuen Marktsegmente sind dadurch gekennzeichnet, dass es noch keine »rules of the game« gibt. Unsicherheiten über die Technologie, Absatzchancen und Konkurrenzverhalten prägen den Markt. So ist es gut möglich, dass die Wettbewerber im UMTS-Mobilfunk sich einen scharfen Preiswettbewerb liefern werden. Denkbar ist jedoch auch, dass es einem Konkurrenten gelingt, umfangreiche »First-Mover«-Vorteile zu nutzen. Ein früher Markteintritt kann häufig eine sehr loyale Kunden- und Lieferantenbasis schaffen. Im Extremfall können durch einen frühen Markteintritt (z. B. bei Software) häufig sogar Standards gesetzt oder Netzwerkeffekte genutzt werden. Das »First Moving« kann in wachsenden Märkten in der Folge *nachhaltig* eine dominierende Marktposition sichern.

4. Bei der *Diversifikationsstrategie* sucht ein Unternehmen mit neuen Produkten neue Märkte:

- Von einer *horizontale Diversifikation* spricht man, wenn sich die Produkte auf derselben Wertschöpfungsstufe befinden. Ziel einer derartigen horizontalen Diversifikationsstrategie ist i.d.R. die Wahrnehmung der sog. economies of scope (scope = Tätigkeitsbereich), d.h., eine Übertragung von Kernkompetenzen auf andere Bereiche.

▶▶▶ Die Autoproduzenten erweitern ihre Produktpalette, um Fahrzeuge in anderen Segmenten (Daimler mit Smart und Maybach, BMW mit RollsRoyce, VW mit Phaeton) anzubieten. ◀◀◀

- Bei einer *vertikalen Diversifikationsstrategie* wird entweder auf vorausgehende oder auf nachfolgende Wertschöpfungsstufen diversifiziert.

▶▶▶ IBM, dessen Margen im klassischen Bereich »Hardware« durch Preisverfall bedroht sind, versucht, durch Kooperationen mit Partnern aus der Musikbranche (Warner Music, Sony, EMI, Universal) in den attraktiven Zukunftsmarkt »music on demand« einzusteigen. Beispiel für Rückwärtsintegration ist der Kauf eines Zulieferers durch einen Automobilhersteller. ◀◀◀

- Bei einer *konglomeraten Diversifikationsstrategie* liegen keinerlei Beziehungen zwischen bisherigen Produkten oder Märkten vor. Diese Strategie wird auch als Portfolio-Strategie bezeichnet. Sie liegt vor, wenn sich bspw. Preussag vom Stahlkonzern zum Touristikkonzern entwickelt. Der Konzern nennt sich heute konsequent nach seiner bekanntesten Touristikmarke TUI.

Diversifikationsstrategien sind im Rahmen der Erfolgsprognose sehr kritisch zu betrachten. Bei der horizontalen Diversifikation gelingt es noch am ehesten, die Kernkompetenzen auf die neuen Bereiche zu übertragen. Bei der vertikalen Diversifikation belegen zahlreiche Beispiele (z.B. Daimler-Benz als »integrierter« Technologiekonzern), dass die Kompetenzen für neue Geschäftsfelder häufig nicht ausreichen und Synergieeffekte vielfach ausbleiben. Die konglomerate Diversifikationsstrategie scheint dann erfolgreich zu sein, wenn die verschiedenen Geschäftsfelder schon vorher erfolgreich im Portfolio der Holding existierten und sich »nur« die Schwerpunkte innerhalb des Portfolios verschieben.

Lokale, nationale, internationale und globale Strategien

Bei den lokalen Strategien handelt es sich um orts- und regionalgebundene, bei den nationalen Strategien um landesweit ausgerichtete, bei den internationalen Strategien um grenzüberschreitende Strategien. Globalisierungsstrategien werden weltweit umgesetzt (Global Player). Die Marktwachstumsstrategien werden häufig um diesen regionalen Aspekt ergänzt.

Markt			Produkt	
			gegenwärtig	neu
gegenwärtig		Inland	MD_1	PE_1
		Ausland	MD_2	PE_2
neu		Inland	ME_1	D_1
		Ausland	ME_2	D_2

Tab. 8.12: Internationale Strategien in der Ansoff-Matrix

Beispiel

▶▶▶ Die Telekommunikationsbranche war bis in die 90er-Jahre national geprägt. Im Zuge der weltweiten Liberalisierung und Öffnung bisheriger nationaler Monopolbereiche wurde die Globalisierung des Telekommunikationsmarktes forciert. Neben dem zunehmenden Wettbewerb in den Heimatmärkten ergeben sich für die ehemaligen Monopolunternehmer internationale und globale Wettbewerbsmöglichkeiten. Die Deutsche Telekom hat sich zum Ziel gesetzt, zu den 3 bis 5 unabhängigen »Global Players« zu gehören. ◀◀◀

1. Die *Marktdurchdringung* auf Auslandsmärkten (MD2) hat zum Ziel, über die Umsatzausweitung eine bessere Auslastung von Kapazitäten zu erreichen. Daneben eröffnet die Präsenz auf Auslandsmärkten die Möglichkeit, von den dortigen Kunden und Wettbewerbern zu lernen. Die Devise lautet: »Go where the markets are«. Diese Strategie kann sogar so weit gehen, dass der Standort für die Fertigung in jene Länder verlegt wird, in denen die Hauptabnehmer beheimatet sind.

Beispiele

▶▶▶ BMW hat als Standort zur Produktion des Roadsters Z3 Georgia (USA) gewählt. MAN stärkt seine Wettbewerbsposition in Osteuropa durch den Aufbau eigener Produktionskapazitäten bzw. die Kooperation mit Herstellern wie dem polnischen Lastwagenbauer Star. Bosch expandierte 1996 durch den Kauf des Unternehmens Allied Signal in den US-amerikanischen Bremsenmarkt. ◀◀◀

2. Die *Marktentwicklungsstrategie* (ME2) hat zum Ziel, die bisherigen Erfahrungen mit einem Produkt auf einen neuen Markt zu übertragen. Im Rahmen dieser Strategie lassen sich ebenfalls die Vorteile des Erfahrungskurveneffektes wahrnehmen. Voraussetzung ist allerdings, dass die Kundenpräferenzen auf den verschiedenen Märkten homogen sind und sich die Produkte deshalb standardisieren lassen.

Beispiel

▶▶▶ Viele deutsche Unternehmen (z. B. Automobilhersteller, Maschinenbau) expandieren zunehmend nach Osteuropa, wo im Vergleich zum heimischen Markt höhere Wachstumsraten zu verzeichnen sind. ◀◀◀

3. Die *Produktentwicklungsstrategie* (PE2) hat zum Ziel, auf Auslandsmärkten dieselben Vorteile wahrzunehmen, die bislang im Inland durch diese Strategie erzielt worden sind.

Beispiel

▶▶▶ Amerikanische Filmgesellschaften bringen einen neuen Film zumeist unmittelbar nach der Premiere flächendeckend in die Kinos in Europa. Im Jahre 2012 werden die großen Filmstudios in den USA (Disney, Universal, Columbia) ca. 80 % ihres Umsatzes im Ausland erzielen. ◀◀◀

4. Die *Diversifikationsstrategie* (D2) hat zum Ziel, die ausländischen Märkte zur Verminderung von Konjunktur- und Wechselkursrisiken zu nutzen. Dies wird häufig mit Hilfe von Übernahmen ausländischer Unternehmen erreicht. Multinationale Unternehmen wie Nestle oder Unilever sind auf diese Weise zu »multi domestic industries« geworden. Häufig werden neue Produkte zunächst auf solchen ausländischen Märkten eingeführt, deren Nachfragerstruktur und -eigenschaften denen der ursprünglichen Märkte gleichen. Der Auslandsmarkt kann dann zusätzlich die Funktion eines Testmarktes wahrnehmen.

Autonomie-, Kooperations- und Integrationsstrategien

Unternehmenswachstum lässt sich mit unterschiedlichen Graden der Eigenaktivität erreichen. Man unterscheidet

- Autonomiestrategien,
- Kooperationen,
- Übernahmen.

1. Von eine *Autonomiestrategie* spricht man, wenn ein Unternehmen aus eigener Kraft wächst, also ausschließlich die Potenziale des eigenen Unternehmens nutzt. Beispiele hierfür sind Technologiestrategien, bei denen Umsatzsteigerungen aus den Erfolgen der eigenen Forschung und Entwicklung resultieren. Autonomiestrategien sind allerdings nicht möglich, wenn die Fähigkeiten im eigenen Haus denjenigen von Wettbewerbern nicht ebenbürtig sind. Autonomiestrategien harmonisieren eher mit den weniger umfangeichen Wachstumsstrategien Marktdurchdringung und Marktentwicklung. Im Zuge der Produktentwicklung oder der Diversifikationsstrategie sind jedoch regelmäßig sehr hohe Investitionen notwendig, und es muss sehr kritisch analysiert werden, ob mit Hilfe dieser Investitionen hinreichend schnell eine attraktive Produkt-Markt-Kombination erzielt werden kann.

2. Von *Kooperationsstrategien* spricht man, wenn zwei oder mehrere Unternehmen auf einem bestimmten Betätigungsfeld zusammenarbeiten. Mit Hilfe von Kooperationen werden Synergieeffekte bei den Partnerunternehmen angestrebt. Man unterschiedet horizontale (Kooperationen auf gleicher Ebene der Wertschöpfungskette) und vertikale (Kooperationen mit vor- bzw. nachgelagerten Teilen der Wertschöpfungskette) Kooperationen. Beispiele für horizontale Kooperationen sind die strategischen Allianzen von Fluggesellschaften (z.B. praktiziert die Lufthansa mit anderen Fluggesellschaften ein gemeinsames Code Sharing im Rahmen der »Star Allianz«), für vertikale Kooperation Rahmenverträge zwischen Kunden und Lieferanten (etwa zwischen der Automobilindustrie und ihren Zulieferern).

Mit der Einführung des Internet wurde die Auflösung regionaler Märkte forciert. Gleichzeitig eröffneten sich neue Möglichkeiten, informations- und kommunikationstechnisch mit anderen Unternehmen zusammenzuarbeiten. Vor diesem Hintergrund gewinnen insbesondere vertikale Kooperationen an Bedeutung. Kooperationsstrategien haben gegenüber Integrationsstrategien den Vorteil, dass sie schneller umgesetzt werden können. Darüber hinaus lassen sich Integrationsstrategien gezielt einsetzen.

Beispiele

▶▶▶ Bei der Produktion eröffnet die Zusammenlegung von Produktionen die Nutzung von economies of scale und des Erfahrungskurveneffektes. Bei der Forschung- und Entwicklung dienen strategische Allianzen der gemeinsamen Nutzung von Forschungseinrichtungen (pooling). Bei der Beschaffung kann mit Hilfe des Partners ein Zugang zu Rohstoffen ermöglicht werden. Im Marketing kann eine bereits vorhandene Vertriebsorganisation eingebunden werden. ◀◀◀

3. Von *Integrationsstrategien* spricht man, wenn das Wachstum extern durch Fusionen oder Übernahmen (Mergers and Acquisitions) herbeigeführt werden soll. Während bei Fusionen die Kapitalanteile des übernommenen Unternehmens in Kapitalanteile des fusionierten Unternehmens übergehen, werden bei Übernahmen die Eigentümer des übernommenen

Unternehmens mit Bargeld (oder anderen Vermögensgegenständen) abgefunden. Derartige Transaktionen ermöglichen sowohl eine Marktdurchdringung, eine Marktentwicklung, eine Produktentwicklung als auch eine Diversifikation.

Im Zuge der wachsenden Globalisierung konnten in den vergangenen Jahren zahlreiche M&A-Aktivitäten beobachtet werden.

Beispiele der jüngeren Zeit sind:

▶▶▶ *Automobilbau und Zulieferer:* Volkswagen/Porsche, Daimler-Benz/Chrysler; VW (Audi)/Bentley, Renault/Nissan, RollsRoyce, Lamborghini; Ford/Volvo/Landrover; Continental/Phönix.

Banken und Versicherungen: Commerzbank/Dresdner Bank; Bankers Trust/Deutsche Bank; Schweizerischer Bankverein/Schweizerische Bankgesellschaft; Citicorp/Travelers Group; Zürich Versicherung/B.A.T.

Chemie/Pharma/Rohstoffe/Grundstoffe: Sanofi-Sythelabo/Hoechst/Rhone-Poulenc(Aventis); Sandoz/Ciba Geigy; Linde/BOC, BASF/Engelhardt, EON/Eudora, Viag/Alusuisse/Lonza; Hüls/Degussa; Krupp/Thyssen; Exxon/Mobil.

Telekommunikation: Vodafone/Airtouch/Mannesmann; MCI Worldcom/Sprint; SBC/Ameritech; AOL/Netscape.

Konsumgüter/Handel/Transport: Wal-Mart Stores/Wertkauf, Interspar; Preussag/Hapag Lloyd, TUI; Bertelsmann/Random House; Deutsche Post/Danzas. ◀◀◀

Die Beispiele belegen, dass die Akquisitionsstrategie – ähnlich wie die Kooperationsstrategie – den Vorteil der raschen Wahrnehmung der Economies of Scale (Fixkostendegressionseffekt) und der Economies of Scope (Verbundeffekt in Form des Erwerbs einer Kompetenz, die bisher nicht vorhanden war) ermöglicht.

Beispiel

▶▶▶ Nach der Fusion von Daimler-Benz mit Chrysler hat der Konzern versucht, Economies of Scale bei der Produktion gemeinsamer Motoren und Economies of Scope im europäischen Vertrieb der Chrysler-Fahrzeuge zu realisieren. ◀◀◀

Übernahmen/Fusionen weisen gegenüber Kooperationen jedoch auch Nachteile auf: Es ist häufig ein hoher Kapitaleinsatz erforderlich und die Entscheidung lässt sich kaum revidieren (es entstehen sunk costs, eine Investition wurde gegen Aufgabe der Realoption getätigt). Zudem kommen Übernahmen/Fusionen häufig nur gegen erhebliche Widerstände der Mitarbeiter und des Managements zustande (insbesondere bei sog. feindlichen Übernahmen). Nicht zuletzt besteht die Gefahr, dass nationale oder internationale Kartellbehörden ein Veto einlegen. Ob diese Nachteile durch den Vorteil der Schnelligkeit des externen Wachstums aufgehoben werden, kann nur im Einzelfalle geklärt werden.

8.4.2.2.2 Stabilisierungsstrategien

Stabilisierungsstrategien zielen darauf ab, die bisherige Position zu sichern. Der Strategie liegen also defensive Überlegungen zugrunde. Defensive Unternehmen agieren in der Regel als Strategiefolger (auch als »Me-too-Strategie« bezeichnet). Mit Hilfe von Stabilisierungsstrategien kann häufig Zeit gewonnen werden, um sich für eine endgültige Richtung zu entscheiden, beispielsweise für den Marktaustritt oder die Sammlung von Kräften für eine neue Offensive. Mit Hilfe der Defensivstrategie können auch Risiken eingegrenzt werden, z. B. im Bereich der Forschung und Entwicklung. Häufig wird lediglich ein finanzieller Ausgleich zwischen verschiedenen Strategischen Geschäftsfeldern angestrebt.

Eine Stabilisierungsstrategie ist häufig bei solchen mittelständischen Unternehmen zu beobachten, die von einem großen Unternehmen gekauft werden. Der neuen Mutter fällt dann die Entscheidung zu, auf diesem Wege entweder durch Stilllegung Kapazitäten abzubauen oder dem akquirierten Unternehmen neue Wachstumsimpulse zu verleihen. Mit einer Politik des Abwartens bietet sich so die Chance, neue Informationen abzuwarten und/ oder Bekanntes besser zu machen.

8.4.2.2.3 Desinvestitionsstrategien

Traditionell wurde Desinvestitionsstrategien wenig Beachtung geschenkt. Im Zuge der Umsetzung von Shareholder-Value-Strategien hat sich dies jedoch grundlegend geändert. Der Shareholder Value-Ansatz erfordert eine separate Bewertung Strategischer Geschäftseinheiten und verbietet eine »Quersubventionierung«. Strategische Geschäftseinheiten sollen nur fortgeführt werden, wenn sie nachhaltig zur Steigerung des Unternehmenswertes beitragen, also zumindest ihre Kapitalkosten erwirtschaften. Desinvestitionen sind in der Folge nicht als Konsequenz eines Versagens, sondern als Ausdruck einer konsequent an Wertsteigerungen ausgelegten Politik zu betrachten. Von den Börsen werden derartige Entscheidungen auch häufig mit Kursaufschlägen honoriert.

Zur Verwirklichung einer Desinvestition werden folgende Formen unterschieden:

Management-Buy-out

Man spricht von einem Management-Buy-out, wenn das bisherige Management eines Unternehmens das ganze Unternehmen oder einen Teil davon übernimmt. Falls das Management als Käufer auftritt, so spricht man auch von einem Employee-Buy-out. Beim Leverage-Buy-out wird darüber hinaus der Kaufpreis durch eine hohe Fremdkapitalaufnahme finanziert, um den Leverageeffekt, der sich aus der Differenz zwischen Gesamtkapitalrendite und Fremdkapitalzins ergibt, zu nutzen. Der Bewerter muss in diesem Fall den möglichen Verkaufspreis schätzen. Sofern eine Beteiligung an den äußeren Unternehmen bestehen bleibt, muss für die Mutter auch eine Prognose der Beteiligungsergebnisse erfolgen. Die Ergebnisprognose fällt in der Regel recht optimistisch aus, da das neue Management sich auskennt und hoch motiviert ist.

Spin-off/Equity-carve-out

Bei einem Spin-off werden einzelne Bereiche aus dem Unternehmen ausgegliedert. Der Unternehmensbereich wird sachlich und personell vom Mutterunternehmen abgespalten und als Tochtergesellschaft mit eigener Führungs- und Verwaltungsstruktur versehen. Die Eigentümer des Mutterunternehmens bekommen entsprechende Anteile an der neuen Gesellschaft. Ein Spezialfall des Spin-off ist der sog. Equity-carve-out (Beispiele: Epcos und Infineon von Siemens), bei dem darüber hinaus eine Kapitalaufnahme über die Börse erfolgt. Spin-off und Equity-carve-out erfordern weiterhin eine Erfolgsprognose für den Unternehmensteil, ggf. muss bei der Anfertigung der Prognose eine Umgliederung ins Beteiligungsergebnis vorgenommen werden.

Sell-off

Von einem Sell-off spricht man, wenn eine Unternehmenseinheit an ein anderes Unternehmen veräußert wird. Im Gegensatz zum Spin-off und Buy-out treten also unternehmensexterne Käufer als neuer Eigentümer auf. Handelt es sich beim Käufer um Manager nicht verbundener Unternehmen, so bezeichnet man dies auch als Management-Buy-in. Die Unternehmensstrategie gibt die generelle Stoßrichtung vor. Auf Geschäftsbereichsebene muss der Verkaufserlös ebenfalls prognostiziert werden.

Liquidation

Eine Liquidation liegt vor, wenn die Unternehmenstätigkeit eingestellt wird. In diesem Fall muss der Liquidationserlös prognostiziert werden. Dabei gilt es für die Erfolgsprognose folgende Faktoren zu berücksichtigen:

- Veräußerungserlöse bei der Liquidation der einzelnen Vermögensgegenstände,
- Kosten für Sozialpläne, Abfindungen für vertragliche Liefer-, Pacht-, Miet-, Garantie- und Service-Verpflichtungen,
- Steuern bei den Veräußerungen (auch durch Aufdeckung stiller Reserven),
- Verlust von Verbundvorteilen im Gesamtkonzern (z. B. gemeinsamer Vertrieb),
- Verlust traditioneller Bindungen der Mitarbeiter an ein Unternehmen und
- Imageverlust bei negativer öffentlicher Wahrnehmung.

8.4.2.3   Geschäftsbereichsstrategien

Die Unternehmensstrategie gibt die generelle Stoßrichtung vor. Auf Geschäftsbereichsebene muss diese Strategie konkretisiert werden.

Nach *Porter* können strategische Wettbewerbsvorteile einerseits aus einer gegenüber den Wettbewerben überlegenen Kostenposition resultieren oder andererseits auf einem Nutzenvorteil im Verhältnis zu den Konkurrenten basieren. Dabei unterscheidet er drei Wettbewerbsstrategien, die sog. generischen Wettbewerbsstrategien, je nachdem, welcher Wettbewerbsvorteil das strategische Vorgehen am Markt bestimmt und welches Ziel damit verfolgt wird (vgl. im Folgenden *Porter, M. E.* 1980, S. 36 ff.; *Porter, M. E.* 1996, S. 31 ff.):

- Kostenführerschafts- bzw. Volumenstrategie,
- Differenzierungsstrategie,
- Spezialisierungs-, Nischen- oder Konzentrationsstrategie.

8.4.2.3.1   Strategie der Kostenführerschaft

Die Kostenführerschaftsstrategie fußt auf dem Prinzip der Erfahrungskurve. Unternehmen, die diese Strategie verfolgen, streben nach einer optimierten Kostenstruktur mit möglichst geringen Stückkosten. Für den Erfolg der Kostenführerschaftsstrategie sind hohe relative Marktanteile als Maß für ein hohes akkumuliertes Produktionsvolumen notwendig, da der Wettbewerber mit der größten kumulierten Ausbringungsmenge aufgrund von Erfahrungseffekten das niedrigste Kostenniveau verwirklichen kann und somit Kostenführer wird. Der Kostenvorsprung ist umso größer, je kleiner die Wettbewerber sind.

Die Kostenführerschaft ist oft verbunden mit Massenfertigung, d. h. der Herstellung von weitestgehend standardisierten Produkten in großen Stückzahlen, bei denen in erster

Linie der Preis das entscheidende Kriterium für die Kunden darstellt. Kostenführerschaft erfordert den Aufbau von Produktionsanlagen effizienter Größe, die konsequente Realisierung erfahrungsbedingter Kostenpotenziale, strenge Kontrolle der Kosteneinhaltung, Vermeidung marginaler Kunden und Minimierung der relativen Kosten in Bereichen wie F&E, Service, Distribution, Werbung usw.

Beispiele

▶▶▶ RWE hat sich zum Ziel gesetzt, europäischer Kostenführer im Stromgeschäft zu werden. BASF sieht sich aufgrund seiner innovativen Produktionsprozesse als Kostenführer. Weitere Beispiele für die Umsetzung dieser Strategie sind Aldi, Fielmann und McDonalds. ◀◀◀

Die Strategie der Kostenführerschaft ist Erfolg versprechend bei Produkten in weitgehend gesättigten Märkten (am Ende des Lebenszyklus), falls das Unternehmen aufgrund hoher Marktanteile effizientere Kostenstrukturen erreichen kann als seine Wettbewerber. Bei einer Branchenstruktur mit vergleichbaren Marktanteilen wird es nachhaltig kaum möglich sein, kostengünstiger zu produzieren als die Konkurrenten. Technologische Vorsprünge im Produktionsprozess werden regelmäßig schnell aufgezehrt und machen sich bei einem funktionierenden Wettbewerb in sinkenden Preisen und Margen bemerkbar. Die Erfolgsprognose läuft in diesem Fall auf ein Niveau hinaus, bei dem die Kapitalrenditen in etwa die Kapitalkosten erreichen.

8.4.2.3.2 Strategie der Differenzierung

Verfolgt ein Unternehmen eine Differenzierungsstrategie, versucht es, sich durch die Schaffung eines Zusatznutzens von den Produkten seiner Wettbewerber abzuheben und sich so einen monopolistischen Preisspielraum aufzubauen, den es durch Preisaufschläge auszunutzen versucht. Im Mittelpunkt der Strategie stehen also nicht die Kosten-, sondern die Leistungsausprägungen. Ansatzpunkte für diese Strategie sind Maßnahmen auf den folgenden Gebieten:

- Technische Ausstattung eines Produktes (z. B. Mini),
- Design (z. B. dreieckige Form der Toblerone-Schokolade),
- Markenbildung (z. B. Porsche),
- Service (z. B. Allianz-Versicherung),
- Vertriebsnetz (z. B. TupperWare) und
- kurze Lieferzeiten (z. B. amazon.de).

Diese bewusst auf Exklusivität gerichtete Strategie ist häufig mit hohen Marktanteilen unvereinbar, nicht zuletzt auch deshalb, weil nicht alle Nachfrager diesen Zusatznutzen wollen und folglich auch nicht bereit sind, den dafür verlangten Preisaufschlag zu bezahlen. Die Kosten und damit der Preis sind bei dieser Strategie zwar nicht zu vernachlässigen, stellen aber nicht den entscheidenden strategischen Erfolgsfaktor dar. Ein hoher Preis muss durch Mehrleistung in Qualität und Service ausgeglichen werden.

Beispiel

▶▶▶ Das Düsseldorfer Bankhaus Lampe will sich über eine Differenzierungsstrategie profilieren. Hierfür fokussiert es sich auf das Relationship-Banking und Beziehungsmanagement. Porsche expandiert nicht in andere Fahrzeugsegmente, um das außerordentliche Image als exklusiver Sportfahrzeughersteller nicht zu gefährden. ◀◀◀

Wenn es gelingt, sich von seinen Wettbewerbern zu differenzieren, wird die Erfolgsprognose im Regelfall höher ausfallen als bei der Kostenführerstrategie. Eine erfolgreiche Differenzierungsstrategie setzt allerdings voraus, dass die Käufer bereit sind, für die Differenzierung auch einen Preis zu zahlen. Anhand der Beispiele fällt auf, dass dieses insbesondere Unternehmen gelingt, die über langjährige Erfahrungen verfügen. Die Erfahrung macht sich in technologischen Vorsprüngen, eingeführten und bekannten Markennamen oder einem besonderen Image bemerkbar. Jungen Unternehmen dürfte es hingegen schwer fallen, sich mit einer Differenzierungsstrategie durchzusetzen.

8.4.2.3.3 Nischen-/Spezialisierungsstrategie

Die Spezialisierungsstrategie zielt im Gegensatz zur Kostenführerschafts- und Differenzierungsstrategie von Anfang an nur auf ein bestimmtes Marktsegment. Das Produkt wird nicht mit Zusatznutzen ausgestattet, um dann branchenweit Anwender zu akquirieren, wie dies bei der Differenzierungsstrategie der Fall ist. Vielmehr richtet sich die Spezialisierungsstrategie nur auf ein begrenztes, in Bezug auf ein bestimmtes Kundenbedürfnis relativ homogenes Marktsegment. Die Abgrenzung erfolgt dabei über das Kundenbedürfnis, welches nachhaltig besser als durch die Konkurrenz erfüllt werden soll. Beispielsweise wird nur eine bestimmte Berufsgruppe (Beispiel: Mediziner-Sandalen) oder Region (Beispiel: Reiseveranstalter) bedient. Ebenso kann sich eine Spezialisierungsstrategie z. B. auf einen bestimmten Vertriebsweg beziehen.

Die Spezialisierungsstrategie kann als fokussierte Kostenführerschaftsstrategie oder als fokussierte Differenzierungsstrategie aufgefasst werden, da der ökonomische Vorteil entweder über den Kosten- oder über den Nutzenvorteil realisiert wird. So können sich bei der Bedienung des Teilmarktes Kostenvorteile z. B. aufgrund des Standortes gegenüber dem Branchenkostenführer realisieren lassen oder die Produkte können mit einem Zusatznutzen ausgestattet werden.

Beispiel

▶▶▶ Die Programmkinos profitieren davon, dass die großen Filmproduzenten primär an der Produktion konfektionierter Massenware interessiert sind. ◀◀◀

Zusammenfassend werden die generischen Wettbewerbsstrategien in Abbildung 8.13 veranschaulicht.

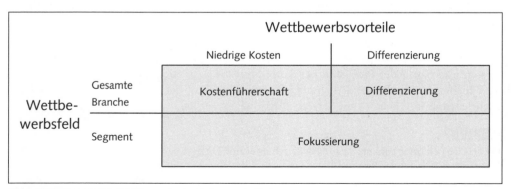

Abb. 8.13: Generische Wettbewerbsstrategien nach Porter

Nach *Porter* sollten Unternehmen sich für eine der Strategien klar entscheiden, da sie sonst durch ihre unklare Orientierung »zwischen den Stühlen« (stuck in the middle) sitzen.

In den letzten Jahren ist die Porter'sche Empfehlung nach einseitiger Festlegung auf entweder die Kostenführerschafts- oder die Differenzierungsstrategie zunehmend kritisiert worden. Grund hierfür ist in erster Linie die Dynamik des Wettbewerbs, die einen Wechsel zwischen verschiedenen strategischen Handlungsmustern notwendig werden lässt, um einen *nachhaltigen* Vorsprung gegenüber den Wettbewerbern zu erzielen. Besonders erfolgreich scheinen auch flexible Produktionsstrukturen, welche die Vorteile der verschiedenen Grundstrategien verbinden. Die sog. Plattformstrategie, bei der alle von den Kunden *nicht* wahrgenommenen Teile in großer Stückzahl produziert werden, erlaubt sowohl eine kostengünstige Produktion als auch eine differenzierte Angebotspalette.

Die Wettbewerbsintensität ist derart gewachsen, dass Unternehmen sich langfristig nicht auf die Wahl eines allgemeinen Strategietyps verlassen können. Dieser sog. Hyperwettbewerb ist dadurch gekennzeichnet, dass Wettbewerbsvorteile rasch erzeugt und ebenso schnell wieder zunichte gemacht werden. Dieser dynamische und unbeständige und dadurch an Härte zugenommene Wettbewerb ist nicht nur charakteristisch für schnelllebige Hochtechnologiebranchen wie z. B. die Computerbranche, sondern ist in nahezu allen Branchen vorzufinden. In der Folge zählt im heutigen Wettbewerb weniger die derzeitige Position, als vielmehr das Meistern permanenter Veränderungen, die durch den ständigen Wettbewerb konkurrierender Unternehmen ausgelöst werden. Damit kommt der Beurteilung der Fähigkeiten des Managements bei der Anfertigung einer qualifizierten Ergebnisprognose die entscheidende Bedeutung zu.

8.4.2.4 Portfolio-Strategien (Produktstrategien)

Die Portfolioanalyse greift den Gedanken einer Gegenüberstellung von Unternehmensanalyse und Unternehmensumwelt auf und erfasst die Umwelt bzw. das Unternehmen auf der Ordinate bzw. Abszisse einer zweidimensionalen Matrix. Durch Einordnung verschiedener Produkte oder Geschäftseinheiten in diese Matrix ist die Portfolioanalyse damit zunächst ein *Beschreibungsmodell*, mit deren Hilfe sich die Situation eines Unternehmens veranschaulichen lässt. Sofern empirische Erkenntnisse (z. B. aus Erfahrungskurve und Lebenszyklus) bei der Interpretation der Matrix berücksichtigt werden, kann die Portfolioanalyse auch als *Erklärungsmodell* für die zukünftige Ertragskraft von Unternehmen herangezogen werden. Im Rahmen des strategischen Managements kann schließlich durch eine Gegenüberstellung des *Ist-* mit einem *Soll-*Portfolio auch eine Normstrategie abgeleitet werden.

Die zwei bekanntesten Ansätze sind die Portfolioanalyse der *Boston-Consulting-Group* (BCG) sowie die Analyse von *McKinsey*.

BCG-Portfolio

Das Portfolio der *Boston Consulting Group* stellt das einfachste und am weitesten verbreitete Portfoliokonzept dar. Die umweltbedingten Chancen und Risiken einer strategischen Geschäfteinheit oder eines Produktes werden in der Matrix nur durch den Faktor *Marktwachstum* repräsentiert. Diese Vorgehensweise wird durch die empirischen Ergebnisse der Erfahrungskurve und des Produktlebenszyklus unterstützt, die einen Zusammenhang zwischen dem Marktwachstum und Erfolgsgrößen wie Gewinn oder Return on Investment belegen.

Der *relative Marktanteil*, das heißt der eigene Anteil im Verhältnis zu den stärksten Konkurrenten, repräsentiert die Stärken und Schwächen des Unternehmens bei der betrachteten Geschäftseinheit bzw. den betrachteten Produkten. Unternehmen mit einem hohen Marktanteil haben zumeist eine entsprechend hohe Produktionsmenge, sodass die Stückkosten aufgrund des Erfahrungskurveneffektes geringer als bei den Wettbewerbern sind. Im Durchschnitt führt eine Marktanteilssteigerung um 10 % zu einer Erhöhung des Return on Investment um 3,5 % (vgl. PIMS-Studie).

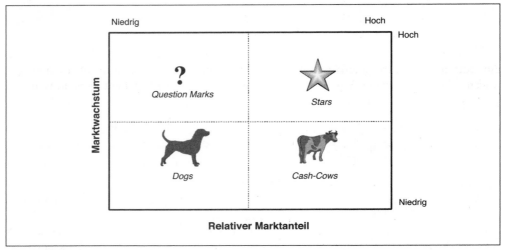

Abb. 8.14: BCG-Portfolio

Wie aus der Abbildung ersichtlich, unterteilt die Boston-Consulting-Group Produkte oder Dienstleistungen in der Produkt-Markt-Matrix in vier Felder:

Question Marks: Diese Produkte oder Dienstleistungen sind gekennzeichnet durch einen relativ kleinen Marktanteil in einem stark wachsenden Markt. In der Regel sind dies Produkte oder Dienstleistungen in der Markteintrittsphase, bei denen die weitere Entwicklung kaum abzusehen ist. Es sind noch alle Möglichkeiten zwischen »Verkaufsschlager« und »Ladenhüter« gegeben. Diese Produkte generieren noch keine Deckungsbeiträge und der Analyst muss sich für die Prognose des zukünftigen Erfolgs die kritische Frage stellen, ob diese Produkte durch Investitionen und Marktanteilsgewinne im Zeitablauf zu »Stars« gemacht werden können.

Stars: Stars sind Produkte oder Dienstleistungen, die auf einem stark wachsenden Markt schon über einen großen relativen Marktanteil verfügen. Auf Basis der Erkenntnisse der Erfahrungskurve kann erwartet werden, dass diese Produkte in naher Zukunft positive Deckungsbeiträge erbringen. Mit der einsetzenden Kostendegression im Lebenszyklus wird sich die Gewinnmarge erhöhen. Allerdings gilt auch bei Stars, Sättigungstendenzen des Marktes frühzeitig zu erkennen. Die Beurteilung zusätzlicher Investitionen in diesen Markt ist von dem Analysten kritischer zu beurteilen, wenn sie in stagnierende Märkte erfolgen.

Cash-Cows: Wie der Name schon andeutet, können bei diesen Produkten oder Dienstleistungen Finanzmittel in größeren Mengen »gemolken« werden. Sie sind gekennzeichnet durch einen relativ großen Marktanteil in einem gesättigten Markt. Cash-Cows sind die Hauptquelle für den Erfolg und die Liquidität und sichern so kurzfristig den Erfolg des Unternehmens. Allerdings sind umfangreiche Investitionen in Cash-Cows eher kritisch zu beurteilen. Die langfristige Erfolgsprognose wird besser ausfallen, wenn die mit den Cash-Cows verdiente Liquidität in die richtigen Stars bzw. Question Marks investiert wird.

Dogs: Dogs (auch Poor Dogs genannt) stellen unter den vier Kombinationen die ungünstigste dar. Sie sind gekennzeichnet durch einen geringen relativen Marktanteil in einem stagnierenden oder sogar abnehmenden Markt. Da Poor Dogs in der Regel zur Kapitalvernichtung führen, empfiehlt sich eine Desinvestition.

Ein Unternehmen wird langfristig umso besser zu beurteilen sein, wenn es über ein ausgewogenes Portfolio verfügt. Ein Portfolio kann als ausgewogen bezeichnet werden, wenn es

- ca. 40 – 60 % des Umsatzes mit Cash-Cows erzielt,
- über ausreichend Stars verfügt, die zukünftige Gewinne versprechen,
- eine überschaubare Zahl von Question Marks hat und
- möglichst wenige Dogs hat.

McKinsey-Portfolio

McKinsey entwickelte in Zusammenarbeit mit General Electric ein Multifaktorenmodell zur Analyse von Produkten und Dienstleistungen. Sie setzen dabei an der Kritik des BCG-Portfolios an, dass die beiden verwendeten Größen Marktwachstum und relativer Marktanteil für eine realistische Erfolgsprognose nicht ausreichen. Sie analysieren ein Produktportfolio auf Basis der zwei Dimensionen *Marktattraktivität* und *relativer Wettbewerbsvorteil*. Unter diesen beiden Faktoren fasst McKinsey ein Bündel von Einflussfaktoren zusammen.

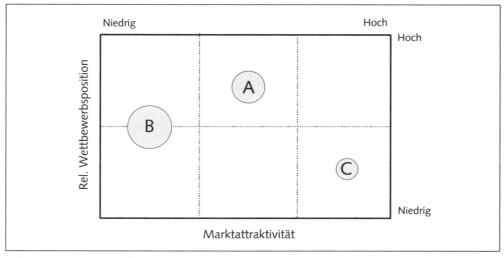

Abb. 8.15: McKinsey-Portfolio

Die Portfolioanalyse von McKinsey kann als Verfeinerung des BCG-Ansatzes interpretiert werden. Die Bestimmung der Dimension relativer Wettbewerbsvorteil kann anhand der in Kapitel 8.2 vorgenommenen Analyse der Stärken und Schwächen eines Unternehmens erfolgen. Für die Beurteilung der Marktattraktivität können die Analysemethoden des Kapitels 8.2 herangezogen werden. Die Größe der Kreise ist ein Indikator für den Umsatz eines Produktes bzw. einer Geschäftseinheit und soll die Bedeutung des Produktes bzw. der Geschäftseinheit für den Gesamterfolg des Unternehmens aufzeigen.

8.4.3 Analyse des Managements/Human Resources

Eine Analyse von Märkten, Produkten und Strategien ist zur Beurteilung der Erfolgsperspektiven eines Unternehmens unabdingbar. Die dynamischen Veränderungen im Marktumfeld erfordern jedoch die Fähigkeit des Managements, sich dem unbeständigen Wettbewerb fortwährend anzupassen. Darüber hinaus genügt es nicht, Erfolg versprechende Strategien zu formulieren, sie müssen auch mit den Mitarbeiten im Unternehmen umgesetzt werden. Was nützt der fachlich kompetenteste Vorstand, der nicht in der Lage ist, auf andere Menschen offen zuzugehen, sein Team zu führen und zu motivieren? Der Beurteilung des Managements kommt deshalb in der Analyse eine entscheidende Bedeutung zu. Da das Führungsverhalten auch die Unternehmenskultur prägt, sind beide Aspekte verschiedene Seiten der gleichen Medaille.

Traditionell machen es sich Analysten bei Investmentbanken oder Wirtschaftsprüfer im Rahmen einer Due Diligence bei der Beurteilung des Managements sehr einfach. Vielfach werden nur die Ausbildung und die Erfolge der Vergangenheit betrachtet und daraus Rückschlüsse auf das aktuelle Führungspotenzial gezogen. Die Erkenntnisse werden von Analysten häufig durch folgende Maßnahmen abgerundet:

- Managementpräsentationen: Der Vorstand des Unternehmens präsentiert wichtige Schlüsselthemen (z.B. Businessplan, Verkaufs- und Kundenbetreuungsorganisation, Forschung und Entwicklung). Aus der Präsentation wird auf das Führungsverhalten geschlossen.
- Vertrauliche Gespräche: Es werden vertrauliche Gespräche (»One on one's«) zwischen Vorstand und Analysten durchgeführt. In diesen Gesprächen gibt es die Möglichkeit, persönliche Eindrücke zu vertiefen.

Diese Maßnahmen werden jedoch einer fundierten Beurteilung des Managements kaum gerecht. Die Prüfung des wichtigsten Faktors für die Erfolgsprognose wird in der Regel durch Personen vorgenommen, die nicht über die entsprechende Expertise zur Beurteilung der Führungsfähigkeit verfügen: Analysten und Wirtschaftsprüfer haben häufig ein zahlengeprägtes Studium und Berufsleben hinter sich.

Im Rahmen der Wirtschaftspsychologie werden zahlreiche Konzepte zur Beurteilung des Führungsverhaltens diskutiert. Das bekannteste ist das von *Golemann* (1997, 1999) entwickelte Konzept der emotionalen Intelligenz bzw. Kompetenz. Unter emotionaler Intelligenz versteht man die Gesamtheit von nicht-kognitiven Eigenschaften, Fähigkeiten und Kompetenzen, die den Menschen in die Lage versetzen, erfolgreich und befriedigend mit den Veränderungen und den Anforderungen der Umwelt und Umgebung umzugehen.

Emotionale Intelligenz ist schon von Geburt an gegeben und beruht auf den fünf Elementen: Selbstwahrnehmung, Motivation, Selbstregulierung, Empathie und soziale Fähigkeiten. Von der emotionalen Intelligenz zu unterscheiden ist die emotionale Kompetenz. Ähnlich wie fachliche Kompetenz im Laufe des Lebens erlernt werden muss, ist emotionale Kompetenz dem Menschen ebenfalls nicht von Natur aus gegeben. So, wie der IQ die Basis für fachliche Kompetenz bildet, stellt die emotionale Intelligenz die Grundlage für die emotionale Kompetenz dar. Emotionale Kompetenz ist daher, wie die fachliche Kompetenz auch, erlernbar, kann diese aber nicht ersetzen.

Für die Beurteilung des Managements können folgende Kompetenzen betrachtet werden:

- **Selbstbewusstheit:** Gemeint ist die realistische Einschätzung der eigenen Persönlichkeit, also das Erkennen und Verstehen der eigenen Gefühle, Bedürfnisse, Motive und Ziele, aber auch das Bewusstsein über die persönlichen Stärken und Schwächen. Es geht darum, sich selbst gut zu kennen, um einschätzen zu können, wie man selbst in bestimmten Situationen reagiert, was man braucht und wo man noch an sich selbst arbeiten muss.
- **Selbststeuerung:** Als Selbststeuerung wird die Fähigkeit bezeichnet, die eigenen Gefühle und Stimmungen durch einen inneren Dialog zu beeinflussen und zu steuern. Mit dieser Fähigkeit ist man seinen Gefühlen nicht mehr nur einfach ausgeliefert, sondern kann sie konstruktiv beeinflussen. Ein Beispiel: Wenn einen Manager etwas wütend macht, kann er sich durch einen inneren Dialog selbst beruhigen und dann viel angemessener reagieren, als wenn er nicht in Lage ist, sich selbst zu steuern.
- **Motivation:** Sich selbst motivieren zu können heißt, fortwährend Leistungsbereitschaft und Begeisterungsfähigkeit aus sich selbst heraus entwickeln zu können. Diese Fähigkeit ist besonders hilfreich in Phasen, in denen das Geschäft schlechter läuft oder wenn die Dinge sich unerwartet entwickeln. Wer sich selbst motivieren kann, findet immer wieder Kraft zum Weitermachen und verfügt auch über eine höhere Frustrationstoleranz, also dem Vermögen, Frust auszuhalten und trotzdem weiterzumachen.
- **Empathie:** Empathie heißt Einfühlungsvermögen. Gemeint ist damit das Vermögen, sich in die Gefühle und Sichtweisen anderer Menschen hineinzuversetzen zu können und angemessen darauf zu reagieren. Es geht darum, Mitmenschen in ihrem Sein wahrzunehmen und zu akzeptieren. Dabei heißt akzeptieren nicht automatisch gutheißen. Andere Menschen zu akzeptieren, heißt, ihnen mit Respekt entgegenzutreten und Verständnis für ihr Tun und Denken zu haben.
- **Soziale Kompetenz:** Unter sozialer Kompetenz versteht man z. B. die Fähigkeit, Kontakte und Beziehungen zu anderen Menschen zu knüpfen und solche Beziehungen auch dauerhaft aufrecht erhalten zu können. Gemeint sind also ein gutes Beziehungs- und Konfliktmanagement, aber auch Führungsqualitäten oder das Vermögen, funktionierende Teams zu bilden und zu leiten.
- **Kommunikationsfähigkeit:** Eine gute Kommunikationsfähigkeit ist unerlässlich für die emotionale Intelligenz. Gemeint sind damit zwei Dinge: einerseits die Fähigkeit, sich klar und verständlich auszudrücken und somit sein Anliegen deutlich und transparent zu übermitteln; andererseits ist damit die Fähigkeit gemeint, anderen Menschen aktiv und aufmerksam zuhören zu können, und das Gesagte zu verstehen und einzuordnen.

Diese Eigenschaften sind für einen externen Analysten oder Wirtschaftsprüfer kaum systematisch zu erfassen. Die dauerhafte Beobachtung der Führungsmannschaft erlaubt es jedoch, das Bild über die Führungsfähigkeiten fortlaufend abzurunden. Auch Gespräche mit anderen Mitarbeitern erweisen sich diesbezüglich als sehr aufschlussreich.

Tabelle 8.13 gibt einen Überblick über die Eigenschaften der emotionalen Intelligenz, die analysiert werden können.

Emotionale Intelligenz	Emotionale Kompetenz
1. Selbstwahrnehmung	• Emotionales Bewusstsein, d. h. eigene Emotionen und deren Auswirkungen kennen • Selbsteinschätzung, d. h. eigene Stärken und Grenzen kennen • Selbstvertrauen, d. h. gesundes Selbstwertgefühl, gute Einschätzung eigener Fähigkeiten
2. Selbstregulierung	• Selbstkontrolle, d. h. Emotionen und Impulse in Schach halten • Vertrauenswürdigkeit, d. h. sich an Aufrichtigkeit und Integrität orientieren • Gewissenhaftigkeit, d. h. für die eigene Leistung Verantwortung übernehmen • Anpassungsfähigkeit, d. h. flexibel und veränderungsfähig zu sein • Innovation, d. h. offen sein für neue Ideen und Methoden, bereitwilliges Aufnehmen von Informationen
3. Motivation	• Leistungsdrang, d. h. einen hohen Leistungsanspruch an sich und andere stellen • Engagement, d. h. sich die Ziele des Betriebes zu Eigen machen, sich damit identifizieren • Initiative, d. h. bereit sein, Chancen zu ergreifen • Optimismus, d. h. beharrlich trotz aller Widrigkeiten seine Ziele verfolgen
4. Empathie	• Andere verstehen, d. h. deren Gefühle und Sichtweisen erfassen, sich in sie hineinversetzen, an deren Sorgen und Ängsten aktiv Anteil zu nehmen • Andere entwickeln, d. h. deren Entwicklungsbedürfnisse erfassen und ihre Fähigkeiten fördern • Serviceorientierung, d. h. die Bedürfnisse der Kunden erkennen und darauf zu reagieren • Vielfalt nutzen, d. h. die unterschiedlichsten Menschen und die dadurch entstehenden Chancen nutzen • Politisches Bewusstsein, d. h. dazu in der Lage sein, die emotionalen Strömungen und Machtbeziehungen einer Gruppe zu erfassen
5. Soziale Fähigkeiten	• Einfluss, d. h. sich wirksamer Mittel der Einflussnahme bedienen • Kommunikation, d. h. die Fähigkeit, unvoreingenommen zuzuhören und überzeugende Botschaften auszusenden • Führung, d. h. einzelne Menschen und Gruppen inspirieren und lenken • Konfliktbewältigung, d. h. über Meinungsverschiedenheiten verhandeln und sie beilegen • Bindungen aufbauen, d. h. nützliche Kontakte aufbauen und pflegen • Teamfähigkeit, d. h. beim Verfolgen gemeinsamer Ziele für Gruppensynergien sorgen • Katalysator des Wandels, d. h. Wandel initiieren und steuern

Tab. 8.13: Eigenschaften der emotionalen Intelligenz

Mit Hilfe dieser Führungsqualitäten können Vorstände eine Vorbildfunktion einnehmen und ein Charisma ausstrahlen, das für Entwicklung eines gesamten Konzerns förderlich sein kann. Umgekehrt kann ein emotionales Versagen des Vorstandes einen ganzen Konzern lähmen.

Beispiel: Führungskultur in der Deutschen Bank

▶▶▶ Das Unternehmen Deutsche Bank wurde seit seiner Gründung – wie damals üblich – streng hierarchisch geführt. Der sehr sachliche Aspekt der Banktätigkeit und der hohe Qualitätsanspruch an die Mitarbeiter, die es über lange Zeit als Ehre empfanden, in diesem Unternehmen zu arbeiten, unterstützten dieses hierarchische Gefüge über einen langen Zeitraum.

Leitfiguren wie Hermann-Josef Abs und Alfred Herrhausen verstanden es, nicht zuletzt durch ihre große fachliche Kompetenz, ihre Vorbildfunktion und ihr Charisma, bei den Mitarbeitern ein starkes Gefühl des Zusammenhaltes, das Gefühl einem »elitären Club« anzugehören, zu erzeugen. Aufkommende Zweifel an den hierarchischen Formen konnten deshalb zunächst unterdrückt werden.

Mit Beginn der Globalisierung und der Erfordernis erhöhter Flexibilität wurde dieses hierarchische Gefüge aber zunehmend in Frage gestellt. Mehrere Wechsel in der Führungsspitze ließen Risse in dem starken Wir-Gefüge entstehen, und die Veränderung bekam eine große Eigendynamik. Neue Mitarbeiter, die in der »alten Ordnung« noch nicht ihren Platz hatten und ohne Vorbehalte in das Unternehmen kamen, hinterfragten, zweifelten, brachten Ideen und Erfahrungen aus anderen Unternehmen mit und verstärkten damit diese Risse. Der Ex-Vorstandschef Breuer sagte auf der Führungskräftekonferenz im April 1998: »Mit der Führung in der Deutschen Bank hat es in den vergangenen Jahren – vorsichtig ausgedrückt – nicht immer zum Besten gestanden.« ◀◀◀

Empirische Befunde bestätigen eine Korrelation zwischen beruflichem und privatem Erfolg und ausgeprägten Fähigkeiten im Bereich der emotionalen Intelligenz. Setzt man das Abschneiden in einem IQ-Test in Korrelation zum beruflichen Erfolg, so kann man feststellen, dass der Einfluss des IQ auf den beruflichen Erfolg nur bei ca. 25 % liegt. Das heißt, dass der IQ am wenigsten im Stande ist, den Erfolg von Menschen mit guten kognitiven Fähigkeiten vorauszusagen. Der Erfolg eines Unternehmens hängt zu 70 % von der emotionalen Intelligenz aller Beteiligten ab. Bei Führungskräften sogar bis zu 100 %.

8.4.4 Strategieimplementierung

8.4.4.1 Businessplan

Der Business Plan, der auch als Geschäftsplan oder Unternehmenskonzept bezeichnet wird, stellt eine niedergeschriebene unternehmerische Vision dar, fundiert durch betriebs- und volkswirtschaftliche Daten. Mit Hilfe eines Business-Plans stellt sich ein Unternehmen potenziellen Investoren vor. Da mögliche Investoren in der Regel keine Brancheninsider sind und eine Vielzahl von Unternehmen beurteilen müssen, sollte der Business-Plan in *prägnanter* Form Rückschlüsse für den möglichen Erfolg des Unternehmens in Zukunft liefern. Die in einem Business-Plan dargelegten Informationen können in hervorragender Weise auch im Rahmen der Unternehmensbewertung genutzt werden. Der Business-Plan enthält häufig die in Abbildung 8.16 aufgezeigten Elemente.

Die Anfertigung eines Business-Plans belegt, dass sich ein Unternehmen konkrete Gedanken über seine Zukunft macht. Ziele und Maßnahmen werden nicht vage formuliert, sondern werden (möglichst logisch) aus einer fundierten Analyse des Marktes und der eigenen Stärken

1. Executive Summary	2. Die Industrie bzw. Branche
A- Kurze Beschreibung der Vision B- Stärken des Unternehmens und Chancen des Marktes C- Strategie (Zielmärkte, Kundensegmente) D- Wichtige Kennzahlen zur Rentabilität E- Kernmannschaft des Unternehmens F- Das Angebot an die Investoren	A- Konkurrenten und Marktanteile B- Abgrenzung zum eigenen Unternehmen C- Das Produkt bzw. die Dienstleistung D- Die Einstiegs- und Wachstumschance
3. Marktanalyse	**4. Finanzdaten**
A- Marktvolumen und Markttrends B- Branchenstruktur C- Kundenprofile D- Angestrebter Umsatz bzw. Marktanteil	A- Brutto- und Netto-Gewinnspannen B- Profitabilität und Dauerhaftigkeit C- Feste und variable Kosten D- Monate bis zum Break-even E- Monate bis zum positiven Cashflow
5. Marketing-Plan	**6. Produktdesign und technische Entwicklung**
A- Gesamtstrategie B- Preisfestlegung C- Verkaufstaktik D- Service und Garantiepolitik E- Werbung und Promotion F- Verteilungsstrategie	A- Entwicklungsstufe und verbleibende Aufgaben B- Schwierigkeiten und Risiken C- Produktverbesserungen und -weiterentwicklungen D- Kosten E- Eigentumsrechte
7. Produktion	**8. Das Managementteam**
A- Produktionszyklen B- Geographische Organisation C- Einrichtungen D- Strategie und Pläne E- Rechtliche Aspekte	A- Organisation B- Schlüsselpersonen C- Eigentumsverhältnisse D- Andere Investoren E- Angestellte und Mitarbeiterbeteiligung F- Leitende Angestellte G- Anteilseigner H- Berater
9. Zeitplan	**10. Kritische Risiken, Probleme und Annahmen**
– – –	– – –
11. Der Finanz-Plan	**12. Die Finanzierung**
A- Umsatzplanung und Plan-Bilanz B- Cashflow-Planung C- Break-Even-Analyse D- Kostenkontrollmaßnahmen	A- Gewünschte Finanzierung B- Das Angebot C- Kapitalisierung D- Mittelverwendung E- Rendite der Investoren

Abb. 8.16: Inhalte eines Business-Plans

abgeleitet. Sofern sowohl die Analyse als auch die abgeleiteten Schlussfolgerungen und Pläne schlüssig erscheinen, wird dies im Rahmen der Erfolgsprognose zu berücksichtigen sein.

Die Anfertigung eines Business-Planes macht auch deutlich, dass die eigentlichen Probleme häufig erst mit der Strategieimplementierung beginnen. Es reicht nicht aus, nur eine sinnvolle Strategie zu formulieren, sie muss auch durch entsprechende Umsatz-, Produktions-, Personal- und Finanzierungspläne – Bestandteile des Business-Planes – konkretisiert werden.

Beispiel

▸▸▸ Wird bei der Analyse des Marktes herausgearbeitet, dass eine Kostenführerstrategie sinnvoll erscheint, muss im Rahmen des Business-Plans aufgezeigt werden, in welchen Bereichen des Unternehmens und in welcher Form die Kostensenkungspotenziale genutzt werden. ◂◂◂

Die mit der Spezifikation eines strategischen Plans verknüpften Widerstände im Unternehmen führen nicht selten zu einer sukzessiven Veränderung der Strategie. Die im nächsten Kapitel vorgestellte Balanced Scorecard stellt eine Methode dar, diese Widerstände zu erkennen und zu durchbrechen.

8.4.4.2   Balanced Scorecard

Die strategische Unternehmensführung orientiert sich traditionell an finanziellen Kennzahlen (z. B. Return on Investment, Eigenkapitalrentabilität oder Economic Value Added). Eine einseitige Orientierung an finanziellen Kennzahlen greift jedoch zu kurz. Das finanzielle Ergebnis eines Unternehmens ist vergangenheitsbezogen und gibt keinen Aufschluss darüber, inwieweit eine vom Management beschlossene Strategie *in Zukunft* die erhofften Erfolge bringt. Daneben ist es ein Missverständnis zu glauben, dass allein schon die Entwicklung der richtigen Strategie zu den entscheidenden Wettbewerbsvorteilen führt. Eine empirische Analyse des Fortune Magazin kommt zu dem Schluss: »In der Mehrzahl der Fälle – schätzungsweise 70 % – treten die Probleme erst bei der mangelhaften Umsetzung auf«.

Eine ausschließliche Fokussierung auf die finanziellen Kennzahlen kann sogar den negativen Effekt haben, dass für den *langfristigen* Erfolg notwendige Investitionen in die Qualifikation der Mitarbeiter, die Entwicklung neuer Produkte, die Optimierung interner Prozesse oder die Verbesserung der Beziehung zu den Kunden des Unternehmens nur unzureichend erfolgen. Derartige Aktivitäten schlagen sich *kurzfristig negativ* in der Erfolgsrechnung nieder.

Diese Argumente werden durch empirische Erkenntnisse untermauert. Eine Studie von *Ernst & Young* zeigt auf, dass Unternehmen von institutionellen Investoren und Analysten nicht ausschließlich nach reinen Finanzkriterien bewertet werden. Dieser Studie zufolge berücksichtigen Portfoliomanager nicht-finanzielle Informationen zu 35 % bei ihren Investitionsentscheidungen. Von 38 identifizierten Einflussfaktoren rangieren die Folgenden an erster Stelle:

1. Fähigkeit zur Strategieumsetzung,
2. Glaubwürdigkeit/Fähigkeiten des Managements,
3. Qualität der Unternehmensstrategie,
4. Innovationsvermögen,
5. Fähigkeit, talentierten Nachwuchs einzustellen, und
6. Marktposition.

Die Balanced Scorecard ist von *Kaplan/Norton* (vgl. *Kaplan/Norton* 1996) entwickelt worden, um mit Hilfe verschiedener Kennzahlen den langfristigen Erfolg einer Strategie sicherzustellen (»Von der Vision zur Wirklichkeit«). Im Prinzip kann die Balanced Scorecard auch als umfassendes Managementkonzept betrachtet werden, ihr Schwerpunkt liegt jedoch in der Strategieimplementierung. In der externen Analyse können die Kennzahlen sehr gut dazu benutzt werden, die langfristigen Erfolgsperspektiven eines Unternehmens zu beurteilen.

Die vier Perspektiven der Balanced Scorecard

Im Kern handelt es sich bei der Balanced Scorecard um ein System von Kennzahlen, die über Ursache-Wirkungs-Ketten miteinander verbunden sind. Sie ist aber mehr als eine bloße Ansammlung von finanziellen und nicht-finanziellen Kennzahlen. Denn mit der Identifizierung der Ursache-Wirkungs-Ketten wird herausgearbeitet, welche Kennzahl welche andere mit welchem Zeitverzug und in welchem Ausmaß beeinflusst. Dabei wird gleichzeitig deutlich, in welchem Maße eine Kennzahl zum Erreichen der strategischen Zielsetzungen beiträgt.

Der Erfolg eines Unternehmens bei der Strategieumsetzung soll anhand von vier möglichst gleich gewichteten Perspektiven beurteilt werden. Diese sind in Abbildung 8.17 dargestellt.

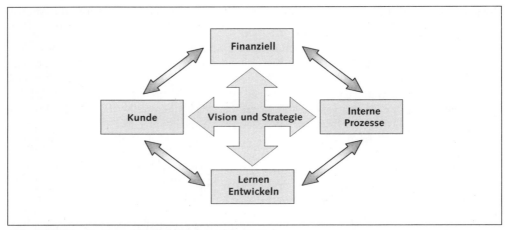

Abb. 8.17: Die vier Perspektiven der Balanced Scorecard

Die *finanzielle Perspektive* beinhaltet Kennzahlen, die Aufschluss darüber geben, wie sich bereits durchgeführte Aktionen auf den finanziellen Erfolg des Unternehmens ausgewirkt haben. Die *Kundenperspektive* wird betrachtet, weil die finanziellen Ziele eines Unternehmens nur über zufriedene Kunden zu erreichen sind, welche die Produkte und Dienstleistungen des Unternehmens kaufen. Die Kundenperspektive zeigt die Kunden- und Marktsegmente auf, in denen ein Unternehmen tätig ist, und stellt dar, wie sich die einzelnen Geschäftssparten in den entsprechenden Segmenten entwickeln. Sie enthält zum einen für alle Unternehmen gültige Kennzahlen wie die Kundenzufriedenheit, die Anzahl der Kundenakquisitionen oder die Kundenrentabilität. Weiterhin können auch unternehmensspezifische Kennzahlen entwickelt werden, die sich z.B. aus der Verfolgung einer speziellen Strategie ergeben.

Die *interne Prozessperspektive* wird betrachtet, da ein Unternehmen die Bedürfnisse ihrer Kunden nur befriedigen kann, wenn die internen Prozesse die Produktion qualitativ hochwertiger Produkte und Dienstleistungen kosten- und zeitgünstig ermöglichen. Dazu müssen nicht nur Kennzahlen gefunden werden, welche die Optimierung bereits bestehender Prozesse messen, wie z. B. Standardstückkosten oder Durchlaufzeiten. Vielmehr gilt es auch, Innovationsprozesse mit einzubeziehen, die es ermöglichen, durch neue und attraktive Produkte Wettbewerbsvorteile gegenüber der Konkurrenz zu erzielen. Ein besonderer Fokus ist auch auf Kundendienstprozesse zu legen, da diese in direktem Zusammenhang mit dem Kunden stehen (z. B. Bearbeitungszeit von Reklamationen). Bei vielen Unternehmen sind die Grenzen zwischen Betriebs- und Kundendienstprozessen jedoch fließend, da die internen (Betriebs-)prozesse vielfach auch auf den Kunden ausgerichtet sein sollten.

Die vierte Perspektive der Balanced Scorecard ist die *Lern- und Entwicklungsperspektive*. Im Blickpunkt steht hier die Infrastruktur eines Unternehmens, die notwendig ist, um langfristiges Wachstum und einen stetigen Verbesserungsprozess zu sichern. Da für kundenorientierte Unternehmen die Qualifikation und Motivation ihrer Mitarbeiter äußerst wichtig ist, sind diesbezügliche Kennzahlen zu berücksichtigen. Daneben sind Kennzahlen, welche die Leistungsfähigkeit der Informationssysteme beschreiben, von besonderer Bedeutung. Mögliche Kennzahlen in dieser Perspektive sind z. B. die Mitarbeiterfluktuation, die Anzahl der Verbesserungsvorschläge oder das Verhältnis von verfügbaren Informationen zu den benötigten Informationen.

Aspekte für die Auswahl von Kennzahlen

Für die Balanced Scorecard sind aus der Gesamtstrategie für alle vier Perspektiven (Teil-) Strategien zu formulieren und relevante Kennzahlen zu finden. Zu den Kennzahlen werden anschließend Zielvorgaben festgelegt und Maßnahmen formuliert, die zum Erreichen der Ziele durchzuführen sind.

Die Anzahl der Kennzahlen für eine Scorecard sollte 25 nicht übersteigen, wobei diese zudem noch gleichmäßig auf die vier Perspektiven verteilt sein sollten. Der Grund liegt zum einen in der abnehmenden Übersichtlichkeit der Balanced Scorecard mit steigender Anzahl der Kennzahlen. Zum anderen sind nur diejenigen Kennzahlen für eine Balanced Scorecard relevant, die einen Strategiebezug aufweisen. Wird eine Unterscheidung zwischen strategischen und diagnostischen Kennzahlen getroffen, so zeigt sich, das Letztere zwar zur Überwachung ungewöhnlicher Ereignisse eingesetzt werden können, aber keinen Einblick in die Strategieumsetzung geben. Sie bleiben deshalb für die Balanced Scorecard unberücksichtigt (vgl. *Kaplan/Norton* 1997, S. 156 f.).

Beispiel

▶▶▶ Bei Banken ist der Value at Risk kein Indikator für die Qualität des Risikomanagements. Eine Reduzierung kann auch auf gesunkene Volatilitäten zurückzuführen sein. Umgekehrt bedeutet eine Steigerung auch nicht zwangsläufig eine Verschlechterung des Risikomanagements, sondern kann ebenfalls auf externe Marktfaktoren zurückzuführen sein. ◀◀◀

Durch die Auswahl der Kennzahlen soll eine Balance erreicht werden zwischen:

1. harten (objektiven) und weichen (subjektiven) Kennzahlen,
2. extern und intern orientierten Kennzahlen sowie
3. vergangenheits- und zukunftsbezogenen Kennzahlen.

Ein weiterer Schritt besteht in der Ermittlung der Ursache-Wirkungs-Beziehung zwischen den Perspektiven und den Kennzahlen. Eine zentrale Schwäche traditioneller Kennzahlenanalysen besteht darin, dass die Zusammenhänge zwischen den Kennzahlen kaum beachtet werden. Abbildung 8.18 gibt ein Beispiel für ein Ursache-Wirkungs-Netzwerk der Balanced Scorecard.

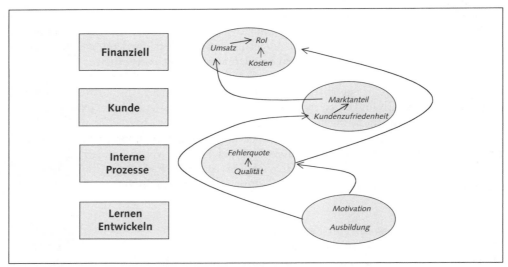

Abb. 8.18: Ursache-Wirkungs-Netzwerk im Balanced Scoreboard

Eine Balanced Scorecard kann (und sollte) auch Kennzahlen enthalten, die durch ihre Ursache-Wirkungs-Beziehung negativ miteinander korreliert sind. Beispielsweise geht eine durch niedrige Preise erkaufte Kundenzufriedenheit zu Lasten der Kundenrentabilität. Derartig identifizierte Gegenläufigkeiten sollen durch eine ausgewogene Kombination der Kennzahlen ausbalanciert werden.

Trotz dieses Anspruchs auf Ausgewogenheit ist zu beachten, dass über die kausalen Verknüpfungen der Kennzahlen diejenigen der finanziellen Perspektive am Ende der Kette stehen. Die Kennzahlen der Lern- und Entwicklungsperspektive stehen am Anfang. Sie beeinflussen das finanzielle Ergebnis, indem sie sich auf die interne Prozessperspektive und über diese auf die Kundenperspektive auswirken.

Schlussfolgerung

Die Balanced Scorcard ist ein geeignetes Instrument zur Implementierung von Strategien, insbesondere von Shareholder-Value-Strategien. Das typische Problem, dass Strategien in der Hierarchie von oben nach unten verwässert werden, kann mit ihrer Hilfe verringert werden. Die Ursache-Wirkungs-Analyse offenbart zugleich, dass neben den finanziellen auch andere Faktoren den langfristigen Erfolg eines Unternehmens beeinflussen. Die bei der Balanced Scorcard ermittelten Kennzahlen erweisen sich deshalb auch bei der (externen) Unternehmensbewertung als sehr hilfreich. So dürfte bei Unternehmen, die über zufriedene Kunden und Mitarbeiter verfügen, die langfristige Erfolgsprognose regelmäßig besser ausfallen als bei Unternehmen, denen die Mitarbeiter und/oder die Kunden davonlaufen.

8.4.5   Identifikation der Stärken und Schwächen als Ergebnis der Unternehmensanalyse

Als Ergebnis der Unternehmensanalyse erhält man ein System von Stärken und Schwächen des Unternehmens. Tabelle 8.14 zeigt beispielhaft die Stärken und Schwächen der SAP AG.

Stärken	Schwächen
• Marktführerschaft bei betrieblicher Anwendungs-software • Bekannter Markenname • Qualifiziertes, motiviertes Personal • Ausgewogenes Produktportfolio • Große und loyale Kundenbasis (ca. 18.000 Firmenkunden) • Zugang zum Kapitalmarkt • Konsequente Shareholder-Value-Orientierung	• 20%-Beteiligung an Commerce One wenig erfolgreich • Veränderung der Umsatzstruktur (weniger Software-Lizenzen) erhöht Margendruck

Tab. 8.14: Stärken und Schwächen der SAP AG

8.5   Fazit

Die Analyse von Kennzahlen, die Umwelt- und Unternehmensanalyse liefern die »Story« eines Unternehmens. Die Ergebnisse werden häufig in einem SWOT-Diagramm zusammengefasst. Sofern die Stärken eines Unternehmens auf Chancen des Umfeldes treffen, fällt die Ergebnisprognose optimistisch aus. Umgekehrt ist bei einem Zusammenfallen von Risiken und Schwächen von einer konservativen Prognose auszugehen.

Da die SWOT-Analyse die strategische Position (bzw. strategischen Geschäftseinheiten) eines Unternehmens untersucht, ermöglicht diese Analyse auch nur die Prognose der Performance des Leistungsbereichs (operativer Bereich) von Unternehmen. Aufgrund der Komplexität der Analyse und zahlreicher »weicher« Faktoren wird zweifellos nur eine unscharfe Prognose möglich sein. Die Verfahren der Unternehmensbewertung erfordern jedoch eine konkrete Prognose der zukünftigen Erfolge, und die Bewertung wird umso verlässlicher ausfallen, je besser der Zahleninput für die Bewertungsmodelle durch kenntnisreiche Analysen untermauert wird.

Die Ergebnisse der operativen Analysen müssen für die Unternehmensbewertung in Prognoserechnungen überführt werden. Neben einer Prognose der operativen Performance sind dafür auch Planungen des Investitions-, Ausschüttungs- und Finanzierungsverhaltens eines Unternehmens notwendig. Die Anfertigung derartiger Planungsrechnungen ist Gegenstand des nächsten Kapitels.

Literaturhinweise

Einen Überblick über Techniken zur Analyse der strategischen Positionierung von Unternehmen findet man in zahlreichen Büchern des Marketing, z.B. bei:

Bea, F.X./Haas, J.: Strategisches Management. 3. Auflage. Reihe Uni Taschenbücher, Band 1458, Stuttgart 2001.

Becker, J.: Marketing-Konzeption: Grundlagen des strategischen und operativen Marketing-Managements. 6. Auflage. München 1998.

Hinterhuber, H.: Strategische Unternehmensführung, I. Strategisches Denken; 6. Auflage, Berlin 1996.

Meffert, H.: Marketing-Management: Analyse; Strategie; Implementierung. Wiesbaden 1994.

Staehle, W.: Management, Eine verhaltenswissenschaftliche Perspektive, 8. Auflage, überarbeitet von P. Sydow, München 1999.

Die einflussreiche Analyse von Porter zur Analyse des Wettbewerbsumfeldes ist dargestellt in:

Porter, M. E.: Wettbewerbsstrategie (Competitive Strategy): Methoden zur Analyse von Branchen und Konkurrenten, 10. Auflage, Frankfurt a.M. et al., 1999.

Porter, M. E.: Wettbewerbsvorteile (Competitive Advantage): Spitzenleistungen erreichen und behaupten, 5. Auflage, Frankfurt a.M., 1999.

Die Strategische Analyse ist ebenfalls Gegenstand des strategischen Controllings, so z.B. bei:

Baum, Heinz-Georg/Coenenberg, Adolf G./Günther, Thomas: Strategisches Controlling, Grundfragen der Strategischen Planung und Kontrolle, 2. Auflage 1999.

Horváth, P.: Controlling; 5. Auflage, München 1994.

Die Originalliteratur zur Balanced Scorecard findet man bei:

Kaplan, Robert S./Norton, David P.: Balanced Scorecard – Strategien erfolgreich umsetzen, Stuttgart 1997.

Das Original zur emotionalen Intelligenz ist dargestellt in:

Goleman, Daniel: Emotionale Intelligenz; München, 8. Auflage 1998.

9 Anfertigung von Prognoserechnungen

9.1 Einführung

In den vorangehenden Kapiteln wurden diverse Methoden aufgezeigt, sich mit einem Unternehmen vertraut zu machen. In diesem Kapitel soll dargestellt werden, wie sich diese Analysen in Prognoserechnungen überführen lassen. Die Anwendung der dargestellten Methoden der Unternehmensbewertung erfordern eine konkrete Zukunftsprognose für die jeweils betrachteten Performancegrößen.

In der Regel wird eine umfassende Businessplanung für die Gewinn- und Verlustrechnung, die Bilanz und das Cashflow-Statement vorgenommen. Die erfolgsorientierten Bewertungsverfahren erfordern sowohl eine Prognose von Stromgrößen (z. B. zukünftige Free Cashflows) als auch von Bestandsgrößen (z. B. Marktwert des Fremdkapitals für die Gewichtung der Kapitalkosten). Die Anfertigung der verschiedenen Rechnungen ist auch ratsam, um die Prognosen der einzelnen Rechnungen auf ihre Konsistenz zu prüfen. So wird eine adäquate Prognose der Zinsaufwendungen kaum möglich sein, ohne eine konkrete Planung für das Fremdkapital in der Bilanz zu haben.

Es ist zu betonen, dass die Prognose bestenfalls eine gut begründete Vermutung des Analysten darstellt. Die Anfertigung von Prognoserechnungen ist keine Prophezeiung, sondern stellt eine (hoffentlich gut fundierte) Meinung eines Analysten dar. Die Güte der Prognose (und damit auch der Unternehmensbewertung) hängt in hohem Maße davon ab, wie gut die Zukunftserwartungen durch Analysen untermauert sind bzw. wie konsistent die Planung zu dem absehbaren Marktumfeld und den Stärken und Schwächen des Unternehmens ist.

Beispiel

▶▶▶ In den Jahren 1997–2000 wurden ca. 300 Unternehmen in Deutschland an die Börse geführt. Die Preisfindung der Konsortialbanken für die erstmalig öffentlich angebotenen Aktien erfolgte zumeist auf Basis von Bewertungen durch Discounted-Cashflow-Modelle und Multiples-Vergleiche. Im Nachhinein ist es sehr interessant und amüsant zu sehen, wie kläglich die meisten Analysten damals daran gescheitert sind, einigermaßen realistische Prognosen für die nächsten 3–5 Jahre anzufertigen. Die zukünftige Performance wurde zum Teil drastisch überschätzt. So wurde vom Konsortialführer des Telekom-Dienstleisters Gigabell AG – dem ersten Pleiteunternehmen am Neuen Markt – für das Jahr 2003 eine EBIT-Marge von 18 % erwartet. Es ist erschreckend zu sehen, wie grundlegende Analyseerkenntnisse des vorangegangenen Kapitels (z. B. Wettbewerbsintensität begrenzt Margen, Wachstum schwächt sich im Lebenszyklus ab) missachtet wurden. ◀◀◀

9.2   Ablauf der Businessplanung

Es gibt kein Standardschema zur Anfertigung von Prognoserechnungen. Es empfiehlt sich, die Modellierung an den Veröffentlichungen des Unternehmens zu orientieren. Dies erleichtert die Integration wichtiger Informationen und ermöglicht den schnellen Abgleich der Prognosen mit den Veröffentlichungen (Regel- und Ad-hoc-Publizität) des Unternehmens. Die Anfertigung der Prognosen stützt sich zumeist auf ein Tabellenkalkulationsprogramm, üblicherweise Microsoft Excel. Die Programmierung eigener Spreadsheets erlaubt eine hohe Flexibilität und zwingt dazu, die Logik und Konsistenz der eigenen Berechnungen fortwährend zu durchdenken.

In der Praxis wird man feststellen, dass die Anfertigung der Spreadsheets in der Regel ein Prozess des »Trial and Error« darstellt. Leider verändern Unternehmen häufig die Darstellung ihres Jahresabschlusses und Analysten entdecken erst mit der Zeit, welche Werttreiber für die Prognosen von besonderer Wichtigkeit sind.

Trotz der Individualität der einzelnen Planungen lassen sich auch Gemeinsamkeiten erkennen. Die Prognose läuft zumeist folgendermaßen ab:

1. Festlegung der Prognosemethode (Top down versus Bottom up),
2. Zerlegung des Prognosezeitraumes (Detailplanung, Anpassungszeitraum, Terminal Value),
3. Prognose der operativen Entwicklung (Umsatz, operative Margen),
4. Prognose der Investitions-, Finanzierungs-, und Ausschüttungspolitik,
5. Konsistente Abbildung der Prognosen in GuV, Bilanz und Cashflow-Statement,
6. Analysen alternativer Szenarien (Sensitivitätsanalyse)

9.2.1   Top-down- versus Bottom-up-Planung

Die Prognose kann entweder Top down auf Konzernebene durch Prognose der einzelnen Positionen der Gewinn- und Verlustrechnung bzw. des Cashflow-Statements erfolgen oder Bottom up durch Zusammenfassung von Prognosen einzelner Geschäftsbereiche. Tabelle 9.1 gibt eine Übersicht, wie die verschiedenen Wertkomponenten Top down prognostiziert werden können.

Wertkomponente	Gängige Formel	Wichtige Analysebereiche
Absatz	Marktvolumen · Marktanteil	• Auftragsbestand, • Auftragseingang, • Wettbewerbssituation, • Strategische Positionierung, • Wechselkursentwicklung.
Umsatz	Absatzmenge · Ø Absatzpreis	• Absatzentwicklung, • Preisstrategien, • Konkurrenzpreise, • Preise von Substituten.
Produktionsmenge	Absatzmenge +/– Laberbestandsveränderungen + Ausschussmenge	• Absatzplanung, • Beschaffungssituation, • Lagerbestand an Rohmaterial sowie • fertigen und unfertigen Erzeugnissen, • Materialausschuss.
Materialkosten	Produktionsmenge · Ø Materialkosten	• Produktionsplanung, • Materialkostenentwicklung, • Rohstoffpreise, • Wechselkursentwicklung.
Personalkosten	Personalzahl · Ø Personalkosten pro Jahr	• Tarifabschlüsse, • Produktionsmenge, • Rationalisierungsmaßnahmen, • Inflation.
Verwaltungs- und Vertriebskosten	Verhältnis zum Umsatz in der Vergangenheit · Umsatz	• Verwaltungs- und Vertriebsstrukturen, • Sondermaßnahmen (geplante Werbe- und sonstige Marketingaktionen).
Abschreibungen	Verhältnis zum Sachanlagevermögen in der Vergangenheit · Umsatz	• Abschreibungsmethoden, • Investitionspolitik, • Anlagevermögen.
Zinsaufwand	(Bilanzielles Fremdkapital Vorjahr + bilanzielles Fremdkapital Planjahr)/2 · Fremdkapitalzinssatz	• Zinstragende Verbindlichkeiten, • Finanzierungsplanung, • Zinsentwicklung.
Zinsertrag	(Bilanzielle liquide Mittel Vorjahr · bilanzielle liquide Mittel Planjahr)/2 · Habenzinssatz	• Liquide Mittel, • Anlagemöglichkeiten, • Zinsentwicklung.
Außerordentliches Ergebnis	---	• Außergewöhnliche, aperiodische und dispositive Effekte • I.d.R. nicht planbar
Ertragsteuern (GewESt, KSt, ESt)	(Ergebnis vor Steuern +/- Hinzurechnungen, Kürzungen, nicht abzugsfähige Aufwendungen) · Steuersatz	• Steuersätze • Steuerliche Sondertatbestände (Verlustvorträge, Steuerrückstellungen)

Tab. 9.1: Berechnung von Wertkomponenten – Stromgrößen

Wertkomponente	Gängige Formel	Wichtige Analysebereiche
Aktiva		
Anlagevermögen	Anlagevermögen Vorjahr + Investitionen - Abschreibungen - Abgänge	• Anlagenspiegel • Abschreibungen • Investitionen/Desinvestitionen
Umlaufvermögen		
Rohmaterialien	Menge an Rohmaterialien/Produktionsmenge in der Vergangenheit · Produktionsmenge	• Lagerbuchhaltung • Kritische Lagerbestandsmenge
Fertige und unfertige Erzeugnisse	Fertige und unfertige Erzeugnisse/ Produktionsmenge in der Vergangenheit · Produktionsmenge	• Lagerbuchhaltung • Kritische Lagerbestandsmenge
Forderungen	Forderungen/Umsatz in Vergangenheit · Umsatz	• Debitorenziele
Liquide Mittel	Cash/Umsatz in Vergangenheit · Umsatz	• Cashflow-Rechnung • Finanzierungspolitik • Investitionspolitik • Anlagemöglichkeiten
Passiva		
Gezeichnetes Kapital	Eigenkapital Vorjahr + eventuelle Eigenkapitalveränderungen	• Cashflow-Rechnung • Finanzierungspolitik • Eigenkapitalquote
Gewinnrücklagen	Gewinnrücklagen Vorjahr + Jahresüberschuss Vorjahr – Ausschüttungen Vorjahr	• Ausschüttungspolitik
Jahresüberschuss	Jahresüberschuss gem. Gewinn- und Verlustrechnung	• ----
Fremdkapital	Summe Passiva/Aktiva – gezeichnetes Kapital – Gewinnrücklagen – Jahresüberschuss – Verbindlichkeiten	• Cashflow-Rechnung • Finanzmittelbedarf • Fremdkapitalquote • häufig »Plug« zur Schließung des Modellkreislaufs

Tab. 9.2: Berechnung von Wertkomponenten – Bestandsgrößen

Der Top-down-Ansatz wird zumeist von Wirtschaftsprüfern favorisiert. Bei kleinen, übersichtlichen Unternehmen wird man mit dieser Methode gute Ergebnisse erzielen, da sich die einzelnen Positionen recht gut vorhersehen lassen. Bei größeren Konzernen ist die Prognose der einzelnen Positionen jedoch sehr aufwendig und kaum praktikabel. So lassen sich bei internationalen Konzernen aufgrund der Vielzahl der Betriebsstätten und unterschiedlicher Produkte kaum alle Informationen über die Entwicklung der einzelnen Positionen (z. B. von Personal- oder Vertriebskosten) zusammentragen.

Der Top-down-Ansatz ist eng an der Rechnungslegung angelehnt und es besteht die große Gefahr, dass die Prognose sehr schematisch vorgenommen wird und Einflüsse des Wettbewerbsumfeldes oder der Positionierung des Unternehmens weitgehend ausgeblendet werden. Dies macht sich häufig dadurch bemerkbar, dass die Entwicklung der Absatz- und Beschaffungspreise kaum sinnvoll begründet wird (häufig wird eine Konstanz der Preise angenommen). Nicht selten mündet dieser schematische Ansatz deshalb in Prognosen, die mit dem Wettbewerbsumfeld eines Unternehmens nicht kompatibel sind. Empirische Ergebnisse zeigen zudem, dass einzelne Positionen der Gewinn- und Verlustrechnung sehr stark schwanken, während aggregierte Margen vergleichsweise stabil bleiben. Der Wettbewerb ist ein Entdeckungsverfahren, dessen Einfluss auf die einzelnen Positionen des Jahresabschlusses kaum absehbar ist.

Bei größeren (börsennotierten) Unternehmen favorisieren Analysten deshalb zumeist den Bottom-up-Ansatz, d. h. für die verschiedenen Geschäftbereiche werden nur *die wichtigsten operativen Werttreiber* (Umsatz und operative Ergebnis- und Cashflow-Margen) geschätzt. Die Prognose für unterschiedliche Geschäftsbereiche wird den individuellen Rahmenbedingungen der Bereiche besser gerecht und Erkenntnisse der operativen und strategischen Analyse lassen sich schnell und flexibel einbauen. Erfahrungen des Analysten sind diesbezüglich sehr nützlich. Auf Basis eines reichen Erfahrungsschatzes (alternativ auch historischer Untersuchungen) kann ein Analyst besser abschätzen, unter welchen Rahmenbedingungen welche Ertragskraft erreicht werden kann.

Beispiel

▶▶ Die DaimlerChrysler AG war im PKW-Segment mit den recht verschiedenen Marken Mercedes, Smart, Chrysler, Dodge vertreten. Die Marke Mercedes ist eine Premiummarke, hat einen hohen Verkaufsanteil in Europa und unterliegt deshalb ganz anderen Einflüssen als die Marke Dodge. So lässt sich Top down kaum abschätzen, wie sich ein Rückgang der amerikanischen Automobilkonjunktur auf die Vertriebskosten des Gesamtkonzerns auswirken wird. Auf Basis seiner Erfahrungen kann der Analyst aber recht gut abschätzen, wie sich die Eintrübung der Autokonjunktur auf Preise und Margen der amerikanischen Marken auswirken wird. Die einzelnen Ergebnisse der Bottom-up-Schätzung werden dann zu einer Schätzung für den Gesamtkonzern verdichtet. ◀◀

Obwohl die Prognose von Analysten in der Regel auf den Bottom-up-Ansatz abgestellt ist, wird zumeist gleichzeitig auch der Top-down-Ansatz betrachtet. Mit Hilfe des Top-down-Ansatzes kann die Konsistenz der Bottom-up-Schätzungen überprüft werden und der Einfluss besonderer Effekte lässt sich besser abschätzen. So kann man anhand des Top-down-Ansatzes recht schnell erkennen, welche Auswirkungen ein Tarifabschluss auf die Personalkosten und damit ceteris paribus auf die operativen Margen hat.

9.2.2 Zerlegung des Prognosezeitraumes

Die Zerlegung des Prognosezeitraumes in Teilphasen soll der mit der Prognose verbundenen Unsicherheit Rechnung tragen. Der IDW-Standard S1 (Tz. 75ff.) schlägt zur Begrenzung der Unsicherheit die Zerlegung des Planungszeitraumes in Phasen unterschiedlicher Schätzgenauigkeit vor. Ausgehend von der Annahme einer unendlichen Fortführung der Unternehmenstätigkeit ist eine Zerlegung in die nachstehenden Phasen vorgesehen (»Mehrphasenmodell« bzw. »Phasenmodell«):

1. *Phase Detailplanung:* Nächstliegende, noch detailliert planbare Zukunft mit Einzelplanansätzen (z.B. 3 Jahre),
2. *Phase Anpassungsphase:* Trenderwartungen und Ableitungen aus den Plänen der 1. Phase bis zum Planungshorizont (z.B. weitere 5 Jahre),
3. *Phase Unendlicher Planungshorizont.* Phase, für die i.d.R. eine konstante Entwicklung des Erfolges angenommen wird (weitere Zukunft).

Bei den DCF-Methoden ist es üblich, den gesamten Prognosezeitraum in nur zwei Phasen einzuteilen. Es folgt zunächst eine Festlegung eines Detailprognosezeitraumes, für den eine periodenspezifische Prognose der Cashflows vorgenommen wird, und eines Zeitraumes nach dem Planungshorizont, für den mit einer zu definierenden Wachstumsrate konstant wachsende Cashflows modelliert werden (Rentenmodell). Bei Unternehmen mit sehr hohen Wachstumsraten (z.B. am Beginn des Lebenszyklus) ist das 3-Phasenmodell dem Rentenmodell vorzuziehen. Die mit dem Rentenmodell verbundene Verwendung eines Durchschnittswachstums ist für derartige Unternehmen kaum annehmbar und kann zu erheblichen Fehlbewertungen führen. Die Anwendung eines Rentenmodells kann nur gerechtfertigt werden, wenn sich die Wachstumsraten auf einem stabilen Niveau einpendeln. Dies wird bei etablierten Unternehmen mit zahlreichen Produkten am Ende des Lebenszyklus eher der Fall sein als bei jungen Wachstumsunternehmen.

Annahmen über die Höhe und die Entwicklung der Cashflows nach dem Planungshorizont haben einen maßgeblichen Einfluss auf das Bewertungsergebnis. In der Literatur und Bewertungspraxis findet man deshalb zahlreiche Vorschläge zur Berechnung der Größen für den unendlichen Planungshorizont, die sich u.a. auch in unterschiedlichen Bezeichnungen (z.B. »unendlicher Fortführungswert«, »Endwert«, »Restwert«, »Continuing Value«, »Residual Value«, »Terminal Value«) bemerkbar machen. Der IDW-Standard sieht vor, nach dem Planungshorizont einen gleichbleibenden »nachhaltigen« Ertrag anzusetzen. Den entsprechenden Rentenbarwert bezeichnet man als »unendlichen Fortführungswert«.

Bei der Ermittlung von Werten für den unendlichen Planungshorizont kommen auch andere Verfahren zur Anwendung. Das Spektrum reicht hier vom Ansatz des Börsenwerts über Substanzwerte (Liquidationswert oder Reproduktionswert) bis hin zur marktorientierten Bewertung mit Multiples. Eine detaillierte Darstellung dieser Methoden findet man in Kapitel 3.4.

9.2.3   Prognose des operativen Geschäfts

Bei der Anfertigung der Prognosen empfiehlt sich, eine getrennte Prognose des Leistungsbereichs (operativer Bereich) und des Finanzbereichs vorzunehmen. Der Prognose zukünftiger operativer Werttreiber (Umsätze, operative Margen) sollte eine fundierte Analyse des Unternehmens und seiner Umwelt zugrunde liegen. Unzweifelhaft wird es sich hierbei um eine unscharfe Prognose handeln, die kaum durch schematische Berechnungen hergeleitet werden kann. Auf der Grundlage einer profunden Kenntnis der »Story« eines Unternehmens lassen sich die operativen Werttreiber jedoch angemessen vorhersagen. Die Aufgliederung der Analyse und Prognose nach verschiedenen Geschäftsbereichen (Bottom-up-Ansatz) verfeinert die »Story« und wird vermutlich die Prognosegüte verbessern.

Gegenüber den operativen Größen lassen sich die anderen benötigten Positionen weitgehend schematisch herleiten. Dazu bedarf es Annahmen über das Investitions-, Finanzierungs- und Ausschüttungsverhaltens des Unternehmens. Die Prognosen dieser Größen sind weitaus einfacher als die Vorhersage des operativen Geschäfts eines Unternehmens, da sie kaum durch das komplexe Geschäftsumfeld, sondern eher durch interne Managemententscheidungen festgelegt werden. Diese Größen sind deshalb vergleichsweise stabil und/oder entwickeln sich parallel zum Umsatz bzw. Ergebnis des Unternehmens.

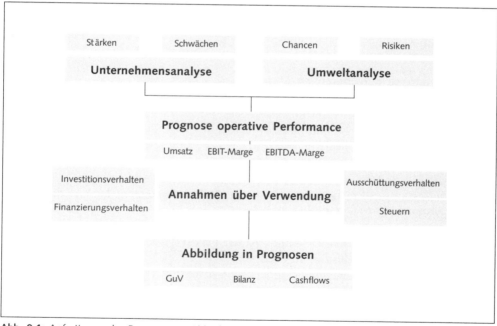

Abb. 9.1: Anfertigung der Prognosen – Ablauf

9.2.3.1 Prognose des Umsatzes

Der Umsatz ist der wichtigste Werttreiber von Unternehmen. Auf Basis einer guten Umsatzprognose lassen sich auch viele anderen Größen sinnvoll bestimmen. Grundlage der Umsatzprognose ist eine fundierte Analyse des Marktes. Es ist zunächst einmal davon auszugehen, dass das Unternehmen seinen Marktanteil konstant hält und sich mithin der Absatz des Unternehmens parallel zum absehbaren Marktvolumen entwickelt. Werden jedoch besondere Stärken (oder Schwächen) identifiziert, so lässt sich auch eine Steigerung (oder Schrumpfung) des Marktanteils rechtfertigen und der Absatz wird branchenüberdurchschnittlich (branchenunterdurchschnittlich) wachsen. Die Zusammenhänge können in folgenden Formeln verdichtet werden:

(9.1) $\text{Absatz}_t = \text{Marktvolumen}_t \cdot \text{Marktanteil}_t$
          $\text{Umsatz}_t = \text{Absatz}_t \cdot \varnothing \, \text{Absatzpreis}_t$

Um den wertmäßigen Umsatz herzuleiten, müssen noch Annahmen über zukünftige Preisentwicklungen getroffen werden. Dies setzt ebenfalls eine Analyse der Marktstruktur und des Wettbewerbsverhaltens voraus. Die Umsatzentwicklung wird sich für verschiedene Unternehmen höchst unterschiedlich entwickeln. Die folgenden grundlegenden Erkenntnisse gelten jedoch für nahezu jedes Unternehmen:

- Das Wachstum wird vom Wettbewerbsumfeld, Lebenszyklus der Produkte und dem Produktportfolio bestimmt.
- Das Wachstum wird aufgrund von Engpassfaktoren (z.B. Personalengpässe) selten sprunghaft erfolgen.

9.2.3.2 Prognose der operativen Margen

Die Prognose der operativen Performance kann ebenfalls nur auf Basis einer eingehenden Umfeld- und Unternehmensanalyse erfolgen. Die Analyse wird auf Basis der in Kapitel 7 und 8 vorgestellten Analysetools sehr individuell vorgenommen, wichtige Zusammenhänge gilt es jedoch immer vor Augen zu haben:

- Ergebnismargen werden im Wesentlichen von Wettbewerbsstrukturen und Marktpreisentwicklungen auf den Absatz- und Beschaffungsmärkten bestimmt.
- Besondere Stärken (z.B. bei Management, Strategien, Produkten) können die Margen *kurzfristig* über das branchenübliche Niveau heben.
- Mittel- und langfristig werden die Margen jedoch in der Regel wieder auf ein branchentypisches Niveau zurückgeworfen. Insbesondere bei der Modellierung des Terminal Value gilt es, diese »Mean Reversion« zu beachten.
- Unternehmen, die sich über ein besonders gutes Image oder sehr gut eingeführte Marken von Wettbewerbern differenzieren, gelingt es häufig dauerhaft, branchenüberdurchschnittliche Margen zu erzielen.

Ausgehend von der Umsatzprognose lassen sich operative Margen dann folgendermaßen herleiten:

(9.2) $\text{EBT}_t = \text{Umsatz}_t \cdot \text{EBT-Marge}_t$
          $\text{EBIT}_t = \text{Umsatz}_t \cdot \text{EBIT-Marge}_t$
          $\text{EBITDA}_t = \text{Umsatz}_t \cdot \text{EBITDA-Marge}_t$

Beispiel

▶▶▶ Abbildung 9.2 zeigt eine mit Microsoft Excel angefertigte Bottom-up-Prognose für die Volkswagen AG. Das Spreadsheet enthält eine Prognose für Absatz, Umsatz, Vorsteuerergebnis (EBT) und Cashflow. Die Darstellung richtet sich nach den Veröffentlichungen des Unternehmens, da sich die eigenen Prognosen dann besser mit der Berichterstattung des Konzerns abgleichen lassen. Die Tabelle enthält zudem historische Zahlen, um die Plausibilität der Prognosen besser einordnen zu können. Der Umsatz der einzelnen Bereiche ergibt sich jeweils nach den Formeln (9.1) und (9.2).

Den Prognosen von Absatz- und Preisentwicklungen liegt jeweils eine fundierte Analyse von Marktentwicklungen und Produkten der einzelnen Bereiche zugrunde. So ist bei der Prognose insbesondere die Abhängigkeit der Marken von verschiedenen Absatzmärkten zu berücksichtigen. Für die Marke Audi wird die Absatzstruktur exemplarisch in Abbildung 9.3 dargestellt.

Automobil

Segmente	1999	+/-	Marge	2000e	+/-	Marge	2001	+/-	Marge	2002	+/-	Marge	2003e	+/-	Marge
Volkswagen PKW															
Absatz	2.356.900	28,9%	-	2.490.422	5,7%	-	2.490.422	0,0%	-	2.552.683	2,5%	-	2.616.500	2,5%	-
Umsatz (Mio €)	79.745	33,1%	-	88.721	11,3%	-	90.900	2,5%	-	94.449	3,9%	-	99.427	5,3%	-
- durch. Verkaufspreis (€)	33.835	3,3%	-	35.625	5,3%	-	36.500	2,5%	-	37.000	-1,5%	-	38.000	-1,5%	-
Ergebnis vor Steuern (Mio €)	4.177	180,3%	5,2%	2.775	-33,6%	3,1%	4.636	67,1%	5,1%	4.722	1,9%	5,0%	4.971	5,3%	5,0%
Cash Flow (Mio €)	6.188	92,7%	7,8%	5.757	-7,0%	6,5%	7.272	26,3%	8,0%	7.367	1,3%	7,8%	7.755	5,3%	7,8%
Volkswagen NFZ															
Absatz	294.202	10,1%	-	284.459	-3,3%	-	284.459	0,0%	-	291.570	2,5%	-	298.860	2,5%	-
Umsatz (Mio €)	8.307	8,5%	-	8.503	2,4%	-	8.534	0,4%	-	8.747	2,5%	-	8.966	2,5%	-
- durch. Verkaufspreis (€)	28.236	-1,5%	-	29.892	5,9%	-	30.000	0,4%	-	30.000	0,0%	-	30.000	0,0%	-
Ergebnis vor Steuern (Mio €)	459	-17,9%	5,5%	487	6,1%	5,7%	512	5,1%	6,0%	525	2,5%	6,0%	538	2,5%	6,0%
Cash Flow (Mio €)	519	4,8%	6,2%	452	-12,9%	5,3%	512	13,3%	6,0%	525	2,5%	6,0%	538	2,5%	6,0%
Audi															
Absatz	614.107	11,7%	-	624.966	1,8%	-	649.965	4,0%	-	675.963	4,0%	-	703.002	4,0%	-
Umsatz (Mio €)	27.222	21,5%	-	29.624	8,8%	-	29.248	-1,3%	-	30.418	4,0%	-	31.635	4,0%	-
- durch. Verkaufspreis (€)	44.328	8,7%	-	47.401	6,9%	-	45.000	-5,1%	-	45.000	0,0%	-	45.000	0,0%	-
Ergebnis vor Steuern (Mio €)	1.684	51,4%	6,2%	1.638	-2,7%	5,5%	1.696	3,6%	5,8%	1.795	5,8%	5,9%	1.866	4,0%	5,9%
Cash Flow (Mio €)	2.373	19,0%	8,7%	2.274	-4,2%	7,7%	2.574	13,2%	8,8%	2.677	4,0%	8,8%	2.784	4,0%	8,8%
Seat															
Absatz	671.405	8,8%	-	751.296	11,9%	-	766.322	2,0%	-	793.143	3,5%	-	820.903	3,5%	-
Umsatz (Mio €)	13.535	13,3%	-	16.310	20,5%	-	17.242	5,7%	-	17.578	1,9%	-	17.920	1,9%	-
- durch. Verkaufspreis (€)	20.159	4,1%	-	21.709	7,7%	-	22.500	3,6%	-	22.163	-1,5%	-	21.830	-1,5%	-
Ergebnis vor Steuern (Mio €)	482	167,8%	3,6%	382	-20,7%	2,3%	776	103,1%	4,5%	844	8,7%	4,8%	860	1,9%	4,8%
Cash Flow (Mio €)	1.116	11,2%	8,2%	857	-23,2%	5,3%	1.466	71,0%	8,5%	1.441	-1,7%	8,2%	1.469	1,9%	8,2%
Skoda															
Absatz	403.815	8,4%	-	374.947	-7,1%	-	374.947	0,0%	-	389.945	4,0%	-	405.543	4,0%	-
Umsatz (Mio €)	6.114	18,6%	-	6.079	-0,6%	-	5.624	-7,5%	-	5.761	2,4%	-	5.902	2,4%	-
- durch. Verkaufspreis (€)	15.141	9,4%	-	16.213	7,1%	-	15.000	-7,5%	-	14.775	-1,5%	-	14.553	-1,5%	-
Ergebnis vor Steuern (Mio €)	208	38,7%	3,4%	176	-15,4%	2,9%	225	27,8%	4,0%	288	28,1%	5,0%	295	2,4%	5,0%
Cash Flow (Mio €)	528	19,7%	8,6%	513	-2,8%	8,4%	484	-5,7%	8,6%	495	2,4%	8,6%	508	2,4%	8,6%
Nordamerika															
Absatz	454.313	46,6%	-	649.207	42,9%	-	714.128	10,0%	-	771.258	8,0%	-	832.959	8,0%	-
Umsatz (Mio €)	14.231	50,5%	-	20.742	45,8%	-	23.209	11,9%	-	25.066	8,0%	-	27.071	8,0%	-
- durch. Verkaufspreis (€)	31.324	2,6%	-	31.950	2,0%	-	32.500	1,7%	-	32.500	0,0%	-	32.500	0,0%	-
Ergebnis vor Steuern (Mio €)	156	1200,0%	1,1%	727	366,0%	3,5%	928	27,7%	4,0%	1.003	8,0%	4,0%	1.083	8,0%	4,0%
Cash Flow (Mio €)	531	74,1%	3,7%	1.314	147,5%	6,3%	1.021	-22,3%	4,4%	1.103	8,0%	4,4%	1.191	8,0%	4,4%
Südamerika															
Absatz	591.427	-19,9%	-	551.829	-6,7%	-	551.829	0,0%	-	579.420	5,0%	-	608.391	5,0%	-
Umsatz (Mio €)	12.321	-14,8%	-	9.951	-19,2%	-	11.037	10,9%	-	11.588	5,0%	-	12.168	5,0%	-
- durch. Verkaufspreis (€)	20.833	6,3%	-	18.033	-13,4%	-	20.000	10,9%	-	20.000	0,0%	-	20.000	0,0%	-
Ergebnis vor Steuern (Mio €)	-81	-139,7%	-0,7%	-710	776,5%	-7,1%	0	-100,0%	0,0%	58	0,0%	0,5%	61	0,0%	0,5%
Cash Flow (Mio €)	502	230,3%	4,1%	-70	######	-0,7%	441	######	4,0%	464	5,0%	4,0%	487	5,0%	4,0%
Asien															
Absatz	359.430	5,6%	-	366.861	2,1%	-	381.535	4,0%	-	404.428	6,0%	-	428.693	6,0%	-
Umsatz (Mio €)	5.093	-4,3%	-	6.139	20,5%	-	5.341	-13,0%	-	5.662	6,0%	-	6.002	6,0%	-
- durch. Verkaufspreis (€)	14.170	-9,3%	-	16.734	18,1%	-	14.000	-16,3%	-	14.000	0,0%	-	14.000	0,0%	-
Ergebnis vor Steuern (Mio €)	367	-24,9%	7,2%	475	29,4%	7,7%	401	-15,7%	7,5%	396	-1,1%	7,0%	420	6,0%	7,0%
Cash Flow (Mio €)	445	-14,9%	8,7%	623	40,0%	10,1%	443	-28,8%	8,3%	481	8,6%	8,5%	510	6,0%	8,5%
Finanzdienstleistungen															
Umsatz (Mio €)	11.675	15,7%	-	12.888	4,0%	-	13.404	4,0%	-	13.940	4,0%	-	14.497	4,0%	-
Ergebnis vor Steuern (Mio €)	383	-59,7%	3,3%	371	-3,1%	2,9%	402	8,4%	3,0%	418	4,0%	3,0%	435	4,0%	3,0%
Cash Flow (Mio €)	5.327	5,0%	45,6%	6.334	18,9%	49,1%	6.702	5,8%	50,0%	6.970	4,0%	50,0%	7.249	4,0%	50,0%
Konsolidierungen															
Absatz	-997781	28,9%	-	-1.170.991	2,0%	-	-1.194.411	2,0%	-	-1.218.299	2,0%	-	-1.242.665	2,0%	-
Umsatz (Mio €)	-44.000	32,6%	-	-51.944	2,0%	-	-52.983	2,0%	-	-54.043	2,0%	-	-55.123	2,0%	-
Ergebnis vor Steuern (Mio €)	-1.548	19,0%	3,5%	-1.388	-10,3%	2,7%	-1.589	14,5%	3,0%	-1.621	2,0%	3,0%	-1.654	2,0%	3,0%
Cash Flow (Mio €)	-725	-28,9%	1,6%	-1.283	77,0%	2,5%	-1.060	-17,4%	2,0%	-1.081	2,0%	2,0%	-1.102	2,0%	2,0%
Konzern															
Absatz	4.747.818	11,7%	-	4.922.996	3,7%	-	5.019.196	2,0%	-	5.240.111	4,4%	-	5.472.185	4,4%	-
Umsatz (Mio €)	134.243	18,5%	-	147.013	9,5%	-	151.557	3,1%	-	159.168	5,0%	-	168.465	5,8%	-
Ergebnis vor Steuern (Mio €)	6.287	63,5%	4,7%	4.933	-21,5%	3,4%	7.987	61,9%	5,3%	8.428	5,5%	5,3%	8.893	5,3%	5,3%
Cash Flow (Mio €)	16.804	38,0%	12,5%	16.771	-0,2%	11,4%	19.855	18,4%	13,1%	20.442	3,0%	12,8%	21.388	4,6%	12,7%

Abb. 9.2: Anfertigung der Prognosen – Bottom-up-Ansatz

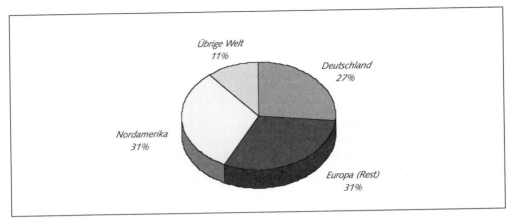

Abb. 9.3: Absatzstruktur von Audi

Den Prognosen liegt ebenfalls eine Analyse des Produktportfolios bzw. des Lebenszyklus der einzelnen Modelle zugrunde. Tabelle 9.3 gibt einen Überblick über die »Modellpipeline« des Volkswagen-Konzerns. Analysten müssen sich eine Meinung über die zukünftigen Absatzperspektiven der einzelnen Produkte bilden. In der Regel kann man davon ausgehen, dass neue Modelle den Absatz zunächst stimulieren, die Margen werden aufgrund der höheren Anlaufkosten aber erst später mitziehen.

Modell	Absatzvolumen p.a.	Anteil an Konzernproduktion (in %)
2002		
VW Phaeton	20.000	0,4
Seat Ibiza	200.000	3,9
Skoda Superb	20.000	0,4
Audi A4 Cabrio	10.000	0,2
VW Polo	500.000	9,8
Seat Cordoba	19.000	0,4
Summe	**769.000**	**15,0**

Modell	Absatzvolumen p.a.	Anteil an Konzernproduktion (in %)
2003		
Audi A3	150.000	3,1
Audi A8	20.000	0,4
VW Touareg	100.000	2,0
VW T5 Transporter	185.000	3,8
City Car	40.000	0,8
Golf MPV	160.000	3,3
VW Golf	800.000	16,3
Beetle Cabrio	60.000	1,2
Bentley Coupe	7.000	0,1
Summe	**1.522.000**	**31,0**
2004		
Audi A6	200.000	4,0
Jetta / Bora	300.000	6,0
VW Passat	500.000	10,0
Seat Toledo	75.000	1,5
Microbus	100.000	2,0
Summe	**1.175.000**	**23,5**
2005		
Audi TT	50.000	0,9
Seat Leon	85.000	1,6
Summe	**135.000**	**2,5**

Tab. 9.3: Modelleinführungen des VW-Konzerns 2002 – 2005

Die Bottom-up-Analyse wird zumeist durch eine Top-down-Analyse ergänzt, um die Ergebnisse des Bottom-up-Ansatzes auf Konsistenz zu prüfen. Dabei werden ausgehend vom konsolidierten Konzernergebnis die Effekte absehbarer Entwicklungen untersucht. Abbildung 9.4 verdeutlicht die für 2003 erwarteten Werttreiber des Betriebsergebnisses des Volkswagen-Konzerns. Falls Bottom-up- und

Top-down-Prognose deutlich voneinander abweichen, müssen beide Prognosen überdacht und ggf. in Übereinstimmung gebracht werden.

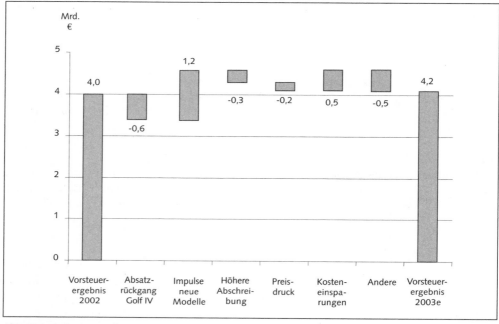

Abb. 9.4: Anfertigung der Prognosen – Top-down-Ansatz ◀◀◀

9.2.4   Prognose anderer Positionen

9.2.4.1   Prognose des Zins- und Beteiligungsergebnisses

Spätestens bei der Berechnung des Zinsaufwandes wird die Interdependenz der verschiedenen Rechnungen im Jahresabschluss auffällig. Der Zinsaufwand hängt vom Bestand der zinstragenden Verbindlichkeiten in der Bilanz ab, deren Entwicklung wiederum von den Cashflows und damit vom Investitions- und Ausschüttungsverhalten des Unternehmens bestimmt wird. Die Cashflows selber werden durch den Zinsaufwand gemindert. Dieses Zirkelproblem lässt sich – analog zur Ermittlung der Kapitalkosten (vgl. Kapitel 3.5) – durch Iterationen oder durch Vorgabe eines Bestandes für das verzinsliche Fremdkapital lösen. Die letztere Vorgehensweise ist vorzuziehen, da die Modellierung sonst unübersichtlich wird und die Genauigkeit der Schätzungen dadurch kaum maßgeblich vermindert wird.

Die Vorgabe der Kapitalstruktur kann auf Grundlage von Überlegungen zur optimalen Kapitalstruktur des Unternehmens erfolgen (vgl. Kapitel 3.5). In der Regeln bleibt die Kapitalstruktur recht konstant. Das Fremdkapital dient bei der Modellierung auch häufig als »Plug« (Stecker) zur Schließung der Modellverflechtungen. Ein Plug wird benötigt, damit die Summe der erwarteten bilanziellen Aktiva gleich der Summe der erwarteten bilanziellen

Passiva entspricht. Da die Prognose zukünftiger Bilanzgrößen immer unscharf ist, benötigt man einen »Stecker«, um auch bei den Prognoserechnungen eine Übereinstimmung von Aktiva und Passiva in der Bilanz herbeizuführen.

Zinsaufwand und -ertrag lassen sich folgendermaßen berechnen:

$$(9.3) \quad \text{Zinsaufwand}_t = \varnothing \text{ Bestand zinstragender Verbindlichkeiten}_t \cdot \text{Zinssatz}_t$$
$$\text{Zinsertrag}_t = \varnothing \text{ Bestand zinstragenden Umlaufvermögens}_t \cdot \text{Zinssatz}_t$$

Aus Vereinfachungsgründen wird der Bestand der verzinslichen Verbindlichkeiten zumeist als homogen angesehen, d.h. er verzinst sich zu einem einheitlichen Zinssatz. Die Prognose des Zinsergebnisses setzt neben einer Prognose der Verbindlichkeiten auch eine Prognose der Verzinsungen auf den Kapitalmärkten voraus. Bei dieser Prognose greift man als Analyst bei Investmentbanken üblicherweise auf die Zinsprognosen des hauseigenen Makro-Research zurück.

Die Entwicklung des Beteiligungsergebnisses lässt sich nicht formelmäßig herleiten. Falls die Beteiligung von besonderer Bedeutung ist (z. B. Condor für die Lufthansa), sollte eine eigenständige Analyse dieses Unternehmens erfolgen. Bei weniger bedeutsamen Beteiligungen kann von einer Konstanz der Ergebnisse ausgegangen werden.

9.2.4.2 Prognose des Steueraufwandes

Bei kleineren Unternehmen, bei denen sich die Betriebsstätten ausschließlich im Inland befinden, lässt sich die Steuerbelastung recht einfach analytisch auf Grundlage des herrschenden Steuersystems bestimmen. Die Belastung mit gewinnabhängigen Steuern (Gewerbesteuer und Einkommen- bzw. Körperschaftsteuer) beträgt bei den üblichen kommunalen Hebesätzen für die Körperschaftsteuer derzeit in 29,875 %. Die Existenz von Verlustvorträgen oder Steuerrückstellungen kann die Prognose der tatsächlichen Zahlungen aber erschweren. Für größere Konzerne ist eine analytische Herleitung zukünftiger Steuerzahlungen kaum möglich. Es gibt international zu viele Betriebsstätten, und Informationen über die jeweilige Gewinn- und Steuersituation sind kaum zusammenzutragen. Es verbleiben zwei Möglichkeiten:

1. Fortschreibung historischer Steuerquoten: Sofern sich die Steuersysteme nicht erheblich verändern, bleiben die Steuerquoten (Gewinnabhängige Steuern/Ergebnis vor Steuern) recht konstant. In diesem Fall mach es Sinn, typische (durchschnittliche) Steuerquoten der Vergangenheit auch in Zukunft anzusetzen.
2. Indikationen des Managements: Auch das Management von größeren Konzernen ist nicht in der Lage, die Steuerzahlungen exakt vorherzusagen. Vielfach ist das Management (z. B. in Analystenveranstaltungen) aber bereit, eine Indikation für zukünftige erwartete Steuerquoten zu geben. Das Management kann ebenfalls Auskünfte über steuerliche Sondersituationen geben (Nutzung von Verlustvorträgen, Steuerrückstellungen, -nachzahlungen etc.).

9.2.4.3 Prognose des Ausschüttungsverhaltens

Die Prognose zukünftiger Ausschüttungen/Dividenden ist wichtig, da sie sowohl die Cash-flows des Unternehmens betreffen als auch Einfluss auf Bilanzpositionen haben (nicht ausgeschüttete, also thesaurierte Gewinne werden in die Rücklagen eingestellt). Leider stellt die Prognose zukünftiger Ausschüttungen ein komplexes Problem dar, das nur qualitativ dargestellt werden kann. Die Berechnung einer »optimalen« Ausschüttung mithilfe einer einfachen Formel ist nicht möglich. Es gibt einige Argumente, die für hohe Ausschüttungen (z. B. Dividenden bei Aktiengesellschaften) sprechen:

- **Wunsch nach sofortigem Einkommen:** Viele Eigentümer haben den Wunsch nach sofortigem Einkommen. Typischerweise handelt es sich hierbei um Rentner oder andere Personen (»Witwen und Waisen«), die auf ein laufendes Einkommen aus ihrer Anlage angewiesen sind. Je höher der Anteil dieser Personen an allen Eigentümern, desto eher sind hohe Dividenden zu erwarten. Dieser Personenkreis bevorzugt in der Regel auch vergleichsweise risikolose und wenig zyklische Anlagen, die Ausschüttungen dieser Unternehmen (z. B. von Versorgungsunternehmen) sind deshalb häufig höher. Auch die Aktienkultur beeinflusst den Wunsch nach sofortigem Einkommen: So sind die Dividenden in den USA typischerweise höher als in Deutschland.
- **Agency Costs:** Es ist in Kapitel 8 gezeigt worden, dass Interessenkonflikte zwischen Eigentümern und Managern eines Unternehmens entstehen können. Dies ist insbesondere dann gegeben, wenn der Informationsvorsprung der Manager sehr hoch ist, z. B. bei Aktiengesellschaften mit einer Vielzahl von Eigentümern. Es gibt verschiedene Anreiz- und Kontrollmechanismen, um diese Konflikte von Managern und Eigentümern zu entschärfen. Auch eine hohe Ausschüttung/Dividende kann zur Lösung des Problems beitragen, denn es kann die Möglichkeiten des Managements einengen, Vermögen des Unternehmens zu verschwenden. Bei Unternehmen mit einer Vielzahl von Eigentümern (z. B. bei börsennotierten Aktiengesellschaften mit einem hohen Free-Float) dürften die Eigentümer deshalb eher auf eine hohe Dividende drängen.
- **Hohe Cashflows und wenig rentable Investitionen:** Je höher die Cashflows eines Unternehmens, desto eher hat es Möglichkeiten zur Ausschüttung. Allerdings sollte ein Unternehmen aus den Cashflows auch Investitionen finanzieren, die einen positiven Kapitalwert haben. Derartige Investitionen werden den Eigentümern zusätzliche Werte schaffen. Bei Unternehmen, die im Verhältnis zu den Cashflows wenig rentable Investitionsprojekte haben, ist in der Folge eher mit hohen Ausschüttungen zu rechnen. Dies wird vermutlich bei Unternehmen der Fall sein, die in ihrem Produktportfolio zahlreiche Cash Cows und wenige Produkte am Beginn des Lebenszyklus haben.

Auf der anderen Seite gibt es einige Argumente, die für geringe Ausschüttungen sprechen:

- **Niedrige Cashflows und zahlreiche rentable Investitionen:** Ein Unternehmen, das negative Cashflows generiert (»Cash Burning«), hat keinen Spielraum zur Ausschüttung. Es ist auf Mittel der Außenfinanzierung angewiesen. Die Ausschüttungen mit Mitteln von außen zu finanzieren, macht ökonomisch keinen Sinn, da die Kosten der Kapitalaufbringung (z. B. Emissionskosten bei Kapitalerhöhungen der börsennotierten Aktiengesellschaft) und die Besteuerung der Ausschüttungen bei den Eigentümern zusätzliche Werte entziehen. Unternehmen am Beginn des Lebenszyklus, die sich nicht innenfinanzieren können und gleichzeitig in aussichtsreiche Investitionsprojekte investieren wollen, werden deshalb kaum ausschütten.
- **Doppelbesteuerung der Ausschüttung:** Je nach Land und Rechtsform werden Ausschüttungen nicht nur auf Unternehmensebene, sondern darüber hinaus zusätzlich auch bei den Eigentümern versteuert. So werden die Ausschüttungen deutscher Aktiengesellschaften auf Unternehmensebene mit 25 % versteuert, die Aktionäre müssen die verbleibenden Dividenden darüber hinaus im Halbeinkünfteverfahren versteuern. Je höher die zusätzliche

Besteuerung der ausgeschütteten gegenüber den thesaurierten Gewinnen, desto weniger dürfte ausgeschüttet werden. In Ländern mit einer hohen persönlichen Einkommenssteuer fallen die Ausschüttungen deshalb in der Regel niedriger aus.

Die Prognose von Ausschüttungen/Dividenden muss deshalb in jedem Einzelfall durchdacht werden. Glücklicherweise neigen jedoch viele Unternehmen zu einer Konstanz der Ausschüttungen (Dividendenkontinuität der Aktiengesellschaft). Offensichtlich tragen die Unternehmen dem Wunsch vieler Eigentümer nach einem stabilen Einkommen Rechnung. Eine brauchbare Prognose für zukünftige Ausschüttungen erhält man deshalb, indem man sich an den (durchschnittlichen) Ausschüttungen der Vergangenheit orientiert. Nur falls das Geschäft einen Strukturbruch erleidet (besonders gut oder schlecht läuft), neigen Manager zu einer Abweichung vom langjährigen Trend. Der Vorschlag des Managements für die Ausschüttungen gibt deshalb auch immer ein aufschlussreiches Signal für die Beurteilung der zukünftigen Geschäftslage.

9.2.4.4 Prognose des Investitionsverhaltens

Bei kleineren Unternehmen kennt man die geplanten Investitionsprojekte, und die Höhe der zukünftigen Investitionen lässt sich konkret absehen. Bei größeren (börsennotierten) Unternehmen muss dagegen mit vereinfachenden Annahmen gearbeitet werden. Die Höhe der Investitionen läuft zumeist recht parallel zum Umsatz. Anhand von Kennzahlen lässt sich gut erkennen, welche Investitionsquoten für ein Unternehmen im Zeitablauf bzw. im Branchenvergleich typisch sind. Die nachhaltigen Investitionen in Sachanlagen sowie ins Working Capital (WC) können deshalb recht gut prognostiziert werden durch:

(9.4)   Investitionen in Sachanlagen$_t$ = Umsatz$_t$ · nachhaltige Investitionsquote
in Sachanlagen$_t$

Investitionen ins WC$_t$ = Umsatz$_t$ · nachhaltige Investitionsquote ins WC$_t$

In den meisten Fällen ist es realistisch, dass sich Sachanlagen, Vorräte und Forderungen in etwa parallel zum Umsatz entwickeln. Sowohl die Bestandsgrößen dieser Positionen in der Bilanz als auch deren Veränderungen (Investitionen in Sachanlagen und Working Capital) im Cashflow-Statement verlaufen deshalb in etwa proportional zum Umsatz des Unternehmens. Bei Kenntnis eines besonderen Programms zum Cash- oder Working-Capital-Management können allerdings für die Zukunft auch niedrigere Investitionsquoten des Working Capitals angesetzt werden. Es kann auch Sinn machen, die Planung für die Investitionen in Sachanlagen individuell anzupassen, z. B. falls es besondere Großprojekte gibt oder die Finanzsituation des Unternehmens keinen Spielraum für höhere Investitionen zulässt.

Die Investitionen in immaterielle Vermögensgegenstände sind im Regelfall Null. Nur falls man konkrete Anhaltspunkte für den Kauf eines Unternehmens oder von Lizenzen hat, sollten diese Aspekte in den Prognosen berücksichtigt werden. Im Hinblick auf die Planung der Bilanzgrößen ist es dann auch erforderlich, den Goodwill und dessen Abschreibungsmodalitäten zu eruieren. Desinvestionen können bei den meisten Unternehmen ebenfalls kaum abgesehen und eingeplant werden, bei anderen Unternehmen (z. B. Fluglinien veräußern ausgediente Flugzeuge, Autovermietungen verkaufen genutzte Mietwagen) fallen sie hingegen regelmäßig an. In diesen Fällen ist im Hinblick auf die Bilanzprognose zu prüfen, welche stillen Reserven (Lasten) durch die Veräußerungen entstehen werden.

Beispiel

▶▶▶ Abbildung 9.5 demonstriert für den Volkswagen-Konzern, wie sich die Investitionen in Sachanlagen in den vergangenen Jahren entwickelt haben und im Branchenvergleich zu beurteilen sind. Es zeigt sich, dass die Investitionen in Sachanlagen in den vergangenen Jahren in etwa 8 % vom Umsatz betragen haben. Diese »typische« Investitionsquote kann deshalb auch in Zukunft vermutet werden. Darüber hinaus veröffentlicht die Volkswagen AG jährlich eine rollierende 5-Jahres-Investitionsplanung. Die Planung liefert ebenfalls hilfreiche Informationen zur Anfertigung der eigenen Investitionsprognosen.

Es fällt auf, dass Volkswagen im Branchenvergleich deutlich mehr als die Konkurrenz investiert. Es kann deshalb der Rückschluss gezogen werden, dass der Konzern seine technologischen Stärken (z.B. bei Turbodiesel-Motoren) weiter ausbauen und vermutlich weitere Marktanteile gewinnen wird. Dies verdeutlicht auch noch einmal, wie sehr die einzelnen Prognosen ineinander verwoben sind und ein Standardschema zur Anfertigung von Prognosen nicht existieren kann. ◀◀◀

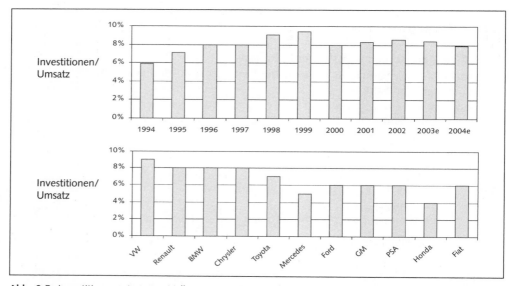

Abb. 9.5: Investitionsquoten von Volkswagen – Zeit- und Branchenvergleich (für das Jahr 2001)

9.2.4.5 Prognose des Finanzierungsverhaltens

Aus der Prognose der bisher erläuterten Größen lässt sich die Entwicklung von operativen Cashflows absehen, die wiederum Grundlage zur Analyse des Finanzierungsverhaltens sind. Es gilt:

$$EBITDA_t$$
$$- \text{Zinsergebnis/Beteiligungsergebnis}_t$$
$$- \text{Ertragssteuern}_t$$
$$= Brutto\text{-}Cashflow_t$$
$$- \text{Veränderungen des Working Capital}_t$$
$$= Cashflow\ der\ laufenden\ Geschäftstätigkeit_t$$
$$- \text{Cashflow der Investitionstätigkeit}_t$$
$$= Cashflow\ vor\ Finanzierungstätigkeit_t$$

Anhand dieses Cashflows kann abgesehen werden, inwieweit ein Unternehmen auf Mittel der Außenfinanzierung angewiesen ist bzw. Spielraum zur Schuldentilgung hat. Fällt der Cashflow vor Finanzierungstätigkeit negativ aus, ist das Unternehmen auf Mittelzuführungen von außen angewiesen. Es ist dann in einem zweiten Schritt zu prüfen, ob eine Zuführung von Eigen- oder Fremdkapital erfolgen kann. Dies setzt eine Meinung des Analysten bezüglich der zukünftigen Situation am Kapitalmarkt (z. B. zur Aufnahmefähigkeit der Börse im Hinblick auf die Zuführung von externem Eigenkapital bei einer AG) voraus. Fällt der Cashflow vor Finanzierungstätigkeit positiv aus, so kann das Unternehmen die überschüssigen Zahlungsmittel zur Schuldentilgung nutzen, Cash-Reserven legen oder Ausschüttungen vornehmen.

	1999			2000			2001			2002e		
	€ Mio.	Ant. %	+/- %	€ Mio.	Ant. %	+/- %	€ Mio.	Ant. %	+/- %	€ Mio.	Ant. %	+/- %
Umsatz	75.168	100,0	9,5	77.491	100,0	3,1	81.383	100,0	5,0	86.136	100,0	5,8
EBIT	1.442	1,9	-36,4	2.331	3,0	61,7	2.586	3,2	10,9	2.800	3,3	8,3
+ Abschreibungen	4.076	5,4	-0,3	4.649	6,0	14,1	4.883	6,0	5,0	5.168	6,0	5,8
EBITDA	5.518	7,3	-13,2	6.980	9,0	26,5	7.469	9,2	7,0	7.969	9,3	6,7
Zinsergebnis/ Beteiligungsergebnis	1.080	1,4	13,8	1.048	1,4	-3,0	1.048	1,3	0,0	1.048	1,2	0,0
- Ertragsteuern	-1.678	-2,2	-18,8	-1.960	-2,5	16,8	-1.817	-2,2	-7,3	-1.924	-2,2	5,9
Brutto Cashflow	4.920	6,5	-6,0	6.069	7,8	23,3	6.700	8,2	10,4	7.092	8,2	5,9
Investitionen ins working capital	-1.001	-1,3	0,0	-1.001	-1,3	0,0	-1.001	-1,2	0,0	-1.001	-1,2	0,0
Cashflow lfd. Geschäftstätigkeit	3.920	5,2	-7,4	5.068	6,5	29,3	5.699	7,0	12,5	6.092	7,1	6,9
Cashflow der Investitiontätigkeit	7.413	9,9	30,0	7.669	9,9	0,0	7.669	9,4	0,0	7.669	8,9	0,0
Cashflow vor Finanzierungstätigk.	3.494	-4,6	138,1	-2.601	-3,4	-25,5	-1.970	-2,4	-24,3	-1.578	-1,8	-19,9

Abb. 9.6: Cashflow vor Finanzierungstätigkeit des VW-Konzerns

Die Veränderung der Zahlungsmittel in der Bilanz ergibt sich dann wie folgt:

$$\text{Cashflow vor Finanzierungstätigkeit}_t$$
$$+ \quad \text{Kapitaleinzahlungen}_t$$
$$+/- \quad \text{Veränderungen des verzinslichen Fremdkapitals}_t$$
$$- \quad \text{Ausschüttungen/Dividenden}_t$$
$$= \quad \textit{Veränderung der Zahlungsmittel}_t$$

9.3   Überführung in Prognoserechnungen

Die Prognosen der einzelnen Positionen werden in konsistenten Planungsrechnungen für die Kapitalflussrechnung (Cashflow-Statement), die Bilanz und die Gewinn-und-Verlustrechnung verdichtet. Das Beziehungsgeflecht der verschiedenen Rechnungen wird in Abbildung 9.7 verdeutlicht. Ausgangspunkt der Planungsrechnungen sollte die Prognose der Cashflows im Cashflow-Statement sein. Zahlungsströme werden durch die Bilanzierung nicht beeinflusst und sind Grundlage für die Investitions- und Finanzierungsentscheidungen des Managements. Die Struktur der Bilanz und der GuV werden durch diese Zahlungsströme maßgeblich festgelegt.

Die prognostizierten Cashflows aus Investitionstätigkeit finden auch im Anlage- und Umlaufvermögen der Bilanz ihren Niederschlag. Die Veränderung der Zahlungsmittel in der Kapitalflussrechnung verändert in gleichem Ausmaß den Bestand an Zahlungsmitteln in der Bilanz. Die prognostizierten Cashflows der Finanzierungstätigkeit spiegeln sich auf der Passivseite der Bilanz im Eigen- und/oder Fremdkapital wider. Sowohl die Bestände des Kapitals in der Bilanz als auch die Stromgrößen der Investitions- und Finanzierungstätigkeit in einer Periode bestimmen das Zins- und Beteiligungsergebnis in der GuV. Der ausgewiesene Bilanzgewinn in der GuV findet sich wiederum im Eigenkapital der Bilanz wieder.

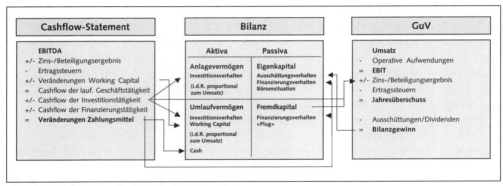

Abb. 9.7: Beziehungsgeflecht von Planungsrechnungen

9.4 Analyse alternativer Szenarien (Sensitivitätsanalyse)

Die Prognose der künftigen Erfolge eines Unternehmens ist zweifellos immer unsicher und es ist deshalb zweckmäßig, auch andere mögliche Szenarien durchzurechnen. Anhand von konsistent angefertigten Spreadsheets ist es sehr leicht möglich, die Effekte der Variation einzelner Parameter des Modells »auszutesten«. Mit Hilfe dieser Sensitivitätsanalysen kann der Bewerter schnell erkennen, in welchem Ausmaß die Ausprägungen verschiedener Faktoren (z. B. Veränderung von Preisen, Wechselkursen, Marktanteilen etc.) auf die Erfolgsprognose bzw. die Bewertung durchschlagen. Die Sensitivitätsanalyse gibt in der Folge auch wichtige Rückschlüsse darauf, welche Werttreiber bei der Analyse besonders zu beachten sind.

Die Sensitivitätsanalyse kann auch ein wichtiges Instrument für die Unternehmensführung und -steuerung sein. Die Ergebnisse der Sensitivitätsrechnungen zeigen dem Management diejenigen Faktoren auf, die den größten Einfluss auf den Unternehmenswert haben. Die Ergebnisse der Sensitivitätsanalyse geben deshalb auch Anhaltspunkte für eine mögliche strategische Stoßrichtung oder zeigen besondere Risiken des Unternehmens auf.

Beispiel

▸▸▸ Die Porsche AG generiert ca. 50 % ihres Umsatzes in den USA, die Kosten fallen jedoch – da in Deutschland produziert wird – weitgehend in € an. Es ist aufschlussreich, die Effekte möglicher Wechselkursveränderungen des € zum US-$ zu simulieren. Das Ergebnis der Sensitivitätsanalyse gibt folgende Tabelle wieder. Von möglichen Absicherungsgeschäften für die Wechselkursrisiken wurde dabei abgesehen.

Annahme	Folgen
Wechselkurs unverändert	Umsatz unverändert, EBIT-Marge ca. 10 %
Abwertung des $ um 10 %	Umsatz in € sinkt um 5 %, EBIT-Marge ca. 5 %
Aufwertung des $ um 10 %	Umsatz in € steigt um 5 %, EBIT-Marge ca. 15 %

Tab. 9.4: Sensitivitätsanalyse des Wechselkurses für die Porsche AG

Die Sensitivitätsanalyse zeigt auf, dass die Wechselkursentwicklung die künftigen Ergebnisse des Porsche-Konzerns maßgeblich beeinflusst. Bei der Erfolgsprognose muss der Analyst deshalb ein besonderes Augenmerk auf die Prognose der Wechselkurse legen. Der Konzern ist gut beraten, die enormen Wechselkursrisiken abzusichern. ◄◄◄

9.5   Fazit

Die Anfertigung von Planungsrechnungen sollte sich auf eine fundierte operative und strategische Unternehmensanalyse stützen. Gewissenhafte Analysen erlauben eine gut abgesicherte Prognose der operativen Erfolge eines Unternehmens. Die Prognose kann sich dabei auf die wichtigsten operativen Ergebnistreiber (Umsätze, EBIT- und EBITDA-Margen) beschränken. Eine schematische Prognose einzelner Positionen der GuV läuft dagegen Gefahr, die Rahmenbedingungen des Unternehmens weitgehend auszublenden. Bei Konzernen mit unterschiedlichen Geschäftsbereichen empfiehlt sich eine Sum-of-the-parts-Bewertung, um den individuellen Rahmenbedingungen der Bereiche gerecht zu werden. Die erwartete operative Geschäftsentwicklung ist dann Grundlage zur Abschätzung des Investitions-, Finanzierungs- und Ausschüttungsverhaltens des Unternehmens.

Für die Durchführung einer erfolgsorientierten Unternehmensbewertung ist es erforderlich, die einzelnen Schätzungen in Planungsrechnungen für die Gewinn-und-Verlustrechnung, die Bilanz und die Kapitalflussrechnung zu überführen. Die erfolgsorientierte Unternehmensbewertung benötigt sowohl die Prognose künftiger Bestandsgrößen als auch die Prognose künftiger Stromgrößen. Darüber hinaus kann die Anfertigung der verschiedenen Planungsrechnung Widersprüche aufdecken und eine schlüssige Überarbeitung der Prognoserechnungen veranlassen. Anhand von konsistenten Planungsrechnungen ist es sehr schnell möglich, die Auswirkungen unterschiedlicher Ausprägungen der Parameter auf die Erfolgprognose (Sensitivitäten) zu testen.

Literaturverzeichnis

Aders, Christian/Galli, Albert/Wiedemanis, Florian (2000): Unternehmenswerte auf Basis der Multiplikatormethode? – Eine Überprüfung mit dem Netto-Ansatz der DCF-Methode –, in: Finanzbetrieb, 2. Jg. (2000), S. 197–204.

Albrecht, Thomas (1997): Was wissen wir über die Höhe der Marktrisikoprämie bei Aktien? Überlegungen zur Ermittlung sinnvoller Eigenkapitalkosten im Rahmen von Shareholder-Value-Konzepten, in: Betriebswirtschaftliche Forschung und Praxis, 49. Jg. (1997), S. 567–580.

Arbeitskreis »Finanzierung« der Schmalenbach-Gesellschaft Deutsche Gesellschaft für Betriebswirtschaft e. V. (1996): Wertorientierte Unternehmenssteuerung mit differenzierten Kapitalkosten, in: Zeitschrift für betriebswirtschaftliche Forschung, 48. Jg. (1996), S. 543–578.

Baetge, Jörg (1998): Bilanzanalyse, Düsseldorf 1998.

Baetge, Jörg/Krause, Clemens (1994): Die Berücksichtigung des Risikos bei der Unternehmensbewertung – Eine empirisch gestützte Betrachtung des Kalkulationszinses, in: Betriebswirtschaftliche Forschung und Praxis, 46. Jg. (1994), S. 433–456.

Baetge, Jörg/Niemeyer, Kai/Kümmel, Jens (2001): Darstellung der Discounted-Cashflow-Verfahren, in: Peemöller, Volker H. (Hrsg.): Praxishandbuch der Unternehmensbewertung, Herne 2001, S. 263–360.

Ballwieser, Wolfgang (1980): Möglichkeiten der Komplexitätsreduktion bei einer prognose-orientierten Unternehmensbewertung, in: Zeitschrift für betriebswirtschaftliche Forschung, 32. Jg. (1980), S. 50–73.

Ballwieser, Wolfgang (1981): Die Wahl des Kalkulationszinsfußes bei der Unternehmensbewertung unter Berücksichtigung von Risiko und Geldentwertung, in: Betriebswirtschaftliche Forschung und Praxis, 33. Jg (1981), S. 93–114.

Ballwieser, Wolfgang (1990): Unternehmensbewertung und Komplexitätsreduktion, 3. Auflage, Wiesbaden 1990.

Ballwieser, Wolfgang (1991): Unternehmensbewertung mit Hilfe von Multiplikatoren, in: Rückle, Dieter (Hrsg.): Aktuelle Fragen der Finanzwirtschaft und der Unternehmensbesteuerung: Festschrift für Erich Loitlsberger zum 70. Geburtstag, Wien 1991, S. 47–66.

Ballwieser, Wolfgang (1993): Methoden der Unternehmensbewertung, in: Gebhardt, Günther/Gerke, Wolfgang/Steiner, Manfred (Hrsg.): Handbuch des Finanzmanagements: Instrumente und Märkte der Unternehmensfinanzierung, München 1993, S. 151–176.

Ballwieser, Wolfgang (1994): Adolf Moxter und der Shareholder-Value-Ansatz, in: Ballwieser, Wolfgang/Böcking, Hans-Joachim/Drukarczyk, Jochen/Schmidt, Reinhard H. (Hrsg.): Bilanzrecht und Kapitalmarkt: Festschrift zum 65. Geburtstag von Professor Dr. Dr. h.c. Dr. h.c. Adolf Moxter, Düsseldorf 1994, S. 1377–1405.

Ballwieser, Wolfgang (1997): Kalkulationszinsfuß und Steuern, in: Der Betrieb, 50. Jg. (1997), S. 2393–2396.

Ballwieser, Wolfgang (1998): Unternehmensbewertung mit Discounted Cash Flow-Verfahren, in: Die Wirtschaftsprüfung, 51. Jg. (1998), S. 81–92.

Ballwieser, Wolfgang (1999): Stand und Entwicklung der Unternehmensbewertung in Deutschland, in: Egger, Anton (Hrsg.): Unternehmensbewertung – quo vadis?: Beiträge zur Entwicklung der Unternehmensbewertung, Wien 1999, S. 21–40.

Ballwieser, Wolfgang (2000): Wertorientierte Unternehmensführung: Grundlagen, in: Zeitschrift für betriebswirtschaftliche Forschung, 52. Jg. (2000), S. 160–166.

Ballwieser, Wolfgang/Leuthier, Rainer (1986): Betriebswirtschaftliche Steuerberatung: Grundprinzipien, Verfahren und Probleme der Unternehmensbewertung, in: Deutsches Steuerrecht, 24. Jg. (1986), S. 545–55 1 (Teil 1) und S. 604–610 (Teil II).

Baum, Heinz-Georg/ Coenenberg, Adolf G./ Günther, Thomas (1999): Strategisches Controlling, Grundfragen der Strategischen Planung und Kontrolle, 2. Auflage, Stuttgart 1999.

Bea, F.X./ Haas, J. (2001): Strategisches Management. 3., neu bearbeitete Auflage. Reihe Uni Taschenbücher, Band 1458, Stuttgart 2001.

Becker, Gernot (1995): Shareholder Value Analysis als Instrument der strategischen Planung, in: Das Wirtschaftsstudium, 24. Jg. (1995), S. 122–124.

Becker, J. (1998): Marketing-Konzeption: Grundlagen des strategischen und operativen Marketing-Managements. 6., vollständig überarbeitete und erweiterte Auflage. München 1998.

Behr, Giorgio/Kind, Alexander (1999): Wie können junge Wachstumsunternehmen beurteilt werden?, in: Der Schweizer Treuhänder, 73. Jg. (1999), S. 63–70.

Behringer, Stefan (1999): Unternehmensbewertung der Mittel- und Kleinbetriebe: Betriebswirtschaftliche Verfahrensweisen, Berlin 1999.

Berner, Christian/ Rojahn, Joachim (2003): Anwendungseignung von marktorientierten Multiplikatoren, in: Finanzbetrieb, 5. Jg. (2003), S. 155–167.

Bernhardt, Wolfgang/Witt, Peter (1997): Stock Options und Shareholder Value, in: Zeitschrift für Betriebswirtschaft, 67. Jg. (1997), S. 85–101.

Bieg, Hartmut/Hossfeld, Christopher (1996): Der Cashflow nach DVFA/SG, in: Der Betrieb, 49. Jg. (1996), S. 1429–1434.

Black, Fischer/Scholes, Myron (1972): The Valuation of Option Contracts and a Test of Market Efficiency, in: The Journal of Finance, Vol. 27 (1972), S. 399–417.

Black, Fischer/Scholes, Myron (1973): The Pricing of Options and Corporate Liabilities, in: Journal of Political Economy, Vol. 81(1973), S. 637–659.

Böcking, Hans-Joachim (1994): Das Verbundberücksichtigungsprinzip als Grundsatz ordnungsmäßiger Unternehmensbewertung, in: Ballwieser, Wolfgang/Böcking, Hans-Joachim/Drukarczyk, Jochen/Schmidt, Reinhard H. (Hrsg.): Bilanzrecht und Kapitalmarkt: Festschrift zum 65. Geburtstag von Professor Dr. Dr. h.c. Dr. h.c. Adolf Moxter, Düsseldorf 1994, S. 1407–1434.

Böcking, Hans-Joachim (1998): Zum Verhältnis von Rechnungslegung und Kapitalmarkt: Vom »financial accounting« zum »business reporting«, in: Ballwieser, Wolfgang/Schildbach, Thomas (Hrsg.): Rechnungslegung und Steuern international, Zeitschrift für betriebswirtschaftliche Forschung Sonderheft 40, Düsseldorf, Frankfurt am Main 1998, S. 17–53.

Böcking, Hans-Joachim/Nowak, Karsten (2000): Die Bedeutung des Börsenkurses bei Unternehmensbewertungen, in: Finanzbetrieb, 2. Jg. (2000), S. 17–24.

Bolton, Steven E. (1990): Discounts for Stocks of Closely Held Corporations, in: Trust & Estates, December 1990, S. 47–48.

Born, Karl (1995): Unternehmensanalyse und Unternehmensbewertung, Stuttgart 1995.

Born, Karl (1996): Überleitung von der Discounted-Cash-flow-Methode (DCF-Methode) zur Ertragswertmethode bei der Unternehmensbewertung, in: Der Betrieb, 49. Jg. (1996), S. 1885–1889.

Boston Consulting Group (1996): Shareholder Value Metrics, Booklet 2 of Shareholder Value Management, Boston Consulting Group, 1996.

Bötzel, Stefan (1999): Shareholder Value und harte oder weiche Constrains in der Führung des Unternehmens, in: Koslowski, Peter (Hrsg.): Shareholder Value und die Kriterien des Unternehmenserfolgs, Heidelberg 1999, S. 237–253.

Brealey, Richard A./Myers, Stewart C. (2000): Principles of Corporate Finance, 6. Auflage, New York et al. 2000.

Brunkhorst, Matthias (1999): Privatisierung und Realoptionen, Frankfurt am Main 1999.

Buchner, Robert (1994): Zum Shareholder Value-Ansatz, in: Wirtschaftswissenschaftliches Studium, 23. Jg. (1994), S. 513–516.

Buchner, Robert (1995): Marktorientierte Unternehmensbewertung, in: Seicht, Gerhard (Hrsg.): Jahrbuch für Controlling und Rechnungswesen '95, Wien 1995, S. 401–427.

Buchner, Robert (1997): Buchführung und Jahresabschluß, 8. Auflage, München 1997.

Buchner, Robert/Englert, Joachim (1994): Die Bewertung von Unternehmen auf der Basis des Unternehmensvergleichs, in: Betriebs-Berater, 49. Jg. (1994), S. 1573–1580.

Bühner, Rolf (1993): Shareholder Value: Eine Analyse von 50 großen Aktiengesellschaften in der Bundesrepublik Deutschland, in: Die Betriebswirtschaft, 53. Jg. (1993), S. 749–769.

Bühner, Rolf (1994): Unternehmerische Führung mit Shareholder Value, in: Bühner, Rolf (Hrsg.): Der Shareholder Value Report – Erfahrungen, Ergebnisse, Entwicklungen, Landsberg/Lech 1994, S. 9–75.

Bühner, Rolf/Weinberger, Hans-Joachim (1991): Cash-Flow und Shareholder Value, in: Betriebs-wirtschaftliche Forschung und Praxis, 43. Jg. (1991), S. 187–208.

Bujka, Jürgen/Schiereck, Dirk/Zinn, Kai (1999): Kapitalkostenbestimmung für diversifizierte Unternehmen. Ein empirischer Methodenvergleich, in: Zeitschrift für Betriebswirtschaft, 69. Jg.

Busse von Colbe, Walther et al. (2000): Ergebnis nach DVFA/SG, 3. Auflage, Stuttgart 2000.

Chen, Nai-Fu/Roll, Richard/Ross, Stephan A. (1983): Economic Forces and the Stock Market: Testing the APT and Alternative Asset Pricing Theories, Yale School of Management, Working Paper, 1983.

Coenenberg, Adolf G./ Schultze, Wolfgang (2002): Multiplikator-Verfahren in der Unternehmensbewertung, in: Finanzbetrieb, 4. Jg. (2002), S. 679–703.

Copeland, Thomas E./Weston, Fred J. (1988): Financial Theory and Corporate Policy, 3. Auflage, Reading et al. 1988.

Copeland, Tom/ Antikavov, Vladimir (2001): Real Options: A Practioners Guide, Texere, 2001.

Copeland, Tom/Koller, Tim/Murrin, Jack (1998): Unternehmenswert – Methoden und Strategien für eine wertorientierte Unternehmensführung, Frankfurt am Main, New York 1998.

Cox, John C./Ross, Stephen A./Rubinstein, Mark (1979): Option pricing: A simplified approach, in: Journal of Financial Economics, Vol. 7 (1979), S. 229–263.

Crasselt, Nils/Tomaszewski, Claude (1999): Realoptionen – Eine neue Methode der Investitionsrechnung?, in: Wirtschaftswissenschaftliches Studium, 28. Jg. (1999), S. 556–559.

Damodaran, Aswath (1996): Investment Valuation: Tools and techniques for determining the value of any asset, New York 1996.

Damodaran, Aswath (1999): Applied corporate finance: A user's manual, New York 1999.

Diedrich, R. (1991): Substanzwertorientierte Verfahren zur Bewertung von Unternehmen in der ehemaligen DDR, Betriebswirtschaftliche Forschung und Praxis, 43. Jg. (1991), S. 155–167.

Dinstuhl, Volkmar (2002): Discounted-Cash-flow-Verfahren im Halbeinkünfteverfahren, in: Finanzbetrieb, 4. Jg. (2002), S. 79–90.

Dirrigl, Hans (1994): Konzepte, Anwendungsbereiche und Grenzen einer strategischen Unternehmensbewertung, in: Betriebswirtschaftliche Forschung und Praxis, 46. Jg. (1994), S. 409–432.

Dirrigl, Hans (1998): Wertorientierung und Konvergenz in der Unternehmensrechnung, in: Betriebswirtschaftliche Forschung und Praxis, 50. Jg. (1998), S. 540–579.

Dixit, Avinash K./ Pindyck, Robert S. (1994): Investment under Uncertainty, Princeton: Princeton University Press 1994.

Drukarczyk, Jochen (1995): DCF-Methoden und Ertragswertmethode – einige klärende Anmerkungen, in: Die Wirtschaftsprüfung, 48. Jg. (1995), S. 329–334.

Drukarczyk, Jochen (1997): Wertorientierte Unternehmenssteuerung, in: Zeitschrift für Bankrecht und Bankwirtschaft, 9. Jg. (1997), S. 217–226.

Drukarczyk, Jochen (1998): Unternehmensbewertung, 2. Auflage, München 1998.

Drukarczyk, Jochen (1999): Finanzierung, 8. Auflage, Stuttgart 1999.

Drukarczyk, Jochen/Richter, Frank (1995): Unternehmensgesamtwert, anteilseignerorientierte Finanzentscheidungen und APV-Ansatz, in: Die Betriebswirtschaft, 55. Jg. (1995), S. 559–580.

DVFA/SG (1993): Cash Flow nach DVFA/SG. Gemeinsame Empfehlung: Kommission für Methodik der Finanzanalyse der deutschen Vereinigung für Finanzanalyse und Anlageberatung (DVFA) / Arbeitskreis »Externe Unternehmensrechnung« der Schmalenbach-Gesellschaft – Deutsche Gesellschaft für Betriebswirtschaft (SG), in: Die Wirtschaftsprüfung, 46. Jg. (1993), S. 599–602.

DVFA/SG (1998): Gemeinsame Arbeitsgruppe der DVFA und Schmalenbach-Gesellschaft, Fortentwicklung des Ergebnisses nach DVFA/SG, in: Der Betrieb, 51. Jg. (1998), S. 2537–2542.

Ernst, Dietmar/Häcker, Joachim (2002): Realoptionen im Investment Banking: Mergers & Acquisitions, Initial Public Offering, Venture-Capital, Stuttgart 2002.

Esser, Klaus (2000): Wertorientierte Unternehmensführung bei Mannesmann, in: Zeitschrift für betriebswirtschaftliche Forschung, 52. Jg. (2000), S. 176–187.

Fama, Eugene F. (1965): The Behavior of Stock Market Prices, in: The Journal of Business, Vol. 38, January 1965, S. 34–105.

Fama, Eugene F. (1991): Efficient Capital Markets: II, in: The Journal of Finance, Vol. 46 (1991), S. 1575–1617.

Fidel, Ulrike (1999): Moderne Verfahren der Unternehmensbewertung und Performance-Messung, Saarbrücken 1999.

Fischer, Kay (1996): Realoptionen: Anwendungsmöglichkeiten der finanziellen Optionstheorie auf Realinvestitionen im In- und Ausland, Hamburg et al. 1996.

Franke, Günter/Hax, Herbert (1999): Finanzwirtschaft des Unternehmens und Kapitalmarkt, 4. Auflage, Berlin 1999.

Goleman, Daniel (1998): Emotionale Intelligenz; dtv, München, 8. Auflage 1998.

Günther, Rolf (1998a): Unternehmensbewertung: Ermittlung des Ertragswerts nach Einkommensteuer bei Risiko und Wachstum, in: Der Betrieb, 51. Jg. (1998), S. 382–387.

Günther, Rolf (1998b): Unternehmensbewertung: Kapitalisierungszinssatz nach Einkommensteuer bei Risiko und Wachstum im Phasenmodell, in: Betriebs-Berater, 53. Jg. (1998), S. 1834–1842.

Günther, Rolf (1999a): Unternehmensbewertung: Steuerparadoxe Ertragswerte bei Risiko und Wachstum?, in: Der Betrieb, 52. Jg. (1999), S. 2425–2431.

Günther, Thomas (1997): Unternehmenswertorientiertes Controlling, München 1997.

Günther, Thomas (1999): State-of-the-Art des Wertmanagements, in: Controlling, 11. Jg. (1999).

Hachmeister, Dirk (1996a): Die Abbildung der Finanzierung im Rahmen verschiedener Discounted Cash Flow-Verfahren, in: Zeitschrift für betriebswirtschaftliche Forschung, 48. Jg. (1996), S. 251–277.

Hachmeister, Dirk (1996b): Der Discounted Cash Flow als Unternehmenswert, in: Das Wirtschaftsstudium, 25. Jg. (1996), S. 357–366.

Hachmeister, Dirk (1999): Der Discounted Cash Flow als Maß der Unternehmenswertsteigerung, 3. Auflage, Frankfurt am Main 1999.

Henderson, Bruce D. (1974): Die Erfahrungskurve in der Unternehmensstrategie, Frankfurt am Main 1974.

Herrmann, Volker (2002): Marktpreisschätzung mit kontrollierten Multiplikatoren, Köln 2002.

Hinterhuber, H. (1996): Strategische Unternehmensführung, I. Strategisches Denken; 6. Auflage, Berlin 1996.

Hommel, Ulrich/Müller, Jürgen (1999): Realoptionsbasierte Investitionsbewertung, in: Finanz Betrieb, 1. Jg. (1999), S. 177–188.

Hommel, Ulrich/Pnitsch, Gunnar (1999a): Marktorientierte Investitionsbewertung mit dem Realoptionsansatz: Ein Implementierungsleitfaden für die Praxis, in: Finanzmarkt und Portfoliomanagement, 13. Jg. (1999), S. 121–141.

Hommel, Ulrich/Pnitsch, Gunnar (1999b): Anreizprobleme zwischen Management und Unternehmenseignern – Implikationen für Investoren und Shareholder Value, in: Achleitner, Ann-Kristin (Hrsg.): Handbuch Corporate Finance: Konzepte, Strategien und Praxiswissen für das moderne Finanzmanagement, Köln 1999, 9. Erg.-Lieferung, S. 140.

Horváth, P. (1994): Controlling; 5. Auflage, München 1994.

Hosterbach, E. (1987): Unternehmensbewertung – Die Renaissance des Substanzwertes, Der Betrieb, 40. Jg. (1987), S. 897–902.

Hostettler, Stephan (1995): »Economic Value Added« als neues Führungsinstrument. Einsatzmöglichkeiten des EVA-Konzeptes aus der Sicht des Verwaltungsrates, in: Der Schweizer Treuhänder, 34. Jg. (1995), S. 307–315.

Hostettler, Stephan (1997): Economic Value Added (EVA): Darstellung und Anwendung auf Schweizer Aktiengesellschaften, 2. Auflage, Bern et al. 1997.

Hull, John C. (1999): Options, Futures and other Derivatives, 4. Auflage, Prentice Hall 1999.

IDW (1995): Institut der Wirtschaftsprüfer in Deutschland e.V., Hauptfachausschuß: Stellungnahme HFA 1/1995: Die Kapitalflußrechnung als Ergänzung des Jahres- und Konzernabschlusses, in:

IDW (2000): IDW Standard: Grundsätze zur Durchführung von Unternehmensbewertungen (IDW S 1) verabschiedet am 28. Juni 2000, in: IDW Fachnachrichten 2000, S. 415–441.

Kaplan, Robert S./Norton, David P. (1997): Balanced Scorecard – Strategien erfolgreich umsetzen, Schäffer Poeschel, Stuttgart 1997.

Koch, Christian (1999): Optionsbasierte Unternehmensbewertung. Realoptionen im Rahmen von Akquisitionen, Wiesbaden 1999.

Kruschwitz, Lutz/Löffler, Andreas (1997): Ross' APT ist gescheitert. Was nun?, in: Zeitschrift für betriebswirtschaftliche Forschung, 49. Jg. (1997), S. 644–651.

Kruschwitz, Lutz/Löffler, Andreas (1998): Unendliche Probleme bei der Unternehmensbewertung, in: Der Berieb, 51. Jg. (1998), S. 1041–1043.

Küting, Karlheinz/ Weber, Claus-Peter (2000): Die Bilanzanalyse: Lehrbuch zur Beurteilung von Einzel- und Konzernabschlüssen, 5. Auflage, Stuttgart 2000.

Küting, Karlheinz/Eidel, Ulrike (1999): Marktwertansatz contra Ertragswert- und Discounted Cash Flow-Verfahren, in: Finanzbetrieb, 1. Jg. (1999), S. 225–231.

Laitenberger, Jörg/Bahr, Christian (2002): Einkommensteuer in der Unternehmensbewertung, in: Finanzbetrieb, 4. Jg. (2002), S. 703–705.

Laux, Christian (1993): Handlungsspielräume im Leistungsbereich des Unternehmens: Eine Anwendung der Optionspreistheorie, in: Zeitschrift für betriebswirtschaftliche Forschung, 45. Jg. (1993), S. 933–958.

Lintner, John (1965a): The Valuation of Risk Assets and the Selection of Risky Investments in Stock Portfolios and Capital Budgets, in: The Review of Economics and Statistics, Vol. 47 (1965), S. 13–37.

Lintner, John (1965b): Security Prices, Risk, and Maximal Gains from Diversification, in: The Journal of Finance, Vol. 20 (1965), S. 587–616.

Löhnert, Peter G./Böckmann, Ulrich J. (2001): Multiplikatorverfahren in der Unternehmensbewertung, in: Peemöller, Volker H. (Hrsg.): Praxishandbuch der Unternehmensbewertung, Herne 2001, S. 401–426.

Lorson, Peter (1999): Shareholder Value-Ansätze – Zweck, Konzepte und Entwicklungstendenzen –, in: Der Betrieb, 52. Jg. (1999), S. 1329–1339.

Maier, Jürgen (2002): Unternehmensbewertung nach dem IDW S 1 – Konsistenz der steuerlichen Annahmen bei Anwendung des Halbeinkünfteverfahrens, in: Finanzbetrieb, 4. Jg. (2002), S. 73–78.

Mandl, Gerwald/Rabel, Klaus (1997): Unternehmensbewertung: eine praxisorientierte Einführung, Wien 1997.

Markowitz, Harry M. (1959): Portfolio Selection, Efficient Diversifikation of Investments, New York 1959.

Meffert, H. (1994): Marketing-Management: Analyse; Strategie; Implementierung. Wiesbaden 1994.

Meise, Florian (1998): Realoptionen als Investitionskalkül, München & Wien 1998.

Mellerowicz, K. (1952): Der Wert der Unternehmung als Ganzes, Essen.

Modigliani, Franco/Miller, Merton H. (1958): The Cost of Capital, Corporation Finance and the Theory of Investment, in: The American Economic Review, Vol. 48 (1958), S. 268–271.

Modigliani, Franco/Miller, Merton H. (1963): Corporate Income Taxes and the Cost of Capital: A Correction, in: The American Economic Review, Vol. 53 (1963), S. 433–443.

Moser, Ulrich (1999): Discounted Cash-flow-Methode auf der Basis von Free Cash-flows: Berücksichtigung der Besteuerung, in: Finanzbetrieb, 1. Jg. (1999), S. 117–123.

Mossin, Jan (1966): Equilibrium in a Capital Asset Market, in: Econometrica, Vol. 34 (1966), S. 768–783.

Moxter, Adolf (1983): Grundsätze ordnungsmäßiger Unternehmensbewertung, 2. Auflage, Wiesbaden 1983.

Müller, Jürgen (2000): Real Option Valuation in Service Industries, Wiesbaden: DUV & Gabler 2000.

Münstermann, Hans (1970): Wert und Bewertung der Unternehmung, 3. Auflage, Wiesbaden.

Nippel, Peter (1999): Zirkularitätsprobleme in der Unternehmensbewertung, in: Betriebswirtschaftliche Forschung und Praxis, 51. Jg. (1999), S. 333–347.

Nowak, Karsten (2000): Marktorientierte Unternehmensbewertung, Wiesbaden 2000.

Peemöller, Volker H. (Hrsg.) (2001): Praxishandbuch der Unternehmensbewertung, Herne 2001.

Peemöller, Volker H./ Meister, Jan M./ Beckmann, Christoph (2002): Der Multiplikator-Ansatz als eigenständiges Verfahren der Unternehmensbewertung, in: Finanzbetrieb, 4. Jg. (2002), S. 197–209.

Perridon, L./Steiner, M. (2002): Finanzwirtschaft der Unternehmung, 10. Auflage, München 2002.

Porter, M. E. (1999): Wettbewerbsvorteile (Competitive Advantage): Spitzenleistungen erreichen und behaupten, 5. Auflage, Frankfurt a.M. 1999.

Rams, Andreas (1998): Strategisch-dynamische Unternehmensbewertung mittels Realoptionen, in: Die Bank, o. Jg. (1998), S. 676–680.

Rams, Andreas (1999): Realoptionsbasierte Unternehmensbewertung, in: Finanzbetrieb (1999), S. 349–364.

Rappaport, Alfred (1998): Creating Shareholder Value. The New Standard for Business Performance, 2. Auflage, New York 1998.

Rappaport, Alfred (1999): Shareholder Value: Ein Handbuch für Manager und Investoren, 2. Auflage, Stuttgart 1999.

Richter, Frank (1996): Die Finanzierungsprämissen des Entity-Ansatzes vor dem Hintergrund des APV-Ansatzes zur Bestimmung von Unternehmenswerten, in: Zeitschrift für betriebswirtschaftliche Forschung, 48. Jg. (1996), S. 1076–1097.

Richter, Frank (1997): DCF-Methoden und Unternehmensbewertung: Analyse der systematischen Abweichungen der Bewertungsergebnisse, in: Zeitschrift für Bankwirtschaft und Bankrecht,

Richter, Frank (1998): Unternehmensbewertung bei variablem Verschuldungsgrad, in: Zeitschrift für Bankrecht und Bankwirtschaft, 10. Jg. (1998), S. 379–389.

Richter, Frank/Honold, Dirk (2000): Das Schöne, das Unattraktive und das Hässliche an EVA & Co., in: Finanz Betrieb, 2. Jg. (2000), S. 265–274.

Ross, Stephen A. (1973): The economic Theory of agency: The principal problems, in: American Economic Review, Vol. 62 (1973), S. 134–139.

Ross, Stephen A. (1976): The Arbitrage Theory of Capital Asset Pricing, in: Journal of Economic Theory, Vol. 13 (1976), S. 341–360.

Ross, Stephen A/Westerfield, Randolph W./Jaffe, Jeffrey F. (1999): Corporate Finance, 5. Auflage, Chicago 1999.

Rudolph, Bernd (1999): Übernahme und Shareholder Value. Festung Deutschland?, in: Koslowski, Peter (Hrsg.): Shareholder Value und die Kriterien des Unternehmenserfolgs, Heidelberg 1999, S. 47–72.

Rudolph, Bernd/Zimmermann, Peter (1998): Alternative Verfahren zur Ermittlung und zum Einsatz von Betafaktoren, in: Kleeberg, Jochen M./Rehkugler, Heinz (Hrsg.): Handbuch Portfoliomanagment, Bad Soden, Taunus 1998, S. 436–458.

Sandmann, Klaus (1999): Einführung in die Stochastik der Finanzmärkte, Springer Verlag 1999.

Schäfer, Henry (1999): Unternehmensinvestitionen – Grundzüge in Theorie und Management, Heidelberg 1999.

Schäfer, Henry (2001): Unternehmensfinanzen – Grundzüge in Theorie und Management, Heidelberg: Physica-Verlag 2001.

Schierenbeck, Henner (1998): Ertragsorientiertes Bankmanagement: Band 1: Grundlagen, Marktzinsmethode und Rentabilitäts-Controlling; 6. Aufl., Wiesbaden 1999, Band 2: Risiko-Controlling und Bilanzstruktur-Management, 6. Auflage, Wiesbaden 1999, Band 3: Fallstudien mit Lösungen, 4. Auflage, Wiesbaden 1998.

Schildbach, Thomas (1998): Ist die Kölner Funktionenlehre der Unternehmensbewertung durch die Discounted Cash-flow-Verfahren überholt?, in: Matschke, Manfred Jürgen/Schildbach, Thomas (Hrsg.): Unternehmensberatung und Wirtschaftsprüfung: Festschrift für Prof. Dr. Günter Sieben zum 65. Geburtstag, Stuttgart 1998, S. 301–322.

Schmidtbauer, Rainer (2002): Die Berücksichtigung der Steuern in der Unternehmensbewertung, in: Finanzbetrieb, 4. Jg. (2002), S. 209–220.

Schultze, Wolfgang (2001): Methoden der Unternehmensbewertung: Gemeinsamkeiten, Unterschiede, Perspektiven, Düsseldorf 2001.

Schwetzler, Bernhard (1999): Shareholder Value Konzept, Managementanreize und Stock Option Plans, in: Die Betriebswirtschaft, 59. Jg. (1999), S. 332–350.

Seppelfricke, Peter (1996): Investitionen unter Unsicherheit, Haag + Herchen Verlag, 1996.

Seppelfricke, Peter (1999): Multiplikator-Verfahren bei der Aktien- und Unternehmensbewertung, in: Finanzbetrieb, 1. Jg. (1999), S. 300–307.

Serfling, K./Pape, U. (1995): Theoretische Grundlagen und traditionelle Verfahren der Unternehmensbewertung, Das Wirtschaftsstudium, 24. Jg. (1995), S. 808–820.

Serfling, Klaus/Pape, Ulrich (1996): Strategische Unternehmensbewertung und Discounted-Cash-Flow-Methode, in: Das Wirtschaftsstudium, 25. Jg. (1996), S. 57–64.

Sharpe, Wiliam F. (1964): Capital Asset Prices: A Theory of Market Equilibrium under Conditions of Risk, in: The Journal of Finance, Vol. 19 (1964), S. 425–442.

Sharpe, William F. (1963): A simplified Model for Portfolio Analysis, in: Management Science, Vol. 9 (1963), S. 277–293.

Sharpe, William F. (1964): Capital Asset Prices: A Theory of Market Equilibrium under Conditions of Risk, in: The Journal of Finance, Vol. 19 (1964), S. 425–442.

Sieben, G. (1963): Der Substanzwert der Unternehmung, Wiesbaden 1963.

Sieben, G. (1976): Der Entscheidungswert in der Funktionenlehre der Unternehmensbewertung, Betriebswirtschaftliche Forschung und Praxis, 28. Jg. (1976), S. 491–504.

Sieben, G. (1992): Zur Wertfindung bei der Privatisierung von Unternehmen in den neuen Bundesländern durch die Treuhandanstalt, Der Betrieb, 45. Jg. (1992), S. 2041–2051.

Sieben, G./Kirchner, M. (1988): Renaissance des Substanzwertes?, Die Betriebswirtschaft, 48. Jg. (1988), S. 540–543.

Sieben, G./Maltry, H. (2001): Der Substanzwert der Unternehmung, in: Peemöller, Volker H. (Hrsg.): Praxishandbuch der Unternehmensbewertung, Herne 2001, S. 375–397.

Sieben, G./Sanfleber, M. (1989): Betriebswirtschaftliche und rechtliche Aspekte von Abfindungsklauseln – Unter besonderer Berücksichtigung des Problemfalls ertragsschwaches Unternehmen und existenzbedrohende Abfindungsregelung, Die Wirtschaftsprüfung, 42. Jg. , S. 321–329.

Sieben, Günter (1976): Der Entscheidungswert in der Funktionenlehre der Unternehmensbewertung, in: Betriebswirtschaftliche Forschung und Praxis, 28. Jg. (1976), S. 491–504.

Siepe, Günter (1997): Die Berücksichtigung von Ertragsteuern bei der Unternehmensbewertung, in: Die Wirtschaftsprüfung, 50. Jg. (1997), S. 1–10.

Siepe, Günter (1998): Kapitalisierungszinssatz und Unternehmensbewertung, in: Die Wirtschaftsprüfung, 51. Jg. (1998), S. 325–338.

Spremann, Klaus (1998): Finanzielle Führung und interner Kapitalmarkt, in: Die Unternehmung, 52. Jg. (1998), S. 339–346.

Staehle, W. (1999): Management, Eine verhaltenswissenschaftliche Perspektive, 8. Aufl., überarbeitet von P. Sydow, München 1999.

Steiner, Manfred/Bruns, Christoph (2000): Wertpapiermanagement; 7. Auflage, Stuttgart 2000.

Steiner, Manfred/Wallmeier, Martin (1999): Unternehmensbewertung mit Discounted Cash Flow-Methoden und dem Economic Value Added-Konzept, in: Finanzbetrieb, 1. Jg. (1999), S. 1–10.

Stern, Joel M. (1994): EVA^{TM} Roundtable, in: Journal of Applied Corporate Finance, Vol. 7 (1994), S. 46–70.

Stern, Joel M./Stewart, Bennett G./Chew Jr., Donald H (1995): The EVA@ Financial Management System, in: Journal of Applied Corporate Finance, Vol. 8 (Summer 1995), S. 32–46.

Stewart, Bennett G. (1991): The Quest for Value, New York 1991. The Journal of Finance, Vol. 25 (1970), S. 383–420.

Tipke, K./Lang, J. (1994): Steuerrecht, 14. Auflage, Köln 1994.

Tischer, F. (1995): Der Einfluß der Rechtsform auf die Anteilsbewertung erworbener Unternehmen, Deutsches Steuerrecht, 33. Jg., S. 1562–1566.

Trigeorgis, Lenos (1996): Real Options – Managerial Flexibility and Strategy in Resource Allocation, Cambridge: MIT Press 1996.

Wagner, F. W. (1994): Unternehmensbewertung und vertragliche Abfindungsbemessung, Betriebswirtschaftliche Forschung und Praxis, 46. Jg., S. 482.

Wallmeier, Martin (1997): Prognose von Aktienrenditen und -risiken mit Mehrfaktorenmodellen, Bad Soden 1997.

Weber, Martin/Schiereck, Dirk (1993): Marktbezogene Bestimmung der Kapitalkosten, in: Gebhardt, Günther/Gerke, Wolfgang/Steiner, Manfred (Hrsg.): Handbuch des Finanzmanagements: Instrumente und Märkte der Unternehmensfinanzierung, München 1993, S. 131–150.

WP-Handbuch (2002): Wirtschaftsprüfer-Handbuch 2002, Band II, Abschnitt A: Unternehmensbewertung, in: Institut der Wirtschaftsprüfer e.V. (Hrsg.), Düsseldorf 2002, S. 1–142.

Wysocki, Klaus von (2000): Die Kapitalflussrechnung nach SFAS No. 95 im Vergleich mit IAS 7, SG/EFA 1/1995 und DRS 2, in: Ballwieser, Wolfgang (Hrsg.): US-amerikanische Rechnungslegung, Grundlagen und Vergleiche mit deutschem Recht, 4. Auflage, Stuttgart 2000, S. 407–446.

Glossar

Abhängiges Unternehmen
Rechtlich selbstständiges Unternehmen, auf welches von einem anderen (herrschenden) Unternehmen gem. § 17 AktG beherrschender Einfluss in unmittelbarer oder mittelbarer Form ausgeübt wird. Formen der Beherrschung: Mehrheitsbeteiligung gem. § 17 (2) AktG – hier wird eine Beherrschung vermutet –, auf Grund von Verträgen und Satzungen, entsprechend § 113 Betriebsverfassungsgesetz und auf Grund von Personengleichheit in den Leitungsorganen der herrschenden und beherrschten Unternehmen. Stehen abhängiges und herrschendes Unternehmen unter einheitlicher Leitung (gem. § 18 (1) AktG), bilden sie einen Konzern. Zum Schutz der Minderheitsaktionäre besteht die Verpflichtung des beherrschenden Unternehmens zum Ausgleich von entstandenen Nachteilen gem. § 311 AktG, des abhängigen Unternehmens zur Erstellung eines Abhängigkeitsberichtes gem. § 312 AktG.

Abzugskapital
Verbindlichkeiten aus Lieferungen und Leistungen sowie Anzahlungen, die dem Unternehmen unverzinslich zur Verfügung stehen. Die Finanzierungskosten dieser Verbindlichkeiten schmälern die Ergebnisse des Leistungsbereichs von Unternehmen (z. B. in Form von höheren Materialaufwendungen oder geringeren Umsätzen). Bei der Ermittlung des zu verzinsenden Kapitals und der Berechnung von Kapitalkosten darf das Abzugskapital deshalb keine Berücksichtigung finden.

Added Value
Venture-Capital-Gesellschaften stellen ihren Beteiligungsgesellschaften nicht nur Kapital zur Verfügung. Sie betreuen auch die jungen und innovativen Unternehmen und stehen mit ihrem Know-how und Kontaktnetzwerk zur Verfügung (»Smart Capital«). Dadurch geben VC-Gesellschaften ihren Beteiligungsgesellschaften einen zusätzlichen Wert (Added Value).

Ad-hoc-Publizität
Die Veröffentlichungspflicht für Wertpapieremittenten ist im Wertpapierhandelsgesetz (§ 15 WpHG) geregelt. Dabei erstreckt sich die Verpflichtung des Emittenten zur Mitteilung kursrelevanter Informationen auf die von ihm begebenen Wertpapiere, die an einer inländischen Börse zum Amtlichen Markt oder zum Geregelten Markt zugelassen sind. Die im Freiverkehr gehandelten Effekten sind ausgenommen. Die Pflicht zur Ad-hoc-Publizität soll dem Missbrauch von Insider-Kenntnissen entgegenwirken und die Markttransparenz erhöhen. Ein Verstoß kann dagegen mit einer Geldbuße geahndet werden. Während die Bundesanstalt für Finanzdienstleistungsaufsicht (BAFin) prüft, ob die Emittenten ihrer Publizitätspflicht gemäß § 15 WpHG nachkommen, entscheidet die Börsengeschäftsführung darüber, ob die Veröffentlichung der kursbeeinflussenden Tatsache eine vorübergehende Kursaussetzung erfordert. Die Veröffentlichung ist nach § 15 Abs.1 S.1 WpHG in mindestens einem überregionalen Börsenpflichtblatt oder über ein elektronisches Informationsverarbeitungssystem in deutscher Sprache vorzunehmen. Unternehmen im Prime Standard müssen Ad-hoc-Mitteilungen zusätzlich auch in englischer Sprache publizieren. Publizitätspflichtige Tatsachen sind noch vor der Veröffentlichung unmittelbar der Bundesanstalt für Finanzdienstleistungsaufsicht sowie den Geschäftsführungen der Börsen, an denen die Effekten oder deren Derivate zum Handel zugelassen sind, mitzuteilen.

Aktie
Aktien verkörpern einen Anteil am Grundkapital einer Aktiengesellschaft (AG). Der Aktionär ist der Eigentümer der Aktien und somit Anteilseigner der Aktiengesellschaft. In der Satzung der AG kann der Anspruch des Aktionärs auf Verbriefung seines Anteils als Wertpapier ausgeschlossen oder eingeschränkt werden (§ 10 Abs. 5 AktG). Die mit der Aktie verbundenen Aktionärsrechte werden hierdurch jedoch nicht eingeschränkt.

Die verschiedenen Aktienarten lassen sich unterteilen: .

a) Nach dem Grad der Übertragbarkeit in Inhaberaktien, Namensaktien und vinkulierte Namensaktien.
Die Inhaberaktie ist frei übertragbar. Sie stellt ein Inhaberwertpapier (s. Wertpapier) dar und wird durch Einigung und Übergabe übertragen. Voraussetzung für die Ausgabe von Inhaberaktien ist, dass die Aktien voll eingezahlt werden. Die Namensaktie unterscheidet sich von der Inhaberaktie dadurch, dass ihr Inhaber im Aktienbuch der Gesellschaft eingetragen wird. Das ist zum Beispiel dann erforderlich, wenn das gezeichnete Grundkapital noch nicht voll eingezahlt wurde. Um das ausstehende Kapital einfordern zu können, muss die AG die jeweiligen Aktionäre namentlich erfasst haben. Die Übertragung von Namensaktien erfordert ein Indossament (s. Wertpapier), d.h. eine schriftliche Erklärung und Gegenzeichnung des Verkäufers auf der Rückseite des Wertpapiers und eine Umschreibung im Aktienbuch. Zur Vereinfachung werden die Rechte an Namensaktien im börsenmäßigen Handel üblicherweise durch Zession übertragen. Bei den vinkulierten Namensaktien ist die Übertragung zusätzlich dadurch erschwert, dass sie einer Zustimmung der Gesellschaft bedarf. Die Aktienform der vinkulierten Namensaktie ist dann angebracht, wenn sich die Gesellschaft vor einem zu starken Einfluss fremder Kapitalgeber schützen will oder wenn andere Vorschriften dies verlangen. So ist etwa im Medienbereich die Beteiligung an Rundfunk- und Fernsehsendern gesetzlich geregelt.

b) Nach der Definition der Anteile in Nennbetragsaktien und Stückaktien.
Bei der Nennbetragsaktie (Nennwertaktie) lautet der Anteil auf einen bestimmten nominalen Geldbetrag (Nennwert). Der Anteil am Grundkapital bestimmt sich bei Nennbetragsaktien nach dem Verhältnis ihres Nennbetrags zum Grundkapital (§ 8 Abs. 2 und 4 AktG). In Deutschland war diese Aktienform bis 1998, außer für Anteile an bergrechtlichen Genossenschaften, den so genannten Kuxen, zwingend. Für auf DM lautende Nennwerte waren DM 5,- oder 50,- üblich. Seit 1.1.1999 müssen Nennbetragsaktien auf mindestens einen Euro lauten. Höhere Nennbeträge müssen auf volle fünf Euro lauten (§ 8 Abs. 2 und 4 AktG). Durch die Umstellung der Nennwerte von DM auf Euro entstandene nicht-ganzzahlige Nennwerte sind auf Euro-Beträge anzupassen. Stückaktien lauten auf keinen Nennbetrag. Die Stückaktien einer Aktiengesellschaft sind am Grundkapital in gleichem Umfang beteiligt. Seit 1.1.1999 sind in Deutschland auch Stückaktien erlaubt. Der auf eine Aktie entfallende anteilige Betrag ergibt sich aus der Höhe des Grundkapitals und der Anzahl der Aktien. Er muss mindestens einen Euro betragen (§ 8 Abs. 3-4 AktG). In anderen Ländern haben Stammaktien oft die Form der Quotenaktie. Die Quotenaktie ist eine Stückaktie, die einen bestimmten Anteil (Quote) am Reinvermögen der Gesellschaft verbrieft. Anstelle des Nennbetrags ist ein Quotenanteil aufgedruckt. In Deutschland ist diese Aktienform nicht zulässig.

c) Nach der Gewährung des Dividendenanspruchs und des Stimmrechtes in Stammaktien und Vorzugsaktien.
Die Stammaktie ist die am häufigsten auftretende Form der Aktie. Sie gewährt alle im Aktiengesetz vorgesehenen Aktionärsrechte wie z.B. das Recht auf Teilnahme an der Hauptversammlung und das Stimmrecht. Das Stimmrecht richtet sich nach den jeweiligen Kapitalanteilen der Aktionäre. Jede Stammaktie mit Mindestnennbetrag entspricht einer Stimme (Stimmaktie). Weiterhin ist in ihr das Recht auf Gewinnbeteiligung und Anteil am Liquidationserlös verbrieft. Die Rechte von Vorzugsaktien werden durch die Satzung einer AG individuell festgelegt. Die Vorzugsaktie räumt gegenüber der Stammaktie dem Aktionär einen besonderen Anspruch an Dividende, Stimmrecht, Bezugsrecht oder am Liquidationserlös ein. Diese Vorzüge können zusätzlich zu den übrigen Rechten gewährt werden (absolute Vorzugsaktie), oder der Vorzug ist mit einem Nachteil in einem anderen Recht verbunden (relative Vorzugsaktie). Die Ausgabe von Stimmrechtsvorzugsaktien (Mehrstimmrechte) ist mittlerweile unzulässig (§ 12 Abs. 2 AktG). Häufig anzutreffen ist die stimmrechtslose Vorzugsaktie, die einen Dividendenvorzug (z.B. eine Vorab- oder Überdividende) gewährt, jedoch nicht mit einem Stimmrecht ausgestattet ist. Vorzugsaktien ohne Stimmrecht dürfen nur bis zur Hälfte des Grundkapitals ausgegeben werden (§ 139 Abs. 2 AktG). Bei Rückständigkeit der Dividendenzahlungen von mehr als einem Jahr lebt nach § 140 Abs. 2 AktG das volle Stimmrecht auf, bis die Rückstände beglichen sind.

Nach der Gründung einer Aktiengesellschaft können neue Aktien über eine Kapitalerhöhung ausgegeben werden. Bei ordentlichen und bedingten Kapitalerhöhungen wird den Altaktionären üblicherweise ein Anrecht auf den Bezug von jungen Aktien in einem bestimmten Bezugsverhältnis gewährt, um die Verwässerung ihres relativen Anteils an der Gesellschaft zu verhindern. Als Junge Aktien werden die im Zuge der Kapitalerhöhung ausgegebenen Aktien bezeichnet. Sie können als Stamm- oder Vorzugs- aktien ausgegeben werden. Sie können gegenüber den bisherigen Aktien einen Dividendennachteil für das laufende bzw. vergangene Geschäftsjahr aufwiesen. In diesem Fall erhalten sie eine eigene Börsennotierung bis zur Zahlung der jeweiligen Dividende.

Jede Altaktie ist mit einem Bezugsrecht verbunden. Für den Erwerb einer jungen Aktie zu einem unter dem Börsenkurs liegenden Bezugspreis sind meist mehrere Bezugsrechte notwendig. Bei börsen- notierten Aktien werden die Bezugsrechte für einen beschränkten Zeitraum (i. d. R. zwei Wochen) wie Aktien an der Börse gehandelt. Das Bezugsrecht kann ausgeschlossen werden, wenn die Kapitalerhöhung weniger als 10 % des bisherigen Grundkapitals ausmacht und eine qualifizierte Mehrheit (75 %) des auf der Hauptversammlung vertretenen Grundkapitals dem zugestimmt hat.

Aktienemission

Die Aktienemission bezeichnet eine Erstbegebung von Aktien. Sie erfolgt im Rahmen der Gründung (Gründungsemission) gem. § 23 AktG in Form der Sach- oder Bargründung. Nach der Gründung erfolgen Aktienemissionen im Zuge von Kapitalerhöhungen der AG. Der Unternehmung stehen grundsätzlich folgende Emissionsformen offen. Im Rahmen der Selbstemission muss die Unternehmung selbst für die Unterbringung der neuen Aktien sorgen. Dieser Weg steht aber i. d. R. nur Unternehmen mit kleinem Aktionärskreis offen. Ursache: fehlendes oder nicht geeignetes Absatzsystem, Erschwernisse im Emissionsvorgang selbst sowie zu einem späteren Zeitpunkt bei der Börsenzulassung. Die Fremdemission behebt diese Nachteile. Das Unternehmen wendet sich an seine Hausbank oder – im Regelfall – an ein Bankenkonsortium. Dieses übernimmt entweder alle Aktien (Übernahmekonsortium) in Eigenbesitz unter Zahlung eines vereinbarten Preises oder es wird im Rahmen eines Begebungskonsortiums als Kommissionär tätig. Das Risiko der nicht vollständigen Unterbringung der Effekten verbleibt dann allerdings bei der AG. Die Begebung in Deutschland erfolgt im Regelfall durch ein Übernahmekon- sortium (s. Platzierungsverfahren).

Aktiengesellschaft (joint stock company, stock corporation)

Kapitalgesellschaft, die für ihre Verbindlichkeiten nur mit ihrem Gesellschaftsvermögen haftet. Rechts- grundlage ist das Aktiengesetz vom 6.9.1965 i. d. F. vom 28.10.1994 mit allen späteren Änderungen. Die Aktiengesellschaft verfügt über ein festes Grundkapital (Untergrenze in Deutschland: 50.000 Euro), das in Aktien zerlegt und verbrieft ist. Aktien lauten entweder auf einen festen Geldbetrag, in Deutschland mindestens 1 Euro (Nennwertaktie) oder auf einen bestimmten Anteil am Reinvermögen als Stückaktien. Diese existieren in den Varianten: echte- und unechte (Quotenaktien) Stückaktien und repräsentieren im Gegensatz zu den Summen- oder Nennwertaktien einen bestimmten Anteil am Reinvermögen der Aktiengesellschaft.

Grundsätzlich haben alle Aktionäre die gleichen Mitgliedschaftsrechte, Gewinnansprüche, Haf- tungsverpflichtungen und Vermögensansprüche im Liquidationsfall. Ausnahme: Neben Stammaktien existieren noch Vorzugsaktien mit von der Satzung der AG festgelegten anderen Rechten. Im Vergleich zu den Stammaktien sind die Vorzugsaktien – zur Kompensation gewährter Vorrechte (Vorzüge) – im Regelfall ohne Stimmrecht ausgestattet. Die Kapitaleinzahlung der Aktionäre muss mindestens 25 % des gezeichneten Kapitals betragen. Der Restbetrag ist auf Anforderung einzuzahlen. Bei Zahlungsver- weigerung erfolgt die Kaduzierung. Nicht voll eingezahlte Aktien sind stets Namensaktien, bei denen im Gegensatz zu den Inhaberaktien die persönlichen Daten der Aktionäre im Aktienbuch vermerkt werden müssen. Die Gründung der AG unterliegt gem. §§ 23 ff. AktG umfangreichen Vorschriften.

Organe der AG sind die Hauptversammlung, der Aufsichtsrat und der Vorstand, deren Zuständigkeiten eindeutig abgesteckt sind. Die Hauptversammlung der Aktionäre ist zuständig für Fragen, die mit der Satzung, Grundkapitalausstattung (Kapitalerhöhung, Kapitalherabsetzung), Umwandlung, Fusion, Bestellung der Prüfer und Aufsichtsratsmitglieder der Kapitalgeberseite zu tun haben. Der Aufsichts- rat bestellt und überwacht den Vorstand. Dieser leitet die Aktiengesellschaft. Eingehende rechtliche Vorschriften regeln die Rechnungslegung (Jahresabschluss und Geschäftsbericht), Pflichtprüfung sowie die Veröffentlichung des Jahresabschlusses (Publizitätsgesetz). Daraus ergibt sich ein weitreichender Anleger- und Gläubigerschutz. Der Anlegerschutz wird ggf. noch durch die Erstellung eines Prospekts im Zusammenhang mit der Zulassung von Aktien zum Börsenhandel erhöht.

Aktienindex

Der Aktienindex entspricht einem Preisindex für die Preise (Kurse) verschiedener Aktien. Ziel von Aktienindizes ist es, die aktuelle Börsentendenz verdichtet wiederzugeben und die langfristige Wertentwicklung eines fiktiven Portfolios zu dokumentieren (s. Benchmark). Entscheidend für die Aussagekraft von Aktienindizes ist, wie viele Einzelwerte erfasst sind und wie die Gewichtung vorgenommen wird. Der bekannteste deutsche Aktienindex ist der Deutsche Aktienindex DAX, der von der Deutschen Börse AG während der Handelszeit minütlich berechnet wird. Seit 1988 wird der DAX aus den Kursen der 30 größten deutschen börsennotierten Aktiengesellschaften berechnet. Der DAX ist als Performanceindex konzipiert, d.h. Kapitalveränderungen und Dividendenzahlungen werden bereinigt. Darüber hinaus gibt es private Berechnungen der Presse (z.B. FAZ-Index) und von Kreditinstituten. Zu den bekanntesten ausländischen Indizes gehören der Dow Jones-Index (USA), der Standard & Poor's 500, der Financial Times-Index (Großbritannien) und der Nikkei Index (Japan).

Aktienstimmrecht

Stimmrecht der Aktionäre. Es handelt sich hierbei um das bedeutendste mitgliedschaftliche und autonom ausübbare Verwaltungsrecht des Aktionärs. Grundsätzlich gewährt jede Aktie das Stimmrecht, welches nach Aktiennennbeträgen ausgeübt wird (§ 134 Abs. 1 AktG). Dies bedeutet, dass Aktien mit einem mehrfachen Nennbetrag ein dem kleinsten Nennbetrag entsprechend mehrfaches Stimmrecht haben. Das Prinzip wird durchbrochen durch die Stimmrechtserweiterung bei Mehrstimmrechtsaktien bzw. Stimmrechtsvorzugsaktien (Vorzugsaktien), Stimmrechtsbegrenzung durch die statuarische Verankerung eines Höchststimmrechts und Stimmrechtsaufhebung bei stimmrechtslosen Vorzugsaktien. Die Stimmrechtsausübung erfolgt im Rahmen der Hauptversammlung durch den Aktionär oder einen schriftlich legitimierten Bevollmächtigten. Im Falle einer Sicherungsübereignung kann das Stimmrecht durch den Sicherungseigentümer oder einen Treuhänder ausgeübt werden. Die Form der Stimmrechtsausübung richtet sich gem. § 134 (4) AktG nach der Satzung der AG.

Aktionär

Der Inhaber von Aktien wird als Aktionär bezeichnet. Er besitzt bestimmte Mitgliedschaftsrechte, die im Aktiengesetz im Einzelnen geregelt sind. Zu seinen wichtigsten Rechten zählen das Recht zur Teilnahme an der Hauptversammlung, das Stimmrecht und bestimmte Auskunftsrechte. Der Aktionär hat ferner Anspruch auf einen Anteil am Unternehmensgewinn, soweit dieser nicht nach Gesetz, Satzung (z.B. Pflicht zur Rücklagenbildung) oder durch HV-Beschluss von der Verteilung auf die Aktionäre ausgeschlossen ist. Einen direkten Einfluss auf die Geschäftsführung der Gesellschaft hat der Aktionär nicht. Er kann aber über bestimmte Fragen der Geschäftsführung vom Vorstand zu einer Mitentscheidung in der HV aufgefordert werden. Seine Mitgliedschaft erwirbt er durch Zeichnung oder Kauf der Aktien, durch Verkauf seiner Anteile gibt er sie auf. Für die Verbindlichkeiten der Gesellschaft haftet nur seine Einlage.

Aktionärsbrief (newsletter to shareholders)

Mitteilung der Aktiengesellschaft an die Aktionäre. Möglicher Inhalt: Einladung zur Hauptversammlung, Berichterstattung zur letzten Hauptversammlung, Zwischenbericht zur aktuellen geschäftlichen Lage des Unternehmens.

Aktionärsrechte (shareholders' bzw. stockholders' rights)

Rechte der Gesellschafter (Aktionäre) einer Aktiengesellschaft, die durch das Aktiengesetz sowie u.U. weitergehend per Satzung der Gesellschaft festgelegt sind. Sie umfassen grundsätzlich: Recht zur Teilnahme an der Hauptversammlung sowie die damit verbundenen Rechte (Stimmrecht, Recht auf Auskunftserteilung, Recht auf Anfechtung der HV-Beschlüsse), Recht auf Dividendenanteil, Bezugsrecht, Recht auf Anteil am Liquidationserlös. Allerdings können die Aktionärsrechte bei Vorzugsaktien durch die Satzung der AG abweichend ausgestaltet sein.

Aktienrückkauf

Das »Gesetz zur Kontrolle und Transparenz im Unternehmensbereich« (KonTraG) vom Mai 1998 ermöglicht es Unternehmen, bis zu zehn Prozent ihrer eigenen Aktien über die Börse zurückzukaufen. Dem Rückkauf müssen allerdings zuvor die Aktionäre auf einer Hauptversammlung zustimmen. Aktiengesellschaften können auf diese Weise überschüssige Liquidität sinnvoll anlegen (Kapitalkosten senken), den Kurs stützen oder auch Übernahmeversuche erschweren.

Altersvorsorge-Sondervermögen

Neues Investmentfondsprodukt zur Altersvorsorge. Das bei einer Investmentgesellschaft gegen Ausgabe von Anteilscheinen eingelegte Kapital und die damit angeschafften Vermögensgegenstände bilden ein Sondervermögen. Dies muss von dem eigenen Vermögen der Investmentgesellschaft getrennt gehalten werden und haftet nicht für Verbindlichkeiten der Gesellschaft. Für Altersvorsorge-Sondervermögen gelten besondere Bedingungen: Investments überwiegend in Substanzwerten; Aktienanteil max. 75 %; Anteile an offenen Immobilienfonds bzw. Direktbesitz-Immobilien max. 30 %; Stille Beteiligungen max. 10 %. Die Fondsgesellschaft hat folgende Angebote zu unterbreiten: Sparpläne und Auszahlungspläne für regelmäßige Zahlungen und die Möglichkeit einer Vermögensumschichtung vor Erreichen des Pensionsalters, spätestens nach drei Vierteln der Vertragslaufzeit.

American Depositary Receipt (ADR)

ADRs sind auf US-Dollar lautende, handelbare Hinterlegungsscheine, die das Eigentum an Aktien von Nicht-US-Gesellschaften verbriefen. Dieser Umweg ist notwendig, da in den USA ein direkter Handel mit den in Deutschland üblichen Inhaber- oder Stammaktien nicht möglich ist. Dazu wären Namensaktien erforderlich. ADR werden meist im Verhältnis 1:1 für 100 Stück Auslandsaktien, aber auch für weniger ausgestellt. Sie dienen zur Erleichterung, Verbilligung und Beschleunigung des Handels.

American Stock Exchange (AMEX, ASE)

Neben der NYSE sehr bedeutende US-Wertpapierbörse mit Sitz in New York. Sie befasst sich hauptsächlich mit dem Handel von an der Hauptbörse nicht zugelassenen Wertpapieren. Häufig ist die Einführung der Aktien einer Gesellschaft an der AMEX die Vorstufe zur Zulassung an der NYSE.

Amerikanische Option (American Style)

Kauf- oder Verkaufsoption, die jederzeit (an jedem Handelstag) während ihrer Laufzeit ausgeübt werden kann. Gegensatz: Europäische Option (European Style).

Amtlicher Handel (Amtlicher Markt)

Marktsegment für Wertpapiere mit besonders strengen Zulassungsvoraussetzungen und Folgepflichten (§ 38 Börsengesetz), verglichen mit dem Geregelten Markt oder dem Freiverkehr. Der Amtliche Markt ist ein »organisierter Markt« im Sinne von § 2 Abs. 5 des Wertpapierhandelsgesetzes; das heißt, die Zulassungsvoraussetzungen und die Folgepflichten der Teilnehmer sowie die Organisation des Handels selbst sind gesetzlich geregelt. Ein emittierendes Unternehmen muss vor Aufnahme des Handels ein öffentlich-rechtliches Zulassungsverfahren durchlaufen: Es muss zusammen mit mindestens einem Kreditinstitut, einem Finanzdienstleister oder einem Unternehmen, das nach § 53 Abs. 1, Satz 1 oder § 53b Abs. 1, Satz 1 des Gesetzes über Kreditwesen tätig ist, einen Antrag bei der Zulassungsstelle der FWB Frankfurter Wertpapierbörse einreichen. Gehört der Emittent selbst zu einer dieser Gruppen, so kann er das Verfahren zur Zulassung eigenständig beantragen. Im Einzelnen sind die Zulassungsvoraussetzungen im Börsengesetz, in der Börsenzulassungsverordnung und im Verkaufsprospekt-Gesetz geregelt. Im Amtlichen Markt werden die Preise der Wertpapiere durch Skontroführer periodisch und fortlaufend festgestellt und im Kursblatt der Börse im Internet veröffentlicht. Zum festgestellten Kurs müssen unlimitierte Aufträge zuerst ausgeführt werden. Sind dabei nicht alle Orders ausführbar, kann der Skontroführer sie »rationieren«; das heißt, er beschränkt die Ausführung nach bestimmten Prioritäten (z. B. Reihenfolge des Eingangs). Der Amtliche Markt ist das umsatzstärkste Wertpapierhandelssegment an deutschen Kassabörsen.

Amtlicher Makler (Kursmakler)

Der Amtliche Makler wird auf Vorschlag der Geschäftsführung von der zuständigen Börsenaufsichtsbehörde bestellt. Er hat amtliche Kurse festzustellen und wird daher auf Neutralität hin vereidigt. Das Börsengesetz schreibt vor, dass der amtliche Makler in den Wertpapieren, für die er amtliche Kurse feststellt, keine Geschäfte auf eigene Rechnung abschließen darf. Er ist zu einem Ausgleich berechtigt. Für seine Tätigkeit erhält der amtliche Makler eine Provision, Courtage genannt.

Analyst

Finanzfachmann, in der Regel Angestellter einer Bank, der ein Wertpapier, meist eine Aktie, auf die Attraktivität für Anleger hin analysiert und dadurch wichtige Hilfen liefert für das Verkaufen (Sell-Side-Analyst), etwa bei einem IPO, oder das Kaufen von Aktien (Buy-Side-Analyst), etwa beim Beraten von Anlegen.

Annuität

Eine regelmäßige Jahresleistung zur Verzinsung und Tilgung einer Schuld wird – in Anlehnung an das lateinische Wort »annus« = Jahr – Annuität genannt. Bei der üblichen Form der konstanten Annuität handelt es sich um einen stets gleichbleibenden Betrag, der sich aus Zins- und Tilgungsleistungen zusammensetzt. Da der Zins nur auf die rückläufige Restschuld zu zahlen ist, wird der Zinsanteil immer kleiner, der Tilgungsanteil entsprechend höher. Bei der variablen Annuität hingegen bleibt der Tilgungsanteil unverändert.

Anleihe

Schuldverschreibungen, Pfandbriefe, Obligationen, Zerobonds. Langfristige Kreditaufnahmen am Kapitalmarkt durch den Staat, öffentliche Körperschaften, Grundkreditanstalten oder Wirtschaftsunternehmen. Zur Verbriefung der Anleiheforderungen werden Papiere mit festem oder variablem Zins und fester Laufzeit ausgegeben. Dabei handelt es sich um festverzinsliche Wertpapiere. Die Zinsen werden in der Regel jährlich gezahlt. Der Gesamtbetrag einer Anleihe ist gestückelt in Teilbeträge (Teilschuldverschreibung). Der kleinste Teilbetrag ist 100 €. Der Verkauf erfolgt an jedermann über Banken und Sparkassen. Man unterscheidet: Öffentliche Anleihen (z.B. Bund, Bundespost, Bundesbahn, Länder, Städte), Industrieanleihen (auch Industrieobligationen genannt) und Anleihen von Hypothekenbanken oder öffentlich-rechtlichen Kreditanstalten (z.B. Pfandbriefe und Kommunalobligationen).

Arbitrage

Als Arbitrage (engl. auch »free lunch«) wird in der strengen Definition eine Transaktion bezeichnet, bei der ein risikoloser Profit (Arbitragegewinn) durch ausgleichende Finanztransaktionen erzielt werden kann. Man spricht von Ausgleichsarbitrage oder Differenzarbitrage bei Finanzprodukten mit identischen Eigenschaften, die sich ausschließlich im Preis unterscheiden. Arbitragemöglichkeiten können sich ergeben, wenn auf unterschiedlichen Märkten (etwa Regionalbörsen) zum gleichen Zeitpunkt identische Wertpapiere zu unterschiedlichen Preisen gehandelt werden. In einem weiteren Sinn liegt Arbitrage vor, wenn ein Bestand so umgeschichtet werden kann, dass ohne eine Veränderung der Risikoposition die erwartete Rendite gestiegen ist. Von Arbitrage spricht man auch, wenn auf dem Terminmarkt und auf dem Kassamarkt Wertpapiere bzw. Finanzkontrakte in einem Preisverhältnis angeboten werden, das durch Cost-of-Carry-Arbitrage bei Verfall des Terminkontraktes ein risikoloser Gewinn generiert werden kann. Arbitrageprozesse tragen wesentlich zur Steigerung der Informationseffizienz der Kapitalmärkte bei, indem sie Preisdifferenzen ausgleichen. Im Zuge moderner Kommunikationssysteme treten größere Preisunterschiede kaum mehr auf. Man spricht dann von Arbitragefreiheit.

Arbitrageur

Ein Marktteilnehmer der versucht, durch Ausnutzung von Kursunterschieden des gleichen Basiswertes an unterschiedlichen Handelsplätzen oder in unterschiedlichen Märkten (Kassa- vs. Terminmarkt) risikolose Gewinne zu erzielen. Er fördert durch seine Aktivitäten die Informationseffizienz der Finanzmärkte.

Amortisation

Abschreibung des erworbenen Geschäfts- und Firmenwertes (Goodwill) und von sonstigen immateriellen Finanzanlagen wie z.B. Patenten.

Asset Allocation

Die Asset Allocation bezeichnet einen Prozess, der mit quantitativen (statistischen) Methoden die Aufteilung eines Vermögens auf unterschiedliche Investitionsobjekte optimiert. Die Aufteilung der Assets erfolgt nach verschiedenen Diversifikationskriterien, z.B. die Gewichtung nach Anlageklassen (z.B. Aktien, Renten und Barbestand) oder die Aufteilung nach Ländern oder Branchen. Asset Allocation definiert nicht nur einen Status quo, sondern gibt vielmehr auch die Rahmenbedingungen bzw. das Regelwerk für das Portfoliomanagement vor. Generell wird zwischen der strategischen und der taktischen Asset Allocation unterschieden. Bei der strategischen Asset Allocation wird die neutrale Position und damit das erwartete Risiko-/Ertragsprofil definiert. Die neutrale Position gibt die grundlegenden Regeln für die Anlagestrategie und Bandbreiten für Abweichungen an. In der Strategischen Asset Allocation werden auch die Benchmarks definiert, an denen die Performance des Asset Managers gemessen wird. Bei der taktischen Asset Allocation erfolgt eine laufende Optimierung der Diversifikation innerhalb der Bandbreiten und Regeln, die in der strategischen Asset Allocation vorgegeben wurden. Die taktische Asset Allocation hat einen Zielhorizont für ihre Gültigkeit, sie ist in regelmäßigen vorgegebenen Etappen zu revidieren.

Asset Backed Securities (ABS)

ABS haben zum Ziel, bisher nicht liquide Vermögensgegenstände in festverzinsliche, handelbare Wertpapiere zu transformieren (s. Securitization). Als Sicherheit werden bestimmte Finanzaktiva eines Unternehmens (z.B. Forderungen aus Hypotheken, Konsumentenkrediten, Leasingverträgen etc.) in einen Forderungspool eingebracht, welcher von einer Finanzierungsgesellschaft treuhänderisch verwaltet wird. Der Cashflow der in Wertpapieren verbrieften Finanzaktiva wird für die Bedienung der Anleihegläubiger verwendet.

Asset Deal

Kauf eines Unternehmens durch Erwerb aller Wirtschaftsgüter und Übernahme aller Verbindlichkeiten.

Asset Management

Unter Asset Managemernt versteht man die Verwaltung von Vermögenswerten Dritter durch spezialisierte Dienstleister im Rahmen von Vollmachtsverträgen.

Asset Sales Deal

Übernahmetransaktionen, bei denen ein großer Teil des Kaufpreises durch Aktivaverkäufe der übernommenen Gesellschaft realisiert wird. Der Verkauf von nicht betriebsnotwendigem Vermögen führt zur Reduzierung des Schuldendienstes.

Atypisch Stille Gesellschaft

Sonderform der Stillen Gesellschaft nach den Vorschriften der §§ 230 bis 237 des Handelsgesetzbuches. Die atypisch Stille Gesellschaft ist als solche gesetzlich nicht definiert. Der Begriff atypisch wurde in der Steuerrechtsprechung entwickelt und soll ausdrücken, dass der atypisch Stille Gesellschafter – zulässigerweise abweichend vom gesetzlichen Idealtypus, also der typisch Stillen Gesellschaft – sowohl das unternehmerische Risiko (Gewinn- *und* Verlustbeteiligung sowie Beteiligung am Unternehmenswert und den Stillen Reserven) mitträgt als auch Mitunternehmerinitiative entwickelt (Ausübung von Mitsprache-, Informations-, Kontrollrechten). Die Mitunternehmerinitiative ist aber regelmäßig auf einige wenige Grundsatzentscheidungen in Bezug auf das Unternehmen (z.B. Änderung des Unternehmensgegenstandes, Börsengang) beschränkt. Durch seine Gewinn- und Verlustbeteiligung erhält der atypisch Stille Gesellschafter nach dem Einkommensteuergesetz positive oder negative Einkünfte aus Gewerbebetrieb, die sein zu versteuerndes Einkommen entsprechend steigern oder mindern können. Bei entsprechender Gestaltung des atypisch Stillen Gesellschaftsvertrags können die Stillen Einlagen bei dem Beteiligungsunternehmen als Eigenkapital bilanziert werden. Venture-Capital-Gesellschaften beteiligen sich häufig in Form der atypisch Stillen Gesellschaft an ihren Beteiligungsunternehmen.

Aufbauorganisation

Die Aufbauorganisation ist das statische System der organisatorischen Einheiten einer Unternehmung, das die Zuständigkeiten für die arbeitsteilige (Arbeitsteilung) Erfüllung der Unternehmensaufgabe regelt. Zur Gestaltung der Aufbauorganisation werden im Rahmen der Stellenbildung bzw. Abteilungsbildung (Segmentierung) die organisatorischen Einheiten nach Maßgabe ihrer Kompetenzen voneinander abgegrenzt (Kompetenzabgrenzung) und durch Kommunikationsbeziehungen miteinander verknüpft. Je nach Art ihrer Abgrenzung und Verknüpfung (Leitungssystem) ergeben sich unterschiedliche Organisationsstrukturen.

Aufsichtsrat (AR)

Die Mitglieder des AR einer Aktiengesellschaft werden von ihrer Hauptversammlung gewählt, soweit sie nicht satzungsmäßig oder als Arbeitnehmervertreter im Rahmen des Betriebsverfassungs-, des Mitbestimmungs-, oder des Mitbestimmungsergänzungsgesetzes entsandt werden. Jeder AR hat aus mindestens 3 Personen zu bestehen; die Gesamtmitgliederzahl muss nach dem Betriebsverfassungsgesetz von 1972 immer durch drei teilbar sein. Ausnahmen gelten für Montangesellschaften sowie für Großunternehmen nach dem Mitbestimmungsgesetz von 1976. Für die genaue Mitgliederzahl ist die Höhe des Grundkapitals ausschlaggebend; die Obergrenze liegt bei 21 Mitgliedern. Der AR wählt aus seiner Mitte einen Vorsitzenden und mindestens einen Stellvertreter. Der AR hat den Vorstand zu bestellen sowie Kontroll- und Überwachungsfunktionen wahrzunehmen. In den Satzungen der Aktiengesellschaften wird regelmäßig festgehalten, welche Einzelgeschäfte der Zustimmung durch den AR oder seines Vorsitzenden bedürfen. AR-Mitglieder üben sehr häufig Beratungsaufgaben für die Gesellschaften aus. Gewöhnlich wird die Auswahl der Mitglieder unter diesem Aspekt vorgenommen.

Auskunftsrecht

Anspruch eines jeden Aktionärs auf Auskünfte durch die Verwaltung der Aktiengesellschaft, an der er beteiligt ist. Auskunftsort ist die Hauptversammlung. Der Vorstand der Aktiengesellschaft ist laut Aktiengesetz auskunftspflichtig über den wirtschaftlichen, finanziellen oder personellen Sachstand, soweit die Auskünfte zur sachgemäßen Beurteilung der Tagesordnung der Hauptversammlung erforderlich sind.

Ausschüttungen

Sammelbezeichnung für Zahlungen wie Dividende, Bonus, Berichtigungsaktien, Gratisaktien u. dgl., die an die Anteilseigner einer Unternehmung ausgeschüttet werden. Im weiteren Sinne können auch Zinsen zu den Ausschüttungen gezählt werden.

Außenfinanzierung

Die Außenfinanzierung kann auch als Marktfinanzierung bezeichnet werden. Sie bezeichnet die Art der Finanzierung, bei der Kapital durch entsprechende Finanzierungstransaktionen auf dem Kapitalmarkt von außen in die Unternehmung fließt. Zu unterscheiden sind:
a) Eigenfinanzierung: zusätzliche Kapitaleinlagen der bisherigen Unternehmer,
b) Beteiligungsfinanzierung: Kapitaleinlagen aus einer Beteiligung Dritter an das Unternehmen,
c) Kreditfinanzierung: Aufnahme von Krediten.
Den Gegensatz zur Außenfinanzierung bildet die Innenfinanzierung.

Außerbörslicher Handel

Direkter Abschluss eines Wertpapiergeschäfts zwischen zwei Parteien ohne Einschaltung eines Maklers an einer Börse. Der außerbörsliche Handel wird häufig auch für sog. Block-Trades genutzt, bei denen größere Aktienpakete kursschonend gekauft bzw. verkauft werden.

Baisse

Negativer Börsentrend mit nachhaltig fallenden Kursen, meist in allen Marktsegmenten. Investoren in einem Baisse-Markt sind in der Regel pessimistisch eingestellt und nehmen so genannte Baisse-Positionen ein; beispielsweise verkaufen sie Wertpapiere in der Hoffnung auf billige Rückkäufe oder nehmen Leerverkäufe vor. Als Folge fallen die Kurse über einen längeren Zeitraum hinweg; entsprechend sind Baisse-Märkte durch rückläufige Indizes gekennzeichnet. Ihr Symbol ist der Bär. Gegensatz der Baisse ist die Hausse.

Bär

Bezeichnung für einen mit fallenden Kursen rechnenden, pessimistisch gestimmten Anleger. Ein anhaltend sinkender Börsentrend nennt sich »Bear Market« (Synonym zu Baisse). Der Begriff stammt vom Bild des Bären, der mit seiner Pranke nach unten schlägt. Antonym: Bulle.

Balanced Scorecard

Die Balanced Scorecard ist ein Instrument zur Implementierung einer Strategie. Voraussetzung für ihre Anwendung ist also, dass sich alle Entscheidungsträger auf eine gültige und allseits akzeptierte Strategie geeinigt haben. Traditionelle Kennzahlensysteme sind nicht dazu geeignet, eine Übersetzung der Strategie in das Tagesgeschäft wirksam zu unterstützen. Sie beziehen sich oft nur auf einzelne, meist monetäre Aspekte. Dagegen bildet die Balanced Scorecard Unternehmensstrategien in vier Dimensionen ab: Finanzieller Erfolg, Kundenzufriedenheit, Prozessoptimierung sowie Lernen und Wachstum.

Bank für Internationalen Zahlungsausgleich (BIZ) (Bank for International Settlements, BIS)

Kreditinstitut, welches 1930 für die Abwicklung der deutschen Reparationszahlungen gegründet wurde. Das Kreditinstitut firmiert als Aktiengesellschaft mit Sitz in Basel. Aktionäre der BIZ sind nahezu sämtliche europäischen Notenbanken. Die ursprüngliche Aufgabenstellung entfiel bereits 1931 im Zusammenhang mit dem Hoover-Moratorium. Die Aufgabe der Bank ist heute auf die Förderung der Zusammenarbeit der Notenbanken, die Schaffung neuer Möglichkeiten für internationale Finanzgeschäfte und die Ausübung von Treuhänder- und Agentenfunktionen der ihr übertragenen Zahlungsgeschäfte ausgerichtet. Die Geschäfte der BIZ müssen mit der Politik der Mitglieds-Notenbanken vereinbar sein. Sie umfassen insbesondere Gold- und Devisengeschäfte für eigene Rechnung und für Rechnung der Notenbanken. Außerdem darf die BIZ Konten bei Zentralbanken unterhalten und ihrerseits Einlagen von Zentralbanken entgegennehmen sowie Agenten- und Korrespondentenfunktionen für die Zentralbanken übernehmen. Soweit kein Einspruch durch die Zentralbanken vorliegt, darf die BIZ derartige Geschäfte auch mit Banken-, Handels- und Industrieunternehmen sowie Privatpersonen tätigen. Untersagt sind der BIZ folgende Geschäfte: Notenausgabe, Akzeptierung von Wechseln, Kreditgewährung an Regierungen. Der Bank wurden im Zeitablauf zahlreiche Agentenfunktionen übertragen. So entwickelt die BIZ auch Richtlinien, welche die Eigenkapitalausstattung von Banken festlegen (»Basel I« und »Basel II«).

Barwert

Heutiger (augenblicklicher) Wert eines in der Zukunft liegenden Erfolgs (z. B. Cashflow oder Ertrag). Den Barwert erhält man durch Abzinsen des zukünftigen Erfolgs mit den Verzinsungsansprüchen der jeweiligen Kapitalgeber (Eigen- und/oder Fremdkapitalgeber).

Basis

Differenz zwischen Termin- und (erwartetem) Kassakurs eines Finanzinstrumentes, d. h. Basis = Terminkurs – (erwartetem) Kassakurs. Die Basis repräsentiert die Cost of Carry (Nettofinanzierungs- oder Haltekosten) des Basiswertes. Bei Aktien ist die Basis positiv, wenn die Dividendenrendite geringer als die Verzinsung auf dem Terminmarkt ist. Bei Anleihen ergibt sich eines positive Basis, wenn der Kupon niedriger als die Terminverzinsung ist. Bei Devisentermingeschäften dominieren Zinsdifferenzen der betroffenen Währungen die Basis. Sofern die Verzinsung der »Eigenwährung« höher als die Verzinsung in der »Fremdwährung« ausfällt, ergibt sich eine positive Basis.

Basispreis (Strike Price)

Preis, zu dem der einer Option zugrunde liegende Basiswert bei Fälligkeit bezogen werden kann bzw. auf dessen Basis der Differenzbetrag berechnet wird.

Basispunkt (Basis Point)

Bezeichnung für ein Hundertstel eines Prozents (1 BP = 0,01 %). Mit Hilfe von Basispunkten können geringe Veränderungen von Renditen, Preisen, Kursen und dergleichen gekennzeichnet werden.

Basiswert (Underlying)

Basiswert nennt man bei Termingeschäften, wie z. B. Optionen, Optionsscheinen oder Futures, den dem Termingeschäft zugrunde liegenden Vermögensgegenstand (z. B. Aktie, Anleihe, Index oder Währung).

Beauty Contest

Auswahlverfahren für die Zusammenstellung und Führung des Bankenkonsortiums, das einen Börsengang vorbereiten und durchführen soll. Die einzelnen Banken präsentieren beim Beauty Contest dem Unternehmen ihre Vorstellungen von Emissionskonzept und Emissionspreis. Auch Kommunikationsberater gelangen via Beauty Contests zu neuen Mandaten.

Behavioral Finance

Behavioral Finance ist ein junger Zweig der Kapitalmarktforschung, der sich vor einigen Jahren in den USA etabliert hat. Ausgangspunkt dieses verhaltenswissenschaftlichen Ansatzes ist die Erkenntnis, dass Marktteilnehmer irrational handeln und immer wieder in Rationalitätsfallen tappen. Da solche Anomalien und Verzerrungen systematisch auftreten, sind Rückschlüsse auf das künftige Verhalten möglich. Das Hauptziel von Behavioral Finance liegt in der Erforschung individueller Verhaltensweisen und ihrer psychologischen Ursachen, um die Konsequenzen menschlicher Irrationalitäten auf der Marktebene besser erklären zu können.

Belegschaftsaktien

Werden vom Vorstand einer AG ihren Arbeitnehmern zu günstigen Bedingungen angeboten. Die Veräußerung von Belegschaftsaktien unterliegt i. d. R. einer Sperrfrist (bis zu 5 Jahren).

Benchmark

Im Rahmen des Asset Managements betrachteter Richtwert vergleichbarer Finanzanlagen. Die Benchmarks können als Vergleichsmaßstab zur Beurteilung der Performance eines Portfolios herangezogen werden. Gleichzeitig geben Benchmarks auch eine Richtschnur zur Strukturierung eines Portfolio. Benchmarks sind in der Regel Aktien- oder Rentenindizes (z. B. DAX, Dow Jones, REX).

Benchmarking

Benchmarking ist der Prozess des Vergleichens und Messens der eigenen Produkte, Dienstleistungen und Prozesse mit den besten Wettbewerbern oder mit den anerkannten Marktführern. Im Vergleich zu diesen sollen Unterschiede zum eigenen Unternehmen erkannt und Möglichkeiten zur Verbesserung aufgezeigt werden. Benchmarking beschränkt sich nicht auf den Vergleich von Produkten, sondern bezieht Dienstleistungen und vor allem Prozesse mit ein. Es ist damit auch keine Produktimitation, sondern der offene Wunsch, sich am Leistungsstandard der besten Mitbewerber zu messen und von ihnen zu lernen.

Berichtigungsaktien

Neue Aktien aus einer Kapitalerhöhung aus Gesellschaftsmitteln werden als Berichtigungsaktien bezeichnet. Sie werden den Aktionären einer Gesellschaft in einem bestimmten Verhältnis zugeteilt, ohne dass diese eine Gegenleistung erbringen müssen. Die für eine derartige Kapitalerhöhung erforderlichen Mittel werden den versteuerten Rücklagen des Unternehmens entnommen. Es erfolgt eine Umwandlung von Rücklagen in Grundkapital; durch diesen Passivtausch verändert sich nichts am Vermögen der Gesellschaft. Hieraus wird deutlich, dass dem Altaktionär nichts geschenkt wird, da er an diesen Reserven oder Rücklagen bereits vorher mit seinen Aktien beteiligt war. Daher ist der häufig gebrauchte Ausdruck Gratisaktien (wie auch Zusatzaktien Aufstockungsaktien, Kapitalberichtigungsaktien, Wertberichtigungsaktien) irreführend. Im Verhältnis der Grundkapitalaufstockung ermäßigt sich rechnerisch der Aktienkurs. Aufgrund der besseren Handelbarkeit der Aktien sowie der optischen Verbilligung wird die Ausgabe von Berichtigungsaktien von den Börsen häufig mit einer höheren Bewertung des Unternehmens honoriert.

Bestens

Ohne Limit erteilter Auftrag zum Verkauf von Wertpapieren zum höchstmöglichen Kurs. Der Verkauf soll nach den bestmöglichen Bedingungen am Verkaufstag erfolgen. Gegensatz Billigst.

Beta

Das Beta (der Beta-Faktor) ist eine Kennzahl, die sich aus dem Capital Asset Pricing Model (CAPM) ableitet. Das Beta ist ein Maß für das individuelle Risiko eines Wertpapiers. Es misst den Beitrag eines Wertpapiers zum systematischen Risiko eines Marktportfolios. Unsystematisches Risiko kann diversifiziert werden und wird nicht bewertet. Das Beta wird in der Regel anhand einer linearen Regression der Rendite eines Wertpapiers auf die Rendite eines Marktportfolios ermittelt. Das empirisch ermittelte Beta beschreibt damit die Sensitivität der Kursentwicklung eines Vermögenswertes auf Veränderungen des Gesamtmarktes. Bei einem Beta kleiner 0 verhält sich der Kurs des Wertpapiers gegenläufig zum Markt. Bei einem Beta zwischen 0 und 1 sind die Kursveränderungen des Wertpapiers im Durchschnitt geringer als die des Marktes. Ist das Beta = 1, entsprechen die Kursveränderungen des Wertpapiers im Durchschnitt denen den Marktes. Ein Beta größer 1 beschreibt eine Kursveränderung des Wertpapiers, die im Durchschnitt höher ist als die des Marktes.

Beteiligung

Die Beteiligung ist ein Mitgliedschaftsrecht, das durch Geld- oder Sacheinlage bei einer Gesellschaft auf dem Wege der Beteiligungsfinanzierung erworben wird (siehe Außenfinanzierung). Beteiligungen an Unternehmen sind je nach Rechtsform gesetzlich geregelt, für Personen und Kapitalgesellschaften im Bürgerlichen Gesetzbuch (BGB) und Handelsgesetzbuch (HGB); für Gesellschaften mit beschränkter Haftung und Aktiengesellschaften darüber hinaus im GmbHG bzw. AktG. Die Beteiligung an einer Aktiengesellschaft erfolgt üblicherweise durch Aktien. Beteiligungen ohne Gesellschaftscharakter sind juristisch nach den allgemeinen Rechtsnormen des BGB und HGB zu beurteilen. Daneben gibt es Beteiligungen zum Zwecke der gegenseitigen wirtschaftlichen Förderung (z.B. Interessengemeinschaften, Zweckverbände), zum Zwecke der Beherrschung von Unternehmen (Beherrschungsvertrag) oder der gegenseitigen Verflechtung von Unternehmen. Nach dem Handelsgesetzbuch (§ 271 HGB) sind Beteiligungen definiert als Anteile an anderen Unternehmen, die bestimmt sind, dem eigenen Geschäftsbetrieb durch Herstellung einer dauernden Verbindung zu jenen Unternehmen zu dienen. Anteile über 20 % an einer Kapitalgesellschaft gelten im Zweifel als Beteiligung.

Betreuer

Betreuer sollen an der Börse bei Bedarf für zusätzliche Liquidität sorgen, indem sie auf Anfrage Preise für den Ankauf und Verkauf stellen (s. Market-Maker). Die Market-Maker verpflichten sich, auf eigene Rechnung Wertpapiere zu kaufen oder zu verkaufen. Für die Kursstellung der Betreuer ist damit der Bestand (Long Position) oder der Fehlbestand (Short Position) im dem entsprechenden Wertpapier ausschlaggebend. Betreuer sollen zudem für den Emittenten als Ansprechpartner in allen Fragen des Aktienmarktes dienen (z.B. Investor Relations, Kapitalerhöhungen). Die Deutsche Börse AG verlangt Betreuer für die Notierung in einigen Marktsegmenten an der Frankfurter Wertpapierbörse oder im Computerhandel Xetra. Diese werden von der Deutschen Börse AG als Designated Sponsor bezeichnet.

Betriebsnotwendiges Kapital

Unter betriebsnotwendigem Kapital versteht man den Marktwert der Vermögensgegenstände, die zum Zweck der betrieblichen Leistungserstellung im Unternehmen gebunden sind. Betriebsnotwendiges Kapital kann keinen anderen Verwendungszwecken zugeführt werden. Es kann beispielsweise nicht auf dem Kapitalmarkt zur Verzinsung angelegt werden. Anhand des betriebsnotwendigen Kapitals werden in der Kostenrechnung die entgangenen kalkulatorischen Zinsen (Opportunitätskosten) berechnet. Bei der Ermittlung von Kennzahlen zur Ermittlung des Shareholder-Value (z.B. des EVA) dient es zur Berechnung der Verzinsungsansprüche der Kapitalgeber.

Bezugsrecht

Recht der Aktionäre, bei Kapitalerhöhungen neue (junge) Aktien im Verhältnis ihrer bisherigen Beteiligung zu erwerben. Lautet das Bezugsrecht 8 : 1, so kann auf acht alte Aktien eine junge bezogen (d. h. gekauft) werden. Der Bezugskurs für die jungen Aktien liegt in der Regel unter dem Börsenkurs der sog. Altaktie. Der rechnerische Wert des Bezugsrechts errechnet sich nach folgender Formel (Beispiel 8:1 zu 120,- €. Kurs der alten Aktie 140,- €). B = (Kurs der alten − Kurs der neuen Aktie)/ (Bezugsverhältnis+1) = (140-120) / (8+1) = 2,22. Das Bezugsrecht ist verkäuflich. Es wird während der Bezugsfrist an der Börse gehandelt. Mit gleicher Formel wird auch der rechnerische Wert bei der Ausgabe von Berichtigungsaktien ermittelt. Also: B = 140 / 8 = 15,56. Bei beiden Kapitalerhöhungen müssen die Ergebnisse je Aktie rückwirkend bereinigt werden (also das DVFA-Ergebnis, die Dividende je Aktie und der Kurs).

Bezugsverhältnis

(1) Bei der Kapitalerhöhung einer Aktiengesellschaft gibt das Bezugsverhältnis darüber Auskunft, für wie viele alte Aktien eine neue (junge) Aktie bezogen werden kann.
(2) Bei Optionen drückt das Bezugsverhältnis aus, wie viele Einheiten des Basiswertes der Inhaber einer Option bei der Ausübung kaufen bzw. verkaufen kann. Bei Barausgleich Zahl, die für die Berechnung des Differenzbetrags zugrunde gelegt wird.

Bid-Ask-Spread

Differenz aus Geld- und Briefkurs eines Wertpapiers (Geld-Brief-Spanne).

Bilanz

Die kontenmäßige Gegenüberstellung der Aktiva und Passiva eines Unternehmens als Ergebnis der Buchführung. Sie lässt die Entwicklung des Geschäftsganges (Gewinn oder Verlust) als Saldo erkennen. Gesetzliche Vorschriften finden sich vor allem im HGB sowie im Bilanzrichtliniengesetz. Die Bilanz ist ein Bestandteil des Jahresabschlusses. Weitere Bestandteile sind die Gewinn- und Verlustrechnung, der Anhang (bestimmte Erläuterungen) und bei Konzernen und börsennotierten Unternehmen auch eine Kapitalflussrechnung.

Billigst

Ohne Limit erteilter Auftrag zum Kauf von Wertpapieren zum günstigsten Kurs. Gegensatz: Bestens.

BIZ-Eigenkapitalquote

Kennziffer international tätiger Kreditinstitute für die Unterlegung ihrer Ausfallrisiken (gewichtete Risikoaktiva, einschließlich außerbilanzieller Geschäfte) mit bankaufsichtsrechtlichem Eigenkapital (Kernkapital und Ergänzungskapital Eigenkapital gemäß BIZ). Der Mindeststandard für das Verhältnis von Eigenkapital zu risikogewichteten Aktiva beträgt 8 % (davon wenigstens 4 % Kernkapital). Der Mindeststandard ist seit 1994 in Deutschland in § 10 des Gesetzes über das Kreditwesen (KWG) verankert.

Black-Scholes

Formel zur Bewertung von Optionen bzw. Optionsscheinen. Benannt nach den amerikanischen Wissenschaftlern Black und Scholes. Die Formel berücksichtigt die fünf wichtigsten Einflussgrößen für den Optionspreis: den Aktienkurs, den Ausübungspreis, die Restlaufzeit, den Zinssatz und die Volatilität.

Blue Chip

Amerikanischer Börsenausdruck für die Aktie eines besonders substanz- und ertragsstarken Unternehmens. In Deutschland werden in der Regel die Aktien der im DAX abgebildeten Unternehmen als Blue Chips bezeichnet.

Bobl-Future

Kontrakt (Future) über eine idealtypische Schuldverschreibung des Bundes mit einer Nominalverzinsung von 6 %, lieferbar in Bundesobligationen und Bundesschatzanweisungen mit einer Restlaufzeit von 3,5 bis 5 Jahren. Ansonsten entspricht die Konstruktion des Bobl-Future der des Bund-Future.

Bond

International gebräuchliche Bezeichnung für (fest-)verzinsliche Wertpapiere.

Bonität

Zahlungsfähigkeit und -bereitschaft eines Unternehmens oder Anleihe-Emittenten. Die Bonität gibt Auskunft über die Güte eines Schuldners, also z.B. eines Emittenten einer Anleihe. Sie ist hoch, wenn ein Emittent seinen Verpflichtungen hinsichtlich der Zahlung der Nominalzinsen nachkommt und den Nennwert der Anleihe mit großer Wahrscheinlichkeit zurückzahlen wird. Eine Bewertung der Bonität von Anleihe-Emittenten wird oft von Rating-Agenturen durchgeführt. Die bekanntesten sind Moody's und Standard & Poor's.

Bonus

Als Bonus bezeichnet man eine neben der Dividende zur Ausschüttung gelangende einmalige Vergütung, die den Aktionären in besonders gut verlaufenden Geschäftsjahren, bei Erzielung eines außerordentlichen Gewinns (z.B. bei hohen Buchgewinnen aus der Veräußerung von Grundstücken) oder zu besonderen Anlässen (z.B. Unternehmensjubiläum) gewährt wird.

Bookbuilding-Verfahren (Buchführungs-Verfahren)

Syndizierungs- und Platzierungsverfahren für Wertpapiere, das die Interessen von Emittent und Investoren bezüglich des Emissionspreises ausgleicht. Gegensatz ist das Festpreisverfahren. Im Bookbuilding werden, im Gegensatz zum Festpreisverfahren, Großinvestoren in den Preisbildungsprozess eingebunden. Das Verfahren lässt sich in fünf Schritte unterteilen, deren Dauer vom Emissionsvolumen und der Branche des Emittenten abhängt:

1. Auswahl des Konsortialführers:

Die Banken des Emissionskonsortiums präsentieren in so genannten Beauty Contests (»Schönheitswettbewerben«) ihre Emissionskonzepte. Anschließend wählt der Emittent ein Institut als Konsortialführer. Auswahlkriterien sind dabei neben dem Beratungs- und Platzierungskonzept das Standing und die Expertise der Bank im Emissionsgeschäft sowie die Intensität der Geschäftsbeziehungen. (Bei größeren Emissionen wie z.B. der Telekom-Privatisierung teilen sich zuweilen mehrere Banken die Konsortialführung.)

2. Pre-Marketing:

In dieser Phase sprechen die Konsortialbanken potenzielle Großanleger auf ihre Investitionsbereitschaft an. Neben eigenem Research-Material nutzen sie dabei die so genannte »Equity Story« des Emittenten, die gemeinsam mit diesem entwickelt wurde: Diese Unterlage – vergleichbar etwa mit einem Verkaufsprospekt – enthält wesentliche Informationen über die Unternehmensgeschichte und -aktivitäten, die relevanten Märkte, das Management, die strategische Ausrichtung und die Wettbewerbsposition; damit erleichtert sie es den potenziellen Investoren, Chancen und Risiken der Emission abzuschätzen. Auf Grundlage der Gespräche mit den institutionellen Anlegern einigt sich das Konsortium mit dem Emittenten auf eine Bandbreite für den Emissionspreis, die ca. 10 bis 15 Prozent (Differenz Minimal- zu Maximalwert) betragen kann.

3. Marketing:

Die Marketing-Phase beginnt mit der Veröffentlichung des Preisrahmens auf einer Pressekonferenz. Im Anschluss präsentiert sich das Unternehmen, vertreten durch den Vorstand, der Öffentlichkeit sowie auf Analystentreffen und Meetings mit institutionellen Investoren im In- und Ausland. Diese Aktivitäten werden als »Roadshows« bezeichnet. Privatanleger sollten durch den Anlageberater ihrer Hausbank über die bevorstehende Aktienemission informiert werden.

4. Order-Taking:

Diese Phase beginnt kurz nach dem Start des Marketing: Die Konsortialbanken vermerken eingehende Zeichnungswünsche in Orderformularen und geben sie an die konsortialführende Bank (auch »Lead-Manager« oder Bookrunner genannt) weiter. Die Formulare beinhalten neben den Volumen- und Preisvorstellungen die Identität des Zeichners (Name und Nationalität), den Anlegertyp (z.B. Versicherung, Pensionskasse, Investmentfonds) und die Anlagestrategie (kurz-, mittel-, langfristig).

Allerdings wird der Name bei institutionellen Anlegern nur mit ausdrücklichem Einverständnis des Zeichnenden, bei privaten Investoren generell nicht genannt. Der Bookrunner erfasst sämtliche Orders in einem elektronischen Orderbuch. Ihre Auswertung ermöglicht es, langfristig orientierte Anleger bei der Wertpapierzuteilung ganz gezielt zu bevorzugen: Durch geschickte Auswahl der künftigen Anleger kann auf eine stabile Kursentwicklung hingewirkt und Vertrauen in die faire Bewertung des Wertpapiers erzeugt werden.

5. Preisfestlegung und Zuteilung:
Es folgt eine Zeichnungsperiode, die normalerweise acht bis zehn Tage dauert. Anschließend analysiert der Bookrunner anhand der Zeichnungswünsche die Preiselastizität der Nachfrage, in der Regel mit Hilfe eines computergesteuerten Scoring-Verfahrens. Dabei werden selbstgewählte Qualitätskategorien wie z.B. der zeitliche Anlagehorizont, berücksichtigt. Ausgehend von dieser Auswertung legt der Bookrunner in Abstimmung mit dem Emittenten einen einheitlichen Platzierungspreis fest (in Einzelfällen kann der Preis für Privatanleger von demjenigen für institutionelle Investoren abweichen). Bei der abschließenden Zuteilung der Wertpapiere gibt der Bookrunner den Konsortialbanken vor, wie viele Titel jeweils an die einzelnen institutionellen Investoren weiterzuleiten sind (directed allocation); auf diese Weise soll der vom Bookrunner angestrebte Investoren-Mix gewährleistet werden. Für Privatanleger stellt der Bookrunner eine bestimmte Menge zur Verfügung, aus der die Wertpapiere pauschal zugeteilt werden (free retention). Eine wichtige Funktion bei der Wertpapierzuteilung hat der so genannte Greenshoe: Diese Vereinbarung zwischen Emittent und Konsortialbanken räumt Letzteren das Recht ein, eine festgelegte Anzahl zusätzlicher Wertpapiere (eine Art Reserve) später zu Originalkonditionen abzurufen, falls die Nachfrage nach den Aktien das ursprünglich vorgesehene Emissionsvolumen erheblich übersteigt. Auf diese Weise soll die Kursentwicklung nach der Aufnahme des Börsenhandels stabilisiert werden.

Börse
Organisierter Markt für den Handel mit Vermögenswerten (auch Bezeichnung für das Börsengebäude). Der Handel an einer Börse wird zu festgelegten Zeiten abgewickelt. Die Börse selbst erfüllt dabei im Wesentlichen folgende Funktionen: Zusammenführung von Angebot und Nachfrage (Marktfunktion), Bereitstellung eines Umfelds, in dem Unternehmen durch Emission von Wertpapieren Geldkapital aufnehmen können (Mobilisationsfunktion), Gewährleistung der Verkaufs- und Übertragungsmöglichkeit von Wertpapieren zu jeder Zeit (Substitutionsfunktion) und Feststellung des aktuellen Marktpreises für das einzelne Wertpapier und damit des Marktwerts für das betreffende Unternehmen (Bewertungsfunktion). Kennzahlen für die Größe einer Börse sind der Börsenumsatz und die Marktkapitalisierung. Das deutsche Börsengesetz unterstellt die hiesigen Börsen der Aufsicht der Bundesländer. Den Börsenorganen – insbesondere dem Börsenrat und der Börsengeschäftsführung – überträgt es bestimmte hoheitliche Aufgaben; so insbesondere den Erlass der Börsenordnung (mit Regeln für den Börsenhandel) sowie der Geschäftsbedingungen der Börse. Über die Errichtung oder Aufhebung einer Börse entscheidet die oberste Landesaufsichtsbehörde (Börsenaufsichtsbehörde). Entsprechend ihrem geschäftlichen Schwerpunkt werden Börsen nach folgenden Kriterien unterteilt:

1) Art der Handelsobjekte (Wertpapierbörsen, Edelmetall-, Devisen- und Warenbörsen)
2) Geschäftsart (Kassamarkt, Terminmarkt)
3) Organisationsformen (Parketthandel, Computerhandel)
4) Sitz der Börse: Inlandsbörse oder Auslandsbörse.

Ihrer Bedeutung entsprechend wird die führende Börse eines Landes als Zentral- oder Leitbörse bezeichnet. In Deutschland ist dies die Frankfurter Wertpapierbörse, eine Tochter der Deutschen Börse AG.

Börsenaufsichtsbehörde
Institution der Bundesländer, die für die Errichtung, Auflösung und Überwachung von Börsen zuständig ist. Die Börsenaufsichtsbehörde wacht über die Einhaltung des Börsenrechts und der börsenrechtlichen Vorschriften und Anordnungen sowie über die ordnungsgemäße Durchführung des Handels bis hin zur Geschäftsabwicklung. Sie kann, auch ohne besonderen Anlass, von der Börse und den Handelsteilnehmern

Auskünfte und Unterlagen verlangen oder Prüfungen vornehmen. § 1a des Börsengesetzes ermächtigt die Börsenaufsichtsbehörde, gegenüber der Börse und den Handelsteilnehmern Anordnungen zu treffen, die im Interesse einer ordnungsmäßigen Handelsdurchführung und Börsengeschäftsabwicklung sind. Nach § 2a des Börsengesetzes hat die Börsenaufsichtsbehörde darauf hinzuwirken, dass das Gesetz über Wettbewerbsbeschränkungen eingehalten wird. Sie richtet ihr Augenmerk dabei insbesondere auf den Zugang der Börsenteilnehmer zu Handels-, Informations- und Abwicklungssystemen und sonstigen börsenbezogenen Dienstleistungseinrichtungen sowie deren Nutzung. Für die Durchführung der Handelsaufsicht an der Börse kann die Börsenaufsichtsbehörde einen Staatskommissar einsetzen. In der Praxis übernimmt jedoch meist die Handelsüberwachungsstelle diese Aufgabe. Die Börsenaufsichtsbehörde ist dabei weisungsbefugt und kann die Ermittlungen übernehmen. Grundsätzlich ist die Börsenaufsichtsbehörde zur Teilnahme an allen Sitzungen der Börsenorgane berechtigt.

Börsengesetz

Seit 1896 bestehendes Gesetz, das die Organisation und Tätigkeit der deutschen Börsen regelt. Vorarbeit zum Börsengesetz (BörsG) leistete eine 1892 vom Reichskanzler berufene »Börsen-Enquête-Kommission«, die, ausgehend von den damaligen Verhältnissen und Missständen an den Börsen, Richtlinien für die Börsentätigkeit entwickelte. Bedeutende Novellierungen folgten in den Jahren 1975, 1986, 1989 und vor allem 1994 mit dem Gesetz über den Wertpapierhandel und zur Änderung börsenrechtlicher und wertpapierrechtlicher Vorschriften (Zweites Finanzmarkt-Förderungsgesetz). Dabei wurde zunehmend internationales Recht, insbesondere Richtlinien der Europäischen Gemeinschaft, umgesetzt. Eine Novellierung wurde 1998 mit dem Dritten Finanzmarkt-Förderungsgesetz vorgenommen: Es vereinfacht den Börsenzugang für Emittenten, enthält Änderungen bei der Prospekthaftung und regelt den Rückzug eines Emittenten von der Börse. Die letzte Novellierung wurde 2002 mit dem Vierten Finanzmarkt-Förderungsgesetz vorgenommen: Dieses stärkt vor allem den Anlegerschutz. Das Börsengesetz beinhaltet sechs Hauptabschnitte: I. Allgemeine Bestimmungen über die Börsen und Börsenorgane, II. Feststellung des Börsenpreises und Maklerwesen, III. Zulassung von Wertpapieren zum Börsenhandel mit amtlicher Notierung, IV. Terminhandel, V. Zulassung von Wertpapieren zum Börsenhandel mit nicht amtlicher Notierung und VI. Straf-, Bußgeldvorschriften, Schlussvorschriften.

Börsenkurs

Börsenkurs ist der an einer Börse festgestellte und einem Börsengeschäft zugrunde gelegte Kurs oder der Preis, zu dem Nachfrage (Geldkurs) oder Angebot (Briefkurs) besteht. Börsenkurse werden entweder im fortlaufenden Handel ermittelt oder zu bestimmten Zeiten von Maklern entsprechend der Marktlage festgelegt und veröffentlicht. Sie dienen allen Marktteilnehmern als Orientierung. Wertpapiere werden an der Börse teilweise, wenn nur geringe Umsätze zu erwarten sind, nur einmal täglich in einer Auktion gehandelt, bei der das Angebot und die Nachfrage dieses Tages zusammengeführt werden (Einheitskurs). Wenn nur Nachfrage oder Angebot besteht, so werden Börsenkurse mit einem Zusatz (G oder B) versehen. Wenn Geschäfte ausgeführt wurden, jedoch weiteres Angebot oder Nachfrage zum gleichen Kurs besteht, wird der Kurs als bezahlt bezeichnet. Die Kurszusätze lauten dann bezahlt Geld (bG) oder bezahlt Brief (bB). Falls weder Angebot noch Nachfrage oder nur unlimitierte Aufträge vorliegen, wird der Kurs vom Makler als Taxkurs mit dem Kurszusatz T festgesetzt.

Börsennotierung

Auch Kursfeststellung, Feststellung der Kurse für alle an der Börse zugelassenen Wertpapiere. Bei amtlich notierten Wertpapieren erfolgt diese Feststellung durch Kursmakler. Den Ablauf regelt die Börsenordnung. Das Geschäft wird zu dem Kurs abgeschlossen, bei dem die meisten Aufträge (Käufe und Verkäufe) ausgeführt werden können (Meistausführungsprinzip). Der Kurs für Wertpapiere kann börsentäglich einmal (Einheitskurs) oder mehrmals täglich fortlaufend notiert werden (Variable Notierung).

Börsenordnung

Gem § 4 BörsG erlässt der Börsenrat die Börsenordnung als Satzung. Soweit eine öffentlich-rechtliche Körperschaft Träger der Börse ist, ist die Börsenordnung im Einvernehmen mit ihr zu erlassen. Die Börsenordnung bedarf der Genehmigung durch die Börsenaufsichtsbehörde und muss entsprechende Bestimmungen enthalten über: den Geschäftszweig und die Organisation der Börse, die Veröffentlichung der Preise und Kurse sowie der ihnen zugrunde liegenden Umsätze und die Berechtigung der Geschäftsführung, diese zu veröffentlichen. Bei Wertpapierbörsen muss die Börsenordnung außerdem Bestimmungen über die Zusammensetzung und Wahl der Mitglieder der Zulassungsstelle sowie die Bedeutung und Kurszusätze und -hinweise enthalten.

Börsenprospekt

Publikation eines Wertpapieremittenten, in der er generelle Verkaufs- und Unternehmensinformationen veröffentlicht. Ein Verkaufsprospekt enthält alle wesentlichen Informationen über das Wertpapier, den Emittenten, die Unternehmensstruktur, die Finanzlage, die Geschäftstätigkeit und alle an der Emission beteiligten Organe und Gesellschaften. Den Mindestinhalt von Verkaufsprospekten regelt die Verkaufsprospektverordnung. Seit 1991 muss jeder Emittent von Wertpapieren, die erstmals im Inland öffentlich angeboten werden, einen Verkaufsprospekt veröffentlichen. Die Veröffentlichungspflicht entfällt, wenn die Wertpapiere z.B. nur Personen angeboten werden, die beruflich oder gewerblich für eigene oder fremde Rechnung Wertpapiere erwerben oder veräußern (wie etwa Kreditinstitute); einem begrenzten Personenkreis angeboten werden (Private Placement) oder den Arbeitnehmern von ihrem Arbeitgeber oder von einem mit seinem Unternehmen verbundenen Unternehmen angeboten werden. Emittenten, die eine Zulassung zum amtlichen Markt beantragen, müssen einen Verkaufsprospekt erstellen, der den Anforderungen eines Börsenzulassungsprospekts genügt. Der Inhalt wird durch das Börsengesetz und die Börsenzulassungsverordnung bestimmt. Die Vollständigkeit aller erforderlichen Angaben wird von der Zulassungsstelle der Frankfurter Wertpapierbörse geprüft. Sie entscheidet über die Zulassung. Seit Juli 2002 (Viertes Finanzmarkt-Förderungsgesetz) muss der Prospekt der Börse in elektronischer Form zur Veröffentlichung im Internet zur Verfügung gestellt werden. Der Verkaufsprospekt darf erst veröffentlicht werden, wenn die Bundesanstalt für Finanzdienstleistungsaufsicht die Veröffentlichung gestattet hat oder nach dem Eingang des Verkaufsprospekts zehn Werktage verstrichen sind, ohne dass sie die Veröffentlichung untersagt hat. Verantwortlich und haftbar für die Richtigkeit des Inhalts eines Börsenprospektes sind der Emittent und das Emissionskonsortium (Prospekthaftung). Im Innenverhältnis (Emissionsvertrag) wälzt das Emissionskonsortium die Haftung jedoch regelmäßig auf den Emittenten ab.

Börsenrat

Besteht aus 24 Mitgliedern, die für 3 Jahre gewählt werden. Die Aufgaben des Börsenrates werden in der jeweiligen Börsenordnung festgelegt, u.a. erlässt er die Börsen- und Gebührenordnung, die Geschäftsordnung für die Geschäftsführung, die Bedingungen für die Geschäfte an der Börse, die Schiedsgerichtsordnung (Börsenschiedsgericht) und die Geschäftsbedingungen für den Börsenterminhandel.

Börsensegmente (Marktsegmente)

Börsenteilmärkte im Wertpapierhandel. Grundsätzlich wird zwischen vertikalen und horizontalen Marktsegmenten differenziert. Vertikale Marktsegmente ergeben sich in erster Linie durch unterschiedliche Vorschriften der Börsenzulassung, Pflichten des Emittenten bereits zugelassener Wertpapiere sowie abweichende Handelsverfahren. Vertikale Börsensegmente sind der Amtliche Handel (1. Markt), Geregelter Markt (2. Markt), Freiverkehr (3. Markt) sowie die von der Deutschen Börse AG privatrechtlich geregelten Marktsegmente General Standard und Prime Standard. Horizontale Marktsegmente entstehen durch die Aufgliederung von vertikalen Marktsegmente in weitere Teilmärkte (z.B. Kassa-, Termin-, Optionsmarkt).

Boston-Portfolio

Mit Hilfe des Boston-Portfolios werden strategische Geschäftsfelder (SGF) nach dem relativen Marktanteil und dem Marktwachstum unterschieden. Jedes SGF wird nach diesen Kriterien in eines von vier Feldern platziert. Je nach Feld lassen sich Handlungsempfehlungen, so genannte Normstrategien, ableiten. Bei den Normstrategien handelt es sich immer um die Höhe der Investition oder der Desinvestition für das SGF.

Break-even-Point

Gewinnschwelle. Gibt die Umsatzmenge an, bei der die Erlöse gerade die fixen und variablen Kosten decken, d.h. eine Firma weder mit Gewinn noch Verlust arbeitet.

Bridge Financing

Im Zusammenhang mit einer Venture-Capital-Finanzierung bereitgestelltes Kapital zur Finanzierung eines Börsengangs. Bridge Capital soll die Zeit überbrücken, bis dem Unternehmen durch den Börsengang neues Eigenkapital zufließt. Bridge Capital wird in der Regel von Investmentbanken oder VC-Gesellschaften zur Verfügung gestellt.

Buchwert

Buchwerte sind Vermögens- und Schuldteile in der Bilanz einer kaufmännischen Unternehmung, bewertet nach den Anschaffungskosten bzw. Herstellungskosten, korrigiert um Abschreibungen und Zuschreibungen entsprechend den handels- und steuerrechtlichen Bewertungsvorschriften (deshalb auch als »Restwert« bezeichnet). Der Buchwert kann mit dem Zeitwert übereinstimmen, wenn die Korrekturen (z.B. Abschreibungen) der tatsächlichen Wertentwicklung (z.B. durch Verschleiß) entsprechen. Sind z.B. die Abschreibungen zu gering, ist der Buchwert höher als der Zeitwert, es entstehen stille Reserven in der Bilanz. Bei Veräußerungen zu einem vom Buchwert abweichenden Preis entsteht ein Gewinn oder Verlust, der als Ergebnis aus dem Umsatz unter Umsatzerlösen und Materialaufwand oder als sonstige betriebliche Erträge oder als sonstige betriebliche Aufwendungen oder (außerhalb der gewöhnlichen Geschäftstätigkeit) als außerordentliches Ergebnis gebucht wird.

Bürgschaft

Die Bürgschaft ist ein Vertragsverhältnis, durch das sich ein Bürge verpflichtet, dem Gläubiger gegenüber für die Erfüllung der Verbindlichkeiten eines Dritten einzustehen. Sofern keine selbstschuldnerische Bürgschaft vorliegt, kann der Bürge verlangen, dass der Gläubiger zunächst gegen den Hauptschuldner klagt (Einrede der Vorausklage). Bei einer selbstschuldnerischen Bürgschaft hat ein Bürge dieses Recht nicht. Der Bürge ist sofort zur Zahlung verpflichtet, wenn der Hauptschuldner bei Fälligkeit die verbürgte Verbindlichkeit nicht bezahlt.

Bulle

Bezeichnung für einen mit steigenden Kursen rechnenden, optimistisch gestimmten Anleger. Ein stetig steigender Markt nennt sich »Bull Market« (Synonym zu Hausse). Der Begriff stammt vom Bild des Bullen, der mit seinen Hörnern nach oben stößt. Antonym: Bär.

Business Angel

Vermögende Privatpersonen, die junge Unternehmen finanzieren. Darüber hinaus stellen die Business Angel in der Regel auch ihr Know-how und ihr Kontaktnetzwerk zur Verfügung (»Smart Capital«).

Business Plan

Geschäftsplan eines Unternehmens – schriftliche Fixierung eines Planungs- und Entscheidungsprozesses, der eine Zieldefinition für das Unternehmen darstellt. Businesspläne bestehen aus drei Teilbereichen: 1. einem erläuternden Teil, in dem Zusammenhänge, Annahmen und geplante Aktivitäten erklärt werden; 2. einem Zahlenteil, der die Auswirkungen der Annahmen und Aktivitäten auf Personalstärke, Umsätze, Investitionen, Liquidität und Gewinn wiederspiegelt, und 3. einem Anhang, der Zeichnungen, Marktstudien, Detailrechnungen, Verträge und andere wichtige Unterlagen enthält. Businesspläne werden für unternehmensinterne (z.B. Controlling) oder unternehmensexterne (z.B. Kapitalbeschaffung) Zwecke erstellt. Art und Umfang der Ausarbeitung hängen von der Höhe des Kapitalbedarfs, von den Zielen des Verfassers und von den individuellen Erwartungen des Empfängers ab.

Buy Back

Exitvariante für Venture-Capital-Gesellschaften, bei der die Anteile durch die Altgesellschafter zurückgekauft werden.

Briefkurs

Darunter versteht man im Wertpapierhandel allgemein den Börsenkurs, zu dem Angebot in einem Wertpapier besteht; Gegensatz Geldkurs. Der Kurszusatz B = Brief (Angebot) wird verwendet, wenn kein Umsatz zustande gekommen ist. Dieses Papier wurde zum Kauf angeboten, fand aber zum genannten Kurs keinen Käufer.

Broker

Makler an der anglo-amerikanischen Börse, der nicht auf eigene Rechnung, sondern im Auftrag anderer gegen Provision Wertpapiergeschäfte abschließt. In den USA und in England dürfen Banken an der Börse keine Wertpapiere kaufen. Bei Kauf oder Verkauf wenden sie sich deshalb an private Broker.

Bullish

»Bullish« sein bedeutet, dass man an eine weitere Verbesserung des Börsenklimas (also steigende Wertpapierkurse) glaubt.

Bull Market

Wertpapiermarkt, der durch steigende Kurse gekennzeichnet ist.

Bund-Future

Kontrakt (Futures) über eine idealtypische Bundesanleihe mit einer Nominalverzinsung von 6 % und einer Restlaufzeit von 8,5 bis 10 Jahren. Der Nominalwert eines Kontraktes beträgt € 100.000,–. Die Laufzeiten richten sich nach den zur gleichen Zeit verfügbaren Bund-Future-Liefermonaten. Dies sind immer die drei nächstliegenden Monate des Zyklus März, Juni, September und Dezember. Die Ausübung der Option ist an jedem Geschäftstag während der Börsenzeit möglich (Amerikanische Option). Der Bund-Future ist auch ein Indikator dafür, wie die Marktteilnehmer die zukünftige Entwicklung an den Bondmärkten beurteilen.

Bundesanleihe

Börsengehandelte Schuldverschreibungen des Bundes mit einer Laufzeit von 10 – 30 Jahren. Der Erwerb von Bundesanleihen unterliegt keinerlei Beschränkungen. Sie sind Schuldverschreibungen der öffentlichen Hand und dienen zur Finanzierung von öffentlichen Ausgaben. Sie verbriefen Forderungsrechte (§ 793 BGB). Es werden festverzinsliche, variabel verzinsliche und unverzinsliche Anleihen (Zerobonds) begeben. Sowohl Bundesanleihen als auch Bundesobligationen sind mit einem festen Nominalzins ausgestattet, die Ausgabepreise sind variabel. Bundesanleihen haben eine zentrale Stellung am deutschen Kapitalmarkt sowie im Kapitalverkehr mit dem Ausland. Ihre jeweiligen Konditionen sind wichtige Orientierungsgrößen für den gesamten Markt für deutsche Schuldtitel. Die Verzinsung von Bundesanleihen entspricht in etwa einer risikolosen Verzinsung am deutschen Kapitalmarkt, da der Bund über die beste Bonität (AAA-Rating) verfügt.

Bundesanstalt für Finanzdienstleistungsaufsicht (BAFin)

Zusammenschluss der ehemaligen Bundesaufsichtsämter für das Kreditwesen (Sektor Bankenaufsicht), für das Versicherungswesen (Sektor Versicherungsaufsicht) sowie für den Wertpapierhandel (Sektor Wertpapieraufsicht/Asset Management). Die Bundesanstalt für Finanzdienstleistungsaufsicht (BAFin) wurde am 1. Mai 2002 gegründet. Unter dem Dach der neuen Anstalt sind die Aufgaben der ehemaligen Bundesaufsichtsämter für das Kreditwesen (BAKred), das Versicherungswesen (BAV) und den Wertpapierhandel (BAWe) zusammengeführt worden. Damit existiert in Deutschland eine staatliche Aufsicht über Kreditinstitute, Finanzdienstleistungsinstitute und Versicherungsunternehmen, die sektorübergreifend den gesamten Finanzmarkt umfasst. Mit der Einrichtung der BAFin werden zentrale Aufgaben des Kundenschutzes und der Solvenzaufsicht gebündelt. Die BAFin ist eine rechtsfähige bundesunmittelbare Anstalt des öffentlichen Rechts im Geschäftsbereich des Bundesministeriums der Finanzen. Sie hat ihre Dienstsitze in Bonn und Frankfurt am Main. Die BAFin beaufsichtigt etwa 2.700 Kreditinstitute, 800 Finanzdienstleistungsinstitute und über 700 Versicherungsunternehmen.

Bundesobligationen

Daueremissionen des Bundes zu festem Zins und einer vereinbarten Laufzeit von fünf Jahren. Bundesobligationen sind börsenfähig und werden jeweils nach dem Verkaufsabschluss einer Serie an der Börse eingeführt. Die Anteile sind zu € 100,- gestückelt.

Bundesschatzbrief

Emission des Bundes, festverzinslich. Die Zinsen werden jährlich (Typ A, 6 Jahre Laufzeit) gezahlt oder mit Zinseszinsen bei der Rückzahlung dem Nennwert zugeschlagen (Typ B, 7 Jahre Laufzeit). Sie werden nicht in den Börsenhandel eingeführt. Bundesschatzbriefe sind Schuldverschreibungen des Bundes, die zur Finanzierung öffentlicher Ausgaben dienen. Bundesschatzbriefe wurden erstmals 1969 ausgegeben und sind in zwei verschiedenen Typen, Typ A und Typ B, erhältlich. Bundesschatzbriefe vom Typ A besitzen eine Laufzeit von sechs Jahren und werden bei Fälligkeit zum Nennwert zurückgezahlt. Bundesschatzbriefe vom Typ B besitzen eine Laufzeit von sieben Jahren und werden bei Fälligkeit zum Rückzahlungswert zurückgezahlt. Der Rückzahlungswert errechnet sich aus dem Nennwert zuzüglich der aufgelaufenen Zinsen und Zinseszinsen.

Call, Call option (Kaufoption)

Ein Call (Kaufoption) ist ein Optionskontrakt, der seinem Inhaber das Recht gibt, bis zum Verfalldatum den Basiswert (Underlying) zum Bezugskurs (Strike Price) zu kaufen. Der Stillhalter der Option ist demgegenüber im Falle der Ausübung verpflichtet, den Basiswert zum Bezugskurs zu verkaufen.

Cap

Vergleichbar mit einer Kaufoption. Der Käufer eines Cap vereinbart mit dem Verkäufer eine Zinsobergrenze für einen Referenzzinssatz (z.B. EURIBOR oder LIBOR) hinsichtlich eines nominellen Kapitalbetrages. Übersteigt der Referenzzinssatz die vereinbarte Zinsobergrenze, so zahlt ihm der Verkäufer (Stillhalter) die übersteigende Zinsdifferenz auf den bezogenen Kapitalbetrag. Die Abrechnungen erfolgen an den Fälligkeitstagen der jeweiligen Zinsperiode. Der Käufer hat im Gegenzug eine Prämie an den Stillhalter zu entrichten.

Capital Asset Pricing Model (CAPM)

Das Capital Asset Pricing Model (CAPM) ist ein in den 60er-Jahren von Sharpe, Lintner und Mossin entwickeltes Modell, das auf den Erkenntnissen der Portfoliotheorie von Markowitz basiert. Im Mittelpunkt der Betrachtung steht die Frage, welche Portfoliorendite für ein Wertpapier im Kapitalmarktgleichgewicht erwartet werden kann, wenn neben risikotragenden Anlageformen auch eine risikolose Anlagemöglichkeit besteht. Man orientiert sich dabei an dem einperiodigen Ansatz der Portfoliotheorie, bei dem die Wahrscheinlichkeitsverteilung der Anlegerrendite durch die Angabe zweier Parameter (Erwartungswert und Standardabweichung der Portfoliorendite) vollständig charakterisiert wird. Der funktionale Zusammenhang zwischen den erwarteten Wertpapierrenditen und ihrer Einflussgrößen wird durch die Kapitalmarktlinie und die Wertpapierlinie (Wertpapiermarktlinie) aufgezeigt. Die erwartete Rendite eines risikobehafteten Wertpapiers ergibt sich danach wie folgt:

$$r_{EK} = r_F + \beta \cdot [r_M - r_F]$$

Die Verzinsung einer risikobehafteten Anlage ergibt sich aus der Verzinsung einer risikolosen Anlage r_F zuzüglich einer Risikoprämie. Die Risikoprämie erhält man durch Multiplikation der Risikoprämie des Marktes (r_M-r_F) mit dem Maß für das unternehmesindividuelle Risiko β. Das Beta misst nur den Beitrag eines Wertpapieres zum systematischen Risiko eines Portfolios, unsystematisches Risiko kann eliminiert werden und wird auf Kapitalmärkten nicht bewertet.

Cash-Management

Ausgleich von Finanzmittelüberschüssen und -defiziten in einem Konzern bzw. einer Holding, um durch den direkten Liquiditätsausgleich ohne Einschaltung von Finanzintermediären (z.B. Bank) Finanzierungskosten zu sparen. Häufig erfolgt das Cash Management zu internen Zins- bzw. Verrechnungssätzen, wobei die externen Geldmarktsätze vergleichbarer Anlagen bzw. Geldaufnahmen als Richtwert dienen können. Erfolgt das Cash Management international und zwischen Mutter- und

Tochtergesellschaften, so wird es auch als Matching bezeichnet. Im Gegensatz zum Cash Pooling werden Liquiditätsüberschüsse, sofern sie nicht von anderen Gesellschaften benötigt werden, allerdings nicht in einem gemeinsamen Finanzpool angesammelt, sondern autonom von jeder rechtlich selbstständigen Unternehmenseinheit des Konzerns verwaltet.

Cashflow

Absolute Kennzahl, insbesondere zur Beurteilung der Finanzlage aber auch der Ertragslage einer Unternehmung. Wörtlich übersetzt stellt der Cashflow den Zahlungsstrom einer Periode dar, der sich aus der Differenz der Einzahlungen (Cash inflow) und Auszahlungen (Cash outflow) ergibt. Methodisch kann die Ermittlung des Cashflow nach der sog. direkten oder der sog. indirekten Methode erfolgen. Die direkte Methode knüpft unmittelbar an die Ein- und Auszahlungen einer Periode an, sodass folgendes Ermittlungsschema gilt: Einzahlungen – Auszahlungen = Cashflow. In der Praxis ist – wegen der einfacheren Ermittlung – die indirekte Methode weitaus verbreiteter, bei der von einer Ergebnisgröße ausgegangen wird, welche um nicht zahlungswirksame Aufwendungen und Erträge zu korrigieren ist, wie z.B. Abschreibungen, Zuführungen zu Rückstellungen usw. Somit gilt: Ergebnis + nicht auszahlungswirksame Aufwendungen (z.B. Abschreibungen) – nicht einzahlungswirksame Erträge (z.B. Bildung von Rückstellungen) +/- erfolgsneutrale Zahlungen = Cashflow. Der Cashflow des Leistungsbereichs eines Unternehmens zeigt an, inwieweit ein Unternehmen in der Lage ist, Investitionen zu finanzieren, Schulden zu tilgen, Ausschüttungen vorzunehmen oder Reserven zu legen. Als Erfolgsindikator finden verschiedene Varianten auch im Rahmen der Unternehmensbewertung anhand der Discounted-Cashflow-Methode Anwendung.

Cashflow-Deal

Traditionelle Form des Management-buy-outs (MBO), die weitgehend mittels der erwirtschafteten flüssigen Mittel eines Unternehmens finanziert wird. Schlüsselgröße ist der Cashflow, aus dem die Rückführung der aufgenommenen Fremdkapitalmittel und der Zinsdienst für die Finanzierung des Buy-Out getragen werden soll.

Cash-Settlement

Ausgleich des Bewertungsergebnisses bei physisch nicht erfüllbaren Termingeschäften (z.B. Futures, Optionen auf Indizes).

Chinese Walls

Informationsbarrieren, die innerhalb einer Finanzinstitution bestehen, sodass verschiedene Abteilungen von der jeweiligen Tätigkeit der anderen nichts wissen, oder die errichtet werden, um z.B. Interessenkonflikte zu vermeiden.

Clearing

Auf- und Verrechnung von Forderungen und Verbindlichkeiten aus Wertpapier- und Termingeschäften. Das Clearing ermittelt die bilaterale Netto-Schuld von Käufer und Verkäufer aus einer Börsentransaktion. Diese Aufgabe übernimmt in der Regel eine zentrale Institution, das so genannte Clearing-Haus. Nach Abschluss eines Handelstages teilt das Clearing-Haus seinen Mitgliedern ihre Transaktionen sowie die daraus verbleibenden Forderungen und Verbindlichkeiten mit. Bei Termingeschäften gibt es die Höhe der zu zahlenden Sicherheitsleistungen (Margins) an. Mitglieder eines Clearing-Hauses benötigen neben einer Lizenz ein Wertpapierdepot und ein Geldverrechnungskonto bei der Clearing-Stelle. Darüber hinaus müssen sie materielle, organisatorische und finanzielle Sicherheiten bereitstellen, die in den Lizenzverträgen genauer spezifiziert werden. Als zentrale Abwicklungsstelle für Börsengeschäfte tritt das Clearing-Haus als Gegenpartei (Kontrahent) ein und garantiert damit eine vertragsgemäße Erfüllung und die Verrechnung der Netto-Schuld. Das dominierende Clearing-Haus in Deutschland ist Clearstream International, eine Tochter der Deutsche Börse AG.

Commercial Banks (Kommerzialbanken)

Banken, deren Tätigkeit sich auf das Einlagen- und Kreditgeschäft beschränkt. In einem Spezialbankensystem – wie in den USA – bilden Commercial Banks den Gegensatz zu den Investment Banks.

Commercial Paper (CP)

Commercial Paper sind als Inhaberpapiere ausgestattete Geldmarkttitel mit einer festen Laufzeit zwischen sieben Tagen und zwei Jahren minus einem Tag. Sie werden auf abgezinster Basis ausgegeben. Die Papiere werden am Ende der Laufzeit zum Nennbetrag zurückgezahlt; eine vorzeitige Kündigung ist nicht vorgesehen. CP werden von bonitätsmäßig einwandfreien Schuldnern in hohen Beträgen und mit hohen Mindestnennwerten am Geldmarkt emittiert.

Compliance

Die Kreditinstitute haben dafür zu sorgen, dass Geschäfte ihrer Mitarbeiter in Wertpapieren, Devisen, Edelmetallen und Derivaten nicht gegen Interessen der Bank/Sparkasse und deren Kunden verstoßen. Zum Schutze der Anleger und zur Vermeidung von Interessenskonflikten haben deshalb die Kreditinstitute unter Beachtung der Leitsätze für Mitarbeitergeschäfte Regelungen über solche Geschäfte zu treffen und die Einhaltung der Leitsätze zu überwachen. Mit diesen Regeln soll Vertrauen in den jeweiligen Kapitalmarkt bzw. zu den Marktteilnehmern geschaffen bzw. erhalten werden. In vielen Banken gibt es mittlerweile Compliance-Abteilungen, welche die vertrauliche Behandlung von Informationen in den relevanten Abteilungen überwachen sollen und insbesondere Insider-Verstößen vorbauen sollen.

Computerbörse

Börsentyp, bei dem eine durchgängige Computerisierung und Automatisierung des gesamten Transaktionsprozesses vorzufinden ist. Dazu gehören die computergestützte Ordereingabe (Wertpapierorder) mit anschließender automatischer Übermittlung an die Computerbörse, die automatische Weiterleitung der Lieferungs- und Zahlungsverpflichtungen aus den Börsengeschäften sowie die automatische Verbreitung von Handelsinformationen an die Markteilnehmer. Die dominierende Computerbörse in Deutschland ist das von der Deutschen Börse AG organisierte Xetra-System.

Corporate Governance

Mit Corporate Governance bezeichnet man die Leitungs- und Aufsichtsstrukturen in einem Unternehmen. Hierzu gehören z. B. ein gebildeter Beirat (advisory board), der Aufsichtsrat (supervisory board), ein Gesellschafterausschuss (shareholder committee), aber auch mit Geldgebern vereinbarte zustimmungspflichtige Geschäfte (consent requirements).

Corporate Finance

Corporate Finance bezeichnet die von Banken und Finanzinstituten angebotene Dienstleistungen, die Unternehmen Unterstützung in Fragen der Finanzierung oder des Finanzmanagements geben. Dies kann bei der Finanzierung von Projekten, bei der Finanzierung über den Kapitalmarkt (z.B. Aktien-, Bondemission, ABS-Transaktion) oder bei der Anbahnung und Finanzierung von Unternehmenszusammenschlüssen bzw. Unternehmenskäufen (Mergers and Acquisitions) erfolgen.

Corporate Venturing

Venture-Capital-Finanzierungen durch Industrieunternehmen bzw. deren eigene Venture-Capital-Gesellschaften, die vorrangig strategisches Konzerninteresse verfolgen.

Cost of Carry

Die Cost of Carry bezeichnen Nettofinanzierungskosten oder Haltekosten beim Erwerb eines Vermögensgegenstandes. Bei einem Kauf eines Vermögenstitels wird Geld gebunden, das man ansonsten zinsbringend hätte anlegen können (Opportunitätskosten). Darüber hinaus können weitere Kosten im Zusammenhang mit Lagerung, Pflege und Versicherung des Vermögenstitels entstehen. Diesen Kosten stehen auf der anderen Seite Erträge aus dem Besitz des Vermögensgegenstandes gegenüber (z.B. Dividenden bei Aktien oder Zinsen bei Anleihen und Währungen). Den Saldo aus diesen Kosten und Erträgen nennt man Cost of Carry. Beim Kauf per Termin entfallen diese Kosten. Die Cost of Carry können demnach die Unterschiede zwischen (erwartetem) Kassa- und Terminkursen erklären.

Courtage

Makler- oder Vermittlungsgebühr bei Abschluss eines Wertpapiergeschäftes über die Börse, an den

Kursmakler zu entrichten. Die Courtage beträgt zur Zeit für Aktien 0,6‰ des Kurswertes und für festverzinsliche Wertpapiere 0,03‰ bis 0,75‰ vom Nennwert, abhängig vom Transaktionsvolumen.

Covenant

Vereinbarung, in der sich Kreditnehmer verpflichten, bestimmte Bedingungen oder Auflagen während der Laufzeit eines Kreditgeschäfts zu erfüllen oder das Unterbleiben bestimmter Ereignisse zu gewährleisten. Zu unterscheiden sind Legal Covenants und Financial Covenants.

Covered Warrants

Der Begriff Covered Warrants hat sich über die Jahre hinweg inhaltlich weiterentwickelt. Zu Beginn des Optionsscheinmarktes und auch heute noch versteht man unter diesen so genannten »gedeckten Optionsscheinen« Aktien-Optionsscheine, die das Recht zum physischen Bezug von Aktien verbriefen, die sich während der Laufzeit des Optionsscheins in einem gesondert gehaltenen Deckungsbestand befinden. In neuerer Zeit wird immer mehr auf das Instrumentarium des Deckungsbestandes verzichtet. Statt dessen stellen die Emittenten durch den Abschluss von weiteren Finanztransaktionen sicher, dass Lieferansprüche des Optionsscheininhabers bei Ausübung des Optionsrechts erfüllt werden. Darüber hinaus werden mittlerweile auch solche Optionsscheine vom Begriff Covered Warrants erfasst, bei denen statt der physischen Lieferung ein Barausgleich möglich ist.

Cross Selling

Versuch, einem Kunden durch Verkauf eines Produktes gleichzeitig ein anderes Produkt aus dem Leistungsprogramm oder ein Kuppelprodukt mit zu verkaufen. Grundgedanke des Allfinanzkonzeptes, bei dem Banken auch Versicherungen, Bausparverträge und andere Finanzdienstleistungen anbieten.

Delisting

Die im Free Float befindlichen Aktien werden von einer kleinen Gruppe von Investoren zurückgekauft, die Börsennotierung wird aufgegeben und die Aktien werden nicht länger öffentlich gehandelt.

Depot

Wertpapiere können bei Kreditinstituten zur Verwahrung und Verwaltung hinterlegt werden. Für jeden Kunden wird ein Depot (Gegenstück zum Konto im Geldverkehr) eingerichtet, aus dem Arten, Nennbeträge oder Stückzahlen, Nummern etc. der eingereichten Papiere sowie Name und Adresse des Einreichers (Depotinhabers) hervorzugehen haben. Diese Vorschriften gelten für Streifbandverwahrung und sinngemäß für die Girosammelverwahrung. Aus Kontrollgründen führen die Banken zwei Arten von Depotbüchern nebeneinander: das persönliche Depot und das Sachdepot. Ersteres ist nach den Namen der Depotinhaber, Letzteres nach Wertpapierarten geordnet. Das Sachdepot ist für die Verwaltungsarbeiten der Banken von besonderer Wichtigkeit. Als Sonderdepots werden Gemeinschafts- und Treuhanddepots geführt (eingerichtet). Die Girosammelverwahrung ist rationeller und damit billiger als die Streifbandverwahrung. Grundlage für Verwahrung und Verwaltung von Wertpapieren durch Kreditinstitute ist das Depotgesetz (DepotG). Es enthält eine Reihe von Vorschriften zum Schutze des Depotinhabers, vor allem für den Konkursfall der Depotbank.

Depotgesetz (DepotG)

Gesetz über die Verwahrung und Anschaffung von Wertpapieren vom 04.02.1937, zuletzt geändert durch Gesetz vom 04.10.1994. Zweck des Depotgesetzes ist der Schutz des Hinterlegers (von Wertpapieren) durch Erhaltung des Wertpapiereigentums im Verwahrgeschäft und die schnelle Verschaffung des Wertpapiereigentums.

Derivate

Produkte, deren Bewertung sich überwiegend von dem Preis, den Preisschwankungen und -erwartungen eines zugrunde liegenden Basisinstrumentes (bspw. Aktien, Anleihen, Devisen, Indizes) ableitet. Zu den Derivaten zählen insbesondere Swaps, Optionen und Futures.

Designated Sponsor

Banken oder sonstige Finanzdienstleister, die im elektronischen Handel verbindliche Preislimits für den An- und Verkauf von Aktien (Quotes) zur Verfügung stellen und damit temporäre Ungleichgewichte zwischen Angebot und Nachfrage in weniger liquiden Aktien überbrücken. Designated Sponsors sind ausschließlich auf Xetra® – dem Computerhandelssystem der Deutschen Börse AG – aktiv und müssen dort als Handelsteilnehmer zugelassen sein. Sie werden von einem Unternehmen bei Notierung beauftragt – dabei kann es auch mehrere Designated Sponsors pro Wertpapier geben – und sorgen für zusätzliche Liquidität in einem Aktienwert; ob auf eigene Initiative, auf Anfrage der Marktteilnehmer (Quote-Request) oder in Auktionen. Da die Quotes im Orderbuch sichtbar sind, erhalten Anleger dadurch eine höhere Bewertungssicherheit für die Limitierung ihrer Orders. Bei unzureichender Liquidität eines Wertpapiers im fortlaufenden Handel muss der Emittent mindestens einen Designated Sponsor verpflichten. Im Handel kann ein Marktteilnehmer per elektronischer Anfrage (Quote-Request) alle im jeweiligen Wertpapier registrierten Designated Sponsors auffordern, einen Quote abzugeben. Der Anfragende kann wahlweise angeben, ob er Kauf- oder Verkaufsinteresse hat und wie viele Stücke er kaufen oder verkaufen will. Alle Xetra-Teilnehmer werden automatisch informiert, sobald ein Quote-Request im jeweiligen Wertpapier vorliegt. Die Deutsche Börse gibt für die Aktivitäten der Designated Sponsors bestimmte Qualitätskriterien vor. So müssen sie während der gesamten Handelszeit erreichbar sein; ihre Quotes müssen ein Mindestvolumen haben und dürfen eine maximale Geld-Brief-Spanne nicht überschreiten. Wie streng die angelegten Kriterien im Einzelfall sind, richtet sich nach den Eigenschaften der Aktie, vor allem ihrer Volatilität. Darüber hinaus soll jeder Designated Sponsor einen Quote-Request innerhalb einer festgelegten Frist mit dem Stellen eines Quotes beantworten. Kommt ein Designated Sponsor seinen Pflichten im Handel nicht nach, kann die Deutsche Börse seine Zulassung widerrufen. Designated Sponsors erwerben durch ihre kontinuierliche Beobachtung der Märkte Expertenwissen über die Aktie, deren Liquidität sie fördern, und über die Branchen, zu denen die Werte gehören. Dieses Wissen kann je nach Bedarf des Emittenten und Angebot des Designated Sponsors für weitere Services wie Research, Investor Relations, Publizität und Vertrieb eingesetzt werden.

Deutsche Börse AG (DBAG)

Die DBAG steht als Holding an der Spitze der Gruppe Deutsche Börse. Die Deutsche Börse AG ist die führende europäische Börsenorganisation. Sie deckt alle zentralen Felder der Kapitalmarktinfrastruktur ab. So ist sie Trägerin der Frankfurter Wertpapierbörse FWB, der Terminbörse Eurex Deutschland, der Deutsche Börse Clearing AG und der Deutsche Börse Sytems AG. Die Deutsche Börse AG ist seit 2000 börsennotiert. Der Streubesitz (Free Float) beträgt ca. 95 %.

Deutsche Börse Clearing AG (vormals Deutscher Kassenverein AG)

Clearing- und Settlementorganisation der Gruppe Deutsche Börse AG, sie fungiert damit als Wertpapiersammelbank. Die Deutsche Börse Clearing AG wirkt bei der Regulierung von Wertpapiergeschäften einschließlich einer Gegenwertverrechnung mit. Außerdem übt sie die Depotbankfunktion für Investmentfonds aus und vermittelt Wertpapier-Leihgeschäfte. Alleiniger Aktionär ist die Deutsche Börse AG.

Deutsche Börse Systems AG

Die Deutsche Börse Systems AG ist für die gesamte Informationstechnologie der Gruppe Deutsche Börse zuständig. Das Systemhaus hat im Mai 1997 den operativen Betrieb aufgenommen und hat die Rechtsform einer »kleinen AG«. Die Systems entwickelt, wartet und betreibt Handels-, Abwicklungs- und Informationssysteme, die im Kassa- und Terminmarkt sowie in der Abwicklung zum Einsatz kommen. Als neues, direkt für die Marktteilnehmer tätiges Geschäftsfeld kommt die Entwicklung von Frontend-Systemen hinzu. Die größten Projekte sind die Implementation des elektronischen Handelssystems Xetra für den Kassamarkt sowie Erweiterungen des Eurex-Systems für den Terminmarkt.

DAX

Akronym für Deutscher Aktienindex. Durch Bereinigung um Dividendenzahlungen und Bezugsrechtsgewährungen als Performanceindex konzipierter Aktienindex. Der DAX eignet sich deshalb gut als Benchmark für Aktienfonds. Er umfasst die 30 umsatzstärksten deutschen Aktien und repräsentiert damit mehr als 60 Prozent des Grundkapitals inländisch börsennotierter Gesellschaften. Das Gewicht einer Aktie im Index bemisst sich nach dem Wert der frei handelbaren Aktien (Free Float). Gemessen am Börsenumsatz macht der Handel in diesen Aktien ca. 75 Prozent des deutschen Aktienhandels aus. Der DAX wurde als Realtime-Index konzipiert, wird minütlich neu berechnet und publiziert. Zum Basiszeitpunkt 30. Dezember 1987 wurde die Basis des DAX auf 1000 Punkte normiert. Der DAX bildet die Basis für eine Reihe von EUREX-Produkten. Neben dem DAX berechnet und publiziert die Deutsche Börse den DAX-Kursindex, MDAX, DAX 100, DAX 100 Branchenindizes, CDAX und TecDax.

DAX 100
Aktienindex, der in seinem Aufbau und in seiner Berechnung dem DAX entspricht. Im Unterschied zum DAX sind in ihm 100 deutsche variabel gehandelte Standardwerte enthalten. Zum Zweck der äußerlich deutlichen Trennung zum DAX wurde als Basis Ultimo 1987 = 500 Indexpunkte gewählt.

Deutscher Rentenindex (REX)
Mit ihrem Marktanteil gewichteter Index aus 30 idealtypischen Anleihen mit ganzzahligen Laufzeiten von 1 bis 10 Jahren und je drei Kupontypen von 6 %, 7,5 % und 9 %. Die Gewichtung wird jährlich überprüft. Der REX spiegelt damit repräsentativ die Kursentwicklung an deutschen Bondmärkten wider.

Diversifikation
a) Strategie i.R. von Produkt-/Marktentscheidungen zur Erzielung eines externen Unternehmenswachstums oder zur Verminderung von Risiken. Die Diversifikation bezieht sich stets auf neue Produkte für neue Märkte und kann in eine horizontale, vertikale und in eine laterale Form unterschieden werden. Horizontal bedeutet, dass ein neues Produkt auf derselben Wertschöpfungskette aufgenommen wird, das mit den bisherigen Produkten sachlich verwandt ist (z.B. Pilsbrauerei kauft Weizenbierbrauerei). Die vertikale Diversifikation bezieht sich auf vor- bzw. nachgelagerte Produktionsstufen im Verhältnis zum eigenen Produkt. So kann eine Brauerei beispielsweise vorwärts diversifizieren durch den Kauf bzw. Bau eigener Gaststätten und rückwärts diversifizieren durch den Anbau eigenen Getreides. Bei der lateralen Diversifikation werden Produkte aufgenommen, die zu den bisherigen Produkten keinen oder nur einen sehr geringen Bezug aufweisen (z.B. ein Fahrradproduzent kauft einen Lebensmittelhandel).
b) In der Finanzwirtschaft beschreibt der Begriff der Diversifikation die Streuung der Bestandteile eines Portfolios hinsichtlich der Art der gehaltenen Positionen (z.B. Sach- und Geldwerte, Aktien und festverzinsliche Wertpapiere) und der Unterschiedlichkeit von Schuldnern (z.B. bezüglich Branche und Land). Die Portfoliotheorie zeigt auf, dass durch Diversifikation die Risiken eines Portfolios vermindert werden können.

Dividend Discount Model (DDM)
Das Dividend Discount Model (DDM) stellt eine Möglichkeit zur Quantifizierung der Eigenkapitalkosten börsen-notierter Unternehmen dar. Hierbei wird unterstellt, dass die Aktionäre ein Unternehmen auf Basis der kapitalisierten künftigen Dividenden bewerten. Unter diesen Bedingungen lässt sich der Anteilswert berechnen als:

$$P_0 = \sum_{t=1}^{\infty} \frac{Div_t}{(1 + r_{EK})^t}$$

mit: Div_t erwartete Dividende in Periode t,
        r_{EK} Renditeforderung der Eigenkapitalgeber.

Unter der Annahme der Dividendenkonstanz konvergiert die Summenformel gegen:

$$P_0 = \frac{Div}{r_{EK}}.$$

P_0 kann als der innere Wert einer Aktie interpretiert werden, der unter Berücksichtigung der persönlichen Eigenkapitalkosten eines Aktionärs berechnet wurde. Diesen Wert vergleichen die Aktionäre mit den aktuellen Börsenkursnotierungen (Marktwerte). Die hierdurch induzierten Kauf- und Verkaufsentscheidungen lösen solange Kursreaktionen an der Börse aus, bis eine Preisübereinstimmung zwischen dem Kurswert der Aktie und P_0 erzielt wurde. Die Kurse am Kassamarkt einer Aktie P_K können somit als Schätzwert für P_0 herangezogen werden. Börsennotierte Unternehmen können ihre Eigenkapitalkosten r_{EK} deshalb approximativ mit Hilfe der Dividenden-Kurs-Relation (Dividend-Price-Ratio) berechnen:

$$r_{EK} = \frac{Div}{P_K}.$$

Dividende

Die Dividende ist der an die Aktionäre ausgeschüttete Gewinnanteil am Jahresüberschuss einer Aktiengesellschaft. Der Bilanzgewinn ist der Teil des Jahresüberschusses, der nach Ausgleich eines Verlustvortrages und nach Einstellungen in die gesetzliche Rücklage und andere Gewinnrücklagen verbleibt. Die Hauptversammlung beschließt über die Verwendung des Bilanzgewinns und somit über die Dividendenhöhe (§ 176 AktG).

Dow Jones-Indizes

Schon vor der Jahrhundertwende veröffentlichte das Verlagshaus Dow-Jones & Co. für die New York Stock Exchange (NYSE)-Indizes über 30 Industrie-Aktien, 20 Eisenbahn-Werte, 15 Energieversorgungs-Aktien und einen Gesamtindex aller 65 Werte. Besonders der Industrie-Index genießt durch seine schnelle Verbreitung weltweite Beachtung und gilt gemeinhin als »der« Dow-Jones-Index. Umfangreicher sind die Indizes von Standard & Poor's (500 Werte) und der New York Stock Exchange.

Dow Jones STOXX

Kooperation von Deutsche Börse, Dow Jones, SBF – Bourse de Paris und Schweizer Börse zur Etablierung einer europäischen Indexfamilie Dow Jones STOXX. Diese besteht aus je einem Benchmark-Index, einem Blue-Chip Index sowie 19 Branchenindizes für Gesamteuropa (Europa) und für den Teilnehmerkreis an der Europäischen Währungsunion (EURO-Raum).

Dual Listing

Gleichzeitiges oder gestaffeltes IPO an zwei Börsenplätzen, zum Beispiel an der Frankfurter Wertpapierbörse (FWB) und der New York Stock Exchange (NYSE).
Enterprise Value (kurz: EV)
Der Enterprise Value ist der Marktwert der operativen Geschäftstätigkeit eines Unternehmens. Durch Addition des nicht-betriebsnotwendigen Vermögens erhält man den Entity-Value.

Duration

Die einfache Duration ist eine Kennzahl, welche die barwertgewichtete mittlere Bindungsdauer des eingesetzten Kapitals anzeigt. Die Duration gibt bei festverzinslichen Wertpapieren den Zeitraum in Jahren an, damit sich die aus einer Zinsänderung ergebenden Kurs- und Zinseszinseffekte gerade wieder ausgleichen und die ursprüngliche Rendite sichern. Sie ist damit ein Maß für die Zinsänderungsrisiken festverzinslicher Anlagen. Die drei wichtigsten Einflussfaktoren für die Duration sind die Länge der Restlaufzeit, der Nominalzins und der Diskontierungsfaktor für die Barwerte. Die modified Duration ist eine aus der einfachen Duration abgeleitete Kennzahl, die zur Approximation der Marktwertänderungen von verzinslichen Financial Instruments bei Zinsänderungen herangezogen wird.

Due Diligence

Eine Prüfung mit »gebührender Sorgfalt«. Als Due Diligence bezeichnet man den Prozess der intensiven Untersuchung der finanziellen, steuerlichen, wirtschaftlichen und geschäftlichen Situation eines Unternehmens durch externe Experten. Bei den Fachleuten kann es sich um Banker, Steuerberater, Anwälte, Wirtschaftsprüfer oder Techniker handeln. Die Due Diligence hat das Ziel, alle wichtigen unternehmensinternen Informationen, die Einfluss auf die zukünftige Geschäftstätigkeit haben könnten, herauszuarbeiten. Im Vorfeld eines Börsengangs oder einer Kapitalerhöhung ist die Durchführung einer Due Diligence die Voraussetzung für die Erstellung eines Prospektes. Auch im M&A-Geschäft haben die beteiligten Unternehmen ein starkes Interesse an der Durchführung einer Due Diligence.

DVFA-Ergebnis

Gewinnermittlungsmethode der »Deutschen Vereinigung für Finanzanalyse und Anlageberatung e.V.«, ein Zusammenschluss von Analysten und Portfoliomanagern. Die DVFA hat sich um die Aktienanalyse verdient gemacht und eine Formel entwickelt, die einen, allein aus dem Geschäftszweck erzielten, um Sondereinflüsse korrigierten Jahresgewinn einer Unternehmung wiedergibt; meist bezeichnet als »Ergebnis je Aktie nach DVFA.« Daraus errechnet sich dann das Kurs-Gewinn-Verhältnis. Viele börsennotierte Aktiengesellschaften veröffentlichen ein nach diesem Schema ermitteltes DVFA-Ergebnis. Es erleichtert Vergleiche der Ertragskraft und der Marktbewertung von Aktiengesellschaften.

Early Stage Financing

Instrument der Venture-Capital-Finanzierung. Die Finanzierung erfolgt in der Frühphase von Unternehmen und wird in der Regel zur Finanzierung der Konzeption bis zum Start der Produktion und Vermarktung verwendet.

EASDAQ

Akronym für European Association of Securities Dealers Automated Quotation. Die EASDAQ ist eine nach dem Vorbild der NASDAQ konzipierte europäische Computerbörse. Ziel ist es, die grenzüberschreitende Kapitalbeschaffung für junge und innovative Unternehmen zu erleichtern.

EBIT

Akronym für Earnings before interest and taxes; operatives Ergebnis vor Zinsen und Ertragssteuern, das außerordentliche Effekte ausschließt. International verwendete Erfolgsgröße mit hoher Vergleichbarkeit, da sowohl der Verschuldungsgrad als auch national unterschiedliche Steuerbelastungen eliminiert werden. Gilt als Maßstab für die Ertragskraft des originären Geschäft eines Unternehmens.

EBITDA

Akronym für Earnings before interest, taxes, depreciation and amortization; operatives Ergebnis vor Zinsen, Ertragssteuern und Abschreibungen (auf Sachanlagen und immaterielle Vermögensgegenstände), das auch außerordentliche Effekte ausschließt. Das EBITDA entspricht einem einfach berechneten operativen Cashflow und eignet sich gut für internationale Vergleiche der Finanzkraft, da Unterschiede der Verschuldungspolitik, der steuerlichen Rahmenbedingungen und der Rechnungslegung weitgehend ausgeschaltet sind.

Economies of scale

Größenkostenersparnisse, Skalenerträge; Kostenersparnisse, die bei gegebener Produktionstechnik und damit gegebener Produktionsfunktion infolge konstanter Fixkosten auftreten, wenn die Ausbringungsmenge wächst, da bei wachsender Betriebs- bzw. Unternehmensgröße die durchschnittlichen totalen Kosten (DTK) bis zur sog. mindestoptimalen technischen Betriebs- bzw. Unternehmensgröße (MOS) sinken (der Anteil der fixen Kosten je produzierter Einheit wird immer kleiner). E.o.S. sind daher eine Ursache für Unternehmenskonzentration. Ursachen: (1) Spezialisierungsvorteile aus Arbeitsteilung; (2) Kostenersparnisse, die sich aus einer Vergrößerung von Produktionsmitteln ergeben, deren Kapazität vom Fassungs- oder Durchsatzvermögen bestimmt wird (z.B. Öfen, Tanks, Röhren oder Destillationsanlagen); (3) Ersparnisse aus zentralistischer Reservehaltung; (4) das Prinzip des kleinsten gemeinsamen Vielfachen bei aufeinander folgenden Fertigungsstufen mit unterschiedlicher optimaler Kapazität oder (5) Losgrößenersparnisse.

Economies of Scope

Economies of Scope sind Kostenvorteile, die bei einer steigenden Produktvielfalt durch einen Verbundvorteil entstehen. Voraussetzung ist dabei, dass für die einzelnen Produkte auf gemeinsame Ressourcen (z.B. Produktionsanlagen, Technologien, Vertriebskanäle u.ä.) zurückgegriffen werden kann. Wenn hierbei die

Gesamtkosten der Produktion mehrerer Produkte niedriger sind als die Summe der Produktionskosten der einzelnen Produkte bei getrennter Fertigung, spricht man von Economies of Scope.

Effekten
Sammelbegriff für fungible (vertretbare) Wertpapiere.

Eigenfinanzierung
Unter Eigenfinanzierung sind alle Maßnahmen der Finanzierung durch Eigenkapital zu verstehen. Dabei unterscheiden wir die Beteiligungsfinanzierung und Finanzierung durch Einlagen sowie die Finanzierung durch Gewinneinbehaltung (Selbstfinanzierung). Beteiligungsfinanzierung und Einlagenfinanzierung führen dem Unternehmen neues Eigenkapital von außen zu. Die Selbstfinanzierung erhöht das Eigenkapital langfristig durch den Verzicht auf die Ausschüttung von erwirtschafteten Gewinnen und Zuführung von Gewinnen oder Gewinnanteilen zu den Rücklagen (offene Selbstfinanzierung). Bei der stillen Selbstfinanzierung scheinen erwirtschaftete ökonomische Gewinne nicht im Rechnungswesen des Unternehmens auf. Dies kann durch Vorschriften der Rechnungslegung (z.B. Vorsichtsprinzip) erzwungen oder durch willkürliche Ausnutzung von Bilanzierungsspielräumen ermöglicht werden und führt zur Bildung nicht bilanzierter oder unterbewerteter Vermögenspositionen oder zur Über-bewertung von Schulden (stille Reserven). Im Fall der willkürlichen Bildung sind die stillen Reserven als Bilanzinstrument zu verstehen. Da die gebildeten stillen Reserven im Rechnungswesen nicht erscheinen, können sie auch nicht ausgeschüttet werden und führen hierdurch zwangsläufig zu einer Selbstfinanzierung. Diese ist allerdings auch im Rechnungswesen nicht sichtbar, d.h. das bilanzielle Eigenkapital wird durch sie nicht erhöht. Bei analoger Anwendung der steuerlichen Bilanzierungs- und Gewinnermittlungsvorschriften führt die Bildung stiller Reserven auch zur Vermeidung der Besteuerung bis zur Auflösung der stillen Reserven (Steuerstundungseffekt).

Eigenkapital
Kapital, welches einem Unternehmen von seinen Eigentümern ohne zeitliche Begrenzung und ohne festen Verzinsungsanspruch (Zins) zur Verfügung gestellt wird. Die Erträge der Eigentümer (Gesell-schafter) richten sich idealtypisch nach den wirtschaftlichen Überschüssen des Unternehmens, sind also erfolgsabhängig. Gesellschafter sind sowohl an Gewinnen als auch an Verlusten beteiligt. Deshalb haben sie auch häufig Mitwirkungsrechte in der Geschäftsführung oder zumindest Kontrollrechte. Im Falle der unternehmerischen Insolvenz (früher Konkursfall, siehe Konkurs) haben die Gläubiger Zugriff auf das gesamte Gesellschaftsvermögen. Reicht das Gesellschaftsvermögen nicht zur Befriedigung der Gläubigeransprüche, so haften die Eigentümer in manchen Unternehmensrechtsformen mit ihrem Privatvermögen.
Das bilanzielle Eigenkapital gliedert sich in das gezeichnete Kapital, je nach Rechtsform als Grund-, Nenn- oder Stammkapital bezeichnet, und die Rücklagen sowie den Gewinnvortrag und den Jahres-überschuss. Soweit die Rücklagen durch Einbehaltung von Gewinnen entstanden sind, werden sie als Gewinnrücklagen bezeichnet. Die Kapitalrücklagen wurden durch Kapitalerhöhungen oder einen Aufschlag auf das eingezahlte Nennkapital gebildet. Zusammen mit dem Fremdkapital bilden diese Positionen das Gesamtkapital des Unternehmens und die Passivseite der Bilanz. Diese entspricht wert-mäßig der Aktivseite der Bilanz und stellt damit das bilanziell bewertete Vermögen des Unternehmens dar. Umgekehrt ergibt sich das Eigenkapital aus dem bewerteten Vermögen abzüglich der bewerteten Schulden des Unternehmens.

Eigenkapital gemäß BIZ
Bankaufsichtsrechtliches Eigenkapital nach der Baseler Eigenkapitalübereinkunft von 1988 für interna-tional tätige Kreditinstitute. Dieses setzt sich zusammen aus Kernkapital (vor allem Grundkapital und Rücklagen) sowie Ergänzungskapital (insbesondere Genussrechtskapital, nachrangige Verbindlichkeiten, stille Reserven und Neubewertungsreserven in notierten Wertpapieren, wie Schuldverschreibungen, Aktien, Beteiligungen).

Eigenkapitalkostensatz
Die von den Eigenkapitalgebern geforderte Verzinsung auf den Marktwert ihres Kapitals in Form von

Kurssteigerungen und Ausschüttungen. Der Eigenkapitalkostensatz wird in der Regel auf Basis von anerkannten Modellen der Kapitalmarkttheorie, insbesondere gemäß des Dividend Discount Model (DDM) oder des Capital Asset Pricing Model (CAPM), berechnet.

Einheitskurs
Die überwiegende Anzahl der Wertpapiere wird an der Börse mit nur einem Kurs während der Börsenzeit gehandelt; auch Kassakurs genannt. Einheitskurse gelten für alle Wertpapiere, die nicht zur variablen Notierung zugelassen sind und für variabel notierte Wertpapiere, wenn der Auftrag unter der Mindeststückzahl (50 Stück) liegt.

Emission
Ausgabe und Platzierung von Wertpapieren auf dem Kapitalmarkt durch öffentlichen Verkauf. Meist durch Vermittlung einer Bank (Emissionsbank) oder einem Zusammenschluss von Banken (Konsortium). Der Emissionskurs von Aktien aus einer Kapitalerhöhung darf nicht unter dem Nennwert liegen. Der Ausgabekurs darf bei einer Kapitalerhöhung unter Ausschluss des Bezugsrechts auch nicht unangemessen niedrig sein (§ 255 AktG).

Emittent
Juristische Person des Privatrechts (meist Aktiengesellschaft) oder des öffentlichen Rechts, die Wertpapiere ausgibt, z.B. bei Bundesanleihen der Bund und bei Aktien die Aktiengesellschaft.

EONIA
EONIA ist eine Abkürzung für Euro Overnight Interbank Average. Er ersetzt bisherige Referenzzinssätze wie zum Beispiel in Deutschland den FIONA (Frankfurt Interbank Overnight Average). Zur Ermittlung des EONIA geben repräsentative Banken mit Sitz oder Niederlassung im Gebiet der Europäischen Währungsunion (EWU) täglich ihrer Effektivsätze an, zu denen sie bis 18.00 Uhr MEZ Tagesgeld »über Nacht« an andere Banken vergeben haben. Wegen der Vertraulichkeit dieser Daten wird der EONIA durch die Europäische Zentralbank berechnet und anschließend veröffentlicht.

Equity Kicker
Möglichkeit eines Gläubigers, sein Fremdkapital in Eigenkapital (oftmals zu Sonderkonditionen) zu wandeln. Der Equity Kicker wird häufig bei Venture-Capital-Finanzierungen eingesetzt, um einen Anreiz für das zu übernehmende Risiko zu bieten. Mit Hilfe des Equity Kickers können auch Fremdkapitalgeber an den zukünftigen Wertsteigerungen des Unternehmens partizipieren.

Equity Story
Prägnante Darstellung der Positionierung und Strategie eines Unternehmens. Die Equity Story soll die Anleger von einem Kauf von Anteilen eines Unternehmen überzeugen.

Ergebnis je Aktie (nach IAS)
Kennziffer, die den Jahresabschluss nach Steuern einer Aktiengesellschaft der Zahl der Aktien gegenüberstellt. Die Berechnung wurde 1997 durch den Standard 33 der International Accounting Standards (IAS) vereinheitlicht. Im Gegensatz zum DVFA-Ergebnis wird das Ergebnis je Aktie nach IAS inklusive der auf konzernfremde Gesellschafter entfallenden Ergebnisse berechnet. Darüber hinaus wir das Ergebnis nicht durch alle Aktien (inklusive Vorzugsaktien), sondern nur durch die Anzahl der durchschnittlich umlaufenden Stammaktien geteilt. Neben der fundamentalen Kennziffer Ergebnis je Aktie ist zusätzlich ein bereinigtes Ergebnis je Aktie (diluted earnings per share) auszuweisen, wenn sich aufgrund von eingeräumten Bezugs- oder Umtauschrechten die Zahl der Aktien erhöhen kann (Verwässerungseffekt).

Ertragswertverfahren
Verfahren im Rahmen der Unternehmensbewertung, das sich an den künftigen »Erträgen« des Unternehmens orientiert. Errechnet den Wert einer zu bewertenden Einheit (Unternehmen, Teilbetrieb, Beteiligung) als Summe der abgezinsten zukünftigen »Erträge«. Aufgrund unterschiedlicher

Definitionen der zu bewertenden »Erträge« und der verschiedener Möglichkeiten zur Berechnung des Diskontierungszinses gibt es zahlreiche Varianten des Ertragswertverfahrens.

Euro Commercial Paper (ECP)

An internationalen Geldmärkten (Euro-Geldmärkten) emittierte und gehandelte Commercial Paper. ECP werden als diskontierte oder als verzinsliche Papiere begeben. Die Laufzeiten betragen i.d.R. 2 bis 365 Tage.

Euro-Bonds

Anleihen, die von einem internationalen Konsortium (Banken) emittiert und gleichzeitig in mehreren Ländern platziert werden. Die Anteile lauten meist auf die wichtigen Währungen, US-Dollar, €, Yen, Pfund Sterling. Emittenten sind Staaten, internationale Institutionen und Großunternehmen.

Euro-Notes

Von Nichtbanken am Euromarkt begebene kurzlaufende Geldmarkt-Papiere, deren Verzinsung an einen Geldmarkt-Referenzzinssatz gebunden ist. Daraus ergibt sich – im Gegensatz zu dem Euro Commercial Paper – eine Laufzeit-Standardisierung etwa von einem, drei oder sechs bis zwölf Monaten.

Eurogeldmarkt (Eurodollarmarkt)

1957 entstandener Markt für befristete Ausleihungen in US-$, mit in der Regel kurzen Laufzeiten. Gehandelt werden US-$, aber auch andere konvertierbare Währungen, und zwar zwischen Banken außerhalb der USA (nicht nur europäische Banken, sondern auch Auslandstöchter amerikanischer Banken, sowie Kanada und Japan). Hauptmarkt ist London. Daneben existiert der Eurokapitalmarkt, der Markt für Euro-Bonds, Kommunalobligationen, Pfandbriefe.

Euronote-Facilities

Euronote-Facilities (oder: -Fazilitäten) sind Finanzinnovationen, deren Kern Vereinbarungen zwischen einem oder mehreren Kreditinstituten einerseits und einem Kapitalnehmer andererseits sind. Nach diesen Vereinbarungen kann sich der Kapitalnehmer im Rahmen von fünf bis sieben Jahren durch die revolvierende Platzierung von Euro-Notes am Euromarkt bis zu einer Obergrenze Mittel beschaffen. Wesentlich für diese Konstruktion ist, dass sich die beteiligten Banken (»Underwriter«) dabei verpflichten, die Euro-Notes zum vertraglich vereinbarten Zins zu übernehmen oder alternativ Buchkredite zur Verfügung zu stellen (Backup- oder Standby-Facilities), wenn es dem Kapitalnehmer nicht gelingt, seine Euro-Notes am Markt abzusetzen. Euro-Notes haben nur eine mehrmonatige Laufzeit und müssen daher vom Schuldner – je nach Bedarf – nach Fristablauf erneut angeboten werden (= Revolving Underwriting Facilities – RUFs oder Note Issuance Facilities – NIFs).

Europäische Option (European Style)

Kauf- oder Verkaufsoption (Option), die nur am Fälligkeitstermin ausgeübt werden kann; Gegensatz: Amerikanische Option (American Style).

Eurex

Eurex Deutschland, vormals Deutsche Terminbörse (DTB), ist der Derivatemarkt der Gruppe Deutsche Börse. Die Eurex entstand 1998 nach der Fusion von Eurex Deutschland und der Schweizer Terminbörse SOFFEX. Die Eurex ist als reine Computerbörse konzipiert und eröffnet damit die Möglichkeit den standortunabhängigen Vollzug des Computerhandels über angeschlossene Terminals auf einer elektronischen Handelsplattform. Die Handelsrichtlinien und Zulassungsregeln sind harmonisiert. Es existiert ein gemeinsames Clearinghaus.

European Interbank Offered Rate (EURIBOR)

EURIBOR ersetzt die nationalen Referenzzinssätze (z.B. FIBOR) der an der Währungsunion teilnehmenden Länder zum 1.1.1999 als repräsentativer Zinssatz. Bei vielen Verträgen, insbesondere bei Wertpapieren und Derivaten, wird zunehmend auf Referenzzinssätze Bezug genommen. Bis zu 58 europäische Banken, darunter 12 deutsche, und 6 internationale Banken mit Niederlassungen in der EWU werden Briefsätze für Ein- bis Zwölf-Monatsgelder melden. Veröffentlicht wird ein Durchschnittssatz. Auf dieser Grundlage veröffentlicht die EZB auch ihre Overnight-Rate.

Exit

Veräußerung bzw. der Veräußerungsvorgang von Beteiligungskapital. Im Wesentlichen steht den Beteiligungsgesellschaften eine Veräußerung ihres Anteils im Zuge eines Börsenganges (Going-public), eine Veräußerung an einen institutionellen Investor (Trade Sale) oder an das Management des Beteiligungsunternehmens (MBO) offen. In der Regel wird ein Exit nach einer Beteiligungsdauer von ca. 3 - 7 Jahren angestrebt. Der Exit wird einfacher und aussichtsreicher, wenn es etablierte Sekundärmärkte für börsennotierte junge und innovative Unternehmen gibt (z. B. die NASDAQ oder den Prime Standard).

Factoring

Das Factoring bezeichnet die Übernahme und die Verwaltung offener Forderungen durch eine Factoringgesellschaft, den Factor. Die Verwaltungsaufgaben können dabei die Fakturierung, die Buchführung, das Mahnwesen und das Inkasso umfassen. Wenn diese Funktionen beim Verkäufer bleiben, handelt es sich lediglich um eine Form der Absatzfinanzierung, die sog. Forfaitierung, die speziell im Außenhandel verbreitet ist. Hinsichtlich der Funktionen unterscheidet man Echtes Factoring und Unechtes Factoring. Beim echten Factoring übernimmt der Factor neben der Dienstleistungs- und Finanzierungsfunktion auch das Ausfallrisiko der Forderungen (Delkrederefunktion). Beim unechten Factoring wird die Delkrederefunktion vom Factor nicht übernommen. Nach der Offenlegung der Forderungsabtretung unterscheidet man drei Grundformen. Beim offenen Factoring weist der Klient den Drittschuldner in der Rechnung auf die Abtretung der Forderung an den Factor hin. Beim halboffenen Factoring informiert der Klient den Drittschuldner in der Rechnung über die Abtretung der Forderung. Dieser kann jedoch sowohl an den Klienten wie an den Factor mit befreiender Wirkung leisten. Beim Stillen Factoring wird der Drittschuldner nicht über die Forderungsabtretung an den Factor informiert. Das Mahnwesen wird vom Factor auf Briefpapier des Klienten durchgeführt.

Festpreisverfahren

Traditionelles Verfahren zur Platzierung von Wertpapieren, bei dem der Emissionspreis vor Veröffentlichung des Verkaufsprospektes zwischen Emittent und konsortialführender Bank vereinbart wird. Beim Festpreisverfahren wird der Emissionspreis anhand der fundamentalen Unternehmensbewertung unter Berücksichtigung der Börsenbewertung vergleichbarer Unternehmen sowie der allgemeinen Marktsituation ermittelt und im Verkaufsprospekt veröffentlicht. Anleger können ihre Kaufwünsche innerhalb der Zeichnungsfrist zu diesem Preis abgeben. Sofern das Emissionsvolumen vollständig gezeichnet wurde, kann die konsortialführende Bank die Zeichnung der Wertpapiere noch vor Zeichnungsende abschließen. Wird eine Emission überzeichnet, werden häufig größere Zeichnungsbeträge institutioneller Investoren gekürzt und kleinere Aufträge voll erfüllt. Alternativ können die Wertpapiere gleichmäßig, quotal oder per Auslosung zugeteilt werden. Bis 1996 führte der zunehmende Wettbewerb der Banken um die lukrativen Emissionsmandate oft zu übertrieben hohen Emissionspreisen bei der Platzierung von Wertpapieren. Während die Banken an marktgerechten Emissionspreisen interessiert waren, um Probleme bei der Wertpapierbegebung zu vermeiden, wollten viele Emittenten den Emissionspreis nach oben ausreizen, um die Kapitalzuführung für das Unternehmen zu maximieren. Folglich gewann dadurch meist die Bank das Konsortialführermandat, die mit dem höchsten Platzierungspreis bei vergleichsweise geringen Kosten aufwartete. Bei vielen Emissionen, deren Preis auf diese Weise festgelegt wurde, musste in kurzer Zeit der Kurs auf ein nach Meinung der Marktteilnehmer angemesseneres Niveau korrigiert werden. Diese Entwicklung führte bei den Investoren zu Enttäuschungen und zu einem Vertrauensverlust in die Pricing-Qualitäten der Emissionsbanken. Seit 1996 werden daher vermehrt alternative Verfahren wie das Bookbuilding genutzt.

Festverzinsliche Wertpapiere

Begriff für alle Wertpapiere, die während ihrer gesamten Laufzeit einen unveränderlichen Zinssatz haben. Dazu zählen z. B.: Anleihen, Kommunalobligationen und Pfandbriefe. Im Gegensatz dazu stehen Dividendenwerte (Aktien), bei denen Erträge von Jahr zu Jahr unterschiedlich ausfallen (können) oder

Investmentzertifikate, deren Erträge ebenfalls schwanken. Festverzinsliche Wertpapiere werden auch als Rentenwerte oder Bonds bezeichnet.

FIBOR

Akronym für Frankfurt Interbank Offered Rate. Zinssatz auf dem Geldmarkt, zu dem Banken in Frankfurt bereit sind, Gelder bei anderen Banken kurzfristig anzulegen.

Financial Future

ist eine börsengehandelte, standardisierte vertragliche Vereinbarung, ein bestimmtes Finanzinstrument zu einem festgelegten Termin in der Zukunft zu einem im Vertrag fixierten Preis zu kaufen bzw. zu verkaufen. Financial Futures werden i.d.R. nicht physisch, sondern im Rahmen eines Cash Settlements erfüllt. Sie können auf Devisen, Edelmetalle, Aktien und Zinsen (Bundesanleihen oder Geldanlagen, wie z.B. das 90-Tage-Euro-$-Deposit) sowie auf einen Index abgeschlossen werden. Börsengehandelte Terminkontrakte beziehen sich generell auf standardisierte Kontraktwerte, Laufzeiten, Liefermonate, Sicherheiten und Basiswerte (underlyings), die zu dem bei Abschluss des Vertrages vereinbarten Preis am Settlement-Tag entweder gekauft oder verkauft werden. Liefermonate sind März, Juni, September und Dezember eines jeden Jahres. Die Preisbildung von Futures kann durch Cost of Carry erklärt werden.

Finanzanlagevermögen

Im Gegensatz zu Sachanlagen und immateriellen Vermögensgegenständen (immaterielle Wirtschaftsgüter) diejenigen Werte des Anlagevermögens in der Bilanz, die auf Dauer finanziellen Anlagezwecken (Ausleihungen und Wertpapiere) bzw. Unternehmensverbindungen (Beteiligungen und Anteile an verbundenen Unternehmen sowie damit zusammenhängende Ausleihungen) dienen.

Finanzergebnis

Das Finanzergebnis setzt sich aus den Zinserträgen und -aufwendungen, dem Beteiligungsergebnis und dem Ergebnis aller übrigen Finanzanlagen zusammen. Es wird in das Ergebnis der gewöhnlichen Geschäftstätigkeit im Unternehmen eingerechnet.

Finanzierung

Es existieren sowohl in der Praxis wie in der Wissenschaft eine Reihe von unterschiedlichen Definitionen des Finanzierungsbegriffs, was u.a. mit einer uneinheitlichen Definition des Kapitalbegriffs zusammenhängt. Man unterscheidet grundsätzlich die beiden Kategorien vermögensbestimmter Finanzierungsbegriff (»Finanzierung ist die Bereitstellung von Kapital.«) und zahlungsbestimmter bzw. monetärer Finanzierungsbegriff (»Finanzierung ist ein Zahlungsstrom, der mit einer Einzahlung beginnt und in späteren Zeitpunkten Auszahlungen oder Auszahlungen und Einzahlungen bringt.«). Zahlungsstrom, der mit einer Einzahlung beginnt und später Auszahlung erwarten lässt. Die Finanzierungen eines Unternehmens werden auf der Passivseite der Bilanz sichtbar.

Finanzintermediation

Unter Finanzintermediation versteht man die Vermittlung zwischen Kapitalnachfrage und Kapitalangebot. Da Anbieter und Nachfrager von Kapital unterschiedliche Interessen verfolgen (z.B. hinsichtlich der Fristigkeit oder des Volumens der Kapitalüberlassung), ergibt sich für die Finanzintermediäre die Aufgabe, einen Interessenausgleich zu schaffen. Zur Überwindung der wichtigsten Interessendivergenzen bieten Finanzintermediäre entsprechende Transformationsleistungen (Fristen-, Losgrößen-, Risiko-, Publizitätstransformation) an. Bei einer Finanzintermediation in engerem Sinne treten sie, wie z.B. beim Commercial Banking oder im Bauspargeschäft, in die direkte Beziehung zwischen Kapitalanbieter und Kapitalnachfrager ein. Es wird mit jeder Seite ein separater Vertrag geschlossen, der den jeweiligen Interessen entgegenkommt. Bei einer Finanzintermediation im weiteren Sinne, z.B. bei einem Börsengang im Investment Banking, tritt der Finanzintermediär dagegen nicht selbst als Partner auf. Er strukturiert und vermittelt einen direkten Finanzkontrakt zwischen Geldnehmer und Geldgeber, wobei ggf. auch Informationsdienstleistungen erbracht werden (z.B. durch Research) oder eine Übernahme von Risiken erfolgt (z.B. bei einem Übernahmekonsortium).

Finanzmarkt
Der Finanzmarkt bezeichnet allgemein den Markt, auf dem Geld oder in Geld bezifferte Titel gehandelt werden. Er gliedert sich in die Teilmärkte Geldmarkt, Kapitalmarkt und Kreditmarkt.

Finanzumlaufvermögen
Finanzanlagen, die nicht auf Dauer sondern nur kurzfristig angelegt sind; z.B. Wertpapiere, die nicht der Beteiligung an einem Unternehmen dienen, sondern nur zu Spekulations- oder Gewinnerzielungszwecken gekauft wurden.

Floating Rate Notes (Floater)
Anleihen mit variablem Zinssatz, der in der Regel alle drei oder sechs Monate auf der Basis der kurzfristigen Euro-Marktzinsen (EURIBOR oder FIBOR) neu festgesetzt wird. Sie gewähren keine festen, sondern einen variablen Zinsertrag. Nach jeder Zinsperiode zahlt der Emittent der Anleihe die Zinsen – gleichzeitig gibt er den Zinssatz für die neue Periode bekannt. Dieser Zinssatz (Referenzzinssatz) orientiert sich meist an Geldmarktsätzen wie FIBOR oder EURIBOR. Aufgrund der regelmäßigen Anpassung der Zinsen an das Marktniveau weisen Floater kaum Kursrisiken auf.

Floor
Der Zinsfloor ist das Gegenstück zum Cap. Dem Floor-Käufer wird gegen Zahlung einer Prämie eine festgelegte Zinsuntergrenze (Strike) garantiert. Fällt der Marktzins an den einzelnen Zinsfestlegungszeitpunkten für die nächste Zinsperiode unter diese Grenze, so zahlt der Floor-Verkäufer automatisch den Differenzbetrag.

Floor-Floater
Variabel verzinsliche Anleihen mit einer Mindestmarke für die Verzinsung. Sollte der Referenzzinzsatz diese Mindestmarke unterschreiten, werden dem Anleger Zinszahlungen in Höhe des Mindestsatzes garantiert.

Forfaitierung
Die Forfaitierung stellt eine Finanzierungsmaßnahme – besonders im Außenhandel – dar, bei der ein Unternehmen kurz- und mittelfristige Forderungen an ein Finanzierungsinstitut verkauft. Ein Rückgriffsrecht wird dabei ausgeschlossen. Im Gegensatz zum Factoring werden bei der Forfaitierung keine Dienstleistungen übernommen.

Forward
Unter einem Forward (= nicht standardisiertes, nicht börsengehandeltes Termingeschäft, outright-Geschäft) versteht man eine bindende Verpflichtung, ein in Qualität und Menge feststehendes Gut (Basiswert) an einem vereinbarten Zeitpunkt zu einem vereinbarten Preis zu liefern (Verkauf) oder abzunehmen (Kauf). Der vereinbarte Preis ist der Terminkurs. Die Vertragsbedingungen werden individuell vereinbart. Zins- und Währungstermingeschäfte sind häufig Forwards.

Forward Rate
Zinssatz, der in einer zukünftigen Periode Gültigkeit hat. Die Forward Rates können unter Arbitrageüberlegungen aus den Zinsstrukturkurven für Spot-Rates errechnet werden. Die Forward Rates mit unterschiedlichen Startterminen werden in einer Forward Yield Curve dargestellt. Die Ermittlung von Forward Rates ist bei allen Termingeschäften notwendig, bei denen mit zukünftigen Verzinsungen zu kalkulieren ist (z.B. Swaps, Forward Rate Agreements).

Forward Rate Agreement
Nicht standardisierter (außerbörslicher) Zinsterminkontrakt, bei dem der Käufer (Verkäufer) die Differenz zwischen dem nach Ablauf der Vorperiode geltenden Marktzins und dem Kontraktzins auf einen nur der Berechnung dienenden Kapitalbetrag erhält (leistet). Der diskontierte Ausgleichsbetrag fließt üblicherweise zu Beginn der Zinsperiode.

Frankfurter Wertpapierbörse (FWB)

Entstand im 16. Jh. aus der Frankfurter Messe. Die FWB war lange Zeit die führende deutsche Wertpapierbörse, bis nach dem Krieg 1870/71 Berlin das Übergewicht bekam. Nach dem 2. Weltkrieg löste die FWB wieder die Berliner Börse ab. Die FWB dient dem Abschluss von Handelsgeschäften in Wertpapieren, Zahlungsmitteln aller Art, Rechnungseinheiten und Edelmetallen. Träger der Börse ist die Deutsche Börse AG. Die Aufsicht der FWB liegt bei der zuständigen obersten Landesbehörde des Landes Hessen (Börsenaufsichtsbehörde).

Free Float (Streubesitz)

Anteil der frei handelbaren Aktien eines Unternehmens, die im Besitz vieler Aktionäre sind. Zum Streubesitz zählen alle Aktien, die nicht von Großaktionären gehalten werden, also vom breiten Publikum erworben und gehandelt werden können. In der Regel werden Aktienpakte zum Free Float gerechnet, wenn sie weniger als 5 % des gesamten Aktienkapitals ausmachen. Bei einem größeren Anteilsbesitz vermutet man ein langfristiges strategisches Interesse des Investors. Je höher der Streubesitzanteil ist, desto höher ist in der Regel die Handelbarkeit einer Aktie. Seit Juni 2002 werden die Werte in den Aktienindizes der Deutschen Börse AG (DAX, MDAX usw.) nach Börsenumsatz und Marktkapitalisierung auf Basis des Streubesitzes gewichtet.

Freiverkehr

Nicht amtliches deutsches Marktsegment, in dem neben einigen deutschen Aktien überwiegend ausländische Aktien und Optionsscheine gehandelt werden. Der Freiverkehr wurde am 1. Mai 1987 durch den Zusammenschluss der beiden Marktsegmente »geregelter Freiverkehr« und »ungeregelter Freiverkehr« gegründet. Mit rund 5.000 gelisteten Titeln ist dieses Marktsegment das größte an der FWB Frankfurter Wertpapierbörse. Die Zulassungsvoraussetzungen zum Freiverkehr sind weitaus geringer als im Amtlichen Markt oder im Geregelten Markt. So sind z.B. Unternehmen im Freiverkehr von der Ad-hoc-Publizitätspflicht befreit und haben auch sonst keine Folgepflichten. Grundlage für die Zulassung von Wertpapieren zum Freiverkehr bilden die Freiverkehrsrichtlinien der Deutsche Börse AG. Freimakler ermitteln die Preise für die im Freiverkehr notierten Unternehmen.

Fremdfinanzierung

Unter einer Fremdfinanzierung versteht man die Finanzierung eines Projektes bzw. Unternehmens mit Fremdkapital. Fremdkapitalgeber haben den Status eines Gläubigers. Wenn Fremdfinanzierung von außerhalb des Unternehmens in Anspruch genommen wird, so erfolgt dies meist in Form der Kreditaufnahme.

Fremdkapital

Als Fremdkapital bezeichnet man die auf der Passivseite der Bilanz ausgewiesenen Schulden eines Unternehmens. Fremdkapital wird einem Unternehmen von Gläubigern zur Verfügung gestellt (Verbindlichkeiten) oder es stellt potenzielle Zahlungsverpflichtungen des Unternehmens dar, deren Höhe oder Zeitpunkt noch nicht exakt bekannt sind (Rückstellungen).

Fremdkapitalkostensatz

Die von den Fremdkapitalgebern geforderte Verzinsung auf den Marktwert ihres im Unternehmen gebundenen Kapitals. Aus Sicht des Unternehmens vermindern sich diese Kosten um die ersparten Steuern aufgrund der steuerlichen Abzugsfähigkeit der Fremdkapitalzinsen (Tax Shield).

Front-Running

Spezielle Art des Insiderhandels. Als Front-Running bezeichnet man den Kauf von Wertpapieren durch Anlageberater, Analysten oder Börsenhändler, bevor sie diese ihren Kunden zum Kauf empfehlen. Front-Running ist auch gegeben, wenn Bankmitarbeiter Kundenorders erst ausführen, nachdem sie selbst Wertpapiere auf eigene Rechnung gekauft oder verkauft haben. Das Front-Running ist nach dem Wertpapierhandelsgesetz verboten.

Fungibel

Fungibel bedeutet vertretbar. Fungibilien sind Sachen, die nach Maß, Zahl oder Gewicht bestimmbar und daher auswechselbar sind. An den Börsen können nur fungible Waren oder Werte gehandelt werden, d.h. sie sind untereinander vertretbar, gegenseitig austauschbar, z.B. Geldscheine; ein 50-€-Schein ist gegen jeden anderen austauschbar. So können z.B. auch Forderungen durch Typisierung und Verbriefung fungibel gemacht werden (s. Securitization).

Fusion

Verschmelzung von zwei oder mehr Unternehmen mit oder ohne vorherigen Anteilserwerb. Ziele einer Fusion können eine Realisierung von Synergien (Economies of Scale and Scope), die Sicherung von Beschaffungs- und/oder Absatzmärkten, die Ausweitung der Produktpalette oder auch steuerliche Gründe sein. Gegenüber der Akquisition ermöglicht ein Merger auch den Zusammenschluss von gleichberechtigten Partnern (»Merger of Equals«) und die Zahlung von Kontrollprämien kann vermieden werden. Die Fusion kann durch Unternehmensneugründung oder durch Aufnahme erfolgen. Eine Verschmelzung durch Aufnahme kann sowohl auf Basis der Regelungen im Umwandlungsgesetz als auch der Regelungen im Aktiengesetz erfolgen: Verschmelzung gemäß Umwandlungsgesetz (Verschmelzung durch Aufnahme): Gemäß § 2 Abs.1 UmwG ist eine Verschmelzung durch einen Rechtsträger als Ganzes auf einen anderen Gesellschaftsträger gegen Gewährung von Anteilen oder Mitgliedschaftsrechten an dem übernehmenden Rechtsträger möglich. Verschmelzung gemäß Aktiengesetz (Kapitalerhöhung mit Sacheinlage): Das börsennotierte Unternehmen kann auch mit Hilfe einer Erhöhung seines Grundkapitals gegen Sacheinlage (gemäß § 183 AktG) das Vermögen des anderen Unternehmens übernehmen. Auch eine Barkapitalerhöhung mit Zuzahlung in Form der Sacheinlage ist möglich. Um die Ausgabe neuer Aktien an die Altaktionäre zu vermeiden, sollte gemäß § 186 AktG ein Ausschluss des gesetzlichen Bezugsrechts der Aktionäre der börsennotierten Gesellschaft erfolgen.

Future

Der Future ist ein standardisiertes, börsennotiertes Termingeschäft. Er stellt eine verbindliche Vereinbarung zwischen zwei Partnern dar, eine bestimmte Menge eines zugrunde liegenden Objektes bei Fälligkeit des Kontrakts zu einem im Voraus vereinbarten Preis zu kaufen und abzunehmen – wenn der Future gekauft wurde – oder zu verkaufen und zu liefern – wenn der Future verkauft wurde. Zugrunde liegende Basisinstrumente können Geld- oder Kapitalmarktpapiere, Einlagen, synthetische Konstruktionen, Währungen, Indizes oder Commodities sein. Häufig ist bei derartigen Kontrakten (beispielsweise Terminkontrakten auf Basis von Aktienindizes) zur Erfüllung der bestehenden Verpflichtung (anstelle einer körperlichen Wertpapierlieferung oder -abnahme) eine Ausgleichszahlung (Cash Settlement) zu leisten. Die Preisbildung von Futures kann durch Cost of Carry erklärt werden.

Geldmarkt

Markt für kurzfristige Kredite und Guthaben. Über den Geldmarkt können Banken oder große Industrieunternehmen Kredite mit einer Laufzeit bis zu zwölf Monaten aufnehmen. Dies sichert die Liquidität der Banken und der Wirtschaft. Je nach Laufzeit unterscheidet man zwischen Tagesgeld (»Overnight Money«, bis 24 Stunden), tägliches Geld (»day to day money«, täglich kündbar), Monatsgeld, Dreimonatsgeld und anderen Formen. Teilnehmer am Geldmarkt sind die Bundesbank, Banken und große Industrieunternehmen.

General Standard

Listing-Segment der Deutschen Börse AG für Unternehmen, welche die vom deutschen Gesetzgeber vorgeschriebenen Transparenzstandards erfüllen. Die Zulassung zum General Standard bedarf keiner Mitwirkung der Emittenten und erfolgt automatisch mit einem Listing im Amtlichen Markt oder Geregelten Markt.

Genussschein

Wertpapier, das im Unterschied zur Aktie keine Mitgliedschaftsrechte, sondern Rechte am Reingewinn oder am Liquidationserlös einer AG verbrieft. Voraussetzung für die wirksame Verbriefung ist ein Hauptversammlungsbeschluss mit qualifizierter Mehrheit. Genussscheininhaber haben nicht das Recht zur Teilnahme an der Hauptversammlung. Die verbrieften Rechte können wesentliche Unterschiede aufweisen. So gibt es Genussscheine mit fester oder ergebnisabhängiger Ausschüttung und solche mit Wandelrecht.

Geregelter Markt

Öffentlich-rechtliches Segment des deutschen Wertpapiermarktes. Der Geregelte Markt wurde am 1. Mai 1987 eröffnet. Er ist ein »organisierter Markt« im Sinne von § 2 Abs. 5 des Wertpapierhandelsgesetzes (das heißt, die Teilnahmebedingungen sind gesetzlich geregelt) und steht unter Aufsicht des Börsenrats. Im Geregelten Markt gelten weniger strenge Zulassungsbedingungen und niedrigere Zulassungsgebühren als im Amtlichen Markt. Vor allem kleinen und mittleren Unternehmen, welche die strengen Anforderungen des Amtlichen Marktes nicht erfüllen, ihren Kapitalbedarf aber nicht über den privatrechtlichen Freiverkehr befriedigen können, dient der Geregelte Markt als Einstiegssegment und Vorstufe zum Amtlichen Markt. Vor der Aufnahme des Handels muss ein Emittent ein öffentlich-rechtliches Zulassungsverfahren durchlaufen: Zusammen mit mindestens einem Kreditinstitut, einem Finanzdienstleister oder einem Unternehmen, das nach § 53 Abs. 1, Satz 1 oder § 53b Abs. 1, Satz 1 des Gesetzes über Kreditwesen tätig ist, muss er einen Antrag bei der Zulassungsstelle der jeweiligen Börse einreichen. Ist das Unternehmen bereits an einer deutschen Börse zum Geregelten Markt zugelassen, so kann die Zulassung bei einer weiteren Börse ohne ein begleitendes Institut beantragt werden. Die rechtlichen Grundlagen für die Zulassung sind im Börsengesetz, in der Börsenordnung der FWB Frankfurter Wertpapierbörse und in der Verkaufsprospekt-Verordnung geregelt. Die Kurse im Geregelten Markt werden unter Aufsicht der Börsengeschäftsführung von besonders beauftragten freien Maklern festgestellt. Sie werden nach den Regeln der amtlichen Kursfeststellung ermittelt, aber nicht amtlich notiert. Meist kommt es im Geregelten Markt zur Feststellung von Einheitskursen.

Gesamtkapital

Bildet als Summe aus Eigenkapital und Fremdkapital die Passivseite der Bilanz. Das Gesamtkapital bildet gleichzeitig auch die bilanziell bewertete Summe aller Vermögensgegenstände ab, da es wertmäßig der Vermögensseite (Aktivseite) der Bilanz entspricht.

Geschäftswert (Firmenwert)

Der Geschäftswert drückt den Mehrwert aus, den ein Unternehmen als Ganzes gegenüber der Summe der gemeinen Werte seiner einzelnen Wirtschaftsgüter (Vermögen und Schulden) hat. Im Rahmen einer Unternehmensbewertung ergibt sich der Geschäftswert aus der Differenz zwischen einer erfolgsorientierten Bewertung und dem Buchwert des Eigenkapitals. Unterschieden wird zwischen dem originären und dem derivativen Geschäftswert. Während der originäre Geschäftswert durch die erfolgreiche Tätigkeit der Unternehmung im Zeitablauf selbst geschaffen wird, entsteht der derivative Geschäftswert durch Erwerb gegen Entgelt. Der originäre Geschäftswert ist handels- und steuerrechtlich nicht aktiviert werden. Dagegen ist der derivative Geschäftswert gem. § 255 (4) HGB handelsrechtlich aktivierungsfähig und dann entweder in jedem folgenden Geschäftsjahr zu mindestens einem Viertel durch Abschreibungen zu tilgen, oder planmäßig über die Jahre der voraussichtlichen Nutzung abzuschreiben. Steuerrechtlich besteht für den derivativen Geschäftswert gem. § 6 Abs. 1 EStG ein Aktivierungsgebot.

Gewerbesteuer

Die Gewerbesteuer ist eine Gemeindesteuer, d.h. es handelt sich um eine Steuer, deren Aufkommen laut Grundgesetz (Artikel 106, Abs. 6) den Gemeinden zusteht. Deren Notwendigkeit und Verfassungsmäßigkeit ist jedoch strittig. Die Gewerbesteuer ist nach wie vor die wichtigste Einnahmequelle der Gemeinden und stellt damit ein wesentliches Fundament des kommunalen Finanzsystems dar. Der Gewerbesteuer unterliegt jeder Gewerbebetrieb, soweit er im Inland geführt wird. Unter Gewerbebetrieb ist ein gewerbliches Unternehmen im Sinne des Einkommensteuerrechts zu verstehen. Die Ausübung von Land- und Forstwirtschaft, eines freien Berufs oder eine andere selbstständige Arbeit unterliegt nicht der Gewerbesteuer. Bei der Gewerbesteuer handelt es sich um eine Real- oder Objektsteuer. Es soll demnach nicht das Unternehmen in seiner individuellen Ausformung besteuert werden, sondern die objektive Ertragskraft des Betriebes. Dies bedingt eine Reihe von Hinzurechnungen (zum Beispiel Dauerschulden) und Kürzungen (zum Beispiel der Einheitswert der Betriebsgrundstücke) zu dem tatsächlichen Gewinn und Kapital des Gewerbebetriebes, die sich historisch entwickelt haben. Besteuerungsgrundlage ist der Gewerbeertrag. Das ist der nach den Vorschriften des Einkommensteuergesetzes bzw. des Körperschaftsteuergesetzes zu ermittelnde Gewinn des Gewerbebetriebs, vermehrt und vermindert um bestimmte Beträge. Da die Gewerbesteuer als Betriebsausgabe vom Gewinn abgesetzt werden kann, wird der Gewerbeertrag um diesen Betrag gekürzt, daraus resultiert der tatsächliche Nettobetrag in Höhe von: Steuermessbetrag nach dem Gewerbeertrag · Hebesatz/(1+Hebesatz · Steuermessbetrag nach dem Gewerbeertrag).

Gewinnausschüttung

Auszahlung von Gewinnanteilen an die Anteilseigner (Aktionäre oder Gesellschafter) von Kapitalgesellschaften. Bei Personengesellschaften wird diese als Entnahme bezeichnet. Die Gewinnausschüttung erfolgt nach dem Beschluss über die Gewinnverwendung (Gewinnthesaurierung oder Gewinnausschüttung) durch die zuständigen Organe der Kapitalgesellschaft und nach Erfüllung der gesetzlichen oder statuarisch erforderlichen Leistungen, sowie der Zahlung von Körperschaftsteuer. Die Gewinnausschüttung der Aktiengesellschaft heißt Dividende.

Gläubiger

Gläubiger ist, wer aufgrund eines Schuldverhältnisses vom Schuldner eine Leistung fordern kann. Bei Darlehen ist der Darlehensgeber der Gläubiger, bei der Schuldverschreibung der Eigentümer des Wertpapiers.

Gewinnrücklage

Rücklage gem. § 272 (3) HGB, die im abgelaufenen oder einem früheren Geschäftsjahr aus dem Ergebnis gebildet worden ist. Gewinnrücklagen werden (mit Ausnahme der Sonderposten mit Rücklageanteil) somit aus thesaurierten Gewinnen (Gewinnthesaurierung) nach Abzug von Einkommen- und Gewerbesteuer gebildet.

Gewinn-und-Verlustrechnung (GuV)

Die GuV ist eine Gegenüberstellung von Aufwendungen und Erträgen zur Ermittlung des Unternehmensergebnisses und der Darstellung seiner Quellen. Sie ist Pflichtbestandteil des Jahresabschlusses von Kaufleuten (§ 242 III HGB). Die GuV ist klar und übersichtlich zu gliedern, um einen Einblick in die Ertragslage der Unternehmung zu gewährleisten. Eine Saldierung von Aufwendungen und Erträgen ist deshalb grundsätzlich unzulässig (Verrechnungsverbot). Die GuV kann in Konto- oder Staffelform aufgestellt werden. Wegen der größeren Übersichtlichkeit ist für Kapitalgesellschaften die Staffelform zwingend vorgeschrieben (§ 275 I HGB). Die einmal gewählte Darstellungsform ist grundsätzlich ebenso beizubehalten wie die Postenbezeichnung und Postenfolge, soweit sie bei Einzelunternehmen und Personengesellschaften frei wählbar sind (Grundsatz der formellen Bilanzkontinuität bzw. Stetigkeit), damit die Vergleichbarkeit der GuV gewährleistet ist.

Gezeichnetes Kapital

Das gezeichnete Kapital ist gem. § 272 (1) HGB das Kapital, auf das die Haftung der Gesellschafter für die Verbindlichkeiten der Kapitalgesellschaft gegenüber den Gläubigern beschränkt ist. Soweit ausstehende Einlagen auf das gezeichnete Kapital existieren, sind diese entweder auf der Aktivseite der Bilanz vor dem Anlagevermögen gesondert auszuweisen oder getrennt vom gezeichneten Kapital abzusetzen.

Girosammelverwahrung

Bei der Girosammelverwahrung werden Wertpapiere getrennt nach Gattungen bei der Wertpapiersammelbank (in Deutschland Clearstream Banking AG, Frankfurt) verwahrt. Der Depotkunde ist Miteigentümer am Sammelbestand der betreffenden Wertpapiergattung.

Global Sourcing

Internationale Beschaffung der Produktionsfaktoren unter Kosten- sowie Qualitätsaspekten. Basierend auf der Transaktionskostentheorie. Zunehmend im Handel verbreitete Beschaffungsstrategie, wobei ähnliche Probleme wie beim Just in time (z. B. ökologische Belastung durch zunehmenden Warenverkehr) auftreten. Die übrigen Kriterien zur Auswahl von Lieferanten (z. B. Zuverlässigkeit, Lieferbereitschaft, Warenqualität) werden aus Kostenerwägungen häufig vernachlässigt. Das Global Sourcing verstärkt häufig Währungsrisiken, bewirkt höhere Transportkostenzölle und die Verlängerung von Beschaffungszeiten.

Globalurkunde

Sammelurkunden für Wertpapiere, insbesondere für Anleihen und Aktien. Globalurkunden dienen der Vereinfachung der Verwahrung und Verwaltung von Wertpapieren. Bei Neuemissionen werden bis zur Einlieferung der Einzelurkunden beim Deutsche Börse Clearing oftmals Globalurkunden eingereicht, um sofort mit dem Börsenhandel beginnen zu können.

Going-public

Umwandlung einer Personengesellschaft in eine Aktiengesellschaft (AG) mit gleichzeitiger Einführung der Aktien an der Börse bzw. Zulassung von Aktien einer AG, die bisher nicht an einer Börse notiert waren. Motive für den Gang an die Börse können neben der dauerhaften Erschließung des Kapitalmarktes als Finanzierungsquelle auch Publizitäts- und Imageeffekte, steuerliche Überlegungen sowie eine höhere Motivation der Mitarbeiter (durch Ausgabe von Belegschaftsaktien oder Aktienoptionen) sein.

Greenshoe

Terminus für eine Mehrzuteilungsoption, benannt nach dem amerikanischen Unternehmen Greenshoe Inc., bei dem dieses Verfahren erstmals angewendet wurde. Der Greenshoe räumt einem Emissionskonsortium im Rahmen eines Bookbuilding-Verfahrens ggf. die Möglichkeit ein – über das ursprünglich anvisierte Emissionsvolumen hinaus – ein bestimmtes Volumen an Mehrzuteilungen zu den ursprünglichen Konditionen am Markt zu platzieren. Die Aktien für die Mehrzuteilung stammen in der Regel aus einer Wertpapierleihe der Altaktionäre. Durch die Mehrzuteilung geht die Emissionsbank eine Short-Position ein. Bei einer positiven Kursentwicklung deckt sie die Short-Position durch Ausübung einer Call-Option gegenüber den Altaktionären oder gegenüber der Gesellschaft (bedingte Kapitalerhöhung). Die Mehrzuteilung verbleibt in diesem Fall im Markt. Bei einem Absinken des Börsenkurses unter den Emissionskurs deckt die Bank die Short-Position durch einen Rückkauf der Aktien über die Börse. Die Call-Option wird in diesem Fall nicht ausgeübt. Die Laufzeit des Greenshoe bzw. der Call-Option beträgt in der Regel 4 Wochen nach Aufnahme der Börsennotierung. Der Greenshoe ermöglicht damit sowohl eine flexible Steuerung des Emissionsvolumes als auch eine Stabilisierung des Börsenkurses.

Grundkapital

Der mit Nennwert bezeichnete Teil des Eigenkapitals. Es entspricht der Höhe nach dem Nennwert aller ausgegebenen Aktien. Die gesetzliche Mindesthöhe des Grundkapitals einer Aktiengesellschaft ist 50.000 Euro. Es ist bei Gründung der Gesellschaft zwingend auszuweisen. In der Bilanz ist das Grundkapital als gezeichnetes Kapital auf der Passivseite auszuweisen (§ 152 AktG; § 266 HGB). Das Grundkapital kann nicht durch Gewinn oder Verlust verändert werden. Das Grundkapital ist nicht identisch mit dem tatsächlichen Vermögen der AG. Seine Aufgabe besteht darin, zum Schutz der Gläubiger, eine finanzielle Mindestausstattung zu gewährleisten. Entsprechend enthält das AktG zahlreiche Vorschriften zur Erhaltung des Grundkapitals.

Grundschuld

Die Grundschuld ist eine dingliche Belastung eines Grundstücks, einer Eigentumswohnung oder des gewerblichen Teileigentums. Die Eintragung erfolgt in dem dazugehörigen Grundbuch. Die Eintragung genießt öffentlichen Glauben. Sie stellt im Gegensatz zur Hypothek einen alleinigen dinglichen Anspruch dar, der von dem jeweiligen Kreditverhältnis losgelöst zu betrachten ist. Sie kann für sämtliche Finanzierungsformen als Sicherheit herangezogen werden.

Halbeinkünfteverfahren

Beim Halbeinkünfteverfahren werden die Dividenden beim Anteilseigner einer Kapitalgesellschaft nur zur Hälfte in die Bemessungsgrundlage seiner Einkommensteuer einbezogen. Zusammen mit der Körperschaftsteuer von 25 % ergibt dies in etwa eine Steuerbelastung, die einer vollen Besteuerung des ausgeschütteten Gewinns im Rahmen der persönlichen Einkommensteuer des Anteilseigners entspricht. Das Halbeinkünfteverfahren ist mit der Steuerreform 2000 eingeführt worden. Die Einführung wurde mit der besseren internationalen Vergleichbarkeit begründet. Bei dem bis dahin praktizierten Vollanrechnungsverfahren wurde die bereits gezahlte Körperschaftsteuer mit der Einkommensteuer beim Anteilseigner verrechnet. Das bedeutete, dass die Aktionäre die Körperschaftsteuer, die Aktiengesellschaften auf ausgeschüttete Gewinne – als Dividenden – zahlen, in ihrer Steuerrechnung abziehen konnten. Wer Dividenden kassierte, bekam dementsprechend beim Finanzamt eine Gutschrift über die vom Unternehmen entrichtete Körperschaftsteuer. Der Aktionär musste zwar Dividende plus Gutschrift versteuern, konnte aber die Körperschaftsteuer des Unternehmens wie eine Vorauszahlung von seiner eigenen Steuer abziehen.

Handelsregister

Das Handelsregister ist ein auf der Grundlage von §§ 8ff. HGB von Amtsgerichten geführtes öffentliches Verzeichnis über Vollkaufleute (Kaufmann) und bestimmte auf sie bezogene Rechtsverhältnisse sowie Tatsachen, um dem Bedürfnis des Handels nach Sicherheit des Rechtsverkehrs zu entsprechen. Das Handelsregister besteht aus zwei Abteilungen: in Abteilung A erfolgen Eintragungen für Einzelkaufleute, OHG, Kommanditgesellschaften und juristische Personen des öffentlichen Rechts; in Abteilung B für Kapitalgesellschaften. Jede Eintragung wird im Bundesanzeiger und mindestens einem weiteren Blatt veröffentlicht. Einsichtnahme in das Handelsregister ist jedem gebührenfrei gestattet. Eintragungen wie Löschungen haben unterschiedliche Wirkung: beurkundete, rechtsbezeugende Wirkung für Fälle, die bereits unabhängig von der Eintragung eingetreten sind, so z.B. bei Eintragung der Prokura oder eines Musskaufmanns; rechtserzeugende Kraft hat die Eintragung z.B. im Falle der Entstehung der Rechtspersönlichkeit der Aktiengesellschaft. Nach § 5 HGB gilt für Handelsregistereintragungen im rechtsgeschäftlichen Verkehr eine unwiderlegbare Rechtsvermutung. Grundsätzlich gilt für das Handelsregister die sog. negative Publizität, d.h. es gibt keinen Schutz des guten Glaubens an die Richtigkeit eingetragener Tatsachen, sondern nur einen Schutz des guten Glaubens an das Nichtbestehen von nicht eingetragenen Tatsachen. Registergericht ist das Amtsgericht, in dessen Bezirk die Niederlassung des Kaufmanns liegt. Richterliche Aufgaben nimmt grundsätzlich der Rechtspfleger wahr.

Hauptversammlung (HV)

Die HV ist ein Organ der Aktiengesellschaft (AG) oder der Kommanditgesellschaft auf Aktien (KGaA). Sie ist die Versammlung der Aktionäre, in der diese ihre Rechte ausüben. Die Aufgaben und der Ablauf von Hauptversammlungen sind im Aktiengesetz festgehalten.

Hausse

Eine Hausse steht für steigende Kurse an den Wertpapierbörsen; dies geht meist einher mit wirtschaftlichem Aufschwung und Hochkonjunktur. Ihr Symbol ist der Bulle. Das Gegenteil der Hausse ist die Baisse.

Haussier

Ein Haussier ist ein Börsianer, der auf ein Steigen der Kurse »à la hausse« spekuliert.

Hedge-Funds

Ursprünglich war das Absichern (Hedging) von Aktien-Portfolios durch das Eingehen von Short-Positionen (über Leerverkäufe) das Ziel von Hedge-Funds. Heute kommen neben dem reinen Stockpicking auch Arbitrage-Strategien, marktneutrale Ansätze und trendorientierte Strategien zur Anwendung. Hedge-Funds sind daher ein Oberbegriff für viele unterschiedliche Handelsstrategien, die darauf ausgerichtet sind, weltweit alle verfügbaren Finanzinstrumente einzusetzen, mit dem Ziel Ineffizienzen von Märkten auszunutzen.

Hedging

Instrument des Risikomanagements zur teilweisen oder vollständigen Ausschaltung eines gegebenen Risikos durch Eingehen eines kompensatorischen Risikos. Die sich hierdurch ergebende Gesamtposition ist dann entsprechend ganz oder teilweise ausgeglichen. Hedging ist überall dort anwendbar, wo die Möglichkeit zum Aufbau einer Gegenposition besteht. Finanzwirtschaftlich ist Hedging im Zusammenhang mit der Abdeckung von Zins-, Kurs- und Wechselkursrisiken relevant. Zur teilweisen oder vollständigen Ausschaltung von Wechselkursrisiken ist Hedging in verschiedenen Formen möglich: Forward Market Hedge, Future Market Hedge, Money Market Hedge und Option Market Hedge.

Herstellungskosten

Die Herstellungskosten sind ein bilanzieller Begriff des Handels- und Steuerrechts, sie sind Maßstab für die Bewertung von Vermögensgegenständen (handelsrechtlich) bzw. Wirtschaftsgütern (steuerrechtlich), die ganz oder teilweise im eigenen Betrieb erstellt worden sind. Handelsrecht: Nach § 255 II HGB sind Herstellungskosten Aufwendungen, die durch den Verbrauch von Gütern und die Inanspruchnahme von Diensten für die Herstellung eines Vermögensgegenstandes, seine Erweiterung oder für eine über seinen ursprünglichen Zustand hinausgehende wesentliche Verbesserung entstehen. Dazu gehören die Materialkosten, die Fertigungskosten und die Sonderkosten der Fertigung. Steuerrecht: Steuerlich sind Herstellungskosten nach R 33 EStR definiert als »Aufwendungen«, die durch den Verbrauch von Gütern und die Inanspruchnahme von Diensten für die Herstellung eines Erzeugnisses entstehen. Dazu gehören auch alle Aufwendungen, die entstehen, um ein vorhandenes Wirtschaftsgut wesentlich zu ändern, zu verbessern oder zu erweitern. Die Herstellungskosten setzen sich demnach zusammen aus den Materialkosten einschl. der notwendigen Materialgemeinkosten und den Fertigungskosten (insbes. den Fertigungslöhnen) einschl. der notwendigen Fertigungsgemeinkosten und der Sonderkosten der Fertigung. Dazu gehört auch der Werteverzehr des Anlagevermögens (Absetzung für Abnutzung (AfA), soweit er der Fertigung der Erzeugnisse gedient hat.

HGB

Handelsgesetzbuch in Deutschland. Es enthält ein Sonderrecht für Kaufleute und wird angewandt für Rechtsgeschäfte, bei denen mindestens ein Vertragspartner Kaufmann ist.

Historische Volatilität

Die historische Volatilität bezeichnet die Varianz oder Standardabweichung der Schwankungsintensität eines Preises bzw. Kurses eines Basisobjekts oder Finanzinstruments für einen zurückliegenden Zeitraum. Der Indikator wird auch zur Prognose der möglichen künftigen Volatilität eines Kurses oder Preises herangezogen. Alternativ kann die Abschätzung auch mit Hilfe der Implied Volatility erfolgen.

Implied Volatility (Implizierte Volatilität)

Die implizierte Volatilität stellt die antizipierte Kursveränderungsrate des Underlying einer Option über die Restlaufzeit dieser Option dar. Unterstellt wird bei diesem Ansatz, dass die vom Markt erkannten Optionspreise den theoretischen Optionspreisen entsprechen. Die implizierte Volatilität wird errechnet, indem der Marktpreis bzw. Kurs einer Option als »fair value« in ein Optionspreismodell eingesetzt und dieses nach der Volatilität aufgelöst wird.

Inhaberpapier

Als Inhaberpapier bezeichnet man ein Wertpapier, dessen Rechte (Zinsen, Rückzahlung) allein an den Besitz des Papieres und nicht an eine (namentlich) bestimmte Person gebunden sind: in Deutschland die häufigste Form des Wertpapiers. Inhaberpapiere können formlos verkauft, verschenkt oder vererbt werden. Ein Nachweis der Verfügungsberechtigung ist nicht erforderlich. Die Handhabung macht Inhaberpapiere besonders geeignet für den Börsenhandel.

Inhaberschuldverschreibung

Geläufigste Form der Verbriefung von Wertpapieren. Inhaberschuldverschreibungen berechtigen den Inhaber der Urkunde, die durch diese verbrieften Rechte vom Schuldner zu fordern. Die Übertragung der Forderung erfolgt durch Übergabe des Wertpapiers.

Initial Public Offering (IPO)

Deutsch: «Erstes öffentliches Angebot«, speziell: Erstinanspruchnahme des inländischen Aktienmarktes im Wege einer Kapitalerhöhung oder Umplatzierung, d.h., es werden erstmalig Aktien eines Unternehmens interessierten Anlegern zum Kauf angeboten. Mit einem IPO ist im Allgemeinen eine Börsenzulassung des Aktienkapitals und die Aufnahme der Börsennotierung verbunden. Falls die angebotenen Aktien aus einer Kapitalerhöhung stammen, bedeutet ein IPO die Beschaffung von Eigenkapital von außen durch Nutzung der Aktie als Finanzierungsinstrument. Erwünschte Nebeneffekte sind ein höherer

Bekanntheitsgrad des Unternehmens und bessere Möglichkeiten zur Steigerung der Motivation der Mitarbeiter (bei Ausgabe von Belegschaftsaktien und/oder Aktienoptionen).

Inkubator

Als Inkubator bezeichnet man ein einganzheitliches Dienstleistungszentrum für die Umsetzung von Geschäftsideen. Mit dem Inkubationsprinzip (Brutkastenprinzip) wird die Gründung eines jungen Unternehmens aus einer Hand realisiert. Von den Inkubatoren werden neben der Bereitstellung von Startkapital auch weitere vielfältige Gründungsleistungen und damit die für eine Unternehmensgründung notwendigen Ressourcen unter einem Dach zur Verfügung gestellt. Inkubatoren werden häufig von staatlichen Stellen gefördert (»Technologiezentrum«).

Innenfinanzierung

Bezeichnung aller Maßnahmen zur Kapitalbeschaffung innerhalb des Unternehmens: Selbstfinanzierung (siehe Eigenfinanzierung), Abschreibungsfinanzierung, Rückstellungsfinanzierung (siehe Fremdfinanzierung), sowie ggf. der Finanzierung durch Kapitalfreisetzung. Das begriffliche Gegenteil bildet die Außenfinanzierung. Das Innenfinanzierungsvolumen bezeichnet den Betrag der liquiden Mittel, die dem Unternehmen in einer Periode durch die Innenfinanzierung für Investitionen zur Verfügung stehen.

Insider

Als Insider gilt gemäß § 13 und § 14 des Wertpapierhandelsgesetzes (WpHG) jede Person, die als Mitglied des Geschäftsführungs- oder Aufsichtsorgans oder als persönlich haftender Gesellschafter des Emittenten oder eines mit dem Emittenten verbundenen Unternehmens, aufgrund seiner Beteiligung am Kapital des Emittenten oder eines mit dem Emittenten verbundenen Unternehmens, oder· aufgrund seines Berufs oder seiner Tätigkeit oder seiner Aufgabe bestimmungsgemäß Kenntnis von einer Insider-Tatsache hat. Eine Insider-Tatsache ist jede nicht öffentlich bekannte Tatsache, die sich auf einen oder mehrere Emittenten von Insider-Papieren oder auf Insider-Papiere selbst bezieht und deren Veröffentlichung den Kurs der Insider-Papiere erheblich beeinflussen könnte. Durch missbräuchliche Nutzung des Informationsvorsprunges könnte sich der Insider Vorteile gegenüber anderen Marktteilnehmern verschaffen; deshalb bestimmt das WpHG ein Insider-Handelsverbot. Ein Verstoß gegen dieses Verbot kann mit einer Haftstrafe von bis zu fünf Jahren oder einer Geldbuße geahndet werden. Das WpHG differenziert zwischen Personen mit unmittelbarem Zugang zu Insider-Informationen (Primär-Insider) und Personen, die indirekt Kenntnis von Insider-Tatsachen erlangt haben (Sekundär-Insider). Der börsliche und außerbörsliche Handel mit Insider-Papieren wird laufend von der Bundesanstalt für Finanzdienstleistungsaufsicht (BAFin) überwacht.

Insiderpapiere

sind Wertpapiere, die an einer inländischen Börse zum Handel zugelassen oder in den Freiverkehr einbezogen sind, oder in einem anderen Mitgliedstaat der Europäischen Gemeinschaften oder einem anderen Vertragsstaat des Abkommens über den Europäischen Wirtschaftsraum zum Handel an einem Markt im Sinne des § 2 Abs. 1 WpHG zugelassen sind. Der Zulassung zum Handel an einem Markt oder der Einbeziehung in den Freiverkehr steht gleich, wenn der Antrag auf Zulassung oder Einbeziehung gestellt oder öffentlich angekündigt ist. Als Insiderpapiere gelten auch Rechte auf Zeichnung, Erwerb oder Veräußerung von Wertpapieren; Rechte auf Zahlung eines Differenzbetrages, der sich aus der Wertentwicklung von Wertpapieren bemisst; Terminkontrakte auf einen Aktien- oder Rentenindex sowie Rechte auf die Zeichnung, Erwerb oder Veräußerung von Finanzterminkontrakten, die Wertpapiere zum Gegenstand haben oder sich auf einen Index beziehen, in den Wertpapiere einbezogen sind oder sonstige Terminkontrakte, die zum Erwerb oder zur Veräußerung von Wertpapieren verpflichten. Einzelheiten sind gem. § 12 WpHG geregelt.

Insolvenz

Zahlungsunfähigkeit (lat. Insolvenz) beschreibt das auf Mangel an Zahlungsmitteln beruhende Unvermögen eines Schuldners, seine fälligen Verbindlichkeiten zu erfüllen. Zahlungsunfähigkeit ist nach der Insolvenzordnung i.d.R. gegeben, wenn der Schuldner seine Zahlungen eingestellt hat (§ 17 Abs. 2 InsO). Die Zahlungsunfähigkeit ist zusammen mit der Überschuldung allgemeiner Grund für die Eröffnung des Insolvenzverfahrens (§ 16ff. InsO). Die drohende Zahlungsunfähigkeit ist ebenfalls Eröffnungsgrund, falls der Schuldner dies beantragt (§ 18 InsO). Sie ist gegeben, wenn der Schuldner voraussichtlich nicht in der Lage sein wird, die bestehenden Zahlungsverpflichtungen im Zeitpunkt der Fälligkeit zu erfüllen (§ 18 Abs. 2 InsO).

Institutionelle Anleger

Kapitalanleger, die im Rahmen ihrer originären Geschäftstätigkeit Kapitalbeträge an den Finanzmärkten – insbesondere am Kapitalmarkt – investieren. Aufgrund der umfangreichen Kapitalbeträge, die sie (z.B. Investmentfonds, Pensionsfonds, Versicherungen) einsetzen, beeinflussen sie mit ihrer Investitions-, Desinvestitionstätigkeit oder Abstinenz in erheblichem Maße das Geschehen an den Finanzmärkten.

International Accounting Standards (IAS)

Vom International Accounting Standards Committee (IASC) veröffentlichte Richtlinien für die Rechnungslegung von Aktiengesellschaften. Nach einem Beschluss des Europäischen Parlaments werden alle börsennotierten Unternehmen ab 2005 auf die Anwendung der IAS verpflichtet, was indirekt einer Einführung schon ab 2004 gleichkommt, weil ein IAS-Abschluss mit Vorjahreszahlen erstellt werden muss. Maßgebliche Zielsetzung der Rechnungslegung ist die Darlegung entscheidungsorientierter Informationen für einen breiten Kreis von Jahresabschlussinteressenten unter Einhaltung der Rahmengrundsätze »Verständlichkeit«, »Entscheidungsrelevanz«, »Vergleichbarkeit« sowie »Zuverlässigkeit«. So werden z.B. Wertpapiere nach der Mark-to-Market-Methode bewertet und die Bildung stiller Reserven verhindert. Dadurch können Investoren die Vermögenslage eines Unternehmens einfacher beurteilen. Mittlerweile erstellen viele deutsche Unternehmen ihre Jahresabschlüsse zusätzlich nach IAS. Für die Aufnahme eines Unternehmens in den Prime Standard ist die Rechnungslegung nach IAS oder US-GAAP Pflicht.

International Accounting Standards Committee (IASC)

Freiwilliger, privater Zusammenschluss von über 100 mit Rechnungslegungsfragen befassten Berufsverbänden aus 80 Ländern mit dem Ziel, Rechnungslegungsgrundsätze und -regeln, die bei der Aufstellung von Jahresabschlüssen beachtet werden sollen, zu formulieren, zu veröffentlichen und deren weltweite Akzeptanz zu fördern sowie die internationale Harmonisierung von Normen, Rechnungslegungsgrundsätzen und Methoden zur Aufstellung von Jahresabschlüssen voranzubringen.

Interner Zinsfuß

Diskontierungsfaktor, bei dem die Summe aller auf den Bezugszeitpunkt diskontierten Cashflows eines Investitionsprojektes den Anschaffungsauszahlungen entspricht.

Investiertes Vermögen

Summe der Marktwerte von Vermögensgegenständen, die dem eigentlichen Betriebszweck dienen, vermindert um das unverzinsliche Abzugskapital. Eine Steigerung des Unternehmenswertes erfordert, dass die Verzinsung auf das investierte Vermögen mindestens dem durchschnittlichen geforderten Kapitalkostensatz aller Kapitalgeber entspricht.

Investition

Zahlungsstrom, der mit einer Auszahlung beginnt und später Einzahlungen erwarten lässt. Im Regelfall werden die Investitionen eines Unternehmens in der Bilanz (auf der Aktivseite) sichtbar. Ausnahmen sind Investitionen in Forschung und Entwicklung, Humankapital oder immaterielle Werte (Markenname, Bekanntheitsgrad) des Unternehmens.

Investment Banks (Investmentbanken)

Investmentbanken betreiben die Finanzintermediation unter Nutzung des Kapitalmarktes. Die Aktivitäten umfassen die Platzierung und den Handel mit Wertpapieren, die Beratung bei Wertpapieranlagen und Derivaten sowie alle Dienstleistungen im Corporate-Finance- und M&A-Geschäft. Im Gegensatz dazu konzentrieren sich Commercial Banks auf das Einlagen- und Kreditgeschäft. Die Entstehung von Investmentbanken geht auf das US-Trennbankensystem zurück.

Inverse Zinsstruktur

Eine inverse Zinsstruktur ist gegeben, wenn die langfristigen Zinssätze für Kapitalanlagen unterhalb derjenigen für kurzfristige Anlagen liegen. Eine inverse Zinsstruktur zeigt an, dass die Marktteilnehmer deutlich sinkende Zinsen (z. B. aufgrund sinkender Inflationsraten) für festverzinsliche Anlagen mit einer kurzen Laufzeit erwarten. In der Verzinsung von Anlagen mit längeren Laufzeiten spiegeln sich diese Erwartungen schon wider.

Investor Relations (IR)

Kommunikation mit aktuellen und potenziellen Aktionären. Investor-Relations(IR)-Maßnahmen informieren aktuelle und potenzielle Aktionäre über ein Unternehmen. Ziel von IR ist es, Aktionäre langfristig an ein Unternehmen zu binden. Zu den Maßnahmen zählen Roadshows, Analystentreffen, Aktionärszeitschriften, die Gestaltung des Jahresabschlusses, Anzeigenkampagnen, die Erstellung von Unternehmensbroschüren usw.

Jahresabschluss

Handelsbilanz, Gewinn- und Verlustrechnung sowie ggf. Lagebericht bilden gem. § 242 (3) den Jahresabschluss. Er ist für das vergangene Geschäftsjahr gem. § 242 (3) HGB innerhalb der einem ordnungsgemäßen Geschäftsgang entsprechenden Zeit aufzustellen. Der Jahresbericht hat gem. § 264 (2) HGB unter Beachtung der Grundsätze ordnungsmäßiger Buchführung ein den tatsächlichen Verhältnissen entsprechendes Bild der Vermögens-, Finanz- und Ertragslage der Gesellschaft zu vermitteln: Regelung des Inhalts und der Form gem. § 264 (2) HGB, nach Grundsätzen ordnungsmäßiger Buchführung, klar und übersichtlich, vollständig gem. § 246 HGB, Ansatzvorschriften gem. §§ 246 ff. HGB sowie Bewertungsvorschriften gem. §§ 247 ff. HGB sind einzuhalten, um so insgesamt einen möglichst genauen Einblick in die Ertrags- und Vermögenslage der Gesellschaft zu erhalten.

Joint Venture (JV)

Ein JV ist die (meist zeitlich begrenzte) Beteiligung an einem Unternehmen oder auch nur an einem bestimmten Projekt, vielfach durch Kapital (Venture-Kapital-Beteiligung), aber auch durch Produktionsmittel oder unternehmerische Beratung und Betreuung (Know-how). Charakteristisch ist die (Mit-)Übernahme des Risikos für die Realisierungsmöglichkeit. Rechtlich liegt oftmals eine Gesellschaft des bürgerlichen Rechts (GbR) oder eine Stille Gesellschaft vor.

Juristische Person

Personenvereinigung oder Zweckvermögen mit vom Gesetz anerkannter rechtlicher Selbstständigkeit. Die juristische Person ist Träger von Rechten und Pflichten, hat Vermögen, kann als Erbe eingesetzt werden, in eigenem Namen klagen und verklagt werden.

Just in time

Form der Logistik, bei der die Anlieferung von Material fertigungssynchron erfolgt, d. h. Produktionsfaktoren, meist nur Werkstoffe, sollen erst zum Zeitpunkt des Produktionseinsatzes angeliefert werden. Element der Lean Production. Abweichend von der Vorratspolitik durch Lagerhaltung sollen durch eine wechselseitige Anpassung der Lieferanten Lagerkosten eingespart werden. Eine geringere Kapitalbindung ist die Folge. Voraussetzung ist eine entsprechend große Verhandlungsmacht gegenüber den Lieferanten, um Kapazitätsschwankungen, Qualitätsunterschiede sowie Lieferverzögerungen auszuschalten. Lieferverzögerungen durch Verkehrsprobleme erfordern einen hohen Dispositions- und Planungsaufwand. Insbesondere durch die Verlagerung der Lagerbestände auf die Straße und die dadurch verursachten Lieferverzögerungen wird bei Betrieben mit Fließfertigung von der fertigungssynchronen Lieferung wieder abgegangen. Platzsparende Hochregallager können hier kostengünstige Alternativen darstellen.

Kapitalerhöhung

Der Begriff Kapitalerhöhung bezeichnet die Erhöhung des Eigenkapitals einer Unternehmung durch Einlagen- oder Beteiligungsfinanzierung. Bei einer Aktiengesellschaft erhöht der Nennwert der ausgegebenen Aktien das gezeichnete Kapital. Der Rest des Emissionserlöses wird in die Kapitalrücklage eingestellt. Das Aktiengesetz kennt vier verschiedene Arten von Kapitalerhöhungen:

a) Ordentliche Kapitalerhöhungen gem. § 182-191 AktG: Unter einer ordentlichen Kapitalerhöhung, auch Kapitalerhöhung gegen Einlagen genannt, versteht man die Ausgabe junger Aktien gegen Einzahlung von Geld oder Sacheinlagen. Rechtliche Voraussetzungen ihrer Wirksamkeit:
   - Drei Viertel des auf der Hauptversammlung vertretenen Grundkapitals müssen der Kapitalerhöhung zustimmen, ggf. nach Aktiengattungen (-arten) getrennt, jeweils mit Zweidrittel-Mehrheit.
   - Gem. § 182 (4) AktG sollen ausstehende Einlagen vor der Grundkapitalerhöhung eingebracht werden. Für Versicherungsgesellschaften kann die Satzung etwas anderes bestimmen.
   - Gem. § 184 (1) AktG ist der Beschluss zur Grundkapitalerhöhung zur Eintragung in das Handelsregister anzumelden.
   - Gem. § 188 (1) AktG ist die Durchführung des Kapitalerhöhungsbeschlusses zur Eintragung in das Handelsregister anzumelden.
   - Gem. § 189 AktG gilt das Grundkapital der AG erst mit der Eintragung in das Handelsregister als erhöht.

b) Bedingte Kapitalerhöhung gem. § 192-201 AktG: Form der Kapitalerhöhung, die bei der Ausübung von Umtausch- oder Bezugsrechten zur Anwendung kommt. Dies sind gem. § 192 (2) AktG Aktien zur Gewährung von Umtausch- oder Bezugsrechten an Inhaber von Wandelschuldverschreibungen, Gewährung von Rechten zum Aktienbezug an Arbeitnehmer des Unternehmens (Belegschaftsaktien), Aktien zur Vorbereitung eines Unternehmenszusammenschlusses.

c) Kapitalerhöhung aus genehmigtem Kapital gem. § 202-206 AktG: Die Satzung der AG kann den Vorstand der AG für höchstens 5 Jahre ermächtigen, eine Kapitalerhöhung um bis zu 50 % des bestehenden Grundkapitals durchzuführen. Die Ermächtigung für die Satzungsänderung benötigt eine Mehrheit auf der Hauptversammlung, die mindestens 75 % des bei der Beschlussfassung vertretenen Grundkapitals umfasst. Auf Basis eines genehmigten Kapitals kann der Vortand flexibel und schnell Kapitalerhöhungen (z.B. zur Kapitalbeschaffung oder zur Übernahme anderer Unternehmen) durchführen. Allerdings unterliegt der Vorstand bei diesen Transaktionen dann keiner Kontrolle mehr durch die Eigentümer (»Freibrief«).

d) Kapitalerhöhung ohne Beteiligungsfinanzierungseffekt gem. §§ 207-216 AktG. Dieser Vorgang erfolgt durch Passivtausch (Umwandlung von Rücklagen in Grundkapital). Durch diese Kapitalerhöhung fließt dem Unternehmen kein neues Kapital zu, sondern die Aktien werden durch die vermehrte Anzahl der Aktien optisch billiger und besser handelbar. Die neuen Aktien heißen auch Berichtigungsaktien (früher irreführend auch Gratisaktien).

Kapitalflussrechnung

Die Kapitalflussrechnung ist ein Instrument des Rechnungswesens zur Beurteilung der finanziellen Lage eines Unternehmens. In ihr werden Herkunft und Verwendung verschiedener liquiditätswirksamer Mittel (Geld, Güter oder Leistungen) dargestellt. Liquide Mittel sind Bestandteil des betrieblichen Umlaufvermögens. Als liquide Mittel i.e.S. werden Kassenbestände, Bar- und Sichtguthaben bezeichnet, die sofort für finanzielle Transaktionen verfügbar sind. Sie dienen im besonderen Maße der Liquiditätssicherung eines Unternehmens. Liquide Mittel erhält das Unternehmen durch Einzahlungen beispielsweise aus Umsatzerlösen und Liquidationen, aber auch durch Kreditgewährung einer Geschäftsbank. Seit Verabschiedung des KonTraG 1998 ist die Kapitalflussrechnung zum Pflichtbestandteil des Konzernabschlusses geworden.

Kapitalmarkt

Der Kapitalmarkt ist neben dem Geldmarkt und dem Kreditmarkt Teil des Finanzmarktes. Unter dem Kapitalmarkt versteht man den Teilmarkt des Finanzmarktes, auf dem eine längerfristige Kapitalanlage und -aufnahme sowie der Handel mit Wertpapieren erfolgt. Er teilt sich in einen Primärmarkt (Emissionsmarkt), welcher der eigentlichen Kapitalaufnahme durch Ausgabe von Wertpapieren dient, sowie einen Sekundärmarkt (Zirkulationsmarkt), auf dem diese Wertpapiere wieder an andere Kapitalanleger verkauft werden können. Der Handel findet entweder organisiert an der Börse oder nicht-organisiert außerbörslich (engl. Over-the-Counter, OTC) statt. Innerhalb des Segments kann man zwischen Kassa- und Terminmarkt unterscheiden. Termingeschäfte sind dadurch charakterisiert, dass Abschluss und Erfüllung zeitlich auseinanderfallen. Man unterteilt die Kassamärkte grundsätzlich in die Aktienbörsen für den Handel von Aktien (börsennotiertes Eigenkapital) und Rentenmärkte für den Handel von Schuldverschreibungen (börsennotiertes Fremdkapital).

Kapitalkosten /-satz

Der Kapitalkostensatz gibt die von den Kapitalgebern geforderte Verzinsung auf den Marktwert des von ihnen eingebrachten Kapitals an. Er ergibt sich aus dem Renditeanspruch der Eigenkapitalgeber und dem Zinsanspruch der Fremdkapitalgeber, gewichtet mit den jeweiligen Kapitalanteilen am Unternehmenswert. Bei dem Verzinsungsanspruch der Fremdkapitalgeber ist die Steuerersparnis aufgrund der Steuerabzugsfähigkeit der Zinsen zu berücksichtigen (Tax Shield). Der Kapitalkostensatz multipliziert mit dem investierten Vermögen ergibt die mindestens zu erwirtschaftenden Kapitalkosten.

Kapitalwert

Summe der auf einen Bezugszeitpunkt diskontierten Cashflows (abzüglich der Anschaffungsauszahlungen im Bezugszeitpunkt).

Kassageschäft (Kassengeschäft)

Ausdruck für Börsengeschäfte, deren Merkmal eine kurzfristige Erfüllung (Lieferung, Abnahme und Bezahlung) ist. Bei Kassageschäften in Wertpapieren hat z. B. die Zahlung des Kaufpreises bei Lieferung zu erfolgen (Gegensatz: Termingeschäft).

Kassahandel

Börsenhandel, bei welchem sämtliche Geschäfte (Kassageschäfte) mit sofortiger (in Deutschland zweitägiger) Erfüllung am Kassamarkt abgewickelt werden. Im Gegensatz zum Kassahandel erfolgt im Terminhandel die Erfüllung zu einem späteren Zeitpunkt.

Konkurs

Der Begriff Konkurs bezeichnet eine besondere gerichtliche Vollstreckungsmaßnahme zur gleichmäßigen Befriedigung der Gläubiger durch Liquidation des Schuldnervermögens und Verteilung des Erlöses. Der Konkurs war bis Ende 1998 eine Folge der Überschuldung bzw. der Zahlungsunfähigkeit eines Unternehmens. Seit 1.1.1999 ist an die Stelle der Konkursordnung die Insolvenzordnung (siehe Insolvenz) getreten. Während der Konkurs auf die Liquidation des Unternehmens und Verteilung des Erlöses unter den Gläubigern abstellte, kann im Insolvenzverfahren auch versucht werden, in einem Insolvenzplan eine abweichende Regelung insbesondere zum Erhalt des Unternehmens (Fortführung) zu erreichen. Dem redlichen Schuldner wird Gelegenheit gegeben, sich von seinen restlichen Verbindlichkeiten zu befreien (§ 1 InsO).

Konsortium

Bei Bedarf gegründeter Zusammenschluss von Unternehmen zu einer Gesellschaft Bürgerlichen Rechts (§ 705 BGB), wie z. B. das Bankenkonsortium und dessen häufigste Erscheinung, das Emissionskonsortium. Das Konsortium ist eine Außengesellschaft. Die Vertretung gegenüber Dritten erfolgt durch einen zur Geschäftsführung berufenen Konsorten. Basis des Konsortiums ist ein formfreier Konsortialvertrag. Das Konsortium wird i. d. R. mit der Erreichung des gesetzten Ziels aufgelöst.

Kontrolle

In der wissenschaftlichen Literatur und in der Rechtsprechung gibt es keine eindeutige Meinung, wann ein Unternehmen die Kontrolle über ein anderes Unternehmen erlangt. Die EU geht von einem Kontrollverhältnis einer Rechtsperson an einer anderen Rechtsperson aus, wenn direkt oder indirekt die Mehrheit der Stimmrechte oder de facto oder de jure die Entscheidungsmacht ausgeübt werden kann. Das deutsche Wertpapier- und Übernahmegesetz (WpÜG) unterstellt sogar schon, dass bei einer Beteiligung von 30 % an einem anderen Unternehmen die Kontrollschwelle erreicht ist. Bei den Möglichkeiten, Kontrolle über ein anderes Unternehmen zu erreichen, unterscheidet man zwischen den Fusionen (Verschmelzungen oder Mergers) und den Erwerben (Akquisitionen oder Acquisitions).

Konzern

Ein herrschendes und ein oder mehrere abhängige Unternehmen unter einheitlicher Leitung des herrschenden Unternehmens bilden einen Konzern. Die einzelnen Unternehemen sind zwar rechtlich selbstständig, aber sie unterstehen wirtschaftlich einer gemeinsamen Leitung. Konzerne entstehen häufig durch wechselseitige Kapitalbeteiligungen oder Errichtung einer Dachgesellschaft (Holding). Zeigt der Konzern deutliche Marktbeherrschungsabsichten, so spricht man von einem Trust. Man unterscheidet horizontale Konzerne (Unternehmen derselben Produktionsstufe), vertikale Konzerne (Unternehmen verschiedener Produktionsstufen) und diagonale Konzerne (Unternehmen verschiedener Branchen).

Körperschaftsteuer (KSt)

Ertragsteuer auf das Einkommen inländischer juristischer Personen. Steuerpflichtige Körperschaften sind nach § 1 KStG: Kapitalgesellschaften, Erwerbs- und Wirtschaftsgenossenschaften, Versicherungsvereine a. G., gewerbliche Betriebe von juristischen Personen öffentlichen Rechts. Unbeschränkt steuerpflichtig (sämtliche Einkünfte) sind Unternehmen, die ihren Sitz oder Geschäftsleitung in der Bundesrepublik Deutschland haben. Ausländische Körperschaften haben nur das inländische Einkommen zu versteuern (beschränkte Körperschaftsteuerpflicht gem. § 2 KStG). Der Körperschaftsteuertarif beträgt gem. § 23 KStG derzeit 25 % auf thesaurierte und ausgeschüttete Gewinne.

Kurs

Preis von (an der Börse gehandelten) Wertpapieren, Devisen und fungiblen (vertretbaren) Waren. Der Kurs ist als Marktpreis das Ergebnis des im Zeitpunkt der Kursbildung bestehenden Verhältnisses von Angebot und Nachfrage (Kursfeststellung). Es gibt verschiedene Ausprägungen:
Anfangskurs (Schlusskurs): Kurs bei Börsenbeginn (-ende) für Wertpapiere, die zum Handel mit fortlaufenden Notierungen zugelassen sind.
Börsenkurs: Preis für eine Einheit des gehandelten Börsenwerts.
Devisenkurs: Festgestellter Kurs für Zahlungsanweisungen an das Ausland.
Einheitskurs: Der von den Kursmaklern täglich für jedes Papier festgelegte offizielle Kurs.
Kassakurs: Kurs für im Kassamarkt abgeschlossene Geschäfte (Kassageschäft).
Parikurs: Kurs = Nominalwert.
Tageskurs: Gültiger Kurs für den Abrechnungs- bzw. Ausführungstag.
Taxkurs: Kurs für ein nicht im Börsenhandel befindliches oder längere Zeit nicht notiertes Papier, der auf Schätzung beruht.
Terminkurs: Kurs für im Terminmarkt abgeschlossene Geschäfte (Termingeschäfte)
Variabler Kurs: Der für bestimmte Wertpapiere fortlaufend notierte Kurs (im variablen Handel).

Kurszusätze und -hinweise

Geben an, inwieweit die zum festgestellten Kurs limitierten Kauf- und Verkaufsaufträge von Wertpapieren ausgeführt werden konnten. Gemäß § 33 der Börsenordnung der Frankfurter Wertpapierbörse (FWB) gelten folgende Kurszusätze und -hinweise: B = Brief: Zu dem aufgeführten Kurs wurden Papiere angeboten, es lag aber keine Nachfrage zu diesem Kurs vor. G = Geld: Kaufwünsche zu dem aufgeführten Kurs lagen vor, es war aber kein Angebot zu diesem Kurs vorhanden. – = gestrichen, d.h. keine Geschäftsvorfälle: Das Papier wurde weder angeboten noch nachgefragt. –B = gestrichen Brief: Der Kurs konnte nicht festgestellt werden, da nur Angebote ohne Kurlimit vorlagen. –G = gestrichen Geld: Der Kurs konnte nicht festgestellt werden, da nur Nachfragen ohne Kurlimit vorlagen. b = bezahlt: Alle zu diesem Kurs vorliegenden Aufträge wurden ausgeführt. bB = bezahlt Brief: Eun Teil der Aufträge wurde ausgeführt, aber es verbleibt ein Angebotsüberschuss. bG = bezahlt Geld: Eine Teil der Aufträge wurde ausgeführt, aber es verblieb ein Nachfrageüberschuss. exD = ohne Dividende: Kurszusatz am Tage des Dividendenabschlages, d.h. die Aktie wird künftig ohne Dividendenanspruch für das abgelaufene Jahr gehandelt. ExB = ohne Bezugsrecht: Kurszusatz am Tage des Bezugsrechtsabschlages, d.h. erste Notiz unter Abschlag eines Bezugsrechtes.

Later Stage Financing

Spätphasenfinanzierung. Finanzierung von Expansionen, Übernahmen, Überbrückungen etc. bei etablierten mittelständischen Unternehmen.

Lead-Manager
Der Lead-Manager wird auch Konsortialführer genannt. Er leitet in engem Kontakt zum Emittenten das Konsortium und übernimmt alle zentralen Arbeiten im Zusammenhang mit einer Emission, etwa Erstellung des Prospektes, Stellung des Börsenzulassungsantrages (Zulassung), Marktpflege etc.

Lean Production
Schlanke Produktion. Die Schlanke Produktion soll ohne vielzahlige Hierarchien im Unternehmen und durch eine schlankere Verwaltung eine Steigerung der Produktivität und Senkung der Kosten bewirken. Schlanke Produktion bedeutet weiterhin eine straffe Koordination (i.S. einer Anbindung) der Zulieferindustrie, schnelle Anpassung an neue Kundenbedürfnisse in der Produktion und Reorganisation des Fertigungsablaufes hin zu einer Gruppenfertigung bzw. flexiblen Werkstattfertigung. Neue Fertigungsprinzipien wie das Kanban sollen durch das Institutionalisieren kontinuierlicher Verbesserungsprozesse (KVP) mit Qualitätszirkeln ergänzt werden.

Leasing
Ein dem Mietvertrag ähnliches Rechtsgeschäft, bei dem der Leasinggeber dem Leasingnehmer ein Leasingobjekt gegen Zahlung regelmäßiger Leasingraten zur Nutzung überlässt. Unter rechtlichen Gesichtspunkten bezeichnet Leasing die Vermietung oder Verpachtung von Konsum- oder Investitionsgütern. Ökonomisch gesehen, bezeichnet Leasing die Nutzungsüberlassung eines Wirtschaftsgutes gegen Entgelt durch den Leasinggeber. Da es im ökonomischen Sinne i.d.R. auf die Nutzung eines Investitionsobjekts (Besitz oder wirtschaftliches Eigentum) und nicht auf das juristische Eigentum ankommt, kann Leasing als Alternative zum finanzierten Kauf eines Investitionsgegenstands angesehen werden. Da der Leasingnehmer durch Abschluss eines Leasingvertrages die wirtschaftliche Verfügungsgewalt über den Leasinggegenstand erhält, ohne eigene Mittel zu binden oder ein Darlehen aufzunehmen, wird Leasing auch als Kreditsubstitut bezeichnet.

Leerverkauf (Blankoverkauf)
Verkauf von Wertpapieren (Waren) an der Börse (Warenbörse), ohne dass sie sich im Besitz des Verkäufers befinden. Der Verkäufer tätigt ein derartiges Geschäft in der Erwartung, dass die Kurse zum Erfüllungstermin ein niedrigeres Niveau haben, da er sich dann zu einem niedrigeren Einstandskurs eindecken kann (s. Short Position).

Leverage
Grad der Fremdverschuldung eines Unternehmens, meistens ausgedrückt durch das Verhältnis von Fremd- zu Eigenkapital.

Leveraged-Buy-out (LBO)
Übernahme eines Unternehmens durch außenstehende oder betriebszugehörige Investoren; speziell bei der Übernahme durch ein fremdes Management spricht man von Management-Buy-in (MBI), durch das eigene Management von Management-Buy-out (MBO). Kennzeichnend für diese Art des Unternehmenserwerbs ist, dass dafür nur wenige Eigenmittel eingesetzt werden. Der Großteil des für den Unternehmenskauf benötigten Kapitals wird durch Bankkredite und/oder die Emission von Anleihen (wegen des z. T. hohen Risikos sind diese Bonds i. d. R. hochverzinslich und werden auch Junk Bonds genannt) beschafft. Zins- und Tilgungszahlungen werden aus dem zukünftigen Ertrag des übernommenen Unternehmens, oft aber auch durch den Verkauf von Unternehmensteilen, also aus der Liquidation von nicht betriebsnotwendigem Vermögen, finanziert.

Leverage-Effekt (Financial-Leverage-Effekt, trading on the equity, income gearing)
Der Leverage-Effekt gibt den Hebeleffekt der Verschuldung wieder. Verschuldung beeinflusst die Höhe und Variabilität der Eigenkapitalrendite. Die Leverage-Formel beschreibt den Effekt und hat folgende Form: $r_{EK} = r_{GK} + (FK/EK) \times (r_{GK} - r_{FK})$. Dabei bezeichnen r_{EK} und r_{GK} die Renditen des Eigen- (EK) und Gesamtkapitals (GK), r_{FK} die Verzinsung des Fremdkapitals (FK). Der Quotient FK/EK wird als Verschuldungsgrad bezeichnet. Hierbei geben FK und EK nicht den Bilanz- sondern den Marktwert des Kapitals an. Bei Aktiengesellschaften entspricht dies dem Shareholder-Value des Unternehmens. Die

Analyse des Leverage-Effekts sowie Analyse und ggf. Bestimmung des optimalen Verschuldungsgrades ist Teil der Finanzierungstheorie (s. Modigliani/Miller-Thesen).

LIBOR

Akronym für London Interbank Offered Rate. Der LIBOR ist ein von Banken festgestellter Briefkurs des Euro-Geldmarkts. Er dient als Referenzzins für viele Zinsinstrumente (z. B. Swaps, Forward-Rate-Agreements). Mit Inkrafttreten der Europäischen Währungsunion wird der LIBOR in dieser Eigenschaft jedoch zunehmend durch den EURIBOR abgelöst.

LIFFE

Akronym für London International Financial Futures Exchange. 1982 gegründete, älteste und bedeutendste europäische Börse für Financial Futures.

Liquidation

Der Begriff Liquidation bezeichnet die Beendigung der laufenden Geschäfte einer Gesellschaft und Einziehung der Forderungen sowie Tilgung der Schulden. Anschließend wird das Gesellschaftsvermögen verwertet und der Gesamterlös unter den Gesellschaftern verteilt. Die Liquidation wird durch die Liquidatoren durchgeführt. Liquidatoren sind entweder die bisherige Geschäftsleitung oder durch Gesellschafterbeschluss (z. B. in der Haupt- oder Generalversammlung) oder ein Gericht bestellte Personen. Während der Liquidation besteht die Gesellschaft als Abwicklungsgesellschaft fort. Die Firma trägt den Zusatz »i.L.«. Andererseits bezeichnet der Begriff in einer anderen Bedeutung auch generell den Verkauf von nicht betriebsnotwendigen Vermögensgegenständen mit dem Ziel, liquide Mittel (siehe Liquidität) zu erhalten.

Liquidationswert

Der Liquidationswert ist der Wert eines Unternehmens, der realisiert wird, wenn das Unternehmen aufgegeben und in seine Einzelteile zerschlagen wird. Er berechnet sich als Summe der einzelnen Veräußerungswerte aller Vermögensgegenstände abzüglich der Verbindlichkeiten und abzüglich eventueller Veräußerungs- bzw. Liquidationskosten.

Liquidität

Der Begriff der Liquidität kann betriebswirtschaftlich in zweierlei Hinsicht interpretiert werden: Als Liquidität wird einerseits die Fähigkeit bezeichnet, den bestehenden Zahlungsverpflichtungen jederzeit termingerecht und betragsgenau nachzukommen (dispositive Liquidität). Sie ist gegeben, wenn zu jedem Zeitpunkt die Auszahlungsverpflichtungen durch die Einzahlungen zuzüglich des Zahlungsmittel-Anfangsbestandes gedeckt sind. Finanzwirtschaftliche Ziele sind Rentabilität, Liquidität und Sicherheit. Dabei kann die Liquidität im Sinne der jederzeitigen Zahlungsfähigkeit als Teilziel oder als wichtigste, unabdingbare Nebenbedingung verstanden werden. Die Nichterfüllung hat die vorübergehende oder dauernde Zahlungsunfähigkeit (Insolvenz) zur Folge. Anderseits wird als Liquidität auch der Zahlungsmittelbestand und die Eigenschaft anderer Vermögensgegenstände bezeichnet, durch ihre Verwertung zur Beschaffung von Zahlungsmitteln zu kommen (Liquidierbarkeit). Aus der Forderung nach Zahlungsfähigkeit folgt, dass jederzeit genügend liquides bzw. liquidierbares Vermögen vorhanden sein muss, um die Verpflichtungen zu erfüllen. Dies beinhaltet die Sicherung der gleichgewichtigen Kapitalstruktur eines Unternehmens, im Sinne der Einhaltung anerkannter Finanzierungsregeln (strukturelle Liquidität).

Lockup-Period

Frist, innerhalb derer Altaktionäre nach einem IPO nicht verkaufen dürfen. Bei Unternehmen, die im Prime Standard gelistet werden, gilt für Altaktionäre bspw. eine Bindungsfrist von sechs Monaten. Um die (potenziellen) Aktionäre vom langfristigen Vertrauen der Altaktionäre (häufig des Managements) in das Unternehmen zu überzeugen, verpflichten sich die Altaktionäre häufig privatrechtlich im Rahmen des Emissionsvertrages mit den Konsortialbanken zu einer deutlich längeren Lockup-Period.

Long Position
Durch Kauf eines (noch) nicht in Besitz befindlichen Wertpapiers hat der Käufer eine Long Position in diesem Papier. Die häufigste Erwartung hinter dieser Handelsaktivität ist der Wunsch, die erworbenen Wertpapiere zu einem späteren Zeitpunkt mit Gewinn zu verkaufen. Verkauft ein Marktteilnehmer seine Wertpapiere wieder, löst er damit seinen Long Bestand wieder auf. Gegensatz dazu ist die Short Position.

Management-buy-out
Übernahme eines Unternehmens durch sein Management. Die bisherigen Aktionäre werden durch Aufkauf ihrer Anteile abgefunden. Die Finanzierung erfolgt im Regelfall durch Kreditfinanzierung aus Bankkrediten oder durch Anleiheemissionen (z.B. Junk Bonds). Die Kreditbesicherung erfolgt durch die umfangreichen Aktiva des Unternehmens. Management-Buy-out ist insofern lediglich eine Variante des Leveraged-Buy-out, da hier die Übernahme des Unternehmens unter Mitwirkung oder unter Ausschluss des Managements durch Dritte von außerhalb des Unternehmens erfolgt.

Management Shares
Aktien, die sich im Besitz des Vorstands und von führenden Mitarbeitern einer Aktiengesellschaft befinden. Sie werden häufig Angehörigen des Managements als Tantieme überlassen.

Market-Maker
Professioneller Börsenhändler, der gleichzeitig größere Mengen von Wertpapieren zu einem (relativ niedrigeren) Geldkurs nachfragt und zu einem (relativ höheren) Briefkurs anbietet und dadurch die Preisfindung der betreffenden Wertpapiere ermöglicht. Mit der Inanspruchnahme der Dienstleistung des Market-Makers, dessen Gewinn in der Marge zwischen Geld- und Briefkurs besteht, sind für den Marktpartner drei Vorteile verknüpft: Erstens hat er unabhängig von der Marktlage stets einen Partner für den sofortigen Abschluss eines Geschäfts, zweitens ist die Bonität der Market-Maker unzweifelhaft und drittens kommt ein marktgerechter Kurs für die Transaktion zustande. Da die Market-Maker in harter Konkurrenz miteinander stehen, sind die von ihnen festgelegten Preise in der Regel marktnah. Im Falle falscher Kursfestsetzung kumulieren sich bei einem Market-Maker Long- oder Shortpositionen, während eine zu große Marge zwischen Geld- und Briefkurs sofort zu starkem Umsatzrückgang führt. Daher wird im Market-Maker-Prinzip international zunehmend ein effizientes börsliches Kursermittlungsverfahren gesehen. An der FWB Frankfurter Wertpapierbörse heißen die Market-Maker Designated Sponsors.

Marktkapitalisierung (Börsenkapitalisierung, Börsenwert)
Kennziffer, die den aktuellen Marktwert eines Unternehmens wiedergibt. Die Marktkapitalisierung wird berechnet, indem man den aktuellen Kurswert mit der Anzahl der an der Börse notierten Aktien multipliziert. Investoren nutzen diese Kennziffer häufig als Maßstab zur Beurteilung des Handelsvolumens und der Marktliquidität eines Unternehmens, da mit zunehmender Marktkapitalisierung häufig ein höherer Aktienumsatz verbunden ist. Zweckmäßiger ist diesbezüglich jedoch die Berechnung der Marktkapitalisierung auf Basis des Free Float (Streubesitz). Die Summe der Marktkapitalisierungen aller an einer Börse notierten Unternehmen gibt Auskunft über die Marktkapitalisierung einer Börse. Die Marktkapitalisierung einer Börse dient oftmals als Vergleichsmaßstab für ihre »Größe«. Die Marktkapitalisierung kann auch für einzelne Branchen oder für den gesamten Aktienmarkt ermittelt werden.

Marktaustrittsbarrieren
Beim Marktaustritt entstehende Kostennachteile, die vor allem auf Verlusten aus dem Verkauf von Produktionsanlagen, Kosten einer Liquidation, Abfindungszahlungen an die Mitarbeiter und Vertragsstrafen bei Auflösung von Lieferanten- und Absatzmittlerbindungen basieren. Nicht zu unterschätzen sind darüber hinaus negative Imagewirkungen bei Kunden, Lieferanten und Kapitalgebern, die aus der Aufgabe der Produktion und der Belieferung eines Marktes resultieren können.

Markteintrittsbarrieren

Nachteile, die ein Unternehmen beim Markteintritt gegenüber etablierten Unternehmen hat. Diese können sowohl auf Rahmenbedingungen wie z.B. rechtlichen Restriktionen als auch auf marktlichen oder betrieblichen Gegebenheiten beruhen. So haben eingesessene Unternehmen häufig einen besseren Zugang zu benötigten Ressourcen (Rohstoffe, Arbeitskräfte, Kapital) oder verfügen über einen Know-how-Vorsprung in der Produktion, in der Forschung & Entwicklung oder im Marketing. Newcomer müssen qualifiziertes Personal häufig über besondere finanzielle Anreize beschaffen. Besitzen etablierte Anbieter neue Produktionsverfahren, die durch Patente geschützt sind, müssen in den Markt eintretende Unternehmen veraltete Verfahren einsetzen, die meist mit höheren Kosten verbunden sind. Ein wesentliches Hindernis für Newcomer ist auch die Realisierung von Economies of Scale and Scope durch die etablierten Anbietern, die aufgrund des höheren Marktanteils sowohl Kostenvorteile bei der Beschaffung von Inputfaktoren als auch bei der Produktion und im Vertrieb erzielen können.

Mc-Kinsey-Portfolio

Mit der Portfolio-Matrix lassen sich verschiedene strategische Geschäftsfelder (SGF) nach unternehmensinternen und -externen Kriterien analysieren. Jedes SGF wird in eines von neun Feldern platziert. Je nach Platzierung kann man Handlungsempfehlungen, so genannte Normstrategien, ableiten. Die Strategien beziehen sich grundsätzlich auf die Höhe der Investition oder der Desinvestition für das SGF.

MDAX

Performance-Index für 50 variabel gehandelte Aktien des Mid-Cap-Segments. Diese Aktien werden auch im Xetra-System gehandelt. MDAX ist ein Laufindex, der minütlich errechnet und publiziert wird. Der Index wird auf der Basis Ende 1987 gleich 1000 ermittelt.

Medium Term Notes

Schuldverschreibungen, die ein Laufzeitspektrum von unter einem Jahr bis zu dreißig Jahren aufweisen. Dies ist allerdings von den Usancen im jeweiligen Markt abhängig. Während in den USA Medium Term Notes im unteren Laufzeitbereich mit 270 Tagen durchaus nicht unüblich sind, müssen €-Medium Term Notes eine Mindestlaufzeit von zwei Jahren aufweisen. Medium Term Notes werden im Rahmen von Medium Term Notes Programmen emittiert und platziert.

Mehrheitsaktionär

Bezeichnung für einen Aktionär (Großaktionär) oder eine einheitlich handelnde Aktionärsgruppe der oder die sich im Besitz von mindestens 50% des Aktienkapitals einer Aktiengesellschaft (Mehrheitsbeteiligung) befindet. Mittels des Stimmrechts kann der Mehrheitsaktionär einen tiefgreifenden Einfluss auf die AG ausüben. Das entscheidende Problem liegt im Ausgleich der möglichen Interessenkonflikte zwischen Mehrheitsaktionär, der Aktiengesellschaft und den Minderheitsaktionären.

Mehrstimmrechtsaktie

Aktie besonderer Gattung, die dem Eigentümer ein erhöhtes, z.B. 100-faches, Stimmrecht einräumt. Diese Aktien wurden in Deutschland immer in Form von vinkulierten Namensaktien ausgegeben. In Deutschland ist die Emission von Mehrstimmrechtsaktien grundsätzlich gem. § 12 (2) AktG unzulässig. Soweit Mehrstimmrechte noch existieren, erlöschen diese gem. § 5 (1) EGAktG am 1. Juni 2003, wenn nicht zuvor die Hauptversammlung mit einer Mehrheit, die mindestens ¾ des bei der Beschlussfassung vertretenden Grundkapitals umfasst, ihre Fortgeltung beschlossen hat. Hiervon unabhängig kann die Hauptversammlung gem. § 5 (2) EGAktG die Beseitigung der Mehrstimmrechte mit einer Mehrheit beschließen, die mindestens 50 v.H. des bei der Beschlussfassung vertretenden Grundkapitals bedarf.

Mergers & Acquisitions (M&A)

Deutsch: Fusionen und Akquisitionen. Unter Mergers and Acquisitions versteht man die Zusammenführung von Unternehmen auf dem Weg einer Fusion oder eines Erwerbs. Beide Transaktionen finden auf dem Markt für Unternehmenskontrolle statt und in der Regel erfolgt eine Übernahme von Leitungs- und Kontrollrechten. Während bei Fusionen die Kapitalanteile des übernommenen Unternehmens in Kapitalanteile des fusionierten Unternehmens übergehen, werden bei Erwerbstransaktionen die Eigentümer des übernommenen Unternehmens mit Bargeld oder anderen Vermögensgegenständen abgefunden (»ausgekauft«). Diese finanzwirtschaftlichen Definitionen decken sich (leider) nicht mit der Verwendung dieser Begriffe in deutschen Rechtsquellen. Das deutsche Umwandlungsrecht geht bei einem Merger davon aus, dass rechtlich mindestens eines der beteiligten Unternehmen untergeht, während bei einer Akquisition beide Parteien rechtlich selbstständig bleiben. In der Folge stellen die heute weit verbreitete Aktientausch sowie die Verschmelzung durch Aufnahme im Rahmen einer Kapitalerhöhung mit Sacheinlage (gemäß Aktiengesetz) aus finanzwirtschaftlicher Sicht, nicht jedoch aus rechtlicher Sicht, eine Fusion dar. Diese Differenzen spielen jedoch in der Praxis kaum eine große Rolle, die Begriffe werden häufig auch synonym verwendet. Mit beiden Transaktionen werden in der Regel die Nutzung von Synergien (Economies of Scale and Scope), die Sicherung von Absatz- und/ oder Beschaffungsmärkten oder die Ausweitung der Produktpalette angestrebt.

Mezzanine Money
Finanzierungsmittel, welche sowohl Eigenschaften von Fremd- als auch von Eigenkapital besitzen. In Deutschland gebräuchliche Formen sind Subordinated Debt, Partiarisches Darlehen, Gesellschafter- darlehen, Vorzugsaktien, Genussscheine, Stille Beteiligung (Stille Gesellschaft).

Mindestverzinsungsanspruch
Generelle Zielvorgabe für die Verzinsung des investierten Vermögens (Kapitalrendite). Er wird anhand von anerkannten Modellen der Kapitalmarkttheorie, insbesondere gemäß des Dividend-Discount-Model oder des Capital-Asset-Pricing-Model, errechnet.

Modigliani-Miller-Theoreme
Auf Basis vollkommener Kapitalmärkte haben F. Modigliani und M.H. Miller (1958) ein Modell für die Kapitalkosten entwickelt, aus dem einige grundlegende theoretische Erkenntnisse der Finanzie- rungstheorie abgeleitet werden können. Diese Erkenntnisse wurden als Thesen formuliert.

These 1:   Der Marktwert eines Unternehmens ist unabhängig von seiner Kapitalstruktur. Er ergibt sich durch die Diskontierung der zukünftig erwarteten Gewinne des Unternehmens mit der geforderten Eigenkapitalrendite (siehe Rendite) eines vollständig eigenfinanzierten Unternehmens der gleichen leistungswirtschaftlichen Risikoklasse.

These 2:   (Umformulierung von These 1): Die durchschnittlichen Kapitalkosten eines Unternehmens sind unabhängig von der Kapitalstruktur des Unternehmens und gleich der geforderten Eigenkapitalrendite eines vollständig eigenfinanzierten Unternehmens der gleichen Risikoklasse. Aus der These 2 kann unmittelbar auf den Verlauf der Eigenkapitalkosten bei Veränderungen des Verschuldungsgrades einer Unternehmung geschlossen werden. Diesen Zusammenhang haben Modigliani/Miller in einer weiteren These formuliert.

These 3:   Die Eigenkapitalkosten eines Unternehmens sind eine linear ansteigende Funktion des Verschuldungsgrades der Form: $r_{EK} = r_{GK} + (FK/EK) \times (r_{GK} - r_{FK})$.

Die von den Anteilseignern geforderte Eigenkapitalrendite eines Unternehmens entspricht den Eigenkapitalkosten einer ausschließlich eigenfinanzierten Unternehmung zuzüglich eines Risikoauf- schlages für zusätzliches Kapitalstrukturrisiko, welches bei Verschuldung eingegangen wird. Dadurch ist es nicht möglich, durch Verschuldung den Marktwert der Eigenkapitalanteile zu steigern, da bei Verschuldung die zukünftigen (höheren) Rückflüsse pro Eigenkapitalanteil genau mit der höheren Diskontierungsrate bewertet werden, sodass das Eigenkapitalkursverhältnis gerade konstant bleibt. Der Risikoaufschlag folgt also exakt dem Leverage-Effekt. Damit ist gezeigt, dass das Unternehmen die Gesamtkapitalkosten durch Verschuldung nicht senken kann. Nach M/M gibt es also keinen optimalen Verschuldungsgrad. Die Erkenntnisse von Modigliani/Miller lassen sich nur unter der Voraussetzung vollkommener Kapitalmärkte theoretisch herleiten. In der Realität sind diese Voraussetzungen nicht gegeben. Dennoch sind ihre Ergebnisse Grundlage für zahlreiche weitere verfeinerte und praxisnähere Analysen und Basis der modernen Finanzierungstheorie.

NASDAQ (National Association of Securities Dealers Automated Quotations)

Bezeichnung für ein US-amerikanisches Kommunikationssystem. NASDAQ hat die Aufgabe, die Geld- und Briefkurse für über 5000 Aktien, die Market-Maker stellen, über ein zentrales Computersystem landesweit anzuzeigen. Diese Aktien werden im Over-the-counter-market gehandelt. Die Kurse können von allen NASDAQ-Mitgliedsfirmen jederzeit abgefragt werden. NASDAQ erhöht somit die Markttransparenz erheblich und ermöglicht zugleich landesweit Abschlüsse zu den günstigsten Brief- und Geldkursen. Der Handel erfolgt bei Aufträgen bis zu 500 Stück im Regelfall automatisch über das NASDAQ-Computersystem. Aufträge über 500 Stück werden im telefonischen Direktkontakt abgewickelt, was bei Orders unter 500 Stück grundsätzlich auch möglich ist.

Natürliche Person

Im Gegensatz zu Juristischen Personen Menschen, die Träger von Rechten und Pflichten sein können, also eine Rechtsfähigkeit besitzen. Nach § 1 BGB ist ein Mensch mit Vollendung der Geburt rechtsfähig. Geschlecht, Nationalität, Religion und auch Missbildungen sind demnach für die Rechtsfähigkeit unerheblich. Bei der Prüfung von z.B. Eigentums-, Vermögens-, Familien- oder Erbrechten ist daher zuerst die Rechtsfähigkeit der natürlichen Person zu prüfen.

Nennwertlose Aktie

Aktien, die statt auf einen festen Geldbetrag zu lauten, nur auf einen Anteil an der Gesellschaft ohne Festlegung seiner nominellen oder verhältnismäßigen Größe (Stückaktie) oder eine Quote am Grundkapital der Gesellschaft festlegen (Quotenaktie). Die Aktie kann dabei Teile eines herkömmlichen Grundkapitals verkörpern (unechte nennwertlose Aktie) oder einen Anteil am gesamten Vermögen der Gesellschaft repräsentieren (echte nennwertlose Aktie). Vorwiegend anglo-amerikanische Form der Aktie. In der Deutschland sind nennwertlose Aktien seit 1999 nicht verboten. Investmentzertifikate von deutschen Investmentgesellschaften sind meist auch nennwertlose Wertpapiere.

Nettofinanzverbindlichkeiten (Net Debt)

Die Nettofinanzverbindlichkeiten sind definiert als der Saldo aus zinstragenden Verbindlichkeiten und liquiden Aktiva (Kasse und liquide Wertpapiere). Die Nettofinanzverbindlichkeiten entsprechen dem Nettofinanzvermögen mit umgekehrten Vorzeichen.

New York Stock Exchange (NYSE)

1792 gegründete, bedeutendste Aktienbörse der Welt. An der NYSE werden die Aktien von über 1.700 US-amerikanischen Aktiengesellschaften gehandelt.

Nicht-betriebsnotwendiges Vermögen

Zum nicht betriebsnotwendigen Vermögen zählen die Vermögensbestandteile eines Unternehmens, die in keinem direkten Zusammenhang zu operativen Geschäftstätigkeit des Unternehmens stehen und daher auch verkauft werden können, ohne die Leistungsfähigkeit des Unternehmens einzuschränken.

Opportunitätskosten

Nicht real entstandene Kosten, die sich durch eine entgangene Nutzungsmöglichkeit knapper Ressourcen, z.B. einem entgangenen Gewinn oder einer entgangenen Zahlung aufgrund einer alternativen Verwendung ergibt.

Option

Eine Option berechtigt den Käufer, verpflichtet ihn aber nicht, gegen Zahlung einer Prämie (Optionsprämie) eine bestimmte Menge (Kontraktgröße) eines Basisinstruments zum fixierten Basispreis (Exercise-Price) innerhalb einer bestimmten Periode (American-Option) oder zum Ende der Optionsfrist (European-Option) zu kaufen (Call-Option) oder zu verkaufen (Put-Option). Der Verkäufer (Stillhalter) der Option verpflichtet sich, bei der Ausübung der Option durch den Käufer zu den vereinbarten Konditionen jederzeit zu liefern oder abzunehmen. Für diese eingegangene Verpflichtung erhält der Stillhalter eine Prämie.

Optionsschein

1) Ein Optionsschein verbrieft das Recht auf Ausübung der Option, welches mit einer Optionsanleihe ausgegeben wird. Da es sich um selbstständige Rechte handelt, können sie an der Börse gehandelt werden.

2) Davon zu unterscheiden sind die sog. nackten Optionsscheine, denen keine Optionsanleihe zugrunde liegt (daher: nackte Optionsscheine). Sie machen inzwischen 90 % der Optionen aus und werden üblicherweise nur noch als Optionsscheine bezeichnet.

Wie Optionen verbriefen Optionsscheine das Recht, innerhalb oder am Ende eines bestimmten Zeitraums einen bestimmten Basiswert zu einem im Vorhinein bekannten Preis zu kaufen oder zu verkaufen. Während jedoch Optionen streng standardisiert an Terminbörsen (s. Eurex) gehandelt werden, weisen Optionsscheine individuelle Merkmale auf. Sie werden von verschiedenen Anbietern (i. d. R. Banken) emittiert und Over-The-Counter (OTC) gehandelt. Bei Optionsscheinen ist es deshalb für Privatanleger nicht möglich, Stillhalter zu werden.

Outsourcing

Ausgliederung von Unternehmensfunktionen auf externe Spezialisten. Insbesondere in konjunkturellen Krisenzeiten der Versuch, Unternehmensbereiche aus Kostengründen auszulagern und Kapazitäten abzubauen. Die Erfahrung zeigt, dass der Fremdbezug von Gütern oder Diensten auf dem freien Markt häufig günstiger als die Eigenfertigung ist. Outsourcing kann durch die Auslagerung von Fixkosten auch die Geschäftsrisiken eines Unternehmens vermindern. Die Verringerung der Wertschöpfungstiefe geht häufig auch mit der Strategie einer »Konzentration auf die Kerngeschäfte« einher. Die Auslagerung kann raumbezogen, produktbezogen oder funktionsbezogen (z. B. Forschung, Bildung, Buchhaltung) sein. Sofern Betriebsteile nicht vollständig, d. h. wirtschaftlich und rechtlich ausgelagert werden sollen, bieten sich als Vorstufen Strategische Allianzen oder Joint Ventures an.

Over-the-Counter-Market (OTC)

Wörtlich: Über den Schalter. Außerbörslicher Verhandlungsmarkt bzw. Freiverkehrsmarkt für Aktien und Anleihen.

Ein Over-the-Counter-Market ist nicht lokalisiert und hat keine festen Handelszeiten. Verhandlungen finden gewöhnlich über Bildschirm- oder Telefonsysteme auf internationaler Ebene statt. Der Preis für ein Wertpapier wird zwischen Kreditinstituten und Wertpapierhäusern oder Wertpapierdienstleistungsunternehmen und (institutionellen) Investoren ausgehandelt. Die Transaktionen unterliegen dabei den geltenden gesetzlichen Bestimmungen für den Wertpapierhandel. OTC ist gemessen am Umsatzvolumen der bedeutendste Wertpapiermarkt der Welt. Auf diesem Markt werden vornehmlich Bank- und Versicherungsaktien, öffentliche und private Anleihen, Optionsscheine, Investmentanteile sowie sämtliche Neuemissionen vor der amtlichen Börseneinführung gehandelt. Der OTC wird als Bewährungsmöglichkeit vor der offiziellen Börseneinführung angesehen. Zu den Nachteilen dieses Marktes gehören relativ große Spannen zwischen An- und Verkaufspreisen der gehandelten Werte sowie der weitgehend fehlende Schutz vor Betrugsrisiken.

Pakethandel

Handel von Aktienpaketen, der sich im Regelfall außerhalb der Börse vollzieht. Der außerbörsliche Handel ermöglicht einen kursschonenden Kauf oder Verkauf von großen Volumen. Aufgrund ihres Kontaktnetzwerkes sind Banken bei diesen Transaktionen behilflich.

Pari

bedeutet, der Kurs eines Wertpapieres entspricht seinem Nennwert. Über pari heißt: Kurs über Nennwert. Unter pari heißt: Kurs unter Nennwert. Ein Wertpapier notiert zu pari, wenn es zu 100 (Prozent des Nennwertes) gehandelt wird.

Partiarisches Darlehen

Fremdkapital, bei dem der Darlehensgeber statt eines Verzinsungsanspruches ein Recht auf Gewinnbeteiligung erhält.

Peer-Group

Unter Peer-Group versteht man bei der Multiplikatorbewertung eine Gruppe von Unternehmen, die mit dem zu bewertenden Unternehmen vergleichbar sind und auf Basis derer das zu bewertende Unternehmen bewertet wird.

Penny Shares (Penny Stocks)

In den USA und Kanada bezeichnet man damit Aktien mit sehr niedrigen Nennbeträgen und Kursen (z.T. unter einem Dollar). Sie sind i.d.R. hochspekulative Papiere.

Pensionsfonds

Juristisch unabhängige Alterversorgungsträger, welche die ihnen zur Verfügung gestellten Gelder zweckgebunden verwalten und sie im Versorgungsfall auszahlen. Das Vermögen des Pensionsfonds ist vom Unternehmensvermögen getrennt und damit auch im Falle des Unternehmenskonkurses gesichert. Der Rechtsanspruch des Arbeitnehmers richtet sich gegen den Pensionsfonds. Beitragszahlungen an Pensionsfonds können vom Arbeitgeber und/oder Arbeitnehmer erfolgen und sind üblicherweise in ihrer Höhe variabel. Versorgungszusagen folgen entweder dem Prinzip des »Defined Benefit« oder dem Modell des »Defined Contribution«. Bei Defined-Benefit-Plänen wird dem Arbeitnehmer eine bestimmte, vorab definierte Leistung zugesagt. Das Standardbeispiel für eine Defined-Benefit-Zusage ist die Zahlung einer (end-)gehaltsabhängigen Betriebsrente. Die Beiträge richten sich unter Zuhilfenahme versicherungsmathematischer Berechnungen nach der voraussichtlichen Höhe der Leistung und der bislang erzielten oder erwarteten Rendite der Kapitalanlagen. Sie sind also variabel. Bei Defined-Contribution-Plänen ist hingegen lediglich die Höhe des Beitrages fest definiert, während die resultierende Renten- oder Kapitalleistung in ihrer Höhe unbestimmt ist.

Performance

Ausdruck für die Ertragskraft einer Kapitalanlage. Häufig wird der Begriff auch zur Messung des Anlageerfolgs von institutionellen Investoren, wie z.B. von Investmentgesellschaften, Versicherungen oder Kapitalanlagegesellschaften verwendet. Die Performance bezeichnet in diesem Fall den Wertzuwachs inklusive der Ausschüttungen des verwalteten Vermögens. Die Performance wird häufig auch nicht absolut, sondern relativ im Vergleich zur einer Benchmarkt gemessen. So wird die Performance eines deutschen Aktienfonds häufig im Vergleich zur Entwicklung des DAX betrachtet.

Platzierungsverfahren

Verfahren zur Unterbringung (Platzierung) von Wertpapieren. Zu den wichtigsten Platzierungsverfahren gehören u.a. das Bookbuilding-Verfahren, das Festpreisverfahren, die Privatplatzierung und das Tenderverfahren.

Portfolio

Ausdruck für den Gesamtbestand und die Zusammensetzung eines Vermögens, das aus verschiedenen Vermögenspositionen (z.B. Wertpapiere, Edelmetalle oder Immobilien) besteht. Eine optimale Zusammenstellung eines Portfolios hängt vom Zielsystem des Anlegers (i.d.R. Rendite und Risiko von Renditen) ab. Bei einer Portfolio-Planung wird in Abhängigkeit dieses Zielsystems eine Mischung aus verschiedenen Anlageformen zur gewünschten Risikostreuung vorgenommen. Theoretische Grundlage einer optimalen Portfolio-Planung stellt die Portfoliotheorie dar.

Portfoliotheorie

Die Portfoliotheorie – in Anlehnung an Markowitz (1952) auch Portfolio Selection genannt – ist eine normative Theorie der optimalen Zusammenstellung eines Portfolios unter Rendite-Risiko-Aspekten. Die Portfoliotheorie zeigt anhand der Kriterien Erwartungswert und Standardabweichung von Renditen auf, wie Investoren eine nutzenoptimales Portfolio konstruieren können. Die Theorie legt eine Diversifikation in Anlagen nahe, deren Renditen möglichst wenig korreliert sind. Es zeigt sich, dass große Teile der Risiken (sog. unsystematische Risiken) durch Portfoliobildung eliminiert werden können. Das Risiko von Portfolios konvergiert mit einer zunehmenden Anzahl von Anlagen im Portfolio gegen das sog. systematische Risiko.

Präsenzbörse

Klassischer Börsenhandel, der nach wie vor bei physischer Anwesenheit der Marktteilnehmer auf dem Börsenparkett stattfindet. In Deutschland und den USA ist der Börsenhandel überwiegend nach dem Prinzip der Präsenzbörse organisiert. Dabei treffen die Marktteilnehmer täglich zu den festgesetzten Börsenhandelszeiten an der Börse aufeinander und führen Kundenorders bzw. Eigengeschäfte in Form von persönlich ausgehandelten Kontrakten mit abschlussbereiten Kontrahenten bzw. deren Vertretern aus. Zur Rechtswirksamkeit eines Geschäftes zwischen den Marktteilnehmern genügt regelmäßig nach den Börsenusancen das »gesprochene Wort«.

Primärmarkt

Auch: Emissionsmarkt. Markt für die Emission von Wertpapieren. Gegensatz: Sekundärmarkt.

Prime Standard

Listing-Segment der Deutschen Börse für Unternehmen, die besonders hohe internationale Transparenzstandards erfüllen. Die Zulassung zum Prime Standard setzt die Erfüllung der folgenden Transparenzanforderungen voraus: Quartalsberichte; Internationale Rechnungslegungsstandards nach IAS oder US-GAAP; Vorlage eines Unternehmenskalenders; mindestens eine Analystenkonferenz pro Jahr; Ad-hoc Mitteilungen zusätzlich in englischer Sprache. Unternehmen, die in diesem Segment gelistet werden wollen, müssen die Zulassung beantragen. Ein Listing im Prime Standard ist Voraussetzung für die Aufnahme in einen der Auswahlindizes der Deutschen Börse AG (DAX, MDAX usw.).

Prinzipal-Agenten-Theorie (Agency-Theorie)

Die Agency-Theorie befasst sich mit der Analyse der Beziehung zwischen Delegierenden (Prinzipalen, z.B. Aktionären) und Ausführenden (Agenten, z.B. Vorstände der AG). Ausgangspunkt ist die Erkenntnis, dass beide Gruppen einen unterschiedlichen Informationsstand haben und unterschiedliche Ziele verfolgen. Aus Sicht der Eigentümer eines Unternehmens ist es deshalb sinnvoll, die Anreize für die Agenten so auszugestalten, dass seine Interessen denen der Prinzipale entsprechen, Interessenkonflikte also möglichst nicht entstehen. Dies erfordert in der Regel ein umfangreiches System von Anreiz- und Kontrollmechanismen (»Zuckerbrot und Peitsche«)

Privatplatzierung

Bezeichnung für ein Platzierungsverfahren, das im Rahmen einer Selbstemission praktiziert wird, im Rahmen einer Fremdemission die Titel, die nicht öffentlich zur Zeichnung aufgelegt werden. Die Titel werden in diesem Fall durch das Emissionskonsortium lediglich einem ausgewählten Kreis von institutionellen Anlegern und/oder der Privatkundschaft zur Zeichnung angeboten. Ein Sekundärmarkt wird u.U. nicht aufgebaut, da die Investoren am Investment in diese Titel im Regelfall bis zum Laufzeitende interessiert sind. Im Fall einer vorzeitig notwendigen Desinvestition kann zumeist ein Markt gestellt werden. Der Vorteil der Privatplatzierung liegt in der Vermeidung von Kosten für die Prospekterstellung und die Börseneinführung. Darüber hinaus ermöglicht die Privatplatzierung eine schnelle Mittelaufnahme, da kein Börsenzulassungsverfahren und keine gesetzlichen Fristen eingehalten werden müssen.

Private Equity

Im engeren Sinne versteht man unter Private Equity die Bereitstellung von außerbörslichem Beteiligungskapital. Unter Private Equity fallen damit alle Formen des Venture Capital und der Privatplatzierung. Mit dem Going-public wird aus »Private Equity« dann »Public Equity«, also ein öffentlich gehandelter Wert. Darüber hinaus werden unter Private Equity im weiteren Sinne auch Buy-out-Finanzierungen zusammengefasst. Alle weitere Betätigungsfelder des Private-Equity lassen sich unter den Sammelbegriff »Special-Situations-Finanzierungen« fassen. Dazu zählen beispielsweise Umstrukturierungen von Unternehmen oder die Abspaltung (Spin-off) attraktiver Unternehmensbereiche, die eventuell separat an die Börse gebracht werden sollen (Equity-Carve-out).

Produktlebenszyklus

Das Konzept des Produktlebenszyklus orientiert sich am Umsatzverlauf eines Produktes. Es wird von einem S-förmigen Verlauf der insgesamt vier Phasen – Einführung, Wachstum, Reife und Degeneration – ausgegangen. Das Umsatz- und Gewinnpotenzial steigt bzw. fällt in Abhängigkeit von den einzelnen Phasen. Aus dem Konzept des Produktlebenszyklus lassen sich für die einzelnen Phasen unterschiedliche Grundverhaltensweisen ableiten, die insbesondere die Marketingpolitik betreffen. Der Produktlebenszyklus eignet sich als Hilfsmittel zur optimalen Gestaltung der Altersstruktur eines Produktprogramms.

Profit-Center

Der Begriff Profit-Center stammt aus den USA und ist eng mit der Einführung der Objektorganisation in Produktsparten verbunden. Profit-Center sind autonome organisatorische Einheiten (z.B. Abteilungen, Bereiche) in einem Unternehmen mit eigener Verantwortung für den unternehmerischen Erfolg. Ein Manager bzw. ein Team von Managern leitet das Profit-Center eigenverantwortlich und ergebnisorientiert. Das Profit-Center-Konzept ist vor allem bei produktorientierter Gliederung eines Unternehmens in Sparten verwirklicht. Es motiviert die Mitarbeiter durch höhere Eigenverantwortung und Orientierung am Erfolg.

Prospekthaftung

Haftung des Emittenten und der Konsortialbanken für die Richtigkeit der Angaben im Verkaufsprospekt. Ein Wertpapierkäufer hat bei nachweislich fehlerhaften Prospektangaben das Recht, die Wertpapiere an den Emittenten oder die Konsortialbank zurückzugeben. Der Emissionspreis zuzüglich der ihm beim Kauf entstandenen Kosten werden ihm erstattet. Hat er die Wertpapiere zu einem späteren Zeitpunkt erworben, erhält er die Kaufsumme zurück. Bei bereits veräußerten Wertpapieren wird der ihm entstandene Verlust ausgeglichen. Der Haftungsanspruch des Käufers verjährt sechs Monate nachdem er die falschen Angaben festgestellt hat; spätestens jedoch drei Jahre nach der Veröffentlichung des Prospekts.

Publizitätspflicht

Pflicht eines Unternehmens, die Öffentlichkeit über die eigene wirtschaftliche Situation und deren mögliche Veränderung zu informieren. Das Publizitätsgesetz verpflichtet Aktiengesellschaften zur regelmäßigen Veröffentlichung eines Jahresabschlusses und eines Lageberichts. Darüber hinaus müssen börsennotierte Unternehmen kursrelevante Tatsachen unverzüglich melden (Pflicht zur Ad-hoc-Publizität). Die Deutsche Börse stellt an Unternehmen zusätzliche Publizitätsanforderungen, wenn sie im Prime-Standard-Segment gelistet sind: So müssen die Unternehmen neben dem Jahresabschluss regelmäßig Quartalsberichte veröffentlichen, mindestens eine Analystenkonferenz im Jahr halten und Ad-hoc-Mitteilungen zusätzlich in englischer Sprache publizieren. Die Börsenorgane überwachen die Einhaltung der Publizitätspflicht.

Rating

Standardisierte Beurteilung der Bonität des Emittenten und seiner Schuldtitel durch spezialisierte Agenturen Moody's, S&P.
Mit Hilfe des Ratings wird die Wahrscheinlichkeit bewertet, dass ein Schuldner die mit den vom ihm emittierten Wertpapieren verbundenen Zins- und Tilgungszahlungen rechtzeitig und in vollem Umfang erfüllen wird. Unabhängige Ratingagenturen – wie die beiden bekanntesten amerikanischen Agenturen Moody's und Standard & Poor's – veröffentlichen ihre Ratings in Form einer Bonitäts- oder Einstufungsnote für den Schuldner bzw. für seine Emissionen. Die Bewertungen von Moody's belaufen sich bei langfristigen Wertpapieren von Aaa über 19 Stufen bis zu C, bei kurzfristigen von Prime -1 über zwei Stufen bis zu Not Prime. S & P klassifiziert Anleihen mit einer Laufzeit länger als 1 Jahr von AAA über 20 Stufen zu D, kurzfristige werden mit einem Rating von A-1+, A-2, A-3, B, C oder D versehen.

Realoption

Realoptionen bezeichnen Handlungsflexibilitäten, die sich bei der Durchführung von Investitionen (Call-Optionen) oder Desinvestitionen (Put-Optionen) ergeben. Die Möglichkeiten von Unternehmen, Investitionen bzw. Desinvestitionen in einem gewissen Rahmen hinauszuzögern, haben einen Wert. Der Wert von Realoptionen repräsentiert die Freiheitsgrade der Unternehmensführung, neue Informationen abzuwarten und durch Strategieanpassungen die künftige Entwicklung der Cashflows zu optimieren. Diese Werte können durch die typische Asymmetrie einer Option erklärt werden: Falls der innere Wert (Nettokapitalwert) von Investitionen (Desinvestitionen) steigt, kann durch eine spätere Investitionsentscheidung (Desinvestitionsentscheidung) ein entsprechender Gewinnzuwachs erzielt werden. Diesem Gewinnzuwachs steht aber im umgekehrten Fall kein entsprechendes Verlustpotenzial gegenüber, da man bei einer Verminderung des inneren Wertes die Option nicht ausüben muss.

Realoptionswert

Der Unternehmenswert nach dem Realoptionsansatz setzt sich aus zwei Komponenten zusammen: dem erfolgsorientierten Wert (ermittelt anhand des Discounted-Cashflow- oder des Ertragswertverfahrens) sowie dem Wert der Realoptionen. Bei der erfolgsorientierten Bewertung werden ausschließlich Cashflows bewertet, die bei der Verfolgung der aktuellen Strategie (inklusive der entsprechenden Investitionsstrategie) in Zukunft generiert werden. Der Realoptionswert quantifiziert den Wert sämtlicher Handlungsmöglichkeiten des Managements, aufgrund neuer Informationen die ursprüngliche Strategie zu modifizieren und dadurch Verlustpotenziale zu begrenzen bzw. Gewinnpotenziale besser auszuschöpfen.

REITs (Real Estate Investment Trust)

Bei Real Estate Investment Trusts (REITs) handelt es sich um fondsähnlich aufgebaute, börsennotierte Immobilien-Aktiengesellschaften. Kernfunktion es ist, Immobilien sowie Beteiligungen an Immobiliengesellschaften zu kaufen, zu entwickeln, zu managen und zu verkaufen.

Rendite

Das Verhältnis des ex post realisierten Ertrags einer Investition bezogen auf das eingesetzte Kapital kann durch die Rendite beschrieben werden. Üblicherweise wird die Rendite in Prozent angegeben, wobei der ursprüngliche Kapitaleinsatz (100 %) berücksichtigt wird. Beispiel: Eine Investition in Höhe von 20.000 Euro mit einer Gesamtrückzahlung von 25.000 Euro führt zu einem realisierten Ertrag von 5.000 Euro. Bezogen auf den ursprünglichen Kapitaleinsatz beträgt die Rendite 25 %. Oft wird die Rendite bezogen auf den Zeitraum ein Jahr (p.a., lat. per anno) angegeben. Wenn im obigen Beispiel der Ertrag nach zwei Jahren erzielt wurde, so ergibt dies bei einfacher Zinsrechung 12,5 % p.a. Im Geschäftsverkehr wird heute jedoch die jährliche Rendite nicht mittels eines arithmetischen Mittels, sondern zinseszinslich mittels eines geometrischen Mittels bestimmt. Im Beispiel ergäbe sich bei Rechnung mit Zinseszins eine Rendite von etwa 11,8 % p.a.

Rentenpapier

Unter einem Rentenpapier versteht man eine Schuldverschreibung, die mit einer festen laufenden (z.B. jährlichen oder halbjährlichen) Verzinsung ausgestattet ist.

Reverse Merger

Ein Reverse Merger ist eine Transaktion, bei der ein nicht-börsennotiertes Unternehmen Kontrolle über ein börsennotiertes Unternehmen erlangt, um damit gleichzeitig eine Börsennotierung zu erreichen. Die Transaktion nennt man deshalb »reverse«, da das börsennotierte Unternehmen in der Regel kleiner ist und entgegen dem Normalfall das größere Unternehmen aufnimmt. Aufgrund der höheren Bewertung des nicht-börsennotierten Unternehmens geht die Kontrolle des fusionierten Unternehmens jedoch auf die ehemaligen Eigentümer des nicht-börsennotierten Unternehmens über, die dann zumeist auch die Firmierung des Unternehmens in ihrem Sinne ändern. Das Motiv für diese Transaktion ist in der Regel der schnelle und kostengünstige Börsenzugang für das größere Unternehmen. Der Reverse Merger wird synonym auch als Reverse IPO, indirekter Börsengang oder »Börsengang durch die Hintertür« bezeichnet.

Roadshow

Präsentation des Managements bzw. Unternehmens bei potentiellen Investoren anlässlich eines Börsenganges. Die Roadshows bilden den Abschluss der Marketing-Phase eines IPO und beeinflussen maßgeblich den Erfolg eines IPO.

Schuldscheindarlehen (SSD)

SSD's sind kurz-, mittel- oder langfristige Großkredite, über die ein schriftlicher Darlehensvertrag abgeschlossen oder ein schriftliches Schuldanerkenntnis ausgestellt wird. SSD's sind durch Abtretung übertragbar und damit im Unterschied zu normalen Krediten fungibel. Es handelt sich hier immer um Kredite und nicht um Wertpapiere.

Securities and Exchange Commission (SEC)

1934 durch Bundesgesetz gegründete US-amerikanische Wertpapier- und Börsenaufsichtsbehörde mit weit reichenden Kontroll- und Sanktionsbefugnissen.

Securitization

Beschaffung von Finanzierungsmitteln durch die wertpapiermäßige Unterlegung bzw. Umwandlung von Forderungen, z. B. in Form von Anleihen. Ziel ist dabei vor allem, diese Forderungen über organisierte Kapitalmärkte wie z. B. Börsen handelbar zu machen. Kapitalgeber (Sparer) und Kapitalnehmer (z. B. Unternehmen oder der Staat) treten dabei in eine direkte Gläubiger-Schuldner-Beziehung zueinander. Der Erwerber der verbrieften Forderungen übernimmt daher das Risiko von Marktpreisschwankungen des Wertpapiers und des Kreditausfalls. Der Schuldner steht dabei im Gegensatz zur Kreditaufnahme bei einem Kreditinstitut meist einer Vielzahl anonymer Gläubiger gegenüber und muss seine Bonität öffentlich nachweisen, durch ausführliche und regelmäßige Berichterstattung sowie möglichst in Form einer guten Einstufung durch eine Rating-Agentur.

Secondary Puchase

Exitvariante für eine Venture-Capital-Gesellschaft. Die VC-Gesellschaft verkauft ihre Anteile an einem Unternehmen an eine andere VC-Gesellschaft bzw. einen finanziell interessierten Partner.

Seed Capital

Bereitstellung von Kapital zur Finanzierung der Ausreifung und Umsetzung einer Idee in verwertbare Resultate, bis hin zum Prototyp, auf deren Basis ein Geschäftskonzept für ein zu gründendes Unternehmen erstellt wird.

Segmentberichterstattung

Offenlegung von Vermögens- und Ertragsinformationen eines Unternehmens, untergliedert nach der Tätigkeit und geographischen Merkmalen.

Sekundärmarkt

Bezeichnet als Gegenstück zum Primärmarkt den Umlaufmarkt für bereits begebene Wertpapiere. Wertpapierbörsen sind die wichtigsten Sekundärmärkte. Der organisierte Handel am Sekundärmarkt wird geregelt durch öffentlich-rechtliche (Amtlicher Handel, Geregelter Markt) und privatrechtliche Marktsegmente (z. B. General Standard und Prime Standard der Deutschen Börse AG). Dem Sekundärmarkt muss auch der OTC-Handel (Freiverkehr) zugerechnet werden.

Selbstfinanzierung

Die Selbstfinanzierung als Form der Innenfinanzierung erhöht das Eigenkapital langfristig durch den Verzicht auf die Ausschüttung von erwirtschafteten Gewinnen und Zuführung von Gewinnen oder Gewinnanteilen zu den Rücklagen (offene Selbstfinanzierung). Bei der stillen Selbstfinanzierung erscheinen erwirtschaftete ökonomische Gewinne nicht im Rechnungswesen des Unternehmens. Dies kann durch Prinzipien bzw. Vorschriften der Rechnungslegung (z. B. das Vorsichtsprinzip) erzwungen oder durch willkürliche Ausnutzung von Bilanzierungsspielräumen ermöglicht werden (Bildung stiller Reserven).

Sentiment Analyse

Sentiment Analyse bezeichnet die Bewertung der Stimmungen der Teilnehmer im Markt. Eine Vielzahl von Sentiment-Indikatoren basiert auf dem Contra-Indikator-Ansatz. Hierbei liegt die Überlegung zu Grunde, dass sich die Mehrheit der Marktteilnehmer irrt, da positiv orientierte Marktteilnehmer bereits eher auf der Long Seite investiert und somit eigentlich potenzielle Verkäufer sind; umgekehrt sind pessimistisch orientierte Marktteilnehmer meist unterinvestiert und somit potenzielle Käufer (s. Behavioral Finance).

Settlement

Mit Settlement wird die Erfüllung eines Finanzgeschäftes, insbesondere eines Termingeschäftes, bezeichnet. Man unterscheidet zwischen Cash-Settlement (Differenzausgleich in Geld) und physischem Settlement (Lieferung des Basiswertes).

Settlementpreis

Im Futures- und Optionshandel der Preis, der von der Börse am Ende eines jeden Börsentages zur Kontraktbewertung festgesetzt wird.

Share Deal

Kauf eines Unternehmens durch Übernahme der Eigentumsrechte der bisherigen Eigentümer.

Shareholder-Value

Shareholder-Value bezeichnet den Marktwert des Eigenkapitals einer Kapitalgesellschaft. Eine am Shareholder-Value orientierte Unternehmenspolitik hat zum Ziel, den Wert des Unternehmens für seine Eigentümer zu steigern. Dies nutzt auch anderen Gruppen, die dem Unternehmen z.B. als Arbeitnehmer oder Lieferanten verbunden sind, durch langfristige Sicherung der Rentabilität der Aktiengesellschaft. Das Shareholder-Value-Prinzip ist damit auch ein Managementkonzept, das den Erfolg der Aktionäre in den Mittelpunkt der Geschäftspolitik stellt. Die Schaffung von Shareholder-Value in einer Periode wird gemessen anhand von sog. Übergewinnen (EVA, Economic Profit, CFROI). Grundlage zur Umsetzung der Shareholder-Value-Strategie sind umfassende Eigentums- und Informationsrechte der Eigentümer, motivationsfördernde Vergütungssysteme und eine transparente Aufbauorganisation.

Short Position

Durch Verkauf eines (noch) nicht in Besitz befindlichen Wertpapiers hat der Verkäufer eine Short Position in diesem Papier. Einfach ausgedrückt heißt das: der Marktteilnehmer verkauft Wertpapiere, die er zum Zeitpunkt des Verkaufes noch nicht besitzt. Er »überzieht« quasi sein Wertpapierdepot. Die üblichste Erwartungshaltung hinter dieser Handelsaktivität ist der Wunsch, die »leer« veräußerten Wertpapiere zu einem späteren Zeitpunkt wieder günstiger zurückzukaufen, sie also »einzudecken«. Kauft dieser Marktteilnehmer seine Wertpapiere zurück, löst er somit seinen Short Bestand wieder auf. Im Gegensatz dazu: siehe Long Position.

Sicherheiten

Als Sicherheit wird in der »Bankenwelt« die mögliche Reduzierung des Risikos aus überlassenen Geldbeträgen oder Eventualverbindlichkeiten verstanden. Die gestellten Sicherheiten werden auf Initiative des Kreditgebers verwertet, sofern der Schuldner seinen Verpflichtungen nicht nachkommt. Man unterscheidet grundsätzlich zwischen Sach- und Personensicherheiten. Unter Personensicherheiten versteht man im Wesentlichen die Bürgschaft oder den Schuldbeitritt bzw. die Mitverpflichtung. Sachsicherheiten sind im Wesentlichen die Grundschuld, die Verpfändung sowie die Sicherungsübereignung. Bei der Abtretung/Zession wird eine Sicherheit an bestimmten Rechten bestellt. Sie wird trotzdem als Sachsicherheit behandelt.

Sicherungsübereignung

Zur Besicherung von Krediten werden in der üblichen Bankpraxis z.B. Kraftfahrzeuge, Maschinen, Einrichtungsgegenstände sowie Waren und Vorräte sicherungsübereignet. Ein wesentlicher Unterschied zum Pfandrecht besteht darin, dass das Sicherungsgut bei dem Sicherungsgeber zur Nutzung verbleibt. Hierdurch entstehen aus Banksicht besondere Risiken (z. B. Untergang, besondere Abnutzung), sodass die Kreditinstitute der Sicherungsübereignung nur wenig Werthaltigkeit beimessen.

Skontro
Hilfsbücher der Bankbuchhaltung zur Überwachung und zum Nachweis von Bestandsmengen und -veränderungen.

Small Caps (Abk. für small capitalization)
Neben den Benchmark-Aktien (Blue Chips) werden die übrigen an der Börse eingeführten Aktien zwei weiterer Gruppen subsumiert. Der Gruppe der Small Caps werden in Deutschland die Aktien sämtlicher Unternehmen mit einer Marktkapitalisierung subsumiert, die unter 250 Mio. € liegt. Zwischen den Benchmark-Aktien (Blue Chips) und den Small Caps stehen die Mid Caps.

Sperrminorität
Besitzt eine Einzelperson oder eine Gruppe von Aktionären einen Anteil von mehr als 25 %, aber weniger als 50 % an Aktien eines Unternehmens, so können von ihr/ihnen Hauptversammlungsbeschlüsse, die eine 75 %-ige Mehrheit erfordern, verhindert werden. Hierzu zählen: Nachgründungen mit mehr als 10 % des Grundkapitals (§ 52 (5) AktG); Abberufung von Aufsichtsratsmitgliedern (§ 103 (1) AktG); Entscheidungen der Geschäftsführung, zu denen der Aufsichtsrat seine Zustimmung verweigert hat (§ 111 (4) AktG); Beschränkung der Rechte der Vorzugsaktionäre (§ 141 (3) AktG); Kapitalerhöhungen und -herabsetzungen (§§ 182, 192ff., 202, 207, 221 ff. AktG); Satzungsänderungen (§ 179 (2) AktG); Auflösung der Gesellschaft (§§ 262, 274 AktG); Abschluss, Änderung und Beendigung von Unternehmensverträgen, insbesondere Beherrschungs- und Gewinnabführungsverträge (§ 292 (1) AktG); Fusion mit anderer AG bzw. KGaA (§§ 340, 355 AktG); Vermögensübertragung auf die öffentliche Hand (§ 362 (2) AktG); Umwandlung in KGaA (§ 362 (2) AktG).

Spezialfonds
Spezialfonds sind eine Fonds-Variante, die im Gegensatz zu Publikumsfonds nicht für die breite Öffentlichkeit konzipiert, sondern einem begrenzten Anlegerkreis vorbehalten sind. Sie unterliegen jedoch wie offene Publikumsfonds dem Gesetz über Kapitalanlagegesellschaften (KAGG). Spezialfonds richten sich vor allem institutionelle Anleger wie z. B. Versicherungsunternehmen, Pensionskassen, kirchliche Verbände, Stiftungen etc. Spezialfonds dürfen von nicht mehr als dreißig Anteilinhabern, die nicht natürliche Personen sind, gehalten werden.
Stuttgarter Verfahren
Das Stuttgarter Verfahren ist ein rein steuerliches Verfahren zur Ermittlung der Vermögen-, Erbschaft- und Schenkungsteuer und dient seit 1955 zur Ermittlung des gemeinen Wertes von nicht notierten Aktien und Anteilen, wenn sich dieser nicht aus Verkäufen ableiten lässt. Der Unternehmenswert nach dem Stuttgarter Verfahren setzt sich ähnlich dem Übergewinnverfahren aus zwei Komponenten zusammen: dem Vermögenswert und dem Ertragswert.

Spin-off
Ausgliederung und Verselbstständigung einer Abteilung oder eines Unternehmensteils aus einer Unternehmung/einem Konzern. Der Unternehmensbereich wird sachlich und personell vom Mutterunternehmen abgespalten und als Tochtergesellschaft mit eigener Führungs- und Verwaltungsstruktur versehen. Die Eigentümer des Mutterunternehmens bekommen entsprechende Anteile an der neuen Gesellschaft. Ein Spezialfall des Spin-off ist der sog. Equity-carve-out, bei dem darüber hinaus eine Kapitalaufnahme über die Börse erfolgt.

Spot-Price (Kassakurs)
Aktueller Kurs eines Wertpapiers.

Spot-Rate (Kassazins)
Verzinsung von festverzinslichen Anlagen mit einer beliebigen Laufzeit ausgehend vom Betrachtungs-

zeitpunkt. Die Struktur der Verzinsungen für unterschiedliche Laufzeiten werden in einer Zinsstrukturkurve der Spot-Rates niedergelegt. Die Spot-Rates werden in der Regel anhand von Verfallrenditen für Nullkuponanleihen ermittelt. Für Nullkuponanleihen stimmen Verfallrendite (Yield to Maturity) und Kassazins bis zum Ende der Laufzeit überein.

Spread

Differenz (Spanne) zwischen zwei Preisen oder Zinssätzen (z.B. Zinsspanne; Spanne zwischen Devisenankaufs- und Devisenverkaufskurs). Aufschlag auf den vereinbarten Referenzzinssatz (z.B. Euribor plus 1%) Konsortialprovision bzw. -gebühr, die an das Bankenkonsortium zu zahlen ist. Der Option Spread bezeichnet eine Strategie des gleichzeitigen Kaufs und Verkaufs von Optionen identischen Typs mit unterschiedlichen oder identischen Basispreisen und/oder Verfallsdaten zum Zweck der Eingrenzung von Gewinn- und Verlustmöglichkeiten.

Squeeze-out

Die »Squeeze-out-Regel« (Ausquetschen) ist Teil des Übernahmegesetzes und sieht vor, dass Gesellschafter, die mindestens 95 Prozent der Anteile eines Unternehmens besitzen, die restlichen Kleinaktionäre per Zwangsabfindung aus dem Unternehmen drängen können. Die freien Aktionäre können das Angebot in einem Spruchverfahren gerichtlich prüfen lassen. Vorteil für das Mutterhaus: Es können erhebliche Kosten eingespart werden, wie sie sonst für eine börsennotierte Tochterfirma anfallen, beispielsweise die Erstellung von Geschäftsberichten oder die Einberufung der Hauptversammlung. Für den Privatanleger kann sich eine Offerte lohnen, weil der Abfindungspreis meist über dem aktuellen Kurs liegt. Aktionärsvertreter sehen in der Squeeze-out-Regelung hingegen die Gefahr einer Quasi-Entmachtung von Kleinanlegern.

Stammaktie

Aktie, die berechtigt, alle im Aktiengesetz niedergelegten Rechte in Anspruch zu nehmen. Das Pendant der Stammaktie ist die Vorzugsaktie.

Stammkapital

Der auf einen bestimmten Nennbetrag (siehe Nennwert) lautende Anteil am Eigenkapital der GmbH, der sich aus der Summe aller Anteile der Gesellschafter ergibt. Das Mindestkapital der GmbH beträgt 50.000 DM oder (seit 1.1.1999) 25.000 Euro. Die Stammeinlage eines Gesellschafters muss mindestens 500 DM (seit 1.1.1999 mindestens 100 Euro) betragen.

Start-up Financing

Gründungsfinanzierung. Das betreffende Unternehmen befindet sich in der Gründungsphase, im Aufbau oder seit kurzem im Geschäft und hat seine Produkte noch nicht oder nicht in größerem Umfang vermarktet.

Stille Gesellschaft (Stille Beteiligung)

Gesellschaftsform, bei der sich ein Kapitalanleger als Gesellschafter am Unternehmen, das ein anderer als Handelsgewerbe betreibt, mit einer Vermögenseinlage beteiligt. Der stille Gesellschafter tritt nach außen nicht in Erscheinung. Er erwirbt keine Unternehmensanteile und seine Beteiligung wird nicht in das Handelsregister eingetragen. Die Stille Gesellschaft ist gesetzlich in den §§ 230 bis 237 des Handelsgesetzbuches (HGB) normiert; allerdings kann von diesen Vorschriften durch den Abschluss eines entsprechenden Gesellschaftsvertrags abgewichen werden. Nach dem gesetzlichen Idealtypus – der zur Abgrenzung des steuerlich relevanten atypisch Stillen Gesellschafters als typisch bezeichnet wird – ist der Stille Gesellschafter nicht am Vermögen des Unternehmens beteiligt und von der Geschäftsführung vollständig ausgeschlossen. Er erhält eine Gewinnbeteiligung. Eine Beteiligung am Verlust ist nicht vorgesehen. Die Haftung im Konkursfall ist auf die Höhe der Einlage beschränkt. Steuerrechtlich wird nur die atypisch Stille Gesellschaft als Beteiligungsfinanzierung anerkannt. Die typische Stillen Gesellschaft wird demgegenüber als Kreditfinanzierung behandelt.

Stillhalter

Im Bereich des Optionsgeschäftes, das eine spezielle Form des Termingeschäftes darstellt, gibt es neben dem Käufer einer Option den so genannten Stillhalter, den Verkäufer der Option. Der Käufer erwirbt dabei das Recht, vom Stillhalter innerhalb einer vereinbarten Frist die Lieferung einer bestimmten Leistung (bei der Kaufoption) oder ihre Abnahme (bei der Verkaufsoption) zu einem bei Vertragsabschluss festgelegten Preis verlangen zu können. Für dieses Recht muss er an den Stillhalter eine so genannte Prämie, den Optionspreis bezahlen.

Stimmrecht

Der Aktionär hat ein Stimmrecht auf der Hauptversammlung einer Aktiengesellschaft. Das Stimmrecht wird nach Aktiennennbeträgen ausgeübt. Normalerweise gewährt jede Stamm(Aktie) dem Aktionär eine Stimme. Das Stimmrecht kann auch durch einen Bevollmächtigten ausgeübt werden; Vollmachtstimmrecht (§ 134 – 137 AktG).

Streifbandverwahrung

Bei der Streifbandverwahrung wird um die Wertpapiere ein Streifband gelegt, das den Namen des Käufers trägt. Gegenteil von Girosammelverwahrung.

Strikepreis

Der Strikepreis (Strike, Basispreis) ist der beim Abschluss eines Optionsvertrages festgesetzte Preis, zu dem das Underlying vom Verkäufer (Stillhalter) auf den Käufer übergehen kann.

Stückaktie

Die 1998 in Deutschland erstmalig zugelassene Stückaktie stellt eine unechte nennwertlose Aktie dar. Sie ist folgendermaßen charakterisiert: Die Gesellschaft verfügt über ein nennbetragsmäßig festgesetzes Grundkapital. Das Grundkapital ist in Aktien zerlegt, die jeweils einen gleichgroßen Teilbetrag des Grundkapitals repräsentieren, d. h. unterschiedliche anteilige Grundkapitalbeträge vergleichbar den bisher existierenden unterschiedlichen Nennbeträgen sind nicht zulässig. Aufgrund der, in der Satzung festgelegten, Gesamtzahl der Aktien ergibt sich, welchen Bruchteil des Grundkapitals eine einzelne Aktie verkörpert (z. B. ein 40 Millionstel). Dieser rechnerische Nennwert musste früher mindestens dem Mindestnennwert von DM 5 entsprechen. Seit dem 1.1.1999 beträgt der Mindestnennwert 1 Euro. Auf der Aktienurkunde ist kein Nennwert mehr aufgedruckt, sondern beispielsweise die Bezeichnung »1 Aktie der X-AG«. Der Aktieninhaber kann seine Beteiligungsquote nicht unmittelbar der Aktienurkunde entnehmen. Hierzu muss er die Satzung der Gesellschaft einsehen, um die Anzahl der insgesamt ausgegebenen Aktien zu erfahren. Eine Kapitalmaßnahme, die zu einer Veränderung des Anteils führt, bewirkt lediglich eine Änderung in der Satzung und macht keine Anpassung der Aktienurkunde erforderlich.

Subordinated Debt (Beteiligungsähnliches Kapital)

Nachrangige Fremdmittel. Die Nachrangigkeit bezieht sich auf die Rangfolge der Fremdkapitalgeber untereinander insbesondere für den Vergleichs- bzw. Liquidationsfall. Dieses Kapital ist häufig durch lange Laufzeiten und die Vereinbarung tilgungsfreier Zeiträume gekennzeichnet. Es hat deshalb Eigenschaften von Eigenkapital, stellt bilanziell und steuerrechtlich aber Fremdkapital dar (s. Mezzanine Money).

Substanzwert

Der Substanzwert eines Unternehmens ergibt sich aus der Summe der isoliert bewerteten Vermögensgegenstände abzüglich der isoliert bewerteten Schulden eines Unternehmens. Der Substanzwert errechnet sich daher allgemein nach dem Schema: Wert der einzelnen Vermögensgegenstände – Wert der Schulden = Substanzwert. Man unterscheidet zwei Ausprägungen. Reproduktionswerte werden unter der Fiktion der Neuerrichtung des Unternehmens ermittelt. Die adäquaten Wertansätze sind demnach Wiederbeschaffungspreise auf dem Beschaffungsmarkt. Der Liquidationswert wird unter der Annahme errechnet, dass das Unternehmen zerschlagen wird. Der Wert der Vermögensgegenstände wird nicht durch den Gebrauchswert, sondern durch den Liquidationswert der Vermögensgegenstände bestimmt. Im Gegensatz zum Reproduktionswert orientiert sich die Ermittlung der Substanzwerte nicht an den Preisen auf den Beschaffungs-, sondern auf den Absatzmärkten. Die adäquaten Wertansätze sind Marktpreise.

Swap
Im Rahmen eines Swap einigen sich zwei Vertragspartner darauf, zukünftige Cashflows aus Zinsverpflichtungen, Beteiligungskapital, Währungen oder Marktpreisänderungen auszutauschen. Swap-Geschäfte sind Forwards recht ähnlich, da es sich ebenfalls um nicht standardisierte Termingeschäfte handelt. Im Gegensatz dazu sind sie aber nicht Kauf-, sondern Tauschgeschäfte. Swaps bieten sich vor allem dann an, wenn der eine Vertragspartner aufgrund seiner Marktpositionen ein Finanzierungsinstrument zum relativen Vorteil des anderen Partners nutzen kann (z. B. günstige Zinskonditionen am heimischen Kapitalmarkt). Gründe für ein Tauschgeschäft können günstigere Finanzierungsmöglichkeiten, das Hedging von Risiken oder divergierende Marktvorstellungen sein. Der Swap-Markt ist vor allem ein OTC-Markt der Banken. Diese treten sowohl als Arrangeur (Vermittlung des Tauschgeschäfts gegen Provision) als auch als Intermediary (Bank wird selbst Vertragspartner) auf. Im Regelfall schließt die Bank bei einem Intermediary-Swap ein »Gegen-Swap-Geschäft« ab, um ihre Position glattzustellen. Ist dies im OTC-Markt nicht zu realisieren, nutzt sie dazu den organisierten Markt mit Futures.

Swapsatz
Unterschied zwischen dem Kassa- und dem Terminkurs einer Währung.

SWOT-Analyse
Die SWOT-Analyse ist ein Instrument der strategischen Planung und Unternehmensführung. Der Name kommt aus dem Englischen: Strengths and Weaknesses, Opportunities and Threats. Häufig wird auch der Begriff TOWS-Analyse verwendet. Die SWOT-Analyse untersucht Chancen und Risiken, die sich aus der Umwelt des Unternehmens ergeben und führt sie mit den unternehmenseigenen Stärken und Schwächen zusammen. Auf dieser Basis können Strategien abgeleitet werden, die den langfristigen Erfolg des Unternehmens sicherstellen sollen.

Synergie
Synergien bezeichnen den Effekt, dass bei optimaler Kombination von Einzelelementen die sich ergebende Gesamtheit mehr wert ist als die Summe der Einzelteile. So kann beispielsweise durch die gemeinsame Nutzung von Ressourcen oder Vertriebswegen ein höherer Erfolg bzw. können geringere Kosten realisiert werden (Economies of Scale and Scope). Insbesondere in der Strategischen Planung (Strategie) und im M&A-Geschäft ist die Analyse von Synergien von Bedeutung.

Systematisches Risiko
Gemäß der Portfoliotheorie wird das mit einem Investment verbundene Gesamtrisiko in systematische und unsystematische (Teil-)Risiken aufgefächert. Als systematisches Risiko einer Anlage wird jener Teil des Gesamtrisikos verstanden, das durch Portfoliobildung nicht eliminiert werden kann. Das systematische Risiko lässt sich auf Ursachen zurückführen, die mehr oder weniger alle Anlagen betreffen, z. B. Zinssatzänderungen, Inflation, politische Ereignisse, Naturkatastrophen.

Take over
Unternehmensübernahme eines Unternehmens durch ein anderes Unternehmen. Die Übernahme von Leitungs- und Kontrollrechten kann sowohl durch eine Fusion (Merger) als auch durch eine Akquisition (Acquisition) ermöglicht werden. Eine Übernahme kann entweder »friendly«, d. h. einvernehmlich oder auch »unfriendly«, d. h. für das übernommene Unternehmen zunächst unbewusst und unbemerkt erfolgen. Bei einer feindlichen Übernahme (»hostile takeover«) bekämpft das Management des Zielunternehmens diese in der Regel mit allen zur Verfügung stehenden Mitteln. Da die meisten Übernahmeversuche auf eine Unterbewertung des Zielunternehmens zurückzuführen sind, können derartige Versuche frühzeitig durch eine nachhaltige Steigerung des Unternehmenswertes vermieden werden. Hierzu gehören alle Maßnahmen zur Steigerung des Shareholder-Value (z. B. Aktienrückkäufe, Investor Relations usw.). Weitere präventive Maßnahmen zur Abwehr feindlicher Übernahmen bestehen in einer starken Erhöhung des Kaufpreises durch bedingte Rechtsgeschäfte (Poison Pills,

Golden Parachutes), der faktischen Verhinderung der Kontrollübernahme (vinkulierte Namensaktien, Höchststimmrechte, Staggered Boards) und anderer Maßnahmen, die auf eine Behinderung der Umstrukturierung des Zielunternehmen hinwirken sollen (Asset Lockups). Beim Vorliegen eines konkreten Angebotes können weitere Ad-hoc-Abwehrmaßnahmen ergriffen werden. So können für den Käufer besonders attraktive Unternehmensteile veräußert werden (Crown Jewels), es kann ein feindliches Gegenangebot zur Übernahme des Käufers erfolgen (Pac Man), oder man sucht einen freundlichen gesonnenen, alternativen Käufer (White Knight). Es ist darauf zu achten, dass die Abwehrmaßnahmen mit dem jeweils geltenden Übernahmerecht (in Deutschland dem Übernahmegesetz) in Einklang stehen.

Tax Shield

Das Tax Shield entspricht der Steuerersparnis eines Unternehmens, die sich aus der steuerlichen Abzugsfähigkeit der Fremdkapitalzinsen ergibt.

Tenderverfahren

Das Tender- oder Ausschreibungsverfahren ist eine Methode, bei der Wertpapiere in der Regel Anleihen über Gebote emittiert werden: Der Anbieter sammelt die eingehenden unterschiedlichen Gebote und teilt auf deren Grundlage zu. Bei der Zuteilung haben die Bieter mit den höchsten Geboten Vorrang. Es können unterschiedliche Zuteilungsmethoden angewendet werden. Die Europäische Zentralbank stellt über solche Tenderverfahren den Kreditinstituten Liquidität zur Verfügung (Offenmarktgeschäft, Refinanzierung). Zu unterscheiden sind Zinstender und Mengentender. Beim Zinstender bieten die Kreditinstitute Betrag und Zinssatz, zu denen sie mit dem Eurosystem Geschäfte tätigen wollen. Die Zuteilung erfolgt entweder zu einem einheitlichen Satz (»holländisches« Verfahren) oder zu den individuellen Bietungssätzen (»amerikanisches« Verfahren). Dabei werden Gebote, die über dem niedrigsten noch zum Zuge kommenden Satz liegen, voll zugeteilt, während die Gebote zu diesem Satz gegebenenfalls repartiert werden. Beim Mengentender legt die Zentralbank den Zinssatz im Voraus fest und die teilnehmenden Geschäftspartner bieten den Geldbetrag, für den sie zum vorgegebenen Zinssatz abschließen wollen. Sind die Bietungen der Banken höher als die von der Notenbank angestrebte Zuteilungsmenge, werden die individuellen Gebote nur entsprechend einer bestimmten Quote zugeteilt.

Thesaurierung

Einbehaltung von Gewinnen im Unternehmen, im Gegensatz zur Ausschüttung. Sie stellt eine Form der Selbstfinanzierung dar. Die Thesaurierung kann zum einen in verdeckter (stiller) Form erfolgen, indem durch zweckentsprechende Ausübung der Bilanzierungs- und Bewertungswahlrechte stille Rücklagen (Reserven) gebildet werden, sodass nur ein vergleichsweise kleiner Gewinn gezeigt wird. Sie kann zum anderen aus dem ausgewiesenen Gewinn vorgenommen werden, indem offen sog. Gewinnrücklagen gebildet werden. Das AktG enthält detaillierte Vorschriften, in welchem Umfang Vorstand und Aufsichtsrat Teile aus dem Jahresüberschuss in die Rücklagen einstellen dürfen. Aus dem danach verbleibenden sog. Bilanzgewinn können – durch die Hauptversammlung (HV) – weitere Teile statt ausgeschüttet auch thesauriert werden, sie werden als sog. HV-Rücklage bezeichnet.

Track Record

Erfolgs- und Erfahrungsgeschichte einer Beteiligungsgesellschaft bzw. eines Unternehmens oder auch eines Managers, Unternehmers.

Trade-Sale

Exit-Variante für Venture-Capital-Gesellschaften. Veräußerung der Unternehmensanteile an einen industriellen Investor.

Turnaround

Positive Kehrtwendung in der operativen Geschäftsentwicklung eines Unternehmens. Der Turnaround wird in der Regel auf Basis einer neuen Unternehmensstrategie angestrebt. Ggf. soll auch mit neuem Management und einer geänderten Produktpalette das Unternehmen neu gestartet werden.

Übernahmekonsortium

Form eines Emissionskonsortiums, welches im Zuge einer Fremdemission zum Zweck der effizienten Erstplatzierung von Effekten gebildet wird. Dabei übernimmt das Übernahmekonsortium diese Effekten vom Emittenten, um sie anschließend auf eigene Rechnung und eigenes Risiko am Markt unterzubringen (Grundlage: Übernahme- und Bezugsvertrag). Nicht platzierte Restbestände verbleiben – zumindest für einen gewissen Zeitraum – im Eigenbesitz der Konsortialbanken.

Übernahmekurs

Kurs, zu welchem Wertpapiere von einem Emissionskonsortium oder einer einzelnen Bank vom Emittenten übernommen werden.

Überschuldung

Überschuldung liegt vor, wenn das Vermögen des Schuldners die bestehenden Verbindlichkeiten (Schulden) nicht mehr deckt. Bei einer juristischen Person ist die Überschuldung ein Grund für die Eröffnung des Insolvenzverfahrens nach der Insolvenzordnung (§ 19 InsO). Diese hat ab 1.1.1999 die bisherige Konkursordnung (KO, siehe Konkurs) ersetzt. Die Überschuldung wird durch einen Überschuldungsstatus festgestellt. Bei der Bewertung des Vermögens des Schuldners ist nach § 19 Abs. 2 InsO die Fortführung des Unternehmens zugrunde zu legen (Fortführungswerte), wenn diese nach den Umständen überwiegend wahrscheinlich ist. Bei der Bestimmung der Fortführungswerte ergeben sich regelmäßig große Ermessensspielräume.

Überzeichnung

Überzeichnung ist gegeben, wenn die Nachfrage bzw. gezeichneten Beträge die Menge neu emittierter Wertpapiere übersteigt. In diesem Fall besteht die Möglichkeit, wie folgt zu reagieren: Beschränkung der Zuteilung (Repartierung) oder Erhöhung des Emissionsbetrages. Beruht die Überzeichnung auf einer spekulativ bedingten Nachfrage, spricht man von Konzertzeichnung.

Umsatzkostenverfahren

Gestaltungsform der Erfolgsrechnung, bei der die Kosten bzw. Aufwendungen der zur Erzielung der Umsatzerlöse erbrachten Leistungen (= Umsatzkosten) den Umsatzerlösen gegenübergestellt werden. Bei den einzelnen Kosten- bzw. Aufwandsarten müssen die Beträge, die für die Herstellung der Bestandsmehrungen an Halb- und Fertigfabrikaten und selbst erstellten Anlagen verwendet worden sind, ausgegrenzt werden (Nettoverfahren).

Umtausch von Aktien

Ein Aktienumtausch kommt i.d.R. bei zwei Gelegenheiten vor: bei einer ordentlichen bzw. vereinfachten Kapitalherabsetzung durch Zusammenlegung von Aktien. Eine bestimmte Anzahl von Altaktien wird gegen eine geringere Zahl neuer Aktien mit gleichem Nennbetrag je Aktie umgetauscht; bei Verschmelzung (Fusion) durch Aufnahme oder Neubildung. Der von der übertragenden Gesellschaft zu bestellende Treuhänder tauscht die Aktien des übertragenden Unternehmens gegen jene des aufnehmenden (»Umtauschaktien«) bzw. des neugegründeten Unternehmens um. Aus wertpapierrechtlicher Sicht sind die Aktienurkunden der übernehmenden Gesellschaft erst durch den Umtausch der Aktien durch den Treuhänder begeben.

Underwriting Fee (Konsortialprovision)

Vergütung, die an Konsortialbanken für die breitgestreute Platzierung von Wertpapieren zu zahlen ist. Die Konsortialprovision beträgt ca. 5% des Emissionsvolumens und setzt sich zusammen aus einer Führungsprovision (ca. 1,5%, ausschließlich für den Lead-Manager aufgrund seiner vielfältigen Aufgaben), einer Haftungsprovision (ca. 1,5%, für die Übernahme des Platzierungsrisikos bei einem Übernahmekonsortium) und einer Verkaufsvergütung (ca. 2%, für die erforderlichen Vermarktungsaktivitäten).

Unlimitierte Aufträge

Kauf- oder Verkaufsaufträge, die unbegrenzt sind und somit zu jedem Kurs ausgeführt werden können.

Unsystematisches Risiko

Gemäß der Kapitalmarktheorie Risiken, die sich durch Portfoliobildung eliminieren lassen. Die unsystematischen Risiken repräsentieren investmentspezifische Risiken, d. h., die Ursachen sind auf spezielle Eigenschaften der Anlage zurückzuführen (Bsp.: Genehmigungsrisiko bei einer Bauinvestition). Unsystematische Risiken werden auf Kapitalmärkten nicht vergütet, da sich diese Risiken durch Portfoliobildung ausschalten lassen.

Unternehmensbericht

Der Unternehmensbericht ist gem. § 73 (2) BörsG in unterschriebener Form dem Antrag auf Zulassung zum geregelten Markt beizufügen. Der Antrag soll Angaben über den Emittenten und die Wertpapiere enthalten, die für die Anlageentscheidungen von Relevanz sind. Derartige Informationen sind insbesondere Erklärungen zur aktuellen Geschäftslage, zur Geschäftsprognose und der letzte veröffentlichte Jahresabschluss; außerdem eine Erklärung, dass keine Erkenntnisse über Umstände vorliegen, die bei Zulassung der Wertpapiere zwangsläufig zu einer Übervorteilung der Investoren oder allgemeiner Interessen führen würde. Unter gewissen Bedingungen kann gem. § 73 (22), (3) BörsG von der Vorlage des Unternehmensberichts abgesehen werden. Für einen unrichtigen Unternehmensbericht gelten die Haftungsregelungen gem. §§ 45 – 49 BörsG (vgl. Prospekthaftung).

Variable Notierung (Fortlaufende Notierung)

Für umsatzstarke Aktien meist größerer Gesellschaften wird an jedem Börsentag nicht nur ein einziger Kassa- oder Einheitskurs festgestellt, sondern für alle Geschäfte über mindestens 50 Stück oder einem Vielfachen davon werden fortlaufend Kurse während der Börsenzeit festgestellt (notiert). Der erste Kurs heißt Anfangs- oder Eröffnungskurs, der letzte Schlusskurs.

Venture-Capital (VC)

Kapital, das Unternehmen von speziellen Wagnisfinanzierungsgesellschaften in Form der Kapitalbeteiligungsgesellschaft als Risikokapital (engl: venture capital) zur Verfügung gestellt wird. Risikokapital wird in den frühen Phasen der Unternehmensgründung und -konsolidierung vergeben. Je nach Reifegrad des Unternehmens wird hier unterschieden in Seed Capital (Konzepte entwickeln, Prototypen herstellen), Startup Capital (Business-Plan und eventuell erste Umsätze liegen vor) und Early Stage Financings (Umsatz soll ausgeweitet, Marketing und Vertrieb ausgebaut werden). Die Venture-Capital-Gesellschaft (VCG) beteiligt sich vor allem an jungen, innovativen Unternehmen. Im Gegensatz zu VCG beteiligen sich andere Kapitalbeteiligungsgesellschaften in Form der Unternehmensbeteiligungsgesellschaft (UBG) vorwiegend an schon langjährig bestehenden Unternehmen, die in traditionellen Branchen tätig sind. Erklärter Geschäftszweck der VCG ist es, einen Kapitalgewinn durch die gewinnbringende Veräußerung der Beteiligung zu erzielen. Im Wesentlichen steht den Beteiligungsgesellschaften eine Veräußerung ihres Anteils im Zuge eines Börsenganges (Going-public), eine Veräußerung an einen institutionellen Investor (Trade Sale) oder an das Management des Beteiligungsunternehmens (MBO) offen. Neben der Überlassung von risikotragendem Kapital sollen auch Managementkenntnisse vermittelt und Kontakte hergestellt werden, um die neue Idee, das neue Produkt am Markt erfolgreich durchzusetzen (»Smart Capital«). Die Finanzierung durch VCG erfolgt entweder durch eine offene Beteiligung oder in Form von Mezzanine Money (Stille Gesellschaft, Subordinated Debt, Genussrechte, Wandelanleihen, Partiarische Darlehen, Vorzugsaktien).

Verfalldatum (expiration date, expiry)

Das Verfalldatum ist bei Optionsgeschäften der letzte Zeitpunkt (Tag), bis zu welchem die Optionsausübung möglich ist; bei Optionsscheinen der letzte Zeitpunkt (Tag), bis zu welchem die Optionsausübung möglich ist; bei Futures oder Forward Kontrakten der endgültige Erfüllungstermin. Das Verfalldatum an der Eurex ist jeweils der dritte Freitag im Monat. Die Verfallstermine am Ende der Quartalsmonate März, Juni und September werden auch als zweifacher Hexensabbat, der am Ende des Jahres auch als dreifacher Hexensabbat bezeichnet. Bei diesen Verfallsterminen sind die Kursbewegungen an den Kassamärkten kaum vorhersehbar, da zahlreiche Positionen aus den auslaufenden Termingeschäften glattgestellt werden.

Vergleich

Der Vergleich ist ein beidseitig verpflichtender Vertrag, bei der zwei Parteien einen Rechtsstreit im gegenseitigen Einvernehmen beenden. Ein Vergleich kann auch zur Beendigung eines Zivilprozesses geschlossen werden; ein gerichtliches Verfahren zur Abwendung eines Konkurses (§ 1ff. VerglO); ein Zwangsvergleich innerhalb des Konkursverfahrens (§ 173ff. KO). Seit 1.1.1999 ist an die Stelle des Konkursverfahrens (siehe Konkurs) das Insolvenzverfahren nach der Insolvenzordnung (InsO) getreten, die auch das Verfahren bei drohender Zahlungsunfähigkeit anstelle des Vergleichsverfahrens regelt (§ 18 InsO).

Vinkulierte Aktien (gebundene Aktien)

sind kraft aktienrechtlicher Bestimmungen immer Namensaktien (§ 68 Abs. 2 AktG), deren Übertragung auf andere Personen lt. Satzung an die Zustimmung der Gesellschaft »gebunden« ist. Diese für Eigentumsübertragungen erforderliche Zustimmung erteilt der Vorstand oder, falls entsprechende Satzungsvorschriften vorliegen, der Aufsichtsrat oder die Hauptversammlung. Die Vinkulierung, die aus den Aktienurkunden nicht ersichtlich zu sein braucht und die die freie Negoziabilität der Aktie einschränkt, wirkt auch gegen einen gutgläubigen Erwerber der Urkunde, hindert aber nicht einen Rechtsübergang kraft Gesamtrechtsnachfolge (z.B. bei Erbfällen, Fusionen usw.), Pfandverkauf oder Pfandkauf durch den Konkursverwalter. Wenn eine Vinkulierung, also Bindung der Übertragbarkeit von Namensaktien an die Erfüllung bestimmter, in der Satzung verankerter Voraussetzungen, nicht im ursprünglichen Gesellschaftsvertrag bzw. in einem Kapitalerhöhungsbeschluss festgesetzt wurde, kann die Vinkulierung nur mit Zustimmung aller davon betroffenen Aktionäre durchgeführt werden. Die Vinkulierung von Namensaktien ist generell möglich. Sie ist z.B. gesetzlich notwendige Voraussetzung für das Recht bestimmter Inhaber bestimmter Namensaktien, Mitglieder des Aufsichtsrats benennen und in ihn entsenden zu dürfen. Vinkulierungen sind ein manchmal sehr geeignetes Instrument, um ein Unternehmen vor einer Überfremdung und unerwünschten Einflussnahme zu schützen (z.B. im Falle einer Familien-AG), die Zusammensetzung der Aktionäre der Gesellschaft unter Kontrolle zu halten bzw. im gewünschten Sinne zu lenken. Vinkulierungen sind in der Bundesrepublik Deutschland vor allem bei Versicherungsgesellschaften verbreitet, deren Aktien meist nicht voll eingezahlt sind und deren Aktienkapital als letzte Reserve dient. Gesetzlich sind vinkulierte Namensaktien gem. § (4) KAGG für Kapitalanlagegesellschaften (Investmentgesellschaften) vorgeschrieben.

Volatilität

Schwankungsmaß der Variabilität von Wertpapierkursen, Zinssätzen und Devisen. Allgemein üblich ist die Messung der Volatilität durch die Berechnung der Standardabweichungen relativer Kursdifferenzen. Die Volatilität kann anhand der historischen Volatilität oder der Implied Volatility (impliziten Volatilität) gemessen werden.

Vorzugsaktie

Aktien, die kein oder nur in Ausnahmefällen beschränktes Stimmrecht in der HV genießen (im Gegensatz zur Stammaktie, normale Aktie). Lt. Satzung der jeweiligen Aktiengesellschaft können sie jedoch Sonderrechte, z.B. eine Besserstellung bei der Dividende genießen.

Wertpapier

Nach allgemeiner rechtlicher Definition sind Wertpapiere »Urkunden, die ein Vermögensrecht in der Weise verbriefen, dass es ohne den Besitz der Urkunde nicht geltend gemacht oder übertragen werden kann.« Der Wertpapierbegriff beinhaltet somit folgende Merkmale: Wertpapiere entstehen durch Verbriefung privater Vermögensrechte in einer rechtlich selbstständigen Urkunde. Das verbriefte Recht verkörpert einen privatrechtlichen Anspruch. Das verbriefte Recht und die Urkunde sind untrennbar verknüpft. Der Gläubiger muss zur Geltendmachung seines Anspruchs die Urkunde vorlegen. Ohne den Besitz der Urkunde kann der Anspruch nicht geltend gemacht werden. Im Gegensatz zu Legitimations- und Beweisurkunden enthalten die Wertpapiere selbst den rechtlichen Anspruch. Nach der Art des verbrieften Rechts unterscheidet man sachenrechtliche Wertpapiere (z.B. Hypotheken-, Grundschuldbriefe), schuldrechtliche Wertpapiere (z.B. Scheck, Wechsel, Schuldverschreibungen), sowie Mitgliedschafts- und Beteiligungspapiere (z.B. Aktien und Genossenschaftsanteile). Nach der

Art, wie man die in einem Wertpapier verbrieften Rechte überträgt oder erwirbt, lassen sich vier Arten unterscheiden. Inhaberpapiere: Diese Wertpapiere können durch Einigung und Übergabe der Urkunde (§ 929 S. 1 BGB) übertragen werden. Der jeweilige Eigentümer des Wertpapiers ist auch berechtigt, die darin verbrieften Ansprüche geltend zu machen. Beispiele sind die Inhaberaktie (§ 10 Abs. 1 AktG), die Inhaberschuldverschreibung (§ 793ff. BGB), der Inhaberscheck (Art. 5 Abs. 2 und 3 SchG), sowie das auf den Inhaber lautende Investmentzertifikat (§ 18 Abs. 1 KAGG). Namenspapiere (Rektapapiere): Der Verpflichtete aus Rektapapier soll »recta«, d.h. direkt an den in der Urkunde Benannten leisten. Es gilt hier das Schlagwort »das Recht am Papier folgt dem Recht aus dem Papier«. Das Recht wird nicht durch Übergabe der Urkunde sondern durch Abtretung der verbrieften Forderung übertragen. Das Eigentum an der Urkunde folgt nur wie ein Zubehör bei einem Gegenstand der Forderung nach. Beispiele sind die Namensaktie (§ 10 Abs. 1-3 AktG, siehe Aktie). Orderpapiere: Wie bei Namenspapieren ist in Orderpapieren ein Berechtigter benannt, jedoch mit dem Zusatz, dass der Aussteller auch nach dessen Order an einen Dritten zu leisten hat. Der eigentliche Gläubiger vermerkt dies auf der Urkunde durch ein Indossament (ital. in dossa = auf dem Rücken (der Urkunde) bzw. auf der Rückseite) zusammen mit der Übereignung des Wertpapiers. Einige Wertpapiere sind von Natur aus Orderpapiere, sog. »geborene« Orderpapiere. Dazu gehören der Wechsel als das wichtigste geborene Orderpapier (Art. 11 Abs. 1 WG) sowie die Namensaktie (siehe Aktie). Effekten: Effekten sind vertretbare Wertpapiere. Unter vertretbaren Sachen versteht man Gegenstände, die im Geschäftsverkehr üblicherweise nach Zahl, Maß oder Gewicht bestimmt werden. Damit ist die Handelbarkeit der Effekten, etwa an Effektenbörsen, in besonderem Ausmaß gewährleistet, da eine rechtliche oder wirtschaftliche Prüfung der Ansprüche aus den Effekten bei Übertragung nicht mehr erforderlich ist. Da die obige Definition die Verkörperung in einer Urkunde vorschreibt, ist die Übertragung des Anspruchs stets mit einer Weitergabe der Urkunde an den Empfänger des Rechts verknüpft. Da es mittlerweile jedoch viele Globalurkunden und stücklose Wertpapiere (z.B. Bundesanleihen) gibt, ist die allgemein übliche Definition von Wertpapieren nicht mehr zeitgemäß. In § 2 Wertpapierhandelsgesetz (WpHG) ist deshalb eine modernere Definition zu finden: Wertpapiere sind danach »auch wenn für sie keine Urkunden ausgestellt sind, Aktien, Zertifikate die Aktien vertreten, Schuldverschreibungen, Genussscheine, Optionsscheine und andere Wertpapiere, die mit Aktien oder Schuldverschreibungen vergleichbar sind, wenn sie an einem Markt gehandelt werden können.«

Wertpapierhandelsgesetz (WpHG)
Gesetz, das den Handel mit Wertpapieren, den Insiderhandel sowie Mitteilungs- und Veröffentlichungspflichten von börsennotierten Gesellschaften regelt. Das Wertpapierhandelsgesetz (WpHG) ist Teil des Zweiten Finanzmarktförderungsgesetzes und seit 1995 vollständig in Kraft.

Windowdressing (Bilanzkosmetik)
Maßnahmen im Rahmen der Bilanzpolitik, die darauf gerichtet sind, dem Bilanzleser ein möglichst günstiges Bild, insbesondere von der finanziellen Lage der Unternehmung, zu vermitteln. Banken bedienen sich hierbei vornehmlich des Pensionsgeschäfts, indem sie Wertpapiere in Pension geben und hierfür liquide Mittel erhalten.

Working Capital (Nettoumlaufvermögen)
Absolute Bilanzkennzahl, die sich aus der Differenz des Umlaufvermögens abzüglich der kurzfristigen Verbindlichkeiten (Abzugskapital) ergibt. Wird anstelle der Differenz der Quotient dieser beiden Größen gebildet, ergibt sich die Working Capital Ratio, eine Liquiditätskennzahl. Das Working Capital und insbesondere seine Veränderung im Zeitablauf zeigt, welche Mittel im operativen Vermögen kurzfristig gebunden bzw. freigesetzt wurden. Die Veränderung des Working Capital ist daher i.d.R. auch separater Bestandteil des Operativen Cashflow im Rahmen der Kapitalflussrechnung. Bei wachsenden Unternehmen muss eingeplant werden, dass das Working Capital in etwa proportional zum Geschäftsvolumen wächst, d.h. zukünftige Cashflows werden teilweise auch im (betriebsnotwendigen) Nettoumlaufvermögen gebunden.

Xetra© (Exchange Electronic Trading)
Vollelektronischer Markt (Computerbörse) für den deutschen Kassamarkt mit dezentralem Marktzugang.

In Xetra findet der Aktienhandel im Gegensatz zum Parkett in einem zentralen, offenen Orderbuch statt. Mit Einführung von Xetra im November 1997 wurde der elektronische IBIS-Handel eingestellt, da Xetra eine verbesserte Leistungsfähigkeit und Kosteneffizienz ermöglicht. Xetra-Teilnehmer kann jedes Mitglied einer deutschen Börse werden (Kreditinstitut, Makler). Die Börsenteilnehmer geben Aufträge von ihren jeweiligen Handelsräumen in das Börsensystem ein. Jeder Teilnehmer hat die Möglichkeit, auf die publizierten Gebote zuzugreifen oder selbst Kauf- bzw. Verkaufsaufträge einzustellen. Der Handel findet börsentäglich von 8.00 Uhr bis 20.00 (Aktien 9:00 – 20:00) Uhr statt.

Yield to Maturity (Verfallrendite)
Interne Verzinsung einer festverzinslichen Anlage vom Betrachtungszeitpunkt bis zum Fälligkeitstag.

Zahlungsunfähigkeit
Man unterscheidet die vorübergehende Zahlungsunfähigkeit und die anhaltende Zahlungsunfähigkeit (Insolvenz, siehe Liquidität) sowie die drohende Zahlungsunfähigkeit. Die vorübergehende Zahlungs-unfähigkeit ist ein Problem mangelnder Finanzplanung und Liquiditätsplanung bzw. ungenügender finanzieller Reserven (Zahlungsmittel und liquidierbares Vermögen). Die anhaltende Zahlungsunfähigkeit ist zusammen mit der Überschuldung allgemeiner Eröffnungsgrund für ein Insolvenzverfahren nach der Insolvenzordnung (§ 16ff. InsO). Zahlungsunfähigkeit ist nach der Insolvenzordnung i. d. R. gegeben, wenn der Schuldner seine Zahlungen eingestellt hat (§ 17 Abs. 2 InsO). Die drohende Zahlungsunfähigkeit ist gegeben, wenn ein Schuldner seine Verpflichtungen voraussichtlich im Zeitpunkt der Fälligkeit nicht erfüllen kann (§ 18 Abs. 2 InsO). Sie ist auf Antrag des Schuldners Grund zur Eröffnung eines Insolvenzverfahrens (§ 18 Abs. 1 InsO).

Zeichnung
Schriftliche Verpflichtung zur Übernahme eines bestimmten Betrages neu emittierter, zum Verkauf angebotener Wertpapiere.

Zerobond
Anleihe, die nicht mit Zinskupons ausgestattet ist (Null-Kupon-Anleihe). Anstelle periodischer Zinszahlungen stellt hier die Differenz zwischen dem Rückzahlungskurs und dem Emissionskurs den Zinsertrag bis zur Endfälligkeit dar. Der Anleger erhält demnach nur eine Zahlung: den Verkaufserlös bei einem vorzeitigen Verkauf oder den Tilgungserlös bei Fälligkeit. I.d.R. werden Zerobonds mit einem hohen Abschlag (Disagio) emittiert und im Tilgungszeitpunkt zum Kurs von 100 % (zu Pari) zurückgezahlt. Je nach Laufzeit, Schuldnerbonität und Kapitalmarktzinsniveau liegt der Emissionskurs mehr oder weniger deutlich unter dem Rückzahlungskurs.

Zinsstruktur
Die Zinsstruktur bildet den Zusammenhang zwischen Spot-Rates (Kassazinsen) und der Laufzeit von Anlagen ab. Bei der Fülle unterschiedlicher Kapitalanlagen und damit einer entsprechenden Anzahl von Zinsstrukturen, ist eine Konzentration auf Zinsstrukturen bestimmter Kapitalanlagen notwendig. Normalerweise werden die Zinsstrukturen festverzinslicher Wertpapiere (Rentenwerte) gleicher Bonität, Restlaufdauer und Denomination dargestellt. Im Regelfall dürften für die langfristigen Zinssätze über den kurzfristigen Zinssätzen liegen. Kapitalnehmer bevorzugen lange Laufzeiten aufgrund der besseren Planbarkeit, Kapitalgeber präferieren kürzere Laufzeiten aufgrund der größeren Flexibilität. Dies mündet in einer Prämienzahlung für längere Laufzeiten. Im umgekehrten Fall, der durchaus realistisch – wenn auch seltener – ist, spricht man vom Vorliegen einer inversen Zinsstruktur. Erklärungsansätze für die Entwicklung der Zinsstruktur liefern unterschiedliche Theorien: die Erwartungstheorie (J. Fischer, J. R. Hicks, F. A. Lutz); die Liquiditätsprämientheorie (J. R. Hicks); die Marktsegmentationstheorie (J. M. Culbertson)

Zulassungsstelle
Die Zulassungsstelle überwacht an der Börse die Zulassung der Wertpapiere zum amtlichen Handel. Sie entscheidet über die Zulassung der Wertpapiere, die mit amtlicher Feststellung des Börsenpreises (amtliche Notierung) an der Börse gehandelt werden, soweit nicht in § 41 BörsG oder anderen Gesetzen

etwas anderes bestimmt ist. Außerdem kontrolliert die Zulassungsstelle die Einhaltung aller Pflichten, die sich aus der Zulassung für den Emittenten und das antragstellende Kreditinstitut ergeben.

Zuteilung (Rationierung, Repartierung)

Verteilung der Wertpapiere einer überzeichneten Emission auf die Nachfrager. Übersteigt bei einer Wertpapieremission nach dem Zeichnungsende die Nachfrage das Angebot, teilt die Konsortialbank in Abstimmung mit dem Emittenten die Wertpapiere zu. Die Zuteilung wird entweder per Losverfahren oder nach einem Schlüssel bestimmt. Der Zuteilungsschlüssel berücksichtigt in der Regel bestimmte Zielgruppen, die der Emittent bevorzugt.

Zwischenbericht

Emittenten zugelassener Wertpapiere müssen gem. § 44b BörsG; §§ 53 ff BörsZulV regelmäßig Zwischenberichte veröffentlichen. In ihnen soll über die Geschäftstätigkeit der ersten sechs Monate des Geschäftsjahres berichtet werden. Die Zwischenberichte sind außerdem innerhalb von zwei Monaten nach der Beendigung des Berichtszeitraums in einem überregionalen Börsenpflichtblatt oder im Bundesanzeiger oder als Druckschrift zu veröffentlichen, die dem Publikum bei den Zahlstellen auf Verlangen kostenlos zur Verfügung gestellt wird. Gem. § 53 BörsZulV sind die Mindestanforderungen an den Inhalt des Zwischenberichts festgelegt.

Zulassung

Entscheidung der Zulassungsstelle einer Börse über die Aufnahme eines Wertpapiers in den Amtlichen Markt. Für die Zulassung eines Wertpapiers zum Amtlichen Markt reicht der Emittent zusammen mit einem Kreditinstitut oder Finanzdienstleister (Konsortialbank) bei der Zulassungsstelle für Wertpapiere einen Antrag und den Börsenzulassungsprospekt ein. Diese geben Auskunft über Art und Umfang der einzuführenden Wertpapiere. Verantwortlich für die Richtigkeit der Angaben sind der Emittent und das Kreditinstitut. Der Zulassungsantrag ist im Aushang des Börsensaal, im Kursblatt der Börse, im Börsenpflichtblatt und im Bundesanzeiger zu veröffentlichen. Der Börsenzulassungsprospekt wird vom Emittenten im Börsenpflichtblatt veröffentlicht und bei den im Prospekt aufgeführten Zahlstellen und der Zulassungsstelle kostenfrei bereitgestellt, sobald ein Unternehmen zum Amtlichen Markt zugelassen ist. Die wichtigsten Zulassungsvoraussetzungen und Folgepflichten sind gemäß der Börsenzulassungsverordnung (BörsZulV): das emittierende Unternehmen existiert seit mindestens drei Jahren, der erwartete Emissionskurswert beträgt mindestens 1,25 Millionen Euro, der Gesamtnennwert bei Aktien beläuft sich auf mindestens 250.000 Euro, mindestens ein Zwischenbericht zur Finanzlage und zum allgemeinen Geschäftsgang wird während des Geschäftsjahres veröffentlicht, unternehmensrelevante Informationen werden sofort veröffentlicht. Durch das Dritte Finanzmarktförderungsgesetz von 1998 wurde die Zulassung von Wertpapieren zum Amtlichen Markt erleichtert. So kann beispielsweise ein Emittent gleichzeitig einen Antrag auf Zulassung an mehreren inländischen Börsen stellen. Die Zulassung von Wertpapieren zum Amtlichen Markt ist im Börsengesetz (BörsG) §§ 36 bis 49 und in der Börsenzulassungsverordnung (BörsZulV) geregelt.

Zyklische Aktien

Aktien, die besonders konjunkturabhängig sind. Konjunkturelle Schwankungen machen sich in stark schwankenden Ergebnissen bemerkbar. Ihre Ergebnisse sind langfristig dementsprechend schwer zu prognostizieren. Typische zyklische Aktien sind z.B. Konsumwerte. Weniger zyklische Aktien sind die Aktien von Versorgungsunternehmen (Strom, Wasser).

Stichwortverzeichnis